LE GUIDE VERT

Irlande

DÉCOUPAGE GÉOGRAPHIQUE DU GUIDE SUR LA CARTE CI-CONTRE

L'équipe du Guide Vert Michelin, de gauche à droite :
Camille Bouvet, Denis Rasse, Natacha Brumard, Amaury de Valroger, Lucie Fontaine, Philippe Orain, Florence Dyan, Catherine Guégan, Hervé Dubois, Fiona Lale, Hélène Payelle, Marie-Pierre Renier, Éric Boucher, Véronique A ssani, Marie Simonet, Carole Diascorn, Jérôme Lévêque, Mar on Capéra, Pascal Grougon, Dominique Auclair.

Édito

Redonner du sens au voyage en prenant son temps et dans un plus grand respect de l'environnement, voilà ce à quoi devraient ressembler nos déplacements d'aujourd'hui.

Alors, ralentissons le pas pour nous imprégner en profondeur de la richesse des lieux que nous traversons et des gens que nous rencontrons. Laissons-nous surprendre et réapprenons à nous étonner de tout ce qui se trouve sous nos yeux, en ville ou à la campagne, sur un chemin de traverse, loin de chez nous ou juste au bout de la rue.

L'Irlande est une destination magnifique, riche de milliers de sites naturels, villages, églises, châteaux, distilleries... sans oublier les femmes et les hommes qui font vivre ces patrimoines et leurs traditions d'exception. Autant de lieux incontournables ou insolites, connus ou confidentiels, que l'équipe du Guide Vert Michelin a cherchés et dénichés pour vous au cours de ses innombrables tournées sur le terrain.

Cette nouvelle édition du Guide Vert Michelin a été entièrement mise à jour. En complément des sites étoilés ★★★, nos auteurs ont également souhaité partager avec vous leurs itinéraires, leurs infos pratiques, leurs plus belles expériences de slow tourisme ainsi que leurs coups de cœur pour des adresses qui s'engagent dans une démarche écoresponsable, signalées au fil des pages par le symbole 🍃.

À votre tour de faire le plein de beau, de bon et de rencontres. Et vos meilleurs moments de voyage seront peut-être publiés dans la prochaine édition !
#coupsdecoeurGuideVertMichelin

Bon voyage en Irlande !

Philippe Orain,
Directeur du Guide Vert Michelin

Sommaire

Retrouvez nos carnets d'adresses à la fin de chaque chapitre

COMPRENDRE L'IRLANDE

LauriPatterson/Getty Images Plus

J. C. Muñoz/age fotostock

ORGANISER SON VOYAGE

E. Fleisher/Look/age fotostock

Nos incontournables

★★

Belfast et le Titanic

Pour découvrir l'histoire des chantiers navals de Belfast, aller à la rencontre de la ville et des hommes qui firent naître le plus célèbre des paquebots.
Voir p. 390.

C. Morucchio/robertharding/age fotostock/architecte : Eric Kuhne

A. Cano Miño/age fotostock

★★

Cork

Une ville culturelle, cosmopolite et dynamique, où l'on vit comme dans un village. Tout y est plus relax. Les Corkoniens l'adorent et on comprend vite pourquoi !
Voir p. 172.

MNStudio/Getty Images Plus

★★★

Cliffs of Moher

Une muraille de 8 km de long, des falaises s'élevant jusqu'à 214 m, un site naturel spectaculaire où la pierre sculptée par le temps, le vent et l'océan offrent un spectacle rare. **Voir p. 279.**

★★★

Chaussée des Géants

Phénomène géologique exceptionnel, cette formation de basalte est un lieu entouré de légendes, une œuvre d'art façonnée par la nature. **Voir p. 444.**

Uwe Moser/Getty Images Plus

A. Oberhauser/OneWorld Picture RM/age fotostock

★★

Galway

C'est tout l'Ouest irlandais, jeune et fougueux : l'Atlantique, les îles, la musique, la fête, la culture gaélique, les courses de chevaux...
Voir p. 294.

Nos incontournables

★★

Kilkenny

Fondée dès le 6e s. par saint Canice (Cill Chainnigh), la ville conserve un cœur médiéval qui bat toujours avec énergie autour de son château, son centre d'artisanat, ses petites rues tortueuses... **Voir p. 140.**

Alamy/hemis.f

★★★

Dublin

Dublin a le vent en poupe. Autour de son patrimoine, à l'image du pont Samuel Beckett de Santiago Calatrava, la ville avance à vive allure dans le 21e s. Technologie, arts, gastronomie... le tout teinté de sa joyeuse décontraction. **Voir p. 32.**

Wallpaper/Fotosearch LBRF/age fotostock/ADAGP, Paris, 2023

F. Scholz/imageBROKER/age fotostock

yykkaa/Getty Images Plus

★★★

Newgrange

Gigantesque tumulus vieux de 5000 ans, plus ancien que Stonehenge ou les pyramides d'Égypte, classé avec Knowth et Dowth par l'Unesco. **Voir p. 79.**

★★★

Glendalough

Dans un décor de collines et de vallons, une véritable cité monastique, fondée par saint Kevin au 6e s. Elle fut le haut lieu de l'érudition irlandaise. **Voir p. 102.**

P. Zoeller/Design Pics PM/age fotostock

★★★

Le Connemara

Fjord de Killary, Sky Road à Clifden, port de Roundstone, îles d'Aran... Avec ses paysages somptueux, cette région ressemble à l'Irlande telle qu'on l'imagine. **Voir p. 311.**

Nos coups de cœur

La bibliothèque de Trinity College, Dublin.
J. Lecher/F1online/age fotostock

TOP 5
Jardins

Powerscourt House et ses jardins.
P. Zoeller/Design Pics RM/age fotostock

❤ **Embrasser la pierre d'éloquence** au Blarney Castle et devenir prolixe. Car en Irlande, écouter et dialoguer est un art. Il faut oublier le temps et en prendre beaucoup pour bavarder. N'hésitez pas à questionner et demander votre chemin, des informations, un conseil : les Irlandais ont le verbe en adoration. **Voir p. 179.**

❤ **Retrouver votre âme d'étudiant** sur les pas de Swift, Beckett et Joyce. Entrer dans Trinity College, à Dublin, et visiter The Old Library qui conserve, entre autres trésors, le *Book of Kells,* véritable merveille de l'art médiéval. Ces évangiles furent écrits et enluminés autour de l'an 800. **Voir p. 39.**

❤ **Changer d'air** le temps d'une escapade gourmande et raffinée à Kinsale. Son littoral, ses petites rues, ses façades colorées, ses restaurants et sa marina invitent à la détente. Plébiscitée par les gourmands et les plaisanciers. C'est l'escale idéale. **Voir p. 188.**

❤ **Regarder les murs crier, rire ou chanter.** À Dublin, Cork, Waterford, Belfast et Derry, le *street art* interpelle les passants. Fresques colorées, abstraites, politiques, romantiques ou engagées, elles percent la grisaille et racontent le quotidien et les aspirations des habitants. **Voir p. 132, 395, 397, 459.**

Terrasse d'un bar à Kinsale.
P. Zoeller/Design Pics RM/age fotostock

Nos coups de cœur

The Galway Races.
Tourism Ireland

❤ **Suivre un galop** aux courses de Galway, pour comprendre toute l'importance culturelle du cheval en Irlande. Lors du Derby, le spectacle se trouve autant sur la piste que dans les tribunes tant ces dames rivalisent d'élégance et d'originalité dans la forme et la couleur de leur chapeau. **Voir p. 299**.

❤ **Assister à un match** de rugby à Limerick, dans le temple des supporters du Munster : Thomond Park. Aussi appelés la Red Army, les supporters de cette équipe ont

Le Bewley's Oriental Café, Dublin.
James Fennell/Tourism Ireland

TOP 5
Musées d'exception

1. Musée Titanic à Belfast (p. 398)
2. Museum of Country Life (p. 337)
3. Hunt Museum (p. 259)
4. Spike Island (p. 181)
5. National Gallery (p. 40)

National Gallery.
Photo © National Gallery of Ireland
Photographer : Roy Hewson

la réputation d'être les meilleurs du pays, dans le fair play comme dans leurs encouragements. Ambiance assurée ! **Voir p. 261**.

❤ **Prendre une « nice cup of tea »** à n'importe quelle heure, dans un salon de thé à l'atmosphère typiquement irlandaise, où les gourmandises proposées sont aussi savoureuses que le thé est chaud, l'accueil souriant et la conversation animée. À ce régime-là, on se sent vite du pays...

❤ **Découvrir les fantastiques îles d'Aran** et, l'espace de quelques jours, être un de ces insulaires qui appellent l'Irlande le continent. Sur les trois îles de l'archipel d'Aran, retrouver la nature sauvage et le goût du dialogue. **Voir p. 304**.

❤ **Viser le Grand Chelem** en collectionnant chacun des 2 500 km de route côtière du Wild Atlantic Way. De Derry à Kinsale... pour le voyage d'une vie ! **Voir p. 243**.

❤ **Encercler et dominer** la vieille ville de Derry en parcourant ses 1,5 km de remparts. Imprégnez-vous de l'histoire de cette vibrante cité avant de profiter de sa riche programmation culturelle et d'excellents restaurants. **Voir p. 457**.

Inishmore island.
Chris Hill/Tourism Ireland

Nos coups de cœur

La Midleton Distillery.
N. Haval/age fotostock

❤ **S'initier à l'art de la distillation** à Midleton. Car les Irlandais distillent, et depuis fort longtemps ! Aujourd'hui, l'Irlande repart même à la conquête de sa place de leader du whiskey. **Voir p. 181**.

St Patrick's Day, le 17 mars.
Adrian Sadlier/Tourism Ireland

❤ **Être en vert et heureux** à Dublin, en suivant en direct la parade de la St-Patrick. Cela implique de se maquiller, de porter quelque chose de vert... et d'embrasser un Irlandais (il paraît que cela porte-bonheur). **Voir p. 510**.

❤ **Marcher dans les pas** du chanteur Van Morrison dans les rues de Belfast : Cyprus Avenue, sa maison natale, son école, Bloomfield Station, the Hollow, autant de lieux que connaissent, sans y être venus, les fans du chanteur irlandais. **Voir p. 401**.

❤ **Découvrir l'Irish coffee,** dans un pub irlandais, ou chez des Irlandais ravis de vous initier à l'art du délicat mélange d'un café très chaud, d'un whiskey velouté, d'une crème légère et du sucre. Une tradition depuis 1942. **Voir p. 561**.

Croagh Patrick.
P. McCabe/Design Pics RM/age fotostock

Le Bittles Bar, Belfast.
Aitormmfoto/Getty Images Plus

TOP 5
Pubs « icones »

1. **The Long Hall** (Dublin) (p. 68)
2. **Tigh Neachtain** (Galway) (p. 301)
3. **The Bittles Bar** (Belfast) (p. 405)
4. **Sin É** (Cork) (p. 185)
5. **Left Bank** (Kilkenny) (p. 147)

❤ **Escalader la montagne sacrée** de Croagh Patrick, avec les milliers de pèlerins qui la gravissent chaque année fin juillet ou en solitaire à n'importe quel autre moment de l'année. Du haut de ses 763 m, on embrasse toute la baie de Clew. **Voir p. 330**.

❤ **Rendre hommage à** Seamus Heaney au musée de Bellaghy. Un centre d'art et de littérature, à la scénographie contemporaine, lui est consacré et explore les sources d'inspiration du poète. Un must pour (re)découvrir le prix Nobel de littérature de 1995, mais aussi toute la ruralité irlandaise. **Voir p. 413**.

❤ **Rencontrer la mère des dragons.** Tentez votre chance en parcourant les formidables sites naturels de l'île où a été tournée la mythique série *Game of Thrones*. Achever le pèlerinage en visitant les studios tout juste ouverts au public. **Voir p. 388 et 412**.

Nos coups de cœur

Musiciens au O'Connor's Pub, Doolin.

❤ **Écouter de la musique** traditionnelle, classique, jazz ou *jigs* endiablées... En Irlande, tout prétexte est bon pour la pratiquer. À Westport, il fait bon passer la soirée au Matt Malloy's Pub, tenu par le flûtiste des Chieftains. Pour la musique, vous serez aux premières loges ! **Voir p. 333**.

❤ **Taquiner le Fastnet,** ce petit rocher de la baie de Bantry à l'origine de tant d'histoires maritimes. À la voile ou en ferry, passez le phare qui a fait la légende de la Rolex Fastnet Race. **Voir p. 202**.

❤ **S'échapper** sur les pentes multicolores des Wicklow Mountains que traverse le Wicklow Way. De Glendalough à Sally's Gap, les panoramas y sont époustouflants. **Voir p. 103**.

❤ **Rendre à l'Irlande l'art du jardin en liberté,** parfois nommé jardin à l'anglaise, en vous promenant dans le plus parfait des jardins robinsonniens : Mount Usher, à Ashford dans le Wicklow, à 50 km de Dublin. **Voir p. 100**.

❤ **Apprendre une écriture secrète** en se penchant sur les inscriptions des pierres oghamiques conservées dans le Stone Corridor de l'université de Cork, impressionnants témoignages de la plus ancienne écriture celte. Elles datent du 5e au 7e s. **Voir p. 177**.

Slieve League.
RelaxFoto.de/Getty Images Plus

TOP 5
Nature grandiose

1. Skellig Islands (p. 220)
2. Slieve League (p. 356)
3. Le Burren (p. 278)
4. La Chaussée des Géants (p. 444)
5. Carrick-a-Rede Rope Bridge (p. 446)

Le phare du Fastnet.
phbcz/Getty Images Plus

Et vous, quels sont vos plus beaux souvenirs de voyage ?

Partagez-les nous sur Instagram ! Vous serez peut-être sélectionnés pour une publication dans une prochaine édition en mentionnant le # : **#coupsdecoeurGuideVertMichelin**

4 jours

L'Irlande ancestrale autour de Dublin

En bref : Un circuit de 370 km pour explorer l'Irlande ancestrale.

H. Sollinger/imageBROKER/age fotostock

Au sud J-1

Visite des jardins de Mount Usher (**p. 100**) et déjeuner au Café Avoca (Mount Usher Gardens Cafe). Après-midi à Glendalough (**p. 102**). Dîner et soirée pub à Bray (**p. 108**).

Au nord J-2

En route pour Drogheda (**p. 76**), visite de Malahide Castle (**p. 58**) et déjeuner à Skerries. L'après-midi, visite de l'abbaye de Monasterboice et de ses croix celtes (**p. 80**).

Monasterboice.
Eye Ubiquitous/age fotostock

Vers Tara J-3

Visite de Newgrange et, pour les passionnés, de Brù na Bóinne (**p. 78**), puis Hill of Tara, sur le lieu sacré des rois d'Irlande (**p. 82**).
Pourquoi ne pas dormir dans les environs de Tara, au cœur de la mythologie celte ?

Retour à Dublin J-4

À Dublin, visite du National Museum of Archaeology (**p. 42**). Puis promenade à la découverte du quartier le plus moderne de Dublin, ancré sur le canal, les docks et les quais rénovés de la Liffey (**p. 52**).
Véritable cœur battant, les Docks s'activent toute la journée :
on y vit, on y travaille, on s'y amuse, entre bureaux, cafés, théâtres et hôtels.

Conseil : un circuit à faire en boucle ou en revenant chaque soir à Dublin.

5 jours

Belfast et l'Irlande du Nord

En bref : L'essentiel de l'Irlande du Nord en 300 km.

benkrut/Getty Images Plus

Belfast J-1

Visite de Belfast (**p. 390**), du centre-ville au quartier de l'Université, ou découverte du musée Titanic, sur les quais. Soirée sur Great Victoria Street.

Giant's Causeway J-2

Route vers Carrickfergus et visite de son château (**p. 408**), puis direction la Chaussée des Géants (**p. 444**), pour en prendre plein les yeux et les poumons... Selon l'heure, poursuivre directement jusqu'à Coleraine (**p. 443**) pour y passer la nuit ou visiter en route Old Bushmills Distillery ou Dunluce Castle (**p. 443**).

Coleraine J-3

En fonction du programme de la veille, faire étape à Portstewart et Portrush, puis visiter Dunluce Castle et Old Bushmills Distillery (**p. 443**). Nuit à Derry (**p. 464**).

Derry J-4

La ville, ses murs, son pont symbole de paix et de réconciliation racontent l'histoire de l'Irlande, mais aussi sa joie et sa détermination à imaginer demain (**p. 457**). Nuit sur place.

Retour à Belfast J-5

En fonction du temps imparti, faire halte à la vieille abbaye augustine de Dungiven (**p. 468**). À Magherafelt, petit détour par Bellaghy pour visiter le Seamus Heaney HomePlace (**p. 413**). En route, admirer le panorama sur le Lough Neagh (**p. 412**). Belfast n'est plus loin.

Belfast.
Alamy/hemis.fr

Nos itinéraires

12 jours

L'Irlande d'Est en Ouest

En bref : Une première approche de l'Irlande en 700 km.

Pawel Gaul/Getty Images Plus

Dublin J-1 & 2

Visite de Dublin (**p. 32**) sur deux jours et seconde nuit sur place avant filer vers l'ouest.

Athlone et Shannon J-3

Direction le monastère de Clonmacnoise (**p. 270**) avant de rallier Athlone, pour passer la nuit au bord du Shannon (**p. 270**). Découverte du château et de la vieille ville, puis randonnée sur Old Rail Trail (**p. 271**). Promenade en bateau.

Galway et le Connemara J-4 à 6

Cap vers Galway (**p. 294**), ville étudiante et festive, fief de la culture gaélique. Soirée sur place impérative. Départ pour le Connemara (**p. 311**), direction Clifden. Passer deux nuits sur place pour explorer la région.

Westport J-7

Remonter vers Westport (**p. 331**) et le Connemara rural : Croagh Patrick, les landes de pierres et de bruyères.

Sur les rives du Shannon à Athlone.
G.Munday/age fotostock

Ici on salue tout le monde, même les moutons qui circulent sur la route ! Un *must,* dormir à Westport (**p. 334**).

Achill Island J-8

Escapade sur Achill Island pour une journée de randonnée en bord de mer, dans des paysages spectaculaires (**p. 335**).

Sligo J-9

Direction Castlebar et le National Museum-Country Life de Turlough (**p. 337**), puis faire route vers Sligo, le « Yeats Country », pour y passer la nuit (**p. 344**) après avoir écouté de la musique dans un pub.

Enniskillen J-10

Entrer en Irlande du Nord par Belleek (**p. 475**) puis traverser la région des lacs de Fermanagh par le sud du Lough Erne. En chemin, faire étape à Cliffs of Magho (**p. 476**) et Castle Coole (**p. 474**). Nuit à Enniskillen.

Belfast J-11 & 12

En route pour Belfast, faire halte à Hillsborough (**p. 410**). Découverte de la capitale d'Irlande du Nord, en plein renouveau. Plonger dans les légendes du *Titanic* et du *Monde de Narnia* avec l'East Belfast Trail (**p. 401**). Sur la route de Dublin, visiter les studios de *Game of Thrones* (**p. 412**).

La région des lacs Fermanagh.
D. Lyons/age fotostock

Nos itinéraires

6 jours

La côte Ouest de Cork à Limerick

En bref : 475 km à la découverte du Sud-Ouest.

W. Bibikow/age fotostock

Cork J-1

Visite du centre ville (**p. 172**) et déjeuner à l'English Market. Après-midi à Blarney Castle (**p. 179**), Cobh (**p. 179**) ou Fota (**p. 181**).

Cork-Bantry J-2

Faire étape à Kinsale (**p. 188**), puis continuer par Clonakilty et Skibbereen (**p. 193**). Cette région moins fréquentée réserve des surprises : plages désertes, restaurants, régates... Nuit à Bantry.

Intérieur de l'English Market à Cork.
W. Bibikow/age fotostock

Beara Peninsula J-3

Explorer ce joyau caché qu'est la péninsule de Beara (**p. 209**) et poursuivre jusqu'à Castletownbere (**p. 210**) pour y passer la nuit. Autre alternative, aller directement de Bantry à Killarney, pour suivre ensuite le Ring of Kerry (**p. 217**).

Castletownbere J-4

Journée à Castletownbere, port de pêche très actif. S'offrir une pause sur l'attachante Bere Island (**p. 211**) ou remonter lentement vers Killarney par Allihies et Eyeries (**p. 212**).

Killarney et Dingle J-5

Visiter tôt Killarney et ses lacs (**p. 228**), pour être en fin d'après-midi à Dingle et y passer la nuit (**p. 242**).

Limerick J-6

Rejoindre Limerick (**p. 258**) en passant par Tralee (**p. 238**).

Conseil : pour les îles, vérifiez toujours les horaires des ferries.

6 jours

Sur les traces des Vikings, au sud de Dublin

En bref : 500 km pour visiter l'héritage viking du Sud-Est.

Macsnap/Getty Images Plus

Waterford — J-1

Arriver par Rosslare et se diriger vers Waterford. Se promener dans le quartier du Triangle Viking (**p. 132**), puis filer à la plage de Tramore (**p. 136**) admirer les surfeurs.

Vers Cork — J-2

En route, faire une randonnée sur les chemins côtiers, Helvick Head (**p. 162**) par exemple, puis visiter Youghal, le port de Moby Dick.

Cork — J-3

Journée urbaine et culturelle à Cork (**p. 172**) avant de repartir.

Cashel - Kilkenny — J-4

Cashel, spectaculaire site historique au cœur de l'Irlande (**p. 155**). Nuit sur place ou près de Kilkenny.

Carlow-Wexford — J-5

Avec son château et sa ville médiévale, Kilkenny (**p. 140**) c'est l'Irlande riante et toute sa gouaille.

Faire halte à Carlow (**p. 145**), qui donne son nom au deuxième plus petit comté d'Irlande. De jolis villages comme Leighlinbridge et Borris constituent de belles étapes avant de rejoindre Wexford.

Wexford-Rosslare — J-6

L'attachante ville de Wexford est un autre fleuron de l'histoire viking (**p. 116**). Visiter l'Irish National Heritage Park et ses abbayes, puis admirer Hook Lighthouse, le plus vieux phare d'Irlande.

Le port de Waterford.
G. Munday/age fotostock

Nos spots en famille

Tullan Strand, dans le Donegal.

Tout au long du guide, ce symbole vous aidera à repérer les sites ou activités qui intéresseront les enfants.

▸ **Surf à Bundoran et Rossnowlagh.** Les vagues qui viennent mourir sur les superbes plages de la région attirent les amateurs de glisse de tout le pays. De nombreuses écoles de surf proposent des cours d'initiation et fournissent les combinaisons ! **Voir p. 353-354**.

▸ **Journée au grand air à Castlewellan.** Un lac enchanteur, un château, un labyrinthe où se perdre, des sentiers pour marcher et pédaler.... Un site superbe pour pratiquer des activités en famille. **Voir p. 437**.

▸ **Avec les plus beaux chevaux à Kildare.** Le haras national de Tully (Irish National Stud) est mondialement connu des amateurs de chevaux de course. Les équidés y sont en effet choyés depuis le 13e s. On visite ses installations impeccables et ses jardins manucurés tout en profitant de paysages enchanteurs. **Voir p. 91.**

Bébé phoque sur Rathlin Island.

▸ **À la rencontre des phoques et macareux de Rathlin Island.** Située à l'extrême nord-est de l'Irlande, cette île en forme de croissant est peuplée de centaines de phoques et de larges colonies d'oiseaux marins. Partez à leur rencontre, à pied ou à vélo, en compagnie, pourquoi pas, d'un guide ornithologue. **Voir p. 447.**

▸ **Dans la peau d'un soldat au Charles Fort .** Immense et spectaculaire, cette forteresse en étoile située au sud de Kinsale offre des vues superbes sur les environs. À hauteur d'enfant ou d'adulte, on prend un vrai plaisir à suivre ses remparts, imaginer le quotidien des soldats, les combats, l'attente... **Voir p. 190.**

▸ **Ascension onirique de Skellig Islands.** Défi du jour : gravir les 600 marches en pierre d'un escalier vertical battu par les vents, au sein du paysage le plus marquant du pays... et du cinéma. Cohésion familiale assurée ! **Voir p. 220.**

▸ À vélo sur la voie verte de Waterford. Les 45 km de la Waterford Greenway suivent le tracé d'une ancienne voie ferrée entre la capitale du comté et le charmant village portuaire de Dungarvan. Au programme : des paysages variés, des ponts par dizaines et de nombreuses haltes enchanteresses. **Voir p. 136.**

Un parcours idéal avec des ados. Location de vélo possible à Waterford et en divers points sur le trajet. Retour en bus.

▸ Course avec les dauphins de Kenmare Bay ! Embarquez et parcourez la baie de Kenmare pour observer les dauphins qui peuplent ses eaux. Et qui sait... Peut-être apercevrez-vous même des baleines ? **Voir p. 225.**

La saison des excursions court d'avril à octobre, mais les baleines se montrent plutôt en automne.

▸ Voyage au large sans couler à Belfast. L'incontournable Titanic Museum ne déçoit personne. La qualité de l'exposition et des reconstitutions, les expériences interactives et les effets spéciaux permettent de s'instruire tout en se divertissant. On sentirait presque les embruns... **Voir p. 398.**

▸ Incursion dans le temps à Craggaunowen. Construites dans des paysages champêtres imprégnés d'histoire, certaines sur des îles artificielles, ces reconstitutions d'habitations de l'âge de bronze sont très réussies. Objets exposés et informations délivrées viennent titiller notre imagination. **Voir p. 262.**

▸ Plaisirs simples à Silver Strand. Sable fin, eaux turquoises, falaises verdoyantes, l'une des plus belles plages de l'île est un lieu idéal pour pique-niquer en famille, s'offrir une petite sieste, jouer, sauter dans les vagues... Que demander de plus ? **Voir p. 330.**

Baignade par temps calme uniquement. Pour votre pique-nique, profitez des boutiques de Westport.

▸ Toute une histoire au Kerry Museum. Basé à Tralee, ce musée retrace l'histoire de l'île grâce à des reconstitutions très réussies. Les cinq sens sont sollicités lors d'une saisissante plongée dans une ville médiévale. Qui a dit que l'Histoire était ennuyeuse ? **Voir p. 239.**

La Waterford Greenway.
A. Pistolesi/hemis.fr

Le port et la cathédrale de Cobh, près de Cork.
Susanne Neumann/Getty Images Plus

DÉCOUVRIR LA RÉPUBLIQUE D'IRLANDE

Les tombeaux de Knowth.
Tourism Ireland

1

La région de Dublin

CARTE MICHELIN NATIONAL N° 712 J-N 5-9
COMTÉS DE DUBLIN, MEATH, LOUTH, KILDARE ET WICKLOW

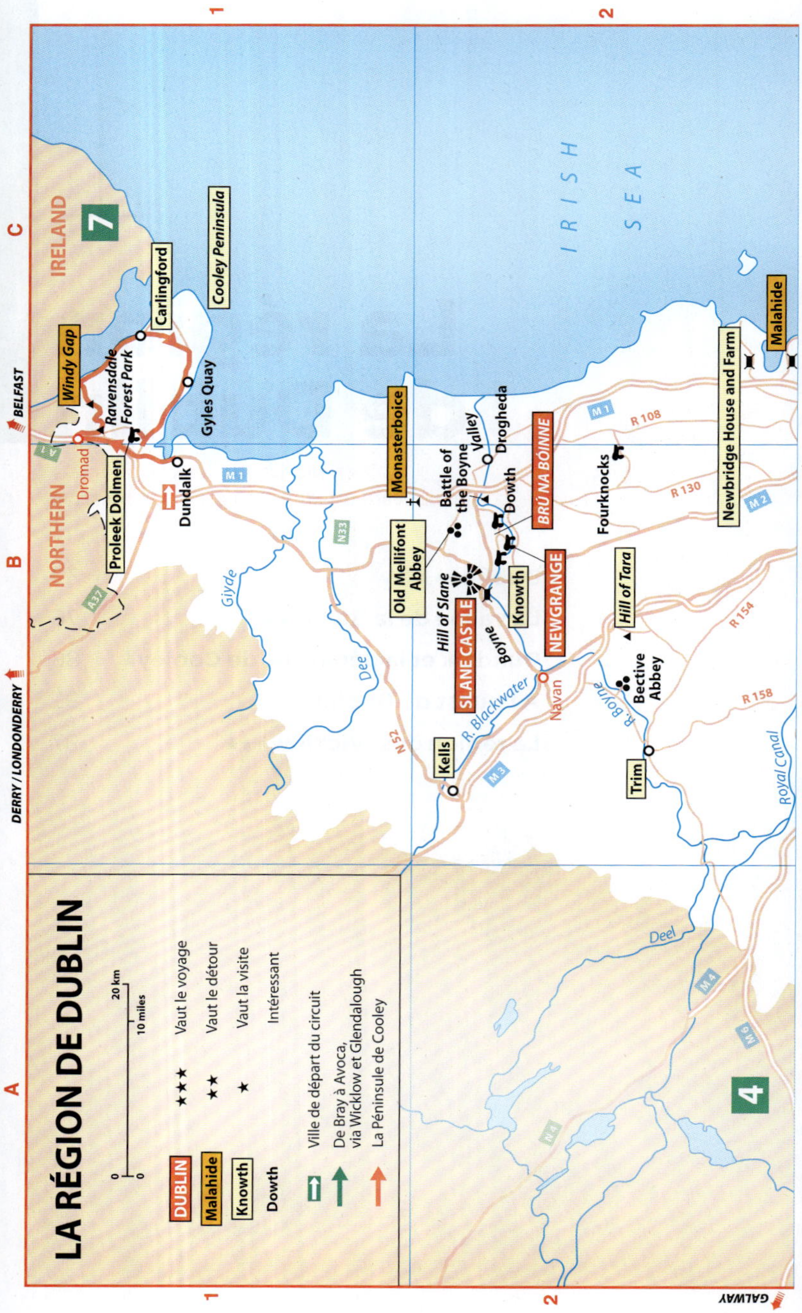
LA RÉGION DE DUBLIN
0 10 miles
0 20 km
DUBLIN ★★★ Vaut le voyage
Malahide ★★ Vaut le détour
Knowth ★ Vaut la visite
Dowth Intéressant
Ville de départ du circuit
De Bray à Avoca, via Wicklow et Glendalough
La Péninsule de Cooley
DERRY / LONDONDERRY
BELFAST
GALWAY
NORTHERN IRELAND
7
4
IRISH SEA
Windy Gap
Ravensdale Forest Park
Carlingford
Cooley Peninsula
Gyles Quay
Dromad
Proleek Dolmen
Dundalk
A37
M 1
N33
Glyde
Dee
Monasterboice
Old Mellifont Abbey
Battle of the Boyne Valley
Drogheda
Dowth
BRÚ NA BÓINNE
Hill of Slane
SLANE CASTLE
Knowth
NEWGRANGE
Boyne
Fourknocks
R 108
R 130
M 2
Newbridge House and Farm
Malahide
Hill of Tara
Bective Abbey
R. Boyne
R 154
R 158
Navan
R. Blackwater
N 52
Kells
M 3
Trim
Royal Canal
Deel
M 4
M 6
N 4
A B C
1 2

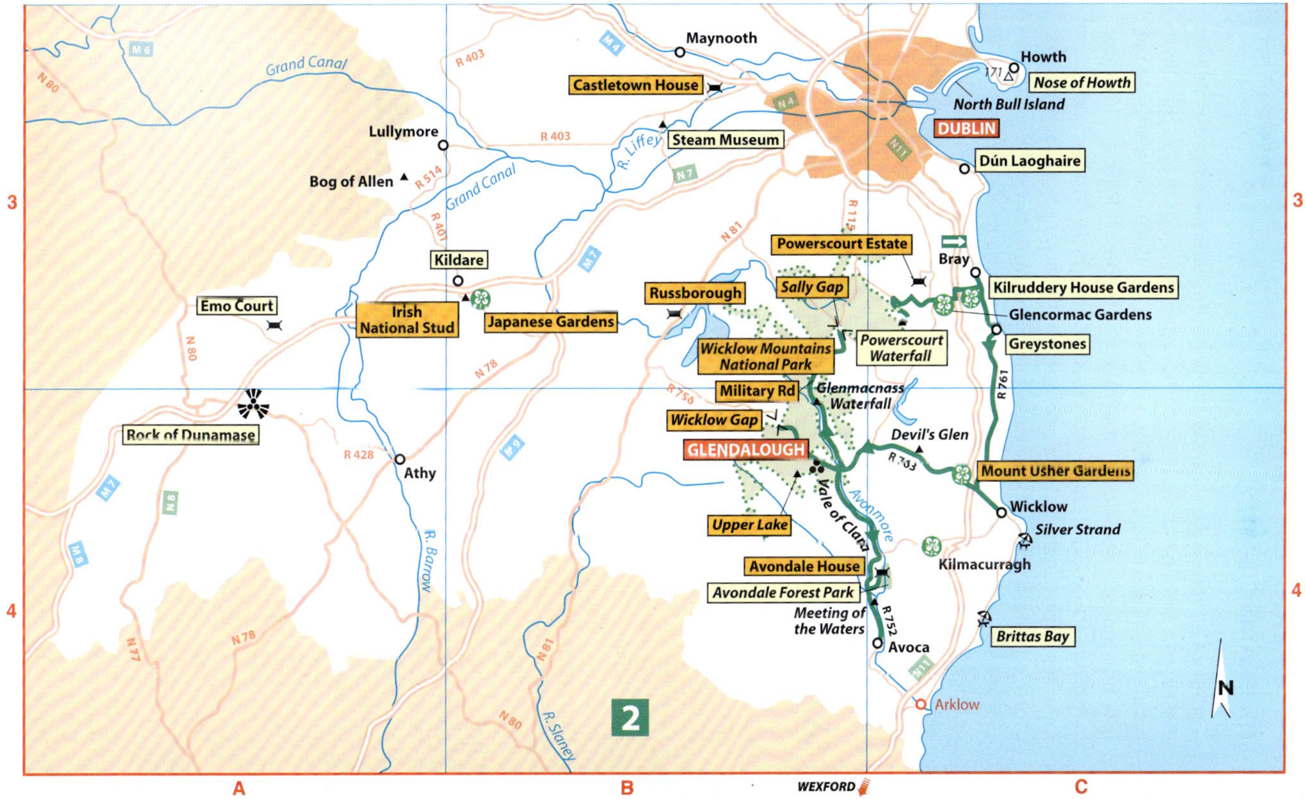

Maynooth
Howth
171
Nose of Howth
North Bull Island
DUBLIN
Dún Laoghaire
Castletown House
Steam Museum
R. Liffey
Grand Canal
Lullymore
Bog of Allen
Kildare
Irish National Stud
Japanese Gardens
Emo Court
Rock of Dunamase
Athy
R. Barrow
R. Slaney
Russborough
Powerscourt Estate
Sally Gap
Powerscourt Waterfall
Wicklow Mountains National Park
Military Rd
Glenmacnass Waterfall
Wicklow Gap
GLENDALOUGH
Upper Lake
Vale of Clara
Avonmore
Devil's Glen
Avondale House
Avondale Forest Park
Meeting of the Waters
Avoca
Arklow
Bray
Kilruddery House Gardens
Glencormac Gardens
Greystones
Mount Usher Gardens
Wicklow
Silver Strand
Kilmacurragh
Brittas Bay
WEXFORD
N
2
A
B
C
3
4
M 6
M 4
M 7
M 8
M 9
N 4
N 7
N 11
N 8
N 77
N 78
N 80
N 81
R 403
R 401
R 514
R 428
R 115
R 756
R 763
R 752
R 761

Dublin ★★★

(Baile Átha Cliath)

Populaire et fière, catholique et protestante, celtique sous des dehors classiques, Dublin cultive avec complaisance les paradoxes. En devenant la capitale de la république d'Irlande, en 1949, elle a affirmé son identité gaélique sans faire table rase de son passé. Pétillante comme la mousse d'une Guinness bien tassée un soir de St-Patrick, la vie ici se joue des caprices du ciel et du temps. On ne visite pas Dublin, on l'explore, on l'expérimente. Prenez la ville par n'importe quel bout et laissez-vous guider par l'humeur espiègle d'une cité tout en clins d'œil et contrastes – classicisme élégant ou richesse exubérante des manuscrits enluminés, bijoux néolithiques en or ou simplicité de certains quartiers, traditions séculaires ou courants d'avant-garde. La Liffey, qui coupe la ville en deux, constitue un point de départ tout trouvé.

Se repérer

CARTE BC2-3 (P. 30-31), PLAN I (P. 34-35), PLAN II (P. 36-37).

570 000 hab. (agglo 1,25 millions hab.). Située sur la côte est du pays, la capitale de la république d'Irlande occupe l'embouchure de la Liffey, laquelle coupe la ville en deux, accentuant la séparation entre un Dublin populaire et tumultueux au nord et un Dublin paisible et *so laid back* (décontracté) au sud de la ville.

À ne pas manquer

Le *Livre de Kells* au Trinity College ; les trésors d'art celtique du National Museum of Archaeology, 14 Henrietta Street et la Chester Beatty Library ; la tournée des pubs.

Organiser son temps

Dublin se visite facilement à pied : comptez trois jours pour découvrir l'essentiel. Évitez les fêtes de fin d'année, la plupart des hôtels, restaurants et musées étant fermés.

En famille

Dublinia pour la plongée dans le Moyen Âge ; le National Museum of Natural History pour les grands animaux naturalisés ; le National Wax Museum Plus ; une échappée verte à Phoenix Park ; le navire *Jeanie Johnston*.

Carnet pratique p. 62

Nos adresses p. 64

Se promener

PLAN II P. 36-37

Étendue autour de la baie du même nom, Dublin concentre bon nombre des sites touristiques dans un périmètre restreint, sur la rive sud de la Liffey.

★★ Au sud de la Liffey - Autour de Grafton Street

Le cœur historique de Dublin a gardé sa physionomie de l'époque georgienne, tout en cultivant son dynamisme. À la veille du 21e s., les quartiers autour de Trinity College se sont mis à vibrer à un rythme frénétique, à l'instar de Temple Bar, véritable ruche culturelle le jour, plus festive la nuit venue. Aujourd'hui, le Creative Quarter autour de Powerscourt, Drury Street et Great George's Street attire à son tour une foule bohème.

★★ Trinity College G2

Porche principal (Front Gate) sur College Green - ✆ 01896 1000 - www.tcd.ie - visite guidée (45/75mn) par un étudiant, incluant ou non la Old Library et le Book of Kells *: 9h-15h (dernier dép.) - 15/29 € (-12 ans gratuit) ; billets en vente sur Internet ou au porche principal.*

Fondé en 1592 sous le règne d'Elizabeth Ire, ce qui fut un haut lieu de la culture anglo-saxonne apparaît aussi comme un des plus forts symboles de la domination culturelle anglaise. L'admission était réservée uniquement aux protestants jusqu'en 1873 et interdite aux femmes de toutes confessions jusqu'en 1903. De son côté, l'Église catholique interdit à ses membres de s'y inscrire jusqu'à la fin des années 1960. Près de 18 000 étudiants la fréquentent, rêvant peut-être de devenir aussi célèbres que leurs prédécesseurs : Jonathan Swift, Oscar Wilde, Bram Stoker ou Samuel Beckett.

Passé son austère façade, vous oublierez aussitôt l'agitation de la rue. Vous découvrez une succession de cours paisibles, encadrées de bâtiments datant pour la plupart du 18e s., les constructions d'origine ayant pratiquement toutes disparu. Dépassez Front Square, puis **Parliament Square** et sa petite chapelle *(sur le côté gauche)*, ouverte à tous les cultes depuis 1972.

Sur la pelouse de **Library Square** se dresse le campanile, monument de 30 m de haut élevé en 1852 à l'emplacement présumé d'un ancien monastère médiéval. Au fond de la cour, les bâtiments de brique rouge, les **Rubrics** (du latin *rubrica* qui signifie « rouge ocre »), sont les plus anciens vestiges (fin du 17e s.) de l'université primitive.

En suivant le fléchage pour le *Book of Kells (entrée par Fellows'Square)*, vous contournez par la gauche la **Reading Room** (salle de lecture), petit bâtiment néoclassique aux allures de temple grec.

À l'angle sud-est de Fellows'Square, qui donne accès à la Vieille Bibliothèque, un jardin entoure **Provost's House** *(fermée au public mais visible de Grafton St.)*, l'une des plus belles demeures georgiennes de Dublin, où réside le doyen de Trinity College.

Si vous aimez...	
Les musées	La National Gallery *(p. 40)*, le Museum of Decorative Arts *(p. 55)*, 14 Henrietta Street *(p. 50)*.
Les livres	L'Old Library et le *Book of Kells (p. 39)*, la Chester Beatty Library *(p. 45)*, le MoLI *(p. 43)*, participer au Bloomsday.
La musique live	The Quays, The Auld Dubliner, The Porter House, Turks Head Chop House, The Brazen Head, O'Shea's Merchant.
Les châteaux	Dublin Castle *(p. 45)*, Malahide Castle, Castletown House *(p. 59)*.
Le pub crawling	En préambule, la visite d'une distillerie : Jameson *(p. 51)*, Pearse Lyons *(p. 55)* ou Telling *(p. 54)*, puis les pubs de Temple Bar *(p. 68)*.
Les églises	Christ Church Cathedral *(p. 46)*, St Patrick's Cathedral *(p. 47)*, le pub The Church, installé dans une église.
La mer	Le panorama de la Vico Road à Dalkey, une virée sur le port de Howth *(p. 58)*, un après-midi à Dún Laoghaire.

SE RESTAURER		SE LOGER
Herbstreet 1	Nancy Hands Bar & Restaurant 3	Aberdeen Lodge 2
	Ryan's Pub & FXB Grill 4	Ariel House 8

Clifden House 14
Dergvale Hotel 16
The Gibson Hotel 18
Number 31 24
The Wilder Townhouse 26
Parkway Guesthouse 28

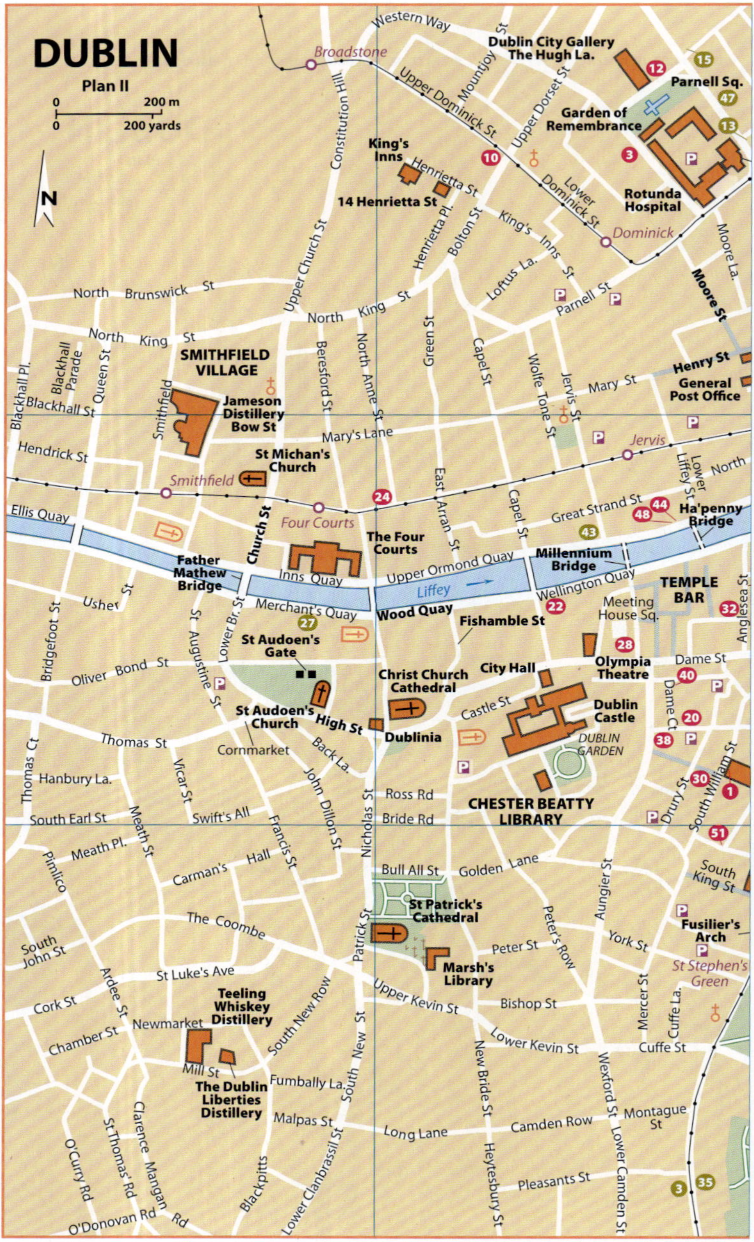

SE RESTAURER

La Cucina 1
Beshoff 2
Mr Fox 3
Declan & Donal 10
Chapter One 12
Cornucopia 14
Fallon & Byrne 20
Dollard & Co. 22
Fegan's 1924 24
Irish Film Institute Café Bar 28
La Maison 30
The Mongolian Barbeque 32
The Oliver St John Gogarty's 34
Pig's Ear (the) 36
Rustic Stone 38
Stag's Head 40
The Winding Stair 44
Yamamori Sushi 48

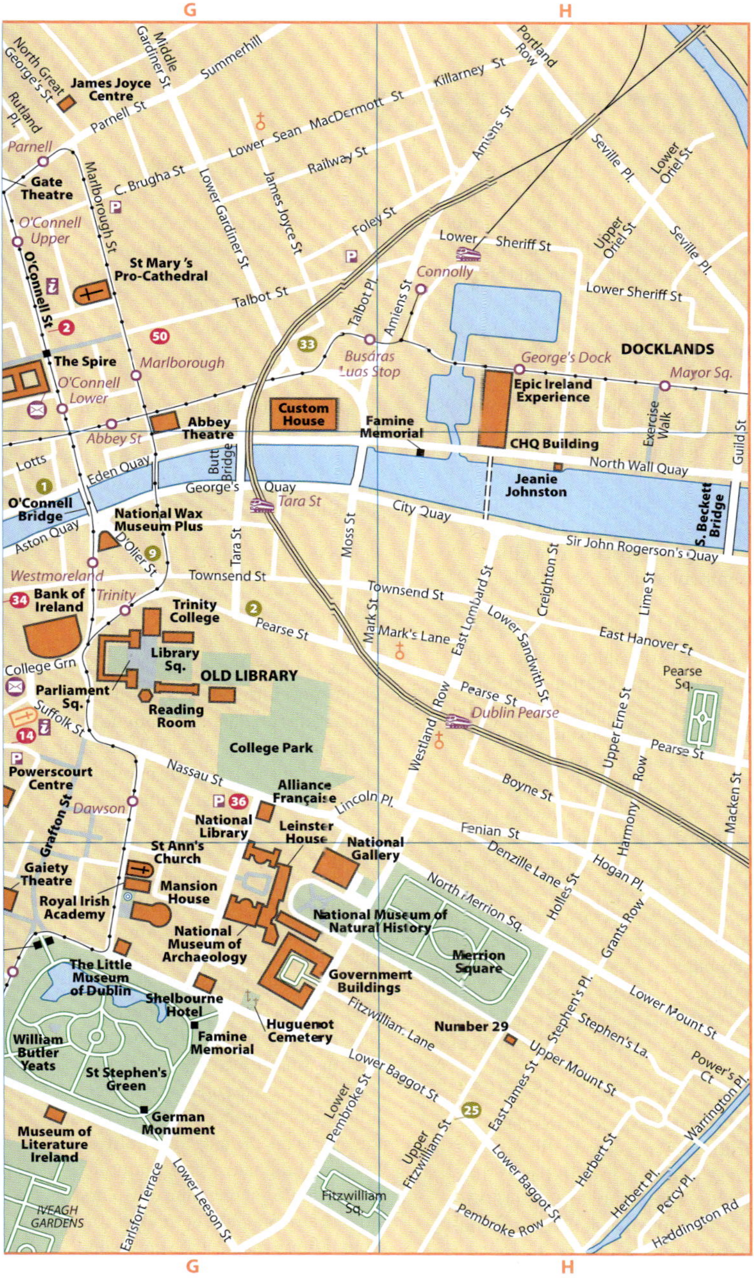

101 Talbot 50
Catch-22 51

SE LOGER

Abbey Court Hostel.......... 1
The Trinity City Hotel 2
The Dean.................. 3
Ashfield House 9
Cassidys Hotel.............. 13
Castle Hotel 15
Fitzwilliam Townhouse 25
Four Courts Hostel. 27
Isaacs Hostel 33
Iveagh Garden Hotel......... 35
The Morrison 43
St George Hotel 47

Un peu d'histoire

La fondation de Dublin remonte à 988. À cette époque, le petit port établi par les Vikings en amont de l'embouchure de la Liffey s'appelle Dyfflin, dérivé du gaélique *Dubh Linn*, en référence à l'étang noir situé à l'emplacement de l'actuel château. Les 200 ans de domination viking, marqués par des relations tumultueuses entre les occupants païens et les autochtones celtes chrétiens, s'achèvent en 1014 avec la victoire du roi celte **BrianBorú** à la bataille de Clontarf, au nord-est de Dublin. Moins de deux siècles plus tard, les Normands s'installent, fortifient la ville et construisent Dublin Castle.

La domination anglaise

Avec le roi d'Angleterre Henri II pour suzerain, Dublin s'assimile peu à peu à une ville étrangère. Ses habitants s'aventurent peu hors des murs de peur d'être massacrés par les autochtones qui, retranchés dans les Wicklow Mountains, tenteront vainement de reprendre la cité pendant près de quatre siècles. Au 17e s., Cromwell s'empare de la cité dont la prospérité ira croissant tout au long du siècle suivant, comme en témoignent les élégants bâtiments publics – Custom House, Four Courts – et les somptueuses demeures édifiées par la bourgeoisie marchande.

Déclin et renaissance

À la fin du 18e s., le Parlement irlandais, largement autonome, siège à Dublin, la deuxième ville du Royaume-Uni. Mais en 1800, l'**Acte d'union** avec la Couronne d'Angleterre annonce le début du déclin. Les paysans, fuyant la misère, affluent vers la capitale, où ils s'entassent dans des taudis. Le fond du gouffre est atteint dans les années 1847-1852. La Grande Famine, l'émigration massive vers les États-Unis et la répression féroce exercée par l'occupant anglais font de Dublin la capitale d'une nation irlandaise en voie de disparition. À tous ces maux s'ajoutent les conditions de vie effroyables engendrées par la révolution industrielle. Les récits de voyages de la fin du 19e s. décrivent le prolétariat de Dublin comme l'un des plus misérables d'Europe, où le crime, la prostitution et l'alcoolisme font des ravages. Aussi, l'émergence du nationalisme apparaît-elle comme un sursaut de patriotisme et une œuvre de rédemption morale du peuple.

La fierté retrouvée

Dans les années 1900, la renaissance de la langue gaélique, la création de l'Abbey Theatre par William Butler Yeats et Lady Gregory sont autant d'actions culturelles sur fond de fierté nationale retrouvée. La longue grève générale de 1913, puis l'insurrection de 1916 font de Dublin la capitale de la résistance et du sursaut national irlandais. L'indépendance, en 1922, suivie par la guerre civile, laisse la ville d'autant plus amoindrie que l'occupation britannique fait place à un conservatisme catholique particulièrement étouffant faisant fuir les intellectuels comme Joyce ou Beckett. Il faudra attendre 1973 et l'entrée de l'Irlande dans la Communauté européenne pour que la ville retrouve son attrait. Avec une majorité de la population âgée de moins de 25 ans et une politique fiscale audacieuse, cette capitale dynamique est devenue une place financière majeure et une destination touristique recherchée pour son atmosphère. Dublin déborde d'énergie et se modernise, au détriment parfois d'attachants quartiers populaire. Il suffit, pour s'en convaincre, de flâner du côté des Docklands. Quant au vieux Dublin, il a retrouvé son esprit festif et pétillant.

L'épopée du Livre de Kells

Cette copie des quatre évangiles, que l'on a longtemps associée à saint Columcille (appelé aussi saint Columba), fondateur au 6e s. du monastère de Iona sur la côte occidentale de l'Écosse, daterait en fait du tout début du 9e s. Après une attaque meurtrière des Vikings, les moines se réfugièrent à Kells *(voir p. 81)*, dans le comté de Meath, au nord-ouest de Dublin. En 1007, le livre disparut au cours d'un pillage, puis réapparut miraculeusement trois mois plus tard. En 1016, Kells est incendié, mais le manuscrit est encore sauvé. Cela se reproduira une bonne dizaine de fois. En 1653, le livre est envoyé à Dublin pendant les guerres de Cromwell. Puis en 1661, il est donné, avec le *Book of Durrow*, au Trinity College par l'évêque de Meath.

★★★ **Old Library** – *Avr.-sept. : 8h30-17h, dim. 9h30-17h ; oct.-mars : 9h30-17h, dim. 12h-16h30 - 18,50 € (réserv. en ligne recommandée). Pour échapper au flot des groupes, les meilleurs créneaux horaires sont 8h30-9h30 et 16h-17h.* Imposant bâtiment de 65 m de long, datant de la première moitié du 18e s., la Vieille Bibliothèque compte parmi les trois plus importantes bibliothèques des îles Britanniques. Depuis l'Acte d'union de 1800, elle reçoit un exemplaire de toutes les publications imprimées dans le Commonwealth, ce qui porte son stock à environ sept millions de volumes. Au rez-de-chaussée se tient l'exposition **Turning Darkness into Light**★★ (Des ténèbres à la lumière) sur l'origine des manuscrits et l'art de l'enluminure irlandaise. Vous parvenez ensuite à la salle du Trésor, où sont exposés les originaux du **Book of Dimma**★★, du **Book of Armagh**★★, du **Book of Durrow**★ et, surtout, du **Book of Kells**★★★, connu pour sa célèbre enluminure en page de garde de l'évangile de saint Matthieu, tout en symboles animaliers entrelacés. À l'étage, la **Long Room**★★, majestueuse galerie voûtée de 65 m de long, aligne sur ses rayonnages quelque 200 000 ouvrages anciens. De part et d'autre de l'allée, les bustes en marbre des personnalités les plus illustres de la philosophie et des lettres datent du 18e s. Au fond est exposée la harpe dite de Brian Ború, le héros celte vainqueur des Danois à la bataille de Clontarf en 1014. L'instrument a servi de modèle pour les pièces de monnaie et les billets de banque, mais date en réalité du 15e s. Tant pis pour la légende... À voir aussi, dans la vitrine voisine, l'original de la proclamation (1916) de la république d'Irlande.

National Wax Museum Plus G2

22-25 Westmoreland St. (vers O'Connell Bridge) - 01 671 8373 - www.waxmuseumplus.ie - 10h-19h (dernière entrée 18h) - 16,50 € (-12 ans 11,50 €).
Ce musée de cire est consacré aux grandes figures de l'histoire, de la littérature irlandaise et de la *pop music* avec, en prime, un petit « musée des horreurs ». Les enfants pourront même rencontrer Harry Potter et ses amis ou encore les Simpson.
Descendez Westmoreland St. vers le sud.

★★ Bank of Ireland G2

Westmoreland St.
L'imposant édifice classique situé en face de Trinity College fut construit au début du 18e s. pour accueillir le Parlement irlandais, puis réaménagé quelques dizaines d'années plus tard par Jamdigies Gandon, l'architecte de Four Courts et de Custom House. Le 2 août 1800, date noire dans l'histoire de la nation, le Parlement décida la fin de sa propre souveraineté en votant l'**Acte d'Union** rattachant le pays à la Couronne d'Angleterre, et l'année suivante, le bâtiment fut racheté par la Bank of Ireland, qui y siège toujours. Les guichets de la banque sont installés dans

l'ancienne Chambre des communes, au majestueux plafond orné de têtes de lion. La Chambre des Lords, conservée à peu près intacte, présente quant à elle un superbe plafond à caissons et de belles tapisseries du 17e s. En 2019, la banque s'est dotée d'un espace d'expositions, le **Cultural and Heritage Centre** *(lun.-sam. 10h-16h - gratuit).*

Continuez sur College Green pour gagner Church Lane.

Devant St Andrews Church, non loin de la très commerçante **Grafton Street**, vous croiserez la statue de **Molly Malone**, marchande de coquillages et héroïne d'une chanson populaire reprise en chœur à la moindre occasion.

Passez l'office de tourisme et suivez Suffolk St., qui devient Nassau St. après l'intersection avec Grafton St. Continuez jusqu'à Clare St.

★★ National Gallery G3

Clare St. (autre entrée possible sur Merrion Square West) - ✆ 01 661 5133 - www.nationalgallery.ie - dim.-lun. 11h-17h30, mar.-sam. 9h15-17h30 (jeu. 20h30) - collection permanente (avec audioguide en français) gratuit, expos temporaires : 10/15 €.

La Gallery s'organise autour d'un élégant bâtiment (2017) où lumière pénètre à flots. La **Yeats Collection** rend hommage à Jack Butler Yeats (1871-1957), artiste peintre et frère du prix Nobel de littérature William Butler Yeats. *La Course à la nage dans la Liffey*, un de ses tableaux les plus connus (1923), dépeint cette manifestation sportive, qui se déroule depuis 1920.

Les salles consacrées à la **peinture irlandaise** des 18e et 19e s. dévoilent des courants artistiques analogues à ceux qui ont traversé l'Europe, comme l'impressionnisme ou encore le symbolisme, très en vogue à la fin du 19e s. On peut ainsi admirer les œuvres de Frederic W. Burton (1816-1900), Paul Henry (1877-1958), Margareth Clark (1888-1961), etc. Voir également les œuvres des grands **portraitistes et paysagistes** tels que Gainsborough, Hogarth, Reynolds, et des toiles plus récentes comme le plus célèbre portrait de James Joyce, réalisé par Jacques-Émile Blanche dans les années 1930.

Presque tous les grands maîtres des **écoles française**, **flamande**, **espagnole**, **italienne et allemande** du 15e au 20e s. sont présents au niveau 3 et au niveau 1. Vous pourrez admirer des œuvres majeures de l'impressionnisme et de la peinture moderne française, comme *Stella au chapeau à fleurs* de Van Dongen et la *Dame sur la terrasse* de Paul Signac. Ne partez pas sans avoir vu ces deux célèbres toiles : *Femme écrivant une lettre et sa servante* de Vermeer (1670) et l'*Arrestation du Christ*★ de Caravage (1602).

Ressortez et dirigez-vous à droite vers Merrion Square.

★ Autour de Merrion Square GH3

La plus élégante place de Dublin est bordée de **maisons georgiennes** datant de la fin du 18e s. Remarquez l'uniformité des bâtiments et les portes typiques, avec leur heurtoir en cuivre et leur ouverture supérieure en demi-lune. À la belle saison, le jardin est un enchantement de végétation faussement désordonnée

Oscar Wilde habitait Merrion Square

Merrion Square est associé aux grands noms irlandais. Oscar Wilde habitait au n° 1, l'avocat nationaliste Daniel O'Connell au n° 58, l'écrivain W. B. Yeats au n° 82 et l'auteur de romans fantastiques Sheridan Le Fanu au n° 70. L'ambassade du Royaume-Uni tenait jadis ses quartiers au n° 39, avant d'être incendiée par l'IRA en 1972.

Millennium Wing, National Gallery of Ireland.
Photo © National Gallery of Ireland. Photographer: Roy Hewson

où se mêlent les essences ornementales. Des sculptures jalonnent les sentiers, dont la plus originale, représentant **Oscar Wilde** *(angle nord-ouest du parc)*, a été réalisée avec 40 sortes de pierres du monde entier.

★ **Number 29** – *29 Fitzwilliam St. Lower - www.numbertwentynine.ie - temporairement fermé aux visiteurs - visite virtuelle sur le site Internet.* Si vous voulez savoir ce qui se cache derrière les façades du quartier, rendez-vous dans cette demeure : vous pourrez imaginer la vie quotidienne d'une famille bourgeoise du début du 19e s. dans son cadre d'époque.

★ National Museum of Natural History G3

Merrion St. Upper - 01 677 7444 - www.museum.ie - dim.-lun. 13h-17h, mar.-sam. 10h-17h - fermé Vendredi saint et 25 déc. - gratuit.

Le musée subissant actuellement d'importants travaux de restauration, seul le rez-de-chaussée a rouvert au public. Le 1er étage demeure fermé pour une durée indéterminée.

Ne manquez pas les remarquables collections d'animaux naturalisés de ce musée digne de l'arche de Noé. À l'entrée, les squelettes d'un élan et d'un cerf géants semblent monter la garde. Les restes de ces deux mammifères, qui vivaient en Irlande il y a 10 000 ans, ont été retrouvés dans des tourbières, ce qui explique leur couleur noire et leur état de conservation exceptionnel. Le rez-de-chaussée est consacré à la faune irlandaise, le 1er étage aux mammifères du reste du monde.

Government Buildings G3

Merrion St. Upper - www.heritageireland.ie - visite guidée (40mn) le sam. à 10h30, 11h30 et 12h30 - gratuit (ticket à retirer le jour même à la National Gallery, entrée Clare St.).

Ces bâtiments néoclassiques se repèrent grâce aux policiers en faction. Construits entre 1904 et 1922 pour accueillir le Royal College of Science, ils abritent désormais les bureaux du gouvernement et du Premier ministre *(Taoiseach)*.

Au bout de Merrion St. Upper, tournez à droite sur Merrion Row.

Notez le **Huguenot Cemetery**, où reposent les descendants des familles françaises protestantes, la plupart originaires du Poitou et des Cévennes, émigrées en Irlande après la révocation de l'édit de Nantes.
Prenez Kildare Street jusqu'aux deux rotondes – celles du National Museum of Archaeology et de la National Library. Entre elles se dresse la silhouette classique de **Leinster House**, construite dans la première moitié du 18e s. L'ancienne résidence du duc de Leinster est depuis 1924 le siège du Parlement *(Oireachtas)*, composé d'une Chambre basse *(Dáil)* de 166 élus et d'une Chambre haute, le Sénat *(Seanad)*, qui compte 60 membres.

★★ National Museum of Archaeology G3

Kildare St. - ✆ 01677 7444 - www.museum.ie - dim.-lun. 13h-17h, mar.-sam. 10h-17h - fermé Vendredi Saint et 25 déc. - gratuit.
Ce musée abrite de remarquables collections consacrées aux civilisations néolithique et celtique. Le rez-de-chaussée, avec la collection d'objets de la section du Trésor, montre l'évolution de l'art profane et religieux en Irlande et donne un aperçu complet de la culture et de l'art irlandais primitifs.
★★★ **Treasury** – Torques, lunules, fibules, broches, boucles de ceinture et autres pendentifs, trouvés dans des tombes ou des cachettes, constituent une somptueuse collection de **bijoux en or**★★★. Les objets les plus anciens ont été façonnés entre 2200 et 1800 av. J.-C., mais ce n'est qu'au 3e s. av. J.-C. qu'apparaissent les premiers motifs à entrelacs caractérisant la décoration dite « celtique ». La **broche de Tara**★★ (8e s.) en est un bel exemple tardif. Les objets de culte recourront également beaucoup à ce style : remarquez le fin travail d'orfèvrerie sur la **châsse et la cloche de saint Patrick**★. La **croix reliquaire de Cong**★ (12e s.) témoigne encore de la richesse de l'art celtique.
Une autre section est dédiée aux premiers Irlandais de l'âge du bronze et de l'âge du fer. Ces derniers attachaient une grande importance à la décoration de leurs **épées**★ et autres **poignards**★, et pratiquaient des sacrifices humains. Le corps d'un **homme momifié**★ (400-200 av. J.-C.), trouvé à Gallagh dans une tourbière, montre qu'il fut étranglé avec une corde, selon un rite courant dans tout le nord de l'Europe. D'autres objets découverts dans des tourbières, dont une **pirogue**★ (un tronc de chêne évidé de 15 m de long près de Galway), donnent une idée du mode de vie des habitants il y a 2000 ou 3000 ans.
1er étage – Il porte essentiellement sur la période viking et le Moyen Âge, présentant les fondateurs de Dublin comme un peuple plus guerrier qu'artiste. Leur cruauté semble confirmée par le collier d'esclave exposé à côté d'un crâne portant

L'or des Celtes au musée

Outre sa signification religieuse, l'or servait sans doute de monnaie d'échange. Pour recueillir le métal, présent dans beaucoup de rivières d'Irlande, les orpailleurs celtes utilisaient une technique identique à celle du reste de l'Europe. Après avoir laissé tremper des peaux de mouton dans l'eau pour que le courant y dépose de fines particules d'or, on les faisait sécher puis brûler avant de recueillir l'or dans les cendres. Les découvertes les plus importantes eurent lieu à Tara et à Mooghaun, près d'Ennis *(voir p. 263)*. Dans cette localité, des ouvriers en charge de l'installation du chemin de fer découvrirent un trésor dont ils s'empressèrent de faire fondre une bonne partie. Les pièces exposées au musée national d'Archéologie furent sauvées grâce à l'intervention d'un érudit local.

de nombreuses traces de coups. Toutefois, l'occupation viking n'empêcha pas l'expression artistique du christianisme irlandais.
Une petite salle abrite une collection d'**antiquités égyptiennes**, dont de beaux portraits du Fayoum.

★ National Library G2-3

Kildare St. - ✆ 01 603 0200 - www.nli.ie - 9h30-17h, dim. 12h-16h - visite guidée de la bibliothèque le 2e sam. du mois à 13h - gratuit.
La rotonde de la Bibliothèque nationale, qui date de la fin du 19e s., est le pendant de celle du National Museum of Archaeology. La salle de lecture se déploie sous un magnifique **plafond hémisphérique★** en dégradé de verts *(visite le sam. 9h30-12h45)*. Au sous-sol, excellente exposition permanente consacrée à l'écrivain W. B. Yeats.
De Kildare St., remontez Molesworth St. et prenez à gauche dans Dawson St. vers St Stephen's Green.

En allant vers St Stephen's Green G3

Sur votre gauche se dresse la façade néoromane de **St Ann's Church**. Au 18e s., les fidèles fortunés venaient déposer du pain pour les pauvres près de l'autel, et la tradition perdure de manière symbolique. À l'heure du déjeuner, on peut souvent assister à des concerts de qualité.
Vous longez ensuite le bâtiment georgien de la **Royal Irish Academy** *(ouv. lun.-vend. 10h-17h durant les expos - gratuit)*, puis l'élégante résidence du lord-maire de Dublin, **Mansion House** (début du 18e s.), où le premier Parlement irlandais proclama l'indépendance en 1919.
Avant d'entrer dans le parc, tournez à gauche dans St Stephen's Green.

★ The Little Museum of Dublin G3

15 St Stephen's Green - ✆ 01 661 1000 - www.littlemuseum.ie - 10h-17h (visite guidée, en anglais seulement, ttes les heures) - 10 €.
Cet appartement propose de revisiter l'histoire de la ville. Insolite : chaque objet de la collection, plus ou moins classé par décennie, a été prêté ou donné par un Dublinois. Sur les murs : affiches, photos et articles de presse.
À deux pas de là se dresse le palace historique de Dublin, **The Shelbourne**. Inauguré en 1824, il fut souvent à la pointe de l'innovation (gaz, électricité) et a vu défiler nombre de célébrités. La Constitution irlandaise a été rédigée en 1922 dans la chambre 112, devenue depuis la Salle de la Constitution.

★ St Stephen's Green G3

L'espace vert le plus populaire de Dublin attire aux beaux jours employés et collégiens du quartier qui viennent y pique-niquer. Son aspect actuel date de la fin du 19e s., lorsque le brasseur Arthur Guinness obtint des autorités de la ville la transformation en parc public d'un espace privé, partagé entre les riverains. Le site est agrémenté d'un lac artificiel, de fontaines, de statues de James Joyce, Jack B. Yeats et autres célébrités, ainsi que d'un jardin pour aveugles, avec des plaques portant le nom des plantes en braille.

★ Museum of Literature Ireland (MoLI) G3

85-86 St Stephen's Green South - ✆ 01 477 9811 - www.moli.ie - tlj sf lun. 10h30-18h - 12 € (audioguide en français gratuit), visite guidée (1h) 15/16,50 €.
On le savait : dans le domaine de la littérature, l'Irlande est une île de surdoués *(voir p. 504)* ! Mais ce musée, qui a ouvert ses portes en 2019, en apporte une nouvelle preuve. Installé à l'intérieur de la Newman House (18e s.), berceau de l'université

1

Ville aux quatre Nobel, ville créative de l'Unesco

Aucune cité de la taille de Dublin ne peut se targuer d'avoir donné naissance à autant de prix Nobel de littérature : William Butler Yeats (1923), George Bernard Shaw (1925), Samuel Beckett (1969) et Seamus Heaney (1995). Quatre lauréats pour un million d'habitants ! Mais si l'on fait l'inventaire des monstres littéraires originaires de Dublin, il faut bien admettre qu'il souffle sur cette ville comme une divine inspiration lui valant le titre de ville créative de l'Unesco depuis 2010. De Jonathan Swift à Oscar Wilde en passant par James Joyce et Samuel Beckett, les écrivains dublinois ont su aller vers l'universel en portant haut le génie de leur peuple. Certes, beaucoup d'entre eux n'ont guère vécu à Dublin, victimes des préjugés de leur temps, mais ils ont su, en observateurs lucides, mener à bien leur travail de critique sociale.

où l'écrivain James Joyce fit ses études, il explore les multiples facettes de la création insulaire, en langues anglaise et gaélique. À côté de la collection permanente qui comprend, entre autres, les carnets manuscrits d'*Ulysse*, on y trouve une bibliothèque, des expositions temporaires et de nombreuses animations (lectures, entretiens, débats, radio...), le tout dans un cadre habilement rénové par le trio d'architectes Scott Tallon Walker.
Une visite guidée des opulents salons, centrée sur l'architecture des lieux et ceux qui les ont fréquentés, est proposée. En prime : situé dans un adorable jardin où se dresse un vénérable frêne auprès duquel posa James Joyce, le Commons Café donne sur un parc secret, les **Iveagh Gardens**. On l'aura compris, le MoLI est bien plus qu'un musée : il offre une parenthèse calme et feutrée au sein d' un lieu dédié aux échanges, aux idées et aux savoirs.
Gagnez l'angle nord-ouest du parc, en face du St Stephen's Green Shopping Centre à l'étonnante façade décorée de fer forgé, pour pénétrer dans Grafton Street.

★ Grafton Street G2-3

Dans cette rue piétonne, parmi les plus commerçantes de la ville, vous pourrez faire une halte au **Bewley's Oriental Café** *(9h-16h, w.-end 9h-18h)*, au joli décor Art nouveau, ou faire vos emplettes au **Powerscourt Centre**, élégante galerie marchande aménagée dans la cour intérieure d'une ancienne demeure du 18e s. *(accessible par Johnson's Court, ruelle perpendiculaire à Grafton St., à mi-chemin dans la rue)*.

★ Le vieux Dublin

C'est là qu'a commencé l'histoire de la ville. Des fouilles y ont révélé, sur 13 niveaux différents, les traces de 150 édifices vikings, des 10e et 11e s.
Débutez votre promenade par les quais et **Ha'penny Bridge** (F2) (ou Liffey Bridge), charmante passerelle métallique construite en 1816. Devenue un des monuments symboles de Dublin, elle doit son curieux surnom au péage d'un demi-penny en vigueur jusqu'au début du 20e s.

★ Temple Bar F2

À l'ouest de Trinity College, entre la Liffey et Dame Street, ce petit quartier toujours animé ne tire pas son nom de ses nombreuses haltes désaltérantes, mais d'un certain William Temple qui habitait près d'une promenade appelée The Bar au 18e s. Cette ancienne zone de magasins et d'entrepôts a bien failli laisser place à une gare routière, mais, sous la pression d'un mouvement d'opinion conduit par

le groupe U2 au début des années 1990, les autorités se sont finalement prononcées en faveur de sa réhabilitation. Temple Bar s'avère un modèle de rénovation urbaine en Europe avec ses centres culturels, ses discothèques, ses pubs et ses restaurants branchés où affluent les noctambules, surtout le week-end. Si ses ruelles pavées se prêtent à la flânerie en journée, les soirées sont plutôt agitées, bruyantes et parfois excessives.
Dirigez-vous vers Dame St. et tournez à droite, en direction du château.

★★ Dublin Castle F2

Dame St. (entrée juste en face de l'Olympia Theatre) - ✆ 01645 8813 - www.dublincastle.ie - 9h45-17h45 (dernière entrée 17h15) - fermé Vend. saint et sem. de Noël - 8 € (12-17 ans 4 €, -12 ans gratuit), visite guidée 10 €.
Il reste très peu de choses du château normand construit à l'emplacement d'un camp viking sous le roi Jean en 1204, les bâtiments actuels datant pour l'essentiel des 18e et 19e s. Résidence des représentants de la Couronne britannique du Moyen Âge à 1922, le bâtiment accueille à présent les cérémonies officielles.
Passé le porche, vous accédez aux **State Apartments★★**. Garni d'un riche mobilier français de style Régence et de lustres monumentaux en cristal irlandais, chacun des salons semble chargé d'histoire. L'un d'eux servit de prison au leader socialiste James Connolly, blessé lors de l'insurrection manquée de Pâques 1916. Les accords de paix de 1998 sur l'Irlande du Nord ont été signés dans l'ancienne **chambre du roi**. Dans la pièce attenante, remarquez la belle **table★** octogonale en marqueterie, qui demanda sept ans de travail à un prisonnier. La cérémonie d'investiture des président(e)s de la République se déroule à présent dans la **salle St Patrick**, ancienne salle de bal décorée des 22 bannières de l'ancien ordre royal des chevaliers de St-Patrick. À voir aussi : la **salle à manger**, où les représentants de la Couronne britannique, au 18e s., donnaient de fastueux dîners comprenant 36 plats différents. Les salles 10 et 11 accueillent des expositions temporaires souvent intéressantes autour de l'art irlandais.
La **Powder Tower★** (tour poudrière) s'élève sur les vestiges du château normand mis au jour dans les années 1980. En observant les différents niveaux de fouilles depuis un escalier, on aperçoit une portion des douves de 12 m de profondeur sur 20 m de large. L'analyse des restes de l'ancienne muraille viking a révélé que les hommes du Nord employaient du crin de cheval, des coquilles d'œuf et du sang de bœuf pour faire leur ciment.

★★★ Chester Beatty Library F2

Dublin Castle (accès par le château ou Ship St.) - ✆ 01407 0750 - www.chesterbeatty.ie - mar.-sam. 9h45-17h30 (merc. 20h), dim. 12h-17h30 - fermé lun. de nov. à fév., 1er janv., Vend. saint, 24-26 déc. - gratuit (donation suggérée 5 €).
Logée dans la tour d'horloge du château et une extension adjacente, cette bibliothèque-musée est tout à fait exceptionnelle. Elle abrite les collections léguées par le New-Yorkais Chester Beatty, un riche ingénieur des mines qui acheva sa vie en Irlande. Collectionneur éclectique, il se passionna pour les manuscrits rares et anciens, plus particulièrement du Proche et Moyen-Orient, d'Afrique du Nord et d'Asie. La visite dévoile les plus anciennes copies des lettres de saint Paul ou de l'Apocalypse, mais aussi de rares exemplaires du Coran, des manuscrits persans, turcs ou égyptiens, des estampes japonaises, des gravures de Dürer, de Goya, ainsi que de merveilleux livres médiévaux enluminés. Les expositions temporaires sont remarquables, autour de livres d'artistes ou de photographies inédites. Terminez la visite sur le toit paysager *(roof garden)*.
Rejoignez Dame St.

Jetez un œil, en sortant, sur l'**Olympia Theatre** (à l'angle de Sycamore Street). C'est le plus vieux théâtre de Dublin (1879). Il a traversé les époques contrairement à d'autres établissements, souvent victimes d'incendies.

★ City Hall F2

Dame St. - ✆ 01 222 2918 - www.dublincity.ie/cityhall - tlj sf dim. 10h-17h - dernière entrée 1h av. fermeture - fermé du 25 déc. au 2 janv. - gratuit.

Construit entre 1769 et 1779 pour abriter la Bourse, il marque l'éclosion du style néoclassique en Irlande. La ville de Dublin le rachète en 1852. Lors des événements sanglants du soulèvement de 1916, le bâtiment est brièvement occupé par les insurgés. Sous la belle rotonde, une petite expo retrace l'histoire de Dublin depuis sa fondation au 10e siècle.

★★ Christ Church Cathedral F2

Christchurch Pl. - ✆ 01 677 8099 - www.christchurchcathedral.ie - 10h-19h, dim. 12h30-15h, 16h30-19h - dernière entrée 45mn av. fermeture - 10 € (-12 ans 3,50 €).

L'imposante cathédrale anglicane du diocèse de Dublin assura pendant longtemps le rôle d'église de l'*establishment* britannique en Irlande. Le premier édifice fut bâti en 1172, à l'emplacement d'une église en bois (1038) alors disparue. D'autres constructions se sont succédé ensuite ; des échoppes et des tavernes occupèrent même l'ancien cloître. Le bâtiment actuel, combinaison de styles gothique anglais et néoroman, date pour l'essentiel des années 1871-1878, mais le mur nord de la nef provient de la cathédrale d'origine.

Le **monument Strongbow** *(bas-côté sud)*, en hommage au comte normand de Clare, servit durant des siècles de lieu de rendez-vous pour la signature de contrats de toutes sortes. D'âpres discussions financières se tenaient parfois sur le gisant, ce qui explique son usure. Le transept sud renferme le remarquable **tombeau du comte de Kildare★**, mort en 1734. Quant à la **crypte** du 12e s., aménagée en musée, elle réunit un lot assez fastueux d'objets liturgiques en argent doré du 17e s., quelques vieilles pierres, un pilori et les restes momifiés d'un chat et d'un rat retrouvés desséchés dans un tuyau du grand orgue.

Dublinia EF2

St Michael's Hill - ✆ 01 679 4611 - www.dublinia.ie - 10h-17h30 - 15 € (3-12 ans 7,50 €).

Le Synod Hall, ancien lieu de réunion du clergé de l'Église d'Irlande, accueille désormais cette exposition interactive très vivante. Un parcours audioguidé *(disponible en français)*, ponctué de personnages de cire en situation, vous transporte à travers le Dublin médiéval (à l'époque, en particulier, de l'épidémie de peste de 1348 !). Des vestiges, découverts pour la plupart dans les déchets accumulés au cours des siècles sur les bords de la Liffey, illustrent la vie quotidienne des Vikings et des Normands. Du Synod Hall, vous pouvez grimper au sommet de **St Michael's Tower** (96 marches). On sort du musée par la galerie couverte qui le relie à la Christ Church Cathedral.

★ St Audoen's Church E2

Corn Market - ✆ 01 677 0088 - www.heritageireland.ie - juin-oct. : 9h30-17h30 (dernière entrée 16h45) - gratuit.

Fondée par les Normands en 1190, la plus ancienne église paroissiale de Dublin est protestante. Audoen (Ouen) était, au 7e s., l'évêque de Rouen, en Normandie. Le portail ouest est d'origine (12e s.) et la nef date du 13e s.

Retournez vers Dublinia et descendez Nicholas St. vers le sud.

Un prince dans un jardin, par Rahim Deccani, 17e s., Chester Beatty Library.
DEA PICTURE LIBRARY/De Agostini Editore/age fotostock

★★ St Patrick's Cathedral F3

Patrick St. - ✆ 01 453 9472 - www.stpatrickscathedral.ie - mars-oct. : 9h-17h30, sam. 9h-18h30, dim. 9h-11h, 13h-15h, 16h30-18h30 ; nov.-fév. : 9h30-17h, sam. 9h-17h, dim. 9h-11h, 12h30-14h30 - 8 € (6-12 ans 3 €).

Un peu excentrée dans les quartiers sud, la cathédrale s'élevait jadis dans un quartier de taudis, rasés au début du 20e s. Dédiée au culte protestant de la Church of Ireland, la cathédrale s'élève à l'emplacement de la source où le saint patron de l'Irlande aurait baptisé certains de ses premiers fidèles, comme le rappelle une plaque *(à gauche de l'entrée du parc)*. Comme Christ Church, St Patrick's fut érigée au 12e s., mais il ne reste plus rien de l'église originelle, maintes fois remaniée au cours des siècles – l'édifice actuel date pour l'essentiel des années 1860. Dès l'entrée (sud-ouest), à côté du pilier, une plaque en cuivre au sol marque la discrète **tombe de Jonathan Swift**, écrivain et doyen de St Patrick de 1713 à 1745. Le masque mortuaire de Swift ainsi que divers objets personnels (comme le moulage de son crâne) sont exposés. Derrière le baptistère, l'imposant **monument funéraire**, composé d'un groupe de 16 statues polychromes représentant les membres de la famille Boyle, fut érigé en 1632. Dans le transept nord, la porte de l'ancienne **salle capitulaire** présente un trou qui a, dit-on, permis au comte de Kildare et au comte d'Ormonde de se serrer la main à travers l'orifice afin de sceller la paix après des années de vendetta sanglante. C'est dans le chœur que le célèbre *Messie* de Haendel fut interprété pour la première fois en 1742.

À voir aussi : la **Lady Chapel** (1270), utilisée aux 17e-18e s. par les huguenots français. Ses **vitraux** ont été superbement restaurés en 2013.

En sortant de St Patrick's Cathedral, prenez sur votre gauche la petite rue qui contourne la cathédrale.

★★ Marsh's Library F3

St Patrick's Close - ✆ 01 454 3511 - www.marshlibrary.ie - 9h30-17h, sam. 10h-17h - fermé lun., j. fériés et fin d'année - 5 € (document en français).

La plus ancienne bibliothèque publique d'Irlande a été fondée en 1701 par l'archevêque Narcissus Marsh et confiée à Élie Bouhéreau, huguenot rochelais membre de la communauté française en exil. Elle avait à l'origine pour mission de répandre la culture parmi le peuple. Pour protéger les ouvrages, les lecteurs étaient enfermés dans des alcôves grillagées, selon un dispositif toujours visible, et les livres étaient fixés sur un support relié au mur par une chaîne. Dans les deux longues pièces, divisées par de hauts rayonnages de chêne sombre, quelques ouvrages ouverts issus du fonds riche de 25 000 volumes en 16 langues font l'objet d'expositions thématiques. Il se peut que Bram Stoker, l'auteur de *Dracula*, ait trouvé dans ces rayonnages de quoi nourrir son roman : à 18 ans, il fréquentait assidûment la bibliothèque...

★ Au nord de la Liffey

Alors que la rive sud connaissait un développement continu, le nord de la Liffey ne commença à être urbanisé qu'au 18e s. Il se dota alors des plus fameux bâtiments publics néoclassiques de la ville. Mais, à l'écart de ces monuments imposants, vous découvrirez une ville très vivante et populaire, avec ses rues piétonnières bordées de grandes enseignes et son marché.

O'Connell Street et ses abords G1-2

Débutez votre promenade de **O'Connell Bridge** (1790), qui présente la particularité d'être presque aussi large que long. Quant à **O'Connell Street**, c'est la rue la plus large, sinon la plus longue, de Dublin. Elle date, dans ses dimensions actuelles, de la fin du 18e s. Son terre-plein central était à l'origine une promenade couverte d'arbres et ornée de sculptures. À la fin du 19e s., elle fut dédiée à Daniel O'Connell, avocat et homme politique, qui arracha aux Anglais l'acte d'émancipation des catholiques irlandais en 1826.

Empruntez Abbey St. Lower sur la droite.

À l'angle de Marlborough Street, le bâtiment moderne de l'**Abbey Theatre**, reconstruit dans les années 1960 après un incendie, ne paye pas de mine. Fondé autour de 1900, il servit pourtant de tribune au renouveau de la culture irlandaise, sous l'impulsion des écrivains William Butler Yeats, Sean O'Casey, Lady Augusta Gregory et John Millington Synge. De nombreuses pièces jouées devant un public souvent hostile y firent scandale, comme *Le Baladin du monde occidental* de Synge.

Remontez Marlborough St. jusqu'à la très commerçante Talbot St. et regagnez O'Connell St.

À l'angle des deux rues, la statue en pied de **James Joyce** semble sortir du pub Madigan's.

Sur le terre-plein central, **The Spire**, immense flèche métallique haute de 121 m, a été construite en 2002 pour remplacer la statue de l'amiral Nelson (détruite par une bombe de l'IRA en 1966).

À côté, la **General Post Office★** (GPO), la poste centrale construite entre 1815 et 1818 dans le style classique georgien, est un symbole pour les Dublinois. Lors de l'insurrection du lundi de Pâques 1916, le premier gouvernement national irlandais siégea dans son hall. Le syndicaliste socialiste James Connolly et le nationaliste Patrick Pearse y proclamèrent la république et l'indépendance de l'Irlande. Le bâtiment fut incendié au cours des combats et ne fut rouvert au public qu'en 1929. À l'intérieur le **GPO Museum** *(www.gpowitnesshistory.ie - mar.-sam. 10h-17h - dernière entrée 16h - 15 €)* expose une série de tableaux qui rappellent ces événements et une statue de bronze représente Cuchulain mourant, héros de la mythologie celtique, symbole de la résistance du peuple irlandais.

À l'ouest d'O'Connell Street, **Moore Street** (F1) est l'une des rues les plus populaires de Dublin, où se tient tous les matins le plus pittoresque marché de la ville, le Dublin City Fruit Vegetable and Flower Market.
Elle débouche sur **Henry Street**, une voie piétonne commerçante, dont la plupart des grandes enseignes ouvrent le dimanche.
Remontez O'Connell St. vers le nord et prenez Cathedral St. à droite.
Élevée en 1825, **St Mary's Pro-Cathedral** *(9h30-17h, dim. 9h-13h)* est le haut lieu du catholicisme dans une ville où les deux cathédrales, Christ Church et St Patrick, sont vouées au culte protestant. « Pro » est une abréviation de *provisional* (provisoire), dans l'attente de la restitution – bien incertaine – de Christ Church au culte catholique.
Avant de gagner le quartier de Parnell Square, faites éventuellement un détour au James Joyce Centre.

James Joyce Centre G1

35 North Great George's St. (par Parnell St.) - ✆ 01878 8547 - www.jamesjoyce.ie - mar.-sam. 10h30-16h30 - fermé dim.-lun. - 5 €.
Seuls les passionnés de son œuvre apprécieront la visite de ce centre culturel installé dans une maison du 18e s. où vécut, dans les années 1900, le professeur de danse Denis J. Maggini, sorte de dandy cité une demi-douzaine de fois dans *Ulysse*. Un montage audiovisuel montre Dublin à l'époque de l'écrivain mais le James Joyce Centre organise surtout, chaque 16 juin, la manifestation la plus folle de Dublin, le **Bloomsday★★** *(voir encadré p. 49)*.

★ Autour de Parnell Square F1

Fondée au milieu du 18e s., à une époque où la mortalité infantile était terrifiante, la première maternité d'Europe, le **Rotunda Hospital**, est toujours en activité. À proximité, le **Gate Theatre** fut créé en même temps que la maternité. Les recettes des spectacles servaient à financer l'œuvre hospitalière. Fondée en 1929, la troupe du Gate Theatre s'orienta d'emblée vers une production moins étroitement irlandaise que celle de l'Abbey Theatre, et Orson Welles y fit ses premières armes.
Derrière le Rotunda Hospital, le **Garden of Remembrance** (jardin du Souvenir) fut aménagé en 1966 pour honorer la mémoire des victimes du soulèvement de 1916. La reine d'Angleterre, Elizabeth II, leur rendit un hommage historique, lors de sa visite, en mai 2011.

Bloomsday, journée particulière

Le 16 juin 1904 correspond au jour de l'odyssée dublinoise de Léopold Bloom, héros du roman *Ulysse*. Chaque année autour de cette date, la semaine dite du Bloomsday permet d'aborder avec humour l'œuvre de Joyce. Les manifestations consistent notamment en un joyeux enterrement au cimetière de Glasnevin, une promenade en bateau sur la Liffey, un Ulysses' bus tour, et le Bloomsday afternoon tour, sorte de pèlerinage loufoque, en costume d'époque, sur les principaux lieux du roman. Pour ceux qui n'auraient pas la chance d'être à Dublin à cette époque, le James Joyce Centre et le Dublin Tourist Office proposent une intéressante et amusante *Ulysses Map of Dublin*, plan de la ville qui répertorie tous les lieux énumérés dans le livre. Ces endroits sont généralement signalés par une plaque en cuivre reprenant la citation du roman qui les mentionne.

1

★ Dublin City Gallery The Hugh Lane F1

Parnell Square North - ✆ 01 22 5564 - www.hughlane.ie - 9h45-18h (vend. 17h), sam. 10h-17h, dim. 11h-17h - gratuit (document en français), participation de 2 € conseillée - concerts gratuits dim. midi.

Les amateurs de peinture ne manqueront pas la visite de cette galerie d'**art moderne**, dont les collections ont été léguées par un mécène passionné par les impressionnistes français et disparu dans le naufrage du *Lusitania*.

Les collections de peintres français en constituent le fonds original, avec des œuvres de Manet, Degas, un *Waterloo Bridge* de Monet, des toiles de Bonnard, Vlaminck, Rouault et une esquisse des *Glaneuses* de Millet. Vous pourrez redécouvrir les précurseurs de la peinture moderne française tels que Fantin-Latour, Courbet, Corot, Théodore Rousseau et Puvis de Chavannes.

Les peintres modernes irlandais ne sont pas en reste. Roderic O'Connor, sans doute le plus intéressant, bénéficia d'une longévité artistique qui lui permit de traverser tous les courants de l'art moderne, et il fut un des premiers peintres de l'école de Pont-Aven au cours de son long séjour en France.

En 1998, le musée a fait l'acquisition de l'**atelier londonien de Francis Bacon★** et l'a reconstitué à l'identique à Dublin (où l'artiste est né en 1909), restituant l'univers particulier et chaotique dans lequel travaillait le peintre. Voir également l'interview qu'il accorda en 1985 à Melvyn Bragg, dans cet atelier.

Dans une petite pièce noire, près de l'entrée de la galerie, découvrez les vitraux du peintre-verrier irlandais **Harry Clarke** (1889-1931), réalisés d'après le poème *La Veille de Sainte-Agnès* de John Keats. L'étage est consacré à l'art contemporain (expositions temporaires).

Avant de redescendre Parnell Square West, vous pourriez faire un crochet par le « 14 Henrietta Street ».

★★ 14 Henrietta Street F1

14 Henrietta St. - ✆ 01 524 0383 - www.14henriettastreet.ie - visite guidée (1h15) : merc.-dim. 10h-16h (dép. ttes les h.) - 10 € - réserv. fortement conseillée.

Le centre propose également diverses visites guidées thématiques et des lectures *(se rens. sur leur site Internet)*.

C'était à l'origine (1720) une adresse plutôt aristocratique : la résidence du vicomte Molesworth, de sa femme et de leurs domestiques. Après la Grande Famine, elle a été transformée par des marchands de sommeil en un immeuble de 19 appartements : une centaine de personnes vivaient sous ce toit en 1911.

La maison, restée « dans son jus » après le départ de ses derniers occupants (1970), est aujourd'hui le point de départ d'une passionnante visite guidée. Elle raconte, à l'échelle de cet édifice, de cette rue et de ses habitants, 250 ans d'histoire de Dublin et de l'Irlande. Le faste des premières décennies, puis la division en appartements à la fin du 19e s., durant les heures les plus sombres de la capitale irlandaise. Le taux de mortalité annuel dépassait alors les 35 pour 1000 hab. (contre 23 à Londres). À l'époque, le hall avait été peint en bleu Reckitt parce que l'on croyait que ce désinfectant empêcherait la propagation du choléra et de la tuberculose... Les tranches de vie relatées par des guides passionnés (et quelques effets spéciaux), dans des pièces magnifiquement rénovées, vous lient durablement à ces résidents.

Autour de Church Street E2

The Four Courts★, le palais de justice de Dublin, dresse son dôme à colonnades et son péristyle de temple grec sur Inns Quay. Réalisé entre 1785 et 1802 par James Gandon, l'architecte de Custom House et de King's Inns, il tient son nom de la

réunion des quatre anciennes juridictions de la ville. Restauré dans les années 1930, l'édifice conserve, sur les colonnes du péristyle, des traces de balles datant de la guerre civile de 1922.
À l'extrémité ouest du palais de justice, le **Father Mathew Bridge** enjambe la Liffey au niveau du plus ancien passage entre les deux rives. Ce pont du 19e s. porte le nom d'un prêtre – dont vous aurez aperçu la statue dans O'Connell Street – passionné par la lutte antialcoolique.
Suivez Church St., dans le prolongement du pont.

★ St Michan's Church E2

Mars-oct. : lun.-vend. 10h-12h45, 14h-16h45, sam. 10h-12h45 ; nov.-fév. : lun.-vend. 10h-12h45, 14h-16h45, sam. 10h-12h45 - 5 €.
L'église la plus ancienne de la rive nord a été fondée en 1095 par les Danois, mais fut par la suite reconstruite. Le bâtiment actuel, en pierre grise, date de 1685. On assure que G. F. Haendel composa son célèbre *Messie* sur l'orgue de l'église. Mais l'attraction principale réside dans sa crypte, qui renferme des corps momifiés dont la conservation s'explique par la nature du sol et non pas, comme on l'a longtemps prétendu, par les vapeurs de whiskey de la distillerie Jameson, située à deux pas de là...
Remontez Church St. vers le nord et prenez la première rue à gauche.

Jameson Distillery Bow St. E1-2

Bow St., Smithfield - ✆ 01 807 2355 - www.jamesonwhiskey.com - mars-oct. : 11h-17h30 (dernier dép.), vend.-sam. 11h-18h30, dim. 12h-17h30 ; nov.-fév. : se rens. - 25/60 €, dégustation incluse. Réservation sur Internet.
La famille Jameson a distillé son fameux whiskey dans ces lieux de 1780 à 1972, mais, comme d'autres marques irlandaises, celui-ci est désormais élaboré à Midleton, près de Cork, par Irish Distillers, compagnie du groupe français Pernod-Ricard. Une partie des entrepôts de la distillerie est aménagée en musée. La visite de l'ensemble, réaliste et fort bien conçue, vous plonge dans d'agréables odeurs d'orge et de malt fermentés. Elle s'achève bien entendu par une dégustation.

Smithfield Village E1-2

Cet ancien quartier d'entrepôts a profité d'un ambitieux projet de réhabilitation conçu par les urbanistes. La cheminée monumentale de la distillerie Jameson, désormais baptisée **Skyview Tower**, s'est ainsi vu adjoindre des bâtiments modernes. On peut grimper au sommet pour jouir d'une belle vue sur la ville *(244 marches - 5 €, le billet s'achète au Generator Hostel).*

Une foire aux chevaux

À **Smithfield Village** (PLAN II, E1-2) se tient le plus insolite et le plus controversé des marchés dublinois : la **Smithfield Horse Fair**. C'est le seul marché aux chevaux existant encore dans une capitale européenne. Cette foire qui remonte au 17e s. a failli disparaître, les nouveaux résidents goûtant peu à l'odeur et au bruit. De plus, les chevaux, vendus traditionnellement à bas prix et à des non-connaisseurs, ont attiré les foudres de la SPA irlandaise. La Smithfield Horse Fair, autrefois mensuelle, est plus irrégulière aujourd'hui (1er dimanche de mars et de septembre). Il faut voir, dans ce quartier rénové, aux immeubles de standing, maquignons à l'ancienne et acheteurs potentiels se masser dans une odeur campagnarde de crottin chaud.

1

The Light House *(Market Square - www.lighthousecinema.ie)* constitue l'autre pôle d'attraction de Smithfield Village avec sa programmation et sa déco très design. *Rejoignez les quais et longez-les jusqu'aux deux ailes blanches de l'élégant pont James Joyce, signé Calatrava. Prenez à droite.*

À voir aussi

PLAN I (P. 34-35) ET PLAN II (P. 36-37)

★ Les Docklands et Grand Canal

À l'est de Talbot Bridge, la partie orientale de la Liffey dublinoise abritait le port. Particulièrement actif durant la période georgienne, il déclina au 20e s., laissant une multitude d'entrepôts plus ou moins abandonnés. Avec le boom économique des années 1990, la ville a valorisé ces espaces pour y installer les entreprises financières qui faisaient la nouvelle richesse du pays. Édifices ambitieux, ponts, espaces commerciaux et de loisirs ont donné vie à ces quartiers abandonnés. La mutation, plutôt réussie, s'est poursuivie un peu plus lentement pendant la crise de 2008. Aujourd'hui, c'est un quartier très vivant où se côtoient vieux Dublinois et jeunes actifs, dans une ambiance dynamique entretenue par la présence de théâtres, de salles de concert et de restaurants.

★★ Custom House PLAN II G1-2

C'est à son dôme vert et à son imposante façade à colonnades que l'on reconnaît cet hôtel des Douanes, achevé en 1791 par James Gandon. L'édifice néoclassique le plus remarquable de Dublin a failli totalement disparaître dans un incendie durant la guerre civile en mai 1921. Il abrite des services du gouvernement local, liés, notamment, à l'environnement et au patrimoine.
Un peu plus loin, vous apercevrez les personnages de bronze, visages tournés vers la mer, du **Famine Memorial**. Ce monument émouvant, dû à Rowan Gillespie (1997), honore la mémoire des Irlandais victimes de la Grande Famine de 1847.

★★ Le trois-mâts Jeanie Johnston PLAN II H2

Custom House Quay - ✆ 01 473 0111 - www.jeaniejohnston.ie - visite guidée (50mn) : ttes les 30mn de 10h à 16h30 (dernier dép.), w.-end ttes les h. de 10h à 12h et 14h à 16h - 13 € (6-12 ans 7,50 €), billet combiné avec Epic Ireland Experience 26,50 € (6-12 ans 12,50 €).

Émouvant souvenir de l'époque de la Grande Famine, ce trois-mâts initialement construit au Québec, en 1847, a été reconstitué à l'identique. Propriété d'une famille de négociants en bois, il transportait du bois du Canada dans un sens et des émigrants dans l'autre. Il présente une particularité : à la différence de beaucoup d'autres, la *Jeanie Johnston* ne déplora aucun décès durant une traversée. En sept ans, il transporta plus de 2 500 personnes. Grâce à des mannequins de cire et à un aménagement scrupuleux de l'intérieur, la passionnante visite (en anglais) permet de comprendre la vie des quelque 250 passagers, souvent en triste condition physique, et celle de l'équipage, tous confinés pour des traversées prenant jusqu'à deux mois.

CHQ Building PLAN II H2

Au-delà de Custom House se dresse le **Custom House Quay Building**, un vaste ensemble commercial installé dans d'anciens entrepôts à tabac, relié à la rive droite par la passerelle piétonne du Sean O'Casey Bridge (2005).
Epic Ireland Experience – *CHQ Building - ✆ 01 906 0861 - www.epicchq.com - 10h-18h45 (dernière entrée 17h) - 17,50 € (en ligne)/18,50 € (6-12 ans 8,50/9 €),*

Promenade au crépuscule le long de la Liffey.
Jon Arnold Images/hemis.fr

audioguide en français 2 € - comptez 1h30 de visite. À travers une muséographie connectée impressionnante, à laquelle on adhère ou pas, ce musée de l'immigration évoque le voyage des 10 millions d'Irlandais qui se sont exilés à travers les siècles, jusque dans un passé récent (la crise de 2008-2011 a généré en Irlande près de 100 départs par jour). L'exposition rend compte de leur apport culturel, artistique, sportif et scientifique au monde.

Les Docklands PLAN I CD2

Sur la rive gauche de la Liffey, ce vaste ensemble de quartiers et de bassins destinés à accueillir des appartements et aménagements haut de gamme ne sont aujourd'hui que partiellement aménagés. Ils offrent toutefois à voir ce que devrait être le Dublin de demain.

Passé le CHQ Building, après une succession d'immeubles modernes, le **Samuel Beckett Bridge★** de Santiago Calatrava (2009) évoque une harpe celtique jetée en travers de la rivière. Il est gardé par la silhouette particulière du « Tube dans le Cube », le **Convention Center Dublin★** de Kevin Roche (2010).

Derrière ce palais des congrès, l'étroit **Spencer Dock** représentait la partie la plus ambitieuse du plan général, autour du siège irlandais de Pricewaterhouse Cooper. Plus à l'est, le nouveau quartier de **Point Village** se destinait au shopping et aux loisirs, mais les grands projets ont été interrompus.

À proximité, **The 3 Arena** est l'une des principales salles de concert de la capitale (14 000 places dédiées au rock et à la pop), astucieusement construite en conservant la façade d'un ancien entrepôt de chemin de fer (Point Depot).

Revenez sur vos pas et rejoignez la rive droite par le Samuel Beckett Bridge.

★ Grand Canal Dock PLAN I CD2

Au sud de la Liffey, ce vaste bassin en retrait du fleuve était, lors de son inauguration en 1796, le plus grand du monde. Peu à peu abandonné après l'avènement du chemin de fer, il a fait l'objet d'une réhabilitation spectaculaire. Grand Canal Dock est aussi le nom du quartier d'affaires, surnommé **Silicon Docks**, où sont installées des sociétés internationales comme Google, Amazon ou Facebook. Ouvert sur l'eau, **Grand Canal Square** (C2), conçu par l'architecte Daniel Libeskind (2010), inclut plusieurs immeubles de bureaux et une salle de spectacle, The Bord Gáis Energy Theatre, dont la silhouette évoque un diamant. L'ensemble, illuminé le soir, ne manque pas d'allure. Cafés et restaurants ont d'ailleurs investi les quais, qui offrent d'agréables terrasses aux beaux jours. En quittant Grand Canal Dock, jetez un œil à l'**Alto Vetro** (2008), tour vitrée de 16 étages surplombant les quais. À l'est, le **Shelbourne Park Greyhound Stadium** (D2) accueille, dans une ambiance pittoresque, des courses de lévriers *(voir « Nos adresses »).*

Plus au sud se dessinent les courbes de l'**Aviva Stadium** (D2) que les amateurs de rugby du monde entier continuent de nommer Lansdowne Road. Entièrement rénové en 2010, en lieu et place du vétuste mais attachant stade fondé en 1876, il permet désormais d'accueillir 52 000 spectateurs. Il reçoit les matches du XV du Trèfle (équipe nationale de rugby) et, occasionnellement, ceux de l'équipe du Leinster et de l'équipe d'Irlande de football. De grands concerts y sont également donnés *(Informations sur la billetterie et les visites guidées : www.avivastadium.ie).*

Suivez Grand Canal Quay vers le sud.

★ Le long de Grand Canal PLAN I C3

Creusé à la fin du 18e s., le canal est bordé d'arbres et de jolies maisons georgiennes, avec leurs portes aux couleurs vives. Familles, peintres et pêcheurs s'y croisent au premier rayon de soleil. La balade longe une succession d'écluses. La partie la plus agréable s'étire de Mount Street à Leeson Street, qui mène à St Stephen's Green. Ceux qui veulent découvrir la campagne à Dublin et les demeures bourgeoises de Dublin 4 (l'arrondissement postal le plus chic de la capitale) peuvent pousser la promenade vers le sud du canal en tournant dans Baggot Street Upper, qui ouvre sur une série de rues pleines de charme. Le long du rivage, une **statue de Patrick Kavanagh** assis sur un banc rappelle que le grand poète aimait y méditer.

À l'ouest du centre-ville

★★ Teeling Whiskey Distillery PLAN II E3

13-17 Newmarket - ✆ 01 531 0888 - www.teelingdistillery.com - visite guidée (45mn) : 11h-18h (dernier départ), sam. 11h-19h - 22/30 €, dégustation comprise.

Avant Teeling, aucun établissement n'avait plus ouvert dans la capitale depuis le 19e s. Illustrant le renouveau des distilleries irlandaises, cette marque, dont le whiskey rencontre déjà un vif succès auprès des amateurs, a choisi en 2014 de s'implanter au cœur de Dublin, dans les Liberties. La visite du site aborde toutes les étapes de la production et les subtilités de la dégustation.

★★ Guinness Storehouse PLAN I B2

St James Gate - bus 123 de O'Connell St. ou Dame St. - ✆ 01 408 4800 - www.guinness-storehouse.com - visite guidée (1h30) : 10h-17h (dernier dép.), vend.-sam. 9h30-18h, dim. 9h30-17h - 26/36 € (-10 % pour un achat en ligne).

Pour vous repérer dans le quartier de St James Gate, suivez l'odeur du houblon, particulièrement intense aux abords de la brasserie Guinness. Une partie des anciens entrepôts de la brasserie est devenue un musée entièrement consacré à la plus célèbre bière irlandaise. Sur sept niveaux, vous cheminerez à travers vidéos, textes et machines déclassées illustrant l'histoire de la firme familiale tricentenaire et le procédé de fabrication du breuvage. Très bien conçue, la visite est tout à la gloire de cette marque devenue emblématique et se termine par une dégustation

Savourer sa Guinness

Selon certains, cette *stout* dense, d'un rubis très sombre, tire sa couleur des eaux de la Liffey avec laquelle elle serait brassée. Il n'en est rien, même si l'antique brasserie Guinness fut créée en 1759 par Arthur Guinness sur les bords de la rivière. Plus qu'une bière, c'est une institution. Sans doute le meilleur ambassadeur national puisqu'il s'en boit 10 millions de verres par jour dans le monde. Elle se sert à la pression, en deux temps afin d'obtenir un liquide homogène sur lequel flotte un épais nuage de mousse crémeuse. Pour ne pas vous déconsidérer définitivement aux yeux de vos collègues de comptoir, attendez que toutes les fines bulles blanches aient fini de remonter à la surface. Et ce breuvage unique, ni trop amer ni trop doux, moins fort que les autres bières, ne se boit pas glacé.

au **Gravity Bar**, qui offre une vue spectaculaire à 360° sur Dublin. Les passionnés y trouveront leur compte, peu importe le prix. Mais ils n'y seront pas seuls : il y a 1800000 visiteurs par an ! Attendez-vous à faire la queue.

Pearse Lyons Distillery PLAN I B2

121-122 James's St. - ✆ 01 691 6000 - www.pearselyonsdistillery.com - merc.-dim. 12h-17h (dernier départ) - fermé mar. - 20/30 € (-10 ans gratuit).

Le dernier-né des whiskeys dublinois a installé sa boutique et l'accueil de ses visiteurs dans l'ancienne église St James, un édifice néogothique dont la silhouette et le cimetière font depuis longtemps partie du paysage des Liberties. L'histoire et la restauration du lieu font d'ailleurs partie du déroulé de la visite, au même titre que la distillerie et l'explication des procédés de fabrication.

Signalons, à l'intention des connaisseurs, l'ouverture récente (2019) de deux nouvelles distilleries dans le quartier : **Roe & Co** *(James's St. - jeu.-sam. 15h-20h ; dernière entrée 17h - ✆ 01 643 5999 - www.roeandcowhiskey.com - visite guidée : 23/28 €)* et **The Dublin Liberties** *(33 Mill St. - ✆ 01 410 0380 - www.thedld.com - lun.-sam. 10h-17h30, w.-end. 11h-17h - visite guidée : 16/18 €).*

★★ National Museum of Decorative Arts & History PLAN I B2

Collins Barracks, Benburb St. - Tram Luas (ligne rouge, arrêt Museum) - ✆ 01 677 7444 - www.museum.ie - dim.-lun. 13h-17h, mar.-sam. 10h-17h - fermé Vend. saint et 25 déc. - gratuit.

☺ Le musée étant immense, il est conseillé de scinder la visite en deux !

Installé dans un cadre impressionnant, le troisième site dublinois du Musée national mérite le détour. Lors de sa construction, en 1700, ce qui était une caserne constituait la plus grande des îles Britanniques, conçue pour 3000 hommes et 1000 chevaux.

La section **Arts décoratifs** *(aile Ouest)* présente tout ce que l'Irlande a fait de mieux en matière d'ébénisterie, cristallerie, céramique, orfèvrerie. Attardez-vous surtout dans la salle 1 qui réunit les 25 objets choisis par les conservateurs du musée, la salle 11 dédiée à la designer Eileen Gray (1878-1976) et la salle 13, consacrée au mobilier des campagnes irlandaises : bancs-lits, bahuts, grands récipients en bois, croix de sainte Brigitte...

La section **Histoire** retrace le douloureux passé du pays, avec un focus important et très instructif sur le soulèvement de 1916 et la guerre civile. La salle 28 vous donnera toutes les clés pour comprendre les différentes orientations politiques (unionisme, fénianisme...). La salle 29 raconte l'histoire d'un voilier qui, en 1914, convoya des armes à destination des patriotes irlandais.

★ Irish Museum of Modern Art (IMMA) PLAN I A2

Military Rd - Tram Luas (ligne rouge, arrêt Heuston Station) puis 10mn de marche - ✆ 01 612 9900 - www.imma.ie - 10h-17h30 (merc. 11h), dim. et j. fériés 12h-17h30 - fermé lun. - gratuit sf expositions exceptionnelles.

Ce musée clair et lumineux vaut surtout la visite pour ses rétrospectives d'artistes contemporains et ses expositions temporaires de qualité. Les collections permanentes comptent quelques œuvres de Vasarely, des lithographies de grands maîtres européens et une sélection croissante d'artistes contemporains, irlandais et internationaux, comme Louise Bourgeois, Kathy Prendergast, Lucian Freud ou Philip Taaffe. L'IMMA est logé dans l'impressionnant Royal Hospital Kilmainham (17e s.), qui accueillait jusqu'en 1927 les retraités de l'armée : une petite exposition, au rez-de-chaussée (Old Man's House), retrace en détail l'histoire de cet hôpital. Dans ses jardins, vous vous sentirez très loin de l'agitation du centre-ville.

★★ Kilmainham Gaol PLAN I A2

Inchicore Rd - Tram Luas (ligne rouge, arrêt Suir Road) puis quelques minutes de marche - bus 69 ou 79 d'Aston Quay, bus 13 ou 40 d'O'Connell St. et College Green - ✆ 01 453 5984 - www.kilmainhamgaolmuseum.ie - visite guidée seult (1h, dép. ttes les 30mn) - 9h30-17h45 ; oct.-mars : 9h30-17h15 - fermé 24-26 déc. - 8 € (12-17 ans 4 €).

Cette ancienne prison est un lieu de mémoire symbolisant l'oppression de l'occupant anglais et l'esprit de résistance irlandais. La plupart des nationalistes y furent emprisonnés entre 1796 et 1924. Le dernier en date, Eamon De Valera, devint président de la république d'Irlande. Le musée renferme des souvenirs liés à l'histoire de l'établissement et au mouvement patriotique. Les conditions de détention au 19e s., notamment des femmes et des enfants, étaient d'une cruauté sans nom. Les risques d'emprisonnement pour le vol d'un morceau de pain conduisirent à des situations absurdes durant la Grande Famine de 1847, incitant les gens à commettre de petits délits dans l'espoir d'être nourris en prison. On pendait aussi beaucoup à Kilmainham : pour la seule année 1850, on a recensé 9 052 pendaisons, soit près de 25 par jour.

★ Phoenix Park PLAN I A1-2

Au nord de la Liffey - Tram Luas (ligne rouge, arrêt Museum), puis 10mn à pied - bus 25 ou 67 de Merrion Square.

Location de vélos au sud-est du parc, près de l'entrée principale (www.phoenixparkbikes.com - tlj sf par mauvais temps - 6 €/1h, 10 €/3h, 15 €/j).

Aménagé au 18e s., le plus vaste espace vert urbain d'Europe s'étend sur 700 ha. Il tire son nom de la déformation du gaélique *fionn uisce* (eaux claires), l'endroit étant parsemé d'étangs. Lieu de promenade très agréable aux beaux jours, le parc est doté de nombreuses installations sportives dont des terrains de cricket et des aires de jeux pour enfants. Le président de la république d'Irlande y a sa résidence, l'**Áras an Uachtaráin** *(www.president.ie - visite gratuite le sam. 10h30-15h30 - ticket à retirer au Phoenix Park Visitor Centre)*. On aperçoit de loin le **Wellington Monument**, obélisque de 60 m de haut érigé en l'honneur des victoires du duc de Wellington sur Napoléon.

Dublin Zoo – *À la pointe sud-est du parc - www.dublinzoo.ie - 9h30-18h (dernière entrée 17h) - 18,25 €/21 € (3-15 ans 13,50 €/15,50 €).* Créé en 1830, il ne diffère guère des autres, à ceci près que l'un de ses anciens pensionnaires, lion de son état, fut l'interprète du rugissement de la célèbre bande-annonce de la Metro Goldwin Mayer.

Au nord du centre-ville

Croke Park PLAN I C1

Dublin 3 - Tram Luas (ligne rouge, arrêt Connolly), puis 15mn de marche, train jusqu'à la gare de Drumcondra puis 5mn à pied - www.crokepark.ie.

Planté au bord du Royal Canal, cet énorme stade de 82 500 places est LE temple des **sports gaéliques** (GAA). Nommé en référence à l'archevêque Croke de Cashel, il se dresse depuis 1913 là où, dès 1395, se jouaient des finales de football, hurling et camogie. Sa rénovation en 2004 en a fait un stade moderne qui accueille également des concerts et - très exceptionnellement - d'autres sports. N'hésitez pas à assister à des rencontres.

À défaut, découvrez les disciplines gaéliques et l'histoire (parfois sanglante) du lieu en visitant l'intéressant et interactif **GAA Museum** *(9h30-17h - 8 €)*, en prenant part à une visite guidée du stade *(sur réserv. en ligne - 15 €)* ou... en parcourant ses toits *(Skyline Tour - sur réserv. en ligne - 15 €)* pour dominer la ville et le gazon du terrain.

★ National Botanic Gardens PLAN I B1

Botanic Rd - bus 4 ou 9 de O'Connell St. - www.botanicgardens.ie - mars-oct. : 9h-17h, w.-end et j. fériés 10h-18h ; nov.-fév. : 9h-16h30, w.-end et j. fériés 10h-16h30 - gratuit.

Ces immenses jardins botaniques, abritant des milliers d'espèces d'arbres, de plantes et de fleurs, possèdent de magnifiques serres victoriennes.

1

Glasnevin Cemetery PLAN I B1

Finglas Rd - bus 4 ou 9 de O'Connell St. - ✆ 01 882 6500 - www.dctrust.ie - 9h-17h - gratuit, visite guidée 13 €.

Le « Père Lachaise dublinois », inauguré en 1832 comme premier cimetière dédié aux catholiques, est aujourd'hui un espace verdoyant comptant près d'1,5 millions de sépultures. Une impressionnante forêt de croix de toutes tailles, droites ou penchées, modestes ou ouvragées. Plusieurs personnalités, comme Michael Collins, Eamon de Valera, Constance Markievicz ou Veronica Guerin, y reposent. Un musée et des visites guidées racontent l'histoire du site.

★ Casino Marino PLAN I D1

Cherrymount Crescent (sur Malahide Rd) - bus 42 depuis Connoly Station ou Talbot Street (arrêt « Nazareth House ») - ✆ 01 833 1618 - www.heritageireland.ie - visite guidée seult - de fin juin à fin oct. : 10h-17h30 - gratuit.

Ce délicat pavillon aux allures de temple grec appartenait à James Caulfield, comte de Charlemont (1728-1799), qui réussit à adapter la rudesse du climat irlandais aux modes et caprices en vogue en Europe. Cette « folie », très restaurée, où seuls les hommes étaient admis, faisait partie d'un plus vaste ensemble, conçu par l'architecte William Chambers.

Au sud du centre-ville

Irish Jewish Museum PLAN I B3

3 Walworth Rd (près de Victoria St. et Lennox St.) - bus 15a de Grand Canal Dock ou Trinity College, ou bus 122 de O'Connell St. - ✆ 01 453 1797 - www.jewishmuseum.ie - mai-sept. : dim.-jeu. 11h-15h ; oct.-avr. : dim. 10h30-14h30 - 10 €.

Dans une ancienne synagogue du quartier de Portobello, ce musée expose les souvenirs de la communauté juive irlandaise, présente depuis le 11e s.

À proximité

CARTE P. 30-31

North Bull Island C3

À 7 km au nord-est du centre-ville. En voiture, suivez Clontarf Rd vers Howth - bus 130 de Lower Abbey St. ou Amiens St. (arrêt tout près de l'île) - train DART en direction de Howth, descendez à Raheny et prenez la passerelle au bout de Watermill Rd (1 km env. à pied). Comptez 2h pour faire le tour de l'île.

Également appelée Dollymount Island, cette île côtière de 5 km de long, ceinturée à l'est par un cordon littoral de sable blanc, invite à la baignade lorsque la température le permet. Outre son terrain de golf, le lieu constitue l'une des **réserves d'oiseaux** les plus riches d'Europe, d'ailleurs classée réserve de la biosphère par l'Unesco. L'hiver est la meilleure saison pour observer les 30 000 espèces d'échassiers, les 3 000 sortes d'oies et les 1 400 variétés de canards qui y font halte durant leur migration. Pour obtenir des informations, adressez-vous à la petite maison jaune, au milieu de l'île, qui abrite l'Interpretative Centre.

★ La presqu'île de Howth C3

À 11 km au nord-est du centre-ville - bus 31 depuis Lower Abbey St. - train DART au départ de Grand Canal Dock, Pearse, Tara St. ou Connolly Station.

Harbour Rd (au bout de West Pier) - ✆ 01 832 3347 - www.visithowth.ie.

Culminant à Ben of Howth (171 m), la presqu'île de Howth ferme le nord de la baie de Dublin. C'était autrefois l'un des plus importants ports de la région. En 1914, un yacht chargé de 900 fusils allemands destinés aux nationalistes *(voir p. 55)* y débarqua sa cargaison. Aujourd'hui, les quais du petit port de pêche (West Pier) sont bordés de restaurants de poissons et de pubs où les Dublinois viennent écouter de la musique le week-end. De la gare (côté West Pier) en direction du Deer Park Hotel, vous apercevrez à droite le **Howth Castle**, un château du 16e s. bien conservé *(ne se visite pas)*.

National Transport Museum – *À côté du château - ✆ 01 832 0427 - www.nationaltransportmuseum.org - w.-end et j. fériés 14h-17h - 3 €.* Le musée abrite une centaine de véhicules anciens, civils ou militaires, de la diligence à l'automitrailleuse, de l'autobus à impériale à des voitures plus récentes.

Contournez l'hôtel par la droite et suivez le chemin jusqu'au pied de la colline.

De très beaux **jardins de rhododendrons** furent plantés au 19e s. par les propriétaires de Howth Castle. En mai ou juin, au moment de la floraison, vous serez ébloui par leur camaïeu de violets. Un escalier gagne les hauteurs d'où l'on jouit d'une **vue★★★** unique sur l'ensemble de la baie de Dublin.

De là, vous pouvez faire le tour de l'île par un chemin longeant les falaises et rejoindre East Pier, le port de plaisance. Montez au village, où vous verrez les ruines de **St Mary's**, jadis une importante abbaye.

À quelques encablures du port, l'île minuscule d'**Ireland's Eye** *(excursion possible au dép. de East Pier - réserv. sur irelandseyeferries.com - comptez 1h30 - 20 €)* fut habitée par des moines au 8e s., comme l'attestent les ruines de St Nessan's Church. Plus tard, elle servit d'avant-poste défensif grâce à sa tour Martello. Ireland's Eye est désormais une réserve naturelle ornithologique dotée d'une jolie plage de sable.

★★ Malahide Castle C2

À Malahide, 17 km au nord de Dublin par la M 1 puis la N 32 - bus 42 d'Amiens St. - train DART depuis Connolly Station, Tara St. ou Pearse.

Back Rd - www.malahidecastleandgardens.ie - 9h30-17h30 (dernière entrée

Le phare Baily, sur la presqu'île de Howth.
R. Harding/hemis.fr

1

16h30) - fermé 24-26 déc. - jardin seult 8 €, visite guidée du château 14 € (enf. 6,50 €).

Édifié au 12e s. et propriété de la famille Talbot jusqu'en 1976, le **château** fut plusieurs fois remanié, notamment par James Gandon, l'architecte de Four Courts et de Custom House à Dublin. L'intérieur conserve un élégant mobilier des 17e et 18e s. ainsi qu'une galerie de portraits et des toiles de maître irlandais. La cour du château s'est malheureusement orientée vers le secteur commercial, avec boutiques et restaurant. À la belle saison, le **jardin botanique** présente une surprenante diversité de plantes originaires du Chili, de Tasmanie et de Nouvelle-Zélande. Depuis 2007, le parc accueille des concerts, avec des artistes comme les Artic Monkeys, Lana Del Rey, George Ezra, Liam Gallagher ou encore Lewis Capaldi.

★ Newbridge House and Farm C2

À Donabate, 20 km au nord de Dublin par la M 1 puis la R 126 - train DART depuis Connolly Station, Tara St. ou Pearse.

Hearse Rd - 01 84 36 534 - www.newbridgehouseandfarm.com - visite guidée seult : à 10h, 11h (w.-end), 12h, 14h, 15h et 16h - fermé lun. d'oct. à mars - ferme seule 8,50 € (enf. 6 €), ferme et maison 12 € (enf. 7 €).

Cette élégante demeure georgienne, au milieu d'un beau parc à l'anglaise, fut construite en 1740 pour Charles Cobbe, archevêque anglican de Dublin. L'intérieur a conservé une bonne partie de son mobilier d'origine et de beaux stucs rococo. Dans les dépendances, aménagées en **musée de la Vie rurale**, sont reconstitués des ateliers de menuisier, de forgeron et de charron.

★★ Castletown House 33

À Celbridge, 22 km à l'ouest de Dublin (à gauche après Lucan, à l'entrée de la M 4) - bus 67 de Wellington Quay ou Merrion Square (puis 15mn de marche).

Le parc compte trois entrées - 01 628 8252 - www.castletown.ie - parc ouv. de 7h ou 7h30 à 19h45 ou 22h30 selon les saisons et les entrées - visite guidée (1h10)

du château : avr.-oct. : 10h-16h - parc et domaine : gratuit, château 10 € (enf. 5 €). Réserv. conseillée.
L'un des plus beaux exemples d'architecture palladienne en Europe ! Il fut commandé par William Conolly (1662-1729), président de la Chambre des communes de Dublin. Ce fils d'aubergiste originaire du Donegal devint l'homme le plus riche d'Irlande grâce à d'habiles spéculations sur les terres confisquées aux catholiques après la victoire des orangistes en 1690. Il confia une partie de la conception du bâtiment à l'architecte italien Alessandro Galilei, le premier à introduire le style palladien en Irlande. La décoration intérieure fut achevée 30 ans plus tard par le petit-neveu de William Conolly. On doit surtout à son épouse, Lady Louisa, l'aménagement du salon vert, de la salle à manger et de la très élégante galerie bleue au décor pompéien.
Bordé par la Liffey, l'immense **parc** alterne allées arborées, prairies fleuries et bosquets touffus. Les joggeurs y abondent – on les envie d'avoir un tel domaine à disposition ! – tandis que, ça et là, divers édifices historiques offrent des buts de promenades. Parmi eux, la **Conolly's Folly**, un monument de 40 m constitué d'un obélisque monté sur deux niveaux d'arches. Il fut érigée à la demande de l'épouse de William Conolly en mémoire de son mari, mais aussi pour donner du travail aux paysans durant la famine de l'hiver 1739. Ne manquez pas non plus **The Wonderful Barn** (1743), un étonnant bâtiment en forme de tire-bouchon, construit pour stocker le grain. Un escalier s'enroule autour de l'édifice creux. Une vraie curiosité...

★ Dún Laoghaire et ses environs C3

À 12 km au sud-est du centre-ville par la N 11 et la N 31 - bus 7 de College Green ou O'Connell St. pour Dún Laoghaire - train DART depuis Connolly Station, Tara St., Pearse ou Grand Canal Dock (arrêts à Dún Laoghaire, Sandycove, Dalkey, Killiney, etc.).
County Hall Marine Rd - 01 280 6964 - www.dlrtourism.ie.
Au sud de la baie de Dublin, les bourgades de Dún Laoghaire *(prononcez Dun Liri),* de Sandycove, Dalkey ou Killiney, autrefois distinctes de l'agglomération dublinoise, forment désormais une même entité : le **Dún Laoghaire Rathdown**. L'ensemble dégage un certain charme avec ses villas victoriennes et leurs jardins, et la promenade du front de mer prend un petit air de Riviera à la belle saison.
★ **National Maritime Museum** – *Haigh Terrace - Dún Laoghaire - www.mariner.ie - 11h-17h - 6 € (-12 ans 3 €).* Si le port de Dún Laoghaire reçoit les ferries en provenance du pays de Galles et constitue un agréable but de promenade familiale, il accueille aussi le musée maritime national. Situé dans l'ancienne église des marins, accessible par le bord de mer, il possède des collections relatives à l'histoire maritime de l'Irlande et à l'évolution des techniques de navigation. Une vitrine rappelle le terrible naufrage du *RMS Leinster*, torpillé en 1918 par un sous-marin allemand.
Longez le bord de mer vers le sud.
James Joyce Tower and Museum – *Sandycove Point, Sandycove (2 km à l'est de Dún Laoghaire) - 01 280 92 65 - www.jamesjoycetower.com - merc.-dim. 10h-16h - gratuit (dons acceptés).* Surplombant une petite crique, il occupe une tour Martello, type de construction militaire corse réputée invulnérable, que les Anglais utilisèrent au début du 19e s. pour protéger leurs côtes d'une possible invasion napoléonienne ! C'est ici que s'ouvre le premier chapitre d'*Ulysse* et l'éditrice de Joyce, Sylvia Beach, décida en 1962 d'y rassembler la correspondance, les photos, manuscrits et autres souvenirs personnels de l'écrivain.
Au pied de la tour Martello, un escalier descend entre les rochers jusqu'à la **Forty**

James Joyce à Sandycove

En 1904, Joyce, alors âgé de 22 ans, commençait tout juste sa carrière lorsqu'il fut invité à séjourner dans la tour de Sandycove par Oliver St John Gogarty. Ce poète en vogue désirait voir de plus près le jeune écrivain qui l'avait violemment attaqué dans un de ses écrits. Le séjour de Joyce fut d'autant plus houleux qu'au beau milieu de la nuit, un aristocrate anglo-irlandais, ami et invité de Gogarty, s'empara de son revolver pour tirer sur une panthère échappée... d'un cauchemar. Joyce décida sur-le-champ de quitter cette curieuse compagnie et, un mois plus tard, il fuyait définitivement l'Irlande.

Foot Pool, sorte de piscine naturelle aménagée autrefois pour les naturistes uniquement masculins. Les mœurs ayant évolué, les dames ont fini par y être admises, mais les naturistes ont quitté les lieux. Par beau temps, la crique voisine est également fréquentée.
En voiture, suivez la R 119.
Dalkey – *À 3 km au sud de Dún Laoghaire.* C'est dans ce petit bourg animé que James Joyce a situé le 2e chapitre de son roman *Ulysse*. Sur les sept châteaux (15e-16e s.) qu'il comptait jadis, il n'en reste que trois : Bulloch Castle *(fermé au public)* domine un petit port de pêche au nord ; Archbold's Castle accueille la mairie ; Goat Castle abrite le **Dalkey Heritage Centre** *(✆ 01 285 83 66 - www.dalkeycastle.com - visite guidée : 10h-17h, w.-end 11h-17h - fermé mar. - 13,50 €)*, un petit musée consacré à l'histoire locale avec visite de l'église St Begnet (13e s.) attenante. Vous découvrirez surtout une jolie vue depuis le sommet de la tour.
Killiney Hill Park – *Entre Dalkey et Killiney.* Ce parc constitue un très agréable lieu de promenade sur des sentiers balisés. Du parking, un itinéraire conduit à un obélisque (18e s.) au pied duquel on bénéficie d'une **vue★** sur la baie de Dublin, de Howth, au nord, jusqu'à Bray, au sud *(voir p. 99)*.

1

Carnet pratique

PLAN I (P. 34-35) ET PLAN II (P. 36-37)

S'informer

Visit Dublin Centre – PLAN II G2 - *25 Suffolk St. (à deux pas de l'ancienne église St Andrew's et de Trinity College - ✆ 01 800 230 330 (numéro gratuit à utiliser sur place) - www.visitdublin.com.* Antennes à l'aéroport (hall des arrivées) et au 14 Upper O'Connel St. (PLAN II G1).

Dublin Visitor Center – PLAN II G1 - *17 O'Connell St. Lower. – ✆ 01 898 0700 - www.dublinvisitorcentre.ie.*

Visites

Dublin Pass – *www.dublinpass.com - 69 €/1 j., 89 €/2 j., 99 €/3 j. et 115 €/5 j.* Achat en ligne, à l'aéroport ou à l'office de tourisme. Cette carte donne libre accès à une trentaine de sites et à un tour en bus hop on-hop off. Faites tout de même vos comptes, car les grands musées sont gratuits…

Adresses utiles

Poste

General Post Office– PLAN II G1 - *O'Connell St. - ✆ 01705 7000 - tlj sf dim. 9h-17h - www.anpost.com.*

Arriver/Partir

En avion

Dublin Airport – PLAN I C1 (EN DIR.) - *10 km au nord de la ville – ✆ 01 944 1111 (info) et 01944 5555 (objets perdus) - www.dublinairport.com.* Dans le hall des arrivées : loueurs de voitures, supérette, achat de carte Sim locale, distributeurs.

Transports vers le centre-ville – Les **taxis** sont garés devant le hall d'arrivée : comptez 30 € (env. 30mn).

Les **navettes Aircoach** *(www.aircoach.ie)* assurent la liaison entre l'aéroport et O'Connell St. - *(6h-23h30, dim. 7h-23h30 - trajet 30 à 45mn selon la circulation - 7 € AS, 8/12 € AR - achat en ligne fortement conseillé).*

Les bus **Dublin Express** *(www.dublinexpress.ie)* desservent 15 points en ville *(7 € AS, 11 € AR - achat en ligne fortement conseillé).*

Les **bus municipaux** 16 et 41 circulent de 6h à 23h30 *(comptez de 45mn à 1h15, voire plus selon circulation - 2,50 € avec la Leap Card ou 3,30 €, prévoir l'appoint).*

En train

Irish Rail (Iarnród Éireann) – *www.irishrail.ie.* Relie Dublin aux grandes villes d'Irlande du Sud et du Nord. Rens. en ligne ou dans les gares :

Heuston Station – PLAN I B2 - Trains pour Cork, Tralee, Limerick, Ennis, Galway, Westport, Ballina, Kildare et Waterford.

Connolly Station – PLAN II H1 - Trains pour Sligo, Belfast, Maynooth, Wexford et Rosslare.

En bus

Bus Éireann – *✆ 01836 6111 - www.buseireann.ie.* La compagnie possède un réseau très dense qui dessert les deux Irlande. Certaines liaisons partent directement de l'aéroport vers les grandes villes de l'île.

En ville, la gare routière **Busáras** (Central Bus Station) se trouve sur Store St., derrière Custom House (PLAN II G1).

Transports

À pied

Le centre-ville étant peu étendu, il est facile de se déplacer à pied. Pour éviter tout trajet inutile, regardez les numéros des deux côtés de la rue : les numéros pairs et impairs peuvent suivre un ordre croissant sur un trottoir et décroissant sur l'autre. Et les numéros, comme les rues, ne sont pas toujours indiqués. Suivez le plan !

À vélo

Bonne nouvelle pour vos mollets, Dublin est globalement plate ! Les voies cyclables se multiplient et permettent de se déplacer entre le centre et l'hypercentre. Pour vous repérer et préparer vos itinéraires, utilisez par exemple le site : www.dublin.cyclers.city.

Un système de vélos en libre-service, les **NOW Dublinbikes**, est proposé en abonnement de 1 j. (3,50 €) ou 3 j. (5 €). La première demi-heure est gratuite, puis comptez 0,50 € pour 1h, 1,50 € pour 2h... Pensez à rouler à gauche !

Transports en commun

Vous combinerez plusieurs types de transport pour sillonner la ville et ses environs : les bus, les tramways (Luas) et le train (DART). Le site **www.transportforireland.ie** vous aidera à planifier vos trajets dans tout le pays.

Si les tickets s'achètent à l'unité, il est préférable de faire l'acquisition d'une carte **TFI Leap Card** (en vente en ligne, dans les kiosques ou auprès des bureaux TFI) et de la recharger au besoin aux bornes ou *via* une application.

Vous pouvez également opter pour des cartes et pass touristiques :

La **Leap Visitor Card** *(www.about.leapcard.ie - 8 €/24h, 16 €/72h)* permet l'accès à tous les transports pour une durée déterminée. Elle peut s'acheter et être utilisée dès l'aéroport.

Le **DoDublin Freedom Ticket** *(www.dodublin.ie - 45 €)* permet d'emprunter les bus hop on-hop off de la compagnie et les divers transports en commun durant 72h.

En bus

C'est, avec la marche, le moyen le plus pratique pour découvrir Dublin, surtout du haut d'un bus à étage. Les bus qui se rendent dans le centre-ville indiquent *An Lár*. Ils sont opérés par deux c^ies^ : **Dublin Bus** *(59 Upper O'Connell St. - ✆ 01 873 4222 - www.dublinbus.ie)* et **Go Ahead** *(✆ 0818 804 071 - www.goaheadireland.ie)*. Ils circulent de 6h à 23h30. Les bus de nuit **Nitelink**, peu fréquents, prennent le relais. Sans la Leap Card, le ticket coûte de 1,70 à 3 € selon la distance et s'achète à bord (faire l'appoint). Notez que le paiement sans contact (carte de crédit, de débit, smartphone...) sera proposé dans les Dublin Bus à partir de 2023.

En Luas

Le tramway dublinois Luas *(www.luas.ie)* fonctionne jusqu'à minuit environ (23h le dim.) et possède deux lignes. La **ligne rouge** circule au nord de la Liffey et relie, par exemple, Heuston Station à Point Village, *via* le National Museum of Decorative Arts & History, la gare routière ou Connolly Station.

La **ligne verte** quitte St Stephen's Green en direction du sud-est.

Un billet coûte 2 € et s'achète à l'une des machines automatiques, à chaque arrêt. Le **One Day Ticket** permet de voyager une journée pour 5,80 €.

En DART

La ligne du Dublin Area Rapid Transit *(www.irishrail.ie)*, équivalent du RER en Île-de-France, suit la baie de Dublin sur 40 km entre Howth, au nord, et Bray, au sud. Quatre stations de DART se trouvent en centre-ville : **Connolly Station** (PLAN II H1), **Tara Street** (PLAN II G2), **Pearse** (PLAN II H3) et **Grand Canal Dock** (PLAN I C2).

Les paiements peuvent s'effectuer avec la carte Leap.

En taxi

Stations sur College Green, Stephen's Green ou O'Connell St. Hélez un taxi, contactez **Lynk Taxi** *(✆ 01 473 1122)* ou utilisez les applications proposées sur lynk.ie ou free-now.com/ie.

1

La course est facturée au compteur (prise en charge 4,10 €), avec un supplément si vous avez réservé (2 €); après 20h; les dimanches et jours fériés; si vous êtes plusieurs à bord (1 € à partir de la deuxième personne, chiffre affiché à droite du montant à payer. Péage *(toll)* et bagages sont inclus dans le prix : aucun supplément n'est donc à payer.
Pour des distances importantes, vous pouvez négocier, mais demandez un reçu. Sachez que le w.-end après 23h trouver un taxi relève de l'exploit.
Pour évaluer le coût de votre itinéraire : www. transportforireland.ie/fares/ taxi-fare-estimator

En voiture

En raison de la circulation et du stationnement rare et extrêmement coûteux (la fourrière est impitoyable et chère), il est vraiment déconseillé de visiter Dublin en voiture.
Pour aller à Dún Laoghaire ou Howth, voir p. 54 ou 56.

Agenda

Jameson Dublin International Film Festival – Durant la deuxième quinz. de février.
St Patrick's Festival – le 17 mars, défilé et animations à la gloire du saint patron de l'Irlande.
Dublin Dance Festival – Deuxième quinz. de mai.
Dublin Writers Festival – Dernière semaine de mai, pour célébrer les écrivains irlandais et internationaux. Des auteurs prestigieux sont invités pour des lectures et séminaires. Maîtrise de l'anglais indispensable…
Bloomsday Festival – Vers le 16 juin, en l'honneur du périple dans la ville du héros de James Joyce.
Dublin Horse Show – Une semaine en août, prestigieuse manifestation hippique.

Nos adresses

PLAN I (P. 34-35) ET PLAN II (P. 36-37)

Restauration

Dublin regorge de pubs et de restaurants qui offrent généralement un bon rapport qualité-prix pour un plat du jour. Presque tous les musées possèdent en outre une cafétéria : certaines sont particulièrement agréables, comme celles de la National Gallery ou de la Chester Beatty Library, qui proposent des plats du jour maison.
Pour dîner, il vous en coûtera plus cher, à moins d'opter pour les menus *early bird*, avant 19h30, toujours copieux.

Autour de Grafton Street

Premier prix

1 **La Cucina at Farrier and Draper** – PLAN II F2 - *59 South William St. - 01 677 1220 - www. farrieranddraper.ie ou www. lacucinarestaurant.ie - 12h-21h - fermé lun.-merc. midi - 8/19 €.* La perle rare ! En cuisine, un chef romain; dans l'assiette, des produits frais, des herbes, des épices, de la couleur, du goût, de la texture. Les saveurs sont fines, les sauces, justement dosées, les pâtes fraîches, dignes de la nonna, et le tout est servi dans un joli lieu.

40 **Stag's Head** – PLAN II F2 - *1 Dame Court - 01 679 3687 - www.stagshead.ie - 13h-19h - 12/16 €.* On s'y rend depuis

Dame St. en empruntant un passage signalé sur le trottoir (au niveau de l'hôtel The Mercantile) par une mosaïque représentant une tête de cerf. L'un des plus beaux pubs de Dublin, créé en 1770, est aussi régulièrement primé comme meilleur déjeuner en ville pour l'*Irish stew* ou le *bacon & cheese*. Clientèle locale, haute en couleur.

14 Cornucopia – PLAN II G2 – *19-20 Wicklow St. - ☏ 01 677 7583 - www.cornucopia.ie - 9h-20h, jeu.-sam. 9h-21h, dim. et j. fériés 10h-20h - menu 16 €.* La cuisine végétarienne faite maison de ce self-service attire plus d'un Dublinois. On vient pour le déjeuner ou pour dîner de bonne heure mais également pour les petits-déjeuners (lun.-sam. jusqu'à 12h). Les plats sont aussi à emporter.

Budget moyen

51 Catch-22 – PLAN II F3 – *32 Clarendon St. - ☏ 01 441 4425 - www.catch-22.ie - 15h-22h, jeu.-vend. 13h-22h, w.-end 12h-22h - 13/25 €.* Une adresse à l'ambiance bistrot pour amateurs de poissons, où l'on s'attable le temps de quelques entrées ou d'un dîner entre amis. Produits frais et cuisine goûteuse, servis par une bonne carte des vins. Pas de réservation.

20 Fallon & Byrne – PLAN II F2 – *11-17 Exchequer St. - ☏ 01 472 1010 - www.fallonandbyrne.com - 12h-22h (vend.-sam. 23h), j. fériés 11h-18h - 22/36 €.* Une adresse « trois-en-un » que l'on adore ! Quelle que soit la solution choisie, on y mange d'excellents produits du marché à tous les prix, toujours étonnamment raisonnables. Les rayons de l'épicerie fine débordent de produits des quatre coins d'Irlande, mais aussi du reste du monde. Un plaisir tant pour les yeux que pour le palais !

36 The Pig's Ear – PLAN II G2 – *4 Nassau St. - ☏ 01 670 3865 - www.thepigsear.ie - merc.-sam. 17h30-21h - 26/30 €.* Un restaurant dans une maison georgienne aux portes roses et au décor inspiré par le thème du cochon ! Cuisine de bistrot contemporaine d'inspiration française, élaborée avec des produits irlandais. Service personnalisé et attentif.

38 Rustic Stone – PLAN II F2 – *17 South Georges St. - ☏ 01 707 9596 - www.rusticstone.ie - jeu.-sam. 17h-20h - menus 29/34 €.* Une cuisine légère, à base de produits de saison et de qualité. Les mariages de saveurs sont audacieux et réussis, avec un soin particulier porté aux accompagnements et desserts. Les grillades à la pierre (25/30 €) garantissent une cuisson saine et le respect des saveurs. On peut dîner pour moins de 35 €.

Pour se faire plaisir

30 La Maison – PLAN II F2 - *15 Castle Market - ☏ 01 672 7258 - www.lamaisondublin.com - 12h-20h - fermé dim. - 24/34 € (early bird).* Un bistrot-gastro très agréable. Menu de saison proposant des plats français typiques préparés avec soin à un prix raisonnable.

Dans le Vieux Dublin

Premier prix

32 The Mongolian Barbeque – PLAN II F2 - *7 Anglesea St. - ☏ 01 670 4154 - www.mongolianbbq.ie - 12h-21h, dim. 12h-20h - menu à volonté 16,50/18,50 €.* Une adresse originale : vous choisissez les ingrédients crus (légumes, crevettes, lamelles de viande, sauces variées) que l'on cuit devant vous sur une plaque chauffante. Bon et sympathique.

28 Irish Film Institute Café Bar – PLAN II F2 - *6 Eustace St. - ☏ 01 679 8712 - www.ifi.ie - 12h-21h30 - 14/16 € - dim.-mar : film+ repas à 19 €.* Au cœur de Temple Bar, voici un restaurant-pub à l'agréable patio couvert, pour de bons plats, copieux et à petit prix, certains assez originaux.

1

22 Dollard & Co. – PLAN II F2 - *2-5 Wellington Quay - ✆ 01 616 9606 - www.dollardandco.ie - 8h-22h, dim. 9h30-22h - 15/20 €.* Juste à côté du Clarence (l'hôtel du chanteur du groupe U2), le Dollard fait à la fois épicerie fine et self à toute heure. On y vient pour le petit déjeuner ou pour grignoter sur le pouce une tourte au saumon ou une salade quinoa, pomme et coriandre. On passe sa commande au comptoir central et on cherche une table...

Budget moyen

34 The Oliver St John Gogarty's – PLAN II G2 - *Angle Fleet St. et Anglesea St. - ✆ 01 671 1822 - www.gogartys.ie - 10h30-23h30 - menu 25 €.* Pour le déjeuner, un pub touristique mais pittoresque. Plat du jour bon marché. Musique traditionnelle tous les soirs et concerts animés le dim. midi. Le restaurant de l'étage est moins convivial et plus cher.

44 The Winding Stair – PLAN II F2 - *40 Lower Ormond Quay - ✆ 01 872 7320 - www.winding-stair.com - 12h-20h - fermé lun.-mar. - 27/31 €.* Sur le quai en face de Temple Bar, à deux pas du Ha'penny Bridge, ce restaurant est installé au-dessus d'une librairie. On y déguste une très bonne cuisine irlandaise, simple et goûteuse, avec vue sur la Liffey.

48 Yamamori Sushi – PLAN II F2 - *38-39 Ormond Lower Quay - ✆ 01 872 0003 - www.yamamori.ie - 12h-21h, jeu.-dim. 12h-22h - 15/38 €.* Restaurant japonais branché, avec patio chauffé bordé de bambous. La carte offre un large choix de sushis, sashimis, tempura, bento, ramen, etc.

O'Connell Street, Parnell Square et Church Street

Premier prix

10 Declan & Donal – PLAN II F1 - *34 Bolton St. - ✆ 085 201 7721 - lun.-sam. 7h-15h (sam. 14h) - 5/6 €.* On fait souvent la queue pour cette institution du quartier. Ouvriers, étudiants, employés se pressent pour engloutir de délicieux et très généreux sandwiches, *rolls*, *roast* et autres *specials* revigorants dès le petit déjeuner.

24 Fegan's 1924 – PLAN II F2 - *13 Chancery St. - ✆ 01 872 4400 - www.fegans1924.com - lun.-jeu. 7h30-16h, vend.-sam. 11h-22h, dim. 11h-15h - 5/15 €.* Un lieu attachant, un oasis coloré, un peu bohème, où se restaurer du matin au soir de préparations simples mais très bien faites (sandwiches, lasagnes, *cottage pie*, *scones*, salades...) à bases d'ingrédients méticuleusement sélectionnés. Excellent café et joli choix de bières artisanales. Petite terrasse donnant sur l'animation du marché couvert.

2 Beshoff – PLAN II G1 - *6 Upper O'Connell St. - ✆ 01 872 4400 - www.beshoffrestaurant.com - 9h-20h, vend.-sam. 9h-21h, dim. 12h-20h - plats 8/17 €.* Depuis 1913, les meilleurs *fish & chips* de la ville. Raie, saumon, haddock, morue... les poissons sont du jour.

Budget moyen

50 101 Talbot – PLAN II G1 - *101 Talbot St. - ✆ 01 874 5011 - www.101talbot.ie - merc.-sam. à partir de 17h - 20/29,50 €, menu early bird (17h-18h30) 26 €.* Une délicieuse cuisine aux accents méditerranéens dans un décor moderne, épuré.

Pour se faire plaisir

3 Mr Fox – PLAN II F1 - *38 Parnell Square West - ✆ 01 874 7778 - www.mrfox.ie - à partir de 17h - fermé dim.-lun. - menu 62 €.* Cette adresse, rare à Dublin, met la bistronomie à portée de bourse. On y savoure donc sans arrière-pensée du canard de Challans à la poire ou de la truite à l'avocat et au radis, relevés au ponzu (une petite sauce japonaise). La gourmandise est au rendez-vous.

Une folie

12 Chapter One – PLAN II F1 - *18-19 Parnell Square - ✆ 01 873 2266 - www.chapteronerestaurant.com - P - mar.-merc. 18h30-21h30, jeu.-sam. 12h30-14h, 18h30-21h30 - fermé dim.-lun. et j. fériés - formule déj. 75 €, menu dîner 140 € - réserv. indispensable.* Après s'être fait connaître grâce au restaurant The Greenhouse, le chef finlandais Mickael Viljanen a déménagé au nord du fleuve Liffey et c'est désormais son nom qui apparaît sur la devanture de cet établissement. Il mise sur des ingrédients de premier choix et utilise des techniques françaises classiques pour créer des plats qui se distinguent parfois par leurs mélanges de saveurs assez audacieux.

Grand Canal Dock

Premier prix

1 Herbstreet – PLAN I C2 - *9 Hanover Quay - ✆ 01 675 3875 - www.herbstreet.ie - 12h-19h, sam. 10h-19h, dim. 10h-15h - fermé lun.-mar. - 15/18 €.* Á côté du Grand Canal Theatre, une table de qualité, dans un cadre au style industriel avec canapés profonds. De copieux et savoureux petits-déjeuners y sont servis : toasts, muesli, pancake, *full irish breakfast*, gaufres sans gluten *(8/12 €)*. Terrasse sur le bassin.

Vers Heuston Station

Budget moyen

3 Nancy Hands Bar & Restaurant – PLAN I B2 - *30-32 Parkgate St. (face à Heuston Station, de l'autre côté de la Liffey) - ✆ 01 677 0149 - www.nancyhands.ie - 12h-23h30 (vend.-sam. 0h30) - 15/30 €.* Ce grand pub au décor oscillant entre l'auberge rustique, le salon victorien et la taverne bavaroise, dispose d'un restaurant avec vue sur la Liffey. Cuisine classique goûteuse. Le bar possède la plus importante carte de whiskies de Dublin avec 151 marques dont 27 Irish whiskies différents.

4 Ryan's Pub & FXB Grill – PLAN I B2 - *28 Parkgate St. - ✆ 01 677 6097 - www.fxbuckley.ie - 12h-23h (vend.-sam. 0h30) - 17/49 €.* Un très beau pub victorien avec arrière-salle, décor de bois et grill pour les amateurs d'excellentes viandes.

À Howth

Budget moyen

Bloody Stream – *Sous la station du DART - ✆ 01 839 5076 - www.bloodystream.ie - 12h-23h30, vend.-sam. 12h-2h30, dim. 12h-23h - 14/24 €.* Pub classique et chaleureux, qui propose salades, poissons et fruits de mer. Musique *live* ou DJ plusieurs soirs par semaine.

King Sitric – *Harbour Rd - East Pier - ✆ 01 832 5235 - www.kingsitric.ie - 11h-23h30 - fermé mar.-merc. - plats 12/25 €.* Dans un cadre marin, ce restaurant plutôt chic sert une bonne cuisine de la mer.

The Abbey Tavern – *28 Abbey St. (près des ruines de St Mary's Abbey) - ✆ 01 839 0307 - www.abbeytavern.ie - 12h30-22h30 (dim. 22h) - fermé lun.-merc. - 18/36 €.* Ce sympathique pub-auberge revendique le titre de « plus vieille taverne d'Irlande », ce qui peut être vrai pour une partie des murs qui faisaient partie de l'abbaye au 15e s. Dans le pub, on se régale de classiques pour moins de 20 €. Le soir, le restaurant à l'étage sert une cuisine plus élaborée et plus chère. Musique *live* certains soirs.

Vers Dún Laoghaire

Budget moyen

Forty Foot – *The Pavillon Centre - Marine Rd - ✆ 01 231 1926 - www.jdwetherspoon.com - 9h-23h30 (vend.-sam. 0h30), dim. 9h-23h - 13/25 €.* Très grand restaurant-pub-salon de thé, agréablement aménagé, avec une belle terrasse

1

et une vue spectaculaire sur le front de mer. Formules déjeuner et tapas toute la journée, très avantageuses et généreuses. Choisissez votre place et passez votre commande au bar.

Hartley's – *1 Harbour Rd - ✆ 01 280 6767 - www.hartleys.ie - 17h-23h30, w.-end 12h30-23h30 - fermé lun.-mar. - 13/28 €.* Dans l'ancien buffet de la gare, face au port. Décor blanc élégant et belle vue depuis la terrasse. Cuisine contemporaine à base de produits de saison.

Cavistons – *58-59 Glasthule Rd - Glenageary, à Sandycove - ✆ 01 280 9245 - www.cavistons.com - 8h30-18h - fermé dim. - formule déj. 22 €, plats 20/26 € - réserv. conseillée.* Juste à côté d'une des plus belles poissonneries de Dublin, cette table est le lieu de rendez-vous des amateurs de poissons. À se damner !

Petite pause

Le Dublin *hype* a comme toutes les capitales européennes succombé aux cafés de qualité. Profitez-en !

Cloud Picker – PLAN II G2 - *42 Pearse St - ✆ 087 216 0305 - www.cloudpickercoffee.ie - lun.-sam. 8h-15h.* Un comptoir tout en longueur, de la brique brute et, surtout, une irrésistible odeur de café. Les breuvages proposés par ce micro-torréfacteur sont excellents et s'accompagnent éventuellement de douceurs sucrées ou salées de qualité.

Kaph – PLAN II F2 - *31 Dury St. - ✆ 01 613 9030 - www.kaph.ie - 9h-18h, dim. 12h-18h.* Des baristas experts et passionnés pour vous servir ! Viennoiseries et cakes appétissants, à savourer dans une petite salle chaleureuse.

Boire un verre

☺ Les pubs sont ouverts tous les jours, en général à partir de 10h30 et 12h le dimanche. Les concerts du jour ou du soir sont annoncés à l'extérieur.

Les adresses conseillées ci-dessous ne sont pas référencées sur les plans de ville, mais le carroyage est signalé à titre indicatif.

Voir aussi « Pub crawling », p. 72.

Autour de Grafton Street

The International Bar – PLAN II FG2 - *23 Wicklow St. - ✆ 01 677 9250 - www.theinternationalcomedyclub.com - 10h30-23h30, vend.-sam. 10h-0h30, dim. 12h-23h30.* Petit pub tranquille en plein centre. Le bar est orné de très belles têtes de personnages sculptées sur d'anciennes barriques de whiskey. Des comédiens se produisent à l'étage les jeu.-dim. soirs (se rens.).

The Long Hall – PLAN II F2 - *51 South Great George's St. - ✆ 01 475 1590 - 12h-20h.* L'un des plus beaux pubs de Dublin, à la très belle décoration victorienne, inchangée depuis 1880 (sculptures, lustres de cristal, etc.). On s'attendrait presque à voir arriver Phileas Fogg de retour de son tour du monde.

The Globe – PLAN II F2 - *11 South Great Georges St. - ✆ 01 671 1220 - www.theglobe.ie - à partir de 16h, vend.-dim. à partir de 14h.* Un bar ouvert en soirée pour ceux qui souhaitent prendre un verre plus au calme, sur fond de musique électro mixée par des DJs de la maison.

The George – PLAN II F2 - *89 South Great George's St. - ✆ 01 478 2983 - thegeorge.ie.* Le plus ancien et le plus célèbre des bars gays de Dublin. Soirées spectacles dans la discothèque attenante.

John Kehoes – PLAN II G3 - *9 South Anne St. - ✆ 01 677 8312 - www.kehoesdublin.ie - 11h-20h.* Un peu à l'écart de Grafton Street, un pub traditionnel avec box entourés de cloisons et plancher de bois. Calme en journée, bondé après les heures de bureau.

Georges Street Arcade.

Andrew Bradley/Tourism Ireland

Trinity College.

stevenallan/Getty Images Plus

Le Ha'penny Bridge et la Liffey.

ChrisHepburn/Getty Images Plus

O'Donoghues – PLAN II G3 - *15 Merrion Row - ✆ 01 660 7194 - www.odonoghues.ie - 10h-0h (vend.-sam. 1h).* Il y a bien un peu de touristes, mais ce pub offre d'excellents concerts de musique irlandaise traditionnelle, chaque jour à partir de 21h30, le samedi à partir de 17h et le dimanche à partir de 13h. Le célèbre groupe des Dubliners y a fait son apparition fracassante en 1962. Souvent bondé, surtout le week-end.

Doheny & Nesbitt – PLAN II G3 - *5 Lower Baggot St. - ✆ 01 676 2945 - www.dohenyandnesbitts.ie - 9h-0h30, jeu. 9h-1h30, vend.-sam. 9h-2h, dim. 10h-0h30.* Un pub traditionnel apprécié des fonctionnaires du quartier, notamment ceux du ministère des Finances.

Toners – PLAN II G3 - *139 Lower Baggot St. - ✆ 01 676 3090 - www.tonerspub.ie - 10h30-23h30 (vend.-sam. 0h30).* Une ancienne épicerie, au décor inchangé depuis un siècle. On y refait le monde devant la pinte de l'après-midi.

Vieux Dublin

The Palace Bar – PLAN II F2 - *21 Fleet St. - ✆ 01 671 7388 - www.thepalacebardublin.com - 10h30-23h30, vend.-sam. 10h30-0h30, dim. 12h30-23h.* Une enclave hors du temps où se retrouvent sans distinction banquiers et universitaires. On y vient pour parler et se reposer de l'agitation environnante.

The Temple Bar – PLAN II F2 - *47-48 Temple Bar - ✆ 01 672 5286 - www.thetemplebarpub.com - 10h30-1h30, jeu.-sam. 10h-2h30, dim. 10h30-1h.* Un pub traditionnel parmi les plus fréquentés du quartier. *Beer garden* à l'arrière. Musique *live* midi et soir.

The Auld Dubliner – PLAN II F2 - *24-25 Temple Bar - ✆ 01 677 0527 - www.aulddubliner.ie - 10h30-23h30, dim. 12h-23h30.* Ce pub jouit d'une solide réputation pour sa musique traditionnelle.

The Porterhouse – PLAN II F2 - *16-18 Parliament St. - ✆ 01 679 8847 - www.theporterhouse.ie - 16h-22h, vend.-dim. 12h-22h.* C'est le seul pub de Dublin où l'on ne sert pas de Guinness. On brasse sur place une bonne douzaine de bières maison, plus étonnantes les unes que les autres. Excellente musique *live* tous les soirs : blues ou musique traditionnelle.

Turks Head Chop House – PLAN II F2 - *Parliament St. (angle Essex St.) - ✆ 01 679 2606 - www.paramounthotel.ie - 16h-3h, vend.-dim. 13h-3h - night-club avec DJ's à partir de 22h ou concert.* L'étrange décor, avec ses mosaïques, évoque un peu Gaudí et Barcelone. L'ambiance est très conviviale et l'endroit réputé pour sa musique des années 1970.

Brazen Head – PLAN II E2 - *20 Lower Bridge St. - ✆ 01 677 9549 - www.brazenhead.com - 12h-23h30.* L'un des plus vieux pubs de Dublin, qui cultive le genre repaire de brigands. Une institution pas mal fréquentée par les touristes, ce qui n'enlève rien à la qualité de la musique ni à l'ambiance. Musique tous les soirs.

Au nord de la Liffey

The Church – PLAN II F2 - *Angle Mary St. et Jervis St. - ✆ 01 828 0102 - www.thechurch.ie - 10h30-22h (vend. 0h30).* Un pub incroyable installé dans une ancienne église. De multiples salles aux ambiances différentes et à la déco design très réussie. Profitez du lieu en sirotant une bière. Musique irlandaise du dim. au merc., à partir de 19h ; discothèque vend. et sam.

Madigan's Earl Street – PLAN II G1 - *25 North Earl St. - ✆ 01 874 0646 - www.madigansearlst.com - 12h-20h, vend.-sam. 10h30-20h.* Une authentique ambiance à l'ancienne règne dans ce pub au décor Art nouveau, orné de boiseries et de fenêtres à vitraux. On y déguste à midi une cuisine traditionnelle.

J & M Cleary's – PLAN II H1 - *36 Amiens St. (sous le pont de chemin de fer, près de Connolly Station) - ✆ 01 855 2952 - 11h-0h.* C'est ici que le chef révolutionnaire Michael Collins tenait ses meetings. Atmosphère authentique !

Grand Canal Dock

BrewDog Outpost Dublin – PLAN I D2 - *Capital Dock - ✆ 01 920 3350 - www.brewdog.com - 11h-23h.* Le célèbre brasseur écossais a ouvert ici un vaste et séduisant complexe. Les salles au décor industriel bruissent d'amateurs de bières (gamme BrewDog produite sur place et bières locales invitées) et de burgers. On profite de la terrasse les « pieds dans l'eau du canal » aux beaux jours.

Au sud de Phoenix Park

Rascals – PLAN I A3 - *Tyrconnell Rd, Inchicore, Dublin 8 - ✆ 01 538 2051 - www.rascalsbrewing.com - 16h-0h, w.-end 13h-0h.* Il faut être un vrai amateur de bière pour se rendre dans cette zone d'activités et goûter « à la source » aux nombreuses productions de cette micro-brasserie dublinoise. Les Siamese Dream, Crush Groove et autres Rude Girl s'accompagnent d'excellentes pizzas. Visite possible.

À Howth

Voir « Se restaurer ».

En soirée

L'office de tourisme propose un programme où sont répertoriés les principaux rendez-vous culturels, artistiques et sportifs, à consulter aussi sur www.visitdublin.com.

Les adresses conseillées ci-dessous ne sont pas référencées sur les plans de ville, le carroyage est signalé à titre indicatif.

Clubbing

Rí-Rá – PLAN II F2 - *11 South Great Georges St. - Dame Court - ✆ 01 671 1220 - www.theglobe.ie - jeu.-dim.* Occupant deux étages, ce night-club bruyant et funky est le plus célèbre de la capitale.

Salles de concert

Whelan's – PLAN II F3 - *25 Wexford St. - ✆ 01 478 0766 - www.whelanslive.com - pubs : 17h-1h30 (vend.-sam. 2h30) ; club : à partir de 22h30 - concerts : réserv. par téléphone, en ligne ou billetterie sur place.* Une institution où l'on vient autant pour écouter de la musique *live* que pour boire un verre au pub. Une programmation variée, avec des stars internationales, mais c'est surtout l'occasion de découvrir les jeunes groupes irlandais montants.

3Arena – PLAN I D2 - *North Wall Quay - Point Village - ✆ 01 819 8888 - www.3arena.ie.* Salle de concert où se produisent les plus grands.

Spectacles sportifs

Hurling – Ce sport (et sa version féminine, le *camogie*), sorte de hockey sur gazon extrêmement rapide, se joue toute l'année, mais les matchs les plus importants ont lieu en juillet-août. La finale nationale se déroule en septembre au Croke Park Stadium *(voir p. 57).*

Football gaélique – Les principaux matchs de football gaélique, très populaire lui aussi, ont également lieu au Croke Park en septembre. Rens. : Gaelic Athletic Association *(www.gaa.ie).*

Courses de lévriers – Les courses ont lieu au Shelbourne Park Greyhound Stadium *(South Lotts Rd - PLAN I B2 - ✆ 01 525 3666 - www.igb.ie - mar. et jeu.-vend. à partir de 18h30, sam. à partir de 18h).*

Théâtre

Le théâtre occupe une place importante dans la vie culturelle

1

dublinoise. Pour les programmes et réservations, consultez le site www.ticketmaster.ie.

Abbey Theatre – PLAN II G1-2 - *26-27 Lower Abbey St. - ✆ 01 878 7222 - www.abbeytheatre.ie - billetterie : 9h-19h - fermé dim.* Le bâtiment n'est pas superbe, mais demeure un fier symbole de la culture irlandaise. On y met en scène des œuvres des dramaturges irlandais célèbres (Shaw, Synge, Yeats, O'Casey), mais aussi celles d'auteurs moins connus. Dans le même bâtiment, le Peacock Theatre se consacre aux œuvres contemporaines et expérimentales.

Gate Theatre – PLAN II F1 - *1 Cavendish Row - Parnell Square - ✆ 01 874 4045 - www.gatetheatre.ie - billetterie : 10h-19h - fermé dim.* Autre institution dublinoise, le Gate Theatre étend son répertoire à des œuvres étrangères.

Olympia Theatre – PLAN II F2 - *72 Dame St. - ✆ 01 679 3323 - www.olympia.ie.* Seul théâtre victorien de Dublin à avoir été épargné par les incendies. Propose un répertoire varié, concerts et comédies musicales.

Gaiety Theatre – PLAN II G3 - *South King St. (à l'angle de Grafton St. et St Stephen's Green) - ✆ 01 456 9569 - www.riverdance.com - de mi-juin à mi-sept. : mar.-vend. à 19h30, sam. à 15h30 et 19h30, dim. à 17h.* Chaque été, depuis 25 ans, ce théâtre accueille un show bien huilé de musiques irlandaises et de claquettes traditionnelles : Riverdance, n° 1 au box-office grâce à une troupe de danseurs hyper-énergiques et ultra-synchronisés.

Project Arts Centre – PLAN II F2 - *39 Essex St. East - ✆ 01 881 9613 - www.projectartscentre.ie.* Pièces d'avant-garde ou expérimentales d'auteurs irlandais ou étrangers.

Pub crawling

Le *pub crawling* est un circuit guidé qui consiste à visiter le plus de pubs possible selon un itinéraire choisi à l'avance. Voici quelques circuits thématiques.

Dublin Literary Pub Crawl – *RV à l'étage du pub The Duke, 9 Duke St. (entre Grafton St. et Dawson St.) - ✆ 01 670 5602 - www.dublinpubcrawl.com - avr.-oct. : 19h30 ; nov.-mars : jeu.-dim. 19h30 - 15 €, boissons en sus.* Balade de 2h animée par des acteurs et ponctuée de haltes dans les pubs de l'histoire littéraire de Dublin.

Musical Pub Crawl – *RV à l'étage du pub Oliver St John Gogarty's - 18-21 Anglesea St. (dans Temple Bar) - ✆ 01 475 8345 - www.musicalpubcrawl.com - avr.-oct. : 19h30 ; nov. et janv.-mars : jeu.-sam. 19h30 - 19 €.* Promenade musicale de 2h30 dans différents pubs de Temple Bar, avec deux musiciens qui jouent des airs traditionnels.

Shopping

Artisanat

Irish Design Shop – PLAN II F2 - *41 Drury St. - ✆ 01 679 8871 - www.irishdesignshop.com - 10h-18h (sam. 17h), dim. 13h-17h.* Dans la boutique de Clare et Laura, tout est garanti fait main en Irlande : les ravissants plaids en tweed sont tissés à Ardara (Donegal) par Eddie Doherty et les adorables tasses viennent tout droit de la Dunbeacon Pottery (comté de Cork).

Irish whiskey

Mitchell & Son – PLAN II H1-2 - *CHQ Building - Docklands - ✆ 01 612 5540 - www.mitchellandson.com - 10h30-17h - fermé w.-end.* Vénérable maison qui vend le whiskey Green Spot, vieilli en fûts de sherry pendant 8 ans et spécialement embouteillé par Jameson.

Saumon fumé

Kish Fish – PLAN II E2 - *40-42 Bow St. - ✆ 01 854 3940 - www.kishfish.*

ie - 10h-17h, sam. 9h-15h - fermé dim.-lun. Poissonnerie à 100 m de la Old Jameson Distillery. Saumon tranché ou entier en provenance d'un élevage de Galway.

Wrights of Howth – *14 West Pier - Howth - ✆ 01 531 2256 - ✆ 01 832 3937 - www.shop.wrightsofhowth.com - 9h-18h, jeu. 9h-19h, dim. 11h-18h.* Propose du saumon sauvage ou d'élevage bio, des *kippers* et de la truite fumée. Également présent à l'aéroport.

Beshoffs of Howth – *17-18 West Pier - Howth - ✆ 01 839 7555 - www.beshoffs.ie - 12h-15h30, jeu.-sam. 12h-21h30, dim. 12h-20h.* Même type de produits.

Hébergement

Beaucoup d'hôtels proposent des tarifs compétitifs sur leur site Internet, d'où un rapport qualité-prix parfois meilleur que dans un B & B. Les auberges de jeunesse restent toujours bon marché, ou une bonne option pour dormir dans Temple Bar, quartier très animé (amateur de silence, s'abstenir). Quel que soit votre séjour, réservez votre hébergement plusieurs semaines à l'avance. Ne vous étonnez pas de trouver différents prix : les tarifs peuvent considérablement varier entre la semaine et le w.-end, selon le remplissage, la saison, les congrès ou les événements sportifs.

Au sud de la Liffey

C'est là que l'on trouve les quartiers favoris des noctambules et de ceux qui veulent sortir le soir.

Premier prix

(9) **Ashfield House** – PLAN II G2 - *19-20 D'Olier St. - ✆ 01 679 7734 - www.ashfieldhostel.com - 104 lits - lit en dortoir à partir de 18 € € ☕ ; 10 ch. à partir de 105 € ☕.* En plein centre de Dublin, près de Temple Bar. Dortoirs de 4 à 18 places et 10 ch. pour 2 à 3 pers. avec douche. Cuisine, machine à laver le linge.

(1) **Abbey Court Hostel** – PLAN II G2 - *29 Bachelors Walk - O'Connell Bridge - ✆ 01 878 0700 - www.abbey-court.com - 300 lits - lit en dortoir 40/59 € ☕ ; 20 ch. 154/179 € ☕.* Auberge de jeunesse privée, un peu plus chère que les autres, mais bien située, sur la rive nord, face au quartier de Temple Bar. Dortoirs de 2 à 24 lits et quelques chambres doubles avec salle d'eau individuelle. Cafétéria, cuisine, barbecue, Internet, laverie et location de vélos. Loue aussi des appart. bien équipés.

(27) **Four Courts Hostel** – PLAN II E2 - *15-17 Merchant's Quay - ✆ 01 672 5839 - P payant - 200 lits - lit en dortoir 32/60 € ☕ ; 8 ch. 150/205 € ☕.* Auberge de jeunesse installée au bord de la Liffey, dans trois bâtiments georgiens complètement rénovés. Cuisine, laverie, Internet, appels internationaux gratuits.

Pour se faire plaisir

(26) **The Wilder Townhouse** – PLAN I C3 - *22 Adelaide Rd - ✆ 01 969 6598 - thewilder.ie - P payant - 42 ch. à partir de 190 € ☕.* À 5mn à pied du Stephen's Green, ce remarquable hôtel à taille humaine a été inauguré en 2018. Aménagées au sein d'un bel édifice de briques, les chambres, très confortables, toutes différentes et de tailles variables, proposent un décor urbain-chic réussi (alliance de couleurs, objets déco variés). Les parties communes sont apaisantes et le café-bar, prolongé d'une terrasse, invite à la relaxation. Remarquable petit déjeuner. Service impeccable et souriant. Cerise sur le gâteau : quelques places de parking gratuit en centre-ville !

(23) **Number 31** – PLAN I C3 - *31 Leeson Close - ✆ 01 676 5011 - www.number31.ie - P payant - 21 ch. 188/314 € ☕.* Une adresse au charme rare, entre St Stephen's Green et Grand Canal, tenue par

un couple accueillant. Déco mêlant subtilement les styles georgien et contemporain autour d'un jardin japonais. Petit déjeuner plantureux et raffiné.

Une folie

25 The Fitzwilliam Townhouse – PLAN II H3 - *41 Upper Fitzwilliam St. - 01 662 5155 - www.fitzwilliamtownhouse.com - P payant - 14 ch. 220/278 €*. Au cœur du Dublin georgien, dans un immeuble de la fin du 18e s., ce coquet petit hôtel propose des chambres confortables, calmes et de très bon goût. Quartier agréable. Un séjour de deux nuits est imposé en fin de semaine.

3 The Dean – PLAN II F3 - *33 Harcourt St. - 01 607 8110 - www.thedean.ie - P payant - 51 ch. 219/409 €*. Au cœur du Dublin qui bouge, ce boutique-hôtel affiche la couleur : la nuit, le quartier vit et lui aussi. Son restaurant, Sophie, dispose d'un *rooftop* avec terrasse chauffée. Les chambres sont toutes différentes, dans le design du mobilier comme dans les gadgets. L'adresse enchantera les amateurs d'originalité qui n'ont pas le sommeil léger.

35 Iveagh Garden Hotel – PLAN II F3 - *72-74 Harcourt St. - 01 568 5500 - www.iveaghgardenhotel.ie - P payant - 145 ch. 304 € (« city pod »)/419 € (« Superior »)*. À deux pas de l'arrêt du tram pour Trinity College, un 4-étoiles récent (2019), que l'on apprécie pour son atmosphère et sa déco très soignée. Il y a de pimpantes chambres simples de 10 m² avec grand lit (City Pods) et des supérieures plus cossues qui invitent à la grasse matinée. Bon menu bistrot dans le restaurant Elle's.

2 The Trinity City Hotel – PLAN II G2 - *Pearse St. - 01 648 1000 - www.trinitycityhotel.com - P payant - 262 ch. 316/407 €*. Idéalement situé pour découvrir le Dublin georgien, à moins de 3 mn à pied de Trinity College, ce 4-étoiles séduisant et confortable, adopte un design moderne, extravagant et coloré. Les volumes du bâtiment et sa luminosité en font un lieu agréable.

43 The Morrison – PLAN II F2 - *Ormond Quay Lower - 01 887 2400 - www.morrisonhotel.ie - 145 ch. 340/430 €*. Face à la Liffey, proche de l'animation de Temple Bar, cet établissement au luxe minimaliste réussi allie le meilleur confort à des volumes dépouillés et une rare élégance. Plus cher le week-end.

Au nord de la Liffey

Pensions et auberges bon marché sont bondées, surtout le w.-end. La Gardiner St. Lower est un axe très passant, donc bruyant. Vous trouverez beaucoup de B & B dans cette rue.

Premier prix

33 Isaacs Hostel – PLAN II G1 - *2-4 Frenchman's Lane - 01 855 6215 - www.isaacs.ie - 300 lits - lit en dortoir 27/58 € ; ch. 85/140 €*. Halte conviviale dans un bâtiment en pierre, tout près de la gare routière. La clientèle est plutôt jeune. Dortoirs de 4, 6, 12 ou 16 pers. avec douche et WC sur le palier et quelques chambres individuelles ou doubles avec douche. Internet, cafétéria, garage à vélos, laverie, sauna, consigne.

Budget moyen

14 Clifden House – PLAN I C2 - *32 Gardiner pl. - 01 874 6364 - www.clifdenhouse.com - P payant - 17 ch. à partir de 89 €*. Des chambres reposantes, dans des tons pastel, un accueil familial et un bon petit déjeuner. Séjour de deux nuits imposé le w.-end.

15 Castle Hotel – PLAN II F1 - *Great Denmark St. - Gardiner Row - 01 874 6949 - www.castle-hotel.ie -*

✕ P payant - 140 ch. à partir de 89 € ☕. Un hôtel georgien très agréable, décoré avec goût. Situé en haut de O'Connell St., sur Parnell Square, il allie calme et proximité avec le centre de Dublin. Plus cher le week-end. Offres tres intéressantes sur le site Internet.

16 **Dergvale Hotel** – PLAN I C2 - *4 Gardiner pl. - ✆ 01 874 4753 - www.dergvalehotel.com - 21 ch 137/210 € ☕.* Un hôtel bien tenu de la Gardiner Place. Chambres confortables, très simples et au calme. 2 nuits mini le w.-end.

28 **Parkway Guesthouse** – PLAN I C2 - *5 Gardiner pl. - ✆ 01 874 0469 - www.parkway-guesthouse.com - 10 ch. 145/195 € ☕.* Un des B & B les moins chers de la rue. La déco est minimale, mais c'est propre et l'accueil est aimable. 2 ou 3 nuits minimum en haute saison.

Pour se faire plaisir

13 **Cassidys Hotel** – PLAN II FG1 - *Cavendish Row - Upper O'Connell St. - ✆ 01 878 0555 - www.cassidyshotel.com - ✕ P payant - 119 ch. 183/340 € ☕.* Hôtel de bon standing dans une demeure élégante sur Parnell Square. Chambres classiques, confortables et calmes. Les prix montent très nettement le w.-end, deux nuits peuvent être imposées.

47 **St George Hotel** – PLAN II F1 - *7 Parnell Square E - ✆ 01 874 5611 - www.thekeycollections.com - P payant - 54 ch. 195/325 € ☕.* Face au Gate Theatre, cet établissement de bon standing dispose de chambres élégamment décorées. Petit déjeuner sommaire.

Vers les Docklands

Une folie

18 **The Gibson Hotel** – PLAN I D2 - *Point Square - ✆ 01 681 5000 - www.thegibsonhotel.ie - ♿ P payant - 252 ch. 229/398 € ☕.* Design résolument futuriste, face au 3Arena, la grande salle de concert de Dublin. Déco et équipements ultracontemporains, très lumineux. Mention particulière aux chambres donnant sur la cour intérieure, très zen. Prix compétitifs pour cette catégorie. En dehors des concerts, le quartier est calme, excentré, mais desservi par le tramway.

À Ballsbridge

☺ Dans ce quartier cossu et résidentiel, au sud-est de St Stephen's Green, près de Herbert Park, de belles demeures entourées de jardins abritent un grand nombre de B & B et de *guesthouses*.

Pour se faire plaisir

8 **Ariel House** – PLAN I D3 - *50-54 Lansdowne Rd - Ballsbridge - DART Lansdowne Rd ou nombreux bus depuis Trinity College - ✆ 01 668 5512 - www.ariel-house.net - P - 37 ch. 149/309 € ☕.* Située à deux pas de l'Aviva Stadium, cette belle demeure propose des chambres calmes et élégantes, les plus luxueuses disposant même de lits à baldaquin. Petit déjeuner copieux et varié, servi sous une agréable véranda.

Une folie

2 **Aberdeen Lodge** – PLAN I D3 - *53-55 Park Av. - ✆ 01 283 8155 - www.aberdeenlodgedublin.com - P - 16 ch. 259/309 € ☕.* Facile d'accès par le DART, une charmante demeure lovée dans un joli jardin. Agréable terrasse pour les beaux jours et chambres classiques et tout confort, dans un style anglais intemporel.

1

La vallée de la Boyne ★★★

Entre Drogheda et Trim, la portion de la rivière Boyne qui serpente sur une soixantaine de kilomètres entre de douces collines est jalonnée d'une étonnante variété de sites historiques et préhistoriques. Il y a 5000 ans, à l'époque où l'on construisait les pyramides d'Égypte, une civilisation très avancée choisit cette région d'Irlande pour y bâtir des tombes monumentales dont le sens nous échappe encore. La vallée de la Boyne est une « vallée des Rois » du néolithique, inscrite aussi depuis le 17e s. dans la mémoire irlandaise comme l'endroit où Guillaume d'Orange battit l'armée du catholique Jacques II Stuart, assurant ainsi aux protestants une mainmise définitive sur le pays. Riches de ce passé tourmenté, les localités autour de la Boyne offrent aujourd'hui le visage paisible d'une Irlande rurale traditionnelle.

Se repérer

CARTE B2 (P. 30-31) - CARTE DE LA VALLÉE DE LA BOYNE CI-CONTRE.

Comtés de Louth et Meath.
La vallée de la Boyne se déploie à 50 km au nord de Dublin, par la M 1.

À ne pas manquer

Le tumulus de Newgrange à Brú na Bóinne ; les croix celtiques de Monasterboice au crépuscule ; une soirée de danse traditionnelle à Ráth Cairn et, pour les fans d'histoire ou de légendes, Hill of Tara, lieu de la mémoire ancestrale celte.

Organiser son temps

Comptez un jour et demi pour visiter tous les sites de Brú na Bóinne, voire deux si vous êtes passionné.
En saison, l'affluence est considérable et ralentit la visite.

En famille

Une pause récréative au Tayto Park à Ashbourne *(voir « Nos adresses »)* ; naviguer sur la Boyne.

Carnet pratique p. 83

Nos adresses p. 84

Découvrir

CARTE CI-CONTRE ET CARTE P. 30-31

Drogheda (DROICHEAD ÀTHA) B2

Ce petit port d'estuaire (Co. Louth), dont le nom Droichead Àtha signifie « pont du gué », s'impose tout naturellement comme point de départ pour découvrir la vallée de la Boyne lorsque l'on arrive de Dublin. C'est là que l'on trouvera le plus facilement à se loger ou à se restaurer *(voir « Nos adresses »)*.
Cette cité active et commerçante conserve par ailleurs quelques témoignages de son passé viking et normand. Elle était un important centre religieux lorsqu'elle subit les assauts des troupes de Cromwell en 1649. Après un siège de quelques jours, 2000 habitants furent massacrés, et une partie des survivants fut déportée aux Antilles. Drogheda réussit néanmoins à reprendre vie et retrouva une certaine prospérité aux 18e et 19e s. Aujourd'hui, elle attire des résidents *(commuters)* qui travaillent à Dublin mais choisissent de vivre à Drogheda pour sa quiétude.

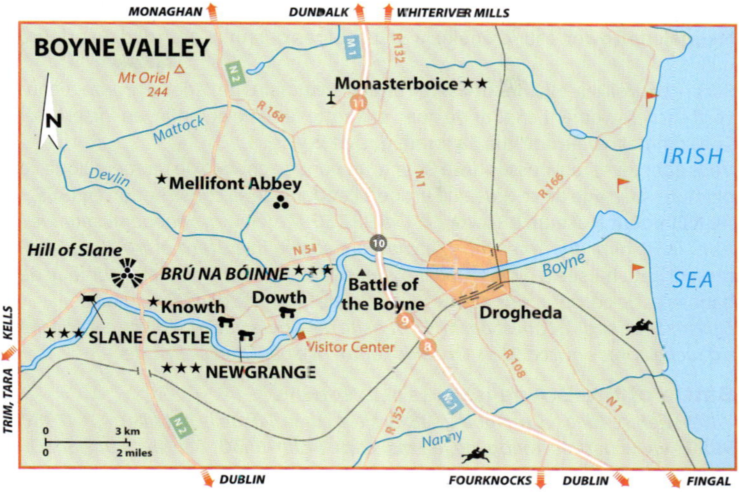

À l'intersection de Shop Street et de West Street, l'édifice à campanile du **Tholsel** (18e s.), siège de l'assemblée municipale jusqu'à la fin du 19e s. et de l'actuel office de tourisme, constitue un excellent point de repère dans le centre de Drogheda. À l'intérieur, exposition interactive sur l'histoire de la région.

Sur West Street, **St Peter's Church** (catholique), église néogothique datant de la fin du 19e s., célèbre le souvenir de saint Oliver Plunkett *(voir encadré ci-dessous)*. Plus à l'ouest, sur St Laurence Street, la **St Laurence Gate**★ est un exemple de barbacane à trois étages, unique en Irlande. Elle faisait partie d'une porte fortifiée érigée au 13e s. par les Normands avec des pierres récupérées sur les anciennes fortifications vikings.

Un peu plus au nord, **St Peter's Church** (même nom que la précédente mais protestante) fut bâtie au milieu du 18e s. à l'emplacement d'une église primitive du 13e s. En 1649, lors du siège entrepris par Cromwell, de nombreux habitants réfugiés à l'intérieur périrent dans un incendie déclenché par les assaillants. L'église est fermée en dehors des offices, mais on peut se promener dans le cimetière qui l'entoure. En longeant le mur de gauche, à partir de l'entrée, vous apercevez près de la grille deux intéressantes **pierres tombales**★ datant de 1561. Les motifs des linceuls ressemblent étrangement aux décorations des monuments funéraires néolithiques de la région.

La tête d'Oliver Plunkett

Archevêque d'Armagh et primat de l'Église catholique d'Irlande, Oliver Plunkett était issu d'une famille anglo-irlandaise du comté de Meath. Pionnier de l'enseignement populaire, il fut injustement accusé de trahison et mourut à Londres en 1681, après d'abominables tortures (il a été condamné à être pendu, vidé et démembré). Sa tête momifiée fut ramenée à Drogheda au 18e s. après un incroyable périple entre l'Angleterre, l'Allemagne et l'Italie. Elle est conservée dans l'église St-Pierre. Oliver Plunkett fut canonisé en 1975. Dans les années 1990, on se demanda si la tête était bien la sienne. Un test ADN effectué sur l'un de ses lointains descendants donna un résultat positif.

Non loin de l'église, à l'emplacement des anciennes fortifications, se dresse **Magdalene Tower**, tour crénelée à deux étages qui fut le beffroi d'un prieuré du 14e s.
Sur la rive droite, le **Millmount★** serait un ancien tumulus de l'âge de bronze reconverti successivement en tour de guet, en motte féodale et, enfin, en forteresse. Son sommet révèle une vue panoramique de la ville.
Vous apercevez, au-dessus de la Boyne, un pont de chemin de fer métallique, le plus long ouvrage de ce type en Europe à l'époque de sa construction en 1855.
Au **Millmount Museum & Tower** (*✆ 041983 3097 - www.droghedamuseum.ie - 10h-17h30, dim. et j. fériés 14h-17h, dernière entrée 1h av. fermeture - 6 €*), intéressant petit musée d'histoire locale, vous découvrirez une collection unique de bannières de corporations et des souvenirs de la guerre d'indépendance.
Quittez Drogheda à l'ouest par la N 51. Le site de la bataille de la Boyne sera fléché à gauche après environ 5 km. On rallie l'autre rive par Obelisk Bridge.

Battle of the Boyne (BATAILLE DE LA BOYNE) B2

Visitor Centre (dans un manoir du 18e s. situé sur le lieu de la bataille) - ✆ 41980 9950 - www.battleoftheboyne.ie - mai-sept. : 10h-16h30 ; oct.-avr. : 9h-15h30 - dernière visite guidée des tombes 1h45 av. fermeture - 5 €.
Le 12 juillet 1690, les berges de la Boyne, à l'ouest de Drogheda, sont le théâtre d'un combat décisif entre les troupes de Jacques II Stuart (25 000 hommes), soutenues par les Français de Louis XIV, et les 36 000 soldats de Guillaume III d'Orange et de ses alliés allemands et hollandais, qui contestent la domination de la France en Europe. Ce dernier, campé au nord de la Boyne, franchit la rivière et défait l'adversaire. Jacques II fait voile vers la France où il restera en exil à St-Germain-en-Laye. Ce qui n'empêche pas les Irlandais qui le soutenaient de continuer la lutte pendant un an, dans l'espoir, vain, de retrouver leurs terres, confisquées par Cromwell. Cette victoire orangiste marque la fin des Stuarts.

★★★ Brú na Bóinne

À 12 km à l'ouest de Drogheda en direction de Donore. Les tombes de Newgrange et de Knowth sont accessibles uniquement dans le cadre de visites guidées depuis le Visitor Centre (dép. des navettes ttes les 30mn).
✆ 041988 0300 - www.heritageireland.ie ou www.worldheritageireland.ie - de juin à mi-sept. : 9h-17h (dernière entrée) ; mai et de mi-sept. à fin sept. : 9h-16h30 ; fév.-avr. et oct. : 9h30-15h30 ; nov.-janv. : 9h-15h - Newgrange est fermé la dernière sem. de déc. et Knowth est fermé de nov. à mars - Visitor Centre (1h) 5 € ; centre + Newgrange (1h15) 8 € ; centre + Knowth (1h15) 7 € ; centre + Newgrange + Knowth (3h) 18 €.

Newgrange, une entreprise titanesque

Comme pour les pyramides, la construction de la sépulture de Newgrange occupa certainement des milliers de bras pendant de nombreuses années. Le monument funéraire fut bâti avec des pierres de granit partiellement revêtues de quartz blanc. Le gisement de quartz le plus proche se trouvant dans les Wicklow Mountains, à 80 km de là *(voir p. 103)*, on suppose que les pierres étaient acheminées en pirogue. Certains blocs d'assise pèsent 4,5 tonnes et proviennent d'une carrière retrouvée à 4 km du site. On a calculé qu'il fallait 45 jours à 80 hommes, munis de cordes et de troncs d'arbre, pour transporter un seul de ces rochers taillés.

Les tombeaux de Knowth.
Tourism Ireland

1

Le terme de Brú na Bóinne (logis de la Boyne, en gaélique) désigne la portion de vallée comprise entre Drogheda et Slane. À cet endroit, la Boyne opère une série de méandres à l'intérieur desquels, voici plus de 5 000 ans, les populations agricoles du néolithique ont réalisé de spectaculaires **tombes mégalithiques**. Plus d'une quarantaine de sépultures ont été recensées, mais seules trois d'entre elles ont fait jusqu'à présent l'objet de fouilles systématiques : Newgrange, Knowth et Dowth. Le reste demeure enterré sous une épaisse couche de terre, offrant l'aspect de tumuli de taille variable. D'autres monuments, plus discrets, jalonnent Brú na Bóinne : cercles de pierres, menhirs et édifices médiévaux, autant de vestiges de civilisations qui se sont succédé en Irlande depuis près de 6 000 ans.
Passage obligé, d'où partent les visites guidées, le **Visitor Centre** évoque la civilisation de Newgrange, identique à celle du golfe du Morbihan, du sud de l'Espagne et de l'embouchure du Tage. Vous comprendrez les rites funéraires de l'époque néolithique, notamment grâce à une reconstitution grandeur nature de la grande salle funéraire de Newgrange, d'une des tombes de Knowth, ainsi que d'une hutte à toit de chaume, dans son environnement sonore de bruits d'insectes et de chants d'oiseaux.

★★★ Newgrange B2

La plus impressionnante **tombe à galerie** d'Europe occidentale fut construite voici environ 5 000 ans par des hommes qui n'utilisaient ni la roue ni le fer. L'ensemble est constitué d'un dolmen à couloir, recouvert d'un cairn de pierres d'une centaine de mètres de diamètre, entouré d'un grand cercle de menhirs et de dalles de parement.
Fouillé et réhabilité entre 1962 et 1975, Newgrange a été aménagé pour permettre d'en visiter l'intérieur. On ignore l'origine des motifs à forme hélicoïdale gravés sur la pierre située près de l'entrée, mais il pourrait s'agir d'une carte représentant le site. Au-dessus de l'ouverture, un ingénieux système permettait aux rayons du soleil d'éclairer la **chambre mortuaire** le 21 décembre, jour du solstice d'hiver.

Le moment le plus émouvant de la visite est d'ailleurs la reconstitution de ce prodige technique au moyen d'un rayon de lumière artificielle qui parcourt le couloir de près de 19 m de long jusqu'à la chambre principale. À cet endroit, sous une voûte de 6 m de hauteur, vous avez 200 tonnes au-dessus de votre tête, mais rassurez-vous, les pierres n'ont pas bougé depuis 5 000 ans ! La chambre principale et ses trois alcôves adjacentes forment une croix, ce qui ne manqua pas de frapper les premiers visiteurs chrétiens, voici plusieurs siècles. Dans ces renfoncements, des pierres taillées en forme de bassin contenaient les restes des morts incinérés et des offrandes, mais les archéologues n'ont pas retrouvé grand-chose sur le site, probablement pillé à de nombreuses reprises.

★ Knowth B2

À l'ouest du site, la sépulture à couloir de Knowth est sensiblement plus grande que Newgrange, avec ses 18 petites tombes satellites. Elle est traversée par deux couloirs – chacun deux fois plus long que celui de Newgrange – à peu près alignés sur le levant et le couchant du soleil aux équinoxes. Ce fut à la fois un lieu de sépulcre et d'habitation depuis l'âge du bronze jusqu'au début de l'ère chrétienne, puis les Normands construisirent un édifice de pierre au sommet du tumulus.

Dowth B2

Accès libre en voiture. Des chambres peuvent être fermées lors de votre passage.
Dowth, sans doute la tombe la plus ancienne de Brú na Bóinne, fait actuellement l'objet de fouilles.

Sur la rive nord de la Boyne

★★ Monasterboice B1-2

À 8 km au nord de Drogheda par la N 1, puis fléché sur la gauche.
À l'emplacement d'un ancien monastère du 6e s., une **tour ronde** à demi brisée domine un cimetière romantique. Parmi les tombes, à l'abri des cyprès, se dressent trois **croix celtiques★** sculptées comptant parmi les plus belles d'Irlande. Leurs bas-reliefs, représentant des scènes de l'Ancien et du Nouveau Testament, auraient servi à enseigner la Bible de façon imagée aux jeunes novices. La plus haute croix (7 m) présente des motifs en grande partie effacés et, à droite de l'entrée du cimetière, la croix la plus richement décorée mesure 5,5 m de haut *(un panneau près du sol explique les différents thèmes représentés)*.

Le feu de saint Patrick

En 433, la veille du jour de Pâques, saint Patrick alluma un grand feu au sommet de la colline de Slane, sachant que le roi de Laoghaire avait interdit toute flamme visible depuis la colline de Tara. Le souverain, mis en garde par ses druides contre les pouvoirs magiques de Patrick, lui rendit visite et décida finalement de le laisser en paix. Il faut dire que le saint n'y était pas allé de main morte. Au cours de la rencontre, il aurait tué un des gardes du roi, déclenché un tremblement de terre et expliqué le mystère de la Trinité à l'aide d'une feuille de trèfle. Impressionné par ces prodiges, le jeune Erc, serviteur du roi, se convertit et devint le premier évêque de Slane. Encore de nos jours, chaque veille de Pâques, un feu est allumé sur la colline pour commémorer l'événement.

★ Old Mellifont Abbey B2

À 8 km au nord-ouest de Drogheda par la N 51 et la R 168 via *Tullyallen.*
041 982 6459 - www.heritageireland.ie - ♿ - de fin mai à déb. sept. : 10h-17h (dernière entrée 45mn av. fermeture) - gratuit.
Le nom du lieu dérive du latin *mellis fons* (fontaine de miel), en référence sans doute à la douceur du paysage. Nichées au creux d'un vallon, ces ruines poétiques sont les vestiges du premier établissement cistercien fondé en Irlande au 12ᵉ s. par saint Malachie et des moines français de Clairvaux. L'église et l'abbaye furent brûlées et pillées à de nombreuses reprises, mais l'activité monastique perdura tant bien que mal jusqu'au 16ᵉ s. Le roi Guillaume d'Orange y tint son quartier général durant la bataille de la Boyne. Des anciens édifices ne subsistent que la base des piliers de l'église, une partie du bâtiment octogonal appelé lavabo, qui servait aux ablutions des moines, et un fragment de colonnade du cloître.

Hill of Slane B2

À 14 km à l'ouest de Drogheda par la N 51. À Slane, prenez la direction de Dundalk sur 500 m, puis tournez à gauche au lieu-dit Abbey View.
Cette colline revêt une grande importance : mythique pour les Celtes, symbolique pour les chrétiens irlandais, car saint Patrick y aurait allumé un feu pour défier le roi païen de Laoghaire *(voir encadré ci-contre)*. C'est dans ce monastère que Dagobert II (roi des Francs d'Austrasie) s'exila. Le sommet de la colline offre une belle **vue** sur la campagne, que l'on contemple d'un cimetière où subsistent les ruines d'une église du 16ᵉ s. et d'un monastère.

1

Slane Castle B2

À 2 km à l'ouest de Hill of Slane.
041 988 4477 - www.slanecastle.ie - visite guidée seult, sur réserv. - 14 €.
Ce bel édifice néogothique construit au 18ᵉ s. domine la vallée de la Boyne. Le domaine est prisé des stars pop-rock (U2, Oasis, Madonna, Red Hot Chilli Pepers, etc.) pour des enregistrements et des concerts géants. Ses luxueuses salles sont accessibles dans le cadre d'une visite guidée, couplée éventuellement avec celle de la **distillerie** voisine *(www.slaneirishwhiskey.com).*

★ Kells B2

À 16 km au nord-ouest de Navan par la N 3.
Cette petite cité commerçante, animée les jours de marché, doit sa célébrité au **Book of Kells**, exposé au Trinity College à Dublin *(voir p. 39)*. Le fameux livre aurait été commencé sur l'île écossaise de Iona, où saint Columcille (ou Columba) exilé d'Irlande avait fondé le célèbre monastère, avant d'être apporté à Kells par les moines fuyant les Vikings au 9ᵉ s. Dans l'office de tourisme, le **Kells Heritage Centre** *(Headfort Pl. - 046 924 7508 - www.discoverboynevalley.ie - mar.-vend. 9h-17h, sam. 9h-16h - gratuit)* présente un fac-similé du *Livre de Kells* et un montage audiovisuel sur le site monastique.
La ville, important centre religieux depuis la fondation d'un monastère au 6ᵉ s. par saint Columcille, fut pillée et incendiée à plusieurs reprises par les Vikings. Kells a malgré tout conservé de son passé prestigieux quelques vestiges intéressants, notamment dans le cimetière autour de **St Columba's Church** *(l'église protestante n'est ouverte au public qu'en été : lun.-vend. 10h-17h, sam. 10h-13h).* À proximité de l'ancienne tour ronde décapitée, datant du 11ᵉ s., se dresse la **South Cross★** (9ᵉ s.), grande croix celtique richement ornée de bas-reliefs représentant des scènes de la Bible : Daniel dans la fosse aux lions, le sacrifice d'Abraham, etc. D'autres croix, dont une inachevée, jalonnent le cimetière.

Le *Book of Kells* aurait été achevé dans le petit oratoire en pierre sèche connu sous le nom de **St Columcille's House** *(demandez les clés à la maison marron, dans Church Lane, petite rue qui monte à droite de l'église - une visite peut être organisée aussi* via *l'office de tourisme de Kells).* Érigé au 10e ou 11e s., il donne une bonne idée des conditions de vie dans ces constructions à but aussi bien défensif que spirituel.

Sur la rive sud de la Boyne

Fourknocks B2

À 18 km au sud de Drogheda. Au bout de 16 km sur la R 108, tournez à droite et demandez la clé à la dernière maison à droite avant la clôture, White's House (petit dépôt de garantie demandé, rendu au retour de la clé).

Cette tombe à galerie vieille de 5000 ans, découverte au début des années 1950, semble plus intime que celle de Newgrange *(à 15 km de là).* On peut pénétrer sous le tumulus dans une chambre funéraire qui renferme des pierres gravées de motifs d'entrelacs semblables à ceux de Newgrange. Dans la chambre principale, à gauche de l'entrée, se trouve **The Face Stone**, une pierre haute d'environ 1 m, gravée de l'une des rares représentations humaines (on dirait presque un smiley) du néolithique en Irlande. Une soixantaine de sépultures ont été découvertes dans la galerie et les niches latérales.

★ Hill of Tara B2

À 12 km au sud de Navan par la N 3.

046 902 5903 - www.heritage ireland.ie - 10h-17h - gratuit. Visitor Centre installé dans une ancienne église au pied de la colline.

Pour bien comprendre ce site mythique en Irlande, regardez le montage audiovisuel (25mn) proposé par le Visitor Centre. La **colline** elle-même n'offre, au fond, que de belles vues panoramiques sur la campagne alentour et sur les moutons qui paissent entre les vestiges de sépultures. Ceci n'occulte en rien l'importance du lieu, occupé depuis la fin du néolithique. Jusqu'au 11e s., les derniers souverains irlandais régnèrent du haut de cette colline légendaire sur des territoires à dimension variable. Il s'agit d'un lieu très symbolique pour les Irlandais, qui se sont forgé une identité autour de leurs racines celtiques au 19e s. La fameuse broche de Tara, joyau de l'art celtique conservé au National Museum of Archaeology *(voir p. 42)*, a été trouvée à Bettystown, dans les environs.

★ Trim B2

À 15 km au sud-ouest de Navan par la R 161.

Castle St. - 046 943 7227 - www.discoverboynevalley.ie. Plan gratuit pour découvrir le village à pied.

Ce village historique est des plus agréables, avec son puissant château fort normand, le plus impressionnant d'Irlande, ses nombreux vestiges du passé et ses multiples pubs. Ambiance garantie les soirs de week-end.

★ **Trim Castle** – *046 943 8619 - www.heritageireland.ie - visite guidée seult (45mn) - fév.-nov. : 10h-18h ; déc.-janv. : w.-end 9h-16h - dernière entrée 1h av. fermeture - fermé w.-end pendant les fêtes de fin d'année - 5 €.* Sa construction commença dans les années 1170, sous les ordres du chevalier normand Hugh de Lacy. Détruit puis reconstruit au siècle suivant, il servit de place forte au roi Jean d'Angleterre. L'importance stratégique de Trim ayant fortement décliné par la suite, les bâtiments étaient déjà très endommagés à la fin du 15e s. Le château fut à nouveau utilisé à des fins militaires durant les guerres de Cromwell avant de

Hugh de Lacy : une tête qui vaut de l'or

À la mort du chevalier normand Hugh de Lacy en 1195, sa tête fut envoyée comme relique à St Thomas Abbey à Dublin, tandis que son corps fut enterré à Bective Abbey. Il s'ensuivit une terrible dispute entre les supérieurs des deux abbayes qui, chacun de leur côté, revendiquaient la totalité du corps en raison de l'enjeu financier des pèlerinages. La dispute prit de telles proportions que le pape en personne dut s'en mêler. Il réunit un conclave mais ne trouva pas de solution, et l'affaire ne s'apaisa qu'à la mort des deux abbés. Le chevalier repose aujourd'hui « entièrement » à Dublin.

devenir l'imposante ruine qui, bien plus tard, servit de décor au film *Braveheart* de Mel Gibson (1995).
Au cours d'une agréable promenade sur les rives de la Boyne, vous découvrirez d'autres vestiges du glorieux passé de Trim, notamment le **Priory of St John the Baptist**, le **Yellow Steeple** (clocher jaune), ainsi appelé en raison de la couleur dorée que prend la tour de l'ancienne abbaye au coucher du soleil. Parmi les ruines de **Sts Peter & Paul Cathedral**, cherchez la tombe des époux jaloux. Le gisant de ce tombeau monumental, qui a résisté au temps, représente un homme et une femme en habits élisabéthains, aux corps séparés par une épée, d'où le surnom donné à la tombe. On raconte que si vous souhaitez vous débarrasser d'une verrue, vous devez la frotter avec une épingle que vous déposerez entre les époux. Lorsqu'elle sera totalement rouillée, votre verrue aura disparu. 1

Bective Abbey B2

À 8 km au nord-est de Trim par la R 161, puis prenez à droite.
Elle était en quelque sorte la fille aînée de l'abbaye cistercienne de Mellifont, dont elle surpassa l'importance au 13e s. De Bective Abbey, fondée en 1146 par le roi de Meath, Murchad Ó Maoilseachlainn, il ne reste que des ruines imposantes au milieu d'un pré parsemé de moutons.

Carnet pratique

S'informer

Drogheda Tourist Information – *The Tholsel, West St. - ✆ 041 987 2843 - www.drogheda.ie*. Location de vélos.

Arriver/Partir

En train

Trains réguliers pour Drogheda au dép. de Connolly Station à Dublin *(trajet 30-50mn - à partir de 10 €)* et Belfast *(1h30 de trajet - à partir de 12 €)*. Infos sur www.irishrail.ie.

En bus

Liaisons Dublin-Drogheda *(1h - 7,50/10 €)* et Dublin-Trim *(1h05 - 10,50 € AS)*. Réserv. en ligne sur www.buseireann.ie et www.expressway.ie ou à la gare routière de Dublin.

En excursion organisée

De nombreuses agences proposent de visiter la vallée de la Boyne, Hill of Tara ou Newgrange dans la journée au départ de Dublin *(comptez 37/55 €)*. Rens. et réserv. à l'office du tourisme de Dublin.

Agenda

Irish Maritime Festival – *www.maritimefestival.ie.* Chaque année, à la mi-juin, le port de Drogheda accueille durant tout un week-end une fête de la mer très familiale avec parade de vieux gréements (« The Phoenix », « The Earl of Pembroke »), des stands de dégustation de produits locaux et des groupes de musique traditionnelle.

Nos adresses

Restauration

Drogheda

Premier prix

Moorland Café – *96 West St. - ☎ 041 983 9315 - www.mccloskeysbakery.ie - 9h-16h - fermé dim.* Au cœur du quartier médiéval de Drogheda, le salon de thé de la pâtisserie McCloskey sert cakes et snacks pour une pause thé ou café à toute heure. Soupes du jour, tourtes, sandwichs au pain maison à prix très doux.

Budget moyen

Black Bull Inn – *Dublin Rd (à 1,5 km à la sortie de la ville, en dir. de Dublin) - ☎ 041 983 7139 - www.blackbullinn.ie - 12h-23h30 (dim. 23h) - fermé lun.-mar. - plats 17/30 €.* Vaste auberge de style country où l'on sert burgers et autres *fish & chips*. Copieux et pas cher.

Trim

Budget moyen

StockHouse Restaurant – *1 Emmet House - Finnegan's Way - ☎ 046 943 7388 - www.stockhouserestaurant.ie - 17h-21h, vend.-sam. 16h30-22h, dim. 13h-20h30 - fermé lun.-mar. - menu early bird 24,50/28,50 € - plats 18/25 €.* Á deux pas du château de Trim, une adresse bien connue des amateurs de viande rouge. Assiettes copieuses et service prévenant.

Boire un verre

Drogheda

McPhails Peter Matthews – *9 Laurence St. - ☎ 041 983 7371 - 14h-0h, sam. 12h-2h.* Le pub le plus animé de la ville les soirs de w.-end. Archi-bondé et très jeune. Musique rock.

Clarke's Bar – *19 Peter St. - ☎ 041 983 6724 - www.clarkesofdrogheda.com - 13h-23h30, vend.-sam. 12h-0h30, dim. 12h30-23h.* Le pub le plus ancien de la ville, tout en bois et en recoins, avec un air de vieille épicerie de campagne et tout son bric-à-brac. Musique en soirée le w.-end. Belle ambiance.

Trim

The Bounty Bar & Accomodation – *Bridge St. - ☎ 046 943 1640.* Surprenant décor hétéroclite et kitsch, musique traditionnelle les sam. et dim. soir et, de manière improvisée, certains soirs de la semaine. Agréables chambres au-dessus du bar, avec vue sur le château *(65/85 €)*.

Ráth Cairn

Bradán Feasa – *À 15 km au nord-ouest de Trim et 5 km d'Athboy, dans le seul gaeltacht de cette partie de l'Irlande - ☎ 046 943 2068 - vend.-lun. à partir de 20h30.* À la fois centre culturel et salle de bal et de concerts où se déroulent, le samedi soir, des soirées de danse et de musique traditionnelles. Ambiance authentique et festive.

Activités

Tayto Park – *Kilbrew - Ashbourne (26 km au sud-ouest de Drogheda) - 01 835 1999 - www.taytopark.ie - mai-août : tlj ; avr. et sept-déc. : certains j. et w.-end (se rens. sur leur site Internet) - fermé janv.-mars et 5 j. pour Pâques - billet 31/35 €.* Zoo doublé de nombreuses attractions. Préférez une journée à la météo clémente car tout est en plein air.

Boyne Boats – *The Lock House - Oldbridge (4 km à l'ouest de Drogheda) - 086 361 6420 - www.boyneboats.ie - Pâques-oct. - 25/39 € par pers.* Quel meilleur moyen que la navigation pour découvrir la vallée de la Boyne (rivière et canal) ? Les excursions se font, silencieusement, à bord de *currachs* irlandais traditionnels comme… dans *Game of Thrones* !

Hébergement

Drogheda

Budget moyen

The D – *Marsh Rd - Scotch Hall - 041 987 7700 - www.thedhotel.com - 111 ch. 75/135 €.* Hôtel de luxe, résolument design, sur les bords de la Boyne. Chambres spacieuses et claires, dans un style minimaliste tout confort.

Pour se faire plaisir

Scholar Townhouse – *King St. - 041 983 5410 - www.scholarshotel.com - 16 ch. à partir de 140 € - plats 18/34 €.* Chambres assez petites, mais très confortables et chaleureuses, au sein d'un ancien monastère. Beau restaurant.

Navan

Une folie

Bellinter House – *À env. 10 km au sud de Navan, par la rte de Bective - 046 903 0900 - www.bellinterhouse.com - 44 ch. 199/240 €.* À égale distance de Navan et de Trim, un beau manoir georgien sur les bords de la Boyne. Son charme tient au mariage équilibré de style et de design, et à la mise en valeur réussie des différentes ailes et annexes, ce qui permet une gamme de prix finalement accessible pour des prestations luxueuses. Certaines offres spéciales sur Internet sont particulièrement attrayantes.

Trim

Budget moyen

Highfield House – *Castle St. - 046 943 6386 - www.highfieldguesthouse.com - 8 ch. 125 €.* Imposante maison en pierre du 19ᵉ s., dotée d'un charmant patio fleuri. Les chambres jouent les couleurs franches et le copieux petit déjeuner est servi dans une salle à manger de style traditionnel anglais.

Trim Castle Hotel – *Castle St. - 046 948 3000 - www.trimcastlehotel.com - 68 ch. 100/165 € - menu 35 €.* Chambres élégantes, classiques. Certaines offrent une vue sur le château. À l'étage, terrasse agréable en fin d'après-midi. Restaurant vend.-sam. soirs et dim.

Pour se faire plaisir

The Station House – *Kilmessan (8 km à l'est de Trim) - 046 902 5239 - www.stationhousehotel.ie - 37 ch. 180/280 €.* Ce petit hôtel occupe une ancienne gare dans la verdoyante campagne de la vallée de la Boyne. Les chambres aux couleurs gaies offrent le meilleur confort. Le jardin et la terrasse permettent de profiter des beaux jours. Au Signal Restaurant, tout est fait maison à partir de produits issus de l'agriculture locale.

1

Dundalk et la péninsule de Cooley ★

Proche de la frontière avec l'Irlande du Nord, une langue de terre granitique s'insinue entre le Carlingford Lough et la baie de Dundalk. Pays de landes haut perchées, de forêts de conifères, de montagnes et de mégalithes, la péninsule de Cooley fourmille de légendes comme celle du héros Cuchulain rapportée par le Táin Bo Cúailnge (Razzia des Vaches de Cooley), récit mythique du cycle d'Ulster. À la belle saison, les nombreux sentiers de randonnée qui sillonnent ces paysages de collines et longent les eaux du Carlingford Lough, bordées de plages de sable, invitent à la promenade, à la contemplation et même à la baignade.

Se repérer

CARTE BC1 (P. 30-31).
Comté de Louth. Dundalk se trouve à 85 km au nord de Dublin par la M 1.

À ne pas manquer

Le décor hétéroclite du pub McManus à Dundalk ; déguster des huîtres de Carlingford ; une randonnée sur le Greenway.

Carnet pratique p. 89

Nos adresses p. 89

Découvrir

CARTE P. 30-31

Dundalk B1

Blotti au creux de la baie du même nom, le port industriel de Dundalk est la septième agglomération de la république d'Irlande en importance. Fondée au 12e s. mais entièrement remodelée par le comte de Clanbrassil à l'époque georgienne (17e s.), la ville possède peu de vestiges du passé et ne présente guère d'intérêt touristique. En revanche, son animation nocturne en fait une base agréable pour explorer la région. Fièrement dressée sur Roden Place, **St Patrick's Cathedral**, vaste église néo gothique de la fin du 19e s., déploie un intérieur décoré de riches mosaïques colorées en pâte de verre. De l'autre côté de la place, on repère aisément **Court House** (palais de justice), un édifice néoclassique un peu massif, précédé d'imposantes colonnes doriques.

County Museum – *Roden Pl., Jocelyn St. - ☏ 042 932 7056 - www.dundalkmuseum.ie - mar.-sam. 10h-17h - 2 €.* Aménagé dans une ancienne distillerie, le musée retrace l'histoire de l'activité humaine dans le comté de Louth, du néolithique à nos jours.

Circuit conseillé

CARTE P. 30-31

★ Cooley Peninsula C1

Circuit de 73 km au départ de Dundalk, tracé en orange sur la carte de région p. 30-31. Comptez environ 3h avec les arrêts. De Dundalk, prenez la direction de Belfast (N 1) jusqu'au hameau de Dromad, puis la R 174 à droite après Irish Secrets Coffee Shop en direction de Ravensdale.

C. Krieger/robertharding/age fotostock

Cooley Mountains.

G. McCormack/Design Pics RM/age fotostock

Bateaux à Carlingford.

D. Lyons/age fotostock

Tour celtique chrétienne, au-dessus de Carlingford.

Cette longue péninsule culmine au mont Carlingford (587 m). Elle répond à la chaîne des Mourne Mountains, sur la rive nord du Carlingford Lough.
Le **Ravensdale Forest Park**, sur votre gauche, constitue une halte idéale pour un pique-nique ou une promenade en forêt.
Passé Ravensdale, continuez sur environ 3 km et tournez en direction d'Omeath.
La route escarpée grimpe jusqu'au **Windy Gap★★**, l'un des endroits les plus élevés de la péninsule. La lande y est d'une beauté sauvage lorsque, en été, le violet améthyste des bruyères alterne avec le jaune vif des genêts et le vert des fougères. La descente vers Omeath offre ensuite une vue splendide sur la baie et les montagnes.
D'Omeath, en face de Warrenpoint en Irlande du Nord, prenez à droite vers Carlingford.

★ Carlingford C1

Old Railway Station - ✆ 042 941 96 92 - www. carlingford.ie.
Ce charmant petit port fait face aux Mourne Mountains dont la silhouette se profile sur la côte d'Irlande du Nord. Très animé le week-end en raison de ses nombreux pubs et restaurants, qui attirent les voisins du nord, Carlingford est réputé pour ses huîtres.
Le village possède quelques témoignages du passé comme le petit **King John's Castle**, dont la silhouette romantique fait face à la mer, et **Taaffe's Castle**, une ancienne demeure de marchands du 16e s. érigée en retrait du quai.
Carlingford Heritage Centre – *Churchyard Rd - ✆ 042 937 3454 - www.carlingfordheritagecentre.com.* Installé dans une ancienne église médiévale restaurée par des bénévoles, ce centre culturel permet d'en apprendre un peu plus sur l'histoire de Carlingford. Expositions temporaires et diverses animations culturelles.
Plus loin en direction de Dundalk, peut-être après un détour par la plage de Templetown, vous apercevez un ancien moulin restauré. Il abrite la **Carlingford Brewing Company** *(The Old Mill, Riverstown - ✆ 042 939 7519 - carlingfordbrewing.ie - vend. 18h-23h, sam. 17h-23h, dim. 15h-23h - visite sur RV)*, une micro-brasserie réputée fondée en 2015. Si vous n'avez pas le temps de la visiter, dégustez au moins l'une de leurs bières accompagnée d'une excellente pizza.
Tournez ensuite en direction de **Gyles Quay**, qui offre sa plage, son camping et, bien sûr, un pub pour vous rafraîchir.
De retour sur la route de Dundalk, arrêtez-vous au parking du luxueux Ballymascanlon Hotel sur votre droite. De là, empruntez le chemin qui mène au **Proleek Dolmen★** (3000 av. J.-C.), une impressionnante table pesant près de 50 t.

La péninsule à pied

Táin Way – *Comptez 2 jours pour la totalité du parcours (40 km), qui forme une boucle à partir de Carlingford. De bonnes chaussures de marche, un imperméable et quelques victuailles sont à prévoir. Il est interdit de faire du feu et le camping sauvage est très mal vu. Pour vous repérer, procurez-vous* The Táin Way Map Guide, *très détaillé, en vente dans les offices de tourisme de la région ou renseignez-vous sur www.carlingfordandcooleypeninsula.ie.*
Pour découvrir Cooley Peninsula à pied, vous pouvez suivre ce circuit pédestre facile et bien fléché, praticable en toutes saisons. Vous pouvez également emprunter certains tronçons au départ d'Omeath et de Carlingford, comme le **Greenway** *(6,2 km)*, pour des balades d'une demi-journée.

Carnet pratique

S'informer

Dundalk Tourist Office – *Market Square - ✆ 042 935 2111 - www.visitlouth.ie.*

Arriver/Partir

En train

Mêmes fréquences et horaires que la ligne Dublin-Drogheda *(1h de trajet - à partir de 13 € en ligne)* par le train de Belfast *(voir p. 83)*.

En bus

Liaisons de Dublin à Dundalk *(1h35 de trajet - 11 € avec Expressway)* et de Dundalk à Carlingford *(4-5 AR/j. du lun. au sam. - 50mn de trajet - 6,20 € avec Bus Éireann)*.

Transports

Location de vélos

Tommy The Bikes – *14-15 Grays Lane, Dundalk - ✆ 042 933 3399 - www.tommythebikes.com.*

Nos adresses

Restauration

Dundalk

Budget moyen

The Windsor – *Dublin St - ✆ 042 933 8146 - www.windsorbar.com - 12h-21h30 - plats 18/32 €.* Cuisine de pub améliorée et copieux steaks dans un décor victorien chaleureux.

Square – *6 Market Square - ✆ 042 933 7969 - www.squarerestaurant.ie - jeu.-dim. à partir de 17h - plats 20/32 €.* Un accueillant bistrot moderne proposant une carte équilibrée aux ingrédients de saison. Les généreuses assiettes sont préparées avec soin, riches en saveurs. Une adresse gérée avec passion et au service convivial.

RIVA Brasserie – *3 Earl St. - ✆ 042 935 4578 - 12h-14h30, 18h30-22h30 - fermé mar.-merc. - plats 20/43 €.* Cuisine aux influences italiennes et asiatiques à base de poisson et de viande de la région. Dans un décor bistrot agréable et élégant.

Carlingford

Budget moyen

Bay Tree – *3 Newry St. - ✆ 042 938 3848 - www.baytree.ie - jeu.-sam. 17h-20h45, dim. 13h-19h30 - plats 23/28 € - 5 ch à partir de 120 €.* Honnête restaurant de quartier proposant une cuisine soignée et équilibrée, concoctée avec les légumes du jardin et les poissons pêchés dans l'estuaire.

Boire un verre

Dundalk

McManus – *13-17 Seatown - ✆ 036 867 5049 - 10h30-23h30, vend.-sam. 10h30-0h30, dim. 12h30-23h.* Le pub le plus sympa de la ville, avec un bric-à-brac qui en fait presque un musée. Il faut dire qu'il existe depuis plus de 120 ans ! D'anciennes machines à coudre côtoient casques militaires et instruments de musique. Concerts traditionnels ou folk sam. et vend. soir, et secret *Beer garden*.

23 Seats – *8 Crowe St. - ✆ 042 933 8668 - 8h30-16h, sam. 9h-16h - fermé dim.* Un *coffee shop* bien sympathique pour une pause café ou thé... ou soupe !

Carlingford

PJ O'Hares – *Tholsel St. - ✆ 042 937 3106 - www.pjoharescarlingford.com - 12h-20h (vend.-sam. 21h).* Appelé aussi P. J.'s, le pub le plus réputé de Carlingford

est un endroit chaleureux pour déguster des huîtres et écouter de la musique.
Voir aussi **Carlingford Brewing Company** p. 88.

Activités

Carlingford Adventure Centre – *Tholsel St. - Carlingford - 042 937 3100 - www.carlingfordadventure.com.* Le centre propose toutes sortes d'activités : windsurf, voile, rafting, escalade, etc.

Hébergement

Dundalk et la côte

Premier prix

Gyles Quay Camping – *Gyles Quay - Riverstown (16 km à l'est de Dundalk par la R 173 puis à droite) - 042 937 6262 - www.gylesquaycaravanpark.ie - de fin mai à déb. sept. - 139 empl. - tente 20 €/nuit, mobile-home 30 €/nuit, Glamping Pod 70 €/nuit (2 nuits mini).* Vaste terrain en bordure de mer. Parc de caravanes, mais quelques emplacements pour tentes et de petites structures de bois *(pods)*.

Innisfree House – *Carrickmacross Rd - 042 933 4912 - www.innisfreehouse.ie - 8 ch. 80/95 €.* Un peu à l'écart du centre, une imposante maison en brique des années 1930, décorée à l'ancienne avec style. Les chambres sont confortables et bien équipées.

Glen Gat B & B – *18-19 Stapleton pl., The Crescent - 042 933 7938 - www.glengathouse.com - 23 ch. 80/110 €.* Agréable maison de ville en brique rouge, chambres coquettes et copieux petit déjeuner servi dans une salle au plafond lambrissé. Excellent accueil.

Rosemount B & B – *Dublin Rd - 042 933 5878 - www.rosemount-bb.ireland-hotels.net - 11 ch. 90/100 €.* Maison toute blanche, au milieu d'un jardin bien tenu, et chambres ensoleillées et gaies, dans un style très *british*. L'hôtesse est pleine d'attention et le rapport qualité-prix tout à fait satisfaisant.

Gleneven Guesthouse – *Inniskeen (11 km à l'ouest de Dundalk par la R 171 en dir. de Carrickmacross, puis à droite au niveau du pub Conlon's) - 042 937 8294 - www.gleneven.com - 3 ch. 80/95 €.* Un couple germano-irlandais s'occupe de cette belle maison en bordure de la Fane, une rivière à truites appréciée des pêcheurs. Les chambres, vastes et claires, ont vue sur la campagne.

Carlingford

Premier prix

Carlingford Adventure Hostel – *Tholsel St. - 042 937 3100 - www.carlingfordadventure.com - 240 lits - lit en dortoir 25/35 € ; 2 ch. 60/70 € - 6 €.* Petits dortoirs et quelques chambres doubles. Propose aussi des logements à prix intéressant.

Budget moyen

Barnavave – *Ghan Rd - 042 937 3742 - barnavave.tripcombined.com - 6 ch. 96/110 €.* Au bord de la baie, chambres confortables avec vue sur les Cooley Mountains.

Carlingford House – *Dundalk St. - 042 937 3118 - www.carlingfordhouse.com - 5 ch. 115/120 €.* Une adresse rare au charme classique, une élégante demeure mangée de vigne vierge, restaurée avec soin pour offrir tout le confort moderne dans un cadre d'époque.
Voir aussi **Bay Tree** p. 89.

Pour se faire plaisir

Ghan House – *Old Quay Lane - 042 937 3682 - www.ghanhouse.com - 12 ch. 180/210 € - menus 49,50/57,50 €.* Belle maison georgienne décorée avec goût. Chambres confortables et douillettes, avec vue sur la mer ou les collines. Dîner sous les stucs rococo de la salle à manger.

À l'ouest de Dublin

Bordé au nord par la Liffey et à l'est par les Wicklow Mountains, le comté de Kildare assure la transition entre l'agglomération de Dublin et le centre de l'Irlande. Sans relief marquant, traversée depuis longtemps par d'importantes voies de communication – le Grand Canal et la route de Dublin à Cork –, la région offre un visage bucolique. Elle est surtout réputée pour ses élevages de chevaux et ses courses dans le Curragh, vaste plaine gazonnée où viennent s'affronter les plus beaux pur-sang du pays.

Se repérer

CARTE AB3 (P. 30-31).
Comtés de Kildare, Laois et Wicklow. Kildare, principale ville du comté éponyme, se situe à 50 km au sud-ouest de Dublin.

À ne pas manquer

Le haras national de Kildare et les jardins japonais ; les toiles de maître de Russborough House.

Organiser son temps

Comptez un jour et demi pour visiter la région. Privilégiez la visite du haras national en semaine.

En famille

Le haras national au printemps, quand naissent les poulains (fév.-juil.) ; le Steam Museum.

Carnet pratique p. 95

Nos adresses p. 95

1

Découvrir

CARTE P. 30-31

★ Kildare (CILL DARA) B3

Ce bourg animé (8 500 hab.), édifié autour d'une imposante cathédrale, possède quelques lieux historiques et des pubs sympathiques. Il tire son nom du gaélique Cill Dara (église du Chêne), car une légende rapporte que sainte Brigitte y aurait fondé une église près d'un chêne vers l'an 480. On lui rend hommage le 1er février en fabriquant les St Brigid's Crosses, petites croix de roseau tressé que l'on place au-dessus des portes en guise de porte-bonheur. Outre la sainte, les habitants de Kildare vouent un véritable culte au cheval. Les amateurs de chevaux du monde entier connaissent en effet Kildare pour son haras national, d'où sortent des étalons et des poulains réputés pour leur finesse.

★ **St Brigid's Cathedral** – *Au centre du bourg - mai-sept. : lun.-sam. 10h-13h, 14h-17h, dim. 14h-17h - 2 €.* Cette église du 13e s., entièrement restaurée au 19e s., renferme d'intéressants tombeaux Renaissance ainsi qu'une belle charpente en carène de bateau renversée. Derrière l'église, la **tour ronde** du 12e s. munie d'un escalier intérieur offre, du sommet, une belle vue sur la plaine du Curragh *(entrée 4 €)*.

★★ Irish National Stud (HARAS NATIONAL IRLANDAIS) B3

1,5 km au sud-est de Kildare (fléché en allant vers Dublin), le domaine de Tully comprend l'Irish National Stud, les Japanese Gardens et St Fiachra's Garden.
045 521 617 - www.irish-national-stud.ie - 9h-18h (dernière entrée 17h) - fermé de nov. à mi-fév. - 14 € (3-16 ans 8 €).

Curragh : le temple des courses hippiques irlandaises

À la sortie de Kildare sur la N 7, entre Kildare et Newbridge, vous pénétrez dans le sanctuaire du cheval irlandais. Depuis 1864, le **Curragh**, vaste champ de courses de 240 ha, l'un des plus réputés au monde, accueille quelques-uns des plus grandes courses du pays dont, chaque premier dimanche de juillet le fameux Irish Derby. La vaste tribune principale, récemment modernisée (avec un toit « voile » qui semble près de s'envoler), bruisse alors des cris des spectateurs et parieurs venus du monde entier. Une expérience à ne pas manquer ! Si vous ne pouvez assister à une course, prenez part à une visite guidée. Tickets et visites sur : curragh.ie

Le domaine de Tully appartenait à William Hall-Walker (devenu par la suite lord Wavertree), un richissime brasseur écossais qui, après s'être lancé dans l'élevage de chevaux vers 1900, fit don de sa propriété à la Couronne en 1915. Cet immense domaine est aujourd'hui un formidable lieu de promenade. On y déambule entre écuries, jardins fleuris, illuminés quelques semaines par les cerisiers du Japon, et prairies « manucurées » où paissent de superbes chevaux.
Les **Japanese Gardens**★★ sont sans doute l'un des plus beaux jardins japonais d'Europe, conçus à la demande de lord Wavertree en 1906. Réalisés par le jardinier japonais Eida et son fils Minoru, ils représentent un parcours symbolique dont les étapes correspondent aux âges et aux événements, heureux ou malheureux, de la vie. On passe ainsi de la Cave of Birth (grotte de la Naissance) à la Gateway to Eternity (porte de l'Éternité) à travers une série de vingt paysages artificiels constitués de plantes européennes ou exotiques dans un environnement de rocaille, de ponts et de cascades. À la sortie, vous débouchez devant un pavillon à galerie de style japonais, qui abrite une cafétéria.
À gauche après avoir pénétré dans l'**Irish National Stud**★★ (Haras national irlandais), vous arrivez dans Sun Chariot Yard, une cour bordée d'écuries réservées aux juments pleines, ou accompagnées de leur jeune poulain de février à juillet. En sortant de la cour, vous passez devant la « maternité » où les juments mettent bas. Sur votre gauche s'élèvent les ruines de **Black Abbey**, une ancienne commanderie des hospitaliers de St-Jean (11e s.), et sur votre droite, le petit **Horse Museum** (musée du Cheval).
Prenez ensuite le chemin de **St Fiachra's Garden**. Aménagé en 1998, ce jardin porte le nom de saint Fiacre, ermite irlandais et patron des jardiniers. Des allées bordées de hêtres, de saules et de bouleaux mènent à d'anciennes cellules de moines aménagées en jardin souterrain.
De longues balades s'offrent maintenant à vous entre les différentes prairies, le long d'allées arborées et paisibles. Là paissent de superbes étalons, bénéficiant tous de vastes enclos où figurent leurs noms, symboles et palmarès. Plus loin, les juments prennent soin de leurs poulains. Un espace est réservé aux « anciennes gloires », ces chevaux qui ont fait la réputation des lieux sur les champs de courses et lors des ventes.

À proximité

CARTE P. 30-31

Athy A4

À 23 km au sud de Kildare par la R 415 et la N 78.
Town Hall - 059 863 3075 - www.athyheritagecentre-museum.ie.
Ce gros bourg commerçant des rives de la Barrow se niche au cœur d'une région

traversée de rivières et de canaux, fort appréciés des pêcheurs et des plaisanciers. À défaut de vestiges du passé, Athy peut s'enorgueillir d'une grande diversité religieuse : une église catholique, une église de la Church of Ireland, un temple presbytérien, une assemblée des Témoins de Jéhovah, une église orthodoxe dans les environs et quelques familles de quakers installées non loin de là, à Ballitore. La petite église protestante des Kellyites, aujourd'hui disparue, fut également fondée à Athy au siècle dernier.

Shackleton Museum – *Emily Square - ✆ 059 863 3075 - www.shackletonmuseum.com - lun.-vend. 10h-17h - 5 €.* L'ancien hôtel de ville, construit au 18ᵉ s., accueille un intéressant musée d'histoire locale. Vous y verrez un traîneau et différents souvenirs relatifs à Ernest Shackelton, célèbre explorateur de l'Antarctique, originaire de la région.

★ Rock of Dunamase A4

À 20 km au nord-ouest d'Athy par la R 428 et la N 80 ou 30 km au sud-ouest de Kildare par la M7.

De loin, au sommet d'une colline dominant une région plutôt plate, la silhouette de ce château fort normand, ou du moins ce qu'il en reste, est impressionnante. Construit en 1170, il fut détruit lors des guerres de Cromwell. Un chemin cahoteux mène aux ruines de l'ancien donjon, qui livre une belle **vue** sur la campagne environnante.

1

★ Emo Court A3

À 23 km à l'ouest de Kildare par la M 7.

✆ 057 862 6573 - www.emocourt.ie et www.heritageireland.ie - jardins ouv. tte l'année du lever au coucher du soleil (gratuit) - visite guidée de la maison (50mn, 8 €) en mai-août : 8h30-20h30 ; avr. et sept. : 8h30-19h ; mars et oct. : 8h30-17h ; nov.-fév. : 8h30-16h30. Au moment de la rédaction de ce guide, la maison était fermée pour rénovation et pour une durée indéterminée (se rens.).

Cet élégant édifice néoclassique, entouré de beaux **jardins**, fut édifié en 1792 sur des plans de James Gandon à la demande du banquier John Dawson, comte de Portalington. Ses descendants y habitèrent jusqu'en 1920, date à laquelle Emo Court fut occupé par des jésuites. L'intérieur a été restauré dans les années 1970. On admirera surtout la rotonde de l'entrée aux colonnes en marbre, les beaux stucs du plafond de la salle à manger et la bibliothèque avec sa cheminée en marbre de Carrare.

Lullymore et Bog of Allen A3

À 25 km au nord de Kildare par la R 401 jusqu'à Rathangan, puis la R 414 à droite après le Grand Canal.

Vous parcourez ici d'étranges paysages, les arbres se dressant au-dessus de vastes étendues striées de noir.. Bienvenue dans la tourbière de Allen ! À cheval sur cinq comtés, elle est l'une des plus importantes encore exploitées en Irlande.

★ **Bog of Allen Nature Centre** – *Au centre du village - ✆ 045 860 133 - www.ipcc.ie - lun.-vend. 9h-17h (dernière entrée 16h) - 5 €.* Ce centre fort bien fait permet d'en apprendre davantage sur la tourbe, son univers, ses origines, son exploitation et les dangers qui la guettent (surexploitation, réchauffement climatique, etc.). Vous comprendrez ce qui la rend indissociable de la civilisation irlandaise à travers ses multiples usages, du *whiskey* aux cosmétiques.

Lullymore Heritage & Discovery Park – *À 800 m du précédent - ✆ 045 870 238 - www.lullymoreheritagepark.com - de mi-avr. à fin oct. : merc.-dim. 10h-18h - 10 € (billets famille 18/33 €).* Grâce à une reconstitution de la vie traditionnelle dans la région sur près de 10 000 ans, cet intéressant musée ethnologique, à destination des plus jeunes, permet de comprendre l'écosystème autour duquel s'organisait, jusqu'à récemment, la vie dans la campagne irlandaise.

★ Steam Museum B3

À Straffan, 12 km au nord de Naas par les R 407 et R 406 ou 32 km au nord-est de Kildare par les R 415 et R 403.

083 016 8338 - www.steam-museum.com - juin-août : merc.-vend. 12h-16h, w.-end 14h-18h ; mai et sept. : w.-end et j. fériés 14h-18h - dernière entrée 17h30 - 7,50 € (enf. 5 €).

Dans un joli bâtiment gothique, cette collection rassemble toutes sortes de vieux engins à vapeur utilisés en agriculture, dans les travaux publics ou les transports. Mise en route d'engins le dimanche.

Adjacent, le **Lodge Park Walled Garden** est un jardin clos typique de ce qu'Anglais et Irlandais réussissent si bien, notamment la belle serre.

Maynooth B3

À 22 km au nord de Naas par les R 407 et R 406 ou 35 km au nord-est de Kildare par les R 415 et R 408.

Située à l'extrême nord du comté de Kildare, cette cité de 14 000 habitants est l'un des principaux pôles universitaires de l'île. Elle est ramassée autour de son château et des vastes et beaux campus de **Maynooth University** *(www.maynoothuniversity.ie)* et **St Patrick's College** *(www.maynoothcollege.ie - visite guidée possible)*. Les étudiants animent ses rues colorées, tandis que les visiteurs de passage profitent de cette énergie, tout en visitant les très photogéniques ruines du **Maynooth Castle** *(www.heritageireland.ie - gratuit)*.

★★ Russborough House B3

À 20 km au sud-est de Naas par la R 410 et la N 81 ou 27 km à l'est de Kildare par la N 7 et la R 413.

045 865 239 - www.russborough.ie - 11h-15h - visite guidée 12 €, parc seul 6 €, labyrinthe 3 €, parking 4 €.

En bordure du **Poulaphouca Reservoir** ★, vaste lac où se mirent les montagnes environnantes, cette élégante demeure palladienne fut construite en granit des Wicklow à partir de 1741, sur l'initiative de Joseph Leeson, futur comte de Milltown. L'intérieur de Russborough a conservé ses riches stucs, ses boiseries en acajou et une partie de son **mobilier d'origine**★★. Le domaine fut racheté en 1952 par sir Alfred Beit, un magnat de l'or sud-africain qui légua sa propriété et son inestimable **collection de tableaux**★★ à la république d'Irlande en 1978 *(une partie des œuvres a rejoint la National Gallery à Dublin)*. Vous reconnaîtrez de grands maîtres tels que Murillo, Horace Vernet, Ruysdael, Rubens (attention, ce sont des répliques, les originaux de Rubens sont conservés à la National Gallery), Gainsborough, Poussin, Boucher et David Teniers. Lors de la visite, admirez les extraordinaires stucs des plafonds du grand salon, de la salle des tapisseries, de la salle de musique et de la bibliothèque. Les écrans tactiles et le cinéma 3D permettent une immersion encore plus poussée dans l'histoire de cette belle demeure. N'oubliez pas de profiter également du jardin et son labyrinthe.

Au sein du domaine, des sentiers invitent à la balade. Vous pouvez également emprunter, à pied ou à vélo, le **Blessington Greenway Walk** ★, un agréable parcours de 6 km entre Russborough House et le village de Blessington, à travers les beaux paysages (prairies, landes, forêts) qui bordent le Poulaphouca Reservoir.

Carnet pratique

S'informer

Kildare Town Heritage Centre – *Market House (sur la place centrale) - ✆ 045 530 672 - www.kildareheritage.com.* Propose un circuit pédestre autour du patrimoine local, le Hundred Acres Walking Trail.

Arriver/Partir

En train

Kildare – La gare se trouve au nord du village par Milltown Rd. 26 trains/j. (17 le dim.) entre Kildare et Heuston Station à Dublin *(35mn de trajet - à partir de 10 €)*, mais aussi Kilkenny et Waterford.

Athy – La gare se trouve à la sortie du village en direction de Dublin. 6 trains/j. (4 le dim.) depuis Dublin via Kildare *(15mn de trajet - 5 €)*.

En bus

Kildare – Les bus s'arrêtent dans le centre du village. Liaisons quotidiennes entre Dublin et Kildare par la ligne de Limerick *(www.dublincoach.ie - dép. ttes les h. de 7h30 à 20h - 1h de trajet - 5 €)*.

Athy – 11 départs/j. de Dublin par les lignes de Cork et de Kilkenny. Bus de la compagnie Local Link Kildare entre Athy et Kildare *(www.locallinkkildaresouthdublin.ie - ligne 883 - 35mn)*.

1

Nos adresses

Restauration

Kildare

Budget moyen

Hartes of Kildare – *Market Square - ✆ 045 53 3557 - www.harteskildare.ie - fermé lun. - plats 12/18 € (midi) ou 18/32 € (soir).* Profitez du bar douillet, réchauffé par un feu de cheminée, pour goûter la bière artisanale maison, avant de vous attabler au restaurant : vous y dégusterez une cuisine moderne et généreuse, bien mitonnée, avec des ingrédients issus de l'agriculture durable (traçabilité garantie).

Silken Thomas – *The Square - ✆ 045 522 232 - www.silkenthomas.com - 9h-21h, dim. 9h-20h - plats 15/28 € - ch à partir de 80 €* ☕. Ce vaste pub au décor victorien classique et chaleureux offre un large choix de plats typiques : soupes, *chowder*, nachos, salades et steaks. Dîner, un peu plus élaboré mais plus cher, dans la confortable salle de restaurant Chapter 16. Chambres douillettes, de 1 à 3 personnes.

Shopping

Kildare

Kildare Outlet Village – *Nurney Rd - ✆ 045 520 501 - www.kildarevillage.com - 9h-19h (jeu.-vend. 20h).* Ce centre commercial regroupe des magasins d'usine pour accro du shopping. On y retrouve à prix réduits les marques internationales comme Ralph Lauren, Calvin Klein, LK Bennett, The North Face, Tommy Hilfiger, Reiss, Wolford...

Activités

Randonnée

Le **Grand Canal Way** *(117 km - comptez 5 jours)* est un itinéraire de randonnée facile qui suit les berges de la voie d'eau aménagée au 18e s. pour relier Dublin à la rivière Shannon. Il est bien sûr possible d'effectuer la marche dans son intégralité, mais aussi de se concocter des itinéraires « à la carte », notamment dans le comté de Kildare. Rens. sur www.sportireland.ie/outdoors/walking/trails/grand-canal-way.

Voir aussi **Blessington Greenway Walk** (p.94).

Courses hippiques

La région compte trois hippodromes. Calendrier des courses dans les offices de tourisme :

The Curragh – *Curragh - 045 441205 - www.curragh.ie - 20/25 €.*

Naas – *Tipper Rd (25 km au nord-est de Kildare en dir. de Dublin) - 045 897391 - www.naasracecourse.com - à partir de 15 €.*

Punchestown – *Punchestown (10 km au sud de Naas par la R 411) - 045 897704 - www.punchestown.com - à partir de 10 €.*

Hébergement

Kildare et environs

Budget moyen

Castleview – *Lackaghmore (4 km à l'ouest de Kildare par la N 7 sur 2 km, puis suivez le fléchage à droite) - 045 521816 - www.castleviewkildare.com - - 3 ch. 90/115 €.* En pleine campagne, face à une église et aux ruines d'un château, cette ferme moderne, simple mais conviviale, est très bien tenue. Les propriétaires, éleveurs de vaches, sont très accueillants et donnent des informations sur la région.

Voir aussi **Silken Thomas** dans *« Restauration »*.

Pour se faire plaisir

Martinstown House – The Curragh, Ballysaxplain *(10 km au sud-est de Kildare) - 045 441 269 - www.martinstownhouse.com - - 7 ch à partir de 180 €.* Une ancienne ferme transformée en élégante demeure, au sein d'un domaine de 57 ha où chantent les oiseaux. Les chambres sont confortables et joliment meublées : de vraies boutiques d'antiquités ! Glamping possible dans 10 tentes confortables.

Naas

Budget moyen

Osprey Hotel – *Devoy Quarter - 045 881111 - www.ospreyhotel.ie - - 108 ch. 159/259 €.* Un hôtel de luxe à peine plus cher qu'un B & B, pour ceux qui veulent le grand confort et un design très contemporain. Chambres spacieuses et belles sdb.

Athy et environs

Premier prix

Forest Farm – *Dublin Rd - 059 863 1231 - www.accommodationathy.com - - fermé déc. - 64 empl. 10 €.* Cette ferme propose des emplacements de camping sur un grand terrain bordé d'arbres.

Budget moyen

Moate Lodge – *à 6 km à l'est d'Athy par la N 78 en dir. de Dublin puis à gauche juste avant Ardscull - 059 862 6137 - www.moatelodge.com - - 4 ch. 80/130 €.* Imposante ferme de style georgien, située en pleine campagne. Décor de style rustique mais avec tout le confort et de bons œufs de la ferme au petit déjeuner. Confortables petits cottages (2-4 pers.) dans les communs.

Ballindrum Farm – *Ballindrum (4,5 km d'Athy en dir. de Dublin, puis tournez à droite au fléchage et encore à droite sur 1 km) - 059 862 6294 - www.ballindrumfarm.com - - fermé de mi-oct. à fin fév. - 5 ch. 100/129 €.* Maison récente en pleine campagne. Chambres impeccables et douillettes. Possibilité de dîner sur réservation ou de louer un cottage (550 €/sem. pour 4 pers.).

La région des Wicklow ★★★

Parfois appelé le jardin de l'Irlande, le comté de Wicklow est un pays de forêts, de cascades, de lacs et de châteaux. Cette belle région encore intacte, bordée à l'est par la mer d'Irlande et traversée du nord au sud par un magnifique massif montagneux qui lui a donné son nom, ravira les amoureux de la nature tant par ses nombreux sentiers de randonnée que par ses plages sauvages. Longtemps insoumise au pouvoir de Dublin, la contrée fut durant des siècles un des bastions de la culture chrétienne celtique, comme en témoignent les ruines du monastère de Glendalough. Plus tard, l'aristocratie anglo-irlandaise tira parti des charmes de ses sites naturels pour y construire de splendides domaines parfaitement intégrés au paysage.

Se repérer

CARTE BC3-4 (P. 30-31) - CARTE DES WICKLOW MOUNTAINS (P. 100-101).
Comté de Wicklow.
Ce circuit se déploie à une vingtaine de kilomètres au sud de Dublin en partant de Bray, auquel on accède par la M 50 et la M 11 depuis la capitale.

À ne pas manquer

Les Mount Usher Gardens ; emprunter la route de Sally Gap ; sillonner la vallée de Glendalough ; une randonnée au cœur des Wicklows Mountains.

Organiser son temps

Comptez 2 jours pour apprécier. Pour visiter Glendalough, logez à Roundwood plutôt qu'à Laragh.

En famille

Les aquariums du Sea Life Centre de Bray ; la prison de Wicklow ; un pique-nique à Devil's Glen ; les attractions du Clara-Lara Funpark.

Carnet pratique p. 106

Nos adresses p. 107

1

Découvrir

CARTE P. 30-31

Bray C3
Animée et populaire, la station balnéaire la plus proche de Dublin affiche une élégance sans prétention, typique des villes du bord de mer avec ses villas à loggias et sa plage où les Dublinois viennent bronzer, braver des flots spectaculaires ou prendre, en groupe, des bains matinaux et hivernaux. La longue promenade qui court du petit port de plaisance (où évoluent des dizaines de cygnes) jusqu'au promontoire qui garde la baie est l'une des préférées des habitants. Elle s'anime aux premiers rayons de soleil : les terrasses se remplissent, les goélands terminent les repas et... les embouteillages paralysent les rues alentours.
Bray est aussi la ville des studios Ardmore (*www.ardmore.ie*), la *films factory* irlandaise. Inaugurés en 1958, ils ont servis ce lieu de tournage à des films tels *L'Espion qui venait du froid*, *Excalibur* ou *Braveheart*.
National Sea Life Centre – *Strand Rd - ✆ 01286 6939 - www.visitsealife.com/Bray - mars-oct. : 10h30-18h ; nov.-fév. : 10h-16h30, w.-end 10h-18h - 14,50 € (3-14 ans 11,50 €).* Une attraction qui enchante les plus jeunes et fait rêver les

autres. Dans ce centre de la vie marine, une trentaine d'aquariums et des animations interactives font définitivement le tour de la question des profondeurs sous-marines, des hippocampes aux étoiles de mer, en passant par les requins.
Il est possible de relier Bray à Greystones *(voir p. 99)*. Le sentier de 7 km *(2h - pas de dénivelé sérieux)* suit la courbe littorale, « accroché » aux falaises. Vous pourrez effectuer le retour en train.

★ Killruddery House Gardens C3

À Southern Cross, 1,5 km au sud de la ville par la R 761.
01286 3405 - wwwkillruddery.com - jardins ouv. avr.-sept. : 9h30-18h (jeu. 10h); oct. : w.-end 9h30-18h - visite guidée du château en avr.-sept. : à 13h et 15h, w.-end à 13h, 14h et 15h - jardin seul 8,50 €, jardin + château 15,50 €.
Ces beaux jardins à la française furent dessinés au 17e s. par un élève de Le Nôtre pour les comtes de Meath, autour de canaux et de plans d'eau. Bien que transformés au gré des modes, ils ont conservé leur tracé d'origine délimité par des haies de buis. Le château, entièrement restauré au 19e s., possède une étonnante horloge hydraulique.

Glencormac Gardens C3

Kilmacanogue, à 5 km au sud de Bray par la N 11.
www.avoca.com - 9h-18h (w.-end 9h30) - gratuit.
James Jameson, de la célèbre famille de distillateurs, créa ces jardins au 19e s., dans sa propriété. Des essences rares y poussent parmi lesquelles un cyprès pleureur de l'Himalaya, unique en son genre. L'endroit héberge deux agréables cafés et les boutiques d'**Avoca Handweavers** *(voir rubrique « Shopping »)*. Une occasion de faire un peu de shopping dans un cadre agréable.

★★ Powerscourt Estate C3

Enniskerry, à 5 km à l'ouest de Bray.
01204 6000 - www.powerscourt.com - mai-août : 9h30-17h30; reste de l'année : 9h30-16h30 ou 17h - fermé 25-26 déc. - 11,50 € (3-16 ans 5 €).
Passé la charmante **place centrale** d'Enniskery, puis les grilles du domaine, on accède à cette imposante demeure du 17e s., peu à peu restaurée après un incendie. Elle accueille une (petite) exposition relatant l'histoire de la propriété et des boutiques de ce que l'Irlande réalise de meilleur en matière d'artisanat dont l'omniprésent Avoca Handweavers. Une plaisante cafétéria ouvre sur une terrasse.
Mais l'on vient surtout pour les splendides jardins à la française, à l'italienne, japonais, qui descendent en pente douce vers le Triton Lake, lac artificiel. Une centaine d'ouvriers ont travaillé pendant 12 ans à l'aménagement de ces jardins, entrepris en 1840. Au pied de l'**escalier monumental★**, sur la gauche, le **jardin japonais★** est décoré de ponts et pagodes miniatures dans un dédale de canaux. À flanc de colline, à deux pas de pâturages bucoliques, des arbres immenses donnent de l'ombre à des bosquets touffus et fleuris. Les abeilles bourdonnent et les oiseaux chantent… Au loin, le Great Sugar Loaf Mountain (503 m).
Ne manquez pas le **cimetière** où sont enterrés les animaux domestiques du domaine, ainsi que les **Walled Gardens★★**. À la belle saison, ces jardins clos renferment des plantes décoratives exotiques et une roseraie somptueuse.
Souvent récompensé, ce lieu fut désigné Top 10 des domaines du monde et Top 3 des jardins du monde (National Geographic). Powercourt compte également une **distillerie** *(www.powerscourtdistillery.com)*, un parcours de golf *(www.powerscourtgolfclub.com)* et un prestigieux hôtel *(www.powerscourthotel.com)*.

Powerscourt Estate.
mtnmichelle/Getty Images Plus

★ Powerscourt Waterfall C3

À 6 km au sud-ouest d'Enniskerry (bien indiqué). www.powerscourt.com - mai-août : 9h30-19h ; mars-avr. et sept.-oct. : 10h30-17h30 ; nov.-fév. : 10h30-16h - 6,50 € (3-16 ans 3,50 €) - fermé 2 sem. avant Noël.
C'est un agréable lieu de promenade où les eaux, brunies par la tourbe de la plus haute cascade d'Irlande (121 m), dévalent au fond d'un cirque rocheux, dans un paysage de pins, de séquoias et d'araucarias. On peut venir y pique-niquer.

Circuit conseillé

CARTE P. 30-31

De Bray À Avoca, via Wicklow et Glendalough

Circuit d'environ 170 km au départ de Bray, tracé en vert sur la carte p. 30-31. Quittez Bray vers le sud et longez la côte par la R 761.
Vous rejoignez tout d'abord **Greystones★**, un petit port de pêche blotti au creux d'une falaise, en retrait d'une grève de galets. Il attire de longue date les vacanciers, séduits par ses deux petites plages de sable, ses quelques rues colorées et une affluence moindre que sa voisine Bray.
Un sentier littoral permet de relier Greystones à Bray *(voir p. 97)*.

Wicklow

Town Hall - Market Square - 040 420 070 - www.visitwicklow.ie.
Cette petite cité portuaire compte suffisamment de B & B, de pubs (où vous pourrez goûter aux bières artisanales de Wicklow Wolf Brewery) et d'occasions de promenade (le long de la plage notamment) pour y faire étape avant de partir à la découverte des Wicklow Mountains.
★ **Wicklow's Historic Gaol** – *0404 61599 - www.wicklowshistoricgaol.com - 11h-15h30 (dernière entrée), w.-end 10h30-16h30 - 11,50 € (enf. 9 €), Virtual Reality Experience 17 € (enf. + 10 ans 13 €) - audioguide en français.* La principale

attraction de la ville est son imposante prison, une austère masse de pierre grise. Elle a été transformée en musée où des personnages de cire et des figurants en costume reconstituent l'ambiance sinistre des conditions de détention entre 1702 à 1924, quand les prisonniers attendaient leur exil vers l'Australie... ou leur pendaison (on aperçoit d'ailleurs la poutre dès l'entrée!). L'agréable petit salon de thé à l'intérieur sert des sandwichs et des scones maison.

Sinon, rejoignez le village d'Ashford, à 6,5 km au nord-ouest de Wicklow par la R 751, puis la N 11.

★★ Mount Usher Gardens

Fléché sur la R 772 à droite en arrivant à Ashford - ☏ 040 449 672 - www.mount ushergardens.ie - mar.-oct. : 10h-18h ; nov.-fév. : 10h-17h - dernière entrée 1h av. fermeture - 10 € (4-16 ans 5 €).

Ce paradis végétal possède près de 4 000 espèces de plantes, dont de nombreuses variétés exotiques. Séduit par les rives de la rivière Vartry et leur microclimat, l'industriel dublinois Edward Walpole entreprit, dans les années 1860, de créer un jardin romantique en suivant les principes de William Robinson, réunissant des plantes du monde entier. D'où la quantité surprenante de plantes que l'on ne s'attendrait pas à trouver sur le sol irlandais.

D'Ashford, prenez la R 763 en dir. de Glendalough. Au bout de 4 km, après un virage serré, une piste cahoteuse part sur la droite et serpente à flanc de montagne dans une belle forêt de sapins, de bouleaux et de hêtres avant d'arriver à Devil's Glen.

Devil's Glen

Ce coin d'Irlande particulièrement sauvage servit de refuge aux insurgés après le soulèvement manqué de 1798. C'est à présent un lieu de balade très attrayant. À la belle saison, le bruissement du vent dans les arbres est accompagné par le chant des tourterelles sauvages sur fond de bruits de cascade et de bourdonnements d'abeilles. Le décor de cet opéra naturel a été réalisé en 1994 par des artistes du monde entier qui présentent dans la forêt **Sculpture in Woodland**, une collection de sculptures modernes exécutées à partir d'essences locales *(gratuit - pique-nique possible)*. Plusieurs sentiers balisés *(de 1h30 à 2h)*.

Poursuivez vers l'ouest sur la R 763 jusqu'à Annamoe et prenez à gauche la R 755. À Laragh, prenez à droite vers Glendalough.

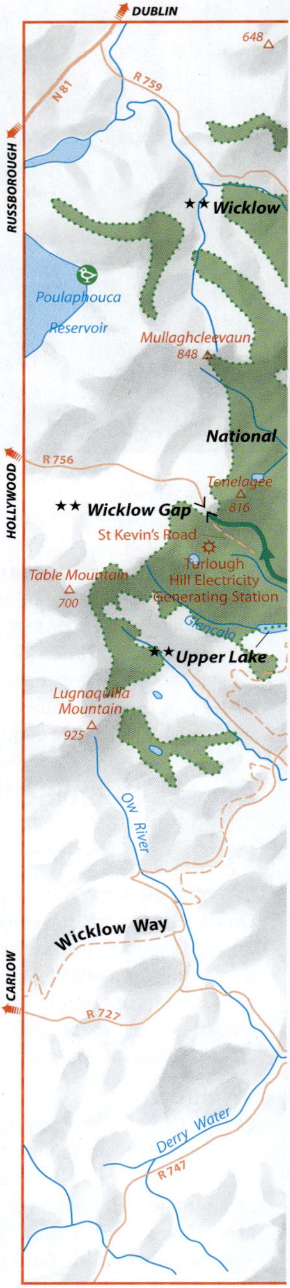

DUBLIN
DUBLIN
DUBLIN, DÚN LAOGHAIRE
Killiney Bay
Bray
Glencree
Wicklow Way
Enniskerry
Kippure 752
Powerscourt Estate
Dargle Glen
Bray Head
Glencree
Liffey
342
Killruddery House Gardens
Mountains
Glencormac Gardens
Little Sugar Loaf
Sally Gap
Dargle
503 Great Sugar Loaf
Greystones
Powerscourt Waterfall
725
Djouce Mountain
Wicklow Way
Military Road
Lough Tay
R 755
IRISH SEA
Cloghoge
Park
Lough Dan
Vartry Reservoir
R 761
Glenmacnass Waterfall
Roundwood
R 764
Annamoe
R 763
Devil's Glen
Glenmacnass
R 756
Mount Usher Gardens
Laragh
Murrough
Vartry
GLENDALOUGH
Ashford
Lower Lake
Broad Lough
Avonmore
Wicklow
Clara
Military Rd
Vale of Clara
Clara Lara Funpark
Glenealy
R 755
R 752
Kilmacurragh
Avonbeg
Rathdrum
Avondale House
R 752
Silver Strand
Avondale Forest Park
Meeting of the Waters
R 750
Brittas Bay
Aughrim
Vale of Avoca
Avoca
Mizen Head
N
Avoca
R 747
Croghan Mountain 606
Arklow
WICKLOW MOUNTAINS
5 km
3 miles
WEXFORD
ENNISCORTHY

★★★ Glendalough

Garez-vous au parking du Visitor Centre (4 €), proche de la plupart des monuments du site monastique. Un autre parking (même tarif) se trouve 1 km plus loin sur la gauche, entre les deux lacs, au niveau du bureau d'informations du Wicklow Mountains National Park (voir p. 103).

✆ 040 445 352 - www.glendalough.ie et www.heritageireland.ie - site monastique en accès libre tte l'année - Visitor Centre ouv. de mi-mars à mi-oct. : 9h30-18h; de mi-oct. à mi-mars : 9h30-17h (dernière entrée 45mn av. fermeture) - 5 €. Document en français sur la visite du site monastique ou plan des chemins balisés (0,50 €), téléchargeable gratuitement sur www.wicklowmountainsnationalpark.ie.

Glendalough offre aux visiteurs un « concentré d'Irlande » sur un espace relativement restreint : des paysages superbes – reliefs, lacs, rivières, pâturages, forêts – et, disséminé ça et là, un précieux patrimoine historique et religieux.

Saint Kevin, accompagné de quelques moines, choisit cette région reculée au cœur des montagnes pour y fonder un monastère en 570. Après la mort du saint en 617, Glendalough devint un lieu de pèlerinage et une véritable **cité monastique**, avec des églises, des maisons d'habitation, des ateliers, un hôpital et des bâtiments agricoles. Malgré de nombreuses attaques vikings, le site maintint une activité religieuse pendant près de 900 ans, avant de décliner.

Les ruines, concentrées entre la route et la Glendasan River, ne donnent qu'une idée très partielle de la vie religieuse des siècles passés. On y accède par le **Visitor Centre** (exposition sur Glendalough et l'histoire des monastères irlandais) ou, un peu plus loin sur la route, par une **porte monumentale** constituée de deux arcs de granit. C'était l'entrée de l'enceinte principale du site monastique, transformée par la suite en cimetière. Occupant une colline où paissent des moutons, il est dominé par la **tour ronde★★** du 10ᵉ s. qui servait à la fois de tour de guet, de clocher, de refuge et de grenier. Coiffée d'un toit conique restauré en 1876, elle mesure 30 m de haut et sa porte est à 3,6 m du sol.

Il ne reste pas grand-chose de la **cathédrale★★**, jadis le bâtiment le plus imposant de Glendalough. Plusieurs fois rebâtie mais datant pour l'essentiel du 12ᵉ s., elle possédait l'une des plus vastes nefs d'Irlande. **St Kevin's Cross**, une grande croix de 3,5 m de haut dressée au sud de l'édifice, marquait la limite du cimetière dans lequel subsistent les ruines de la petite maison des prêtres.

En descendant vers la rivière, vous passerez devant **St Kevin's Church★★**, édifice au toit incliné en pierre sèche, aussi appelé St Kevin's Kitchen (cuisine de saint Kevin) en raison de la forme de son clocheton qui évoque une cheminée. Juste à côté émergent les vestiges rudimentaires de **St Kieran's Church**, petite église bâtie à l'origine en dehors de l'enceinte monastique.

Kevin, saint de feu et de glace

Cóemhghein, dont le nom fut anglicisé en Kevin, signifie « bien né » en gaélique. Issu d'une famille princière du Leinster, il était, dit-on, d'une beauté presque surnaturelle. Mais les femmes le laissaient de glace.
Il repoussa si fort les assauts d'une princesse le poursuivant de ses assiduités qu'elle tomba dans le lac de Glendalough et s'y noya. Rongé par le remords, Kevin passa le reste de sa vie à méditer loin du monde. Les rares fois où il ouvrait la bouche, ses paroles s'échappaient en lettres de feu, raconte la légende. Il priait des jours durant dans la forêt, adossé à un chêne, les bras en croix, tellement immobile que les oiseaux s'en servaient de perchoir. La tradition a ainsi fait de saint Kevin le protecteur des oiseaux.

Le monastère de Glendalough.
Dawid Kalisinski Photography/Getty Images Plus

★★ Wicklow Mountains National Park

🛈 *Upper Lake, Glendalough - ☏ 076 100 2667 - www.wicklow mountains nationalpark.ie - mai-sept. : 10h-17h30 ; fév.-avr. et oct. : 9h30-16h30 ; nov.-janv. : w.-end 10h-16h.*

Le site de Glendalough se love au sein d'une superbe région : les Wicklow Mountains. Créé en 1991, le **parc national** couvre une vaste zone de cette chaîne de petites montagnes qui a surgi il y a environ 420 millions d'années, lors de la collision des plaques continentales européenne et américaine. Elles sont constituées d'un cœur de granit, enrobé de nappes de schiste. Très érodées, les collines sont couvertes de tourbe, qui leur confère leur physionomie caractéristique, austère et désolée. Outre la faune et la flore, le **centre d'information** présente aussi le passé minier des Wicklow Mountains. La région de Glendalough fut en effet durant plusieurs siècles un important centre d'extraction de plomb et d'argent. Profitez de votre séjour dans la vallée de Glendalough pour partir à la découverte des montagnes environnantes sur des chemins d'accès facile et bien balisés. Attention, les randonnées les plus sportives nécessitent un équipement adapté.

Le chêne à tout faire

Le site de Glendalough fut choisi notamment pour sa profusion en chênes. L'arbre sacré et vénéré par les Celtes était employé sous toutes ses formes. Son tronc et ses branches maîtresses servaient de bois de charpente tandis que les plus petites branches étaient débitées pour le chauffage. Le tanin de l'écorce était utilisé en médecine ou pour le tannage des peaux. Les noix de galle, boules provenant d'une maladie parasitaire, entraient dans la composition de l'encre noire utilisée par les moines copistes. Quant aux glands, ils constituaient l'alimentation des cochons ou, en cas de disette, des hommes après extraction de l'amidon. Les feuilles, enfin, pouvaient remplir les paillasses ou nourrir le bétail en hiver.

The Wicklow Way

Inauguré en 1980, le premier sentier de grande randonnée irlandais parcourt 127 km entre la banlieue sud de Dublin et le village de Clonegal, près de Carlow. Divisé en 19 sections, ce chemin très bien fléché et balisé peut être emprunté en toute saison avec un équipement approprié. À pied, à cheval ou à VTT, on traverse tantôt les immenses étendues granitiques des Wicklow Mountains couvertes de forêts de conifères, tantôt de vertes prairies peuplées de placides moutons que survolent des nuées de corneilles. Il longe des lacs et passe en aplomb de la vallée historique de Glendalough. Son point culminant est White Hill, à 630 m d'altitude, et la plus longue section entre deux hébergements atteint 22 km, entre Knockree et Roundwood. *www.wicklowway.com* *(voir aussi « Nos adresses » p. 110).*

Neuf **sentiers balisés** *(de 1 à 14,5 km)* sillonnent Glendalough. Variés, ils permettent aux promeneurs occasionnels comme aux marcheurs sérieux d'apprécier les divers types de paysages et les vestiges historiques qui parsèment le site.

La **Green Road Walk** *(3 km)* est le circuit le plus populaire. Du cimetière ou du Visitor Center, vous traversez la rivière et prenez, sur votre droite, le chemin qui mène au **Lower Lake** (lac inférieur) à travers une forêt de chênes. Après avoir longé ce dernier et croisé, sur la droite, les bureaux du Wicklow Mountains National Park *(voir p. 103)*, vous atteignez **Upper Lake★★** (lac supérieur), bordé d'une jolie plage de sable blond (baignade et paddle y sont très prisés en été). Revenez par l'autre rive en traversant un paysage de prairies et de zones humides, où paissent moutons et chèvres semi-sauvages, bercés par le chant des oiseaux.

Un autre circuit *(comptez 3h30)* fait le tour de **Upper Lake★★** (lac supérieur). Véritable joyau aux reflets bleu profond, il est enchâssé au fond d'un cirque glaciaire ourlé de forêts de sapins. En retrait du lac, il subsiste quelques croix destinées à marquer la limite du site monastique. **Reefert Church★**, ancienne église qui servit de tombeau à des rois celtes, précède un petit enclos de pierre qui porte le nom de **St Kevin's Cell**, car il s'agirait de l'ancienne cellule de moine du saint. De cet endroit partent plusieurs chemins à flanc de colline qui rejoignent le Wicklow Way *(voir encadré ci-dessus)*.

La boucle de Glenealo River, Turlough Hill et Camaderry permet une randonnée de 14,5 km *(comptez 5 à 6h)*. Du parking du site monastique, rejoignez la rive nord du lac supérieur que vous longez sur un peu plus de 1 km en direction du cirque glaciaire. Avant d'atteindre la **Glenealo River** qui se jette à l'extrémité du lac, un petit chemin part vers les anciennes mines de plomb dont il ne reste pas grand-chose. En longeant la rivière qui se trouve sur votre gauche, le chemin grimpe parallèlement aux pentes nord du cirque par un tracé en lacet. Suivez la rive sur environ 3,5 km avant d'amorcer une boucle vers le **Turlough Hill Reservoir**, beau lac tout rond que vous contournez par le sud avant d'entamer la montée vers le **Camaderry** (698 m). Vous vous trouvez alors sur le tronçon le plus raide du parcours avant d'atteindre le sommet de la montagne, assez plat. Arrêtez-vous pour souffler près des petits **cromlechs** (cercles de pierres du néolithique) avant d'amorcer la descente par un chemin sans difficulté qui passe sous un éperon rocheux. Il vous reste 4 km à parcourir jusqu'à votre point de départ.

★★ Wicklow Gap

Si vous avez un peu de temps, quittez Glendalough vers l'ouest par la R 756 jusqu'à cette trouée entre le mont Tonelagee (816 m), au nord, et le mont Table (700 m), à l'ouest. On appelait cet axe la route de saint Kevin, car les pèlerins arrivaient par là.

Si vous souhaitez rentrer sur Bray ou Dublin, revenez à Laragh pour prendre au nord la R 115.

★★ Military Road et Sally Gap

Pour rejoindre Dublin, une route vous permet de traverser quelque-uns des plus beaux paysages des Wicklow Mountains.

Revenez à Laragh et empruntez la **Old Military Road★★** (R 115), construite au tout début du 19e s. par l'armée britannique pour contrôler les rebelles. Elle pénètre au cœur du massif et offre des points de vue spectaculaires et sauvages. Vous passerez au large de la cascade de **Glenmacnass** *(parking, puis 2mn de marche).* Dans un paysage (dit) désolé, la rivière homonyme dévale le relief en se divisant sur des rochers.

Plus loin, on atteint **Sally Gap★★**, un col perdu dans les tourbières. Deux routes s'y croisent. Quelle que soit l'option choisie pour poursuivre votre voyage, vous traverserez de formidables paysages et embrasserez d'inoubliables panoramas : lacs encaissés en descendant vers Bray, tourbières colorées traversées par des torrents en direction de Naas... Que c'est beau !

Si vous souhaitez en revanche poursuivre vers le sud, revenez à Laragh pour prendre la direction d'Avoca (R 755).

Vale of Clara

1

Au sud de Laragh, la R 755 longe Vale of Clara, une vallée qui comptait jadis plusieurs moulins industriels le long de la rivière Avonmore. La route serpente à l'ombre d'un couvert forestier épais.

Dans le charmant village de **Rathdrum**, vous pourrez vous désaltérer au **Cartoon Inn**, véritable temple de la bande dessinée. Si le temps s'y prête, allez vous dégourdir les jambes sur le vaste *green* ombragé en contrebas de l'église.

Les amateurs de jardins pourront faire un détour par le **National Botanic Gardens** de Kilmacurragh *(à 7 km par la L 1152 - www.botanicgardens.ie - mars-oct. : 9h-17h ; nov.-fév. : 9h-16h30).* Fondé au 19e s., en collaboration avec les jardins de Glasnevin à Dublin, il est réputé pour ses collections de conifères et de rhododendrons.

★★ Avondale House & Forest Park

À l'entrée de Rathdrum, suivez le fléchage pour Avondale House pendant 1,5 km - ✆ 040 446 111 - www.coillte.ie/site/avondale-forest-park. À l'heure où nous imprimons ce guide, Avondale House était fermée pour restauration et pour une durée indéterminée ; le parc reste, lui, accessible.

Ancienne demeure du leader nationaliste Charles Stewart Parnell *(voir encadré ci-dessous)*, **Avondale House★★** est une maison georgienne au toit d'ardoise dont

Parnell, le roi sans couronne

Charles Stewart Parnell (1846-1891), lord protestant, s'engagea dans le combat politique pour arracher au Premier ministre anglais le Home Rule, visant à rétablir les Irlandais dans leur autonomie d'avant l'Acte d'union de 1800. Alors qu'il était sur le point d'obtenir satisfaction, Parnell fut victime du scandale de sa liaison avec Katharine (Kitty) O'Shea. Acculé à la démission, il mourut de chagrin quelques mois plus tard. Mais le peuple de Dublin, ignorant les protestations des notables et des Églises, rendit un vibrant hommage lors des obsèques d'un leader incontesté du mouvement nationaliste irlandais.

Si vous préférez la côte

Il est inconcevable de ne pas parcourir les Wicklow Mountains. Mais si le temps vous le permet et que vous tenez à ne jamais perdre la mer de vue, prenez la route côtière R 750 qui relie Wicklow à Arklow. Vous longerez la petite plage de **Silver Strand**, dominée par les falaises *(accès par le camping)*, et l'immense **Brittas Bay ★**, annoncée par un beau paysage de dunes. Longue de 5 km, cette dernière est prisée par les surfeurs. Plus au sud, **Arklow** est un port de pêche animé, sans pour autant être touristique. Vous pourrez y visiter le petit **Maritime Museum** *(www.arklowmaritimeheritage.ie)*, avant tout pour profiter des explications de guides passionnés.

l'aspect un peu austère est rehaussé par un élégant porche. Dans l'entrée, on est accueilli par un portrait de Parnell, surmonté d'une tête d'élan fossile retrouvée dans une tourbière. Les chambres de l'étage, meublées dans le style victorien, réunissent de nombreux souvenirs évoquant sa vie personnelle et publique.

Autour de la demeure s'étend l'**Avondale Forest Park★** que sillonnent de nombreux chemins balisés *(de 2 à 5 km)*, dans un environnement forestier très plaisant. Depuis le 18e s., le site a été planté de multiples essences exotiques comme des eucalyptus. On est impressionné par la majesté des chênes et des hêtres – certains arbres ont plus de 250 ans, comme en témoigne la section d'un hêtre, daté d'après ses cercles concentriques.

Après Rathdrum, suivez la R 752 sur 4 km.

Meeting of the Waters

La rivière Avoca rejoint l'Avonmore au Meeting of the Waters, célébré par le poète Thomas Moore. À cet endroit, le dimanche après-midi de Pâques à Halloween, le pub-restaurant **The Meetings**, particulièrement prisé des habitants de la région pour ses soirées musicales, se transforme en guinguette. La bière coule alors à flots, et un crooner en chemise blanche et cravate fait danser des couples de tous âges sous un grand chêne.

Poursuivez sur la R 752.

Avoca

Ce village est célèbre en Irlande et au Royaume-Uni pour son pub, **The Fitzgerald's**, qui servit en 1996 de décor à la série télévisée *Ballykissangel*.

L'autre attraction d'Avoca est le magasin d'usine **Avoca Handweavers** *(www.avoca.com - 9h30-17h30 - visite guidée gratuite de l'atelier : lun.-vend. 9h30-16h30)*. On peut visiter cet atelier de tissage du 18e s., actionné par un moulin, où sont produits des plaids et couvertures de qualité, en vente à la boutique.

Carnet pratique

S'informer

Bray Tourist Office – *Main St. (au rdc du Town Civic Offices) - ✆ 01286 7128 - www.bray.ie.*

Arriver/Partir

Bray et Wicklow

En bus – De Dublin, la ligne 145 de Dublin Bus *(www.dublinbus.ie)* vous emmène à Bray, tandis que Bus Éirann *(www.buseireann.ie)*

dessert Wicklow *(1h30 de trajet).*
En DART – Départs ttes les 15mn de Connolly Station, à Dublin, pour Bray (45mn de trajet). Arrivée directement sur la plage !
En train – *www.irishrail.ie.* Au départ de Connolly Station, à Dublin, la ligne de Rosslare Europort dessert successivement Bray, Greystones, Wicklow, Rathdrum et Arklow *(3 à 6 dép./j.).*

Glendalough

St Kevins Bus – *01 281 8119 - www.glendaloughbus.com - de mars à sept. (2 à 3 bus/j.).* Cette c[ie] propose les meilleurs tarifs pour aller à Glendalough au départ de Dublin *(dép. de St Stephen's Green North, face au Starbucks - 13 € AS, 20 € AR)* ou de Bray *(dép. face à l'hôtel de ville - 9 € AS, 15 € AR).*
Dodublin Tours – *www.dodublin.ie - dép. de Suffolk St. tlj de mai à sept. - durée 9h - 40 €.* Propose aussi plusieurs excursions en car touristique d'une journée à Wicklow et Glendalough.
Wild Wicklow Tours – *www.wildwicklow.ie.* Excursions très appréciées au départ de Dublin couvrant Glendalough, Avoca et Sally Gap.

Transports

Location de vélos

Everest Cycles – *Castle St., Bray - 01 282 8660 - www.everestcycles.ie.*
Biking.ie – *Ballinastoe (près de Sally Gap) - 083 434 6992 - www.biking.ie.*

1

Nos adresses

Restauration

Bray

Premier prix

Platform Pizza Bar – *7 Strand Rd (sur le front de mer) - 01 538 4000 - www.platformpizzabar.ie - 12h-21h (vend.-sam. 22h) - 14/20 €.* Sans doutes les meilleures pizzas de la région (mais aussi des sandwichs, salades et plats du jour) et un beau choix de bières artisanales. Déco urbaine réussie. Que demander de plus ?
Dockyard No.8 – *8 Dock Terrace (port de plaisance) - 01 276 1795 - 9h-16h30 - plats 10/28 €.* Attachant petit bistro à deux pas des bateaux, où s'attarder pour un excellent petit déjeuner ou un *lunch* qui fait la part belle aux produits de la mer.
Butler & Barry – *Strand Rd (sur le front de mer) - 01 286 5413 - www.butlerandbarry.com - 12h-23h - 15/26 €.* Un établissement au décor dans l'air du temps, où les vacanciers d'un jour se pressent pour profiter de la vue sur la mer. Au menu, une cuisine du monde assez classique pour plaire au plus grand nombre et, plus intéressants, de généreuses pizzas.

Enniskerry

Premier prix

Poppies Café – *Au centre du village - 01 282 8869 - 8h-16h, w.-end 8h-17h.* Décor de bonbonnière pour se régaler à prix doux d'un bœuf à la Guinness et d'un gâteau au chocolat.

Roundwood

Budget moyen

The Roundwood Inn – *Au centre du village - 01 281 8107 - ♿ P - 12h-20h30 - plats 16/22 €, menu (dim. déj.) 34 €.* Belle auberge de village proposant une copieuse cuisine de pub à midi et des plats plus travaillés le soir. Tout y est simple et savoureux. Un lieu qui a fait ses preuves et qui a ses habitués.

The Coach House – *Main St. - ✆ 01 281 8157 - www.thecoachhouse.ie - P - merc.-dim. 12h-23h - plats 18/26 € - 8 ch. 100/110 € ☕.* Un pub de village à l'ancienne, avec un décor rustique et quelques chambres simples mais confortables. On peut se rassasier le midi à moins de 25 € et écouter de la musique le soir.

Laragh et Glendalough

Budget moyen

The Wicklow Heather – *Glendalough Rd - Laragh - ✆ 0404 45157 - www.wicklowheather.ie - P - 8h-21h30 (vend.-sam. 22h) - 17/30 € - ch. 90/160 € ☕.* Sympathique étape où l'on se restaure, agréablement et à toute heure, avec de bons sandwichs au saumon fumé ou au jambon et des plats traditionnels un peu plus copieux. Les chambres, bien aménagées, se trouvent dans un bâtiment récent.

Vale of Avoca

Premier prix

The Meetings – *Meetings of the Waters (entre Avoca et Rathdrum) - ✆ 0402 35226 - www.themeetings.ie - P - café : 8h30-16h ; rest. : fermé en hiver - menu 25 € - ch. 80/100 € ☕.* L'auberge la plus animée et la plus sympathique de la région propose toute la journée une honnête cuisine de pub (on se rassasie à moins de 25 €) ou, dans la salle surplombant la rivière, des plats un peu plus élaborés, à base de produits locaux. L'endroit est réputé pour ses soirées dansantes *(tlj en été)*. Ses confortables chambres bénéficient d'un balcon avec vue sur la vallée.

Arklow

Budget moyen

Woodenbridge Hotel et Lodge - Goldmines Bistro – *Woodenbridge (à 4 km au nord-ouest d'Arklow par la R 747) - ✆ 0402 35146 - www.woodenbridgehotel.com - P - 12h30-21h - plats 17/27 € - ch. 185/218 € ☕.* Dans un décor de pub, une bonne cuisine irlandaise et un service attentionné. À l'hôtel, chambres récemment rénovées.

Boire un verre

Bray

Musique traditionnelle presque tous les soirs de la semaine dans les nombreux pubs de la ville et du bord de mer. En fin de semaine, direction le **Lenihan's** *(60 Main St.)*, le **Jim Doyle's** *(Strand Rd)* et, surtout, le **Harbour Bar** *(1/4 Dock Terrace, Strand Rd - www.theharbourbar.ie)*, un must avec tous ses recoins, ses bières artisanales et son programme musical éclectique.

Enniskerry

Pour un excellent expresso avant de prendre la route, voyez le minuscule *coffee shop* **oHSo** *(7h30-17h, à partir de 9h30 le w.-end)*. En une soirée entre amis et/ou regarder un match, attablez vous au **Enniskery inn** *(voir « Hébergement »)*.

Wicklow

Soirées musicales au **Bridge Tavern** *(Bridge St. - du jeu. au dim. soir en été et le dim. en hiver)*, au **Leitrim Lounge** *(Upper Strand St.)* et certains soirs à **The Old Forge** *(Abbey St.)*.

Roundwood

Vartry House Kavanagh's – *En haut du village - ✆ 01 281 8105.* L'endroit est réputé pour sa musique traditionnelle et son ambiance le jeudi et le w.-end.

Laragh

Lynham's of Laragh - Jakes Bar – *Ballard (au centre du village) - ✆ 0404 45345 - www.lynhamsoflaragh.ie.* Si le pub est bondé (c'est souvent le cas en saison), vous pouvez siroter votre Guinness sur l'un des bancs de la place. Bon *pub grub* si vous avez faim. Musique en été le week-end.

Vale of Avoca

Mickey Finn's Pub – *Main St. - Redcross - ✆ 0402 41661 - www.wicklowbrewery.ie - 12h30-0h - plats 15/25 €.* Un pub-restaurant attaché à la Wiclow Brewery. Vous êtes aux premières loges pour déguster leurs bières dans un décor chaleureux, tout en profitant de musique *live*. Bonne et généreuse cuisine de pub modernisée. Visite de la brasserie sur réservation.

Shopping

Artisanat

Avoca Handweavers – *Kilmacanogue (à 5 km au sud-ouest de Bray par la N 11) - ✆ 01 274 6900 - www.avoca.com - 9h-18h.* Célèbre maison des Wicklow, où acheter des articles en tweed, des pulls et surtout de ravissants plaids multicolores, en lambswool ou en mohair (prix tout compte fait très attrayants), et de nombreux articles de décoration pour la maison. Boutiques dans l'enceinte de Powerscourt Estate à Enniskerry *(voir p. 98)* et de Mount Usher Gardens à Ashford *(voir p. 100)*.

Avoca Handweavers & Mill – *Avoca Village - ✆ 0402 35105 - www.avoca.com - 9h30-17h - fermé en hiver.* Voici le village d'origine et le site de l'atelier de tissage de la maison Avoca. Il s'agit des mêmes produits déjà vus dans toutes les boutiques du même nom, sans qu'il y ait de différence sur les prix.

Glendalough Woolen Mills – *Rathdrum Rd, Laragh - ✆ 0404 45156 - www.glendaloughwoollenmills.com - 10h-17h30.* Dans le bâtiment d'époque en pierre grise, cette fabrique de tissages et de tricots propose un grand choix de pulls, lainages divers, vestes en tweed et copies de bijoux traditionnels.

Activités

Équitation

La région des Wicklow ne manque pas de centres équestres où l'on peut réserver pour une randonnée d'une journée ou de quelques heures. À Ashford, le **Bel-Air Hotel** *(voir « Hébergement »)* compte une école d'équitation et propose des sorties *(rens. sur www.belairhotelequestrian.com).*

Golf

La région compte une bonne trentaine de golfs de toutes tailles. Ils sont en général nettement moins chers avant 9h30 et en semaine, avec quelques variations possibles selon l'affluence.

Greystones Golf Club – *Whitshed Rd - Greystones - ✆ 01 287 4136 - www.greystonesgc.com - green fee 35/45 € (enf. 10 €).*

Wicklow Golf Club – *Dunbur Rd - Wicklow - ✆ 0404 67379 - www.wicklowgolfclub.ie - green fee avr.-oct. : 40 € (sem.)/ 50 € (w.-end); nov.-mars : 35 € (sem.)/ 45 € (w.-end).* Un 18 trous sur les falaises au-dessus de la mer.

Roundwood Golf Club – *Entre Newtown Mount Kennedy et Roundwood - ✆ 01 281 8488 - www.roundwoodgolf.com - green fee à partir de 30 €.*

Powercourt Golf Club – *Powercourt Estate (voir p. 98) - ✆ 01 204 6033 - www.powerscourtgolfclub.com.*

Parc de loisirs

Clara-Lara Funpark – *Vale of Clara - Knockrath (indiqué sur la route) - ✆ 0404 46161 - www.claralara.ie - juin-août : 10h30-18h ; mai : w.-end 10h30-18h - 20 € (enf. 25 €), accès illimité à tout le site mais suppl. sur certaines attractions.* Ce parc de loisirs en pleine nature attire une foule de familles en été (mini karts, barques, raft, canoë, mini golf, tyroliennes...).

1

Pêche en rivière et en mer

À **Bray**, on pratique tous les styles de pêche depuis les jetées, la plage, ou à Bray Head, au sud de la ville. Toute la côte entre **Greystones** et **Wicklow** est réputée pour la pêche de rivage. On y attrape des bars, des cabillauds et des carrelets. Autour de Bray, la **Dargle River**, qui coule en amont, est réputée pour ses truites d'avr. à sept., et ses saumons en avr.-mai. Attention, permis obligatoire *(voir p. 556)*.

Randonnée

Outre les courtes randonnées proposées autour de Glendalough, les bons marcheurs s'intéresseront au **Wicklow Way**, sentier de grande randonnée long de 127 km *(voir p. 104)*. Si la totalité ne vous tente pas, plusieurs segments sont particulièrement attractifs, notamment ceux qui relient Roundwood à Glendalough *(12 km)* et Glendalough à Glenmalure *(14 km)*. Le site **www.wicklowway.com** fournit un bref descriptif des étapes et une foule de renseignements pratiques (hébergements, transfert, etc.).

Le B & B **Lough Dan**, à Roundwood *(voir p. 111)*, propose des séjours de marche de 2 à 6 j.

Walkabout Wicklow *(✆ 087 784 9599 - www.walkaboutwicklow.com)* propose des excursions à la journée dans les Wicklow Mountains au départ de Dublin.

Surf

Vous pourrez vous initier sur la superbe plage de Brittas Bay. Rens. sur www.brittasbaysurfschool.com.

Hébergement

Bray

Budget moyen

Old Rectory B & B – *Herbert Rd (à 20mn de marche du centre, en face de l'église orthodoxe) - ✆ 01 286 7515 - - 3 ch. à partir de 110 €* . Imposante maison victorienne, pleine de caractère, au milieu d'un grand jardin. Calme et confortable.

Pour se faire plaisir

The Strand – *Strand Rd (plage) - ✆ 01 548 2960 - www.thestrandhotelbray.com - ✕ - 10 ch. à partir de 170 €* . Cet hôtel aux chambres élégantes et confortables est logé dans une imposante demeure, dont Oscar Wilde aurait un jour hérité. Il représente la meilleure option « face à la mer » à Bray. Café, pub et restaurant. Forcément un peu bruyant les jours de forte affluence.

Enniskerry

Budget moyen

Enniskery Inn – *Church Hill - ✆ 01 273 4992 - www.theenniskerryinn.ie - ✕ - 10 ch. 110 €* . À l'étage du sympathique pub du village, des chambres simples mais confortables.

Ashford

Pour se faire plaisir

Ballyknocken House – *Glenealy (4 km au sud d'Ashford) - ✆ 0404 44627 - www.ballyknocken.ie - ✕ P - 7 ch. 140/180 €* . C'est en 1968 que les Byrne, éleveurs de moutons, ont aménagé leur jolie maison du 19e s. en B & B. Leur fille Catherine, mariée à un Italien et chef talentueux, a pris la suite et rénové la maison, lui adjoignant une école de cuisine. Les chambres, meublées avec goût, sont très confortables. Vous apprécierez l'agréable salle de séjour avec son feu de tourbe. Petit déjeuner d'anthologie.

Roundwood

À 4 km au nord-est d'Annamoe, le plus haut village des Wicklow (238 m) est une étape fréquentée par les randonneurs qui sillonnent le Wicklow Way. Plus calme et plus sympathique que Laragh.

Premier prix

Caravan & Camping Park – *01 281 8163 - www.dublinwicklowcamping.com - 🍴 P - fermé de sept. à mi-avr. - 71 empl. 10/34 €.* Immense terrain de camping, situé près d'un lac. Nombreux équipements sur place : magasin restaurant, aires de jeux, etc.

Budget moyen

Lough Dan B & B – *Carrigeen Duff - 01 281 7027 - www.loughdanhouse.com - 🍴 P - 4 ch. 110/130 € ☕ - pique-nique 7,50 € et dîner à partir de 27,50 € (sur réserv.).* Dans une petite vallée sauvage, au-dessus d'un lac, une maison récente et confortable, laissant la part belle au bois et à la lumière. Le propriétaire s'est fait une spécialité des circuits pédestres et vous proposera des randos, accompagnées ou non.

Laragh et Glendalough

À moins de 3 km de Glendalough, niché au creux d'une vallée verdoyante, Laragh a su tirer parti du tourisme et compte un grand nombre de B & B, ainsi que des échoppes pour touristes. Mais en été le bruit incessant des cars et des voitures... rompt le charme.

Premier prix

Glendalough International Youth Hostel – *The Lodge (sur la rte entre le Visitor Centre et le parking central) - 0404 45342 - www.anoige.ie ou www.hihostels.com - ♿ 🍴 P - 120 lits - lit en dortoir 25/45 €; ch. 50/90 €.* Vaste maison très fréquentée par les randonneurs. On peut y dîner (en été seult) et prendre son petit déjeuner. Réserv. conseillée en été.

Carmels B & B – *Annamoe - (sur la R 755, à 2 km de Laragh) - 0404 45297 - www.carmelsofglendalough.com - P - 4 ch. 78 € ☕.* Agréables chambres, claires et calmes, dans une maison récente à l'écart de la route. Accueil sympathique et bon petit déjeuner.

Bracken B & B – *Sur la R 755 (à 1,5 km de Laragh - 0404 45300 - P - fermé oct.-fév. - 5 ch. à partir de 85 € ☕.* Plaisante maison, accueil sympathique et copieux petit déjeuner. VTT à disposition, sentiers de randonnée à proximité.

Pour se faire plaisir

Glendalough Hotel – *À côté du Visitor Centre - 0404 45135 - www.glendaloughhotel.com - ♿ 🍴 P - 44 ch à partir de 150 €.* Difficile d'être plus près de Glendalough. Doté de chambres confortables (mais inégales), avec réveil assuré par le chant des oiseaux, il n'offre pas toutefois un rapport qualité-prix particulièrement avantageux et les soirées (fêtes, mariages) peuvent s'avérer bruyantes.

Rathdrum

Premier prix

Hidden Valley Holiday Park – *085 727 2872 - www.irelandholidaypark.com - fermé janv.-fév. et nov. - 80 empl. 12/18 €.* En bordure de la rivière Avonmore (kayaks à louer), ce vaste complexe de loisirs propose plusieurs options. Le camping-caravaning, moderne et bien équipé, est installé autour d'un étang. Location de chalets en bois *(60/120 € la nuit en été).*

Avoca

Pour se faire plaisir

BrookLodge & Macreddin Village – *Macreddin Village (10 km à l'ouest d'Avoca, 15 km au sud-ouest de Rathdrum) - 0402 36444 - www.brooklodge.com - 📶 - 86 ch. 175/250 € ☕ - 🍴.* Au cœur d'une vallée verdoyante, un bel hôtel couvert de vigne vierge, dans un jardin fleuri. Les chambres sont spacieuses et confortables et le choix de restaurants varié. Possibilité de faire du cheval ou du golf. Spa. Un lieu écofriendly.

Voir aussi **The Meetings** dans *« Restauration ».*

1

Le phare de Hook, comté de Wexford.
Macsnap/Getty Images Plus

2

Le Sud-Est

CARTE MICHELIN N° 712 I-M 9-12

COMTÉS DE WEXFORD, WATERFORD, CARLOW, KILKENNY, TIPPERARY ET CORK

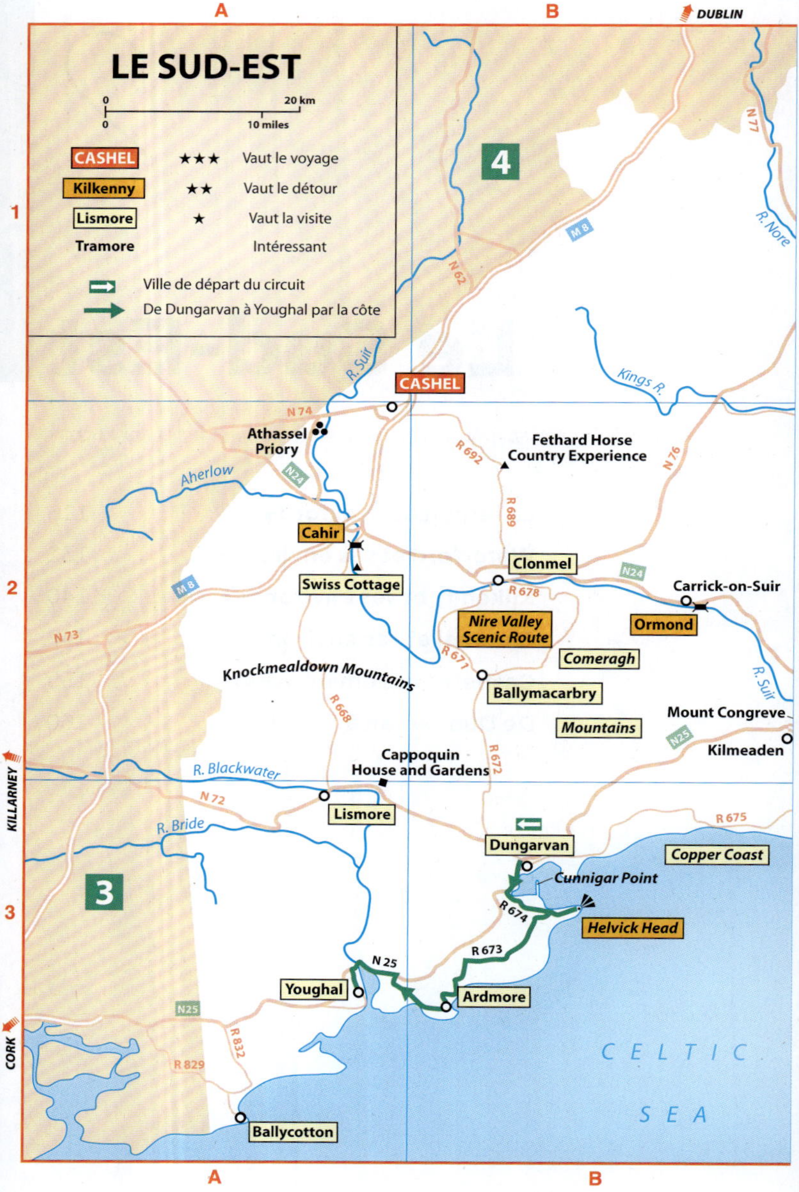
A
B
DUBLIN
LE SUD-EST
0
20 km
0
10 miles
CASHEL ★★★ Vaut le voyage
Kilkenny ★★ Vaut le détour
Lismore ★ Vaut la visite
Tramore Intéressant
Ville de départ du circuit
De Dungarvan à Youghal par la côte
1
2
3
4
N 77
R. Nore
M 8
N 62
Kings R.
R. Suir
CASHEL
N 74
Athassel Priory
R 692
Fethard Horse Country Experience
N 76
Aherlow
N24
R 689
Cahir
Clonmel
N24
Swiss Cottage
R 678
Carrick-on-Suir
M 8
Nire Valley Scenic Route
Ormond
N 73
R 671
Comeragh
Knockmealdown Mountains
Ballymacarbry
R. Suir
R 668
Mountains
Mount Congreve
N25
Kilmeaden
KILLARNEY
R. Blackwater
Cappoquin House and Gardens
R 672
N 72
Lismore
R 675
R. Bride
Dungarvan
Copper Coast
Cunnigar Point
R 674
Helvick Head
R 673
N 25
Youghal
Ardmore
N25
R 832
CORK
R 829
CELTIC
SEA
Ballycotton
A
B

C
DUBLIN
D
1
Carlow
N 78
M 9
N 81
R. Barrow
R. Avoca
DUBLIN
Altamont Gardens
Dunmore
Kilkenny
M 9
M 11
N 10
R. Slaney
R. Bann
N 80
Kilfane Glen and Waterfall
Ferns
N 11
Kells Priory
Graiguenamanagh
Thomastown
Jerpoint Abbey
R 702
Inistioge
Woodstock Forest Park
Enniscorthy
N 30
R 742
New Ross
Curracloe Beach
M 9
N 25
Wexford Wildfowl Reserve
Irish National Heritage Park
J. Kennedy Arboretum
Kilmokea Gardens
Raven Nature Reserve
R 734
Johnson Castle Agricultural Museum
Wexford
Dunbrody Abbey
Waterford
Tintern Abbey
Clonmines
Rosslare Point
Ballyhack
Carrick
L 3041
Rosslare Strand
N 25
Coolhull Castle
Passage East
Bannow Bay
R 736
Duncannon
Duncormick
Tacumshane
Tramore
Loftus Hall
Bannow Peninsula
Cull
R 739
Lady's Island Lake
Fethard-on-Sea
Kilmore Quay
Dunmore East
Slade
Hook Head Peninsula
Saltee Islands
Hook Lighthouse and Heritage Centre
ST GEORGE'S CHANNEL
N
2
3
C
D

La région de Wexford ★

À l'extrême sud-est du pays, la région de Wexford, la plus ensoleillée de l'île, allie le charme de sa campagne - que les champs de colza sont beau au printemps ! - à celui de ses plages et de ses ports accueillants. Les villes du comté offrent le visage souriant d'une Irlande à la nonchalance presque méridionale, où plane une certaine douceur de vivre.

Se repérer

CARTE D2 (P. 114-115) - PLAN DE WEXFORD CI-CONTRE.
Comté de Wexford. Wexford occupe la pointe la plus extrême de la côte orientale irlandaise, à 130 km au sud de Dublin par la M 11 puis la N 11.

À ne pas manquer

Une soirée musicale au Centenary Stores ou à l'opéra de Wexford ; se balader sur les falaises de Hook Head ou sur la plage de Curracloe ; les jardins de Kilmokea.

Organiser son temps

Réservez un jour ou deux pour flâner le long de la côte sud, qui compte quelques belles plages.

En famille

L'Irish National Heritage Park ; le phare de Hook Head ; la découverte du *Dunbrody*, à New Ross.

Carnet pratique p. 126

Nos adresses p. 127

Découvrir

PLAN CI-CONTRE

★ Wexford (LOCH GARMAN)

Ce port de pêche et de commerce posté à l'embouchure de la Slaney séduit par son animation et ses charmantes rues en pente. La capitale du comté (env. 20 000 hab.) tire son nom du nordique *Waesfjord* depuis sa fondation par les Vikings au 10e s. Très éprouvée par la cruauté de Cromwell, la région devient en 1798 l'un des principaux centres de l'insurrection patriotique des United Irishmen.

Wexford s'étire aujourd'hui du nord au sud, le long de **Main Street★**, bordée de commerces, de pubs et de restaurants attractifs. Prenez le temps d'y flâner, de terrasses en vestiges historiques, et savourez le charme d'une ville dont la joie de vivre s'exprime (un peu plus encore) chaque automne lors du festival d'opéra.

Au début de North Main Street, sur votre droite, suivez Selskar Avenue jusqu'aux belles ruines de **Selskar Abbey** (*✆ 053 912 2288 - www.visitwexford.ie - visite guidée possible - 5 €*). Il ne subsiste que quelques pans de murs à fenêtres en ogive de l'abbaye primitive construite par les Normands au 12e s. À proximité se dresse **Westgate**, la dernière des cinq portes médiévales de la ville.

Revenez dans North Main St.

À l'angle de Common Quay Street, une petite place porte encore le nom de **Bull Ring** (arène), en souvenir des courses de taureaux qui s'y tenaient au temps des chevaliers normands. La statue représente le **Pikeman**, un de ces paysans qui luttèrent avec des piques lors de l'insurrection de 1798. En retrait de la place se trouve le **marché couvert** construit en 1775. Quelques mètres plus loin, dans North

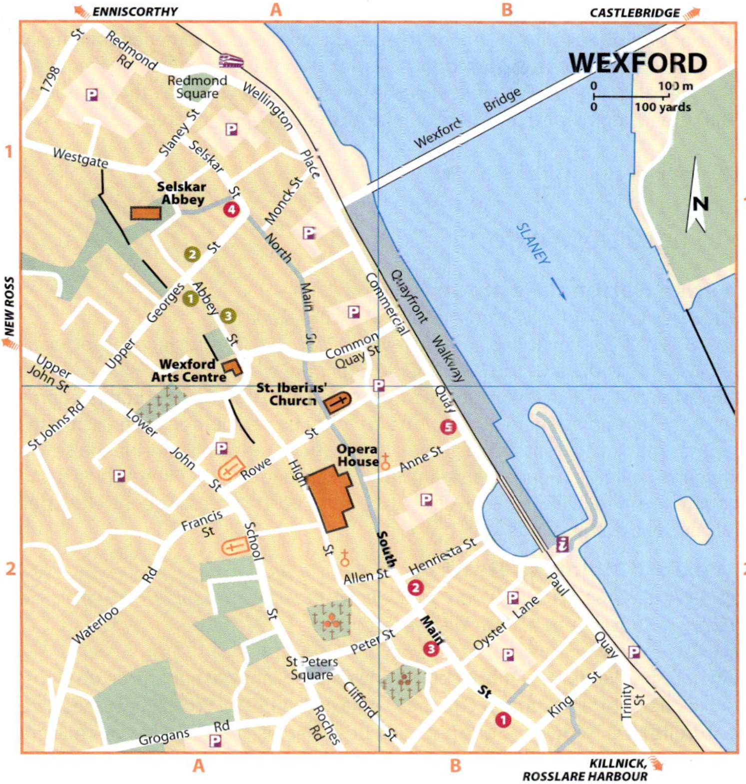

SE RESTAURER
Stable Diet Cafe 1
Simon Lambert & Sons...... 2
Cistín Eile 3
Green Acres 4
La Côte.................... 5

SE LOGER
Abbey House B & B 1
The Blue Door 2
Clayton Whites 3

Main Street, une discrète entrée permet d'accéder au **Creative Hub** *(www.wexfordartscentre.ie)*, un ancien centre commercial transformé en pépinière d'artistes et d'artisans. Des événements (concerts, expositions, rencontres) y sont fréquemment organisés.

À deux pas de là, le **Wexford Arts Centre** *(Abbey St.)* se refait une jeunesse et accueillera les visiteurs dès 2023 dans de tout nouveaux espaces.

De retour sur Main Street apparaît sur votre gauche la façade à colonnes vénitiennes de **St Iberius**★, église de la Church of Ireland. Dédiée au premier évangélisateur de Wexford, elle date pour l'essentiel du 18e s. L'intérieur de style georgien *(lun.-sam. 10h-16h)* présente une galerie unique en son genre et de belles colonnes corinthiennes devant le chœur.

Remontez Rowe Street, en face de St Iberius Church, puis tournez à gauche dans High Street qui, derrière ses façades harmonieuses, abrite la très contemporaine **Opera House** (2008). Chaque année aux mois d'octobre et de novembre, elle accueille le Wexford Opera Festival *(voir « Agenda », p. 127)*.

Continuez jusqu'à Peter St. que vous prendrez sur la gauche pour aller au port.

Si la voie de chemin de fer le long des quais gâche quelque peu la perspective, le large quai ouvert sur la baie constitue un agréable lieu de promenade animé par le va et vient des bateaux, les *foodtrucks*, les stands... et des goélands motivés. Le lever du soleil y est souvent superbe ! Sur Crescent Quay, la **statue de John Barry** rend hommage à cet enfant de Wexford né en 1745, fondateur de l'US Navy.

À proximité

CARTE P. 114-115

Au nord de Wexford

★ Irish National Heritage Park D2

Ferrycarrig, à 4 km au nord-ouest de Wexford par la N 11.

053 912 0733 - www.inhp.com - juil.-août : 9h30-18h30 ; mars-juin et sept.-oct. : 9h30-17h30 ; nov.-fév. : 9h30-17h - 12,50 € (enf. 7 €).

Ce parc historique aménagé près de l'embouchure de la Slaney propose, après un montage audiovisuel *(disponible en français)*, un parcours en plein air : 16 sites animés par des figurants en costume illustrant 9 000 ans d'histoire irlandaise. On démarre devant la cabane d'une famille préhistorique et on termine au pied d'une tour ronde médiévale, après avoir mesuré les apports successifs des Celtes, des Vikings et des Normands.

Wexford Wildfowl Reserve D2

À Wexford, empruntez le pont vers le nord, roulez 2,9 km sur la R 741 en dir. de Gorey, puis prenez à droite le long de la digue.

www.wexfordwildfowlreserve.ie - 9h30-16h30 - gratuit.

Au nord de Wexford, l'embouchure de la rivière Slaney est entourée de *slobs*, sortes de pâturages boueux gagnés sur la mer au 19e s. En été, cette **réserve naturelle** n'est fréquentée que par quelques volatiles, mais en hiver, des milliers de palmipèdes et d'échassiers l'envahissent. En cause, les vers et insectes qui y grouillent et alimentent les oiseaux migrateurs entre octobre et avril. La vedette des lieux : la petite oie rieuse. Venez en apprendre davantage sur les oiseaux au sein du Visitor Center et accédez aux postes d'observation. De là, belle vue sur les clochers de Wexford.

★ Raven Nature Reserve et ★★ Curracloe Beach D2

Depuis la réserve de Wexford Wildfowl, revenez sur la R 741 en dir. de Gorey et, à 500 m, prenez la R 742 sur votre droite vers Curracloe. Au village, tournez à droite en face de la poste, faites 900 m puis suivez le 1er chemin à droite pendant encore 1,8 km. Accès à la plage également avec le bus 379 (www.buseireann.ie).

La bande de sable qui forme un petit cap au nord de la baie de Wexford a été déclarée **réserve naturelle**. Ce territoire sablonneux de 589 ha, formé de dunes littorales, rappelle les paysages de la côte aquitaine. Vous pourrez vous balader sur les chemins serpentant parmi les pins, observer les écureuils, aller à la plage, vous baigner et, peut-être, surprendre quelques phoques gris à l'extrémité sud du cap.

Un sentier *(boucle de 7 km)* permet d'en faire le tour. Ne manquez pas de poursuivre la balade le long de **Curracloe Beach★★**, superbe cordon de sable blanc bordé de dunes. Prisée des surfeurs *(voir « Activités », p.129)*, très populaire en été, mais tranquille le reste de l'année, elle est suffisamment longue (11 km) pour pouvoir s'isoler. Des films célèbres y ont été tournés : le débarquement de *Il faut sauver le soldat Ryan* (1998) et une balade romantique de *Brooklyn* (2015).

S'il est possible de relier Wexford à Curracloe Beach en bus *(voir ci-contre)*, la plage peut aussi constituer un but de promenade à pied ou à vélo, *via* les belles allées de la Raven Nature Reserve *(Plan de l'itinéraire balisé à l'office du tourisme)*.

Enniscorthy (INIS CÓRTHAIDH) D2

À 24 km au nord de Wexford et 109 km au sud de Dublin.

Castle Hill - 053 923 4699 - www.enniscorthytourism.com.

Au cœur du comté de Wexford, le bourg s'étend sur les rives de la Slaney dans une région agricole propice à la culture des fraises, ce qui donne lieu tous les ans au concours de la « reine des fraises » ! La région est également réputée pour sa tradition potière, très florissante jusqu'au début des années 1960, même si celle-ci tend malheureusement à s'essouffler. Fondée par les Normands au 13e s., la ville se développa en effet grâce à ses forges et avec l'expansion des malteries et des fours de potiers. En 1798, elle fut le théâtre de la bataille de Vinegar Hill *(voir plus loin)*, au cours de laquelle les insurgés furent massacrés par l'occupant anglais. Dominée par son château normand et sa cathédrale, Enniscorthy semble austère de prime abord. Au fil de la balade, vous découvrirez cependant des rues bordées de boutiques et de pubs accueillants.

St Aidan's Cathedral – *tlj 8h30-18h.* Surmontée d'un clocher élancé, elle domine toute la ville. Construite à partir de 1846 par Pugin (l'architecte du palais de Westminster à Londres), cette cathédrale catholique, dont l'intérieur est décoré de belles **fresques polychromes**, ne fut achevée que cent ans plus tard.

Descendez Main Street jusqu'à Market Square, une place animée bordée de boutiques et de restaurants, sur laquelle est érigée la **statue de John Murphy**, un prêtre très engagé, héros de la révolte de 1798.

★ **Enniscorthy Castle** – *Castle Hill - 053 923 4699 - www.enniscorthycastle.ie - 9h30-17h, w.-end 12h-17h - visite guidée ttes les h., avec accès au toit du château - 6 € (-16 ans 4 €).* Au sommet de Castle Hill se dresse la sombre silhouette du château, une maison forte flanquée de quatre tours, élevée par les Normands en 1205 pour surveiller la Slaney. Après plusieurs siècles aux mains des MacMurrough, Irlandais alliés des Normands, le petit château revint à la Couronne britannique en 1550. La reine Elizabeth Ire le proposa comme pied-à-terre à son confident, le poète Edmund Spenser (auteur de *La Reine des fées*, 1590-1596), qui ne resta pas plus de trois jours dans cet endroit glacial, d'ailleurs transformé en prison après la révolte de 1798. Dans un cachot, on peut encore voir le dessin d'un homme en armes gravé par un détenu. Une importante campagne de travaux a permis de reconstituer l'environnement historique anglo-normand de certaines pièces. Le château présente aussi des souvenirs relatifs à la guerre d'indépendance et à la bataille de Vinegar Hill, ainsi qu'un ensemble de meubles minimalistes conçus par la designer et architecte **Eileen Gray** (1878-1976), précurseur, avec Charlotte Perriand, du mobilier en acier tubulaire. Elle a vu le jour à Enniscorthy.

National 1798 Rebellion Centre – *À la sortie de la ville, sur la route de New Ross - 053 923 7596 - www.1798centre.ie - lun.-vend. 9h30-17h, w.-end 12h-17h - 6 € (enf. 4 €) ; billet combiné avec le château 10 €.* Inauguré en 1998 pour le bicentenaire de l'insurrection de 1798, il entretient les idées démocratiques qui ont inspiré les patriotes irlandais. Un extrait du « catéchisme » des United Irishmen affiché dans le hall d'entrée donne le ton.

À pied ou en voiture, vous pouvez grimper au sommet de **Vinegar Hill**, au sud de la ville *(2 km - rens. sur www.vinegarhill.ie)*. Les restes d'une tour, des panneaux explicatifs racontant la terrible bataille et une belle vue sur Enniscorthy et la région vous y attendent.

2

★ Ferns D1

À 13 km au nord-est d'Enniscorthy par la N 11.
Aux premiers siècles du Moyen Âge, Ferns (Fearna) était le principal centre religieux de la province du Leinster avec **St Mary's Abbey** *(sortie nord du village)*, édifiée au début du 12e s. par le roi celte Dermot MacMurrough. Elle fut incendiée en 1154 puis reconstruite, mais il ne subsiste que quelques pans de murs près de l'église **St Aidan**, ainsi que l'ancienne **tour** de l'abbaye, dans un pré attenant.
★ **Ferns Castle** – *Au centre du village, derrière l'église moderne - ✆ 053 936 6411 - www.heritageireland.ie - mai-sept. : sam.-merc. 9h30-17h - gratuit.* Érigé par les Anglo-Normands au 13e s., le château a conservé sa muraille, ses fossés et son donjon à créneaux et meurtrières, qui livre une **vue★** panoramique sur Ferns et les environs. Le trou et la gouttière par terre servaient à arroser les visiteurs indésirables de poix bouillante, de plomb fondu et autres cadeaux de bienvenue...
Une visite du Visitor Centre permet d'imaginer le château d'origine et d'admirer une tapisserie brodée par des artisans et des locaux pour raconter l'histoire des lieux.

Au sud de Wexford

★★ Johnstown Castle et Irish Agricultural Museum D2

À 8 km au sud-ouest de Wexford par la N 25, suivez le fléchage sur la droite. ✆ 053 918 4671 - www.johnstowncastle.ie et www.irishagrimuseum.ie - jardins et musée ouv. tte l'année : 9h-16h30 (été 17h30) - château : visite sur RV - billet combiné jardins et musée 9 € (5-16 ans 4 €) ; château : suppl. de 4 € (5-16 ans +2 €).
Tout au long de l'année, diverses activités sont proposées au départ du très moderne Visitor Center : chasse aux œufs de Pâques, observation des chauve-souris, concerts... Consultez le site Internet pour l'agenda complet.
Johnstown Castle, un élégant château néogothique, accueille les services de la recherche agronomique. Les dépendances - une ancienne ferme - abritent le **musée de l'Agriculture**. Une dizaine de salles thématiques évoquent l'agriculture et la vie rurale aux siècles passés. Parmi les véhicules anciens, remarquez notamment une roulotte bâchée semblable à celles utilisées jadis par les *travellers* (« gens du voyage »). Une exposition évoque la Grande Famine et la place de la pomme de terre dans l'alimentation. Les salles de l'étage sont consacrées à l'outillage agricole et au mobilier campagnard ancien.
Promenez-vous ensuite dans les vastes **Johnstown Castle Gardens**, qui abritent plus de 200 espèces d'arbres et d'arbustes dans d'élégants jardins à l'anglaise. Aménagé autour de deux beaux étangs, ce parc est sillonné de nombreux et agréables sentiers. Sur les pelouses, des paons majestueux assurent l'ambiance sonore, tout en prenant la pause pour la plus grande joie des visiteurs.

Rosslare Strand D2

À 18 km au sud de Wexford par la N 25 et la R 470, et 8 km au nord de Rosslare Harbour (Calafort Ros Láir).
Le port de Rosslare vit au rythme des départs et arrivées de ferries qui le relient à la France et à la Grande-Bretagne. Il est pour beaucoup leur « première rencontre » avec l'Irlande. Principal attrait de cette petite station balnéaire, ses longues plages. La plus belle, au nord du port, est longée par une avenue bordée de B & B.
En poursuivant au nord vers **Rosslare Point**, un tronçon du **Wexford Coastal Path** longe l'anse fermant la rive sud de la baie de Wexford *(voir « Activités »)*. De nombreux oiseaux de mer s'ébattent dans la vase en quête de leur pitance.

Le château de Johnstown.
P. Zoeller/Design Pics RM/age fotostock

De Rosslare Strand, prenez la R 736 sur 4 km, passez Tagoat, roulez encore 1,5 km puis tournez à gauche et faites encore 4 km.
Important lieu de culte au néolithique, **Lady's Island Lake** (D3), lagune cernée de marais, est devenu un centre de pèlerinage dédié à la Vierge. Deux rassemblements s'y tiennent le 15 août et le 8 septembre près d'une petite chapelle élevée sur une presqu'île du lac, à côté des ruines d'un prieuré augustinien *(www.ourladysisland.ie).*
Depuis Lady's Island, faites 1 km en direction de Rosslare Strand, puis prenez la 1re route à gauche sur 500 m, et à gauche pendant 3,5 km jusqu'à Tacumshane.

2

Tacumshane Windmill D3

Pour avoir la clé, adressez-vous au pub Meyler's Millhouse Bar and Restaurant juste à côté (12h-19h).
Ce moulin à vent de 1846, l'un des tout derniers survivants d'Irlande, a encore fière allure avec son toit de chaume, ses ailes et sa « queue », qui permet d'orienter les ailes en direction du vent. À l'intérieur, les meules et les engrenages en bois sont très bien conservés.
En repartant du moulin, prenez à gauche, puis tournez à droite au bout de 1 km. Parvenu à la R 736, tournez à gauche et continuez sur 15 km jusqu'à Kilmore Quay.

★ Kilmore Quay D3

À 24 km au sud-est de Wexford.
Ce petit port séduisant (372 hab.) possède bien des atouts : vieilles maisons à toit de chaume, plages de sable fin, eaux propices à la pratique du kayak, plusieurs pubs chaleureux et, *last but not least*, l'un des meilleurs restaurants de poisson d'Irlande. Peu fréquenté par les touristes, sauf pendant le **Seafood Festival** *(2e semaine de juil.)*, ce havre décidément très accueillant mérite une escale.
★ **Ballyteige Burrow Nature Trail** – *Poursuivez vers l'ouest au-delà du parking sur le port - passerelles et nombreux panneaux indicatifs.* Les amateurs de marche à pied pourront se dégourdir les jambes le long de ce chemin côtier de 9 km qui suit le cordon de dunes fermant la vaste lagune du **Cull**, au nord-ouest de Kilmore Quay. Cet ensemble de dunes, marais salants et zones humides est protégé par une réserve naturelle de 227 ha *(www.npws.ie)*, riche de nombreuses espèces

animales (barges, pluviers, palmipèdes variés) et végétales (salicorne, asperges sauvages, lichens). Le site est plus agréable entre mai et mi-juillet, lorsque les alouettes volettent en piaillant au-dessus des immortelles en bouton.

★ Saltee Islands D3

Accès par bateau à partir de Kilmore Quay (avr.-sept. si le temps le permet) - pour la traversée, réserv. sur www.salteeferry.com (juin-août : 4/j. ; avr.-mai et sept. : 1/j. en sem., 4/j. le w.-end - 30 €, -12 ans 15 €) et prévoyez un pique-nique.
www.salteeislands.info.
Ces deux îlots, situés à 4 km de la côte et visibles de Kilmore Quay, ont une structure géologique datant de près de deux milliards d'années. Les 375 espèces d'oiseaux (fous de bassan, macareux, guillemots...) et les quelques phoques gris qui les peuplent sont les seuls sujets de Michael Neale, propriétaire des îles et prince autoproclamé des Saltee (prince Michael II pour les intimes). Inhabitées la plupart du temps, les îles furent un lieu de culte au néolithique, à une époque où la petite Saltee était reliée à la terre par une chaussée désormais engloutie. Seule la plus grande des deux est accessible aux visiteurs. Au programme : plages, falaises, grottes marines, faune aviaire et nombre d'histoires de bateaux échoués.
De Kilmore Quay, remontez la R 738 vers le nord pendant 3 km, puis tournez à gauche en direction de Duncormick.

The Cull CD2-3

Tandis que la route contourne la **lagune du Cull**, quelques ruines de châteaux médiévaux dessinent leurs silhouettes insolites sur l'horizon de ce plat pays. On rejoint la R 736 à **Duncormick**, petit village d'origine anglo-normande que l'on traverse avant d'atteindre, 3 km plus loin, les ruines de **Coolhull Castle**, un fortin du 16e s.
Suivez la R 736 jusqu'à Carrick.

★ Bannow Peninsula C2

Le joli village de **Carrick** (AN CHARRAIG), dont l'église renferme des fonts baptismaux médiévaux décorés d'entrelacs, marque l'entrée de la petite péninsule de Bannow, belle région de collines ondulant entre les baies de Bannow et de Ballyteige. La route se termine à **Bannow Island**, à l'extrémité sud de la péninsule. Cette île, à présent rattachée au continent, fut le premier site de débarquement des Normands en 1169.
En continuant vers Wellington Bridge par la R 736, la route emprunte une digue le long de **Bannow Bay**★. Arrêtez-vous pour admirer le paysage et observer les oiseaux de mer qui peuplent ce site ornithologique renommé.
Sur la rive opposée, vous apercevez les ruines de l'antique cité monastique de **Clonmines**★ fondée au 12e s. L'abbaye tira l'essentiel de sa prospérité de l'exploitation de mines de plomb et d'argent jusqu'au milieu du 19e s. Sur le côté droit de la route en direction de Wellington Bridge, le lierre a envahi l'antique cheminée en brique des dernières mines.
Poursuivez sur la R 733 après Wellington Bridge pendant 7 km, puis tournez à gauche en direction de Tintern Abbey.

★★ Hook Head Peninsula

Cette langue de terre en forme de crochet s'insinue entre la baie de Waterford et St George's Channel. Cette belle région, bordée de plages de sable ou de falaises abruptes, offre de nombreuses possibilités de randonnées, à pied, à cheval ou à vélo.

★ Tintern Abbey C2

Saltmills - ✆ 051 562 650 - www.heritageireland.ie - de mi mars à oct. : 10h-17h (17h30 juin-août) - 5 € (enf. 3 €).

Nichée au creux d'un vallon, à l'extrémité nord-est de la péninsule, cette abbaye cistercienne fut fondée en 1200 par le Normand William de Clare. Pris dans une tempête lors de son premier voyage en Irlande, il fit le vœu de fonder une abbaye s'il sortait vivant de l'aventure. Des moines occupèrent les lieux jusqu'au 16e s., puis l'abbaye devint la propriété de la famille Colclough pendant près de 400 ans. Très photogénique vu du pont fortifié, l'ensemble a conservé de beaux restes dont une massive tour crénelée.

Colclough Walled Garden – *www.colcloughwalledgarden.com - avril-sept. : 10h-18h ; oct.-mars : 10h-16h - 5 €, billet combiné avec l'abbaye 9 €. Vente de jus de pomme et de quelques produits locaux.* À 5mn à pied de l'abbaye, ce joli jardin clos datant de 1839 a connu une véritable renaissance au début des années 2010, quand une équipe de passionnés s'est attelée à le reconstituer tel qu'il était à ses plus belles heures. Cerné de murs de briques, traversé par un ruisseau, il compte des espaces fleuris, des pelouses et des vergers. La méthodologie de l'époque georgienne est toujours employée. N'hésitez pas à échanger avec les jardiniers qui se feront un plaisir de vous parler de leur travail.

Tintern Trails *(dépliant disponible sur place et dans les offices de tourisme de la région)* propose plusieurs itinéraires de randonnée pédestre ou cycliste au départ de l'abbaye.

De Tintern Abbey, rejoignez le village de Saltmills, puis suivez la R 734.

★ Fethard-on-Sea C3

Cette agréable localité balnéaire possède une belle plage de sable que l'on peut longer à pied. Les oiseaux marins viennent fréquemment pondre au **Big Burrow**, à l'extrémité nord de la plage.

Dans le village, un ancien garage présente une jolie **façade** couverte de coquillages. Un peu plus loin, de l'autre côté de la route, l'ancien **château** des évêques de Ferns renferme un cachot à la base de sa tour crénelée.

Reprenez la route principale vers le sud en direction de Hook Head pendant 8 km, puis tournez à gauche vers Slade.

★ Slade C3

Les ruines d'un **château** médiéval surplombent les jolies maisons de pêcheurs de ce petit port.

Si vous cheminez au bord des falaises, derrière le port, équipez-vous contre le vent et les embruns. Il suffit de 30mn pour faire le tour de la pointe et rejoindre le phare de Hook, après avoir franchi quelques clôtures à moutons.

★ Hook Lighthouse and Heritage Centre C3

✆ 051 397 055 - www.hookheritage.ie - 9h30-17h (18h en juil.-août) - fermé 18-25 déc. - visite guidée ttes les 30mn de 10h à 16h - 10 € (5-18 ans 6 €).

Haut de 25 m *(115 marches à grimper)*, ce phare du bout du monde fut construit au 13e s., à l'emplacement d'un feu perpétuellement entretenu depuis le 5e s. pour guider les bateaux. En contrebas, des vagues écumantes se fracassent sur les rochers de schiste noir balayés par des vents violents.

En remontant vers Duncannon, vous apercevez la silhouette néoclassique du **Loftus Hall**, connu pour être un lieu propice… aux phénomènes paranormaux. Mis en vente en 2020, l'avenir du « manoir le plus hanté d'Irlande » est pour le moment incertain.

2

L'estuaire de la Barrow

★ Duncannon C2

Duncannon - ✆ 051 389 530 - www.hookpeninsula.com.

Blotti au pied de son fort, le village s'anime chaque année durant la première quinzaine de juillet lors du Cockle Festival. Son agréable plage attire de nombreux vacanciers qui, hors saison, prennent plaisir à... y circuler en voiture.

★ **Duncannon Fort** – *✆ 051 389 530 - www.duncannonfort.ie - tlj de mi-mai à août - visite guidée (45mn) à 11h30, 12h45, 14h30, 15h, 15h45 - 6 € (6-16 ans 2,50 €).* Édifié en 1584 en prévision d'une attaque de l'Invincible Armada espagnole, l'édifice fut renforcé au 19e s. par crainte d'un débarquement de Napoléon, puis durant la Seconde Guerre mondiale contre d'éventuelles agressions allemandes. Il faut croire qu'il est réellement imprenable puisque ces assauts n'ont jamais eu lieu. Des remparts, la **vue★★** est impressionnante sur les rivières de la Suir et de la Barrow, de Waterford à l'ouest à New Ross au nord.

Continuez la route principale vers le nord jusqu'à Ballyhack.

★ Ballyhack C2

Il se dégage de ce petit port niché au pied d'une falaise une impression de beauté austère que renforce la silhouette de **Ballyhack Castle** *(www.heritageireland.ie - de mi-mai à fin août : sam.-merc. 9h30-17h - gratuit)*. La visite de cette ancienne tour templière de six étages permet de se faire une idée des techniques de construction employées à l'époque.

L'autre intérêt du village est son ferry qui traverse l'estuaire de la Suir jusqu'à **Passage East**, dont on aperçoit les façades colorées *(www.passageferry.ie - juin-août : lun.-sam. 7h-21h, dim. 9h30-21h ; sept.-mai : lun.-sam. 7h-20h, dim. 9h30-20h - dép. ttes les 5mn - 10mn de traversée - voiture 8 € AS, 12 € AR, piéton 1,50 € AS, 2 € AR).*

Suivez la R 733 vers New Ross jusqu'à Dunbrody Abbey, à env. 3 km.

★ Dunbrody Abbey C2

www.dunbrodyabbey.com - de mai à fin sept. : 11h-17h30 (juil.-août 18h) - abbaye 4 € (- 17 ans 1 €), château et labyrinthe 7 € (- 17 ans 4 €).

Le chevalier normand Hervé de Montmorency fonda cette abbaye cistercienne à la fin du 12e s. Très florissante, elle cessa toute activité sous Henri VIII. Les belles et imposantes ruines du monastère et de l'abbatiale émergent d'un champ en bordure d'un bras de la Barrow. De l'autre côté de la route, le **château**, en ruine, fut construit au 17e s. par la famille Etchingham, héritière des biens de l'abbaye. Le **Visitor Centre** attenant ne mérite pas le détour sauf à se perdre dans l'amusant labyrinthe d'ifs tracé à proximité.

Reprenez la R 733 vers le nord et tournez à gauche, vers Kilmokea Gardens.

★ Kilmokea Gardens C2

Great Island - ✆ 051 388 109 - www.kilmokea.com - avr.-nov. : merc.-dim. 10h-17h - 7 € (-16 ans 4 €).

Ce manoir-auberge possède les plus beaux jardins ornementaux du sud-est de l'Irlande. Ils se répartissent en un jardin clos de plantes ornementales et un jardin arborescent. En tout, plus de 130 espèces différentes, égaillées le long d'un ruisseau et de plans d'eau, dans le style « négligé chic » qui sied si bien aux jardins à l'anglaise.

Revenez sur la R 734 jusqu'à la R 734 que vous prenez à droite.

John Kennedy Arboretum C2

Ballysop - ✆ 051 388 171 - www.heritageireland.ie - avr.-sept. : 10h-18h30 ; oct.-mars : 10h-17h - 5 € (enf. 3 €).

Ce parc se révèle un agréable lieu de promenade, très fréquenté par les familles. Inauguré en 1968, il est dédié à la mémoire de J. F. Kennedy. Sur les 252 ha admirablement entretenus, poussent près de 6 000 espèces végetales, dont 500 variétés de rhododendrons.

Reprenez la R 733 en direction de New Ross sur 3 km, puis suivez le fléchage sur la gauche en direction de Kennedy Homestead.

Si vous vouez un culte particulier à l'ancien président américain – qui vous l'aurez compris est la star locale –, faites un petit détour par le **Kennedy Homestead** *(Dunganstown - ✆ 051 388 264 - www.kennedyhomestead.ie - 9h30-17h30 - 10 €, enf. 7 €)*. La petite ferme natale de son arrière-grand-père Patrick renferme des souvenirs de la famille Kennedy, qui continue d habiter ce coin perdu d'Irlande. Son plus illustre rejeton lui a rendu visite deux mois avant sa mort en 1963.

New Ross et le comté de Kilkenny

New Ross (ROS MHIC THRIÚIN) C2

À 36 km de Wexford par la N 25.

4 Mary St. - ✆ 051 421 677 - www.visitnewross.ie.

Cet ancien port d'estuaire est aujourd'hui un gros bourg tranquille qui aligne les pubs sur les quais de la Barrow.

★ **The Dunbrody Famine Ship** – *✆ 051 425 239 - www.dunbrody.com - avr.-sept. : 9h-18h ; oct.-mars : 9h-17h - dernière entrée 1h av. fermeture - 14 € (enf. 9 €).*

Amarré au quai, le *Dunbrody* est la reproduction grandeur nature (54 m de long) d'un trois-mâts barque du même type que ceux qui traversèrent l'Atlantique chargés d'immigrants. L'original avait été construit au Québec en 1845, pour le transport des marchandises durant la Grande Famine ; il servit à transporter les émigrants vers l'Amérique. Des guides et des acteurs costumés font revivre le difficile quotidien à bord durant la traversée. Une exposition raconte les succès de la diaspora irlandaise aux États-Unis, à commencer par celle du plus célèbre, John Fitzgerald Kennedy. Une base de données informatique permet de conserver la trace de plus de deux millions de passagers émigrants.

Sur les quais, face au pont, le musée du **J. F. Kennedy Trust** est dédié à J. F. K., dont la famille est originaire de la région. Cette fondation gère un important centre de généalogie qui étudie l'ascendance des Irlando-Américains.

Remontez Quay Street *(perpendiculaire aux quais, en face du pont)* jusqu'au **Tholsel**, à l'angle de South Street. Ce bâtiment datant de 1749 servit de quartier à la garnison anglaise durant les troubles de 1798 ; il abrite désormais la municipalité.

De l'autre côté de la rue, la statue du légendaire **Croppy Boy** lève le poing en souvenir du sacrifice des jeunes paysans patriotes. Son histoire et celle de la ville sont racontées à deux pas de là, sous forme de tapisseries, dans le **Ros Tapestry Exhibition Centre** *(The Quay - ✆ 051 445 396 - www.rostapestry.ie - 10h-17h, dim. 11h-15h - 8 €)*.

Remontez Mary Street, dans le prolongement de Quay Street, puis Church Lane sur votre gauche pour atteindre **St Mary's Church★**, église de la Church of Ireland *(demandez les clés au n° 6 de la rue)*. De l'abbatiale du 13ᵉ s., à l'origine l'une des plus vastes d'Irlande, il ne reste que des ruines entourées d'un cimetière. L'église catholique attenante date quant à elle du 19ᵉ s.

2

★ Inistioge C2

À 13,5 km au nord de New Ross par la N 30 et la R 700.

Enchâssé dans les collines boisées dominant la Nore, ce charmant village évoque la France avec son mail central bordé de tilleuls et de platanes. Peu de choses à faire sinon contempler quelques ruines et arpenter les promenades aménagées le long de la rivière.

À 1,5 km au sud du village, le **Woodstock Forest Park** offre également de belles occasions de randonner sur des chemins forestiers à flanc de colline, révélant une très jolie **vue★** sur la vallée. Les **Woodstock Gardens**, jardins de l'époque victorienne avec arboretum et roseraie, ont été soigneusement restaurés (*www.woodstock.ie - avr.-sept. : 9h-19h ; oct.-mars : 9h-16h - 5 €).*

Pour éviter de revenir sur vos pas jusqu'à la R 705, vous pouvez parcourir les 11 km qui séparent Inistioge de Graiguenamanagh par une petite route de campagne.

★ Graiguenamanagh C2

À 12 km au nord-est d'Inistioge.

Halte nautique prisée des *house-boats* qui sillonnent la Barrow aux eaux poissonneuses, ce bourg tranquille possède une majestueuse abbaye cistercienne restaurée. Fondée au 12e s., **Duiske Abbey★** reste très fréquentée par les croyants. La noblesse de l'édifice est rehaussée par une statue monumentale du **Knight of Duiske**, un chevalier du 14e s. en cotte de mailles brandissant son épée. Dans le petit **musée** *(lun.-vend. 9h-13h)*, occupant les anciens bâtiments monastiques, sont exposés des objets trouvés dans l'abbaye.

Et si, après la visite, vous avez soif, vous vous trouvez au bon endroit : Graiguenamanagh compte plus d'une dizaine de pubs pour 1500 âmes.

Carnet pratique

S'informer

Wexford Tourist Information Centre - *The Quay (près de la jetée) - ✆ 053 912 3111 - www.visitwexford.ie.*

Arriver/Partir

Wexford

En train – *Gare Wexford O'Hanrahan, Redmond Square (à proximité du centre-ville).* Wexford est reliée à Dublin Connolly Station (2h30 de trajet) par la ligne de Rosslare Europort (25mn suppl.). Rens. : *www.irishrail.ie.*

En bus – *Gare routière, près de la station ferroviaire.* Les bus des cies Éirann *(www. buseireann.ie)*, les rapides Expressway *(www. expressway.ie)* et Wexford Bus *(www.wexfordbus.com)* relient la ville à Enniscorthy (20mn), Rosslare Harbour (30mn), New Ross (30mn), Waterford (1h à 1h30), Dublin ou l'aéroport de Dublin (2h30).

Enniscorthy

En train – *Gare sur la rive gauche de la Slaney.* Liaisons entre Enniscorthy et Dublin (2h10), ainsi que de/vers Rosslare (40mn) *via* Wexford (25mn).

En bus – *Dép. de Templeshannon Quay (face au château, rive gauche de la Slaney).* Bus Expressway *(www.expressway.ie)* et Wexford Bus *(www.wexfordbus.com)* de/vers Dublin (2h30) et Wexford. Bus pour Carlow avec Wexford Bus (50mn) et New Ross (55mn) avec Wexford Local Link *(www. locallinkwexford.ie).*

Rosslare

En ferry – *Voir p. 546.*

En train – Les trains attendent les voyageurs à l'arrivée des ferries dans l'**Europort** de Rosslare. 3 AR/j. entre Rosslare Europort et Dublin (3h de trajet), Wexford (25mn) ou Rosslare Strand (6mn).

En bus – *Gare routière sur le port.* La ligne n° 2 assure la liaison entre Dublin et Rosslare Europort (3h15 de trajet) *via* Wexford (30mn). L'Expressway n° 40 relie Rosslare Europort à Cork (4h15) *via* Waterford (1h25).

New Ross

En bus – *Station de bus sur The Quay.* Trajets vers Wexford (40mn), Rosslare Harbour (1h) et Dublin (3h20). Expressway n° 40 vers Cork (3h) *via* Waterford.

Transports

Location de vélos

Cycle Wexford – *Curracloe - ✆ 053 913 7560 - www.cyclewexford.com.* Location et circuits guidés à Curracloe Beach.

Kenny's Bike – *Slaney St. (sur les quais) - Enniscorthy - ✆ 053 923 3255 - www.kennysforbikes.ie.* Paul Nolan vous aidera à préparer vos randonnées cyclistes.

Agenda

Enniscorthy Strawberry Festival – Début juin. La fraise est à l'honneur des festivités.

Kilmore Quay Seafood Festival – 4 j. début juil. Dégustations de produits de la mer, concerts, marches...

Enniscorthy Rockin' Food Festival – Août. Rock et spécialités locales !

Wexford Opera Festival – 2 dernières sem. d'oct. et 1re de nov. à l'Opera House *(27 High St. - ✆ 053 912 2144 - www.wexfordopera.com ou www.nationaloperahouse.ie).* Réserver les places au moins 3 mois à l'avance. Fans d'opéra et artistes s'y côtoient en toute simplicité.

2

Nos adresses

PLAN P. 117

Restauration

Wexford

Premier prix

1 Stable Diet Cafe – B2 - *100 South Main St. - ✆ 053 912 1616 - www.stabledietcafe.com - lun.-sam. 8h30-17h - plats 9/15 €.* On se sent bien dans ce chaleureux café. Le lieu est idéal pour un bon et copieux petit déjeuner à base de produits frais et de pain maison, ou un lunch léger et bien fait.

2 Simon Lambert & Sons – B2 - *37 South Main St. - ✆ 053 918 0041 - www.simonlambertandsons.ie - mar.-sam. 9h30-0h, dim. 11h-23h - plats 9/15 €.* Brewpub, BBQ & Smokehouse... tel est le pedigree annoncé. Vous ne serez pas déçu par ce gastropub chaleureux où, à toute heure du jour, on propose des préparations sans chichi mais très bien tournées. Beau choix de bières artisanales.

Budget moyen

3 Cistín Eile – B2 - *80 South Main St. - ✆ 053 912 1616 - lun.-mar. 12h-15h, merc.-sam. 12h-15h, 18h-21h - fermé dim. - formule déj. 20 €, plats 25/30 €.* Le chef mise sur des produits locaux ultra-frais pour une cuisine irlandaise moderne, allégée et parfumée. Déco épurée, ambiance conviviale et chaleureuse. Une adresse à découvrir.

4 Green Acres – A1 - *Selskar St. - ✆ 053 912 2975 - www.greenacres.ie - 9h-22h - fermé dim. - plats 18/32 €.* Adresse multi-fonctions, tout à la fois restaurant, bar, vinothèque et galerie d'art. Cuisine sérieuse qui fait la part belle aux produits locaux. Belle carte de vins.

Pour se faire plaisir

5 **La Côte** – B2 - *Custom House Quay - ✆ 053 912 2122 - www.lacote.ie - merc.-sam. 17h30-21h - plats 22/32 €, menu 55 €.* Un accueillant restaurant sur la promenade. Carte axée sur les produits de la mer offrant un bon rapport qualité-prix.

Enniscorthy

Premier prix

The Wilds Café – *23 Weafer St. - ✆ 053 923 7799 - www.thewilds.ie - 10h-16h - fermé dim. - moins de 20 €.* Un comptoir et une salle à l'arrière d'un magasin de déco. Le court menu ne paie pas de mine, mais les préparations (soupes, salades, sandwichs, quiches, gâteaux), à base de produits bio et locaux, sont délicieuses.

Kilmore Quay

Budget moyen

Silver Fox – *Kilmore Quay - ✆ 053 912 9888 - www.thesilverfox.ie - à partir de 12h - menu early bird 22/28 €, plats 19/30 € - réserv. conseillée.* Un restaurant de poisson réputé dans tout le sud-est de l'Irlande. Tout est frais et les prix restent raisonnables.

Mary Barry's – *Kilmore Village (à 4 km de Kilmore Quay) - ✆ 053 913 5982 - www.marybarrys.ie - 12h-23h30 - plats 17/31 €.* Un restaurant de poisson réputé, dont le chef a souvent été primé pour sa créativité. Le lieu est sympathique, l'assiette délicieuse.

Duncannon et Hook Peninsula

Premier prix

The Hollow – *Ramsgrange (R 733, à 5 km à l'ouest de Ballyhack) - ✆ 051 389 230 - P - 12h-22h - 10/29 €.* Sur place ou à emporter, simplement préparé ou soigneusement accommodé, The Hollow est une étape de choix pour les amateurs de produits de la mer.

Templars Inn – *Templetown (à 7 km au sud de Duncannon en allant vers Hook Head) - ✆ 087 941 0654 - jeu.-dim. 12h30-23h - plats 10/15 €.* Pub de campagne (*fish & chips*, burgers...), à deux pas d'une plage.

Pour se faire plaisir

Voir l'excellent restaurant du **Aldridge Lodge**, p. 131.

New Ross

Budget moyen

Mannion's Pub – *Mount Elliott (à 1,5 km au sud sur la N 25) - ✆ 051 426 510 - www.mannionspub.ie - 16h30-20h30, w.-end 13h-20h - fermé lun.-merc. (sf avr.-sept.) - formule 28/33 €.* Outre son ambiance animée, ce pub sympathique propose une cuisine classique, servie en portions généreuses. Musique le w.-end.

Petite pause

Wexford

Wexford Coffee Roasters – *Trimmers Line West - www.wexfordcoffee.ie - 9h-16h30, dim. 11h-16h30.* Sympathique comptoir de torréfacteur pour déguster d'excellents cafés.

The House Café & Bistro – *High St. - ✆ 053 914 2370 - www.nationaloperahouse.ie - lun.-sam. 9h-17h.* Le café-bistro de l'Opera House vaut pour ses cafés, sandwichs et autres tartes, mais aussi pour son panorama sur la ville au moment de la dégustation.

Kilmore Quay

Cocoa's Coffee Shop – *Seaview. - ✆ 085 856 5984 - 9h-16h, w.-end 8h-17h.* Sur le port, une petite salle moderne et une terrasse, idéales pour une pause expresso (très bon), glace, smoothies ou gâteau au retour d'une balade.

Boire un verre

Wexford

The Centenary Stores – *Charlotte St. - ✆ 053 912 4424 - www.thestores.ie.* Ce pub attachant est aménagé dans d'anciens entrepôts maritimes. Concerts de musique traditionnelle, de folk ou de blues. Une salle fait aussi night-club. Petite terrasse très agréable en été.

The Sky and The Ground – *112 South Main St. - ✆ 053 912 1273 - 15h-23h30, vend.-sam. 15h-0h30.* Pub classique, avec concerts de musique traditionnelle et folk.

Voir aussi **Simon Lambert & Sons**, p. 127.

Activités

Activités aquatiques

The Irish Experience – *Main St. - Fethard-On-Sea - ✆ 0870 976 749 - theirishexperience.com.* Plusieurs activités proposées dans la région de Hook Peninsula pour les familles comme les sportifs plus confirmés. L'occasion de s'essayer au kayak de mer ou au *coasteering* (ou *coastal canyoneering*), sorte de canyoning le long des côtes rocheuses.

Courses de lévriers

Enniscorthy Greyhound Stadium – *Enniscorthy (sur la rte de New Ross) - ✆ 053 923 3172 - www.grireland.ie - lun.-jeu. à 20h - 15 €.*

Golf

Wexford Golf Club – *Mulgannon (à 1 km au sud de la ville) - ✆ 053 914 2238 - www.wexfordgolfclub.ie - green fee 55/60 €.* 18 trous.

New Ross Golf Club – *Tinneranny (à 2 km du centre) - ✆ 051 421 433 - www.newrossgolfclub.ie - green fee 25/40 €.* Un 18 trous.

Pêche

La Slaney et la Sow River sont réputées pour leurs saumons et leurs truites. La pêche en mer se pratique au nord et au sud de l'embouchure de la Slaney.

Randonnée

Le comté de Wexford compte de nombreux itinéraires balisés pour les randonneurs et les cyclistes, le long de la côte, à la campagne ou dans les collines, pour quelques heures ou plusieurs jours. De jolies marches sont notamment possibles à proximité de Wexford, dans la Raven Nature Reserve *(voir p. 118)*, et près de Kilmore Quay, dans la Ballyteige Burrow Nature Reserve *(voir p. 121)*. Rens. et cartes sur : www.wexfordwalkingtrail.ie et www.wexfordtrails.ie.

Les cyclistes pourront suivre des sections de la portion locale de l'**Eurovelo 1 Atlantic Coast Cycling Road** qui suit la côte sud à partir de Rosslare jusqu'à Hook Head. Rens. sur : *www.fr.eurovelo.com/ev1.*

Voir aussi Saltee Islands pour les sorties ornithologie p. 122.

Surf

La superbe **plage de Curracloe** *(voir p.118)* est connue des amateurs de surf. En été, le site est idéal pour que les débutants s'essaient à la discipline. Voyez **The Surf Schack** (Curracloe Beach - ✆ 087 9154786 - surfshackireland.com) pour la location de matériel ou des leçons d'initiation pour enfants et adultes (35/45 €).

Hébergement

Wexford et environs

Premier prix

(1) **Abbey House B & B** – A1 - *34/36 Abbey St. - ✆ 053 9124408 - www.abbeyhouse.ie - P - 7 ch. 60/80 €* ☕. Central et très bien tenu, ce B & B vaut aussi pour l'accueil chaleureux de votre hôte Georgina. Une bonne adresse !

(2) **The Blue Door** – A1 - *18 Lower George's St. - ✆ 053 912 1047 - www.bluedoor.ie - ✕ - 5 ch. 68/86 €* ☕. Bonne adresse dans le centre. Derrière une façade fleurie, les chambres de cette maison de

ville sont très bien tenues. Plus cher durant l'Opera Festival.

Budget moyen

Killiane Castle – *Drinagh (à 3 km de Wexford sur la rte de Rosslare, puis à gauche après le restaurant) - ✆ 053 915 8885 - www.killianecastle.com* - P - *8 ch. 135/155 € ☕, 3 appart. (1 ch. 675/775 € la sem., 2 ch. 834/930 € la sem.).* La vie de château, dans un bâtiment attenant à un vieux manoir du 13e s., en pleine campagne. Chambres aux meubles anciens, très confortables.

Rathaspeck Manor – *Rathaspeck (6,5 km au sud-ouest de Wexford par la rte de Rosslare et celle de Bridgetown) - ✆ 053 914 1672 - www.rathaspeckmanor.ie - 4 ch. 139/219 € ☕.* Joli manoir, meublé dans un style classique élégant, avec de belles chambres spacieuses et lumineuses. Golf 18 trous.

Pour se faire plaisir

Ferrycarrig Hotel – *Ferrycarrig (à 4,5 km au nord par la N 11) - ✆ 053 912 0999 - www.ferrycarrighotel.ie* - ✕ P - *102 ch. 159/274 € ☕.* Exceptionnellement situé en bordure de la Slaney, à deux pas de l'Irish National Heritage Park, cet hôtel de luxe dispose de chambres modernes avec superbes vues et balcon pour certaines. Surveillez les offres très avantageuses sur le net.

(3) **Clayton Whites** – A1 - *Abbey St. - ✆ 053 912 2311 - www.claytonwhiteshotel.com* - ♿ ✕ 🏊 P *payant - 160 ch. 179/249 € ☕.* Hébergement dans un vaste hôtel ultramoderne… qui enlaidit le centre-ville. Chambres spacieuses et ambiance très contemporaine. Bar chaleureux, Spa et centre de cryothérapie.

Enniscorthy et environs

Budget moyen

Old Bridge House – *Slaney Pl. - ✆ 053 923 4641 - www.oldbridgehousebnb.com* - ✕ - *5 ch. à partir de 80 € ☕.* Très bien située, sur les quais de la Slaney tout près du château, cette maison de ville à la décoration toute en couleurs offre un accueil sympathique.

Clone House – *6 Duffry Hill - Ferns (en arrivant au village par la N 11 depuis Enniscorthy, tournez à dte au rd-point, puis 1re à droite) - ✆ 053 936 6113* - P - *5 ch. à partir de 90 € ☕.* Chambres de grand confort, meublées avec un goût exquis. Un must : l'excellent *full Irish breakfast* et ses produits maison.

Riverside Park Hotel – *The Promenade - ✆ 053 923 7800 - www.riversideparkhotel.com* - ♿ ✕ 🏊 P - *100 ch. à partir de 100 € ☕.* Au sud du centre-ville, au bord de la rivière, cet établissement 4-étoiles s'organise autour d'une tour photogénique. Les chambres au décor contemporain sont lumineuses et confortables. Piscine couverte, salle de sport, Spa. Un excellent rapport qualité-prix.

Rosslare

Pour se faire plaisir

Kelly's Resort Hotel & Spa – *Strand Rd - ✆ 053 913 2114 - www.kellys.ie* - ♿ ✕ 🏊 P - *118 ch. à partir de 180 € ☕.* Vaste *resort* donnant sur la plage. Chambres confortables et nombreuses facilités : Spa, infrastructures de loisirs et… la mer !

Kilmore Quay

Premier prix

Vous trouverez dans le village un camping (*✆ 053 9304102 - www.kilmorequayholidaypark.com - mars-oct.*), ainsi qu'une poignée de *cottages* à réserver bien à l'avance.

Budget moyen

Coast Kilmore Quay – *Kilmore Quay - ✆ 053 914 8641- www.coastkilmorequay.com-* ♿ ✕ P - *25 ch. à partir de 100 € ☕.* À 300 m du port, un hôtel moderne au décor dans l'air du temps.

Hook Peninsula

Budget moyen

Marsh Mere Lodge – *Arthurstown - Ballyhack - ✆ 051 389 186 - www.marshmerelodge.com - P - 4 ch. 119/137 €* ☕. Un élégant et vaste cottage blanc, proche de la côte et entouré d'un jardin soigné. Belles vues sur la pointe, accueil plein de gentillesse et déco soignée à partir de meubles et d'objets anciens. Savoureux petit déjeuner. Une adresse de caractère.

Aldridge Lodge – *Duncannon (1 km vers le sud par la rte de Hook Head) - ✆ 051 389 116 - www.aldridgelodge.com - ✕ P - 3 ch. 120 €* ☕. Tout près de la plage, une très jolie adresse, au décor cosy et contemporain. Chambres lumineuses et confortables, table excellente *(jeu.-dim. soir - 40 €)*, où s'illustre une cuisine aux influences asiatiques et fusion; savoureux pain maison et légumes du potager.

Glendine Country House – *Arthurstown (à droite à l'entrée du village en venant de la R 733) - ✆ 051 389 500 - www.glendinehouse.com - P - 5 ch. et 1 appart. 130/162 €* ☕. La maison date de 1830 et le mobilier est presque aussi ancien. Toutes les pièces sont décorées avec beaucoup de goût, surtout la salle à manger où vous dégusterez de délicieuses confitures et du pain maison au petit déjeuner.

New Ross et environs

Premier prix

MacMurrough Farm Cottages – *4 km env. au nord de la ville (signalé sur la N 30) - ✆ 051 421 383 - www.macmurrough.com - P - 2 cottages à partir de 60 €*. Pas facile à trouver, mais vous pouvez téléphoner pour qu'on vienne vous chercher. Brian et Jenny Nutall ont aménagé leur cottage-ferme en *hostel* avec dortoirs de 5/6 lits et une chambre double. Ils sont charmants et adorent lier connaissance avec leurs hôtes de passage.

Inishross House B & B – *96 Mary St. - ✆ 051 421 335 - www.inishrosshouse.com - P - 50/60 €* ☕ *sans ou avec sdb*. Central et accueillant, ce B & B traditionnel établi de longue date (on aime ou non le décor) offre un rapport qualité-prix correct.

Pour se faire plaisir

Kilmokea Country Manor – *Great Island, Campile (à 12km au sud de New Ross) - ✆ 051 388 109 - www.kilmokea.com - ✕ ⛱ P - 6 ch. 175/198 €* ☕ *- 2 appart. 890/995 € la sem.* Un ancien presbytère (1794) aménagé avec amour et entouré de fabuleux jardins. La maison est meublée d'antiquités, dans le style victorien. Chambres stylées et de grand confort, ouvrant sur les jardins. Tennis et Spa.

Inistioge

Premier prix

Grove Farm House – *Ballycocksuist (4 km au nord par la R 700, puis suivez le fléchage à gauche après le pont) - ✆ 056 775 8467 - www.grovefarmhousekilkenny.com - ⍁ P - fermé oct.-mars - 4 ch. 85/90 €* ☕. Ferme du 19e s., nichée sur une hauteur avec une belle vue sur le bocage. Chambres claires et calmes. Copieux petit déjeuner, servi dans la salle à manger donnant sur le jardin.

Woodstock Arms – *The Square - ✆ 056 775 8440 - www.woodstockarms.ie - P - 7 ch. 92/98 €* ☕. Au-dessus d'un vrai pub de village, quelques chambres simples mais confortables et bien tenues. Idéal pour la dernière pinte.

Graiguenamanagh

Budget moyen

Waterside – *The Quay - ✆ 059 972 4246 - www.watersideguesthouse.com - ✕ - mars-oct. - 10 ch. 120 €* ☕. Au bord de l'eau, d'anciens greniers à maïs en pierre grise, convertis en hôtel-restaurant. Les chambres donnent sur la rivière.

2

Waterford et ses environs ★

Dressée sur les quais, Reginald's Tower rappelle le lointain passé de cette cité millénaire, souvent présentée comme la plus ancienne d'Irlande, devenue une ville dynamique, jeune et multiculturelle, plus industrieuse qu'industrielle et résolument tournée vers l'avenir. Si Waterford doit toujours sa renommée mondiale à sa fabrique de cristal, elle a su diversifier ses activités et attire de nombreuses entreprises étrangères. Promenez-vous le long de la Suir, arpentez les rues piétonnières grouillantes d'activité et laissez-vous séduire par une ville qui dispose de nombreux attraits et cultive la douceur de vivre à l'irlandaise.

Se repérer

CARTE C2 (P. 114-115) - PLAN DE WATERFORD (P. 134)

Waterford (Port Láirge) 53 500 hab. – Comté de Waterford. À 175 km au sud-ouest de Dublin, Waterford s'est développée autour de la Suir, qui alimente l'estuaire de la Barrow.

À ne pas manquer

La visite de Waterford Crystal ; la Waterford Greenway ; les plages tranquilles de la Copper Coast.

Organiser son temps

Waterford se visite à pied. Si vous êtes en voiture, laissez-la au parking des quais ou du centre commercial. Comptez une demi-journée pour la ville et 2h pour les rives de la rade.

En famille

Parcourir la Suir Valley dans un train d'époque ; une randonnée à pied ou à vélo sur la Greenway.

Carnet pratique p. 137

Nos adresses p. 138

Se promener

PLAN P. 134

★ Waterford et le Viking Triangle

Fondé par les Vikings au 9e s., *Vedrafjordr* occupait un site permettant de contrôler l'embouchure de la Suir et de la Barrow. Trois siècles plus tard, sa position stratégique fut la cible de l'un des principaux débarquements anglo-normands commandé par Henri II Plantagenêt. Comme dans les autres villes du sud-est de l'île, l'interpénétration des différentes cultures se fit ici sans trop de heurts. Tout en demeurant catholique et irlandaise, Waterford resta tout au long de l'histoire une cité légitimiste qui résista vaillamment aux assauts des troupes de Cromwell en 1649. Un ambitieux programme met en valeur l'héritage viking sous le nom de **Viking Triangle** (au sein du quartier piétonnier) et repose sur plusieurs sites d'expositions (les « Waterford Treasures »), couvrant plus de mille ans d'histoire.

Amateur de *street art* ? En flânant en ville, vous ne manquerez pas de tomber sur l'une des quelque **140 fresques murales** hautes en couleurs qui animent parfois des pans entiers de rues. *www.streetartcities.com/cities/waterford.*

Le port de Waterford.
G. Munday/age fotostock

★ Reginald's Tower B2

✆ 051 304 220 - www.waterfordtreasures.com ou www.heritageireland.ie - janv.-avr. : merc.-dim. 9h30-17h ; mai-déc. : 9h30-17h30 - gratuit.

Première étape de la découverte de la ville dans l'ordre chronologique, cette tour fut érigée par les Vikings en 1013. Transformée ensuite par les Normands, haute de trois étages, elle a successivement servi de poste d'observation, de tour de guet, de forteresse, d'atelier de monnaie et de prison. Elle abrite des collections archéologiques se rapportant à l'héritage viking au moyen d'objets découverts lors des fouilles dans la région, tels des pièces de monnaie, des ustensiles ou des bijoux, dont une superbe broche en losange du 12e s.

En venant de la tour, prenez The Mall sur votre droite, passez le **City Hall**, imposant bâtiment du 18e s., qui abritait l'ancienne Bourse du commerce et allez jusqu'au Bishop's Palace, à côté duquel se dresse le **Theatre Royal** (18e s.).

L'éclatante histoire du cristal

Les plus anciennes traces du travail du verre en Irlande datent de 1585. Les fours, grands consommateurs de bois, ont été à l'origine d'une bonne partie de la déforestation du pays. Puis, au 17e s., le charbon prit la relève et les verreries s'installèrent en ville. Les frères George et William Penrose créèrent la cristallerie de Waterford en 1783 en employant de la silice, de la potasse et de la litharge, un oxyde de plomb qui assure la brillance et la dureté du matériau. L'industrie du cristal de Waterford fut florissante jusqu'à la Seconde Guerre mondiale avant de péricliter. Elle doit son renouveau, depuis les années 1960, à l'arrivée de maîtres verriers tchèques et au dynamisme commercial des nouveaux propriétaires de l'usine.

★ Bishop's Palace B2

The Mall - ✆ 051 849 501 - www.waterfordtreasures.com - 9h-17h, sam. 10h-17h, dim. 11h-17h - dernière entrée 45mn av. fermeture - 10 € (-12 ans gratuit) ; billet combiné (Medieval Museum, Irish Silver Museum et Irish Museum of Time) 15 €.

L'ancien archevêché, bel exemple de demeure du 18e s., accueille une collection centrée sur la période georgienne de la ville. Ce fut la grande époque de Waterford, avec nombre de demeures élégantes et l'explosion de la fabrication de cristal et d'argenterie. Vous admirerez par exemple le plus vieil objet en cristal au monde, un décanteur de 1780.

★★ House of Waterford Crystal B2

The Mall - ✆ 051 317 000 - www.waterfordvisitorcentre.com - visite guidée de l'usine (au dép. du Visitor Centre) - avr.-oct. : 9h30-16h15 ; nov.-fév. : lun.-vend. 9h30-15h15 ; mars : 9h30-15h15 - 16,50 € (-18 ans 8,50 €).

La visite du Visitor Centre donne une perspective très complète de la **fabrication du cristal**, de la matière en fusion au délicat travail de la taille. En préambule, vous

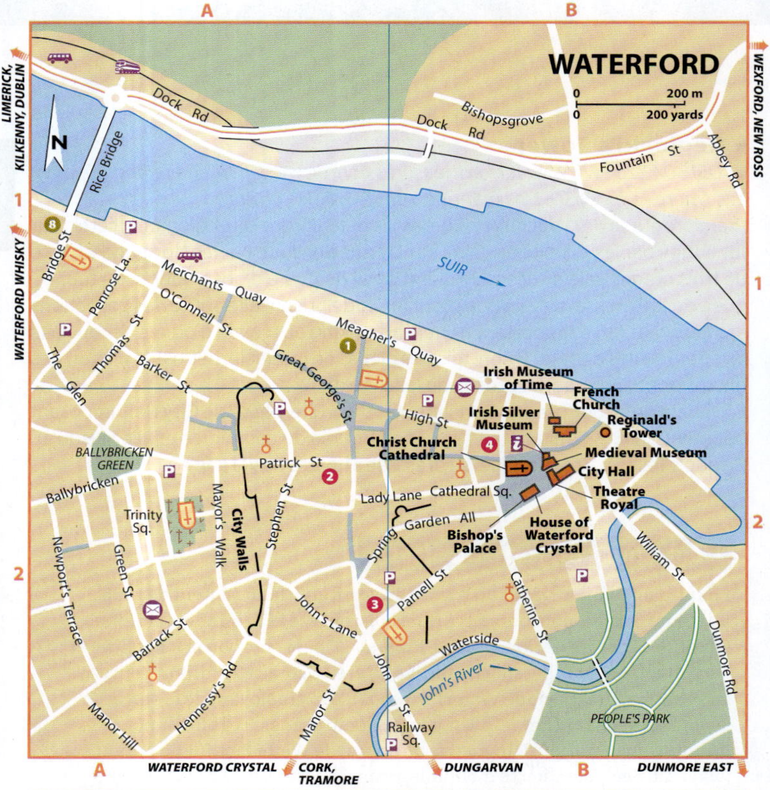

SE RESTAURER		SE LOGER
Momo 2	Everett's 4	Granville Hotel 1
Bodega 3		Fitzwilton 8

suivrez un documentaire sur l'histoire de la cristallerie en Irlande et à Waterford (qui continue à produire 45 000 pièces par an), puis vous gagnerez les ateliers spécialement aménagés pour recevoir des visiteurs. Les artisans figurent parmi les plus qualifiés de la fabrique et prennent un réel plaisir à vous montrer leur talent. À les regarder, former une pièce incandescente en la soufflant à la bouche et la façonner dans un moule en bois semblent d'une simplicité enfantine ! Les sculpteurs et les graveurs, utilisant des meules à poussière de diamant et des fraises, créent des œuvres uniques en fonction des commandes.

★ Medieval Museum B2

Cathedral Square (à l'arrière du Theatre Royal) - ☎ 051 849 501 - www.waterfordtreasures.com - visite guidée (45mn) - 9h-17h, sam. 10h-17h, dim. 11h-17h - 10 € (-12 ans gratuit) ; billet combiné avec le Bishop's Palace, Irish Silver Museum et Irish Museum of Time 15 €.

Ce bel édifice contemporain est conçu autour du **Chorister's Hall** (13e s.). Il complète les collections archéologiques en se concentrant sur l'héritage médiéval, entre les périodes viking et georgienne. Il présente notamment de rares manuscrits, dont un rouleau enluminé de 4 m de long, daté de 1372, et de précieux parements d'autel en fil d'or tissés à Florence au 15e s.

À deux pas de là, voyez aussi deux petits musées dignes d'intérêt *(mêmes horaires - 5 € ou inclus dans le billet combiné des Waterford Treasures)* :

Le **Irish Silver Museum** *(Cathedral Square)* explore l'histoire irlandaise en prenant pour fil conducteur le métal précieux qu'est l'argent.

L'**Irish Museum of Time** *(Greyfriar St.)*, abrité dans une église gothique, réunit une étonnante collection d'horloges anciennes.

Juste à côté de ce dernier, **French Church** est un ancien prieuré franciscain datant de 1240, transformé en hôpital en 1539. Sa chapelle fut donnée aux huguenots français, qui y célébrèrent le culte protestant de 1693 à 1815.

★ Christ Church Cathedral B2

Cathedral Square - ☎ 051 858 958 - www.christchurchwaterford.com - avr.-oct. : lun.-sam. 10h-17h ; nov.-mars : lun.-sam. 12h30-14h30 - offrande bienvenue, visite guidée 15 €.

Aussi appelée **Cathedral of The Blessed Trinity**, c'est une église de la Church of Ireland. Son origine remonte à l'époque des premiers Vikings christianisés en 1096. Ravagé par un incendie en 1815, l'édifice qui datait du 18e s. fut reconstruit en grande partie au début du siècle suivant, dans un style gothique anglais. Vous serez certainement impressionné par le **gisant en pierre noire**★ représentant James Rice, maire de la ville au 15e s., qui demanda que l'on représente son corps dans l'état de décomposition que l'on observerait un an après sa mort. L'ensemble, très réaliste, comporte une inscription en latin qui nous invite à réfléchir sur notre mortelle destinée.

Revenez devant la cathédrale et empruntez, au sud-ouest, Spring Garden Alley pour observer les **City Walls** (AB2), murailles bien conservées de l'ancienne cité viking avec les vestiges d'une **tour de guet**.

Les **quais de la Suir** (B2) laissent malheureusement bien trop de places aux parkings, mais ils sont peu à peu réaménagés en agréable promenade. En les remontant vers l'ouest, au-delà du large Edmund Rice Bridge, vous passerez devant l'imposant édifice ultra-moderne de la distillerie de **Waterford Irish Whisky** *(www.waterfordwhisky.com - visite guidée 25 € sur RV)*. Au-delà débute la **Waterford Greenway** *(voir encadré page suivante)* vers Dungarvan.

2

Waterford Greenway

N'hésitez pas à emprunter cette **voie verte** ★★ de 46 km, aménagée sur une ancienne ligne de chemin de fer au départ de Waterford. Jalonnée de ponts et de viaducs, elle offre de beaux panoramas et traverse des paysages variés. Elle passe notamment par les jardins de Mount Congreve et frôle la Copper Coast à Ballyvoyle Cove avant de rejoindre le charmant port de Dungarvan. La randonnée se fait en toute sécurité puisqu'il n'y aucune voiture : idéal pour les plus jeunes ou les cyclistes peu aguerris. Le trajet s'avère plus simple dans le sens est-ouest (comptez 4h à vélo, 9h à pied). En vous renseignant auprès des offices du tourisme de Waterford ou de Dungarvan *(voir p. 162)*, vous pouvez envisager de louer des vélos *(voir notamment sur www.waterfordgreenwaybikehire.com)*, revenir en taxi et faire étape en route.
Toutes les infos sur waterfordgreenway.com ou www.visitwaterford.com.

À proximité

CARTE P. 114-115

Passage East C2

À 13 km à l'est de Waterford par la R 683.

Les ferries en provenance de Ballyhack *(voir p. 124)* accostent dans ce minuscule port aux maisons colorées, blotti au pied d'une falaise, sur la rive ouest de la baie de Waterford. Le village est réputé, comme tout l'estuaire, pour ses moules.
À 3 km sur la droite en direction de Dunmore East, on aperçoit les imposantes ruines de **New Geneva**, une cité créée au 18e s. pour accueillir des immigrants suisses. Ses bâtiments furent ensuite transformés en caserne, puis en centre de détention et de torture où furent exécutés de nombreux patriotes irlandais après l'insurrection de 1798.

★ Dunmore East C3

À 19 km au sud-est de Waterford par la R 683 et la R 684.

Très joli petit port de pêche environné de criques, Dunmore East ressemble à un village du littoral breton, avec ses belles villas et ses cottages du début du siècle bordés d'ifs et de pins.
Outre ses B & B et ses restaurants sympathiques, cet agréable lieu de villégiature offre de nombreuses possibilités de promenades le long des falaises, vers des criques désertes ou de longues plages plus fréquentées (Woodstown Beach). Vous pouvez ainsi descendre par le chemin qui part en face de l'église vers **Lady's Cove**, la plage de sable la plus fréquentée de Dunmore East.
Pour rallier Tranmore et la Copper Coast en voiture, suivez la côte au plus près (L 4068) pour profiter de beaux paysages de collines littorales et de plages isolées (Ballymacaw Cove Beach).

Tramore C3

À 13 km au sud de Waterford par la R 675 et 15 km à l'ouest de Dunmore East par la R 685 ou la L4068.

Un centre-ville perché, une plage prisée des surfeurs *(voir « Activités »)* s'étirant sur 5 km entre mer et lagune, un parc d'attractions, des infrastructures de loisirs et des pubs à foison : Tranmore (8 000 hab.) est la **station balnéaire** de Waterford. Surpeuplée en été quand elle se mue en fête foraine géante, elle s'assoupit le reste de l'année, gagnant alors en charme. On ne se lasse pas alors de parcourir la plage, la crête des falaises, les zones humides et les dunes.

Au sud de la ville, au niveau des dangereux rochers de **Great Newtown Head**, au sommet de l'un des piliers (1823) qui marquent l'entrée de la baie, se dresse la statue d'un marin montrant le large, **The Metal Man**.

★ Copper Coast B3

Au sud de Waterford par la R 675.

Sur une vingtaine de kilomètres entre Tramore et Dungarvan s'étire une côte relativement sauvage, promue par l'Unesco au rang de **géoparc** en raison de ses sols riches en cuivre et ses formations géologiques littorales variées. Le **Visitor Centre** de Bunmahon *(✆ 051 29 2828 - www.coppercoastgeopark.com - w.-end. 11h-17h)*, installé dans une petite église, vous dira tout sur leur exploitation intensive au 19e s. Mais la « Côte de Cuivre » a un autre atout : elle est ourlée de dunes et de belles plages de sable isolées. Ne manquez pas de vous offrir un petit détour pour une étape des plus réjouissantes : **Benvoy Beach** est encadrée de formations rocheuses photogéniques ; **Kilmurrin Beach** forme un croissant parfait ; **Stradbally Cove**, très encaissée, possède beaucoup de charme. Les surfers opteront, eux, pour **Bunmahon Beach** et **Clonea Strand**.

Kilmeaden B3

À 8,5 km à l'ouest de Waterford.

Mount Congreve – *✆ 051 384 115 - www.mountcongreve.com. Au moment de l'impression de ce guide, les jardins étaient fermés pour rénovation, se rens.* Les 30 ha de jardins créés avec passion par Ambrose Congreve (1907-2011), un homme d'affaires féru de jardinage et de botanique, rassemblent une riche collection d'essences et de plantes parmi lesquelles rhododendrons (2 000 types différents) et camélias (600 variétés) occupent le haut de l'affiche. La promenade à travers le parc et le jardin clos enchantera connaisseurs comme amateurs.

Waterford & Suir Valley Railway – *Gare de Kilmeaden/Cill Mhíodáin - ✆ 051 384 058 - www.wsvrailway.ie - mai-août : 11h-16h, dim. 12h-17h ; avr. et sept. : 11h-15h, dim. 12h-16h - dép. à l'heure ronde - 10 € (enf. 5 €).*

Une promenade bucolique de 40mn sur l'ancienne ligne Waterford-Dungarvan, à bord d'un train composé d'une locomotive diesel et de deux voitures à bogie semi-ouvertes. Un rythme idéal pour profiter du paysage exceptionnel.

Voir aussi **Waterford Greenway** *(encadré ci-contre)*, qui passe à proximité.

Carnet pratique

PLAN P. 134

S'informer

Tourist Information – B1-2 - *120 Parade Quay - ✆ 051 875 823 - www.visitwaterford.com.*

Arriver/Partir

En train – *Gare Waterford Plunkett au nord de la Suir* (A1) - *✆ 051 873 401.* Liaisons entre Waterford et Dublin Heuston (2h15) en passant par Kilkenny (40mn) et Carlow (1h15).

En bus – Bus Éireann/Expressway pour Dunmore East (10mn), Tramore (15mn), Dungarvan (50mn), Cork (2h15), Dublin et l'aéroport de Dublin (2h15-3h30). Wexford Bus *(www.wexfordbus.com)* relie Wexford (1h) et Rosslare Harbour (1h).

Dublin Coach *(www.dublincoach.ie)* dessert aussi Waterford.

Transports

Location de vélos

Un système de vélos en libre-service, les **TFI Bikes** *(www.bikeshare.ie - 14 stations*, est proposé avec un abonnement de 3 j. (3 €). Première demi-heure gratuite, puis 0,50 € pour 1h.

Agenda

Waterford Harvest Festival – www.waterfordharvestfestival.ie. En septembre, toute la ville met à l'honneur sa gastronomie !

Dunmore East Bluegrass Festival – Le dernier w.-end d'août, la musique *country* anime la station balnéaire.

Nos adresses

PLAN P. 134

Restauration

Waterford

Budget moyen

2 **Momo** – A2 - *47 Patrick St. - ✆ 051 581 509 - www.momorestaurant.ie - 12h-21h, dim. 13h-20h - fermé lun. et j. fériés - plats early bird 15/20 €, sinon comptez 22/27 €.* Relax et très pointue sur la fraîcheur des produits, une table à l'offre contemporaine, savoureuse et rigoureuse. Une bonne adresse !

3 **Bodega** – A2 - *54 John St. - ✆ 051 844 177 - www.bodegawaterford.com - 16h30-21h30, dim. 13h-20h - fermé lun.-mar. - plats 18/33 €.* Une jolie adresse au décor bistro chaleureux et à la cuisine du terroir, axée sur les produits. Copieux et excellent.

Pour se faire plaisir

4 **Everett's** – B2 - *22 High St. - ✆ 051 325 174 - www.everetts.ie - vend.-sam. midi et mar.-sam. soir - menus 32/46 €.* Un cadre agréable et de bons produits, bien mis en valeur, pour une cuisine moderne et une addition mesurée.

Tramore

Sur une petite place à flanc de colline, deux adresses pour une pause gourmande : **Seagull Bakery** *(Broad St. - merc.-sam. 8h-16h, dim. 9h-13h)* propose d'irrésistibles plaisirs sucrés et salés, du *sourdough bread* de concours et d'excellents cafés ; en face, **The Vee** *(www.thevee.ie - lun.-sam. 8h30-15h30)* est un café chaleureux pour un brunch ou un repas léger.

Boire un verre

Waterford

☺ Profitez de l'animation de **Broad Street**, la rue commerçante et piétonne, qui va de la rivière Suir à la place annonçant John Street. La place, couverte d'un « parapluie » métallique, est un épicentre des nuits locales.

The Gingerman – *6 Arundel Lane - ✆ 051 879 522 - 10h-23h30, vend.-sam. 10h-0h30, dim. 12h-23h - fermé lun.* À deux pas de la cathédrale, un pub qui a su entrer dans le 21e s. sans perdre l'essentiel. On peut y manger agréablement.

The Dry Dock Bar – *The Quay, Dooley's Hotel - ✆ 051 873 531 - www.dooleys-hotel.ie - 12h-23h, vend. 11h-1h, sam. 11h-2h.* Pub animé du grand hôtel où l'on vient écouter de la musique traditionnelle.

Jack Meade's – *Dunmore Rd (6,5 km à l'est de la ville, sous le viaduc sur la rte de Cheekpoint) - ✆ 051 850 950 - www.jackmeades.com - P - 12h-21h.* Un ancien repaire de brigands où l'on vendait de l'alcool frelaté. Idéal pour grignoter, boire une pinte et pour les soirées musicales.

Tramore

The « Vic » – *12 Queen's St. - ✆ 051 338 144 - www.thevic.ie - 15h-23h30, w.-end 12h30-23h.* Un bon endroit pour regarder du sport ou écouter des artistes locaux.

Activités

Activités nautiques

Dunmore East Adventure Centre – *Stoney Cove (près du port de Dunmore East) - ✆ 051 383 783 - www.dunmoreadventure.com - mai-juil. : 10h-18h.* Planche à voile, kayak de mer, canoë...

Oceanic Surf School – *The Red Cottage, Tramore - ✆ 051 390 944 - www.oceanics.ie.* Tramore est un haut lieu du surf irlandais. Leçons pour tous âges et niveaux. Également des sorties de *coasthacking* (parcours « aventure » sur les rochers).

Randonnée

Nombreuses randonnées balisées en bord de rivières et de falaises. Voir *visitwaterford.com/trails* et **Waterford Greenway** (p. 136).

Hébergement

Waterford

Budget moyen

Diamond Hill – *Slieverue (2 km au nord par la N 25) - ✆ 051 832 855 - www.diamondhill.ie - P - 18 ch. 90/120 € ▭.* Maison récente au milieu d'un joli jardin paysagé. Déco classique et bon confort.

8 **Fitzwilton** – A1 - *Bridge St. - ✆ 051 846 900 - www.fitzwiltonhotel.ie - ✕ - 90 ch. 126/161 € ▭.* Très central, cet hôtel moderne offre une ambiance très contemporaine. Les chambres donnant sur l'arrière sont plus calmes. Offres sur Internet.

Pour se faire plaisir

1 **Granville Hotel** – A1 - *Meagher Quay. - ✆ 051 305 555 - www.granvillehotel.ie - ✕ - 100 ch. à partir de 150 € ▭.* Sur les quais, cette institution locale toute en moquettes et boiseries propose des chambres élégantes, confortables et agréablement rétro. Bon petit déjeuner et bar à whiskies.

The Rhu Glenn Hotel – *Country Club Hôtel, Slieverue (à 5,5 km au nord de Waterford par la N 5) - ✆ 051 832 242 - www.rhuglennhotel.com - ✕ P - 31 ch. 159/170 € ▭.* À 5mn de la ville, un hôtel familial, calme et chaleureux, et belles chambres avec vue. Restauration copieuse. L'équipe est très à l'écoute des hôtes.

Dunmore East

Premier prix

Creaden View – *Harbour Rd - ✆ 051 383 339 - ⚠ - 1 appart. 80/90 €.* Les trois chambres de cette coquette maison ont une belle vue sur la mer et les falaises. Accueil charmant et pub en face !

Pour se faire plaisir

Haven Hotel – *Dock Rd - ✆ 051 383 150 - www.thehavenhotel.com - ♿ ✕ P - 20 ch. 178/320 € ▭.* B & B familial sur les hauteurs du village. Chambres au rez-de-chaussée ou avec vue sur la mer.

Tramore

Budget moyen

Beach Haven – *Tivoli Terrace - ✆ 051 390 208 - www.beachhavenhouse.com - P - 12 ch. à partir de 100 € ▭.* À 600 m de la plage, un accueillant B & B avec des chambres tout confort. En été, dortoirs basiques façon *hostel (lit 25 €).*

One the Waterfront – *Gallweys Hill - ✆ 051 271 350 - www.onethewaterfront.com - ✕ P - ch. à partir de 120 € ▭.* Hôtel surplombant l'extrémité ouest de la plage. Chambres élégantes au décor « marin » et terrasse ouverte sur les flots. Sur les falaises, à 100 m de là, quelques chambres au confort plus sommaire *(à partir de 80 €)* mais avec vue mer.

Kilkenny et ses environs ★★

Capitale du comté du même nom, Kilkenny est une des villes les plus animées et les plus attachantes d'Irlande. Dominée par un château, la vieille cité a conservé son aspect médiéval et grouille en permanence d'une intense activité culturelle, artisanale et... touristique.

Se repérer

CARTE C1 (P. 114-115) - PLAN DE KILKENNY (P. 142)

Kilkenny (Cill Chainnigh) 22 500 hab. – Comté de Kilkenny. Kilkenny se trouve à 130 km au sud-ouest de Dublin par la N 7 et la M 9.

À ne pas manquer

Kilkenny Castle, Rothe House, l'ascension de la tour de St Canice's Cathedral et la tournée des pubs ; autour de Kilkenny, Jerpoint Abbey.

Organiser son temps

Réservez une journée. En été, l'affluence est considérable : préparez-vous à faire la queue au château et dans les restaurants.

Carnet pratique p. 146

Nos adresses p. 146

Se promener

PLAN P. 146

★★ Kilkenny Castle B2

056 770 4100 - www.kilkennycastle.ie - parc ouv. mai-août : 8h30-20h30 ; reste de l'année : se rens. - château ouv. avr.-sept. : 9h15-17h30 ; oct.-mars : 9h30-17h - parc en accès libre ; château 8 € (-12 ans gratuit) ; visite guidée 12 € - dépliant en français. En été, pensez à réserver vos tickets en ligne.

L'illustre **Strongbow**, comte de Clare, fit construire un fort normand en bois en 1172. Vingt ans plus tard, son gendre érigea à cet emplacement le premier bâtiment en pierre, un château fort à quatre tours d'angle, dont trois ont été intégrées au château moderne. Dès le Moyen Âge, l'édifice passa aux mains de la famille anglo-normande des **Butler d'Ormonde**, qui s'enrichit notamment grâce à l'importation de vins français en Irlande. Pendant 550 ans, ils dominèrent le sud-est de l'Irlande du haut de ce château. À l'époque victorienne, ils transformèrent leur vieille demeure en un splendide palais, mais leur prospérité ne dura pas. En 1935, le dernier duc d'Ormonde dut vendre l'intégralité de son mobilier chez Sotheby's.

L'esprit d'indépendance

Au 17e s., les « vieux Anglais » catholiques et les Irlandais s'allièrent pour fonder la **Confédération de Kilkenny** qui fonctionna quelques années comme un État indépendant. Cette expérience prit fin lorsque les troupes de Cromwell assiégèrent la ville en 1650, sans pour autant massacrer les habitants ni même entièrement détruire la ville – une fois n'est pas coutume ! Au cours des siècles suivants, Kilkenny continua de prospérer autour de son église et à l'ombre de son château, affirmant jusqu'à aujourd'hui son identité et son bouillant esprit d'indépendance.

Kieran Street, Kilkenny.
G. Masci/AGF RM/age fotostock

Le château, en ruine, fut racheté pour seulement 60 £ par l'État irlandais en 1967. Vous admirerez, dans les chambres, les très belles **tapisseries★** de style chinois peintes à la main, et l'impressionnante collection de portraits dans la **grande galerie★★** à la charpente décorée de jolis motifs préraphaélites du 19e s. Ne quittez pas les lieux sans visiter au sous-sol la **Butler Gallery**, où sont exposés des artistes irlandais contemporains, et les anciennes cuisines victoriennes, aujourd'hui salon de thé. De l'immense domaine qui entourait jadis le château seuls demeurent 21 ha, au sud-est de l'édifice. Composé de pelouses amoureusement entretenues, de bosquets et d'étang, joliment fleuri à la belle saison, le **parc** est sillonné de nombreux sentiers. Un accès permet de descendre vers la rivière Nore afin de poursuivre la balade. En sortant du château, vous pouvez aussi faire un tour dans l'agréable roseraie. En face du château, dans les anciennes écuries, les boutiques du **Kilkenny Design Centre** *(✆ 056 772 2118 - www.kilkennydesign.com - tlj 9h-18h)* présente les pièces de l'artisanat national : lainages, arts de la table... Sur le même site, **The National Design & Craft Gallery** *(www.ndcg.ie - tlj sf lun. 10h-17h30)* met en avant des designers, artistes et créateurs à travers des expositions temporaires et des ateliers.

2

Shee Alms House B2

Au début de Rose Inn Street, sur votre gauche, s'élève la belle façade de Shee Alms House, un ancien hospice du 16e s.

★ Medieval Mile Museum B1-2

2 St Mary's Lane, High St. - ✆ 056 781 7022 - www.medievalmilemuseum.ie - 9h30-16h30 - 8 €, avec audio-guide. Visite guidée (du musée et de la ville) proposée.
Ce musée ultra-moderne a pris ses quartiers au sein de l'ancienne église St Mary (13e s.) et de son cimetière, un superbe exemple d'architecture médiévale. Les dernières technologies sont utilisées pour découvrir en images ce que les pierres moyenâgeuses suggèrent et immerger le visiteur dans les diverses périodes de l'histoire de Kilkenny. C'est une étape idéale pour entamer la visite de la ville et un point de départ pour des visites guidées !

Tholsel AB1

High St. - ✆ 056 772 1076 - tlj sf w.-end 9h-13h, 14h-17h.

Dans High Street, la rue principale et la plus animée de Kilkenny, s'élève sur votre droite un bâtiment précédé d'une colonnade. Dans cet ancien poste d'octroi, datant de 1761, est installé l'hôtel de ville où vous pourrez découvrir, entre autres, les chartes des corporations de Kilkenny dont la plus ancienne, celle des bouchers, date de 1200. Une centaine de mètres plus loin, dans Parliament Street (prolongement de High Street), vous parvenez devant la façade de style Tudor de Rothe House.

★ Rothe House & Garden A1

Parliament St. - ✆ 056 772 2893 - www.rothehouse.com - mar.-dim. 10h30-16h30 - musée et jardin 7,50 €.

Ces trois anciennes maisons de marchands des 16e et 17e s. portent le nom de leur plus fameux propriétaire, Peter Rothe, qui participa à la Confédération de Kilkenny *(voir encadré p. 140)*. Très endommagées au début du 19e s., elles servaient

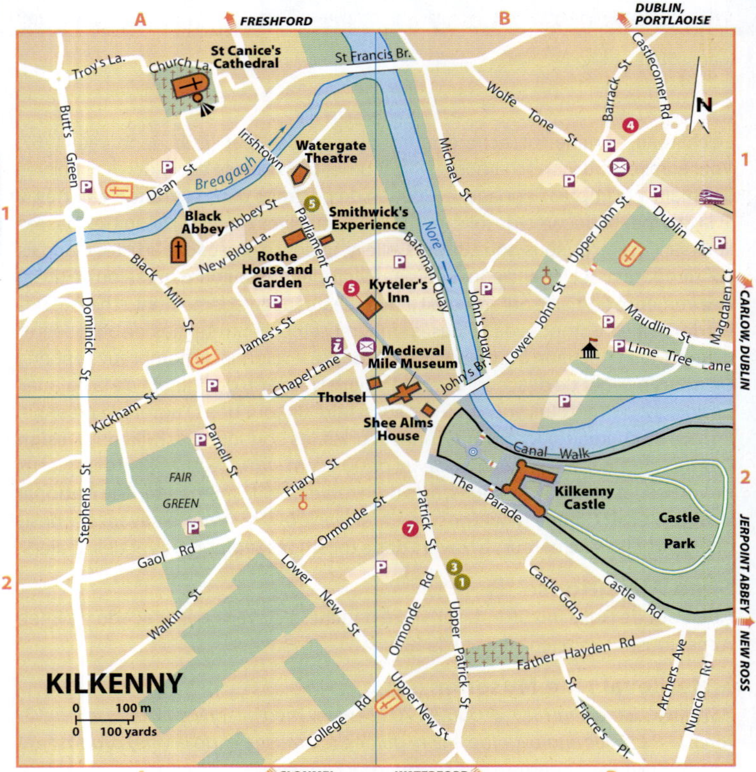

SE RESTAURER
Campagne 4
Kyteler's Inn 5
Zuni 7

SE LOGER
Butler House 1
Butler Court 3
Kilkenny Tourist Hostel 5

Kilkenny : exception culturelle

Capitale du royaume celtique d'Ossory au début de l'ère chrétienne, Kilkenny doit son nom à l'évêque du 6e s. saint Canice. Au Moyen Âge, la cité florissante était dominée par la famille anglo-normande des Butler d'Ormonde qui entretenaient de si bons rapports avec leurs voisins irlandais qu'ils en avaient adopté les coutumes et la langue. Cette osmose culturelle n'était pas du goût des souverains anglais. En 1366, ils promulguèrent les **statuts de Kilkenny** interdisant aux Anglo-Normands de parler le gaélique, de porter des vêtements irlandais et de pratiquer les coutumes celtiques. Cette loi resta sans effet, et la région continua de constituer une sorte d'exception culturelle dans un pays que Londres tentait de diviser pour mieux régner.

encore de lieu de réunion aux nationalistes de la ligue gaélique. En 1962, la société archéologique de Kilkenny la racheta pour la restaurer et y installer son siège et un intéressant **musée d'histoire locale**. Il présente toutes sortes d'objets usuels, des souvenirs se rapportant au nationalisme irlandais ainsi qu'une belle collection de dentelles et de costumes anciens. Dans les vitrines du 1er étage sont exposés des serments d'abstinence signés par les habitants de Kilkenny à l'époque du père Mathew. En plus des courettes intérieures, voyez à l'arrière l'agréable jardin composé de plantes aromatiques cultivées au 17e s.

Smithwick's Experience A1

Parliament St. - ✆ 056 778 6377 - www.smithwicksexperience.com - réouverture prévue fin 2022, se rens. sur les horaires et tarifs.

Élaborant de la bière depuis 1710, la brasserie Smithwick est installée autour des ruines de l'ancienne abbaye franciscaine du 12e s., **St Francis Abbey**. On y a brassé les bières rousses Smithwick, Kilkenny et Budweiser. Aujourd'hui, la visite vous instruira sur l'histoire de l'entreprise et la fabrication de la bière rousse, en traversant la brasserie et en découvrant ce qui reste de l'abbaye.

Cette dernière est désormais au centre d'un nouveau quartier en cours de développement qui s'étend en bordure de la rivière (logements, hôtels, shopping, infrastructures variées) sur le site de l'ancienne brasserie.

Plus loin dans Parliament Street, sur votre droite, vous passez devant l'entrée d'un ancien cinéma rénové en 1994, le **Watergate Theatre** (A1), où se tiennent la plupart des manifestations culturelles de Kilkenny.

★★ St Canice's Cathedral A1

✆ 056 776 4971 - www.stcanicescathedral.ie - juin-août : 9h-18h, dim. 13h-18h ; avr.-mai et sept. : 10h-17h, dim. 14h-17h ; oct.-mars : lun.-sam. 10h-16h - cathédrale 6 € (6-12 ans 3,50 €), tour ronde 5,50 € (6-12 ans 4 €), billet combiné 10 € (6-12 ans 6 €). Des concerts (payants) sont donnés dans la cathédrale.

On célèbre ici le culte protestant, qui ne compte guère plus d'une centaine de paroissiens à Kilkenny. Saint Canice pourrait avoir bâti une première église au 6e s. sur cette colline, mais l'édifice actuel, de style gothique anglais et restauré à de multiples reprises, date pour l'essentiel du 13e s.

À l'intérieur, vous serez frappé par la majesté de la **nef**, l'une des plus longues d'Irlande, séparée du transept par une admirable construction croisée au plafond. La cathédrale renferme de nombreux monuments funéraires, dont le plus remarquable, un **gisant★** du 16e s. en pierre noire de Kilkenny, représente Piers Butler, comte d'Ormonde, et son épouse Margaret Fitzgerald, tous deux en costume

Renaissance. Ce calcaire noir, appelé « marbre de Kilkenny » en raison de sa dureté et de son aptitude à être sculpté, est luisant à force d'être touché par les visiteurs. Près de l'autel, le **dallage** utilise les quatre marbres de l'Irlande : le noir de Kilkenny, le vert du Connemara, le rouge de Cork et le gris de Tyrone.
À l'extérieur, la **tour ronde**, haute de 30 m, demeure le seul vestige d'une église plus ancienne du 8e s. Vous pouvez en gravir les (très... très étroits !) escaliers pour profiter, par beau temps, d'une très belle **vue★** sur Kilkenny et les environs.

★ Black Abbey A1

✆ 056 772 1279 - 10h-17h - pas de visite durant les offices - offrande.
De retour sur Parliament Street, une fois dépassé le Watergate Theatre, prenez à droite l'étroite Sráid Na Mainistreach qui devient Abbey Street pour rejoindre cette église médiévale, fondée au 13e s. par des dominicains qui portaient un long manteau noir (d'où le nom de Black Abbey). Elle détient le record de durée de la célébration du culte en Irlande. À l'intérieur, remarquez les vitraux anciens et modernes, ainsi que la belle sculpture de la **Sainte Trinité★**, datée du 15e s., dans une vitrine, près de l'autel.
Dans St Kieran's Street, une rue étroite qui part de High Street, le pub-restaurant **Kyteler's Inn** (AB1) *(voir « Restauration », p. 146)* occupe une ancienne maison à colombages. C'est ici que vécut dame Alice Kyteler, une habitante de la ville condamnée pour sorcellerie en 1324.

À proximité

CARTE P. 114-115

★ Dunmore Cave C1

À 10 km au nord de Kilkenny par la N 78.
Castlecomer Rd - ✆ 056 776 7726 - www.heritageireland.ie - visite guidée (1h). Au moment où nous imprimons ce guide, le site était fermé pour rénovation du parcours touristique : se rens. sur les horaires et tarifs après la réouverture.
Située dans un affleurement calcaire sur le plateau de Castlecomer, cette grotte, l'une des plus fameuses d'Irlande, non pour sa taille mais pour ses beautés naturelles et son intérêt archéologique, fascine depuis longtemps spéléologues et archéologues. Ses salles en enfilade, reliées entre elles par un étroit couloir, portent des noms fantaisistes – la cathédrale, la mairie, le hall – inspirés par la forme des stalactites et des stalagmites mises en valeur par un jeu d'éclairage du plus bel effet.
Les plus anciens récits mythologiques irlandais voyaient dans cette grotte l'antre d'un chat gigantesque, « seigneur des souris ». Une chronique en gaélique du 10e s., *Les Annales des Quatre Maîtres*, associe le lieu à un pillage suivi d'un massacre commis par les Vikings. De fait, on y a retrouvé les restes de 19 adultes et de 25 enfants, dont 13 âgés de moins de 6 ans. Les pièces de monnaie vikings en argent, découvertes dans la grotte, accréditent la thèse de la tuerie.

★ Kells Priory C1-2

À 14 km au sud de Kilkenny par la R 697.
www.heritageireland.ie - gratuit - visite guidée en été (merc.-sam.).
Peu fréquentées par les touristes, les ruines de ce **prieuré augustinien** fortifié comptent pourtant parmi les plus impressionnantes d'Irlande. Elles s'étendent au bord de la Kings River dans un environnement de prairies vallonnées où paissent des troupeaux de brebis. Les premiers bâtiments, édifiés en 1193, furent brûlés et pillés cent ans plus tard avant d'être reconstruits. Faites une halte sur l'aire de

pique-nique au sud du site, sur la rive droite de la Kings River, pour profiter du paysage. Près du pont se trouve un **moulin à eau**, restauré et aménagé en Visitor Centre.

Thomastown (BAILE MHIC ANDÁIN) C2

À 17 km au sud de Kilkenny par la R 700.

À cheval sur la Nore, cette charmante ville de marché constitue une halte très agréable dans une région de collines verdoyantes et de rivières. Parmi les vestiges historiques de Thomastown, vous découvrirez sur les berges de la Nore, en amont de la rivière, trois des anciens **moulins** qui constituaient jadis la principale activité de la localité. En flânant dans la ville, vous apercevrez aussi les ruines des **murailles** du 14e s. et celles de **St Mary's Church** *(✆ 056 772 6894 - mai-août : 10h-17h30).* Dans le centre du village, prenez Ladywell Street pour faire un tour au **Camphill Community Water Garden** *(✆ 056 772 4690 - avr.-oct. : 10h-17h ; nov.-mars : mar.-vend. 10h-16h30 - 2 €).* Ce luxuriant jardin à l'anglaise, géré par une association pour handicapés, est aménagé autour d'un ruisseau bordé, à la belle saison, d'un foisonnement de plantes exotiques qui s'épanouissent grâce à un microclimat très doux. Vous pouvez vous restaurer sur place à la cafétéria et acheter des graines pour faire vos plantations.

★★ Jerpoint Abbey C2

À 19 km au sud de Kilkenny par la R 700 et 2 km au sud de Thomastown.

✆ 056 772 4623 - www.heritageireland.ie - mars-nov. : 9h-16h ; déc.-fév. : sur RV - 5 € (enf. 3 €).

Au centre d'un réseau d'abbayes situé entre Kilkenny et Waterford, la plus remarquable abbaye cistercienne d'Irlande fut fondée en 1180 par des moines de l'abbaye de Baltinglass, dans le comté de Wicklow, à l'emplacement d'un monastère bénédictin. Son plan suit la disposition cistercienne classique avec une église en croix latine, et la tour fut rajoutée à la croisée du transept au 15e s. Jerpoint est surtout célèbre pour ses belles figures sculptées sur les tombes de deux petites chapelles du croisillon nord de l'église, dont le **groupe des pleureurs★★** – même si ces personnages donnent plutôt l'impression de sourire. Dans la chapelle du croisillon sud, une **dalle gravée★** représente « les frères », deux chevaliers du 13e s. en cotte de mailles.

Le **cloître★** a conservé une partie de sa galerie à arcades, restaurée en 1953. Les colonnes comportent d'intéressantes sculptures de personnages en costume du Moyen Âge. Remarquez notamment un **chevalier et sa dame★** ainsi qu'un **abbé évêque** sur la colonnade ouest.

★ Kilfane Glen and Waterfall C2

À 3 km au nord de Thomastown par la N 9, puis suivez le fléchage.

✆ 056 772 7105 - www.kilfane.com - juil.-août : 11h-18h - 7 €.

Très bel exemple de jardin romantique dans un splendide coin de campagne boisée, ce petit paradis, en apparence naturel mais en réalité très travaillé, n'a pas changé depuis 200 ans, avec sa chute d'eau et son cottage niché au creux d'un vallon. Depuis quelques années, une fondation incite des artistes contemporains à installer leurs œuvres pour décorer les jardins et le bord des chemins environnants.

Carlow C1

À 38 km au nord de Kilkenny par la M 9.

www.carlowtourism.com.

Cette petite capitale (10 000 hab.) de comté est une étape agréable entre Kilkenny et Dublin. Le centre-ville, compact, s'organise le long de Dublin Street et Tullow Street, rues aussi colorées qu'animées. Les ruines du **château** (13e s.) – un pan de

2

mur imposant – sont désormais enserrées dans la ville, à proximité de la rivière Barrow. À côte du Carlow College, entouré par de belles pelouses qu'animent les étudiants, se dresse la « boîte » lumineuse du **VISUAL Centre for Contemporary Art** *(Old Dublin Rd - mar.-sam. 11h-17h30, dim. 14h-17h - gratuit)* organise d'intéressantes expositions temporaires. Tout proche, installé au sein d'un ancien couvent, le passionnant **County Museum** *(College St. - ☎ 059 913 1554 - www.carlowmuseum.com - lun.-vend. 10h-13h, 14h-16h30, w.-end se rens. - gratuit)* raconte le quotidien des habitants du comté à travers le temps.

★ Altamont Gardens C1

À Altamont, 23 km au sud-est de Carlow la N 80

☎ 059 915 9444 - www.heritageireland.ie - avr.-sept. : 9h-18h30 ; reste de l'année : se rens. - gratuit ; parking 2 €.

Ces jardins (16 ha) constituent une très bonne occasion de découvrir le sud du comté de Carlow. Vous prendrez beaucoup de plaisir à parcourir ce patchwork de paysages qui se dessinent sur les bords de la rivière Stanley. Initiés au 18e s., mais avant tout aménagés au début du 20e s., ces jardins rassemblent des essences locales et exotiques – vénérables chênes, ifs sculptés ou rhododendrons dodus –, ménageant des perspectives bien étudiées et des recoins secrets.

Carnet pratique

PLAN P. 146

S'informer

Kilkenny Tourist Office – A1 - *79A High St. Gardens - ☎ 1800 230 330 - www.visitkilkenny.ie.*

Arriver/Partir

En train – *www.irishrail.ie.* Gare sur Dublin Rd (B1). Trains de Kilkenny vers Carlow (25mn), Waterford (35mn) et Dublin Heuston (1h40).

En bus – Gare sur Dublin Rd (B1). Liaisons pour Dublin, l'aéroport de Dublin, Carlow, Waterford ou Cork avec **Bus Éirann/Expressway** *(www.buseireann.ie)* et **Dublin Coach** *(www.dublincoach.ie).*

Agenda

Kilkenny Arts Festival – *www.kilkennyarts.ie.* Une dizaine de jours en août. Musique classique, pop ou jazz, théâtre et animations un peu partout dans Kilkenny et alentour.

Kilkenny Roots Festival – *www.kilkennyroots.com* - 4 jours déb. mai. Nombreux concerts.

Nos adresses

PLAN P. 146

Restauration

Kilkenny

Budget moyen

5 **Kyteler's Inn** – A1 - *St Kieran's St. - ☎ 056 772 1064 - www.kytelersinn.com - ♿ P - 10h30-23h30, sam. 10h30-1h30, dim. 12h30-23h - plats 15/26 €.* Ce pub-restaurant aménagé dans une maison médiévale cultive le souvenir d'Alice, la sorcière de Kilkenny. Cuisine de brasserie abordable à midi, choix d'assiettes à toute heure. Le soir, la carte propose des plats copieux de styles très divers.

7 **Zuni** – B2 - *26 Patrick St. - 056 772 3999 - www.zuni.ie - 8h-21h30 (dim. 20h30) - menu early bird (12h-14h30) 22/28 €, plats 23/30 €.* Ce qui fut un théâtre est devenu un restaurant contemporain élégant et branché, une des très belles adresses de la ville. On y savoure une cuisine métissée et imaginative, qui respecte et met sobrement en valeur de bons produits. Fait aussi hôtel *(13 ch. 150/180 € - voir offres dîner et nuit).*

Pour se faire plaisir

4 **Campagne** – B1 - *5 The Arches, Gashouse Lane - 056 777 2858 - www.campagne.ie - merc.-sam. 17h30-21h, dim. 12h30-14h30 et 18h-20h - formule déj. et early bird 45 €, menu 73 €.* Ovationnée de longue date : cuisine française et irlandaise, moderne, savoureuse et sans chichis.

Carlow

Premier prix

Coolanowle Foodhall – *8 Dublin St. - 059 911 7391 - www.coolanowlefoodhall.ie - mar.-sam. 8h30-17h - plats 5/12 €.* Jolie boucherie-épicerie qui met l'accent sur les produits bio et locaux. Idéal pour composer un pique-nique ou pour un déjeuner plein de saveurs à déguster sur place (plats du jour, salades, sandwichs).

Budget moyen

Mimosa – B1 - *College St - 059 917 0888 - www.mimosawinebar.com - merc.-sam. 17h30-23h30, dim. 15h-21h.* D'agréables salles au décor oriental, une terrasse donnant sur le jardin à l'arrière et une jolie carte de tapas *(7/12 €)* à accompagner d'un large choix de vins.

Boire un verre

Kilkenny

Marble City Bar and Tearooms – *66 High St. - 056 776 1143 - www.langtons.ie - P - 8h30-17h, w.-end 9h30-17h.* Musique traditionnelle.

Matt The Millers – *1 John St. Lower (à côté du pont) - 056 776 1696 - www.mattthemillers.com - 11h-23h30.* Totalement bondé, surtout le w.-end (rock, DJ's, musique traditionnelle).

John Cleere – *28 Parliament St. (à côté du pont) - 056 776 2573 - www.cleeres.com - 12h-0h30.* Pub attachant, dans son jus, avec une belle programmation musicale.

Left Bank – *1 The Parade - Gardens - 056 775 0016 - www.leftbank.ie - 12h-23h, vend.-sam. 12h-0h30.* Une version assez réussie de ce qu'est aujourd'hui l'art de la fête en Irlande : ambiance musicale, gastronomie, night club. Plus tout à fait le pub irlandais traditionnel, et pourtant…

Thomastown

O'Haras – *Logan St - 056 772 4597 - 10h30-23h30, jeu.-sam. 10h30-0h30, dim. 12h-23h.* Un pub authentique à l'ambiance typique, fréquenté par des habitués, fervents amateurs de musique traditionnelle, ainsi que des amis de passage. Certains soirs, le O'Haras devient LE lieu du *craic* (la fête à l'irlandaise).

Carlow

Tully's – *148-149 Tullow St. - 059 913 1862 - www.tullysbarcarlow.ie - 11h30-0h30.* Un pub urbain animé, musique *live* en fin de semaine.

Activités

Courses de lévriers

Kilkenny Greyhound Racing – *St James's Park, Kilkenny - 056 772 1214 - www.grireland.ie - entrée 10 €.* Courses de lévriers merc. matin et vend. soir.

Randonnée

Les collines et vallées des comtés de Kilkenny et Carlow sont propices à la randonnée, que ce soit pour

2

une courte marche en famille ou une expérience plus sportive. Très bien fait, le site **www. trailkilkenny.ie** détaille l'ensemble des parcours (à pied ou à vélo), urbains, péri-urbains ou en pleine nature, avec conseils et cartes.
Dans le comté de Carlow, le **Barrow Way** suit le cours de la rivière Barrow sur 114 km en passant par Monasterevin, Athy, Carlow, Graiguenamanagh et St Mullins. Il est bien sûr possible de n'emprunter qu'une portion de celui-ci. www.sportireland.ie/ outdoors/walking/trails/ barrow-way

Sports gaéliques

Le club Kilkenny GAA *(www. kilkennygaa.ie)*, fondé en 1887, est le plus titré du pays en *hurling* et l'un des leaders en *camogie*. N'hésitez pas à assister à un match lors de votre passage (voir le site du club pour le calendrier et les billets). À défaut de prendre place au Nowlan Park, suivez la rencontre dans un pub local comme le **Lanigans Bar** *(Rose Inn St.)*.

Hébergement

Kilkenny

Attention, il est difficile de se loger dans Kilkenny pendant les festivals si vous n'avez pas réservé.

Premier prix

5 **Kilkenny Tourist Hostel** – A1 - *35 Parliament St. - 056 776 3541 - www.kilkenny-tourist-hostel-ie.book.direct/en-gb - - 76 lits - lit en dortoir 19/26 €; ch. 49/70 €.* Une auberge de jeunesse située en plein centre-ville. Dortoirs de 6 à 8 lits et quelques chambres. L'ambiance est conviviale, on peut cuisiner et faire sa lessive.

Budget moyen

3 **Butler Court** – B2 - *14 Patrick St. - 056 776 1178 - www.butlercourt.com - P - 14 ch. 95/150 €.* Les jolies chambres, parfaitement entretenues, se répartissent autour d'une charmante cour intérieure. Une belle adresse.

Rosquil House – B1 EN DIR. - *Castlecomer Rd (au nord de la ville) - 056 772 1419 - www. rosquilhouse.com - P - 7 ch. 110/145 €.* Une grande maison aux chambres spacieuses et claires, dans un style classique.

Pour se faire plaisir

1 **Butler House** – B2 - *16 Patrick St. - 056 772 2828 - www. butler.ie - P - 14 ch. à partir de 135 €.* Ce manoir du 18e s. donne sur un jardin et fait partie du château de Kilkenny. Confort d'un trois-étoiles pour des chambres grandes et lumineuses, décorées dans un style contemporain sobre. Le petit-déjeuner est servi dans les anciennes écuries du château. Une folie qui le vaut bien!

Blanchville House – B1 EN DIR. - *Dunbell, Maddoxtown (à 10,5 km au sud-est par la N 10) - 056 772 7197 - www.blanchville. ie - P - 2 Coach Houses et 1 cottage 350/425 € le w.-end.* Ce petit manoir chic, meublé d'antiquités, cache derrière sa façade austère un décor de bonbonnière. Accueil impeccable, table raffinée et possibilité de goûter aux soins, réflexologie, massages, reiki, aromathérapie. Vous pouvez louer un très un beau gîte à la semaine.

Voir aussi **Zuni** dans *« Restauration »*.

Carlow

Premier prix

Barrowville Town House – *Kilkenny Rd - 059 9143 324 - www.barrowville.com - P - 7 ch. 90/100 €.* Un B & B sans mauvaises surprises : simple, confortable et accueillant.

Clonmel et ses environs ★

Ancien lieu de peuplement comme l'attestent les nombreux mégalithes de la région, la ville de Clonmel (Cluain Meala, « prairie de miel ») fut fondée au 10e s. par les Vikings, venus de Waterford. L'animation de cette importante agglomération, à cheval sur la Suir, à la frontière des comtés de Waterford et de Tipperary, en fait une ville d'étape. Au sud-est de Clonmel, les Comeragh Mountains, hautes collines sillonnées d'étroites vallées, recèlent des paysages d'une beauté intense avec leurs tourbières et leurs forêts de sapins. Des environs proches qui ne manqueront pas de séduire les amateurs de randonnée ainsi que les amoureux de la nature et les passionnés d'archéologie

Se repérer

CARTE B2 (P. 114-115) - PLAN DE CLONMEL (P. 150).

Clonmel 17 510 hab - Comté de Tipperary. Clonmel se trouve presque à mi-chemin sur l'axe Waterford-Limerick, qui relie la côte sud-est de l'île à la côte ouest et à l'estuaire du Shannon.

À ne pas manquer

Une balade dans les Comeragh Mountains; les mégalithes du Tooreen Drive; Ormond Castle à Carrick-on-Suir.

Organiser son temps

Prenez le temps de faire une randonnée le long de l'East Munster Way.

En famille

Ormond Castle.

Carnet pratique p. 152

Nos adresses p. 153

2

Se promener

PLAN P. 150

L'essentiel du centre-ville s'étend autour de O'Connell Street et de Parnell Street, deux rues piétonnières parallèles aux quais de la Suir

The Main Guard B2

Sarsfield St. - ✆ 052 612 7484 - www.heritageireland.ie - avr.-sept : tlj sf lun. 9h-17h; oct.-mars : se rens. - dernière entrée 45mn av. fermeture - gratuit.

Cet édifice fut construit en 1675 par James Butler, duc d'Ormonde, pour remplacer la précédente cour de justice du comté, détruite par les troupes de Cromwell en 1650. Vers 1810, le rez-de-chaussée et ses arcades ont été transformés en échoppes.

Plus à l'est, dans Parnell Street, à l'emplacement d'une ancienne maison de marchands du 17e s., se dresse un bâtiment du 19e s. qui abrite le **Town Hall** (B1-2). La statue, en face, représente un combattant de l'insurrection de 1798.

De l'autre côté de la rue, Hearn's Hotel occupe un ancien relais de poste fondé en 1792, dans lequel Charles Bianconi créa son premier dépôt de diligences *(voir encadré p. 151)*. À gauche de la mairie sur le plan, l'étroite Dowd's Lane est bordée par les anciennes installations de **Bulmer's**, la plus célèbre cidrerie d'Irlande, fondée en 1937 *(ne se visite pas)*. L'essentiel de la production, en partie avec des pommes de la région, est désormais élaboré dans une usine moderne à l'extérieur de la ville.

West Gate A2

À l'ouest de O'Connell Street, cette porte, inspirée du style Tudor (début du 19e s.), s'élève à l'emplacement d'une ancienne porte qui séparait la ville anglo-normande d'Irishtown, les faubourgs où étaient relégués les Irlandais.

★ St Mary's Church A1

Au nord de West Gate se dresse ce sanctuaire protestant. L'édifice d'origine, remontant au 13e s., fut l'objet de nombreuses modifications aux 15e et 16e s., et son imposante **tour** fut restaurée au début du 19e s.
Tout près, vous noterez les ruines d'anciennes fortifications de Clonmel.

★ Tipperary Museum of Hidden History B1

Civic Centre, Mick Delahunty Square - ✆ 052 616 5252 - www.hiddenhistory.ie - mar.-sam. 10h-13h, 14-16h - gratuit - audioguide en français.
Totalement rénové en 2019, ce musée moderne rassemble des souvenirs civils et militaires sur le comté de Tipperary et tout l'est de l'Irlande. Vous découvrirez notamment une intéressante collection d'objets préhistoriques et des monnaies romaines trouvées dans la région. Grâce à ses installations interactives, vous « rencontrerez » des personnages historiques, des artistes, des sportifs, et partagerez le quotidien des paysans du comté au 19e s. comme des grandes familles qui régnaient sur la région.

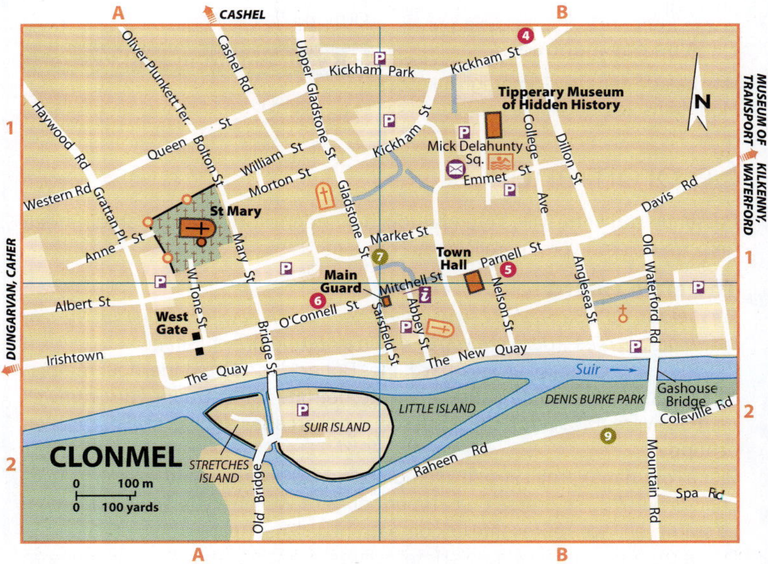

SE RESTAURER
Prego Pizza 4
Mani 5
Sean Tierney's 6

SE LOGER
Mulcahys 7
Raheen House Hotel 9

Un Italien très irlandais

Originaire de Lombardie, Charles Bianconi (1786-1875) fut envoyé en Irlande à l'âge de 16 ans pour échapper à un scandale amoureux. En 1815, il profita du bas prix des chevaux militaires, rendus inutiles après la défaite de Napoléon, pour lancer une première diligence assurant la liaison Clonmel-Cahir. Commerçant ingénieux et patron intraitable, il réussit à créer un système de communication efficace et ponctuel, qui faisait jusque-là défaut à l'Irlande. Vers 1847, ses voitures parcouraient 22 comtés, totalisant près de 7 000 km par jour. Ami du leader catholique Daniel O'Connell, il finança la cause nationaliste et fut élu à deux reprises maire de Clonmel. De 1826 à 1834, il résida dans ce qui est aujourd'hui le Hearn's Hotel.

À proximité

CARTE P. 114-115

Carrick-on-Suir (CARRAIG NA SIÚIRE) B2

À 24 km à l'est de Clonmel par la N 24.

Carrick-on-Suir Heritage Centre – *Main St. - 051 640 200.*

Les amoureux de la petite reine auront une pensée pour le champion cycliste Sean Kelly. Le vainqueur, entre autres, de Paris-Roubaix en 1984 et du Tour d'Espagne 1988, est né dans cette élégante petite ville tranquille avec son beau **pont à arches** du 15e s. qui enjambe la Suir.

★★ **Ormond Castle** – *Castle Park - 051 640 787 - www.heritageireland.ie - visite guidée seult : avril-oct. 10h-18h (dernière entrée 17h15) - 5 € (enf. 3 €).* C'est Piers Butler, enterré dans St Canice's Cathedral à Kilkenny, qui fit construire un premier château au 15e s. Par la suite, vers 1560, les restes de l'édifice d'origine furent en partie intégrés à un manoir du plus pur style élisabéthain par Thomas Butler, 10e comte d'Ormonde, pour y recevoir sa cousine, la sulfureuse reine d'Angleterre, Elizabeth Ire, qui n'y est jamais venue... Dans la longue **galerie**★ qui occupe le 1er étage de l'aile est, une frise de stuc représente les personnages de la cour d'Henri VIII et d'Elizabeth Ire. Faites un tour par les logements des domestiques, situés dans les combles, sous une impressionnante charpente. De retour au rez-de-chaussée, vous pourrez admirer une très belle collection de **chartes**★★ par lesquelles la cour de Londres conféra titres et privilèges à la famille d'Ormonde. Sur l'une d'entre elles, remarquez l'étonnant **médaillon** représentant la reine Mary, la poitrine dénudée, aux côtés de son époux Guillaume d'Orange.

Circuit conseillé

CARTE P. 114-115

★ Les Comeragh Mountains B2

Ces collines verdoyantes d'altitude moyenne sont sillonnées par la Nire, bordée de forêts et de tourbières. Elles révèlent de beaux points de vue et de nombreux sites mégalithiques. Plusieurs itinéraires s'offrent à vous :

★★ Nire Valley Scenic Route

Circuit de 64 km au départ de Clonmel par la R 678 jusqu'à Ballymacarbry, puis retour à Clonmel par la R 671.

Elle serpente à travers les montagnes en ménageant de belles perspectives sur la vallée. Plus court et tout aussi agréable, un autre itinéraire permet de rejoindre Ballymacarbry en traversant les Comeragh Mountains *via* **Harney Cross**

2

(à Clonmel, prenez la R 678 en direction du golf, puis poursuivez sur 8 km jusqu'à Harney Cross). Arrêtez-vous au camping **Powers the Pot** pour boire un verre et obtenir des informations sur les sentiers de la région. L'endroit, idéalement situé à 345 m d'altitude, offre une **vue★** spectaculaire sur les collines environnantes. En repartant vers le sud et Ballymacarbry, la petite route traverse en droite ligne les Comeragh Mountains dans un paysage de landes et de tourbières. Sur votre gauche, vous apercevez **Moanyarha Bog**, une tourbière en exploitation.

★ Tooreen Drive

▶ Suivez la même route pendant environ 5 km. Après une série de virages, vous franchissez un petit pont. Continuez sur 2,5 km avant de prendre sur votre gauche la petite route de **Tooreen**, puis de nouveau à gauche à la fourche. Roulez encore sur 2,5 km jusqu'aux ruines d'un four à chaux sur le côté droit de la route et garez-vous près d'une maison à 50 m sur la droite. Attention, rien n'est fléché.

Le chemin conduit à une série de sites mégalithiques *(il est parfois fermé par une barrière qui se contourne aisément)*. À une dizaine de mètres sur votre gauche, derrière le talus, au milieu des fougères, un signe sur un rocher indique l'emplacement d'un très intéressant **cercle de pierres★** de l'âge du bronze. On pense que les 12 petits menhirs qui le forment sont les repères d'un calendrier, car ils indiquent précisément les saisons au moment des solstices et des équinoxes.

De l'autre côté du chemin, une flèche indique un alignement de quatre pierres de 50 cm de haut près d'un petit **tumulus★** funéraire caché dans la bruyère, dont une pierre marque l'entrée.

Revenez sur le chemin et effectuez encore une centaine de mètres. Sur votre gauche, à la lisière d'une forêt de sapins, vous apercevez dans une prairie les restes d'un **cercle de pierres** de l'âge du fer. D'autres vestiges mégalithiques de moindre importance sont dispersés dans les forêts environnantes.

Revenez sur la route principale et prenez à gauche jusqu'à **Ballymacarbry★ (Baile Mhac Cairbre)**. Ce minuscule hameau, au creux d'un vallon sur les rives de la Nire, constitue le point de départ de randonnées dans la Nire Valley.

Carnet pratique

PLAN P. 150

S'informer

Clonmel Tourist Office - B2 - *The Main Guard, Sarsfield St. - ✆ 052 612 2960 - www.clonmeltourism.ie.* Brochure complète sur Clonmel et les cartes des randonnées.

Arriver/Partir

Clonmel

En train - Gare, Prior Park Rd (à 1,5 km au nord de la ville). 3 dép./j. pour Carrick-on-Suir (20mn) et Waterford (50mn).

En bus - Gare, Prior Park Rd (à 1,5 km au nord de la ville). Les bus Éirann/Expressway desservent Waterford (1h), Limerick (1h30), Cork (2h) et Dublin (3h15). Bus aussi vers Kilkenny (1h05) et l'aéroport de Dublin.

Carrick-on-Suir

En train - La gare se trouve sur la route de Kilkenny. Trains pour Clonmel (20mn) et Waterford (25mn).

En bus - Nombreuses liaisons vers Waterford (35mn).

Transports

Location de vélos

OK Sports – *New St., Carrick-on-Suir - ✆ 051 640 626 - tlj sf dim.-lun. 9h30-18h.*

Blueway Bike Hire – *North Quay, Carrick-on-Suir - ✆ 051 640 130 - www.bluewaybikehire.ie.*

Agenda

Clonmel Junction Arts Festival – www.junctionfestival.com - 10 jours en juillet. Festival des arts multidisciplinaires (musique, cirque, littérature, théâtre).

Nos adresses

PLAN P. 150

Restauration

Clonmel

Premier prix

4 **Prego Pizza** – B1 - *1 Thomas St. - ✆ 052 612 1500 - www.pregopizzas.com - 14h-22h, vend.-sam. 13h-23h, dim. 13h-22h - pizza 8/12 €.* Pour une pause déjeuner rapide, simple et agréable. Vous pouvez aussi emporter une des délicieuses pizzas cuites sur place.

Budget moyen

6 **Sean Tierney's** – A2 - *13 O'Connell St. ✆ 052 612 4467 - www.seantierneys.com - à partir de 12h30 - plats 16/32 €.* L'un des plus célèbres pubs de la ville, au décor mi-Far West mi-médiéval. Il propose, à midi, un large choix de copieux *open sandwichs*, et le soir, à l'étage, de robustes plats de viande comme le steak gaélique à la sauce au whiskey.

5 **Mani** – B1 - *20 Parnell St. - ✆ 052 617 0007 - www.mani.ie - mar.-sam. 17h-21h - plats 15/30 €, menu 54 €.* Un bel et agréable établissement où les produits locaux sont mis en avant, accommodés avec soin et imagination.

Carrick-on-Suir

Budget moyen

The Carraig – *Main St. - ✆ 051 641 455 - www.carraighotel.com - 8h-14h30, vend.-dim. soir aussi - plats 15/25 €.* Au Front Bar du Carraig Hotel, on peut manger à tous les prix, soit au bar d'un snack ou d'un plat du jour, soit dans le restaurant plus formel, de plats classiques, grillades ou poisson.

Boire un verre

Clonmel

Mulcahys – *47 Gladstone St. - ✆ 052 612 5054 - www.mulcahys.ie.* Le plus grand pub de la ville comprend plusieurs salles décorées façon country où l'on écoute de la musique traditionnelle ou rock. Un night-club, dont l'entrée se trouve sur Market St., fait partie du même établissement.

Phil Carrolls – *16 Parnell St. - 17h-1h.* Attachant pub de poche où l'ambiance monte lors des *live*.

Sean Tierney's – A2 - *Voir « Restauration ».* L'un des pubs les plus populaires de la ville.

Shopping

Carrick-on-Suir

Dove Hill Centre – *Ballynoran (à 5 km à l'ouest sur la N 24 vers Clonmel) - ✆ 051 645 013 - 9h30-18h, dim. et j. fériés 12h-18h.* Dans l'ancienne cristallerie de Tipperary, que jouxtent deux cottages à toit de chaume, un restaurant et des boutiques : jardinage (Tipperary Gardener), vêtements de maille irlandaise (Blarney Wollen Mills), déco (Meadows & Byrne).

2

Activités

Activités de pleine nature

Les abords de la Suir sont un terrain de jeu idéal pour les randonneurs, mais aussi les amateurs de kayak et de paddle. Le **Suir Blueway Tipperary** est en effet un parcours balisé qui permet aux premiers de parcourir, à pied ou à vélo, les 21 km qui séparent Clonmel et Carrick-on-Suir, et aux seconds de pagayer sur 53 km entre Cahir *(voir p. 157)* et Carrick-on-Suir *via* Conmel. Informations sur les trajets, la location de vélos et de kayaks ou les circuits accompagnés sur : www.tipperary.com/itinerary/suir-blueway-tipperary-adventure. Les marcheurs pourront emprunter l'**East Munster Way**, un sentier de grande randonnée de 70 km, facile et bien fléché, entre Carrick-on-Suir (dép. devant Ormond Castle) et Clogheen *via* Clonmel. Il sillonne d'est en ouest les Comeragh Mountains et les Knockmealdown Mountains. Pour tous les détails : www.sportireland.ie/outdoors/walking/trails/east-munster-way.

Golf

Clonmel Golf Club – *Mountain Rd - Lyreanearla (à 4 km au sud par la R 678) - 052 612 4050 - www.clonmelgolfclub.com - green fee 25/30 €.* 18 trous, bien situé à flanc de colline dans un environnement superbe. Plus cher le w.-end.

Hébergement

Clonmel

Budget moyen

7 **Mulcahys** – AB1 - *47 Gladstone St. - 052 612 5054 - www.mulcahys.ie - - 15 ch. 99/115 €* . Un hôtel aux chambres claires et confortables, aménagées au-dessus du plus grand pub de la ville. L'établissement compte aussi un restaurant. Le tout bien fait, mais pas toujours très calme.

Pour se faire plaisir

9 **Raheen House Hotel** – B2 - *10 Raheen Rd - 052 612 2140 - www.raheenhouse.ie - - 15 ch. 150/175 €* . Cette demeure georgienne, entièrement rénovée, dispose d'un agréable jardin et assure un service attentionné. C'est l'endroit rêvé pour se poser au calme (à condition qu'il n'y ait pas de réception organisée).

Hotel Minella – B2 EN DIR. - *Coleville Rd, Croan Lower - 052 612 2388 - www.hotelminella.com - - 90 ch. 150/175 €* . Ce vaste complexe organisé autour d'une belle demeure georgienne est situé au sein d'un parc en bord de rivière. Large choix de chambres, toutes confortables, et nombreuses installations de loisirs (piscine couverte, salle de fitness, tennis...).

Carrick-on-Suir

Budget moyen

Carraig Hotel – *Main St. - 051 641455 - www.carraighotel.com - - 23 ch. 110/140 €* . Un hôtel agréable qui propose des formules B & B avec dîner à des prix intéressants *(voir « Restauration »)*.

Cashel et ses environs ★★★

Blotti au pied d'un rocher d'une soixantaine de mètres de haut, ce gros bourg possède certains des vestiges religieux les plus intéressants du pays. Au sommet de la colline, les silhouettes romantiques de la tour ronde et de l'ancienne cathédrale en ruine dégagent une impression de mystère. Capitale des souverains celtes du royaume de Munster, christianisée au 5e s. par l'incontournable saint Patrick, Cashel, l'un des hauts lieux de l'Irlande chrétienne primitive, conserve une place importante dans l'imaginaire collectif irlandais. Un symbole.

Se repérer

CARTE A2 (P. 114-115) - PLAN DU ROCK OF CASHEL (P. 156).

Cashel (Caiseal) 4 400 hab. – Comté de Tipperary. Cashel est à 15 km au nord-ouest de Clonmel par la R 688.

À ne pas manquer

Le Rock of Cashel ; lire *in situ*, un des romans policiers de Peter Tremayne mettant en scène sœur Fidelma.

Carnet pratique p. 158

Nos adresses p. 158

Se promener

★★★ Rock of Cashel PLAN PAGE SUIVANTE

062 61 437 - www.heritageireland.ie - mars-oct. : tlj 9h-17h30 ; oct.-mars : 9h-16h30 - dernière entrée 45mn av. fermeture - 8 € (enf. 4 €) ; suppl. pour la visite de la Cormac's Chapel 3 € ; parking payant 4 € (moins cher dans le village).

Près du parking, au pied du rocher, vous pourrez déjeuner ou acheter quelques souvenirs au **Brú Ború**, un centre culturel proposant une exposition multimédia sur la musique traditionnelle irlandaise et des *sessions (voir « Activités »)*.

Le site offre par tous les temps un **panorama** ★ à 360° sur les environs : collines ondulantes, vertes prairies, villages, ruines de Hore Abbey *(voir plus loin)*...

Le plus ancien bâtiment religieux, **Cormac's Chapel**★★, édifice de style roman du 12e s. bien conservé et richement décoré, fut construit par des moines venus d'Allemagne. Il présente des motifs ornementaux uniques en Irlande comme un centaure coiffé d'un casque, tirant une flèche sur un lion *(tympan du portail nord)* et des représentations celtiques traditionnelles sculptées telles des têtes humaines ou des figures animalières *(voûte de la chapelle)*. En revanche, les entrelacs qui décorent les restes d'un sarcophage princier sont d'inspiration viking.

De style anglo-normand, la **cathédrale**, impressionnante par sa taille, fut incendiée et pillée en 1647 lors des guerres de Cromwell. Construite au 13e s. suivant un plan cruciforme, elle comporte un clocher central érigé un siècle plus tard. Dans le chœur, une niche *(côté sud)* renferme la dépouille de l'évêque Miler MacGrath, marié deux fois et père de neuf enfants, mort en 1621 après avoir servi conjointement les cultes protestant et catholique. À l'extérieur de la cathédrale, touchant le transept nord, se dresse une **tour ronde**★ du 12e s. mesurant 28 m de haut.

Elle comprend cinq étages que l'on gravissait avec des échelles, et son entrée est située à 3,50 m du sol.
Le petit **musée** installé dans la crypte de la Manor House était, au moment de notre passage, fermé pour rénovation (se rens.).
Du Rock of Cashel, empruntez le **Bishop Walk** en suivant le fléchage sur votre droite. Ce chemin serpente à travers champs jusqu'au parc situé sur l'arrière du **Cashel Palace★**, ancien palais épiscopal de style palladien aménagé en hôtel de luxe *(voir « Hébergement » dans « Nos adresses »)*.
Traversez Main Street, la rue principale de Cashel, et suivez John Street jusqu'à **St John's Cathedral** (Church of Ireland), construite au 18e s. pour remplacer la cathédrale détruite du Rock of Cashel.
Revenez sur vos pas jusqu'à Main Street, où se dresse le **Town Hall** (1886), aisément reconnaissable à sa façade jaune. Vous y trouverez l'office de tourisme, ainsi que le **Cashel Heritage Centre** *(✆ 062 61333 - www.cashel.ie - 9h30-17h30 - fermé le w.-end en hiver - gratuit)* qui expose une maquette de la cité en 1640, avec commentaire audioguidé *(en français)*.
Tournez à droite, puis à gauche dans Dominic Street, où se trouve le **Folk Village** *(✆ 087 915 1316 - www.cashelfolkvillage.com - d'avr. à mi-oct. : 10h-18h ou 19h30 ; de mi-oct. à fin mars sur RV - 8 €, 6-13 ans 5 €)*. Ce petit musée privé, aménagé

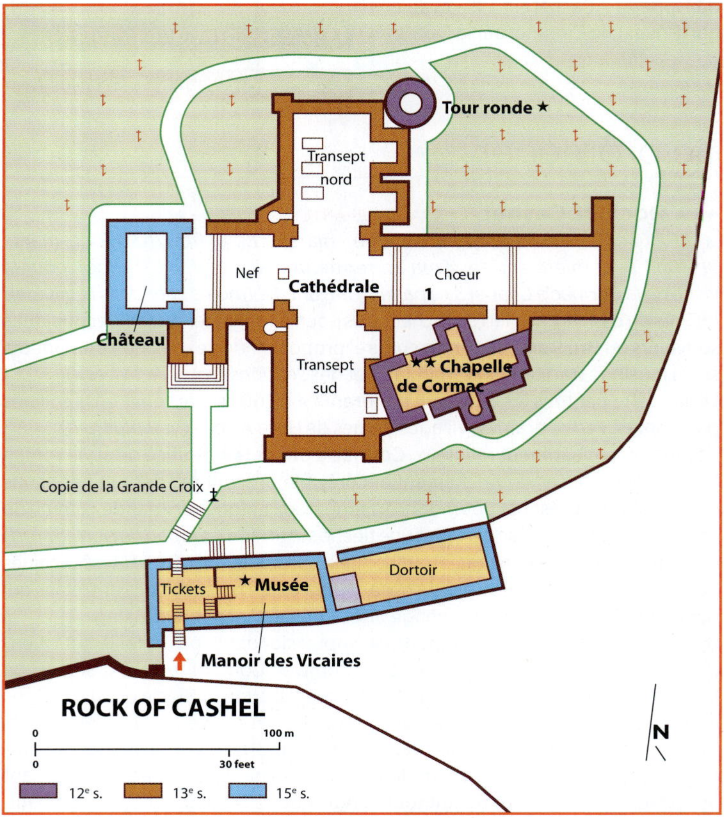

dans une maison à toit de chaume, expose des objets de la vie rurale d'autrefois et des souvenirs de la guerre d'indépendance de 1916.
Un peu plus loin dans la rue se dressent les ruines du **Dominican Friary**, monastère du 13e s. dont l'église a conservé son clocher d'origine.
Vous pouvez prolonger la balade jusqu'à **Hore Abbey** *(1 km à l'extérieur du village par la route de Dundrum)*. Les ruines de la dernière abbaye cistercienne construite en Irlande (13e s.) émergent d'un champ, d'où l'on bénéficie d'une belle perspective sur le Rock of Cashel.

À proximité

CARTE P. 114-115

Athassel Priory A2

À Golden, 9 km au sud-ouest de Cashel par les N 74 et L 3101. Accès libre.
Au bord de la rivière Suir s'élèvent les ruines romantiques de ce monastère augustinien du 12e s., l'un des plus grands d'Irlande, où résidaient plus de 2 000 chanoines. En parcourant les 2 ha de ce site bucolique, on devine sans mal l'immensité de la nef de l'église, la splendeur du cloître, ainsi que les transformations successives des divers édifices qui le composaient. Un joli pont de pierre enjambe un ruisseau.

★★ Cahir Castle A2

À 18 km au sud de Cashel. ✆ 052 744 1011 - www.heritageireland.ie - de mi-juin à fin août : 9h-18h30 ; de mars à mi-juin et de sept. à mi-oct. : 9h30-17h30 ; de mi-oct. à fév. : 9h30-16h30 - 5 €, enf. 3 €.
Cet imposant édifice du 13e s., construit sur une île de la Suir, devint par la suite le fief des Butler, famille anglo-normande qui régnait sans partage sur tout le sud-est de l'Irlande à l'époque de la domination anglaise. Dans le Banqueting Hall, une tête d'élan géant, retrouvée dans une tourbière, date de la fin de l'époque glaciaire. Le reste du château est une suite de couloirs, d'escaliers en colimaçon, de recoins secrets et de chemins de ronde, qui ont servi de cadre au tournage des films *Excalibur* et *Barry Lyndon ainsi qu'à la série télé Les Tudors.*
Du château, le **Riverside Walk** longe la Suir jusqu'au Swiss Cottage.

★ Swiss Cottage A2

À 3 km au sud de Cahir Castle par la R 668.
Ardfinnan Rd - ✆ 052 744 1144 - www.heritage ireland.ie - mars-oct. : 10h-18h (dernière entrée 17h15) - gratuit.
Cet étrange édifice, dû au Britannique John Nash (l'architecte du palais de Buckingham à Londres), tient plus d'une hutte du Pacifique que d'un chalet suisse... Érigé au début du 19e s. pour le bon plaisir de lord Caher Butler, il servait de lieu de rendez-vous et de pavillon de pêche. Il possède, au rez-de-chaussée, un exemplaire rarissime de **papier peint** panoramique français représentant un paysage orientaliste,

Fethard Horse Country Experience B2

À 16 km à l'est de Cashel et 17 km au nord de Clonmel.
The Tholsel, Main St. - ✆ 052 613 0439 - www.fhcexperience.ie - tlj sf lun. 11h-16h - 12,50 €, famille 32 €.
Dans l'imposant Tholsel du 17e s. réhabilité, une exposition interactive (panneaux, écrans tactiles) met le cheval à l'honneur, non pas comme animal de course ou de trait, mais comme véritable partenaire de l'homme, soit plus de 2 000 ans d'histoire commune ! Une façon de rendre justice et toute sa place au cheval en tant qu'élément actif de la culture irlandaise. Pour tous les âges.

The Rock of Cashel, Comté de Tipperary.
E. Fleisher/Look/age fotostock

Carnet pratique

S'informer

Cashel Tourist Information – *Town Hall, Main St. - ☎ 062 61333 - www.cashel.ie.*

Arriver/Partir

Cashel

En bus – Arrêt de bus dans Main St. Le bus Éireann 245X assure la liaison entre Cashel et Dublin (2h) ou Cork (1h40) *via* Cahir (15mn).

Cahir

En train – La gare de Cahir est située au bout de Church St. - 3 trains/j. pour Clonmel, Carrick-on-Suir et Waterford.

En bus – Gare routière près du château. Le bus Éireann 245X assure 4 liaisons par jour entre Cahir et Dublin (2h30) ou Cashel (15mn) et Cork (1h20). Le bus Expressway 55 relie Limerick à Waterford (1h15) *via* Cahir.

Nos adresses

Restauration

Cashel

Budget moyen

Café Hans – *Moore Lane (au pied du Rock) - ☎ 062 63660 - www.chezhans.net - P - 17h30-21h30, dim. 12h30-20h - menu 38 €.* Pour déjeuner, sous une verrière, de plats simples, frais et authentiques. Une déclinaison simplifiée de Chez Hans, LE restaurant de Cashel.

Mikey Ryan's – *76 Main St. - ☎ 062 62007 - www.mikeyryans.ie - P - lun.-sam. 10h30-21h, dim. 12h-20h - plats 16/39 €, menu 38 €.* Tout enchante chez Mikey.

Le cadre : un vénérable pub modernisé et son calme jardin à l'arrière ; l'assiette : locale, colorée et bien tournée ; l'accueil : professionnel et chaleureux.

Pour se faire plaisir

Chez Hans – *Moore Lane (au pied du Rock) - 062 61177 - www.chezhans.net - P - vend.-sam. soir, dim. midi et soir - menus 35/60 €.* Ce restaurant, tenu de longue date en famille, occupe un imposant bâtiment de 1861 qui abritait autrefois une salle du synode. Cuisine classique pleine de saveurs.

Boire un verre

Cashel

Les pubs ne manquent pas dans Main St. Musique traditionnelle au **Feehan's** et au **Davern's**.

Fethard

McCarthy's – *Main St. - 052 613 1149 - www.mccarthyshotel.net - 12h-23h30.* Depuis 1850, cinq générations ont fait battre le cœur de Fethard.

En soirée

Cashel

BrúBorú – *Au pied du Rock of Cashel - 062 61122 - www.bruboru.ie - billets 20/25 € (enf. 10/15 €).* Formule avec concerts et spectacles de danse traditionnelle organisé par l'excellent Comhaltas Ceoltóirí Éireann.

Activités

Équitation

Cahir Equestrian Centre – *Ardfinnan Rd - 086 251 5875 - 052 744 1426 - www.cahirequestrian.com.* Balades et randonnées équestres.

Randonnée

Le **Tipperary Heritage Way** est un parcours balisé de 56 km suivant le cours de la rivière Suir entre Cashel et The Vee Gap (près de Clogheen) *via* Cahir. Toutes les infos sur : www.sportireland.ie/outdoors/walking/trails/tipperary-heritage-way.

Voir aussi l'itinéraire **Suir Blueway Tipperary** p. 154.

Hébergement

Cashel

Premier prix

Cashel Holiday Hostel – *6 John St. - 062 62330 - P - 50 lits 20 €, 3 ch. 75 €.* Basique mais agréable auberge de jeunesse dans une maison georgienne. Petits dortoirs de 4 et 8 lits avec sanitaires et trois chambres doubles à l'étage.

Aulber House – *Golden Rd - Deerpark - 062 63713 - www.aulberhouse.com - P - fermé nov.-fév. - 12 ch. 90/105 €.* À 5mn du centre, maison de style georgien aménagée avec élégance.

Budget moyen

Baileys Hotel – *42 Main St. - 062 61937 - www.baileyshotel cashel.com - P - 20 ch. 100/135 €.* En plein centre-ville, cette belle maison georgienne abrite des chambres modernes et confortables, ainsi qu'un agréable restaurant.

Une folie

Cashel Palace Hotel – *Main St. - 062 62002 - cashelpalacehotel.ie - P - fermé nov.-fév. - 51 ch et suites à partir de 359 €.* Beau manoir palladien entouré d'un parc. Chambres et suites luxueuses, salons exclusifs, bar, restaurant et Spa.

Cahir

Premier prix

Tinsley House – *The Square. - 052 7441947 - www.tinsleyhouse.com - 7 ch 80/100 €.* Un B & B accueillant sur la place principale du village.

2

De Dungarvan à Youghal ★

À l'embouchure de la Colligan, le petit port de Dungarvan se niche au creux de la baie du même nom. La ville, colorée et animée, constitue une étape pratique pour partir à la découverte des falaises de Helvick Head, du sanctuaire gaélique d'An Rinn ou de l'arrière-pays, riche en vestiges du passé, comme le splendide château de Lismore. Plus à l'ouest, Youghal est un autre port attachant, qui commande une côte plus accidentée annonçant déjà l'Irlande sauvage de l'Atlantique.

Se repérer

CARTE AB3 (P. 114-115).

Comtés de Waterford et de Cork. Dungarvan se trouve à 46 km à l'ouest de Waterford.

À ne pas manquer

Helvick Head ; Ardmore ; un repas dans un bon restaurant de Dungavan ; une soirée musicale au pub An Seanachaí.

Organiser son temps

Prenez le temps de savourer les petites routes côtières et, s'il fait beau, prévoyez un pique-nique sur l'une des jolies plages qui parsèment la côte autour de Youghal.

Carnet pratique p. 165

Nos adresses p. 165

Se promener

★ Dungarvan (DÚN GARBHÁN) B3

www.dungarvantourism.com.

Dungarvan est un point d'accès du **Waterford Greenway** *(voir encadré p. 136)*. Ce joli port vit au rythme des marées et ouvre sur un paysage de collines et de langues de sable baignées par l'océan. La ville s'organise autour de **Grattan Square**, qu'animent plusieurs terrasses.

En longeant le quai bordé de maisons colorées, on atteint le **Dungarvan Castle** *(✆ 058 48 144 - www.heritageireland.ie - de fin-mai à déb. oct. : 10h-18h - gratuit)*, édifié par Jean sans Terre en 1185, témoin de la fondation de Dungarvan par les Anglo-Normands. Du château initial, il reste une enceinte, une tour d'angle et une tour de porte. L'intérieur a été investi au 18e s. par une caserne, où se tient une petite exposition sur l'histoire de l'édifice.

Parmi les jolies façades alentours, voyez celle, noire et blanche, qui abrite **Old Market House Arts Centre** et ses expositions temporaires *(mar.-sam. 11h-17h)*.

À proximité, le **Waterford County Museum** *(St Augustine St. - ✆ 058 45 960 - www.dungarvanmuseum.org - lun.-vend. 10h-17h - gratuit)* présente l'histoire de cette partie du comté de Waterford et, surtout, celle de la navigation dans la région. Plusieurs naufrages ayant eu lieu dans les environs sont documentés, notamment celui du *Moresby*, qui coula dans la baie en 1895, faisant 20 victimes. Sur la rive est, vous gagnerez le faubourg d'Abbeyside qui doit son nom à une **abbaye augustinienne** du 12e s. dont il subsiste une tour et la plus grande partie de la nef. L'endroit offre un beau **point de vue★** sur la baie de Dungarvan et **Cunnigar Point**, une langue de sable peuplée d'oiseaux marins, qui protège la baie des tempêtes.

À proximité

CARTE P. 114-115

Cappoquin House and Gardens A2-3

À Cappoquin, 19 km au nord-ouest de Dungarvan.
058 54290 - www.cappoquinhouseandgardens.com - jardins : tlj sf dim. 9h-16h ; maison : visite guidée seult de juil. à mi août et de mi-sept. à fin sept., lun.-sam. 9h-13h - jardins 6 €, maison 10 €, billet combiné 15 €.
À l'écart du village de Cappoquin, dominant la bien nommée rivière Blackwater, se dresse un beau manoir georgien du 18e s. Il a été rénové dans les années 1920 par la famille Keane, qui le possède depuis plus de deux siècles. En été, la visite guidée permet de traverser ses élégants salons, mais si l'on se rend à Cappoquin, c'est avant tout pour ses beaux jardins (2 ha) qui, orientés plein sud, enchantent par leur diversité, leur tranquillité et leurs beaux points de vue sur la région. À la fin du printemps, bosquets d'azalées et de rhododendrons flamboient...

★ Lismore A3

À 25 km au nord-ouest de Dungarvan et 6 km de Cappoquin.
Heritage Centre – *The Old Courthouse - West St. - 076 110 2157 - www.discoverlismore.com.* Bonnes informations sur la région et l'histoire locale.
Ce village tranquille mérite toutefois que l'on y fasse étape pour son majestueux château entouré de jardins et sa cathédrale.
★ **Lismore Castle Gardens** – *058 54 061 - www.lismorecastlegardens.com - de mi-mars à mi-sept. : 10h30-17h30 - 10 €.* Les bords de la rivière ou le cimetière autour de la cathédrale constituent les meilleurs endroits pour admirer le château construit à l'origine par le roi John en 1185. Propriété du duc du Devonshire depuis 1753, il a été restauré pour l'essentiel dans le style Tudor anglais au 19e s. L'édifice ne se visite pas, mais vous pourrez arpenter les jardins qui s'étendent de part et d'autre du portail d'entrée du château. Le **jardin bas**, parc d'agrément, date du 19e s., mais possède une haie d'ifs tricentenaires. Quand explosent les camélias, rhododendrons ou magnolias, il atteint une perfection esthétique. Le **jardin haut**, datant dans sa forme actuelle de l'époque de Jacques Ier (1626), est disposé en terrasses et combine harmonieusement arbres fruitiers, rosiers, légumes, plantes à bulbes et serres à vignes. Il conserve ses serres du 19e s., appuyées contre le mur nord. **La galerie** *(www.lismorecastlearts.ie)* accueille de très belles expositions d'art contemporain et le *coffee shop* constitue une étape agréable.
St Carthage's Cathedral – *North Mall (en remontant la rue principale du village) - www.stcarthagescathedral.ie - avr.-sept. : 9h-18h ; oct.-mars : 9h-16h.* Ce sanctuaire anglican porte le nom romanisé de saint Carthach, fondateur du premier monastère de Lismore. Le bâtiment actuel date du 17e s. et l'intérieur contient de nombreux gisants et plaques tombales (9e s.), ainsi qu'une belle chaire en bois sculpté du 18e s. L'artiste préraphaelite Edward Burne-Jones a contribué aux vitraux du transept sud.
Dans un genre très différent, la catholique **St Carthage's Parish Church** (Chapel Place), en grès rouge paré de blanc, date de 1881. Son style néoroman inspiré des églises lombardes lui vaut même un clocher séparé, à l'image des campaniles italiens.

2

Circuit conseillé

CARTE P. 114-115

De Dungarvan à Youghal par la côte AB3

Circuit de 40 km tracé en vert sur la carte de région p. 114-115. En sortant de Dungarvan par la N 25 en direction de Cork, faites environ 3 km avant de prendre à gauche la R 674 en direction de Helvick Head.

★★ Helvick Head (CEANN HEILBHIC) B3

Les panneaux de signalisation sur la route de Helvick Head, tous écrits en gaélique, ponctuent le **Gaeltacht An Rinn**, la seule zone de langue irlandaise de la côte sud, où moins de 500 personnes ont réussi à préserver leur culture et utilisent couramment le gaélique au quotidien.

La route longe la mer à flanc de colline pendant près de 10 km jusqu'à **Helvick Head★★**. De là, vous jouirez d'un **panorama★★** extraordinaire sur la baie de Dungarvan et la côte sud jusqu'à Tramore, surtout lorsque les falaises aux reflets mauves s'illuminent au soleil couchant.

Suivez la R 673.

★ Ardmore (AIRD MHÓR) B3

Charmante station balnéaire, réputée pour sa plage de sable fin enchâssée entre de hautes falaises, Ardmore se targue d'être l'un des plus anciens sites chrétiens d'Irlande, fondé par saint Declan en 416.

Les vestiges du monastère St Declan comprennent la **tour ronde★**, haute de 29 m et entourée d'un joli petit cimetière, et l'**église★** romane voisine, ornée de scènes bibliques. Ils révèlent une très belle **vue★★** sur les falaises et la mer, qui prend par beau temps une intense couleur turquoise.

De là part le **St Declan's Way**, un sentier de grande randonnée qui parcourt près de 100 km jusqu'à Cashel. Pour une balade plus courte mais offrant un panorama saisissant, suivez plutôt **Cliff Walk** *(balisé)* qui longe les falaises sur 5 km du Cliff House Hotel jusqu'à **Ram Head**, puis revenez vers le village *via* la tour ronde.

Pour rejoindre Youghal, suivez la N 25.

★ Youghal (EOCHAILL) A3

À 30 km au sud-ouest de Dungarvan.

Market Square - ✆ 024 20 170 - www.youghal.ie. Dépliant gratuit pour la visite de la ville.

Jadis important port de guerre et de commerce, Youghal (prononcez Yaule) est une ville animée de près de 8 000 habitants, à l'embouchure de la Blackwater, à la lisière du comté de Cork. Comme la plupart des cités de la côte sud, elle fut fondée par les Vikings et se développa sous les Anglo-Normands. Parmi ses citoyens les plus célèbres, **Walter Raleigh**, maire de la ville à la fin du 16e s., aurait introduit en Irlande la pomme de terre et le tabac. Au 17e s., la ville se rallie prudemment à Cromwell, qui y passe un hiver avec son armée. Le port y gagne en prospérité, mais cela n'empêche pas la population de se déchirer durant une bonne partie du 18e s., à cause des conflits entre la minorité protestante qui domine et la majorité catholique défavorisée.

Aujourd'hui Youghal est une petite ville attachante, avec ses étroites rues colorées, son port, sa plage et quelques curiosités cachées çà et là, à flanc de colline. Il fait bon y flâner et s'attarder dans ses pubs, restaurants et B & B.

Bateau de pêcheur dans le port d'Ardmore.
G. Park/Alamy/hemis.fr

WATERFOR

Doté d'un certain cachet, le port de Youghal a servi de cadre au film *Moby Dick*, dont l'essentiel du tournage s'est déroulé en 1954 sur **Market Square**. Sur la place, le **Moby Dick's Pub** entretient le souvenir du capitaine Achab, incarné par Gregory Peck. Jetez un coup d'œil aux vitrines de l'**Heritage Centre** *(dans l'office de tourisme)*, installé dans l'ancienne halle et qui explique l'histoire de la ville.

Remontez ensuite vers Main St. par Fox's Lane.

À l'entrée de la très animée **Main Street**, rue principale bordée de façades colorées et d'un cinéma joliment rétro, s'élève **Clock Gate★**. Ce bâtiment emblématique de quatre étages, construit au 18e s., servit longtemps de prison. Les condamnés à mort étaient pendus aux fenêtres pour impressionner la population... Des visites guidées permettent d'en découvrir les secrets et d'accéder au sommet *(réserv. sur www.youghalclockgate.ie - audioguide en français)*.

Remontez Main St., puis tournez à gauche dans Church St. que bordent d'anciennes maisons de charité.

★★ **St Mary's Collegiate Church** – *11h-16h (16h30 en été), dim. 13h-16h.* Bordée par les anciens **remparts** de la ville, cette église est l'un des plus vieux lieux de culte d'Irlande puisque saint Declan aurait fondé un oratoire à cet endroit au début du 5e s. L'édifice actuel conserve des éléments du 13e s., mais date pour l'essentiel des 18e et 19e s. Il abrite nombre de plaques funéraires et de gisants, dont certains remontent aux 13e et 14e s. Son plus imposant monument est le **tombeau de Richard Boyle**, premier comte de Cork, l'homme le plus riche d'Irlande au 17e s. De la taille d'une maison, il présente un homme nonchalamment étendu sous son arbre généalogique, entouré de ses épouses, de ses enfants et de sa belle-mère ! Juste à côté, les **College Gardens** *(ouv. en journée)* sont calmes et reposants.

Au sud de la ville, au-delà du phare, l'étroite plage de Youghal est un lieu de promenade agréable.

★ Ballycotton A3

Sur la côte, à 37 km à l'ouest de Youghal par la N 25 puis la R 632.

Lieu de villégiature très fréquenté par les pêcheurs et les amateurs de plongée, ce ravissant petit village aligne ses maisons à jardinets le long d'une falaise.

Ballycotton Cliff Walk – *3,5 km AS - rens. sur www.orkwalksandhikes.com/en/ballycotton-cliff-walk.* Ne manquez pas la promenade sur la falaise par le petit chemin qui démarre du parking, à l'extrémité ouest du village. Au bout de 200 m, un sentier descend en pente raide jusqu'à un escalier taillé dans le roc conduisant à une sorte de piscine naturelle, **The Paradise★**. Un vrai éden, en effet, pour les baigneurs qui, en été, batifolent dans un univers dantesque de rochers. Le sentier colle ensuite au plus près du littoral découpé pour rejoindre la petite plage de Ballyandreen *via* la baie rocheuse de Ballytrasna.

Carnet pratique

S'informer

Dungarvan Tourist Office – *The Courthouse - ✆ 058 41741 - www.dungarvantourism.com.*

Transports

Dungarvan

En bus – Arrêt de bus sur Davitt's Quay. Bus Éirann/Expressway (ligne 40) vers Waterford (50mn), Youghal (35mn) et Cork (1h25). Bus Local Link Waterford *(www.locallinkwaterford.ie)* vers Ardmore (50mn).

Lismore

En bus – Bus Local Link Waterford *(www.locallinkwaterford.ie)* vers Dungarvan (35mn).

Youghal

En bus – Bus Éirann/Expressway ligne 40 vers Dungarvan (35mn) ; ligne 260 pour Youghal (16mn) et Cork (1h15).

Agenda

Blackwater Valley Opera Festival – blackwatervalleyoperafestival.com. En juin à Lismore, une semaine dédiée à l'opéra.

West Waterford Festival of Food – westwaterfordfestivaloffood.com. Un week-end de juin à Dungarvan, la gastronomie et les produits locaux sont à l'honneur.

Youghal Medieval Festival – youghal.ie. Dernier dim. de juillet, une kermesse costumée sur le thème du Moyen-Âge

2

Nos adresses

Restauration

Dungarvan

Premier prix

The Moorings – *Davitt's Quay - ✆ 058 41 461 - www.themoorings.ie - 12h-21h - plats 13/25 €.* Immanquable maison bleue sur le port, Moorings est un accueillant bistro-pub au décor marin chaleureux. Les plats sont simples et bien faits, la carte éclectique pour convenir à tous. Bières locales et service impeccable.

Pour se faire plaisir

Tannery – *10 Quay St. - ✆ 058 45420 - www.tannery.ie - 17h30-21h, dim. 12h30-15h - fermé lun.-mar. - menus 35/65 € - 14 ch. à partir de 125 €.* Cette ancienne tannerie en pierre de caractère abrite une célèbre école de cuisine et un restaurant. Le chef, Paul Flynn, propose une cuisine classique joliment présentée et portée par de bons ingrédients de saison. Vous pourrez déguster de petites assiettes au comptoir ou vous installer à l'étage, dans le lumineux restaurant. Chambres élégantes aménagées dans une maison de ville voisine.

Ardmore

Premier prix

The Ardmore Gallery & Tearoom – *Main St. - ✆ 024 94 853 - www.ardmoregalleryandtearoom.ie - mai-sept. : 10h-17h30 ; oct.-avr. : w.-end 11h-17h30 - plats autour de 15 €.* Un café-galerie gentiment rétro pour déjeuner de soupes, tartes, sandwichs, quiches...

Une folie

Voir **Cliff House Hotel** dans « Hébergement ».

Youghal

Budget moyen

Aherne's – *163 North Main St. - ✆ 024 924 24 - www.ahernes.net -*

merc.-dim. 18h-20h30 - menus 33/38 € - ch. à partir de 160 €. Cet hôtel réputé propose des fruits de mer et du poisson pour un prix abordable au bar et une cuisine de la mer plus élaborée, mais plus chère, au restaurant.

Petite pause

Dungarvan

Jitter Beans – *65 Main St. - ✆ 058 48212 - www.jitterbeans.ie - lun.-vend. 8h-16h, sam. 9h-16h - 3/9 €.* Sandwichs, salades riches et colorées, soupes parfumées… Une bonne adresse pour le petit déjeuner, une douceur sucrée ou un *lunch* rapide.

Voir aussi les cafés et préparations à emporter du *déli* **Class & Co** *(13 Main St.).*

Youghal

Sage Café – *86 North Main St. - ✆ 024 85844 - lun.-sam. 9h30-17h - 5/15 €.* Petit déjeuner, quiches, sandwichs, plats du jour et plaisirs sucrés, tout est ici sain et délicieux !

Boarwalk on The Mall – *12 The Mall - tlj sf dim. 8h-17h.* Un torréfacteur où déguster d'excellents cafés.

Fantastic Flavours – *74 Main St. - tlj sf lun. 12h-16h ou 17h.* Pas moins d'une quarantaine de parfums de glaces !

Boire un verre

Dungarvan

Les pubs musicaux ne manquent pas à Dungarvan. Ils sont essentiellement concentrés dans Main St. et sur les quais. Musique traditionnelle au **Marine Bar**, au **Lady Belle** et au **Bridgie Terrie's**.

An Seanachaí – *Pulla Cross (sur la rte de Helvick Head) - www.anseanachai.ie).* Ce pub typique, chaleureux et animé, est réputé pour sa cuisine (fruits de mer) et ses soirées musicales *(jeu.-dim. soir).*

Mooneys – *Knockanpower Lower (sur la rte de Helvick Head).* Une autre bonne adresse. L'ambiance y est vraiment très chaleureuse et l'on y écoute de la musique traditionnelle tous les w.-ends.

Youghal

Les pubs sont situés dans Main St. North. Des groupes viennent jouer à **The Nook Bar**, au **Central Star** et au **Clock Tavern**.

Les cinéphiles pousseront la porte du vénérable cinéma **The Regal** *(Friar St. - www.ragalcinema.ie),* récemment modernisé derrière son élégante façade de 1936.

Shopping

D'avril à septembre, le dimanche à partir de 10h, la rampe d'accès à l'élégant château de Lismore *(voir p. 161)* accueille un petit **Farmers & Craft Market** où vous trouverez à coup sûr votre bonheur.

Activités

Dungarvan

La ville est un point d'accès du **Waterford Greenway** *(voir p. 136).*

Équitation – John et Louise Moloney organisent des balades à cheval toute l'année au **Colligan Equestrian Centre** *(✆ 087 638 7938).*

Youghal

Blackwater Cruises – *✆ 087 988 9076 - www.blackwatercruises.com.* Tony Galegher vous embarque sur son petit bateau pour une croisière sur la rivière. L'occasion d'admirer ses rives verdoyantes, ainsi que les châteaux et ruines qui émaillent le paysage.

Hébergement

Dungarvan

Premier prix

Macs Townhouse – *7 Sexton St. - ✆ 086 799 3945 - www.macs*

townhouse.ie - ♿ 🅿 - 5 ch et appart. à partir de 70/130 €. Cette solide maison de ville, un ancien hôtel, a été modernisé en de beaux hébergements (une chambre et 4 appartements). Ils sont confortables et décorés avec goût. Location de vélo possible.

Gortnadiha Lodge – *Ring (à 6 km de Dungarvan par la N 25, puis la R 674 vers Helvick Head) - ✆ 058 46142 - www.waterfordfarms.com/gortnadiha - 🅿 - 3 ch. 80/90 €* ☕. Maison très agréable dans un beau jardin avec vue sur la mer. Chambres confortables et petit-déjeuner raffiné.

Pour se faire plaisir

Voir **Tannery** dans *« Restauration »*.

Ardmore

Budget moyen

Newtown Farm – *Grange (village sur la N 25, 14 km avant Youghal en venant de Dungarvan) - ✆ 024 94143 - www.newtownfarm.com - 🅿 - 7 ch. 110/130 €* ☕. Maison récente disposant de chambres calmes et spacieuses arrangées avec goût. Plusieurs plats au choix pour le petit déjeuner. Accueil souriant.

Une folie

Cliff House Hotel – *Middle Rd - ✆ 024 878 00 - www.cliffhousehotel.ie - ♿ ✕ 🏊 🅿 - 39 ch. à partir de 380 €* ☕. Les chambres luxueuses (sans être ostentatoires) de cet hôtel contemporain campé au sommet de la falaise offrent toutes un panorama sur la mer. Spa, piscine et bar. Sa table étoilée, **House Restaurant** *(dîner seult - menu 130 €)* est vivement recommandée pour sa cuisine moderne qui célèbre les produits de qualité disponibles localement, y compris de nombreux ingrédients « butinés » par l'équipe.

Lismore et environs

Une folie

Ballyvolane House – *Castlelyons - Fermoy (à 25 km à l'ouest de Lismore par la N 72 et la R 628) - ✆ 025 36 349 - www.ballyvolanehouse.ie - ✕ - 6 ch. 260/295 €* ☕. Un délicieux manoir sur lequel court une glycine, des meubles d'époque, une atmosphère surannée au cœur d'une campagne verdoyante : le décor est posé pour un séjour de charme. Table raffinée. Possibilité de pêcher dans la Blackwater.

Youghal

Budget moyen

Avonmore House B & B – *South Abbey - ✆ 024 92 617 - www.avonmorehouse.com - 🅿 - 6 ch. à partir de 100 €* ☕. Pour la gentillesse des hôtes, le confort des chambres et le superbe petit déjeuner, Avonmore est une étape de choix à Youghal.

Roseville House – *New Catherine St. - ✆ 086 102 6565 - www.rosevilleyoughal.com - 1 ch. et 1 appart. à partir de 130 €* ☕. Derrière l'élégante façade grise, le confort et le bon goût sont au rendez-vous et vos hôtes aux petits soins. Agréable jardin.

Ballycrenane

Budget moyen

Castle Farm –*Près de Ballymacoda (à 11 km au sud-ouest de Youghal par la R 633) - ✆ 024 98165 - www.castlefarmbb.com - 🅿 - 5 ch. à partir de 100 €* ☕ Vieille ferme (1780) rénovée, avec des chambres au décor sobre et une vue exceptionnelle sur la côte.

2

3

Le Sud-Ouest

CARTE MICHELIN N° 712 A-H 11-13
COMTÉS DE CORK ET DU KERRY

Dans une rue de Dingle.
J. C. Muñoz/age fotostock

A
B
5
1
2
3
Brandon Point
Banna Strand
Brandon Mountain
Dingle Way
Brandon Bay
Barrow
Ardfert
Brandon Creek
Ballydavid
951
Tralee Bay
Fenit
Tralee
Cloghane
Camp
Gallarus Oratory
Kilmakedar
Dingle
Blennerville
Crag
Ballyferriter
850
Slieve Mish Mountains
R 559
Dunquin
Connor Pass
Inch
N 86
R 561
N 70
River Maine
Slea Head
Fahan
Dingle
Blasket Islands
Rossbeigh Creek
Killorglin
Kells Bay
Glenbeigh
Gap of Dunloe
N 72
Killarney
Lough Caragh
Leacanabuaile Fort
Carrantuohill
KILLARNEY NP
1038
988
Cahergal Fort
Ballaghisheen Pass
Valentia Island
Cahersiveen
MACGILLYCUDDY'S REEKS
N 70
Iveragh
Ballaghbeama Gap
Ring of Kerry
Portmagee
Kenmare
R 569
R 567
Lough Currane
Bonane Heritage Park
St Finan's Bay
Staigue Fort
N 70
N 71
Sneem
Ballinskelligs
Waterville
Gougane Barra Forest Park
SKELLIG ISLANDS
Coomakesta Pass
R 571
Beara
Kenmare River
Glengarriff Woods Nature Reserve
Lauragh
Keimaneigh
201
Derrynane House
Lamb's Head
Glanmore Lake
Glengarriff
Barley Lake
Ballycrovane
Healy Pass
Glengarriff Bamboo Park
Ilnacullin
684
Eyeries
R 575
R 572
Bantry House
Allihies
Hungry Hill
Bantry Bay
Dunboy
Castletownbere
Sheep's Head Way
Bere Island
Ahakista
Durrus
Dursey Island
Kilcrohane
N 71
R 591
Mount Gabriel
Ballydehob
407
Sheep's Head
Skibbereen
Schull
Goleen
Roaring Water Bay
Three Castle Head
Lough Hyne
Crookhaven
Sherkin Island
Mizen Head
Baltimore
Barley Cove
Baltimore Beacon
Clear Island

LIMERICK
C
LIMERICK
D
LE SUD-OUEST
0 20 km
0 10 miles
KILLARNEY NP ★★★ Vaut le voyage
Killarney ★★ Vaut le détour
Baltimore ★ Vaut la visite
Clonakilty Intéressant
Ville de départ du circuit
La route des estuaires
Ring of Kerry
De Tralee à Dingle via Connor Pass
De Dingle à Brandon Creek par la côte
De Dingle à Camp par les dunes
1
2
3
N21
R578
N20
R 578
R 577
R 576
N 72
R. Blackwater
R 582
R 579
N22
N20
M8
Macroom
Blarney Woolen Mills
R 618
Cork
Fota
Old Midleton Distillery
Inishcarra Reservoir
Blarney Castle
R 584
R. Lee
N22
N27
N28
N25
Cobh
WATERFORD
R 587
N 71
Camden
Crosshaven
R 586
Bandon River
Kilmacsimon
Kinsale
Charles
R 599
Drombeg Stone Circle
Clonakilty
Timoleague
R 600
James
Rosscarbery
N 71
Union Hall
Courtmacsherry
Old Head of Kinsale
Glandore
West Modele Railway Village
Courtmacsherry Bay
Castletownshend
Dunworly Bay
Inchydoney
N
C
D

Cork ★★ et ses environs

Le cœur historique de la ville est établi sur une île, entre les deux bras de la rivière Lee. Jadis, un lacis de canaux, aujourd'hui comblés, joignait ces deux axes encadrés, de part et d'autre, de deux collines. La plus abrupte, au nord, est parcourue de ruelles tortueuses formant un véritable escalier jusqu'à un sommet couronné de deux églises. Voilà pour le cadre. Très vite, vous sentirez les paradoxes de ce centre industriel aux portes d'une région agricole prospère. Vous serez happé par la jeunesse de la population de cette ville universitaire et dynamique, investie par des grands noms de l'informatique et de l'électronique. À cette atmosphère d'intense activité se joignent les musiciens de rue et une offre culturelle pléthorique qui ajoutent du charme à la balade et rappellent la force des traditions. Cork est une ville captivante, qui conjugue le passé au futur et cultive un précieux sens de la fête.

Se repérer

CARTE D2 (P. 170-171) - PLAN (P. 174).
Corcaigh 210 000 hab. – Comté de Cork.
Principale ville de la pointe sud-ouest de l'Irlande, Cork est située à 100 km au sud de Limerick par la N 20, et à 261 km au sud-ouest de Dublin.

À ne pas manquer

L'English Market et l'animation de Cork en fin de journée ; les pierres oghamiques du Stone Corridor à l'University College ; le port de Cobh.

Organiser son temps

Prévoyez de consacrer au moins deux jours à Cork et d'y passer une soirée.

Si vous souhaitez vous rendre dans le Kerry sans longer la côte, empruntez la jolie route qui serpente le long de la vallée de la Lee au cœur d'un massif montagneux : jusqu'à Macroom, puis jusqu'à Ballylickey pour rejoindre enfin Killarney.

En famille

Le carillon de St Anne's Shandon ; la Cork City Gaol ; Blarney Castle ; le Fota Wildlife Park ; le Titanic Experience et Spike Island à Cobh. En passant par Macroom, la Toy Soldier Factory.

Carnet pratique p. 182

Nos adresses p. 183

Se promener

PLAN P. 174

★ Le centre-ville AB1-2

Trois larges avenues – Grand Parade, Mall Street et St Patrick Street –, une longue rue piétonne (Oliver Plunkett Street), des quais et des ruelles parfois bondés, des ponts offrant de belles perspectives, d'anciens édifices portuaires devenus emblématiques et les cris des goélands qui rappellent la proximité de la mer. Et, bien sûr, des pubs… encore des pubs ! L'architecture est variée, l'animation joyeuse. Nul besoin de plan, laissez-vous porter…

Église Ste-Anne, dans le quartier de Shandon.
peterotoole/Getty Images Plus

Grand Parade A2

Enserré entre les deux bras de la Lee, le centre-ville est traversé par une large avenue, Grand Parade. Au sud, le **National Monument**, en forme de clocher, est érigé à la mémoire des patriotes irlandais morts dans la lutte pour l'indépendance. Non loin, à l'extrémité sud-ouest de Grand Parade, dans une boucle de la Lee, se dresse l'ancien site de la **Beamish Brewery**. Fondée en 1792, cette brasserie historique, où se fabriquait la fameuse bière brune, est indéfectiblement liée à Cork, comme la Guinness l'est à Dublin. Elle a été rachetée par Heineken (déjà propriétaire de l'autre brune rivale de Cork, la tout aussi fameuse Murphy's), qui a fermé ce site en 2009 et a transféré la production sur la rive nord de la Lee. Le quartier autour de l'ancien Counting House (1919) de style néo-Tudor vit une mue radicale. En suivant Grand Parade vers le nord (dos à la rivière), remarquez les façades multicolores des maisons du 18e s. Sur la droite, vous croisez **Oliver Plunkett Street**, jadis quartier des fourreurs et des joailliers, aujourd'hui piétonne et bordée de pubs et restaurants.

★ English Market A2

Grand Parade - tlj sf dim. et j. fériés 8h-18h.
Ce marché couvert, établi depuis 1610, a l'une de ses entrées sur Grand Parade. À l'époque, l'avenue était un canal, qui ne fut comblé qu'au début du 19e s.

Les immigrants français

Le Huguenot Quarter ou French Quarter, établi entre St Patrick Street et Paul Street, doit son nom aux nombreux protestants venus de France au 18e s. pour fuir les persécutions religieuses. La région de Cork, largement dominée par les Anglais, accueillit favorablement ces immigrants qui, une fois installés, se livrèrent au commerce, notamment du vin et du tissu. Les liens entretenus avec la France ne manquaient pourtant pas d'ambiguïté...

Cork : berceau d'insurrection

En 606, un moine celte du nom de Fionnbharra (**Fin Barre**) fonde un monastère sur la colline de Cork. Plus tard, au 10e s., des Vikings s'installent sur une île de la rivière et se fondent dans la population gaélophone. Au 12e s., c'est au tour des Anglo-Normands d'envahir Cork et de la rattacher au royaume anglais. Ceux-ci entreprennent alors la fortification de la ville et l'aménagement de ses voies d'eau, faisant parvenir des étiers jusqu'à ses portes. Mais les habitants contestent la présence de l'occupant et soutiennent toutes les rébellions contre l'Angleterre. La ville subit de terribles représailles à plusieurs reprises, dont un siège très pénible en 1690, entraînant la destruction de ses fortifications. Devenue le berceau de l'insurrection et de la lutte pour l'indépendance au 19e s., elle donnera à l'IRA l'une de ses plus farouches brigades et certains de ses plus célèbres héros, dont Terence McSwiney et Michael Collins.

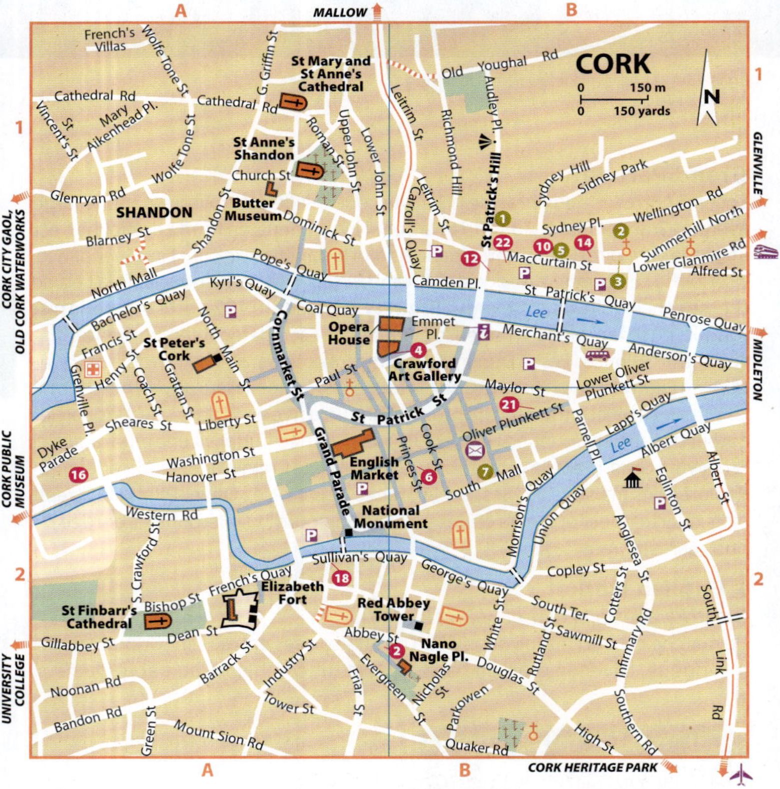

SE RESTAURER
- Good Day Deli 2
- Crawford Gallery Café 4
- Quinlans 6
- Greenes Restaurant 10
- Gallaghers Gastro Pub 12
- The Glass Curtain 14
- Café Paradiso 16
- Quay Co-Op 18
- Goldie 21
- Son of a Bun 22

SE LOGER
- Acorn House 1
- Auburn House 2
- Brú Bar & Hostel 3
- Hotel Isaacs 5
- The Imperial 7

Les navires venaient s'amarrer à l'entrée des halles pour decharger les marchandises. Ce marché très fréquenté l'est autant par les locaux que les touristes. N'hésitez donc pas à y faire vos courses : viandes marinées, pains spéciaux, fromages régionaux, plats à emporter... Découvrez aussi quelques spécialités locales au nom gaélique : *drisín* (*drisheen*, « boudin noir ») et *crúibín* (*crubeen*, « pieds de porc »). Les allées débouchent sur un atrium que surplombe le Farmgate Café, très prisé pour le déjeuner.

Autour de St Patrick Street AB1-2

Cette autre grande artère de la ville, bordée de demeures aux tons pastel et de grands magasins, prolonge Grand Parade. Comme elle, c'était autrefois un canal : le pub **Chateau Bar**, fondé en 1793 au rez-de-chaussée d'une ancienne demeure bourgeoise du 18e s., se trouvait alors sur le quai.

De part et d'autres de la rue, les **allées piétonnes** ne manquent pas non plus d'animation, telle French Church Street, qui rejoint Paul Street au nord, où se succèdent boutiques, bars et restaurants. Cette ruelle tient son nom des **huguenots** français persécutés qui se sont réfugiés à Cork aux 17e et 18e s. *(voir encadré p. 173)*.

Au nord de St Patrick Street, sur Emmet Place, la **Crawford Art Gallery** ★ *(☎ 021 480 5042 - www.crawfordartgallery.ie - 10h-17h, jeu. 10h-20h, dim. 11h-16h - gratuit)*, occupe l'ancienne maison des douanes. Elle abrite une collection de peintures et sculptures irlandaises et européennes, ainsi que d'intéressantes expositions temporaires d'arts visuels.

Non loin, sur les quais, l'**Opera House** est l'imposant siège de manifestations culturelles, dont un festival de jazz réputé, fin octobre *(voir « Agenda », p. 182)*.

Longez la rivière vers l'ouest jusqu'à Coal Quay, qui accueille chaque samedi *(à partir de 8h30)* un marché animé, le **Coal Quay Market**.

Prenez Kyle Street à gauche, puis **Cornmarket Street**, et flânez dans ce quartier populaire... où les projets de rénovation ne manquent pas. Vous y verrez l'église de **St Peter's Cork** *(North Main St. - ☎ 021 427 8187 - www.stpeterscork.ie - tlj sf dim. 10h-16h30 - gratuit)* qui abrite un centre culturel proposant des expositions temporaires (photographie, peinture). 3

Le quartier de Shandon AB1

Occupant la colline au nord du centre, ce quartier aux allures parfois de village, vivant, coloré et attachant, attire de plus en plus de visiteurs. La passerelle piétonne de **Shandon Bridge** le relie directement à Cornmarket Street, mais si vous disposez d'un peu de temps, traversez plutôt Patrick's Bridge, croisez McCurtain Street, semée de bars et de clubs très animés en fin de journée, et gravissez les trottoirs en escalier très escarpés de **St Patrick's Hill** ★ (B1), bordée de maisons multicolores, pour bénéficier d'un joli point de vue sur le port et la ville.

Redescendez jusqu'au croisement de McCurtain St. et prenez à droite Coburg St. Continuez tout droit Devonshire St., puis tournez à droite dans John St. Upper et remontez Roman St. à gauche.

★ St Anne's Shandon A1

☎ 021 450 5906 - www.shandonbells.ie - mars-oct. : 10h-16h, dim. et j. fériés 11h30-16h ; nov.-fév. : 11h-15h, dim. et j. fériés 11h30-15h - église gratuite, clocher 4 €.

Reconnaissable à son clocher à horloge surmonté d'une girouette en forme de saumon de plus de 3 m de long, cette église est l'un des monuments emblématiques de la ville. Curieusement conçue, elle présente, depuis 1722, deux façades en grès rouge et deux en pierre calcaire grise. À l'intérieur est conservée une belle collection de livres du 17e s. Si l'ascension du clocher ne vous fait pas peur

La bosse des affaires

Comme en témoignent les belles demeures le long des quais, les bourgeois de Cork ne perdirent pas leurs intérêts de vue malgré les conflits. Dès le 18e s., ils développèrent le commerce et s'enrichirent considérablement grâce au transport des émigrants vers les États-Unis ainsi qu'au commerce du beurre et de la viande. La Bourse du beurre *(butter exchange)* centralisait et contrôlait la qualité et les ventes. Au 20e s., une mutation vers l'industrie s'opéra, par le biais des Irlandais qui avaient fait fortune en Amérique. La ville se dota de chantiers navals et ouvrit, en 1917, une usine de sous-traitance automobile (la famille de Henry Ford est originaire du comté de Cork, près de Clonakilty).

(132 marches et quelques passages « acrobatiques »), vous pourrez profiter d'un panorama à 360° sur la ville et vous essayer au concert de cloches : numérotées de un à huit, elles émettent chacune un son différent. On vous fournit même les partitions pour jouer un air ! Un vrai bonheur pour le voisinage... L'église est vouée au culte anglican – la plupart des édifices religieux imposants revenant aux protestants, longtemps les plus favorisés.

Cork Butter Museum A1

O'Connell Square - ✆ 021 430 0600 - www.buttermuseum.com - juin-sept. : 10h-16h, w.-end 11h-16h ; mars-mai et oct.-nov. : merc.-sam. 10h-16h, dim. 11h-16h ; déc.-fév. : w.-end 11h-16h - 5 € (enf. 2 €).

L'ancienne halle au beurre (1770) centralisait le commerce florissant du beurre salé qui était produit dans l'arrière-pays, puis exporté vers l'Europe et jusqu'aux Indes. Ce négoce fit la richesse de la ville durant le 19e s. Réhabilité, le bâtiment héberge un intéressant petit musée qui retrace l'histoire de cette industrie à Cork. À côté, la rotonde de **The Firkin Crane** (1855) est également liée au commerce et à la fabrication du beurre, son nom provenant d'une ancienne unité de mesure. Le bel édifice est désormais dédié à la danse (cours, compagnie à résidence, spectacles). Non loin, dans la petite John Redmond Street, une vieille échoppe participe à la vie quotidienne du quartier : **Shandon Sweets** *(lun.-vend. 9h30-12h30, 14h15-17h30)* est en effet la dernière fabrique de bonbons faits main dans tout le Munster. Depuis 1929, on y confectionne en famille des guimauves et autres *candies* que les enfants des environs achètent sur le chemin de l'école. N'hésitez pas à pousser le portillon pour humer les senteurs de sucre chaud et de sirop de fruits.

Retournez devant St Anne, passez l'entrée et prenez Chapel St.

St Mary and St Anne's Cathedral A1

L'autre église du quartier, réservée au culte catholique, est identifiable grâce à son porche à fronton et à colonnes. Son architecture du 19e s. ne présente guère d'intérêt, mais l'édifice renferme des registres remontant à 1748, d'un grand secours pour les Irlandais à la recherche de leurs racines.

La colline sud AB2

Empruntez la passerelle au bout de Grand Parade pour traverser le bras sud de la rivière et tournez à gauche.

Les quais du côté sud sont particulièrement pittoresques, rythmés par une succession de pubs qui illustrent parfaitement l'expression *pub crawling* (littéralement « ramper de pub en pub »), très évocatrice du péché mignon national.

Après la passerelle, entre Sullivan's Quay et George's Quay, Mary Street mène à **Red Abbey Tower** (B2). Cette tour carrée, seul vestige de la ville médiévale, faisait partie de l'ancien monastère augustin construit au 13e s. Les chefs anglais l'utilisèrent pour canonner la ville lors du siège de 1690.

Nano Nagle Place A2

36 Abbey St. - ☏ 021 419 3580 - www.nanonagleplace.ie.

Aménagé autour d'un ancien couvent et de ses jardins, ce complexe est nommé en hommage à une catholique irlandaise, pionnière de l'éducation populaire au 18e s., à laquelle il dédie aussi un petit musée *(10h-17h - 7,50 €, enf. 4,50 €)*. Il compte aussi une boutique dédiée au design et un très agréable café *(voir p. 183)*. Mais profitez surtout de ses **jardins★** soignés, véritable labyrinthe d'espaces verts où il fait bon se reposer.

Suivez Abbey Street et Evergreen Street pour rejoindre la jolie Barrack Street qui regorge de petits cafés et de commerces de proximité.

Elizabeth Fort A2

Barrack St. - ☏ 021 497 5947 - www.corkcity.ie/en/elizabeth-fort - 10h-17h, dim. 12h-17h - fermé lun. d'oct. à avr. - gratuit, audioguide en français 3 €.

Ce fort en étoile (1603), très endommagé lors du siège de 1690, fut transformé en prison avant d'abriter, jusqu'à récemment, un corps militaire et la *garda* (gendarmerie). Désormais ouvert au public, il permet de faire le tour des remparts afin de contempler la ville.

Longez Proby's Quay, puis remontez Bishop St.

★ St Finbarr's Cathedral A2

☏ 021 496 3387 - www.cathedral.cork.anglican.org - 10h-17h30 - fermé dim. - 6 €.

Vouée au culte anglican, elle occupe l'emplacement du premier monastère établi par Finbarr au 6e s. et qui était à l'origine de la cité (de fait, saint Finbarr est le saint patron de Cork). L'édifice actuel date de 1878, réalisé dans un style néogothique excessivement orné, sur des plans de William Burges. Inspiré des grandes cathédrales françaises, il est en pierre calcaire blanche, couronné d'une flèche haute de 73 m. On remarque les trois portails sculptés de la façade ouest et, à l'intérieur, les vitraux et le riche déambulatoire retraçant la vie du Christ.

3

À l'ouest du centre A2 EN DIRECTION

Quittez le centre-ville par Western Rd, bordée de pubs, de restaurants et de B & B.

★ University College (UCC)

Western Rd. Bus 205 depuis le centre-ville ou 15-20mn de marche.

Identifiable à sa grande grille ouvrant sur un parc, l'université de Cork (UCC) fut fondée par la reine Victoria en 1849. Les bâtiments présentent un mélange intéressant de styles anglais qui composent un campus traditionnel – pelouses, espaces arborés, parterres de fleurs – auxquels se sont ajoutés des espaces résolument contemporains comme la superbe **Lewis Glucksman Gallery★** *(www.glucksman.org - mar.-sam. 10h-17h, dim. 14h-17h - gratuit)*. Cet édifice lumineux, en bois, verre et pierre, est dédié à des expositions temporaires de qualité.

Côté Donovan's Street, la **Honan Chapel★** est ornée d'une série de vitraux colorés datant du début du 20e s.

Suivez les panneaux à l'intérieur du campus et dirigez-vous vers « Main Quadrangle » (côté aile nord) pour visiter le **Stone Corridor★** *(lun.-vend. 9h-17h, sam. 12h-17h - gratuit)*, une rare collection de 28 pierres oghamiques (on n'en aurait recensé que 380 pour toute l'Irlande), sortes de bornes gravées (5e-7e s.), dont on pense qu'elles marquaient des tombes ou des propriétés. Les caractères

Sur les bords de la Lee, à Cork.
no_limit_pictures/Getty Images Plus

oghamiques (au nombre de 20) constituent la plus ancienne écriture celte connue. Ils sont inscrits sur les pierres en commençant en bas à gauche et se lisent dans le sens des aiguilles d'une montre.
À pied, traversez Western Rd en entrant dans Fitzgerald Park.

★ Cork Public Museum

✆ 021 427 0679 - 10h-16h, sam. 11h-16h - fermé dim. - gratuit.
Installé dans la demeure georgienne d'un riche brasseur, au cœur de Fitzgerald Park, un grand jardin s'étirant au bord de l'eau, le musée de la ville de Cork retrace l'histoire locale depuis la préhistoire, au moyen de maquettes, documents anciens, gravures et collections d'objets. L'évolution commerciale, artistique, politique et sociale de la ville est évoquée à travers un patrimoine méconnu dont de superbes dentelles anciennes, un oiseau d'or finement ciselé, de l'argenterie rare et des peintures.
En traversant Fitzgerald Park vers l'ouest, vous parvenez au **Daly's Bridge** (ou Shakey Bridge), un pont piétonnier qui enjambe la Lee. Il rejoint un beau quartier où villas et jardins occupent le flanc d'une colline. Et vous mènera à la Cork City Goal. Mais avant de traverser le pont, vous pouvez faire un aller-retour le long le long de la rivière et des belles installations sportives de l'Université, pour rejoindre, à 800m de là, le

★ Old Cork Waterworks Experience

Lee Rd - ✆ 021 494 1500 - www.corkcity.ie - lun.-vend. 9h-17h (et w.-end 10h-17h de mars à août) - 5 € (enf. 3 €), audioguide en français.
Des édifices de l'époque victorienne et de belles machines à vapeur ont été joliment rénovés afin de raconter la révolution industrielle à Cork. À travers diverses installations interactives, petits et grands sont sensibilisés aux questions environnementales. Une attraction très bien faite et instructive !

★ Cork City Gaol

Convent Av. (à 2 km à l'ouest du centre-ville) - ✆ 021 430 5022 - www.corkcitygaol.com - mars-oct. : 10h-17h ; nov.-fév. : 10h-16h - fermé mar.-merc. - dernière entrée 1h av. fermeture - 10 € (enf. 6 €) - audioguide en français 2 €. Des visites de nuit (1h) sont proposées le mardi soir en saison (10 € ; réserv. via *le site).*

L'ancienne prison de la ville, qui ressemble plutôt à une forteresse, a été complètement restaurée. À partir de 1878 sauf durant la guerre civile, elle n'a accueilli que des femmes. Les cellules reconstituées renferment des mannequins grandeur nature et du mobilier d'époque. Les traitements subis et les conditions de vie sont évoqués avec réalisme *(explications en français par un système d'écouteurs)* de même que les différentes tâches attribuées aux prisonnières. Le bâtiment abrite également un musée de la Radio, la radio nationale ayant émis ses programmes depuis l'étage de la prison, de 1927 aux années 1950.
Sunday's Well Ave. ou Barnley St. vous ramènent dans le quartier de Shandon et les rives de la Lee (comptez 20mn de marche).

À proximité

CARTE P. 170-171

★★ Blarney Castle D2

À 8 km à l'ouest de Cork par la N 20 en direction de Limerick.
021 438 5252 - www.blarneycastle.ie - mai-sept. : 9h-18h ; avr. et oct. : 9h-17h30 ; nov.-mars : 9h-17h - dernière entrée 30mn av. fermeture - 18 € (8-16 ans 8 €).
Le château comprend un énorme **donjon** datant de 1446, plusieurs salles et une série de cachots souterrains. L'architecture est typique des tours fortifiées (15e et 16e s.) surmontées de créneaux. Au sommet du château, encastrée dans le parapet, la **pierre de Blarney** est censée procurer le don de l'éloquence à qui l'embrasse. Pour ce faire, vous devrez faire la queue et adopter une position... particulièrement inconfortable.
Dans les jardins, la **Blarney House** *(fermée au public)*, grand manoir de style écossais, fut construite au 19e s. Le jardin de rocaille, **Rock Close**★, occupe depuis plus d'un siècle un site druidique, près de la rivière. Aussi dans la clairière des Fées trouve-t-on une pierre sacrificielle, un escalier qui exauce les vœux de celui qui le descend à reculons et un curieux rocher évoquant un profil de sorcière... L'enceinte possède également deux dolmens et des grottes.
Dans le centre de Blarney, le complexe des **Blarney Woolen Mills** *(9h30-18h, dim. 10h-18h)* rappelle la vocation passée de la cité ouvrière, modèle des filatures de laine au 18e s. Les travailleurs étaient logés dans des maisons individuelles et 13 moulins fonctionnaient sur la commune. Au 19e s., on fonda ces filatures, qui fournissaient des tweeds pour les armées anglaise et irlandaise. Aujourd'hui, tous les savoir-faire irlandais, des pulls et tweeds à la porcelaine et à la dentelle se commercialisent.

★ Cobh (AN COBH) D2

À 22 km à l'est de Cork, par la N 8, la N 25, et la R 624. En train (Cobh et Fota) depuis Cork (25 mn).

Une pierre magique

Si la pierre de Blarney fut, dit-on, rapportée des croisades, une légende, encore plus imaginative, prétend qu'une sorcière, sauvée de la mort par le roi de Munster, aurait, en guise de remerciement, donné à la pierre le pouvoir de rendre éloquent. Au 16e s., l'un des seigneurs de Blarney fit tant usage de belles paroles pour convaincre la reine Elizabeth Ire d'Angleterre que celle-ci s'amusa ensuite à confondre Blarney et le mot « boniment ». En anglais, le terme *blarney* a depuis pris cette signification.

3

Évitez les w.-end, lorsque Cobh est envahit par les visiteurs ; circuler et se garer devient alors difficile.

Ne manquez pas cette excursion vers le plus important des ports irlandais transatlantiques. Autrefois appelé **Queenstown**, en hommage à la reine Victoria qui y débarqua pour son premier voyage en Irlande, ce village de pêcheurs devint une base de la Royal Navy pendant la guerre d'Indépendance américaine, puis lors des conflits avec la France. Mais Cobh *(prononcez « cove »)* fut surtout le point de départ vers l'Amérique de centaines de milliers d'émigrants affamés, et la dernière escale du *Titanic* avant sa traversée fatale.

Cobh est aujourd'hui un pôle touristique. Prenez le temps de longer les quais, dont les belles demeures colorées attestent la splendeur passée de la localité et admirez l'architecture toute britannique des immeubles. Reposez vous près du kiosque pour profiter de l'animation et ne manquez pas le **Farmers Market** du vendredi matin. Sur Casement Square, face au port, le **Lusitania Memorial** honore les 1500 victimes du *Lusitania*, torpillé en 1915.

Des rues tout aussi colorées partent à l'assaut de la colline, que domine la fine flèche de **St Colman's Cathedral** (célèbre pour son carillon à 47 cloches). De la terrasse, la vue sur la ville et la Lee est très agréable. Remarquez, à l'ombre de la façade nord, le robinet d'eau bénite !

★ **Cobh Heritage Centre - The Queenstown Story** – *Dans la gare de Cobh - 021 481 3591 - www.cobhheritage.com - 10h-16h - dernière entrée 1h av. fermeture - 12 € (6-14 ans 6 €).* La gare de Cobh surprend par sa grandeur, mais il faut se rappeler qu'au temps de l'émigration, des milliers d'Irlandais transitaient par ses quais. L'exposition évoque de façon émouvante (et très sonore !) les épisodes sombres de l'histoire de Cobh. Elle rappelle les conditions de vie à bord des navires, l'épopée de l'émigration, les naufrages du *Titanic* et du *Lusitania*, l'essor du port et son intérêt stratégique dans les guerres.

★ **Titanic Experience Cobh** – *Casement Square, port de Cobh - 021 481 4412 - www.titanicexperiencecobh.ie - visite en partie guidée au début (en français à certaines heures) puis libre pour la partie musée (comptez 1h30) - avr.-sept. : 9h30-18h ; oct.-mars : 10h-17h30 - dernier départ 45mn av. fermeture - 11 € (4-16 ans 7,50 €).* Situé à l'emplacement de la billetterie de la White Star Line, ce lieu rappelle la mémoire des 123 passagers embarqués à Cobh, lors de la dernière escale du *Titanic*. Audiovisuels *(en français)* et reconstitutions « plongent » le visiteur au cœur de l'aventure du navire hors norme, depuis sa construction à Belfast jusqu'aux raisons – humaines – qui ont provoqué la catastrophe. D'autres salles, passionnantes, donnent leur voix aux survivants, aux familles, ou racontent l'expédition qui repéra l'épave en 1985. Une « Titanic Experience » aussi touchante qu'intelligente.

Le calvaire des émigrants

Lorsque la Grande Famine frappa l'Irlande en 1845, les fermiers qui ne purent plus payer leur loyer furent expulsés. Plutôt que de mourir de faim, beaucoup choisirent d'émigrer, et Cobh devint l'un des principaux points de départ. Les candidats à l'exil arrivaient à pied ou en train et devaient attendre, parfois des jours durant, une place sur un navire. Bien des armateurs sans scrupules extorquèrent ainsi les derniers sous des émigrants pour un voyage accompli dans des conditions atroces. En un siècle, plus d'un million et demi d'Irlandais quittèrent leur île pour l'Amérique.

★ Spike Island D2

En bateau au départ du Kennedy pier Cobh (près du Titanic Experience Cobh) - 021 237 3455 - www.spikeislandcork.ie/discover - traversée en bateau, visite guidée au début, puis libre pour découvrir toute l'île (comptez une demi-journée) - juin-août : dép. 10h-15h, retour 3h30 plus tard ; reste de l'année : voir les horaires sur le site - traversée et accès à l'île 23 €, avec audioguide en français.

Cette île située à l'embouchure de la Lee offre un point de vue imprenable sur le trafic maritime en partance ou à destination de Cork. De son passé religieux, militaire, résidentiel ou pénitentiaire demeurent **Fort Mitchel** et son plan en étoile, **Mitchel Hall** (1851) et quelques habitations. Témoignages de détenus, biographies de personnages hauts en couleur et anecdotes illustrent ses 1300 ans d'histoire riches de toutes les facettes de l'humanité.

★ Fota D2

À 6 km au nord de Cobh par la R 624.

Profitez de votre séjour pour découvrir **Fota House, Arboretum & Gardens** *(www.fotahouse.com - mars-sept. : 10h-17h ; fév. et oct.-nov. : w.-end seult - dernière entrée pour la maison à 15h30 - 10 €, parking 3 €)*, une maison des années 1740 entourée de magnifiques jardins et d'un arboretum, ainsi que le **Fota Wildlife Park**★ *(www.fotawildlife.ie - 10h-16h30 - dernière entrée 15h - 17,20 €)*, un parc luxuriant où poussent les espèces les plus exotiques des cinq continents et évoluent des animaux du monde entier.

Old Midleton Distillery D2

À 20 km à l'est de Cork par la N 25 en direction de Midleton.

021 461 3594 - www.jamesonwhiskey.com - 9h-18h - visites à 11h30, 13h15, 14h30 et 16h - 20/60 € selon la dégustation choisie.

Les distilleries de whiskey font partie intégrante de l'histoire de Midleton depuis le début du 19e s. Tous les grands noms du whiskey irlandais y ont établi leur siège social, tels Paddy, Jameson ou Powers. Une visite guidée de l'ancienne fabrique vous mènera des moulins aux magasins à grain, en passant par les alambics, dont le plus grand du monde pouvant contenir 130 000 litres. L'étape se conclut évidemment par une dégustation *(sauf pour les mineurs, bien sûr)*.

Crosshaven (BUN AN TÁBHAIRNE) D2-3

À 23 km au sud-est de Cork par la N 28 et la R 611 jusqu'à Carrigaline, puis la R 612. Dans sa dernière partie, la route longe l'estuaire de la rivière Owenboy. Attention à la circulation durant les w.-ends, Crosshaven étant l'une des promenades favorites des Corkoniens.

Il était naturel que cet agréable village de pêcheurs devienne le port de plaisance des riches bourgeois de Cork. Dès le 19e s., Crosshaven se développe, relié à la cité par un bateau à vapeur. Le phénomène s'accentue avec l'arrivée du chemin de fer en 1904. Une base militaire britannique occupe alors le fort de Camden. Le vénérable Royal Cork Yacht Club, fondé à Cobh en 1720, s'établit même à Crosshaven en 1969. Crosshaven est également un centre actif de pêche en mer.

Aux environs, on peut aller aux **plages** de Church Bay, Myrtleville, Ringabella Bay, Rocky Cove, etc. De belles balades vous conduiront à **Camden Fort**, avec sa vue sur le port. Peut-être apercevrez-vous des dauphins à Church Bay ou le long des falaises, entre Rocky Cove et Robert's Cove ? Oysterhaven, beaucoup plus au sud, vers Kinsale, est une base renommée de planche à voile.

Carnet pratique

PLAN P. 174

S'informer

Tourist Information Centre – A2 - *125 St Patrick St. - ☎ 021 425 5100 - www.discoverireland.ie.*

Adresses utiles

Poste centrale – B2 - *30 Oliver Plunkett St. - 9h-17h30 sf dim.*

Cork University Hospital – HORS PLAN - *Wilton - ☎ 021 492 0200 (urgences) - www.cuh.hse.ie.*

Arriver/Partir

En avion

Cork Airport – B2 EN DIR. - *8 km au sud de la ville - ☎ 021 431 3131 - www.corkairport.com.* Les bus Éireann 226 et 226A rejoignent le centre de Cork en 20/25mn. En taxi, comptez 20 €.

« Aller en Irlande » p. 545.

En train

Kent Station – B1 EN DIR. - *Glanmire Rd Lower (le long de la Lee, sur la rive nord, à 15mn à pied ou 8mn en bus du centre) - ☎ 021 450 6766 - www.irishrail.ie.* Liaisons régulières entre Cork et Cobh (25mn), Killarney (1h30), Tralee (2h) et Dublin (2h40 ; à partir de 31 €).

En bus

Parnell Central Bus Station – B1 - *Parnell Pl. - www.buseireann.ie et www.transportforireland.ie.* Plusieurs bus/j. vers Crosshaven, Midleton, Blarney, Bantry, Killarney, Kinsale, Waterford (2h15), Galway (4h20), Dublin (4h30)...

En bateau

Terminal de Ringaskiddy – *À 16 km de Cork - ☎ 021 427 3125.* C'est là qu'arrivent les car-ferries d'Angleterre et de France. Le bus n° 223 relie en 45mn la gare maritime à Parnell Bus Station.

Se garer

La circulation est dense et la ville peu adaptée aux automobiles. Mieux vaut vous déplacer à pied, les parkings étant rares et chers. Si vous séjournez le long de Western Rd, garez-y votre voiture : vous serez dans le centre en 10mn à pied. Sinon, plusieurs parkings payants sur Grand Parade, City Hall, etc.

Transports

À vélo – Pratique en centre-ville ou pour se rendre dans les quartiers ouest. Ailleurs, ça grimpe ! Vélos en libre-service *via* **TFI Bikes** *(www.bikeshare.ie/cork.html)* ou auprès de **Cycle Scene** *(396 Blarney St. - ☎ 021 430 1183 - cyclescene.ie).*

En bus – Peu utile tant les distances sont courtes. Billet 1,35 € avec la carte Leap ou 1,90 € en cash.

Toutes les infos sur : www.transportforireland.ie.

En taxi – Station en centre-ville, dont St Patrick St. et South Mall. Contactez **Cork Taxi Co-Op** *(☎ 021 427 2222 - www.corktaxi.ie).*

Location de voitures – Enseignes internationales à l'aéroport.

Agenda

Cork St Patrick's Festival – Autour du 17 mars. Défilés et concerts.

Cork French Film Festival – www.corkfrenchfilmfestival.com - mars.

Cork Midsummer Festival – www.corkmidsummer.com - 2e quinz. de juin. Musique, danse, théâtre, spectacles de rue et performances gastronomiques.

Cork Pride Festival – www.corkpride.com - fin juil.-début août.

Cork Folk Festival – www.corkfolkfestival.com - sept. ou oct. Groupes réputés de musique folk et traditionnelle.

Guinness Cork Jazz Festival – www.guinnessjazzfestival.com - fin oct. Un événement de grande qualité et une ambiance formidable.

Nos adresses

PLAN P. 174

Restauration

Cork

Premier prix

Voir aussi **Franciscan Well** *(« Boire un verre »)*.

4 **Crawford Gallery Café** – B1 - *1 Emmet pl. - 021 427 4415 - www.crawfordgallerycafe.com - 9h-16h - fermé dim.-lun. - plats 14/18 €.* Dans le bâtiment de la Crawford Gallery, ce café est installé dans une grande pièce claire, ornée de tableaux et de sculptures. Bons plats complets, salades, sandwichs et gâteaux.

22 **Son of a Bun** – B1 - *29 MacCurtain St. - 021 450 8738 - www.sonofabun.ie - 12h-21h (sam. 22h) - burgers 10/12 €.* Bons et généreux burgers, classiques ou originaux, à déguster dans un cadre urbain attendu.

Vikki's – A1 EN DIR. - *85A Sunday's Well Rd - 021 422 1729 - www.vikkis.ie - merc.-vend. 9h-16h, sam.-dim. 10h-17h - 15/25 €.* À deux pas du Cork City Gaol, une agréable étape, avec jardin, pour un sandwich, des tapas, un verre de vin naturel, un brunch ou une pause sucrée...

18 **Quay Co-Op** – A2 - *24 Sullivan's Quay - 021 431 7026 - www.quaycoop.com - 12h-20h - fermé dim.-mar. - plats 14/16 €.* Au bout de Grand Parade, ce restaurant est situé au-dessus d'une boutique diététique. Les végétariens viennent y déguster des petits plats simples et sains dans une ambiance détendue. Vente à emporter.

Budget moyen

2 **Good Day Deli** – AB2 - *Douglas St. - 021 432 2107 - www.gooddaydeli.ie - mar.-dim. 10h-17h - plat 13/120 €.* L'édifice de verre situé dans les jardins du Nano Nagle Place *(voir p. 177)* et prolongé par une terrasse est un havre de calme... et de saveurs. Du petit déjeuner au *lunch* en passant par le très populaire brunch (réservation impérative) tout est bon, beau, bien fait, parfois original, durable, bio et autant que possible local.

12 **Gallaghers Gastro Pub** – B1 - *32 MacCurtain St. - 021 241 5635 - www.gallagherspubcork.com - 12h-21h30, dim. 13h-21h30 - plats 16/27 €.* Un must qui oscille entre le pub traditionnel et le restaurant hyper contemporain.

6 **Quinlans** – B2 - *4 Princes St. - 021 241 8222 - www.seafoodbar.ie - 12h-21h - plats 18/22 €.* Une adresse sérieuse offrant un bon rapport qualité-prix pour les amateurs de poissons et fruits de mer.

16 **Café Paradiso** – A2 - *16 Lancaster Quay - 021 427 7939 - www.paradiso.restaurant - 17h-22h - fermé dim.-lun. - menu 40 € - réserv. conseillée.* Dans une rue perpendiculaire à Grand Parade, cette adresse végétarienne sert des plats légers et inventifs : soupes, gratins, salades, accompagnés de pain maison.

21 **Goldie** – B2 - *128 Oliver Plunkett St. - 021 239 8720 - www.cornstore.ie - merc.-sam. 17h-22h - plats 19/23 €.* Un bistrot tendance et animé spécialisé dans les produits de la mer, avec cuisine ouverte et atmosphère informelle et décontractée.

Pour se faire plaisir

10 **Greenes Restaurant** – B1 - *48 McCurtain St. - 021 455 2279 - www.greenesrestaurant.com - 7h-10h, merc., vend. et dim. 7h-10h, 17h-21h - formule early bird 32,50/37,50 €, menus 52,50/70 €.* Dissimulé dans une jolie cour, ce restaurant sert une cuisine moderne et raffinée à base de produits frais (agneau, lotte, homard, fruits de mer, etc.). Agréable terrasse près de la fontaine pour les beaux jours.

14 The Glass Curtain – B1 - *Thompson House - MacCurtain St. - ✆ 021 451 8659 - www.theglasscurtain.ie - 17h-22h, mar.-sam. 17h30-23h - fermé dim.-lun. - menu 65 € - réserv. conseillée.* Petite brasserie au décor monochrome qui propose une cuisine moderne agrémentée d'une touche personnelle et concoctée avec amour.

Blarney

Budget moyen

Blairs Inn – *Cloghroe (à 5mn en voiture de Blarney par la R 617 jusqu'à Tower, puis la R 579, bien signalé) - ✆ 021 438 1470 - www.blairsinn.ie - 13h-23h30, vend.-sam. 13h-0h30, dim. 13h-23h - fermé lun.-merc. - plats 17/28 €.* Dans le cadre traditionnel d'un pub de campagne à l'ambiance informelle une cuisine locale fraîche et copieuse. Plus cher le soir dans le restaurant, mais on peut dîner à prix doux dans la salle du bar. Bonne adresse.

Cobh

Premier prix

Seasalt – *17 Casement Square - ✆ 021 481 3383 - wwwseasaltcobh.ie - merc.-dim. 9h30-15h30 - plats 7/11 €.* Stratégiquement situé sur la place principale, ce joli café « *brunchy-lunchy* » propose un menu coloré – salades, croques, œufs variés, cakes –, à base de produits frais locaux. Un régal.

Budget moyen

Jacob's Ladder – *Waters Edge Hotel (entre le port et la gare) - ✆ 021 481 5566 - www.watersedgehotel.ie - P - 12h-20h - plats 15/26 €.* Salades ou plat du jour à prix vraiment doux à midi (souvent à base de poisson et de fruits de mer) et cuisine élaborée le soir. Salle moderne et lumineuse, avec vue sur la mer, puisque le restaurant donne sur le port.

Petite pause

Cork Coffee Roasters – *www.corkcoffeeroasters.ie.* Ces torréfacteurs nouvelle génération régalent les amateurs de café. Trois adresses en ville : *2 Bridge St. (7h30-17h, w.-end à partir de 9h) ; 2 French Church St. (8h-16h, dim. à partir de 9h) et 16 Anglesea St. (9h-17h).*

Myo Café – A1 - *34 Popes Quay - ✆ 087 662 9339 - www.myocafe.ie - 9h30-19h.* Cafés, plaisirs sucrés et salés et, aux beaux jours, des tables sur le quai.

Alchemy – A2 - *123 Barrack St. - 8h-18h, w.-end à partir de 9h30.* Pour une pause agréable, un brin bohème, en visitant la colline sud.

Boire un verre/En soirée

Cork est historiquement la ville de deux bières brunes : la Murphy's et la Beamish. S'y ajoutent les productions des micro-brasseurs. Cork, c'est également une ville où TOUT le centre ville se consacre à la fête en soirée !

Franciscan Well – A1 - *14b North Mall - ✆ 021 439 3434 - www.franciscanwellbrewery.com - 16h-23h30, vend. 15h-0h, w.-end 13h-0h.* Fondée (1998) en plein cœur de la ville dans un ancien monastère franciscain, la micro-brasserie de Shane Long possède son propre pub. Sur l'agréable terrasse à l'arrière, près des cuves de production, vous dégusterez les excellentes pizzas de **Pompeii** *(www.pompeiipizza.ie).*

Mutton Lane – A1-2 - *3 Mutton Lane - ✆ 021 427 3471 - 10h30-23h30, vend.-sam. 10h30-0h30, dim. 14h-23h.* Sans doute l'un des plus vieux pubs de Cork, un must à tout moment de la journée. Impossible à décrire, il faut y aller.

Hi-B Bar – B2 - *108 Oliver Plunkett St. (à l'étage en face de la poste) - ✆ 021 427 2758.* Un incontournable en journée, ce pub est unique à Cork. Le décor reste inchangé, les vieux murs sont tout juste agrémentés de quelques dessins d'écrivains.

Sin É – B1 - *8 Coburg St. - 021 450 2266 - 12h30-23h30, vend.-sam. 12h30-0h.* L'un des rendez-vous les plus sympathiques de la ville, avec de la musique traditionnelle et des concerts chaque soir.

An Bodhrán – B2 - *42 Oliver Plunkett St. - 021 427 4544.* Très bonne ambiance. Des groupes de musique traditionnelle, rock ou des DJs animent régulièrement les soirées.

Fred Zeppelins – B2 - *8 Parliament St. - 086 260 7876 - 16h-0h.* Petit et sombre, cet ancien pub est l'iconique épicentre de la culture rock, métal et punk à Cork. Concerts quasi quotidiens.

El Fenix – B2 - *3 Union Quay - 087 650 2441 - 14h-0h, vend.-sam. 14h-0h30.* Ce pub sur deux niveaux a conservé son architecture d'origine. Bonne musique soul.

An Spailpín Fánach – A2 - *27-29 South Main St. - 021 427 7949 - 19h-23h, vend.-dim. 18h-23h - fermé lun.-mar.* L'adresse préférée des férus de musique traditionnelle irlandaise et de blues. Concerts quasi tous les soirs.

Triskel Arts Centre – A2 - *3 Tobin St. - 021 427 2022 - www.triskelartscentre.ie.* Installé dans une ancienne église georgienne, ce pôle culturel multidisciplinaire (concerts, expos, cinéma, arts visuels...) propose une très riche programmation.

Cork Opera House – AB1 - *Emmet Pl. - 021 427 0022 - www.corkoperahouse.ie.* Cork a un opéra à la programmation éclectique.

Activités

Activités en plein air

Pour une promenade urbaine thématique, consultez le site www.corkcity.ie/en/things-to-do/parks-outdoors/cork-city-walks sur lequel vous trouverez des plans téléchargeables.

Atlantic Sea Kayaking *(www.atlanticseakayaking.com)* propose des sorties en kayak sur la rivière Lee.

En famille

Toy Soldier Factory – *1 Kilnamartyra Village - Macroon (à 50km, entre Cork et Killarney) - 026 402 22 - www.toysoldierfactory.ie - 9h-17h, sam. 10h-17h - fermé dim.* L'unique fabrique de soldats de plomb en Europe. Assistez à la fabrication d'un moule, d'un soldat ou d'une miniature suivie de la mise en couleur par un peintre. Les enfants repartent avec leur réalisation. Reconstitution de la bataille de Waterloo avec 15 000 figurines.

Golf

Lee Valley Golf Club – *Clashnure - Ovens (à l'ouest de la ville) - 021 733 1721 - www.leevalleygcc.ie.*

Fota Island Golf Club – *Fota Island - 021 488 3700 - www.fotaisland.ie - green fee 120 €.*

Sports gaéliques

Les plus importants matches de sports gaéliques (*hurling, camogie,* football) se jouent au stade **Páirc Uí Chaoimh**. Agenda et tickets sur *www.paircuichaoimh.ie* et *www.gaa.ie*.

Hébergement

À Cork, vous avez le choix : les grands hôtels du centre ou les B & B qui se trouvent à la sortie ouest de la ville, sur Western Rd. Blarney ou Cobh disposent aussi de bonnes adresses si vous avez une voiture.

Cork

Premier prix

3 **Brú Bar & Hostel** – B1 - *57 Mac Curtain St. - 021 455 9667 - www.bruhostel.com - lit en dortoir à partir de 25 €, ch. à*

3

partir de 75 € ☕. Une auberge de jeunesse aux dortoirs basiques mais modernes, équipé de belles parties communes et proposant de nombreux services. L'atmosphère y est conviviale. Musique *live*.

1 **Acorn House** – B1 - *14 St Patrick's Hill - ✆ 021 450 2474 - www.acornhouse-cork.com - fermé déc.-janv. - 9 ch. 50/90 € - ☕ 7 €.* Au pied de la colline de St-Patrick, à moins de 5mn à pied du centre, une maison de ville georgienne agréablement décorée de couleurs vives. Bon accueil.

Rose Lodge Guesthouse – B2 EN DIR. - *1 Mardyke Walk - ✆ 021 427 2958 - www.roselodge.ie - P - 16 ch. à partir de 90 €* ☕. Confortable maison à 10mn à pied du centre. Les chambres sont bien équipées et sobrement décorées dans un style très classique.

2 **Auburn House** – B1 - *4 Garfield Terrace, Wellington Rd - ✆ 021 450 8555 - www.auburnguesthouse.com - 12 ch. 70/100 €* ☕. Une jolie maison de ville près de la très animée Mac Curtain Street. Petites chambres douillettes et accueil très chaleureux. Copieux petit déjeuner. Une bonne adresse.

Budget moyen

Fernroyd House – B2 EN DIR. - *4 O'Donovan Rossa Rd (près de Western Rd) - ✆ 021 427 1460 - www.fernroydhouse.com - P - 8 ch. 115/135 €* ☕. Dans une impasse très calme, juste à côté de l'université. La maison est bien tenue, le petit déjeuner excellent, l'accueil d'Avril et Tony plein de gentillesse et leurs conseils sont avisés. Bonne adresse.

Garnish House – B2 EN DIR. - *Western Rd - ✆ 021 427 5111 - www.garnish.ie - P - 21 ch. 129/191 €* ☕. Chambres calmes et confortables, accueil charmant et petit déjeuner digne d'un festin !

Lancaster Lodge – B2 EN DIR. - *Lancaster Quay - ✆ 021 425 1125 - www.lancasterlodge.com - ♿ P - 48 ch. 131/259 €* ☕. Hôtel en bordure de la Lee, mais au calme (surtout à l'arrière), doté de chambres spacieuses et fonctionnelles au design réussi.

Pour se faire plaisir

5 **Hotel Isaacs** – B1 - *48 Mac Curtain St. - ✆ 021 450 0011 - www.hotelisaacscork.com - ✕ - 47 ch. à partir de 150 €* ☕. Près des gares et du centre-ville, au fond d'un passage couvert, avec une jolie fontaine. Adresse recherchée, bien qu'un peu chère. Les appartements de deux ou trois chambres sont une bonne affaire pour les familles ou les groupes d'amis. Bon restaurant *(voir Greenes Restaurant).*

The Dean – B1 EN DIR. - *Horgan's Quay, Railway S. - ✆ 021 234 1200 - www.thedean.ie - ♿ ✕ P - 109 ch. à partir de 180 €* ☕. Ce vaisseau ultra-moderne au décor urbain tendance et au confort impeccable se dresse dans le Northern Quarter en pleine transformation.

7 **The Imperial** – B2 - *76 South Mall - ✆ 021 427 4040 - www.imperialhotelcork.com - ♿ ✕ P - 125 ch. à partir de 180 €* ☕. Marbre dans le hall, moquette épaisse dans les vastes chambres et dans le labyrinthe des couloirs : bienvenue dans l'hôtel historique (1816) de la ville. Bar élégant, restaurant, Spa.

Une folie

The Montenotte – B1 EN DIR. - *Middle Glanmire Rd - ✆ 021 453 0050 - www.themontenottehotel.com - ♿ ✕ P - 107 ch. à partir de 230 €* ☕. Calme, luxe et élégance à flanc de colline. Belles chambres et parties communes. Bistro et jardins avec vue sur la ville. Centre de remise en forme et même... un petit cinéma très « rétro ».

Hayfield Manor – *Perrott Ave, College Rd - ✆ 021 484 5900 - www.hayfieldmanor.ie - 88 ch. 360/460 € (pour les chambres « Manor » de 28 m²).* Un luxueux manoir des années 1920 doté d'un Spa, d'une piscine et d'un très bon restaurant, **Orchids**. Le petit plus ? l'*afternoon tea*, servi de 13h à 16h30. La déco est élégantissime et le service attentionné.

Blarney

Premier prix

Ashcroft – *Station Rd - ✆ 021 438 5224 - www.ashcroftblarney.com - P - 4 ch. 65/80 €*. Grandes chambres avec vue sur le golf et le château. Petit déjeuner à la carte.

Killarney House – *Station Rd - ✆ 021 438 1841 - www.killarneyhouse.com - P - 6 ch. 85/120 €*. Grande maison moderne aux chambres spacieuses et bien équipées.

Budget moyen

La Cita – *3 Sunset pl. - Killeens (en retrait de la N 20, à mi-chemin entre Cork et Blarney) - ✆ 086 600 3033 - P - 5 ch. 95/175 €*. Maison moderne et impeccable, tenue avec gentillesse par Siobhan, qui prépare de plantureux petits déjeuners.

Maranatha House – *Tower (à 2 km de Blarney) - ✆ 021 438 5102 - www.maranathacountryhouse.com - P - 6 ch. à partir de 98 €*. Manoir victorien noyé sous les fleurs. Mobilier ancien, lits à baldaquin, profusion de drapés savants, délicieuse véranda pour le petit déjeuner. Un caractère indéniable, une grosse pincée de kitsch et des propriétaires charmants. Romantique à souhait.

Cobh

Premier prix

Mount View – *John O'Connell St. - Beechmount - ✆ 021 481 4260 - P - 6 ch. 90 €*. Maison avec des chambres simples et claires, et une belle vue sur le port.

Budget moyen

Knockeven House – *Rushbrooke (à 2 km à l'ouest par la R 624) - ✆ 021 481 1778 - www.knockevenhouse.com - 5 ch. 125 €*. Vaste demeure victorienne, meublée avec élégance en style d'époque. Pièces communes accueillantes.

Midleton

Une folie

Ballymaloe House – *Shanagarry, entre Midleton et Ballycotton - ✆ 021 465 2531 - www.ballymaloe.ie - ♿ ✕ P - 29 ch. 285/420 € - menu 55/70 €*. Beau manoir georgien, au cœur d'une vaste propriété, doté d'un golf et d'un tennis (inclus dans le prix). La table est réputée avoir donné naissance à la cuisine gastronomique irlandaise, à base de produits du jardin et de recettes authentiques

Crosshaven

Pour se faire plaisir

Whispering Pines Guesthouse – *Carrigaline Rd - ✆ 021 483 1843 - ✆ 021 483 1448 - www.whisperingpines.ie - P - 14 ch. 160/230 € (2 nuits mini) - forfaits hébergement (3 nuits mini) et excursions en mer*. Les chambres, simples et spacieuses, donnent sur l'Owenabue River. Salons confortables, bar et jardin agréables malgré le manque de caractère. Barry Twomey organise des sorties en mer. Il propose aussi des excursions dans son bus et loue des vélos. Accueil en français. Les menus reposent essentiellement sur des poissons frais pêchés.

3

De Kinsale à Baltimore ★

À partir du très touristique village de pêcheurs de Kinsale, le littoral est découpé de multiples échancrures marquant les estuaires des rivières. La route jusqu'à Baltimore ne s'éloigne jamais beaucoup de la mer, livrant de temps à autre des vues sur l'océan stupéfiantes et invitant à poursuivre la découverte le plus loin possible le long du Wild Atlantic Way (2 500 km !) dont Kinsale est l'une des extrémités.

Se repérer

CARTE BCD3 (P. 170-171).

Comté de Cork.

Kinsale est située à l'embouchure de l'estuaire de la Bandon, à 29 km au sud de Cork.

À ne pas manquer

La balade vers Charles Fort et Old Head of Kinsale ; Inchidoney Beach ; le pub De Barra à Clonakilty ; l'ambiance de Baltimore durant la Fiddle Fair.

Organiser son temps

Comptez 2 jours. La signalisation étant parfois très déconcertante, n'hésitez pas à demander votre chemin !

En famille

La balade de Charles Fort, à Kinsale ; le West Model Railway Village, à Clonakilty ; un bain dans le Lough Hyne et à Inchidoney Beach.

Carnet pratique p. 195

Nos adresses p. 196

Se promener

★★ Kinsale (CIONN TSAILE) D3

En saison et le w.-end, la circulation est très dense vers Kinsale et le stationnement difficile. Arrivez tôt le matin pour avoir le temps de visiter la ville. Cinq itinéraires piétons balisés à travers le village sont proposés.

Ce petit Honfleur du Sud irlandais figure parmi les destinations phares du Sud-Ouest. Ses façades pimpantes, ses restaurants, son yacht club, son festival de gourmets (au mois d'octobre) attirent beaucoup de touristes. Le bourg compte un port de pêche et trois quartiers différents : le centre, Scilly et Charles Fort.

★ The Courthouse and Regional Museum

Market Square - ✆ 021 477 7930 - avr.-oct. : mar.-sam. 10h-14h - gratuit.

Il occupe l'ancien tribunal de 1600. La façade à pignons hollandais fut rajoutée en 1706. Un émouvant bric-à-brac est consacré à l'histoire locale et au récit de l'enquête sur le naufrage du *Lusitania*, qui fut menée dans les locaux du tribunal.

Remontez ensuite Market St. et Cork St.

St Multose Church

Church Square (sur le haut du village, par Market Pl.).

Légèrement perchée, dotée d'une tour normande carrée (1190), cette église anglicane dédiée au saint local s'élève au milieu d'un cimetière herbu, jalonné de pierres tombales de guingois. Sur le portail nord, on distingue à peine un motif normand

Les rues colorées du village de Kinsale.
Jon Arnold Images/hemis.fr

en zigzag, marque du style roman irlandais. L'intérieur de l'église recèle du côté sud d'anciennes pierres tombales scellées dans le sol ou dressées contre le mur.

Desmond Castle

Cork St. - ✆ 021 477 4855 - www.heritageireland.ie. À l'heure où nous imprimons ce guide le château était fermé pour travaux (réouverture possible en 2023, se rens.). Cette modeste tour de trois étages fut construite à la fin du 15e s. Initialement résidence des comtes de Desmond, elle devint un dépôt d'armes pendant l'occupation espagnole, puis la « prison française » sous les Anglais, en raison du nombre de Français incarcérés. En 1747, 54 d'entre eux y périrent dans un incendie. L'édifice abrite désormais le **musée du Vin**, évoquant le commerce fructueux qui fit la richesse de la ville ainsi que l'histoire de quelques grandes familles irlandaises émigrées. Parmi les plus célèbres, citons la famille Hennessy à Cognac.

Un peu d'histoire

Sa position stratégique, à l'embouchure de Bandon River, fait très tôt de Kinsale un important centre de pêche et de commerce, qui passe sous la coupe des envahisseurs après les attaques anglo-normandes. Lors de la bataille de Kinsale (1601-1602), les rebelles irlandais et leurs alliés espagnols, retranchés dans la ville, sont finalement vaincus par les armées anglaises. Les nobles irlandais fuient alors massivement le pays, causant le déclin de la civilisation gaélique, et Kinsale est l'un des rares bourgs à prendre le parti de Cromwell. À partir de la seconde moitié du 17e s., des huguenots français s'établissent dans la région et y font commerce. À la même époque, on multiplie les fortifications pour résister aux invasions éventuelles, et une industrie navale florissante se développe. Mais la taille croissante des navires, trop grands pour le port, en sonne le glas. Kinsale doit désormais son renouveau au tourisme.

À proximité

CARTE P. 170-171

★★ Charles Fort D3

Quittez Kinsale par la R 600 vers Cork. À la sortie de la ville, tournez à droite pour rejoindre Charles Fort.

L'idéal est de rallier Charles Fort à pied en suivant l'agréable **Scilly Walk** puis High Rd, un circuit bien balisé et sans difficulté *(2 km - 30mn)* qui longe le port puis s'élève à travers le quartier de Summer Cove bordé de villas somptueuses.

Summer Cove - 021 477 2263 - www.heritageireland.ie - 10h-18h (16h30 de nov. à mi-mars) - dernière entrée 1h av. fermeture - 5 € (enf. 3 €).

Ce fort fut bâti au 17e s. lors d'une campagne de fortification qui englobait James Fort, moins bien conservé, de l'autre côté de la baie. Son plan en étoile rappelle les citadelles de Vauban. Le fort comporte deux énormes bastions face à la mer et enserre une véritable cité. Il demeura occupé par les Anglais jusqu'en 1922, lorsqu'ils abandonnèrent la ville aux Irlandais. Bien qu'en ruine, les bâtiments restituent l'atmosphère pesante des garnisons en butte à toutes les attaques, et ses remparts procurent de jolies **vues★** sur Kinsale et l'estuaire. Le site est remarquablement entretenu et c'est un vrai plaisir de déambuler ou de faire une pause sur son impeccable gazon, et de contempler les environs du haut de ses remparts.

En contrebas du fort, un très agréable **sentier côtier★** permet de gagner la pointe en longeant le goulet. On profite alors de belles vues sur le fort, la baie aux eaux transparentes et les voiliers qui passent au loin...

Retournez à Kinsale et prenez la R 600 vers le sud. Après le pont, à la sortie de la ville, tournez à gauche.

James Fort D3

Sur les hauteurs de la falaise, ce fort (1604) en accès libre constitue le but d'une agréable promenade, d'autant qu'une **plage** de sable invite à la baignade.

Reprenez ensuite la R 600, puis la R 604 vers Old Head of Kinsale.

★ Old Head of Kinsale D3

À 12 km au sud-ouest de Kinsale.

Cette longue pointe a compté durant des siècles de nombreux châteaux des puissants de Courcy. À son extrémité, un phare se dresse à 70 m au-dessus des flots. C'est non loin de cette presqu'île sauvage que fut coulé le *Lusitania (voir encadré).* Occupant une tour de guet construite lors des guerres napoléoniennes, le **Lusitania Museum** *(www.oldheadofkinsale.com - été : 10h-17h ; reste de l'année : se rens. - 5 €)* raconte l'histoire de ce naufrage et de Old Head.

Cette pointe de Old Head offre de jolies balades le long de sa plage, côté ouest, et de ses falaises verdoyantes qui plongent dans l'océan. L'accès au phare est malheureusement limité par la présence d'un parcours de golf.

Revenez à Kinsale et empruntez la R 606 puis 605 jusqu'à Inishannon. Dans le village, traversez le pont et prenez aussitôt la petite route qui longe la rive droite de la rivière. À environ 4 km, tournez à gauche vers Kilmacsimon.

Le naufrage du « Lusitania »

Ce navire, dont l'épave gît à 19 km au sud de Kinsale, fut torpillé par les Allemands le 7 mai 1915. Cet épisode, qui fit 1500 victimes, précipita l'entrée des Américains dans la Première Guerre mondiale. Pendant des mois après la catastrophe, des corps et des débris échouèrent sur toutes les plages de la région.

★ Kilmacsimon (COILL MHIC SHÍOMOIN) CD3

À 15 km au nord-ouest de Kinsale.

Le hameau s'étire le long de la Bandon River dont les berges boisées évoquent, à marée haute, les paysages nordiques. Un chapelet de maisonnettes, un petit chantier naval, un pub au bord de l'eau et de larges pâturages hantés par le cri des corbeaux résument tout le charme de l'Irlande authentique. Avant de vous arrêter pour une Guinness, empruntez le chemin qui suit la rive, après le chantier naval, pour une promenade bucolique.

Circuit conseillé

CARTE P. 170-171

La route des estuaires : de Kinsale à Baltimore

Circuit de 110 km tracé en orange sur la carte de région p. 170-171. De Kinsale, suivez la R 600 en direction de Timoleague.

★ Timoleague (TIGH MOLAIGE) C3

À 26 km à l'ouest de Kinsale par la R600.

Avec les ruines de son ancienne abbaye dominant l'estuaire de la rivière Argideen, Timoleague a l'air de sortir d'une gravure romantique. L'**abbaye franciscaine★** *(gratuit)*, fondée à la fin du 13e s., s'était enrichie grâce au commerce du vin espagnol, mais elle fut mise à sac par les soldats de Cromwell, en 1642. En arpentant les ruines, on reconnaît le chœur gothique, le cloître, les dortoirs, le réfectoire avec ses superbes fenêtres, des celliers à vin et l'ancienne léproserie.

De l'autre côté du village, au-delà de la grande église catholique perchée sur un promontoire, arrêtez-vous juste avant le portail des **Timoleague Castle Gardens** *(ne se visite pas)* dont la petite **chapelle** anglicane est entièrement décorée à l'intérieur de mosaïques et de frises multicolores. Elle fut financée par le maharajah de Gwalior, en reconnaissance des services de son médecin, originaire de Timoleague.

3

★ Courtmacsherry Bay (CÚIRT MHIC SHÉAFRAIDH) C3

À 3 km au sud-est de Timoleague par la R 601.

Tout le long de cette profonde échancrure, vous pourrez observer de nombreux oiseaux, attirés par les vasières exposées à marée basse. Base idéale pour la pêche en mer ou la marche à pied, le petit port de Courtmacsherry aligne ses maisons multicolores au bord de l'estuaire.

Plusieurs **sentiers de randonnée** rejoignent la pointe *(à 3,5 km)* à travers bois et le long de petites criques.

Rejoignez Clonakilty *via* Butlerstown : la **route côtière** qui serpente entre plages et falaises jusqu'à la presqu'île des Sept-Pointes (Seven Heads) passe par **Dunworly Bay**, plage de sable encadrée d'à-pics, offrant un agréable but de promenade.

Clonakilty (CLOICH NA COILLTE) C3

À 15 km à l'ouest de Courtmacsherry par la R 601 et la R 600.

Ashe St. - 023 883 3226 - www.clonakilty.ie.

D'un passé florissant grâce, entre autres, à la production de toiles de lin, Clonakilty a gardé un grand dynamisme, renforcé par la volonté de renouer avec les traditions, de mettre en avant la langue gaélique et d'encourager les habitants à entretenir leur environnement. Berceau du fameux patriote **Michael Collins**, qui participa aux difficiles négociations avec les Anglais ayant abouti à la partition de l'île, cette localité aux rues bordées de maisons multicolores vous séduira par ses boutiques aux enseignes à l'ancienne et ses bars traditionnels – dont le célèbre

Drombeg Stone Circle.
Fredy Jeanrenaud/Getty Images Plus

pub De Barra –, ainsi que pour son *black pudding*, réputé à travers tout le pays. Avant l'incontournable pause, faites un crochet par **Emmet Square**, parfait exemple de place bâtie dans le meilleur style georgien : hautes maisons de ville et portes colorées à impostes en demi-lune et colonnes.

West Cork Regional Museum – *✆ 087 998 5261 - mar.-sam. 11h-16h - peut être ouvert le w.-end - 5 €.* Ce musée intéressera les férus d'histoire locale pour les documents et photographies d'époque liés au passé de la ville, les indépendantistes et Michael Collins.

Clonakilty Distillery – *Clarke St. - ✆ 023 887 8020 - www.clonakiltydistillery.ie - visite guidée (1h15) - avr.-sept. : tlj ; reste de l'année : merc.-dim. - de 18 à 35 €.* Dans le village s'élève l'édifice transparent de cette distillerie novatrice, parmi les dernières fondées dans le pays (2018). On y produit dans les règles de l'art des whiskies, gins et vodkas unanimement salués. Découvrez le processus de production lors d'une visite guidée, à réserver en ligne.

West Model Railway Village – *Inchydoney Rd - ✆ 023 883 3224 - www.modelvillage.ie - 11h-17h (18h en juil.-août) - dernière entrée 1h av. fermeture - 10 € (-16 ans 6,50 €).* Sur la route d'Inchydoney, au sud de Clonakilty, les enfants apprécieront la reconstitution des différents villages de la région dans les années 1950, avec scènes animées et train miniature.

★★ Inchydoney Beach

À 2,4 km au sud de Clonakilty.

Avec son sable fin et clair et son éperon rocheux qui s'avance dans des eaux transparentes, elle est simplement l'une des plus belles du pays ! Quasi déserte en hiver, elle invite à de belles et romantiques balades, tandis que des surfeurs expérimentés affrontent les vagues *(voir « Activités »)*. En été, elle est idéale pour la baignade et ses dunes sont un cadre prisé pour un pique-nique.

Un parcours balisé de 5,3 km permet de faire le tour de la pointe de la péninsule où s'étend la plage.

De Clonakilty, suivez la N 71 jusqu'à Rosscarbery, puis la R 597, en dir. de Glandore.

★ Drombeg Stone Circle C3

Sur la R 597, guettez le panneau (bien indiqué, sur la gauche). Le site est à 300 m de marche du parking.

Ce cercle de pierres de 9 m de diametre, datant du 2e s. av. J.-C., est formé de 17 blocs monolithes. L'entrée du cercle est marquée de deux pierres plus hautes, qui font face à un autel sur lequel tombent les rayons du soleil couchant lors du solstice d'hiver. Le trou situé à proximité servait de cuisine, où l'on plaçait des pierres chauffées au feu pour faire bouillir l'eau.

Glandore (CUAN DOR) C3

Le port abrite encore quelques bateaux de pêche. Son nom gaélique signifie « port des chênes », en raison des forêts qui couvraient jadis la région. Adam et Ève, les deux îlots en face de l'estuaire, rappellent les consignes données aux marins d'éviter Adam et de serrer Ève, pour entrer au port. Il y a quelques restaurants et pubs, sympathiques et délicieux, qui font de ce charmant village un refuge agréable pour une pause déjeuner ou thé l'après-midi.
À la sortie de Glandore, empruntez l'étroite passerelle traversant l'estuaire.

Union Hall (BRÉANTRÁ) C3

Tout droit sorti d'un livre d'illustrations – avec son église, ses pubs colorés et ses quelques chalutiers –, ce petit port doit son nom, non pas à un quelconque monument, mais à l'Union Act de 1800 qui rattacha l'Irlande à l'Angleterre.
Si vous aimez le pittoresque, visitez le **Ceim Hill Museum** *(✆ 028 36 280 - 10h-19h - fermé dim. - 5 €, enf. 3 €)*, un « antre de sorcière » (« une gentille sorcière, de celles qui soignent », dit-on). Ce bric-à-brac ahurissant recèle des objets trouvés pour la plupart sur place, censés illustrer l'histoire de l'humanité de l'âge du bronze à nos jours, telle une mâchoire de dinosaure !
Suivez la direction Rinneen, puis Castletownshend (R 596).

Castletownshend (BAILE AN CHAISLEÁIN) C3

Les grandes demeures en pierre édifiées au 18e s., entourées de jardins, contrastent de façon surprenante avec le reste de la région. Castletownshend fut créée par les familles des soldats de Cromwell enrichis par les guerres. Retournés à la vie civile, certains devinrent marchands et colonisèrent le port, construisant maisons et entrepôts. La rue principale, très pentue, dévale vers le quai. En bas, l'église anglicane **St Barrahane**, au milieu des yuccas et des hortensias, offre une vue splendide – moyennant quelques marches à monter. À l'intérieur du monument, remarquez le vieil aviron récupéré sur l'un des canots du *Lusitania*. À l'arrière, vous pouvez voir les tombes d'Edith Somerville et de Violet Florence Martin (*alias* Martin Ross), cousines et écrivains de renom, originaires du village.
Dans les environs, à **Reen Pier**, vous pourrez prendre part à une sortie en mer pour observer les baleines ou à une excursion en kayak de mer *(voir « Activités »)*.

Skibbereen (AN SCIOBAIRÍN) B3

À 8,5 km au nord-ouest de Castletownshend par la R 596.
ℹ *North St. - ✆ 028 21 489 - www.skibbereen.ie.*
Ce bourg de 2 500 ha. constitue une étape très pratique si les stations balnéaires affichent complet ou si vous voyagez en bus. Fondé en 1631 par des habitants de Baltimore qui fuyaient les raids barbaresques, « Skibb » pour les intimes s'anime le jour du marché fermier *(www.skibbereenmarket.com - sam. 9h30-14h)*.
Skibbereen Heritage Centre – *Old Gasworks Building - Upper Bridge S. - ✆ 028 40 900 - www.skibbheritage.com - mai-sept. : tlj sf dim. 10h-18h, avr. et oct. : mar.-sam. 10h-18h ; nov.-mars : lun.-vend. 10h-17h30 - 6 €.* L'ancien bâtiment de la compagnie de gaz abrite ce musée réparti en deux expositions : la **Famine Exhibition**, consacrée à la famine qui a très durement touché la ville vers 1840, et le **Lough Hyne Visitor Centre**, dédié à la réserve marine voisine *(voir ci-après)*.

3

À 2 km au sud du village par la R 596, ne manquez pas **The Sky Garden** *(Liss Ard Country House Estate - www. lissardestate.ie - mai-août : sur RV - 5 €)*, une œuvre-paysage créée par l'artiste James Turrell au sein d'un luxueux complexe hôtelier, une colline évidée tel un bol, un calme cratère tapissé d'un doux gazon.

★★ Lough Hyne B3

À 4 km sur la route de Baltimore, guettez le panneau vers la gauche.

Ce lac salé, relié à la mer par un étroit canal, a été classé **réserve marine**. On peut se baigner dans ses eaux particulièrement claires, qui hébergent un grand nombre d'espèces rares et inhabituelles *(attention cependant aux oursins)*.

Les rives ouest et sud sont parcourues d'agréables sentiers de randonnée, qui se prêtent à de superbes promenades.

★ Baltimore B3

À 13 km au sud-ouest de Skibbereen par la R 595.

Ce village de pêcheurs, que l'on atteint au bout d'une route serpentant face aux îlots de la baie, était le fief d'un puissant clan de pirates, les O'Driscoll – qui reste le patronyme le plus courant des habitants de Baltimore. La résidence du clan, **Baltimore Castle** (Dún na Séad), bâtie en 1215 et aujourd'hui restaurée, se visite *(The Square - www.baltimorecastle.ie - mars-oct. : 11h-18h - 5 €)*. Neuf autres forteresses, la plupart en ruine, témoignent de ce passé mouvementé. En 1631, des pirates venus d'Alger pillèrent le village et emmenèrent quelque 200 personnes en esclavage.

Chaque année, en mai, Baltimore connaît une ambiance extraordinaire lors du festival de musique traditionnelle **The Fiddle Fair★★** (concerts impromptus, soirées dans les pubs, etc.). Mais peut-être serez-vous déçu par la surpopulation, surtout en saison, et par le nombre croissant de villages de vacances.

La tranquillité des eaux du port et les terrasses des bars du quai font oublier que le **phare du Fastnet** *(voir p. 201)*, dressé à 7 km au sud-ouest de Cape Clear, commande une zone particulièrement dangereuse, site de régates tous les deux ans.

Pour comprendre la rudesse de ce pays, il suffit de longer les hautes falaises balayées par les vents jusqu'au **Baltimore Beacon★★**, grand amer blanc surnommé « la femme de Loth », qui signale la pointe aux marins.

★ Sherkin Island (INIS ARCÁIN) B3

Comptez 10mn de traversée depuis Baltimore (voir « Arriver/Partir » ci-contre).

Cette île calme et sauvage se vante de posséder trois belles plages, les ruines de l'un des châteaux O'Driscoll et les vestiges d'un monastère franciscain du 15e s.

★★ Clear Island (OILEÁN CHLÉIRE) B3

Comptez 45mn de traversée depuis Baltimore (voir « Arriver/Partir » ci-contre).

Plus éloignée et plus austère, Clear Island est un **sanctuaire** pour les oiseaux marins qui s'y réfugient de juin à septembre. La montée depuis le débarcadère est assez dure, mais la vue au sommet vaut l'effort.

Le **Lough Errol**, près de la forteresse O'Driscoll, présente l'étonnante propriété de nettoyer tout linge plongé dans ses eaux, grâce à la présence d'un micro-organisme !

Au cours d'une promenade sur l'île, vous verrez les ruines de **St Kieran**, (12e s.), ainsi que d'intéressants mégalithes. Le plus curieux d'entre eux se trouve à St Comillane, à l'est de l'île : percé d'un trou, il était censé officialiser les vœux de fiançailles.

À l'est de North Harbour, l'ancienne école accueille **The Heritage Centre** *(✆ 028 39119 - www.capeclearmuseum.ie - juin-août : 12h-16h - 5 €)*, dédié à l'histoire et aux traditions insulaires.

Carnet pratique

S'informer

Kinsale Tourist Office – *Emmet Place - ✆ 021 477 2234 - www.kinsale.ie.* Infos sur la région.

Visites

Kinsale Food Tours – *✆ 085 107 6113 - www.kinsalefoodtours.com.* Pour une découverte de Kinsale « côté cuisine », jalonnée de passionnantes histoires et de dégustations.

Adresses utiles

Kinsale Hospital - *✆ 021 477 2202.*

Arriver/Partir

En bus

Nombreuses liaisons entre Cork (Parnell Bus Station) et Kinsale avec le bus Éireann n° 226 (50mn). Le n°237 relie Cork aux villes de la côte et passe par Clonakilty (1h10), puis Rosscarbery, Skibbereen et Baltimore jusqu'à Goleen.

Horaires sur www.buseireann.ie et www.transportforireland.ie.

En bateau

Sherkin Ferry – *✆ 0872 638 470 - www.sherkinferry.ie.* 7-10 AR/j. (un peu moins en hiver) entre Baltimore et Sherkin Island (15mn de trajet ; 12 € AR).

Cape Clear Ferry Service – *✆ 028 39 159 - www.capeclearferries.com.* 4 AR en été (2 en hiver) pour Clear Island (45mn ; 18 € AR). Durant l'été, des ferries rejoignent Schull *(voir p. 200)* et embarquent les vélos, offrant un raccourci appréciable vers Mizen Head.

Transports

Location de vélos

Mylie Murphy – *8 Pearse St. - Kinsale - ✆ 021 477 2703 - tlj sf dim. 9h30-17h.* À partir de 15 €/j.

Wild Atlantic Sports – *8 Pearse St. - Kinsale - ✆ 087 103 2317 - www.wildatlanticsports.com - 9h-17h.* Location de vélos (20/30 €) et de e-bike (50 €) à la journée ou à la demi-journée. Randonnées guidées à vélo autour de Kinsale, Old Head, Sandycove...

Agenda

Kinsale

Kinsale Arts Week-end – Autour de la mi-juil. Concerts, expositions et performances pluridisciplinaires.

Kinsale Regatta – En juil. ou août. Régates, musique et gastronomie.

Clonalkilty

Clonalkilty International Guitar Festival – *www.clonguitarfest.com.* Début sept. Concerts, master class et sessions.

Clonalkilty Waterfront Marathon – *www.runclon.ie.* Déb. déc. Un parcours sur le rivage, des vues spectaculaires.

Skibbereen

West Cork Food Festival – *www.atasteofwestcork.com.* Dix jours en sept. Démonstrations par des chefs étoilés, cueillettes de plantes, visites de petits producteurs et de marchés fermiers, brunchs en musique.. 250 manifestations dans 8 îles et une quarantaine de villages autour de Skibbereen pour réveiller ses papilles et découvrir le meilleur de la gastronomie locale.

Baltimore

The Fiddle Fair – *www.fiddlefair.com.* 2e semaine de mai. Festival de musique traditionnelle à Baltimore. Affluence incroyable et ambiance fort sympathique.

3

Nos adresses

Restauration

Kinsale

Premier prix

Gourmet Pantry – *4 Market St. - 021 470 9215 - www.gourmetpantry.ie - tlj 10h-17h.* LA bonne adresse pour constituer son pique-nique : sandwichs ou *rolls* tout préparés ou à composer soi-même, quiches, cakes, boissons locales, épicerie fine… Mais il faut faire la queue tant l'endroit est apprécié.

Dinos – *Pier Rd - 021 477 4561 - www.dinostakeaway.ie - 13h-21h - à partir de 5 €.* Dinos est une affaire familiale qui marche dans toute la région de Cork avec ses *fish & chips* et autres plaisirs frits.

Budget moyen

The Black Pig – *66 Lower O'Connell St. - 021 477 2131 - www.theblackpigwinebar.com - merc.-dim. 17h30-23h30 - fermé lun.-merc. - plats 14/32 €.* Un très élégant bar à vin ou un choix de 150 crus au verre s'accompagne de plateaux et préparations parfaites.

TheSpaniard – *Scilly - 021 477 4101 - www.thespaniard.ie - 12h-2h, jeu.-vend. 12h-4h, w.-end 11h-4h - plats 16/25 €.* Un pub populaire et très ancien, dans le quartier de Scilly, de l'autre côté du port. Les déjeuners pris au bar sont simples, bon marché et délicieux.

Toddies at the Bulman – *Summercove (à 2 km à l'est par la R 600) - 021 477 2131 - www.thebulman.ie - 12h30-21h - fermé lun.-merc. - plats 17/38 €.* Savoureuse cuisine de pub, centrée sur les produits de la mer. Ambiance traditionnelle et animée dans le bar, plus élégante dans le restaurant à l'étage (bar ouvert le lundi, sans restauration).

Fishy Fishy Café – *Crowleys Quay - 021 470 0415 - www.fishyfishy.ie - 12h-21h - plats 18/29 €, menu 45 €.* Du poisson ultra-frais, une cuisine simple et juste, dans un cadre chaleureux. Beaucoup de monde et il y a souvent la queue.

Pour se faire plaisir

Max's – *48 Main St. - 021 477 2443 - www.maxs.ie - fermé dim. en mai, lun. férié et janv.-fév. - menu (à partir de 18h) 39 €.* Bonne cuisine d' inspiration française, élaborée avec des produits frais.

Clonakilty

Budget moyen

Scannells – *5 Connolly St. - 023 883 4116 - www.scannells.ie - 12h-23h, dim. 17h-23h - fermé lun. - plats 14/19 €.* Un pub où il fait bon s'attarder et s'attabler. Une ambiance maritime et une très belle carte, qui change régulièrement : *chowder*, salades, grill…

An Súgán – *41 Wolfe Tone St. - 023 883 3719 - www.ansugan.com - à partir de 16h - plats 19/28 €.* À l'entrée du bourg, ce pub sert des déjeuners copieux dans un cadre très chaleureux de pierre et de bois, agrémenté d'un feu de tourbe. L'ambiance est sympathique. Dîner un peu plus cher, mais plats de la mer délicieux.

Castletownshend

Budget moyen

Mary Ann's – *Main St. - 028 36 146 - 16h-21h, vend.-dim. 11h-22h - fermé lun. - plats 17/31 €.* À mi-pente de la rue principale, ce pub offre une atmosphère intime et accueillante. Terrasse dans le jardin à l'arrière. Fruits de mer et grillades, classiques mais excellents.

Baltimore

Premier prix

La Jolie Brise – *Sur le port - 028 20 600 - www.waterfrontbaltimore.ie - 11h30-22h30 - plats 12/22,50 €.* Une adresse toute simple, pour déguster moules-frites, pizzas ou snacks. Terrasse agréable.

Une folie
Dede – *Customs House - ✆ 028 48 248 - merc.-sam. soir et sam. midi - menus 75/120 €.* Le chef Ahmet Dede, originaire de Turquie, propose un menu dégustation misant sur les produits de saison de l'ouest de Cork, avec des assiettes originales, superbement élaborées et pleines de personnalité, qui révèlent une subtile touche turque. La salle est calme et actuelle, et le service est assuré par la charmante co-propriétaire, Maria.

Boire un verre

Kinsale

The Spaniard – *Voir « Restauration » ci-contre.* Dans ce pub plein d' atmosphère vieux de 300 ans, tout le monde chante en chœur dans une ambiance chaleureuse. Musique traditionnelle certains soirs.

Clonakilty

De Barra's – *55 Pearse St. - ✆ 023 883 3381 - www.debarra.ie - 17h-23h30, sam. 15h-23h30, dim. 13h-23h - fermé lun.* Le rendez-vous incontournable des musiciens. Au milieu des collections d'objets traditionnels (vieilles jarres de whiskey, réclames et boîtes publicitaires anciennes, affiches) se rencontrent les meilleurs interprètes du répertoire irlandais, mais aussi de blues et de rock. Musique tous les soirs.

Baltimore

Algiers Inn – *Main St. (en descendant vers le port) - ✆ 028 20 145 - 15h-23h - fermé lun.-merc.* Grand pub pour une pinte de bière ou de la *bar food* (soupe, poissons).

Shopping

Sally Barnes Woodcock Smokery – *Gortbrack - Castletownshend - ✆ 028 36 232 - www.woodcocksmokery.com.* Coup de cœur pour la pétillante Sally Barnes qui est passée maître dans l'art de fumer le saumon sauvage, le thon albacore et le maquereau (divin !). Dégustations à partir de 35 €.

Activités

Activités nautiques

Kinsale Harbour Cruises – *Kinsale - ✆ 086 250 5456 - www.kinsaleharbourcruises.com - mars-oct. - 14 €.* Croisière d'une heure à travers la baie (Scilly Way, forts, marinas et faune marine).

Inchydoney Surf School – *Inchydoney Beach - ✆ 086 869 5396 - www.inchydoneysurfschool.com.* Leçons pour tous niveaux. Tarifs dégressifs selon l'âge et le nombre de personnes.

Atlantic Sea Kayaking – *Reen Pier (près de Union Hall) - Skibbereen - ✆ 028 21058 - www.atlanticseakayaking.com.* Loue des kayaks de mer et organise des sorties de un à plusieurs jours.

Cork Whale Watch – *Reen Pier - Skibbereen - ✆ 086 385 0568 - www.corkwhalewatch.com.* Sortie en mer pour observer les baleines.

Baltimore Diving Centre – *Harbour Drive - Baltimore - ✆ 028 20 300 - ✆ 086 241 2855 - www.baltimorediving.com.* Plonger pour le plaisir ou découvrir des épaves. Stages tout niveau.

Aquaventures – *The Stone House - Baltimore - ✆ 087 7961456 - www.aquaventures.ie* Plongée et location de matériel. Mais aussi des excursions (Fastner, observation des cétacés).

Fastnet Rock Tour – *Ionad Fiontair - Cape Clear Island - ✆ 028 39 159 - www.fastnettour.com - fermé en hiver - 42 €.* Organise des excursions d'une journée avec tour du légendaire phare de Fastnet, au départ du quai de Baltimore ou de Schull, d'avril à sept. (mar.-dim.).

3

Golf

Old Head of Kinsale – *À 10 km de Kinsale - 021 477 8444 - www.oldhead.com.* Parmi les plus beaux terrains du monde.

Bandon Golf Club – *Castle Bernard - Bandon (entre Cork et Clonakilty) - ✆ 023 884 1111 - www.bandongolfclub.com - green fee 35/45 €.* Fondé en 1909. Peut-être le meilleur de la région.

Hébergement

Kinsale et environs

Les hébergements à Kinsale sont en moyenne plus chers. Les villes de l'intérieur, comme Clonakilty et Skibbereen, sont de bonnes bases d'exploration et pratiquent des prix moins élevés.

Premier prix

Kilcaw House – *Kilcaw (à l'entrée de Kinsale, sur la route de Cork par la R 600) - ✆ 021 470 9310 - www.kilcawhouse.com - P - 7 ch. à partir de 80 € ☕, appart. 130-185 €.* Des chambres confortables et bien décorées. Également quelques appartements pour 5 pers.

Budget moyen

Olde Bakery – *56 Lower O'Connell St. - ✆ 021 477 3012 - www.theoldebakerykinsale.com - P - 6 ch. à partir de 100 € ☕.* Un B & B central et accueillant.

Pier House – *Pier Rd - ✆ 021 477 4169 - www.pierhousekinsale.com - 10 ch. à partir de 130 €.* Très centrale, cette *guesthouse* moderne et élégante est prolongée d'un jardin et offre, de certaines chambres, de jolies vues sur le port.

Rivermount House – *Barrells Cross (à 4 km de Kinsale) - ✆ 021 477 8033 - www.rivermount.com - P - 6 ch. à partir de 95 € ☕.* Nichée au calme, à flanc de colline, la bâtisse offre une plaisante vue sur le jardin et la rivière Bandon. Très bon confort et copieux petit déjeuner.

Glebe Country House – *Ballinadee (à environ 12 km de Kinsale, suivez la R 600 vers Clonakilty puis tournez à droite vers Ballinadee et Bandon) - ✆ 021 477 8294 - www.glebecountryhouse.ie - ✕ P - 5 ch. 130/150 € ☕ et 2 apparts - dîner sur réserv.* Ce charmant presbytère georgien offre un décor chaleureux, avec ses meubles anciens, ses vastes cheminées et son jardin de plantes aromatiques. La dynamique hôtesse est férue de culture biologique et cuisine de délicieux dîners. Le petit déjeuner décline des saveurs inattendues.

Pour se faire plaisir

Desmond House – *42 Cork St. - ✆ 021 477 3575 - www.desmondhousekinsale.com - P - 4 suites 180 € ☕.* Luxe et élégance pour ce B & B dans une rue calme près de Desmond Castle. Chambres claires, spacieuses et décorées avec goût.

The White House – *Pearse St. - ✆ 021 477 2125 - www.whitehouse-kinsale.ie - ✕ P - 10 ch. 170/195 € ☕.* Impossible de manquer ce grand pub qui offre des chambres design et luxueuses, en plein centre.

Timoleague

Premier prix

Panorama – *Chapel Hill (au centre du village) - ✆ 023 884 6248 - www.panoramabb.ie - P - 4 ch. 80/90 € ☕.* Petit B & B confortable et bien tenu. Terrasse avec magnifique vue sur l'abbaye et la baie de Courtmacsherry.

Clonakilty et environs

Premier prix

An Garrán Cóir – *Castlefreke, Rathbarry (à 6,5 km à l'ouest de Clonakilty) - ✆ 023 884 8236 - www.angarrancoir.com - P - 4 ch. 87/105 € ☕.* Jolies chambres, petit déjeuner à base de produits bio, tennis et jolies balades aux environs.

Budget moyen

Glendine – *Tawnies Upper (en face de l'AIB Bank, dans Main St.) - ✆ 086 874 7558 - P - 3 ch. 100/110 €* ☕. Une villa moderne aux pièces claires et confortables. Marie Hanly vous fera goûter ses pâtisseries et *scones* maison.

Union Hall

Premier prix

Lis-Ardagh Lodge – *✆ 028 34 951 - www.lis-ardaghlodge.com - P - 3 ch. 90 €* ☕ *- 2 appart. (4 pers.) 480/630 € la sem.*. Une jolie maison en pierre, dotée de chambres claires et fraîches avec mobilier en pin. Petit déjeuner copieux, servi dans une véranda ouvrant sur le jardin. Sauna et Jacuzzi.

Budget moyen

Seascape B & B – *✆ 028 33 920 - www.seascape.ie - ⊭ P - 4 ch. 100/115 €* ☕. Les chambres de cette maison en pierre grise sont décorées avec simplicité. La terrasse fleurie offre une belle vue sur le petit port en contrebas. Petit déjeuner à la carte. Accueil charmant.

Skibbereen

Premier prix

Bridge House – *46 Bridge St. - ✆ 028 21 273 - www.bridgehouseskibbereen.com - ⊭ P - 3 ch. 90/100 €* ☕. Vous ne pourrez manquer la jolie façade verte et fleurie de cette petite maison du centre-ville. À l'intérieur, Mona Best a essayé de conserver un certain esprit victorien en entreposant des tas d'objets chinés. L'effet est quelque peu surchargé mais a le mérite d'apporter une touche originale, très personnelle. (salle de bains commune pour une des chambres).

Baltimore

Premier prix

Fastnet House B & B – *Presque en bas de la rue qui mène au port - ✆ 028 20 515 - www.fastnethouse.com - ⊭ P - 5 ch. 80/90 €* ☕. Une adresse simple et confortable. Pratique pour ceux qui fréquentent les pubs voisins.

Budget moyen

The Waterfront Hotel – *✆ 028 20 600 - www.waterfrontbaltimore.ie - ✕ - 13 ch. 140/190 €* ☕. De grandes chambres pleines de charme, juste au-dessus des pubs, face au port. Le meilleur confort pour ce petit hôtel tenu par Youen, imposante figure bretonne, installé depuis de nombreuses années à Baltimore.

Pour se faire plaisir

Rolf's Country House – *Sur les hauteurs, à l'écart de la route, à l'entrée de Baltimore - ✆ 028 20 289 - www.rolfscountryhouse.com - ✕ P - 10 ch. 160/180 €* ☕. Sympathique petit hôtel de charme aménagé dans une vieille maison, au cœur d'un joli jardin. Restaurant, café et bar à vin. Quatre cottages ont été aménagés pour accueillir 4-5 personnes (660/1 000 €/sem.).

Clear Island

Premier prix

Cape Clear Island Hostel – *Cape Clear Island (non loin du débarcadère) - ✆ 028 41 968 - www.capeclearhostel.ie - ⊭ - fermé oct.-fév. - 42 lits : lit 20/28 €*. Réservation nécessaire. Une auberge de jeunesse aux dortoirs un peu exigus (de 4 à 10 pers.). Possibilité de se livrer à de nombreuses activités nautiques (pêche, kayak, etc.).

Cluain Mara – *Clear Island - ✆ 028 39 153 - ✕ - 3 ch. à partir de 70 €* ☕. Réservez longtemps à l'avance ! Ce B & B est tenu par une famille très sympathique, prête à organiser pour vous des sorties en mer. Propose aussi des cottages et dispose d'un pub où l'on peut se mettre à table pour savourer la pêche du jour.

3

Mizen Head et Bantry Bay ★★

Fini les douces collines du sud, vous abordez un pays rocailleux, de baies profondes, de landes et d'éperons rocheux. Les deux péninsules, Mizen Head et Sheep's Head, se terminent par de hautes falaises battues par les vents, qui contrastent avec Bantry et Glengarriff, où la végétation méditerranéenne fait oublier la violence de l'océan.

Se repérer

CARTE B3 (P. 170-171).
Comté de Cork.
Porte d'entrée de la plus méridionale des péninsules d'Irlande occidentale, Ballydehob se trouve à 100 km au sud-ouest de Cork par la N 71.

À ne pas manquer

Les paysages de Mizen Head ; Sheep's Head et le Goat's Path ; une baignade à Barleycove.

Organiser son temps

Circuit de 2 à 3 jours. Le Goat's Path est une route difficile et étroite, à proscrire absolument pour les camping-cars ou les caravanes. Faites le plein d'essence avant de parcourir les péninsules.

En famille

Le phare de Mizen Head ; un pique-nique à Gougane Barra.

Carnet pratique p. 205

Nos adresses p. 205

Circuits conseillés

CARTE P. 170-171

De Ballydehob à Mizen Head

Ballydehob (BÉAL AN DÁ CHAB) B3
Ce bourg très coloré s'étire le long d'une rue en pente au fond d'une baie semée d'îlots, la **Roaring Water Bay** (« baie de l'eau rugissante »). De nombreux artistes et écrivains ont choisi de se retirer ici, comme dans le reste de la région, qui accueille beaucoup d'étrangers en mal de nature. L'ancien pont de chemin de fer à douze arches de pierre est fermé aux trains depuis 1947, mais accessible aux piétons.
À mi-pente du village, vous serez étonné par la **statue** (2000) musclée du héros local, Danno O'Maghony, un boxeur qui fut champion du monde en 1935-1936.
Juste à l'entrée de Ballydehob, prenez la R 592 sur 7 km.

★ **Schull** (AN SCOIL) B3
Cet ancien village de pêcheurs, blotti au fond d'une anse, doit son nom au gaélique *scoil Mhuire* (« école de Marie »), en référence à une communauté chrétienne. Les ruines de **St Mary's Chapel** (16e s.) sont d'ailleurs visibles dans le cimetière, mais des documents évoquent un édifice antérieur, du 12e s.
La localité réputée pour ses régates (notamment Calves Week, début août) attire également les amateurs d'astronomie, qui peuvent visiter le seul **planétarium** du pays *(Colla Rd - ✆ 028 283 15 - www.schullplanetarium.com - juil.-août : lun., merc., vend.-sam. 20h ; fin juin : lun. 20h - 6 €).*

Un phare de légende

Ce phare situé sur un îlot rocheux joue un rôle primordial dans la navigation au large du sud-ouest de l'Irlande. Une première tour en fonte fut érigée dès 1853, mais en 1896 on décida d'en construire une plus élevée. Pour ce faire, 2 074 blocs de pierre, d'un poids de 4 633 tonnes, furent acheminés de Cornouailles. Il fallut 4 ans pour terminer le chantier mis en œuvre à partir de la base de Crookhaven, au bout de la péninsule. Avant l'automatisation du Fastnet en 1989, quatre gardiens devaient se relayer jour et nuit, durant un mois d'affilée, pour assurer son fonctionnement, après quoi ils avaient droit à 15 jours à terre.

Pour approcher le phare, prenez part à l'une des excursions proposées par **Fastnet Tour** *(www.fastnettour.com - en été seult - 40 €).*

Parmi les randonnées possibles au départ de Schull *(procurez-vous la petite brochure touristique)*, celle de **Colla Pier★** ménage de splendides points de vue sur la baie et les îles *(longez la mer face à Long Island, puis avant l'hôtel Colla, tournez à droite et regagnez Schull par l'intérieur,* via *Gubbeen, terre du fromage local)*. On aperçoit nettement, au sud, le **phare du Fastnet**, que des excursions en mer à partir du port vous permettent d'approcher

Au nord, l'arrière-pays est dominé par l'imposante silhouette du **Mount Gabriel★**, auquel on accède par une route secondaire, au nord-est de Schull, le long de Gap Road *(attention, la randonnée complète à pied est assez fatigante, et vous devrez vous méfier des puits de mine de cuivre abandonnés)*. À 407 m d'altitude, le sommet offre un beau panorama sur la baie. Depuis qu'un avion allemand s'y est écrasé pendant la Seconde Guerre mondiale, on a installé une station d'observation pour la navigation aérienne, reconnaissable à ses deux dômes blancs.

Quittez Schull par la R 592 jusqu'à Toormore, à 8 km, puis prenez la R 591.

La route suit un paysage rocailleux, de landes et de criques, jusqu'à **Goleen** et son minuscule port en contrebas. À partir de ce hameau de pêcheurs, suivez le panneau pour Crookhaven par une route qui longe la côte, entre mer et falaises. On remarque, sur la droite, les vestiges des anciennes mines de cuivre qui constituaient, à la fin du 19e s., l'une des activités principales de la région.

Crookhaven (AN CRUACHÁN) B3

Difficile d'imaginer que ce petit village, perdu au bout d'une de ces innombrables péninsules, eut une grande importance aux 18e et 19e s. C'était alors un port de pêche très vivant et une base de repli et de ravitaillement pour les flottes commerciales des Antilles. L'église, aux abords du village, fut d'ailleurs spécialement construite pour les marins. À Brow Head, tout près de Crookhaven, Marconi installa en 1902 la première station de liaison télégraphique transatlantique, dont il subsiste encore quelques vestiges.

En quittant Crookhaven, prenez à gauche la route qui longe le caravaning et suivez la côte vers Mizen Head.

★★ Mizen Head B3

On longe la magnifique **plage de Barleycove★★**, encadrée de reliefs et précédée de dunes, très appréciée des surfers Les paysages changent totalement selon la marée qui, en se retirant, laisse émerger entre les bras de mer de larges bancs de sable où se posent les oiseaux marins.

Après la plage, la route de gauche mène à Mizen Head, à 5,6 km.

Mizen Head Signal Station (Visitor Centre)

028 35 115 - www.mizenhead.ie - juin-août : 10h-18h ; avr.-mai et sept.-oct. : 10h30-17h ; nov.-mars : w.-end 11h-16h - 7,50 € (-14 ans 4,50 €).

Près du parking, un sentier permet de monter à flanc de colline pour contempler la vue. Le **phare** automatique, situé sur un îlot, est accessible par une passerelle à 45 m au-dessus des vagues. La traversée est impressionnante surtout par gros temps. Le Visitor Centre explique l'histoire et le fonctionnement de la station de signalisation de Mizen, la construction du Fastnet, la géologie et la faune locales.

Revenez vers Barleycove et tournez à gauche après le Barleycove Hotel. Au carrefour en T, prenez à droite. La route serpente entre les collines et aboutit devant la mer.

Passé le portail sur la droite *(demandez la permission à la ferme en haut du chemin)*, refermez-le soigneusement pour le bétail, puis suivez le spectaculaire **sentier pédestre★★** vers **Three Castle Head★** (pointe des Trois-Châteaux), où se dressent les ruines d'un château du 12e s., propriété du clan O'Mahony.

Revenez sur vos pas, dépassez le Barleycove Hotel et tournez à gauche à l'église de Kilmoe. Longez Dunmanus Bay par la rive nord de la péninsule, puis prenez la R 591 jusqu'à Durrus. Suivez ensuite les panneaux en direction de Sheep's Head.

Autour de Bantry Bay

Superbe région de routes côtières, de forêts, de montagnes et de lacs, la baie de Bantry fait le lien entre deux péninsules bien différentes. Après les paysages sauvages et désertiques de la péninsule de Mizen Head, la baie de Bantry surprend par son climat doux et sa végétation quasi exotique, amorçant la transition vers la péninsule de Beara.

★★ Sheep's Head B3

Moins étendue que la précédente, mais tout aussi belle et encore plus sauvage, cette étroite péninsule, quasi déserte, offre des panoramas spectaculaires.

Les randonneurs trouveront leur bonheur sur cette péninsule sauvage. Le **Sheep's Head Way** est un itinéraire de grande randonnée entièrement balisé, qui trace une boucle au départ de Bantry *(mais empruntable à n'importe quel endroit)*. Long de 88 km, il est sans difficulté et fractionnable en plusieurs tronçons, le plus long parcourant 16 km. Il existe également un tracé pour les cyclistes long de 120 km.

Informations et cartes sur les sentiers, les étapes et le parcours cycliste dans les offices de tourisme et sur www.thesheepsheadway.ie.

Les déboires franco-irlandais

La baie de Bantry faillit jouer un rôle important dans l'histoire du pays, en 1796, lorsque les Français, forts de leur Révolution réussie, s'allièrent aux rebelles irlandais. De Brest, ils dépêchèrent une flotte imposante, formée de 16 000 hommes placés sous les ordres du général français Hoche et du chef rebelle Wolfe Tone. Surpris par des bancs de brouillard et une terrible tempête, seuls 16 des 43 bateaux et 6 000 hommes purent atteindre la baie de Bantry. Affaiblis, ils durent renoncer à leur entreprise, évitant ainsi à Richard White, gros propriétaire terrien de l'île Whiddy et responsable de la surveillance de la baie, d'avoir à combattre. Ce qui n'empêcha pas le roi d'Angleterre de lui remettre, en 1816, le titre de comte de Bantry, en récompense de ses bons et loyaux services.

Mizen Head Peninsula.
J. Kruse/age fotostock

En voiture, à partir de **Durrus**, la route au ras de l'eau traverse le charmant port d'**Ahakista** et le village de **Kilcrohane**. Les criques se succèdent, puis le terrain devient plus accidenté à l'approche de Sheep s Head. De gros blocs rocheux et une lande balayée par les vents mènent à cette pointe spectaculaire par gros temps *(attention aux sentiers exposés et glissants)*.
De retour à Kilcrohane, ne manquez pas la bifurcation, à gauche avant l'église. De là démarre le **Goat's Path★** (sentier de la Chèvre), chemin en partie mal carrossé mais splendide, qui rejoint Bantry. Vous apercevez, de l'autre côté de la baie de Bantry, les hauteurs des **Caha Mountains**, sur la péninsule de Beara.
La route rejoint la N 71 à environ 2 km de Bantry.

★ Bantry (BEANNTRAÍ) B3

Ce gros bourg très vivant hébergeait jadis une flotte de pêche. Une raffinerie de pétrole s'était même installée en 1968 dans la baie, sur l'île Whiddy. Mais l'explosion du pétrolier *Betelgeuse*, en 1979, qui fit une cinquantaine de morts, mit fin à l'exploitation de la raffinerie.
Avant d'entrer à Bantry, ne manquez pas le **Kilnaruane Pillar Stone★** *(signalé à l'entrée de la ville, côté Cork, près du West Lodge Hotel ; après 800 m, garez-vous près du panneau et traversez le champ à droite)*. Cet émouvant vestige, au sommet d'une colline, qui a sans doute fait partie d'une grande croix celtique, date de l'époque des premiers moines chrétiens, au 7e s. Sur une face, elle est gravée d'une barque avec ses rameurs, surmontés de béliers. De l'autre côté, on distingue un personnage en prière *(une réplique est exposée à The Skellig Experience de Valentia Island, dans le Kerry,* *voir p. 220**)*.
★★ Bantry House – *✆ 027 50 047 - www.bantryhouse.com - juin-août : 10h-17h ; de mi-avr. à mai et sept.-oct. : tlj sf lun. 10h-17h - 13 €, jardin seul 8 €, document en français sur demande. Fait aussi B & B, voir « Nos Adresses ».*
À l'entrée du village côté Cork, ce domaine devint propriété de la famille White dès 1750. Le corps du château date de 1720, mais la façade donnant sur la baie ne fut rajoutée qu'au 19e s. par le second comte de Bantry. C'est à lui également

Ermitage de saint Finbarr, Gougane Barra Forest Park
Ken Welsh/Design Pics RM/age fotostock

que l'on doit les belles collections de meubles et d'objets d'art ainsi que les jardins suspendus à l'italienne : un escalier de 106 marches s'élève au-dessus d'une énorme glycine pour surplomber le château et la baie.
Le bâtiment renferme des tableaux, des documents et des objets personnels qui retracent l'histoire de la famille. Le mobilier, venu des quatre coins du monde, comporte quelques pièces rares, dont un reliquaire russe contenant des icônes des 15e et 16e s., des tapisseries d'Aubusson réalisées pour Marie-Antoinette, des panneaux d'escalier garnis de cuir d'Espagne et une stupéfiante salle à manger baroque. Dans les étables reconverties, l'exposition « 1796 French Armada Exhibition » retrace la déconfiture de la flotte française au moyen de maquettes, de documents et d'objets récupérés.
Retournez à Bantry et prenez la direction de Glengariff. À 5 km, dans le village de Ballylickey, tournez à droite sur la R 584, en direction de Gougane Barra.
La route traverse des paysages sauvages dont le **col de Keimaneigh★**, encaissé entre deux falaises impressionnantes.

★★ Gougane Barra Forest Park B2

www.coillte.ie/site/gougane-barra-forest-park.
Ce parc forestier comporte un lac entouré de montagnes, source de la Lee. L'îlot du lac abritait l'**ermitage de saint Finbarr**, moine fondateur de Cork. La chapelle actuelle est un lieu de pèlerinage, le dimanche qui suit la saint Finbarr *(25 sept.)*.
Prenez le temps d'arpenter les nombreux **sentiers pédestres★** qui parcourent la forêt (principalement d'épineux) et les versants montagneux.

Carnet pratique

S'informer

Bantry Tourist Office – *Wolfe Tone Square - ✆ 027 50 229 - www.visitbantry.ie.*

Adresses utiles

Banques – À Bantry, Schull et Ballydehob. Attention, les distributeurs de billets sont rares dans cette zone et beaucoup de B & B ne prennent pas les cartes de crédit.

Bantry Hospital - *✆ 027 50 133.*

Arriver/Partir

En bus

Plusieurs liaisons quotidiennes (ligne 237) entre Cork et Baltimore avec arrêts à Clonakilty et Skibbereen, puis prolongation vers Schull et Goleen. Ligne 236 entre Cork, Bantry et Glengariff. Bus entre Cork, Killarney et Tralee.
Horaires sur www.buseireann.ie et www.transportforireland.ie.

En bateau

De juin à août, des bateaux quittent Schull pour Clear Island *(voir p. 184)*. D'autres assurent l'été une liaison entre Schull et Baltimore.
Rens. et horaires affichés sur le quai ou www.capeclearferries.com.

Agenda

Bantry

West Cork Chamber Music Festival – *www.westcorkmusic.ie.* Fin juin-début juil. Concerts de grande qualité, principalement de musique de chambre. Dans le cadre romantique de Bantry House.

West Cork Literary Festival – *www.westcorkmusic.ie/literaryfestival.* Mi-juil. Expositions, conférences, rencontres, éditeurs en résidence, des écrivains à tous les coins de rues, partout à travers Bantry : la littérature à l'irlandaise...

Fastnet International Schools Regatta – *www.schullsailing.ie.* En juil. Régates et festivités à Schull.

3

Nos adresses

Restauration

Schull

Budget moyen

Bunratty Inn – *Main St. - ✆ 028 28 341 - bar food : 12h-20h, dim. 12h30-16h.* Plats du terroir, soupes et sandwichs, dans un bar chaleureux. Des musiciens s'y produisent certains soirs.

Goleen

Budget moyen

Heron's Cove – *✆ 028 35 225 - www.heronscove.com - P - mai-août : à partir de 19h ; sept.-avr. : réserv. indispensable - menu 35 €.* Vous y dégusterez des produits de la mer tout frais pêchés (les propriétaires ont un vivier de homards et langoustes) ou d'énormes grillades d'excellente qualité. Bon feu de cheminée, bienvenu dès qu'il fait frais et terrasse aux beaux jours.

Crookhaven

Premier prix

O'Sullivans – *Sur le port - ✆ 028 35319 - 17h-[illegible]h - plats 17/28 €.* Ce pub chaleureux sert de la *bar food* (soupes, sandwichs au crabe, au saumon, poisson).

Durrus

Pour se faire plaisir

Blairscove – *À 2 km de Durrus vers Toormore, sur la R 591 -*

☏ 027 61 127 - www.blairscove.ie - P - de mi-mars à déb. nov. : mar.-sam. dîner seult - menu 65 €. Réservation indispensable. Dans une demeure georgienne, cette table réputée, tenue par un couple belge, propose un buffet d'entrées et de desserts, ainsi que de très bons poissons et des grillades cuites dans la cheminée. Atmosphère romantique, murs de pierre et chandeliers. Quatre chambres luxueuses sont disponibles, à un prix très élevé.

Bantry

Premier prix

The Snug – *The Quay - ☏ 027 50057 - www.thesnug.ie - 10h30-23h30, vend.-sam. 10h30-0h30, dim. 12h30-23h - plats 16/30 €.* En centre-ville, un pub qui sert de bons plats, variés et très copieux, toute la journée (jusqu'à 21h30). On se serre sur des bancs de bois et autour du bar, dans une ambiance animée et conviviale propice aux rencontres et à la conversation.

Boire un verre

Schull

Hackett's Bar – *Main St. - ☏ 028 28 625 - 16h-23h30 (vend.-sam. 0h30). Bar food* servie toute la journée et musique (blues, jazz) certains soirs.

Bantry

The Anchor Bar – *New St. (dans la rue à droite de l'office de tourisme) - ☏ 086 392 2114 ou 027 50 012 - 12h-23h.* La salle est décorée de souvenirs et de proverbes savoureux, rappelant que Bill O'Donnell, le propriétaire marin, a décidé de jeter l'ancre pour de bon. Bien sûr, rien ne l'empêche de repartir de temps à autre, mais les clients, aussi pittoresques que lui, gardent le fort en attendant. Ambiance garantie. Concerts le week-end.

Activités

Excursions

Voir aussi les adresses à Baltimore, p. 197.

Golf

Bantry Bay Golf Club – *Donemark - ☏ 027 50 579 - www.bantrygolf.com - green fee 45/60 €.* 18 trous, dans un cadre superbe dominant la baie.

Pêche en mer

Elle se pratique le long des péninsules : guettez les panneaux *« Sea Angling »* ou *« Shore Angling »*. Les pubs sont une bonne source d'informations ! Se renseigner aussi au Schull Watersports Centre *(voir ci-dessous).*

Plongée

Schull Watersports Centre – *The Pier - Schull - ☏ 028 28 554 - www.schull.ie - avr.-sept. : 9h30-18h - fermé dim.* Plongée, location de bateaux et de voiliers. Stages.

Shopping

Durrus Cheese – *Coomkeen, Durrus - ☏ 027 61 100 - www.durruscheese.com - lun.-vend. 9h-13h (fermé temporairement - se rens.) - achat en ligne possible.* L'une des plus anciennes fermes fromagères de la région. Jeffa Gill y produit trois fromages réputés pour leur goût et leur texture : le Durrus classique, le Durrus Óg (jeune) et le Dunmanus (plus mûr).

Schull Country Market – *Pier Rd Car Park - www.schullmarket.ie - tous les dim. de Pâques à fin sept. 10h-14h.* Un marché très animé qui mise sur l'artisanat local et les petits producteurs de la région. L'occasion de tester le vinaigre de framboise de M. Pettersen et la charcuterie de la ferme de Gubbeen...

Hébergement

À part Schull et Bantry, l'hébergement est assez dispersé, dans un environnement sauvage et spectaculaire.

Schull

Premier prix

Sea View B & B – *Cooradarrigan (à l'entrée de Schull) - ✆ 028 28 373 - www.seaviewschull.com* - 🚭 🅿 - *3 ch. 70/80 €* ☕. Grande maison familiale dominant la baie de Schull, dans un environnement calme. Le petit déjeuner où tout est fait maison est servi dans une véranda offrant une vue agréable.

Rock Cottage – *Barnatonicane, Toormore (sur la R 591) - ✆ 085 772 6921 - www.rockcottagewestcork.com* - 🅿 - *3 ch. 89/105 €* ☕ *(7 nuits mini)*. Cette adresse possède un charme fou. Un petit rendez-vous de chasse de style georgien, posé au bout d'une vaste prairie ombragée où paissent les moutons de la ferme. Halte reposante, décor raffiné et d'un goût très sûr. Petit déjeuner et dîner à base de produits locaux bio. Possibilité de louer un cottage très design dans la cour de la ferme *(470/630 € la sem.)*.

Budget moyen

Fortview House – *Gurtyowen, Toormore (sur la R 591 vers Durrus et Bantry, à 9 km de Schull et à 2 km de Toormore) - ✆ 028 35 324 - www.fortviewhouse.ie* - 🚭 🅿 - *avr.-oct. - 3 ch. à partir de 100 €* ☕. Violet Connell est une femme chaleureuse. Chambres pleines de charme, meubles anciens, objets chinés ici et là, décors au pochoir, canapés confortables et le plus délicieux des petits déjeuners (qui vaut à lui seul le détour !). Possibilité de louer un cottage pour 6 pers. *(500/750 € la sem.)*.

Pour se faire plaisir

Schull Harbour Hotel – *Main St. - ✆ 028 28 801 - www.schullharbourhotel.ie* - ♿ ✗ 🏊 🅿 - *37 ch. 195/235 €* ☕. Non loin de Mizen Head, cet hôtel en bord de mer offre un dépaysement rapide dans un esprit « repos et détente ». Salle de gym, accès facile aux sentiers de randonnée qui sillonnent des paysages grandioses… L'adresse idéale pour savourer l'art de vivre dans le West Cork.

Goleen

Premier prix

Carraig Mór – *Toormore Bay (grande maison crème sur la R 592, entre Schull et Goleen) - ✆ 028 28 410 - www.carraigmor.com* - 🅿 - *fermé oct.-mai - 3 ch. 70/90 €* ☕. Belle vue sur la baie de Toormore. Dîner de cuisine traditionnelle sur commande.

Heron's Cove – *Harbour Rd West - ✆ 028 35 225 - www.heronscove.com* - ✗ 🅿 - *5 ch. 80/100 €* ☕ - *dîner 35 €*. Au bord de l'eau, au fond d'une anse bordée de rochers, cette maison ressemble à un petit hôtel. La plupart des chambres ont vue sur la baie, et la terrasse donne directement sur l'eau. Sue Hill est une femme énergique et chaleureuse, qui se met en quatre pour ses hôtes. Table copieuse. Offre intéressante en 1/2 pension.

Crookhaven

Premier prix

Galley Cove House – *1 km avant d'arriver au port de Crookhaven - ✆ 028 35 137 - www.galleycovehouse.com* - 🚭 🅿 - *fermé en hiver - 4 ch. 75/100 €* ☕. Isolé face à l'océan, ce bungalow est l'escale idéale des amoureux de la mer et des côtes désertes. Vue sur le Fastnet.

Sheep's Head

Budget moyen

Seamount – *Goats Path Rd (après Sheep's Head, le long de Bantry Bay, à 12 km de Bantry) - ✆ 027 61226 - www.seamountfarm.*

3

com - 🚭 🅿 *- mars-oct. - 5 ch. 90/130 €* ☕ *- pique-nique possible.* Une ancienne ferme typique, avec un joli jardin, devant la baie. Après une longue marche dans les collines avoisinantes, vous pourrez savourer les délicieuses pâtisseries préparées par la maîtresse de maison. Chambres simples et confortables. Repas sur commande. Le propriétaire organise des randonnées le long du Sheep's Head Way.

Gallán Mór – *Kealties - Durrus - ✆ 027 62 732 - www.gallanmor.com -* 🅿 *- fermé en hiver - 4 ch. à partir de 140 €* ☕. Grande maison moderne entourée d'un jardin fleuri, chambres élégantes et confortables, superbe petit déjeuner et bon accueil. Que demander de plus ?

Bantry

Attention, les B & B sont pris d'assaut fin juin-début juillet lors du West Cork Chamber Music Festival *(voir « Agenda »)*.

Pour se faire plaisir

The Maritime Hotel – *The Quay - ✆ 027 54 700 - www.themaritime.ie -* ♿ ✕ 🏊 🅿 *- 100 ch. 140/165 €* ☕. Un grand hôtel moderne, mais qui garde une âme grâce à une équipe dévouée et professionnelle. Un lieu où se reposer, se détendre en couple ou en famille. Deux restaurants agréables, un Spa et une situation idéale en centre-ville.

Une folie

Bantry House – *Seafield - ✆ 027 50 047 - www.bantryhouse.com - avr.-oct. - 6 ch. 200/220 €* ☕. Très belle demeure, alliant confort contemporain et atmosphère intemporelle, grâce à ses objets et son mobilier qui ont traversé l'histoire.

Ballylickey

Premier prix

Eagle Point Camping – *Ballylickey - ✆ 027 50630 - www.eaglepointcamping.com -* ♿ *- 125 empl. 28/38 € pour 2 pers.* Grand camping 4-étoiles magnifiquement situé face à la baie de Bantry. Sanitaires très propres, laverie, salle télé, terrains de football et de tennis. Petit supermarché à l'entrée du camping.

Gougane Barra

Pour se faire plaisir

Gougane Barra Hotel – *Ballingeary - ✆ 026 47 069 - www.gouganebarrahotel.com -* ♿ ✕ 🅿 *- 25 ch. 185/205 €* ☕ *- menu 70 €.* Grand hôtel situé dans un cadre enchanteur en bordure de lac et au milieu des montagnes. Idéal pour la pêche et les randonnées. Chambres spacieuses et tout confort.

La péninsule de Beara ★★

La plus sauvage des péninsules du Sud-Ouest figure aussi parmi les plus spectaculaires. Parcourue d'est en ouest par les Caha Mountains, épine dorsale dont le sommet, Hungry Hill, ne dépasse pas 700 m, la presqu'île présente un relief très accidenté creusé de lacs, qui lui donnent par endroits des allures alpines. La côte, très découpée et rocheuse, est quant à elle bordée de prairies.

Se repérer

CARTE AB2-3 (P. 170-171).
Comtés de Cork et du Kerry.
La péninsule de Beara se trouve à 25 km au sud de Killarney. Comptez 138 km pour en faire le tour (« Ring of Beara ») depuis Glengarriff.

À ne pas manquer

Une randonnée dans Glengarriff Woods ou sur Garinish Island ; la route côtière du versant nord ; Glanmore Lake et le Healy Pass.

Organiser son temps

Prévoyez deux jours, une demi-journée pour parcourir la péninsule, une autre si vous souhaitez aller sur Dursey Island et une journée pour une randonnée sur le Beara Way.

En famille

The Ewe Experience et son jardin extraordinaire ; Bonane Heritage Park ; le téléphérique de Dursey Island ; le parc-ferme de Gleninchaquin.

Carnet pratique p. 214

Nos adresses p. 214

3

Découvrir

CARTE P. 170-171

★ Glengarriff et ses environs

Glengarriff (AN GLEANN GARBH) B2
Main St. - ✆ 027 630 84 - www.glengarriff.ie.
Comme au temps des séjours de la reine Victoria et de l'écrivain George Bernard Shaw, ce village niché en pleine nature vit tranquillement l'hiver et voit sa population multipliée par quatre en été, en raison de son doux climat et de ses paysages d'une grande beauté. Les randonneurs y sont au paradis.
★ **Glengarriff Bamboo Park** – *Sur la N 71 en venant de Bantry (entrée sur la gauche juste avant le port) - ✆ 027 63 007 - www.bamboo-park.com - 9h-19h - 6 €.* Une trentaine d'espèces différentes de palmiers et de bambous peuvent survivre dans ce parc exotique grâce au climat de la région. Le mélange entre les plantes venues d'ailleurs et les fleurs d'hortensia est très réussi.

★★ **Ilnacullin** (GARINISH ISLAND) E2
Accès en ferry (15mn) - embarquement au port de Glengarriff ttes les 30mn d'avr. à oct. - 12,50 €. Contactez Blue Pool Ferry (✆ 027 63 333 - www.bluepool-ferry.ie) ou Harbour Queen Ferries (✆ 027 63116 - www.harbourqueenferry.com). ✆ 027 63 040 - www.garinishisland.ie et www.heritageireland.ie - - mai-sept. : 10h-16h ; oct. : 10h-15h30 - dernière arrivée 1h av. fermeture - 5 €.

Cette petite île de 15 ha, qui culmine à 41 m, est occupée par un jardin italien, planté d'arbustes exotiques et semé de constructions classiques, en contraste surprenant avec l'environnement austère et sauvage de la péninsule. Vous pourrez y observer un grand nombre d'oiseaux marins, ainsi qu'une colonie de phoques.

★ Glengarriff Woods Nature Reserve B2

Stationnement prévu à 1,5 km de Glengarriff sur la route de Kenmare ou à 2 km de Glengarriff sur la route de Castletownbere.
Un dépliant gratuit, en français, détaille une dizaine de très jolies balades. Vous pouvez télécharger ce plan et obtenir de nombreuses informations sur le site, très complet, de la réserve : www.glengarriffnaturereserve.ie.
Ces bois offrent des possibilités de randonnées en forêt aussi romantiques les unes que les autres, dont celle de **Barley Lake★** sur un terrain accidenté, ponctué de rivières poissonneuses, de rhododendrons et de gros rochers moussus.

The Ewe Experience B2

À 5 km au nord de Glengariff, sur la N 71.
Kenmare Rd - 027 63840 - www.theewe.com - juil.-août : 10h-18h (dernière entrée 16h30) - 7,50 € (enf. 6 €).
Une promenade découverte dans un immense jardin interactif, une subtile rencontre entre la nature et l'art, l'imagination et la création au service du paysage. Observer, jouer, stimuler... tous les sens sont en éveil !

Bonane Heritage Park B2

Dromagorteen (signalé à 18 km sur la N 71 vers Kenmare).
08310 60 894 - www.bonaneheritagepark.com - jusqu'à la tombée de la nuit - 5 €.
Si vous filez directement vers Kenmare, ce parc, réparti sur un parcours de 2 km à flanc de colline, permet de comprendre l'évolution des monuments à travers les âges, cercles de pierres, menhirs, fort circulaire et même ruines d'une chaumière abandonnée durant la Grande Famine.

★ La côte sud de la péninsule

À l'ouest de Glengarriff, cette partie de la péninsule ferme la baie de Bantry. La côte y est moins découpée qu'au nord et bordée de rares plages de galets.

★ Hungry Hill B3

Passez Adrigole sur la Beara Ring (R 572). Après 7 km environ, guettez le panneau Rossmackownen puis tournez à droite, vers Hungry Hill. Garez votre voiture devant le portail, que vous franchirez pour grimper à droite du lac. Informez-vous des conditions météo. Attention, la brume peut rendre le sentier glissant.
Randonnée de 5h AR minimum.
Cette colline de 684 m de haut doit sa renommée à *Hungry Hill*, saga d'une famille des environs narrée par Daphné Du Maurier. Comptez au moins 3h de marche pour atteindre le sommet, où vous découvrirez un cercle de pierres, une belle **cascade** (côté nord) et une vue superbe.
Jusqu'à Casteltownbere, la route côtière longe Bere Haven, passage abrité entre Bere Island et la péninsule, qui servit de havre à la flotte de guerre anglaise jusqu'en 1938, date à laquelle Churchill dut à regret en rendre l'usage à l'Irlande.

Castletownbere (BAILE CHAISLEÁIN BHÉARRA) A3

Avec ses quais fréquentés par de lourds chalutiers, Casteltownbere, premier port de pêche d'Irlande, dégage une atmosphère authentique et vivifiante. Vous

Paysage de la péninsule de Beara.
W. Bibikow/age fotostock

y entendrez peut-être parler russe, car de nombreux bateaux-usines mouillent dans Bere Haven. Sur les collines autour de la ville, plusieurs cercles de pierres, dont celui de **Derrintaggart**, sont bien signalés.

Bere Island B3

Accès en ferry - dép. de l'embarcadère signalé « Pontoon », avant d'arriver à Casteltownbere - été : 6/8 traversées par j. ; hiver : 4/7 traversées par j. - piéton 8 € AR, voiture + 2 passagers 25 € AR. Contactez Bere Island Ferries (✆ 027 75 009 - www.bereislandferries.com) ou Murphy's Ferry (✆ 087 2386 095 - www.murphysferry.com).

www.bereisland.net.

Bere Island est une île au paysage champêtre, prisée pour les sports de voile. Elle n'est habitée que par quelques familles et servait auparavant de base à la marine royale britannique.

Dunboy Castle A3

À moins de 3 km à l'ouest de la ville, sur la R 572, vous ne pouvez manquer la tour, sur votre gauche, qui marque l'entrée de Dunboy Castle. Le parc comprend en fait les ruines de deux édifices distincts. Incendié en 1921, lors de la guerre d'Indépendance, le **manoir des Puxley** (19e s.) appartenait à une famille galloise propriétaire de mines de cuivre, dont s'inspira Daphné Du Maurier dans son roman *Hungry Hill*. Un peu plus loin se trouve le second édifice, Dunboy Castle, ancienne forteresse des Irlandais du clan O'Sullivan *(voir encadré p. 212)*. Ce fort en étoile, dont il ne reste que quelques vestiges, fut le dernier à tomber devant les Anglais en 1602 (140 hommes résistèrent pendant 10 jours à l'assaut de 4 000 soldats).

Continuez la route côtière (R 572) pendant 13 km. Pour rejoindre Dursey Island, bifurquez à gauche et suivez la R 572 jusqu'au bout. Si vous n'avez pas l'intention de visiter l'île, ne prenez pas cet itinéraire qui vous rallonge de 15 km AR, et continuez tout droit par la R 575, jusqu'à Allihies, situé 4 km plus loin.

Querelles de clans

Plutôt qu'à leurs origines galloises, les Puxley devaient leur impopularité à leur lutte, aux côtés de l'administration anglaise, contre la contrebande de vin et de soie qui faisait vivre la région. Ils entrèrent en conflit ouvert avec les O'Sullivan, contrebandiers émérites et alliés des Français et des Espagnols, peu enclins à admettre leur défaite. Après des années de conflit, le plus offensif des Puxley finit assassiné sur le chemin de l'église par un O'Sullivan, au premier rang de toutes les rébellions.

★ Dursey Island (OILEÁN BAOI) A3

Accès (10mn) par le téléphérique - été : tlj 9h30-13h, 13h30-19h30 ; hors saison : 9h30-16h30 - vérifiez systématiquement les horaires (surtout ceux du retour !), sous peine de rester bloqué sur l'île - 10 € AR.
027 73 851 - www.durseyisland.ie.
Comptez 4h pour faire le tour à pied. Si vous voulez déjeuner sur place, prévoyez un pique-nique.
Pour gagner l'île, vous emprunterez le seul téléphérique *(cable car)* du pays, construit en 1970 et prévu pour transporter six personnes ou un homme et une vache, au-dessus des 220 m du détroit. À proximité de l'arrivée du téléphérique, vous apercevez une profonde faille dans la falaise, théâtre d'un épisode édifiant du conflit anglo-irlandais. En 1602, après avoir détruit Dunboy Castle, les Anglais s'attaquèrent à Dursey Island et tuèrent les 40 défenseurs avec une partie de la population, en les précipitant à la mer de cet endroit. Les survivants réfugiés dans l'église furent, quant à eux, brûlés vifs. Non loin, sur la gauche, on distingue, entourées de tombes, les ruines d'un **monastère** fondé au 16e s. et ravagé par les pirates. La vie n'était décidément pas facile en ces temps-là !
Sur l'îlot d'Oilean Beg, subsistent les vestiges de l'ancien **château** avec ses marches qui menaient au pont-levis. Plus loin, vous parvenez aux ruines de **St Michael's Chapel**, siège du martyre des habitants généralement associé à l'ermitage du même nom, sur l'île Skellig. À l'ouest de Dursey, trois gros blocs de rochers portent les noms de **Bull** (taureau), **Cow** (vache) et **Calf** (veau). La légende veut que le Bull marque l'entrée de l'au-delà...
Après avoir goûté la sérénité des vols d'oiseaux et le spectacle des hautes falaises, quittez l'île et regagnez la route côtière vers Allihies (R 575), qui offre une succession de landes rousses, de prairies verdoyantes, de murets de pierre et de rochers découpés.

★★ La côte nord de la péninsule

★ Allihies (NA HAILICHÍ) A3

Avec ses pubs et ses quelques boutiques aux couleurs vives, voici un village de carte postale, devenu un centre touristique qui attire bon nombre de voyageurs « New Age », en quête de culture celtique.
À l'entrée, la **plage de Ballydonegan** est formée des rejets de sable des mines qui parsèment le relief environnant. Par le passé, Allihies tirait sa richesse du cuivre. Au plus fort de leur exploitation par l'incontournable famille Puxley, les mines employèrent jusqu'à 1 500 personnes, dont 400 mineurs, principalement des immigrés gallois. Furieux de cette intrusion, les habitants refusèrent de les ravitailler, et l'on dut importer les vivres du pays de Galles. Les mines fermèrent dans les années 1880, et les quelques tentatives de réouverture demeurèrent

infructueuses. De belles promenades, sur le versant de ces collines orangées, vous mèneront jusqu'à des bâtiments surmontés de hautes cheminées et à l'entrée de tunnels désaffectés *(à partir du haut du village vers le nord, allez jusqu'au carrefour en patte d'oie et prenez la route de droite ; attention, les puits peuvent être dangereux).*

Allihies Copper Mine Museum – *027 73 218 - www.acmm.ie - avr.-oct. : 10h30-17h ; nov.-mars : se rens. - 6 €.* Le musée raconte l'histoire de ce passé minier au moyen de photographies anciennes et d'outils. Un sentier de découverte est proposé.

★ Eyeries (NA HAORAÍ) A3

www.eyeries.ie.

À environ 15,5 km sur la route des mines de cuivre *(R 575)*, cet autre village haut en couleur servit de décor à certaines scènes du film *Un taxi mauve*, d'Yves Boisset. C'est aussi le pays du *milleens*, goûteux fromage de vache à pâte molle. Les amateurs de plage en trouveront une belle à 1,5 km à l'ouest du village.

★★ La route côtière A3

À la sortie d'Eyeries, quittez la R 571 et suivez la route côtière. Bifurquez vers le joli petit port de **Ballycrovane★** qui possède la pierre oghamique *(voir encadré, p. 534)* la plus grande du pays (5,18 m).

Poursuivez vers Ardgroom, toujours par la route côtière. Bien que plus longue que la route principale, cette portion offre de belles perspectives sur la Kenmare River et un littoral découpé de criques de rochers noirs. Les longs chapelets de flotteurs sombres, alignés comme des colliers, sont des exploitations conchylicoles, grande spécialité locale.

Récupérez la R 571 à Ardgroom pour rejoindre Lauragh.

Autour de Lauragh B2

À l'entrée du village, le **Derreen Garden★** *(083 166 2160 - www.derreengarden.com - 10h-18h - 8 €)*, planté en 1870 par un marquis de Landsdowne, est célèbre pour ses fougères, rhododendrons et azalées.

Non loin des jardins, un panneau signale la route de **Glanmore Lake★**. Autour de ce lac aux eaux sombres, enchâssé entre des pentes abruptes propices à de belles balades, on se croirait en pleine montagne.

Revenez ensuite vers Lauragh et empruntez la R 574, à droite, pour l'ascension vers le **Healy Pass★★**. La route, qui grimpe entre des landes entrecoupées de blocs rocheux, offre un incroyable **panorama★★** sur le lac en contrebas, particulièrement à la lumière du soleil couchant. Au col lui-même, gardé par une crucifixion, vous jouirez d'une vue impressionnante sur les deux côtés de la péninsule.

Reprenez la R 571 en direction de Kenmare. Après une dizaine de kilomètres, tournez à droite avant le Beara Camping.

Gleninchaquin Park B2

087 634 9282 - www.gleninchaquin.com - - de la Saint Patrick à mi-nov. : 10h-17h - 7 € (-12 ans 5 €). Prévoir de bonnes chaussures et des vêtements adaptés.

Une ferme, nichée au cœur d'une vallée glaciaire, donne accès à des paysages grandioses : cascade, lac, rivière, roches, versants boisés... Prévoyez au minimum une demi-journée si vous aimez la marche. Attention, vérifiez la météo, apportez votre pique-nique et arrivez tôt pour avoir le temps de faire les boucles (au moins 6 au choix) avant le soir.

3

Carnet pratique

S'informer

Beara Tourism – *St Peter's Church, dans le centre de Castletownbere - ✆ 027 700 54 - www.bearatourism.com.*

Adresses utiles

Banque – Banques et distributeurs à Castletownbere et à Kenmare.

Pharmacies – À Castletownbere et à Glengarriff.

Arriver/Partir

En bus

Glengarriff est relié à Adrigole, Castletownbere, Bantry (20mn), Kenmare (45mn) et Cork (2h10) plusieurs fois par sem.

Horaires sur www.buseireann.ie et www.transportforireland.ie.

Voir aussi les liaisons locales de Local Link Cork sur www.locallinkcork.ie.

Nos adresses

Restauration

Glengarriff

Budget moyen

MacCarthy's – *Main St. - ✆ 027 63 000 - www.glengarriffpark.com - 12h-21h30 - moins de 25 €.* Le pub des locaux qui aiment à s'y retrouver autour d'une bonne bière ou d'un plat simple (soupes, sandwichs). Musique tous les soirs en saison. Un endroit au charme authentique !

Allihies

Budget moyen

O'Neill's Bar – *Au centre du village - ✆ 027 73 008 - www.oneillsbeara.ie - 12h-20h30 - menu 20/25 €.* Cuisine traditionnelle de pub servie toute la journée. Musique le w.-end.

Ardgroom

Budget moyen

The Village Inn – *Au centre du village - ✆ 027 74067 - ♿ 🚭 🅿 - été : 13h30-23h30 ; hiver : 16h-22h30 - plats 15/22 €.* Un pub à l'atmosphère très conviviale où l'on vous servira des plats traditionnels à tous les prix. Le soir, menus plus élaborés mais la note est plus élevée.

Glanmore Lake

Budget moyen

Josie's Lakeview – *Lauragh - ✆ 064 668 3155 - www.josiesrestaurant.ie - ♿ 🅿 - à partir de 11h - plats 16/28 €, menu 40 €.* Restaurant de charme, dans un site plein de sérénité, au bord du lac. Vue somptueuse. Choix de poissons, fruits de mer, viandes et plats végétariens. Moins cher le midi.

Boire un verre

Castletownbere

MacCarthy's Bar – *The Square - ✆ 027 70014 - www.maccarthysbar.com - 9h30-23h30, dim. 12h30-23h.* La « culture pub », cette adresse la connaît bien : elle existe depuis 1860 ! L'écrivain éponyme, Pete McCarthy, l'a même choisie comme titre et couverture pour le récit de ses voyages en Irlande, « MacCarthy's Bar » (« L'Irlande dans un verre »).

Shopping

GlenAran – *Dans le centre de Glengarriff - ✆ 027 63 900 - www.glenaran.com - 9h30-21h.*

Dans cette boutique d'artisanat irlandais, large choix de pulls, coupe-vent et linge de maison.

Activités

Activités nautiques

On peut pratiquer la voile, le canoë et le kayak à Adrigole et Castletownbere, qui possèdent un centre nautique, ainsi qu'à Bere Island. Sans oublier les spots de surf dans les baies exposées au sud-ouest. Voyez, par exemple, les activités proposées par Wild Atlantic Wildlife *(www.wildatlanticwildlife.ie)*.

Pêche en eau douce

La pêche en rivière, à la truite ou au saumon, se pratique vers Glengarriff. Le permis est obligatoire pour pêcher à certains endroits. Demandez les indications précises sur place.

Pêche en mer

De nombreux sites de pêche depuis les plages sont signalés tout le long de la péninsule par des panneaux « Shore Angling ». Sur place, d'autres panneaux vous expliquent les règles à respecter et les espèces de poissons que vous pouvez espérer capturer.

Randonnée

Le **Beara Way** forme une boucle de 206 km *via* Glengarriff, Kenmare et Dursey Island. Vous pouvez l'emprunter par tronçons. Des plans sont téléchargeables sur www.irishtrails.ie. Repérez les sentiers en boucle *(loop walks)* autour d'Adrigole, Eyeries ou Castletownbere, sinon téléchargez-les sur www.bearatourism.com.

Un très beau circuit en boucle de 138 km, la **Beara Cycling Route**, bien balisé (panneaux marqués d'un vélo), permet de découvrir la péninsule, au départ de Glengarriff ou de tout autre village. Infos sur www.bearatourism.com.

Hébergement

Glengarriff

Pour se faire plaisir

Glengarriff Park Hotel – *Au centre du village - 027 63000 - www.glengarriffpark.com - - 26 ch. 178/198 €.* Cet hôtel récemment rénové et doté d'un restaurant tout à fait convaincant est un bon point de chute pour rayonner dans la péninsule. On l'apprécie pour la déco chaleureuse et soignée de ses chambres Classic et Superior.

Castletownbere

Premier prix

Garranes Hostel – *À 9 km à l'ouest de Castletownbere sur la route d'Allihies - 089 421 8127 - www.dzogchenbeara.org - - 22 lits : lit en dortoir 22 € ; 2 ch. 50/70 € - linge de toilette non fourni, dortoirs non mixtes.* Une adresse hors du commun, intégrée dans un centre de retraite bouddhiste. Le site est grandiose et la vue fantastique, générant une atmosphère contemplative... Pièce commune très chaleureuse. Il y a aussi 3 cottages à louer à la semaine *(700/930 € de mai à sept., un peu moins cher hors saison)* ou pour un minimum de 3 j. Attention, l'endroit est fermé au public quand des retraites y sont organisées, il est donc essentiel de se renseigner à l'avance.

Rodeen Country House – *Bien indiqué sur la droite, 3 km avant le village - 027 70 838 - www.rodeencountryhouse.com - - fermé nov.-avr. - 5 ch. 85/105 €.* Un jardin quasi tropical, une vue superbe, des chambres petites mais mignonnes, de jolies peintures aux murs de la salle à manger et la chaleur d'Ellen Gowan, fin cordon bleu, font de ce B & B une étape plaisante. Délicieux petit déjeuner à base de produits biologiques ou du potager.

Sea Breeze – *À l'entrée de la ville - ✆ 027 70 508 - www.seabreez.com - 🅿 - 6 ch. 90/120 € ☕.* B & B avec une jolie vue sur la baie et des chambres spacieuses décorées avec goût.

Budget moyen

Island View B & B – *Sur les hauteurs du village - ✆ 027 70415 - www.islandviewhouse.com - 🅿 - 10 ch. 85/139 € ☕.* Une adresse bien tenue et très confortable avec vue sur le port. Petit déjeuner pantagruélique.

Allihies

Premier prix

Sea View House – *Au centre du village - ✆ 027 73 004 - www.allihiesseaview.com - 🅿 - 10 ch. à partir de 65 € ☕.* Une façade jaune et violet pour ce petit hôtel propre et confortable.

Budget moyen

Allihies Village Hostel – *À côté de O'Neill - ✆ 027 73 107 - www.allihieshostel.net - ♿ 💳 🅿 - fermé oct.-avr. - 20 lits : lit 20/22 € ; 5 ch. 100/120 €.* Cottage traditionnel coloré, agréable et propre, tout près des pubs. Possibilité de faire sa lessive.

Ardgroom

Budget moyen

Sea Villa – *Coast Rd (entre Eyeries et Ardgroom, à 3 km d'Ardgroom - Beara) - ✆ 027 74369 - www.seavilla.net - ✕ 💳 🅿 - fermé oct.-avr. - 3 ch. 129/149 € ☕ - dîner sur réserv.* Une maison paisible et confortable au cœur des collines, jouissant d'une très belle vue.

Lauragh

Premier prix

Mountain View – *Healy Pass Rd - ✆ 087 994 9398 - www.bearabnb.com - ✕ 💳 🅿 - 3 ch. 80/100 € ☕ - dîner sur réserv.* Au départ de la route du Healy Pass, côté Kenmare, une ferme isolée jouissant d'une vue agréable sur la campagne. Pour dîner, spécialités de fruits de mer.

Tuosist

Premier prix

Beara Camping – *Sur la R 571, entre Lauragh et Kenmare (13 km) - ✆ 064 668 4287 - www.bearacamping.com - de mi-avr. à mi-oct.* Plusieurs formules : des emplacements de camping *(24 €/nuit/2 pers.)*, des caravanes *(25,50 €/nuit/2 pers.)*, des mobile homes *(45-75 €/nuit/2 pers.)* ou un lit en dortoir dans une cabane de rondins *(35 €/nuit)*. Pas de restaurant, mais il y a un café et une épicerie.

La péninsule d'Iveragh ★★

Avec ses criques rocheuses, ses plages de sable, ses montagnes, ses lacs aux berges boisées, cette grande péninsule, qui englobe aussi Killarney, concentre certains des plus beaux paysages d'Irlande. Pour la découvrir, vous parcourrez le Ring of Kerry, nom donné à la route principale, souvent assimilé à la péninsule elle-même. À partir de Kenmare, excellente base pour explorer la région, vous devrez parfois faire quelques détours, à l'écart des grands axes, pour éviter l'affluence. Heureusement, certains sites sont encore épargnés et vous dénicherez alors des endroits magiques...

Se repérer

CARTE AB1-2 (P. 170-171).

Comté du Kerry. Fermée au nord par Killorglin et au sud par Kenmare, cette péninsule s'ouvre à une trentaine de kilomètres à l'ouest de Killarney. Comptez 170 km par le Ring of Kerry pour en faire le tour.

À ne pas manquer

Les îles Skellig ; l'excursion vers Lough Caragh ; la petite randonnée de Bray Head, sur Valentia Island.

Organiser son temps

Comptez 2 jours, 3 jours si vous passez par les îles Skellig. Parcourez l'itinéraire dans le sens Kenmare-Waterville-Cahersiveen, à l'inverse des circuits en car ; au déjeuner, évitez Sneem, Waterville et Cahersiveen, envahies par les tours organisés.

En famille

Les plages à Derrynane, Ballinskelligs et Rossbeigh ; The Skellig Experience.

Carnet pratique p. 223

Nos adresses p. 223

3

Circuit conseillé

CARTE P. 170-171

★★ Ring of Kerry AB1-2

Circuit tracé en violet sur la carte de région p. 170-171.

On désigne sous ce nom le circuit que trace la N 70 autour de la péninsule d'Iveragh, entre Kenmare et Killorglin. La boucle est fermée par la N 72 qui rejoint Killarney *(voir p. 228)* et la N 71 qui revient à Kenmare.

★ Kenmare (AN NEIDÍN) B2

Entouré d'un cirque montagneux, ce charmant bourg coloré occupe l'estuaire des rivières Roughty, Finihy et Sheen, qui aboutissent à l'échancrure verdoyante de la Kenmare River. En venant de la péninsule de Beara *(voir p. 209)*, la route longe des rives ombragées qui créent un contraste surprenant. Juste avant d'entrer dans la ville, arrêtez-vous aux **Scheen Falls★**, les cascades de la Sheen River.

Le centre-ville s'organise autour d'un petit parc et de deux rues principales et commerçantes. **Holy Church**, l'église catholique, est notamment dotée de vitraux de Franz Mayer et d'un autel en marbre de Carrare représentant trois scènes de la Passion du Christ.

William Petty, le fondateur de Kenmare

Le conflit sanglant qui oppose les colons anglais protestants et les catholiques, principalement irlandais, à partir du 12e s., connaît un tournant majeur avec l'intervention armée de Cromwell. En imposant l'Act of Settlement, Cromwell dépossède les Irlandais de leurs terres au profit des colons anglais. Pour les redistribuer, **William Petty**, homme de confiance de Cromwell, réalise le Down Survey, un recensement visant à établir un cadastre pour attribuer les terres confisquées aux soldats anglais qui avaient joué un rôle dans les guerres. En récompense de son investissement, Petty reçoit le quart de tout le Kerry. Il décide alors de développer Kenmare et la transforme en une cité modèle. Au 19e s., la ville bourdonne d'activité. Mais les catholiques, plus prolifiques, relèvent peu à peu la tête, et la ville bascule finalement du côté des nationalistes, au point de devenir l'un des fiefs du Sinn Féin et de la Gaelic League, mouvements farouchement anti-anglais.

Kenmare Heritage Centre – *The Square (dans l'office de tourisme) - ✆ 064 664 1233 - avr.-oct. : tlj sf dim. 10h-17h - gratuit.* Il évoque les cercles de pierres et les mégalithes de la région, l'histoire de la ville depuis sa fondation et les souffrances de la population durant la Grande Famine. On y apprend aussi comment les religieuses du couvent local initièrent les jeunes filles à l'art de la dentelle, devenue la grande spécialité régionale. Kenmare fut d'ailleurs le siège de la toute première École industrielle, où l'on enseignait aux filles les techniques de la dentelle et aux garçons le travail du cuir et du bois. À l'étage *(accès par l'extérieur)*, le **Lace and Design Centre** *(www.kenmarelace.ie - avr.-sept. : lun.-sam. 10h30-13h, 14h15-17h - gratuit)* expose des pièces de dentelle de Kenmare d'une extrême délicatesse, travaillées à l'aiguille avec du fil de lin, qui marient une technique importée d'Italie et des motifs inspirés de la Renaissance celtique.
De la place principale, Market Street mène en quelques minutes à pied au **Stone Circle**, datant de l'âge de bronze, un cercle de quinze monolithes dressés autour d'une pierre centrale *(entrée 3 €)*.
Si vous avez le temps, faites une croisière sur la **Kenmare River★**, où vous pourrez observer une importante colonie de phoques.
À la sortie de Kenmare vers l'ouest, suivez les panneaux Ring of Kerry (N 70).
À 12 km de Kenmare, vous pouvez vous offrir un premier détour en montagne en empruntant, à droite, la route en direction de **Ballaghbeama Gap★**, de Boheeshil et de **Ballaghisheen Pass★** *(comptez 50 km AR)*. L'étroite route traverse un paysage sauvage de montagnes – qui dépassent 700 m d'altitude –, de rivières et de lacs poissonneux.
Regagnez la N 70 et roulez jusqu'à Sneem.

Sneem (AN TSNAIDHM) B2

Encore un village tout en couleurs, joliment agencé autour d'une place et au bord d'une rivière. Cette halte touristique très courue, qui compte de nombreuses boutiques d'artisanat et beaucoup de *coffee shops*, fut aussi le dernier lieu de villégiature du général de Gaulle, juste après son départ du pouvoir, en 1969. La statue sur South Green a été érigée à la mémoire de Cearbhall O'Dalaigh, qui fut président de l'Irlande de 1974 à 1976 et qui est enterré à Sneem.
Suivez la N 70 vers l'ouest et, à Castlecove, tournez à droite vers Staigue Fort (route d'accès étroite).

★ Staigue Fort A2

Il est âgé de 2000 ans et compte parmi les plus célèbres forts circulaires d'Irlande *(entrée 1 €)*. Construit en pierre sèche sur un site surélevé permettant de surveiller les alentours sans se faire repérer, il abritait une petite communauté. Les murs, épais de 4 m et hauts de 5 m, sont doublés, à l'intérieur, d'une série d'escaliers accédant au parapet.

Rejoignez la N 70 jusqu'à Caherdaniel.

Les paysages deviennent nettement plus spectaculaires en approchant de Caherdaniel, où la côte devient sauvage et escarpée.

★★ Lamb's Head A2

Prenez la route qui part de Caherdaniel vers le sud, dans le grand virage à l'entrée du village. Environ 6 km AR, à parcourir à pied ou en voiture.

Vous longerez une lagune peuplée d'oiseaux, avant d'atteindre une côte rocheuse. Après une surprenante maison en forme de bateau, qui domine la baie de Derrynane, vous déboucherez sur un port minuscule.

Revenez à Caherdaniel et suivez les pancartes indiquant Derrynane House.

★★ Derrynane House A2

À 3,5 km de Caherdaniel - ✆ 066 947 5113 - www.derrynanehouse.ie ou www.heritageireland.ie - de mi-mars à sept. : 10h30-18h ; oct. : tlj 10h-16h ; de nov. à mi-déc. : w.-end 10h-15h - dernière entrée 45mn av. fermeture - 5 €, jardins gratuit.

Au cœur d'un beau parc planté d'espèces rares, on peut visiter la maison où Daniel O'Connell – le « Libérateur », c'est ainsi qu'on le désigne – passa son enfance avant d'aller à l'école à Cobh, puis en France. Cette demeure datant du 19e s. contient d'émouvants souvenirs du célèbre patriote : objets personnels, documents, mobilier, peintures familiales, dont un tableau délirant où il est représenté en Hercule brisant ses chaînes !

Après cette visite, gagnez **Derrynane Harbour★**, haut lieu de la planche à voile. Descendez sur la **plage★★** *(à gauche du parking)*, que l'on peut longer jusqu'à **Abbey Island★**, accessible à marée basse. Au milieu d'un cimetière marin envahi par l'herbe folle, les ruines romantiques d'une ancienne abbaye, peut-être fondée par saint Finan, dominent un paysage paradisiaque et l'une des plus belles plages du pays.

Regagnez la N 70 vers Waterville.

Sur cette route qui s'élève au-dessus de Derrynane, des aires de stationnement permettent d'admirer le **panorama★★** en contrebas. Après le passage du col **Coomakesta Pass★**, la route aborde Ballinskelligs Bay.

Ballinskelligs Bay A2

Sur la gauche, vous dominez la silhouette d'un fort circulaire très bien restauré datant du haut Moyen Âge, **Loher Fort★** *(dépassez-le et tournez sur la petite route à gauche, après une église)*. L'enceinte extérieure de 20 m de diamètre, à deux terrasses, enclôt deux constructions, l'une rectangulaire, l'autre circulaire, où se trouvait l'entrée d'un souterrain. Joliment situé face à la mer, cet édifice donne une idée de la vie confinée que menaient les familles qui y vivaient.

Waterville (AN COIREÁN) A2

Dans un cadre superbe, ce long village coloré s'étire le long de la mer. Son charme, tant apprécié par Charlie Chaplin qui y passait ses vacances, mais aussi par les meilleurs golfeurs du monde qui fréquentent sont parcours, est parfois atténué par l'affluence des cars d'excursion.

Pour découvrir une nature sauvage et intacte, rendez-vous plutôt du côté du **Lough Currane★** *(bifurcation vers l'intérieur des terres à 1,5 km de Waterville, côté Caherdaniel)*. Séparé de la mer par un isthme, ce lac connu pour ses saumons et truites de mer ravira les passionnés de pêche. Ses berges rocailleuses et son environnement accidenté méritent également une randonnée *(16 km AR; route carrossable)*.
Quittez Waterville par la N 70 vers le nord en direction de Cahersiveen. À 3 km, tournez à gauche et suivez les panneaux Skellig Ring (R 567).

★★ Skellig Ring A2

Voici votre première escapade à l'écart de la route principale. Vous allez traverser des paysages austères et sauvages, ignorés par les circuits organisés en raison de l'étroitesse des routes et des virages.
Le village de **Ballinskelligs (BAILE AN SCEILIG)** marque le début d'une *gaeltacht*, où les panneaux sont en gaélique. Si vous aimez vous baigner, faites une halte sur sa **plage★** de sable fin. Guettez les ruines du **prieuré** et son cimetière délicatement posés au bord de la mer *(gratuit)*. Un monastère fut fondé à cet endroit par les moines de Skellig Michael au 12e s., mais les ruines que l'on peut voir aujourd'hui datent du 15e s.
Vous quittez ensuite temporairement la côte pour rejoindre **St Finan's Bay★★**, qui laisse deviner, au large, la silhouette caractéristique des îles Skellig. La route s'élève ensuite en lacet sur le flanc austère du mont Glavenagh (318 m) jusqu'à un col qui révèle un merveilleux **panorama★★**, avant de plonger vers **Portmagee (AN CALADH)**, petit port de pêche très vivant qui aligne ses façades multicolores face à Valentia Island.

★★ The Skellig Experience A2

Sur Valentia Island (accès par le pont à Portmagee) - ✆ 066 947 6306 - www.skelligexperience.com - juil.-août : 10h-19h; mai-juin et sept. : 10h-18h; mars-avr. et oct.-nov. : 10h-16h30 - dernière entrée 1h av. fermeture - exposition 5 €; exposition combinée à une croisière (2h) autour des îles Skellig 40 €; attention, cette croisière (uniquement par mer calme) fait seult le tour des îles, elle ne s'y arrête pas.
Ce musée original présente de façon passionnante l'histoire des îles Skellig au moyen de films, de maquettes, de reconstitutions et de photographies.
Souvent oubliée des touristes pressés, la grande île de **Valentia Island** mérite un détour si vous avez le temps. Effectuez la belle randonnée jusqu'à **Bray Head★**, face aux falaises de Skellig Ring *(après le Skellig Centre, tournez à gauche et garez-vous au début du sentier menant au bout de l'île et à une tour de guet)*. De là, vous pouvez rebrousser chemin jusqu'à Portmagee ou continuer vers **Knightstown** : d'avril à sept., un petit ferry relie le chef-lieu de Valentia Island à Renard Point, le débarcadère pour Cahersiveen *(dép. ttes les 10mn de 9h à 21h30)*.

★★★ Skellig Islands (NA SCEALAGA) A2

Rendez-vous sur le quai de Portmagee ou au Skellig Experience pour obtenir les coordonnées des prestataires qui proposent la traversée (45mn env.) vers ces deux îles (uniquement par mer calme) - www.skelligsrock.com ou www.skelligislands.com - dép. entre 9h et 10h30, retours entre 14h et 15h - autour de 100 €/pers. AR - réservation en ligne impérative.
Prévoyez la journée et une bonne condition physique pour les escaliers!
L'accostage est interdit sur **Little Skellig (SCEILIG BHEAG)**, mais on peut en faire le tour et observer les oiseaux marins, notamment une importante colonie de fous de Bassan, des pétrels, des guillemots, des macareux, des puffins...

Monastère celtique de Skellig Michael.
Tourism Ireland

Skellig Michael★★★ (SCEILIG MHICHÍL) ou « Great Skellig » (SCEILIG MHÓR), le plus important des deux îlots qui culmine à 218 m, abrite l'un des plus anciens monastères celtes. Dans un site spectaculaire et d'une beauté austère, on mesure la solitude et la rudesse de la vie monacale. Les premiers moines, arrivés en lourdes barques à rames, n'étaient pas pour autant coupés du monde, important du vin du Moyen-Orient et des tissus d'Europe et d'Afrique du Nord. Bien que dévastée par les raids vikings au début du 9e s., la communauté s'acharna sur son rocher et la vie continua jusqu'au 12e s., en guettant la mer. Les moines abandonnèrent alors l'île et la vie contemplative pour s'établir à Ballinskelligs. Fondé au 6e s. par saint Finan, le **monastère** est constitué d'un groupe de constructions en pierre sèche, bien conservées, et perchées très haut sur une étroite plate-forme accrochée à la falaise. Il subsiste les vestiges de l'église, de deux oratoires et de six cellules en forme de ruches *(beehives)*. Les parois extérieures présentent des pierres saillantes, qui servaient sans doute à retenir un revêtement de terre isolant. Les moines recueillaient l'eau de pluie dans une citerne, et un chauffage très succinct était assuré par un peu de tourbe ou de bois apporté de la terre ferme.

L'îlot compte **2 300 marches** taillées dans le roc : imaginez les moines montant au monastère par jour de tempête *(si vous souffrez de vertige, préparez-vous à des émotions fortes)*.

Que la force soit avec vous

Les îles de Skellig ont servi de décor à la scène finale de *Star Wars : Le Réveil de la Force*. Mais attention, avant de vous ruer sur place, prenez en compte qu'une partie de l'archipel est inaccessible aux touristes (Little Skellig). L'autre (Skellig Michael) est fortement escarpée et les 600 marches menant au sanctuaire ne sont pas toujours ouvertes au public.
Pour une excursion thématique sur les îles : www.theskelligsforceawakens.com.

3

Cahersiveen (CATHAIR SAIDHBHÍN) A2

Lors d'une étape dans cette petite ville fortement marquée par les luttes pour l'indépendance, visitez l'**Heritage Centre** *(Old Barracks, Bridge St. - avr.-oct. : lun.-sam. 10h-17h - 5 €)* qui raconte notamment l'histoire de son plus célèbre fils, Daniel O'Connell (1775-1847), qui lutta pour l'émancipation des catholiques. Ne manquez pas, de l'autre côté de l'estuaire, à **Kimego West**, deux des plus beaux forts circulaires du Kerry.

Traversez le pont, tournez à gauche au carrefour en T et guettez la silhouette des forts sur la droite. Garez-vous et empruntez le chemin empierré.

À proximité de la route, on aperçoit la silhouette massive de **Cahergal Fort★** qui, avec ses deux terrasses intérieures superposées, est le plus grand et le plus rénové des deux édifices. Bien que discret et envahi par l'herbe *(suivez la route de droite et empruntez à pied le chemin d'accès)*, **Leacanabuaile Fort★★** a encore du charme. L'intérieur de l'enceinte présente des traces de fondations de six maisons et un souterrain aux parois gravées, menant à une chambre. Les ruines romantiques, que vous apercevez en contrebas, sont celles de Ballycarbery Castle, château bâti au 15e s. par le clan des McCarthy, puis occupé par la famille O'Connell *(visible de la route, mais fermé au public).*

Retournez à Cahersiveen et continuez le Ring of Kerry vers l'est.

À 16 km, une petite route bifurque sur la gauche vers **Kells Bay** (A1), jolie plage au milieu des arbres, malheureusement gâchée par la présence de caravanes. De retour sur le Ring of Kerry, vous longez ensuite la mer par une corniche qui ceinture tout le nord de la péninsule de Dingle. Vous traversez **Glenbeigh** (GLEANN BEITHE) (A1), station balnéaire fréquentée par les Irlandais pour l'immense **dune de sable de Rossbeigh**, qui s'avance de 5 km dans la baie de Dingle.

4 km après Glenbeigh, tournez à droite vers Caragh Lake, puis vers Glencar.

★★ Lough Caragh B1-2

Un agréable sentier forestier s'amorce à la hauteur de Blackstones Bridge, beau pont de pierre au-dessus du chaos rocheux de la Caragh River : le **Kerry Way★★**, un itinéraire de grande randonnée qui traverse le comté *(voir « Nos Adresses » p. 225)*. Il offre un superbe panorama de Lough Caragh, dans sa portion entre Glencar et Glenbeigh.

À proximité de la rive nord du lac, le long de la N 7 menant à Killorglin, vous pourrez visiter le **Kerry Bog Village Museum** *(✆ 066 976 9184 - www.kerrybogvillage.ie - 9h-18h - 6,50 €)*, reconstitution réussie d'un village rural du 19e s. En poussant la porte des maisons à toit de chaume, vous découvrirez le quotidien des habitants de l'époque (coutumes, traditions, etc.).

Killorglin (CILL ORGLAN) B1

Cette localité vivante et animée est le siège de la **Puck Fair** *(voir p. 223)*, l'une des plus grandes fêtes irlandaises qui se déroule chaque année, la deuxième semaine d'août. Issue d'une vieille tradition païenne, cette fête (dont le nom, emprunté au gaélique, signifie « foire au bouc ») célébrée en l'honneur du dieu Lug coïncide avec celle des moissons. Sous l'œil d'un bouc, intronisé en grande pompe roi de la ville et exhibé sur une estrade, les participants boivent, dansent et chantent trois jours et trois nuits durant. Ambiance garantie !

Carnet pratique

S'informer

Kenmare Tourist Office – *Courthouse, The Square - ☎ 064 664 1233 - www.kenmare.ie.*

Adresses utiles

Banque – Banques et distributeurs à Kenmare et Killarney.

Pharmacies – À Kenmare, Sneem, Waterville et Killarney.

Arriver/Partir

En voiture

La plupart des circuits organisés tournent dans le sens inverse des aiguilles d'une montre et rendent les déplacements très pénibles en pleine saison.

En bus

Kenmare est relié à Cork *via* Kinsale ou Skibbereen. Bus fréquents vers Killarney (50mn). En juil.-août, un bus au départ de Killarney (11h30 ; retour 17h) emprunte le Ring of Kerry et s'arrête à Killorglin, Glenbeigh, Cahersiveen, Waterville, Sneem et Kenmare. Un bus relie Cahersiveen à Knightstown (Valentia Island) *via* Portmagee. Horaires sur www.buseireann.ie et www.transportforireland.ie.

Transports

Location de vélos

Finnegan's Bicycle Hire – *37 Henry St., Kenmare - ☎ 064 664 1083 - www.kenmare.eu/finnegan.*

Casey Cycles – *New St, Cahersiveen - www.bikehirekerry.com.*

Agenda

Puck Fair – *www.puckfair.ie.* La 2e sem. d'août à Killorglin *(voir p. 222).*

Cahersiveen Festival – *www.celticmusicfestival.com.* Début août. Trois jours de concerts, musique folk et country.

Sneem International Storytelling & Folklore Festival – *www.sneemstorytellingfestival.com.* Déb. nov. Trois jours où les conteurs s'installent en ville pour vous raconter des histoires à rester debout jour et nuit.

Nos adresses

Restauration

Kenmare

Premier prix

Café Mocha – *The Square - ☎ 064 664 2133 - ⊭ - env. 15 €.* Dans le centre de Kenmare, un petit café proposant sandwichs, soupes, salades et gâteaux.

Budget moyen

The Horseshoe – *3 Main St. - ☎ 064 664 1553 - www.thehorseshoekenmare.com - 16h-0h - fermé lun.-mar. - plats 16/35 €.* Si vous aimez les *ribs* au grill, c'est la spécialité de la maison, qui sert aussi divers autres plats.

Pour se faire plaisir

The Lime Tree – *3A Shelbourne St. - ☎ 064 664 1225 - www.limetreerestaurant.com - P - de mi-mars à oct. : 18h30-21h30 ; nov.-déc. : w.-end seult - carte 40/50 € - réserv. conseillée.* Dans le cadre ravissant d'une ancienne école noyée dans la verdure, des mets raffinés d'une grande fraîcheur. Plats de poisson et d'agneau du pays.

N°35 – *35 Main St. - ☎ 064 664 1559 - www.no35kenmare.com -*

3

vend.-mar. 17h30-21h30 - menu 42,50 €. Le propriétaire de ce séduisant restaurant à l'atmosphère décontractée est un célèbre éleveur porcin et l'animal est à l'honneur dans des plats simples et rustiques. Ne manquez pas le dessert, surtout la poire Belle Hélène.

Boathouse Bistro – *Dromquinna - ✆ 064 664 2889 - www.dromquinnamanor.com - 12h30-21h30 - fermé lun.-mar. - menu 45 €.* Installé au cœur d'un grand domaine posé au bord de l'eau, ce restaurant aménagé dans un ancien hangar à bateaux surplombe la péninsule et les montagnes et se distingue par son décor nautique façon Nouvelle-Angleterre. Cuisine simple et appétissante tournée vers la mer.

Sneem

Budget moyen

The Blue Bull – *South Square - ✆ 064 664 5382 - P - 16h-23h30 - fermé lun.-mar. - plats 17/25 €.* Bon restaurant servant une cuisine traditionnelle irlandaise (*Irish stew* à l'agneau du Kerry) et des fruits de mer. Musique au bar certains soirs.

Caherdaniel

Budget moyen

The Blind Piper – *Au cœur du village, dans la rue qui mène à Derrynane - ✆ 066 947 5126 - 12h30-20h - fermé lun.-mar. - plats 17/26 €.* Un pub chaleureux ouvert toute la journée, *bar food* traditionnelle et terrasse l'été. Musique *live* certains soir.

Portmagee

Premier prix

Fisherman's Bar – *2 Harbour View (face au port) - ✆ 066 947 7103 - www.fishermansbarportmagee.com - P - 9h-23h30, vend.-sam. 9h-1h - plats 17/28 €.* Pub servant la traditionnelle *bar food* : soupes, *Irish stew* et délicieux sandwichs au crabe, aux crevettes ou au saumon.

Cahersiveen

Budget moyen

O'Neills The Point Seafood Bar – *Reenard Point - ✆ 066 947 2165 - www.oneillsthepoint.ie - P - 12h-15h, 18h-21h30, dim. 18h-21h30 - fermé de déb. nov. à mi-mars - plats 16/29 €.* Face à l'embarcadère pour Valentia Island, un pub où l'on mange d'excellents produits de la mer. Plats copieux à partir de 16 €. Une adresse prisée des gens du coin.

Pour se faire plaisir

Quinlan & Cooke – *3 Main St. - ✆ 066 947 2244 - www.qc.ie - P - avr.-oct. : tlj sf lun. 17h30-21h ; reste de l'année : vend.-sam. seult - menu 50 €.* Le thème nautique domine le décor de ce petit pub cosy où l'on sert une cuisine classique simple et fraîche, tournée vers les poissons et fruits de mer, ainsi que quelques plats du jour inhabituels. Chambres spacieuses et bien équipées au coin de la rue *(à partir de 165 €).*

Shopping

Quill's Woollen Market – *1 Main St. - Kenmare - ✆ 064 664 1078 - www.irishgiftsandsweaters.com - 9h-23h.* Une affaire familiale qui a fait des petits dans tout le Sud-Ouest (autres boutiques à Sneem, Killarney et à Glengarriff). Grand choix de formes et de points. Quelques vestes en tweed abordables et les incontournables casquettes et chapeaux.

Cill Rialaig Arts Centre – *Dun Geagan (entre Waterville et Ballinskelligs) - ✆ 066 947 9277 - www.cillrialaigartscentre.com - 11h-17h.* Cette chaumière ronde présente les créations d'artistes et d'artisans contemporains. Poteries, sculptures, peintures, objets, à acheter ou à regarder.

Skelligs Chocolate – *The Glen, Ballinskelligs - ✆ 066 947 9119 - www.skelligschocolate.com -*

avr.-sept. : 10h-17h, sam.-dim. 11h30-17h. Fondée en 1996, cette petite manufacture de chocolats produit des truffes au whiskey, des tablettes au miel irlandais et au sel marin. Joli packaging.

Activités

Activités nautiques

Derrynane Seasports – *Caherdaniel - ✆ 087 908 1208 - www.derrynaneseasports.com.* Canoë, voile, ski nautique.

Sea Synergy – *Waterville - ✆ 087 455 4034 - www.seasynergy.org.* Kayak, paddle, mais aussi des sorties à la découverte de la faune et de la flore littorales.

Valentia Island Sea Sports – *Knightstown - Valentia Island - ✆ 066 947 6204 - www.valentiaislandseasports.com.* Organise, entre autres, des activités de plongée. Location de kayak.

Croisières

Seafari Cruises – *3, The Pier - Kenmare - ✆ 064 664 2059 - www.seafariireland.com - en saison - 25 € (-12 ans 12,50 €).* Pour voir les baleines, les dauphins et les phoques dans la baie de Kenmare.

Équitation

The Dromquinna Stables – *Sneem Rd - Kenmare - ✆ 064 664 1043 - www.dromquinna-stables.com -* ⊭. Jolies randonnées le long de la Kenmare, à cheval ou à poney.

Burkes Beach Riding – *Glenbeigh - Rossbeigh Beach - ✆ 087 237 9110 - www.beachtrek.ie - 40/150 €.* Randonnées à cheval d'une heure à la journée.

Golf

Waterville Golf Links – *Waterville - ✆ 066 947 4102 - www.watervillegolflinks.ie - green fee 75/250 €.* Parmi les vingt meilleurs *links* au monde, avec vue sur la mer.

Dooks Golf Club – *Glenbeigh - Knockaurroe - ✆ 066 976 8205 - www.dooks.com - green fee 60/150 €.* Au cœur des dunes, dans la baie de Dingle.

Pêche en mer

Pour la pêche en mer à partir du rivage, les meilleurs endroits sont la Kenmare River autour de Sneem (lieu, congre, truite de mer), de Derrynane (plie, bar, etc.), de Hog's Head, de la plage de Waterville (plie et bar), de St Finan's Bay (bar), de Valentia Harbour et de Glenbeigh.

Voir aussi la rubrique « Pêche » dans « Organiser son voyage ».

Pêche en rivière

Les sites les plus réputés sont ceux de Lough Currane *(pêche gratuite, rens. à Waterville et sur www.loughcurrane.com)* et de Lough Caragh *(rens. au Glencar Hotel - Glencar - ✆ 066 976 0102 - www.glencarhouse.com).*

Voir aussi la rubrique « Pêche » dans « Organiser son voyage ».

Plage

La côte sud de la péninsule, la Kenmare River, ne compte pas de véritable plage, mais une succession de rochers découverts à marée basse. Caherdaniel, Ballinskelligs, St Finan's Bay, Derrynane, Kells et Rossbeigh possèdent de belles plages.

Randonnée

Le **Kerry Way** est une boucle de 214 km qui passe à Killarney, Kenmare, Waterville, etc. Bien que serpentant au cœur du plus haut massif irlandais, le point le plus élevé du circuit se situe à 385 m.

Infos sur www.kerryway.com, ou achetez le guide « *The Kerry Way* » (éd. Rucksack Readers).

3

Hébergement

Kenmare

Premier prix

The Rose Garden – *Sneem Rd - Gortamullen - ✆ 064 664 2288 - www.rosegardenkenmare.com -* ✕ P *- fermé 20 déc.-14 fév. - 9 ch. 85/105 €* ☕. Une maison absolument impeccable, tenue par un couple de Néerlandais très hospitaliers.

Tara Farm – *Tubrid (à la sortie de Sneem sur la N 70, guettez le panneau indiquant une rte vers la gauche) - ✆ 064 664 1272 - www.tarafarm.net -* P *- 6 ch. 89/152 €* ☕. À l'écart de l'agitation, un bungalow impeccable, dominant la baie. Chambres avec vue sur la mer, certaines avec balcon, d'autres avec un petit patio. Loue aussi de jolis cottages *(300/1000 € la sem.)*.

Budget moyen

Muxnaw Lodge – *Castletownbere Rd (à 1 km au sud-ouest de Kenmare, sur la R 571) - ✆ 064 664 1252 - www.muxnawlodge.eu -* P *- 5 ch. 120 €* ☕. Une élégante maison de 1801, bâtie sur les hauteurs, au bord de l'eau, au milieu d'un beau jardin avec tennis privé. Meubles de famille, instruments de musique, gravures anciennes lui confèrent une atmosphère confortable et feutrée. Charmant.

Foley's Guesthouse – *Henry St. - ✆ 064 664 2162 - www.foleyskenmare.com -* ✕ P *- 10 ch. 120/140 €* ☕. Au cœur de la ville, une auberge-pub-restaurant où l'accueil est une tradition familiale. Chambres agréables et confortables, avec belle salle de bains. Possibilité de louer une maison de ville à la semaine.

Sneem

Premier prix

The Bank House – *North Square - ✆ 064 664 5226 ou 087 238 3988 -* ⊄ P *- fermé de mi-oct. à fin mars - 6 ch. 75 €* ☕. Vous ne pouvez pas manquer sa jolie façade vert turquoise, dans le village, sur la route de Caherdaniel. Accueil vraiment plaisant. Petit déjeuner varié, pain et viennoiseries faits maison et options végétariennes.

Pour se faire plaisir

Sneem Hotel Goldens Cove – *Pier Rd - ✆ 064 667 5100 - www.sneemhotel.com -* P *- ch. à partir de 150 €* ☕. À deux pas de la rue principale, un ancien couvent des sœurs de la Présentation, au cœur d'un jardin très calme et jouissant d'une belle vue. Décor intérieur plein de charme et de caractère. Accès à la rivière.

Caherdaniel

Premier prix

Travellers Rest Hostel – *En face de la station-service - ✆ 066 947 5175 - www.hostelcaherdaniel.com -* ⊄ P *- mars-nov. - 12 lits à partir de 21 € ; ch. à partir de 55 €.* Cottage chaleureux et cosmopolite.

Morans Farmhouse – *Bunavalla - ✆ 066 947 5208 -* P *- 3 ch. 75/80 €* ☕. Une maison isolée devant la mer, un petit bout de jardin face à la baie de Derrynane, le rêve pour amoureux de vie calme et sauvage.

Derrynane Bay House – *À la sortie du village vers Waterville - ✆ 087 234 3974 - www.ringofkerry.net -* P *- 6 ch. à partir de 85 €* ☕. Grand bungalow moderne, propre et confortable. Thé et café dans les chambres.

Waterville

Budget moyen

Lakelands Farm B & B – *Lake Rd (à 3 km de Waterville, le long du Lough Currane, indiqué depuis la N 70, 2 km avant Waterville en venant de Caherdaniel) - ✆ 066 947 4303 - www.lakelandshouse.com -* P *- 12 ch. à partir de 95 €* ☕. Au bord du lac, cette maison moderne et confortable ressemble presque à un hôtel. Le patron, chasseur et pêcheur, organise ces activités pour ses hôtes. Randonnées superbes tout autour de la maison.

Ballinskelligs

Budget moyen

The Old School House – *Cloon (accolé au Rascals Restaurant, sur la R 566, bien indiqué depuis la R 567 Waterville-Ballinskelligs) - ✆ 066 947 9340 - www.rascalstheoldschoolhouse.com -* ✕ P *- 7 ch. 90/120 €*. Jolies chambres, au calme, dans une ancienne école rénovée, à moins de 2 km de la plage. Possibilité d'arranger la traversée vers Skellig Michael.

Beach Cove – *St Finans Bay - ✆ 066 947 9301 - www.stayatbeachcove.com -* P *- 3 ch. 85/155 €*. Posée devant l'une des plus jolies baies du pays, petite maison décorée avec goût par un couple charmant. Petit déjeuner servi face à la mer. La vue est à couper le souffle.

Portmagee

Budget moyen

The Moorings – *Dans le village - ✆ 066 947 7108 - www.moorings.ie -* ✕ *- 16 ch. 130/170 €*. Agréable maison qui tient plus du petit hôtel. Chambres joliment décorées, certaines avec vue sur le port de pêche (plus chères). Bon restaurant de fruits de mer. La traversée vers Skellig Michael peut être arrangée par le propriétaire.

Cahersiveen

Premier prix

Iveragh Heights – *Carhan Rd (à la sortie de la ville vers Killorglin par la N 70, sur la droite, à flanc de coteau; pour entrer, méfiez-vous de la circulation dans l'autre sens) - ✆ 086 843 3946 - www.iveraghheights.com -* ♿ P *- 9 ch. 80/100 €*. Belle vue sur la rivière et les collines. Nombreux conseils pour les balades et possibilité d'organiser une sortie aux Skellig Islands.

Sea Breeze – *Reenard Rd (à l'entrée ouest de Cahersiveen, dir. Reenard Point) - ✆ 066 947 2609 - www.seabreezebandb.com -* P *- 5 ch. 85/120 €*. Les chambres sont petites mais impeccables. Jolie véranda pour admirer les couchers de soleil.

Pour se faire plaisir

Voir aussi **Quinlan & Cooke** dans « Restauration ».

Lough Caragh

Budget moyen

Blackstones House – *Glencar (bien indiqué, à côté de Blackstones Bridge sur la Caragh River et le Kerry Way) - ✆ 066 976 0164 - www.blackstoneshouse.com -* P *- 6 ch. 100/120 €*. À 18 km de Killorglin, au bord d'une rivière très poissonneuse, au pied des montagnes. Randonneurs, pêcheurs (permis sur place) et chasseurs seront aux anges... Très bon rapport qualité-prix.

Une folie

Ard na Sidhe Country House – *Lough Caragh - ✆ 066 976 9105 - www.ardnasidhe.com -* ✕ P *- 18 ch. 245/355 €*. Le luxe d'un grand manoir victorien où chaque détail est soigné. Jardins de rêve au bord du lac, embarcations à disposition. Préférez les chambres du bâtiment principal.

Killorglin

Budget moyen

Coffey's River's Edge – *Killorglin - ✆ 066 976 1750 - www.riversedge.ie -* P *- 16 ch. 135 €*. Dans le bas de la rue principale, avant le pont, cette belle maison est une excellente base pour ceux qui aiment l'animation d'un bourg. Décoration colorée d'inspiration méditerranéenne, belle terrasse sur la rivière.

Killarney et ses environs ★★★

Colorée comme toutes ses consœurs de l'ouest, Killarney se vante de posséder une cathédrale, trois églises, un château et une ribambelle de boutiques de souvenirs. Le soir, loin des pubs à touristes, ses habitants se retrouvent pour danser ou chanter – peut-être aurez-vous la chance d'être entraîné dans une gigue endiablée... Mais Killarney, c'est aussi la nature aux portes de la ville, puisque la cité est installée dans l'écrin de la Black Valley, au bord du Lough Leane et au pied des Macgillycuddy's Reeks, le plus haut massif montagneux d'Irlande dominé par le Carrantuohill.

Se repérer

CARTE B2 (P. 170-171) - CARTE DU KILLARNEY NATIONAL PARK (P. 230) - PLAN CI-CONTRE.

14 500 hab. – Comté du Kerry.
Killarney se trouve à 86 km au nord-ouest de Cork par la N 22.

À ne pas manquer

Muckross House, ses jardins et son abbaye ; les balades à pied ou à vélo autour des lacs du Killarney National Park ; Gap of Dunloe, Black Valley.

Organiser son temps

Prévoyez 2/3h pour flâner dans la ville, mais comptez au moins deux jours pour organiser un circuit ou une randonnée aux alentours.

En famille

Les fermes de Muckross House ; un tour en calèche en ville, une sortie en barque sur les lacs ou à poney sur Gap of Dunloe ; un tour du Gap of Dunloe dans un ancien bus...

Carnet pratique p. 234

Nos adresses p. 234

Se promener

PLAN CI-CONTRE

★★ Killarney (CILL AIRNE)

Nombreux parkings (payants) autour de la cathédrale et sur Mission Rd.

Le cœur commercial de la ville se situe à **Market Cross**, avec ses devantures à l'ancienne et ses pubs. C'est ici, au carrefour de New Street, High Street et Main Street, que se tenaient jadis les marchés de Killarney, très populaires.

Au sud du rond-point « The Hahah », poussez la grille de l'ancienne résidence des comtes de Kenmare, **Killarney House and Gardens★** (B2) *(Muckross Rd - www.killarneynationalpark.ie - 9h-17h30 - gratuit)*. Le jardin ménage de superbes échappées sur le lac (Lough Leane) et les Purple Mountains. Quant à la maison, restaurée, elle fait désormais office de Visitor Centre et offre, à travers les photographies de Norman McCloskey, une belle introduction à la visite du Parc aujourd'hui classé « réserve de biosphère ».

À l'ouest, on doit **St Mary's Cathedral★** (A2) à Pugin, célèbre architecte anglais qui affectionnait particulièrement le style néogothique. Construite entre 1842 et 1855, très remaniée et restaurée dans les années 1970, la cathédrale est aujourd'hui

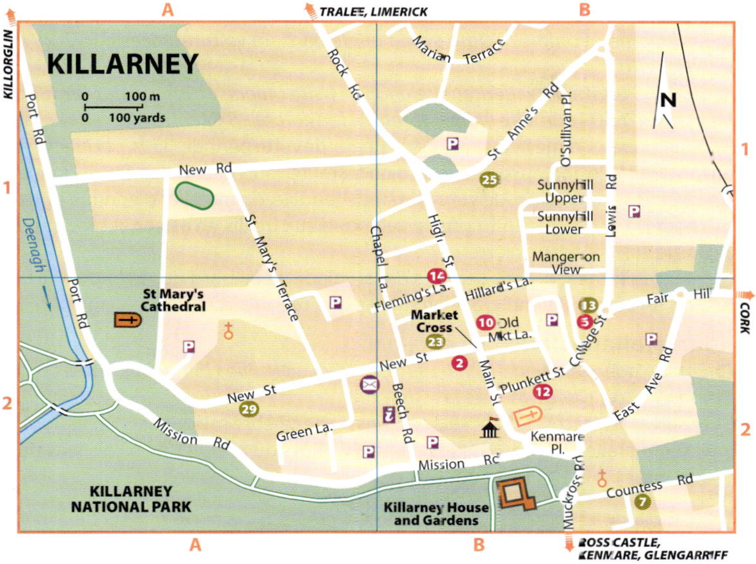

SE RESTAURER
Caragh 2
Cronins 6
The Laurels 10
Mike's Take Away 12
Stonechat 14

SE LOGER
Countess House 7
The Fairview 13
Neptune's Hostel 23
Orchard House 25
The Black Sheep Hostel 29

dépouillée, à l'intérieur comme à l'extérieur, minérale, en pierres brutes, ce qui n'est pas sans produire un élégant effet – surtout lorsque le soleil traverse au matin les vitraux. À deux pas du porche principal, un petit monument rend hommage aux enfants morts durant la Grande Famine.

De l'autre côté de Port Road (A2), des grilles et un mur délimitent le Killarney National Park, autrefois propriété des comtes de Kenmare. L'entrée est gardée par une chaumière, Deenagh Lodge. Un sentier mène aux rives du Lough Leane (Lower Lake), que vous longerez vers le sud pour atteindre Ross Castle *(2,5 km, 1h AR)*.

Découvrir

CARTE P. 230

★★★ Killarney National Park

www.killarneynationalpark.ie.

Ce parc de 102 km² se compose de trois lacs – Lower, Middle et Upper Lake – reliés par une rivière au cœur de paysages très variés, offrant un cadre exceptionnel à toutes sortes de balades.

Vous pouvez faire le tour du **Middle Lake** (Muckross Lake) à pied ou à vélo *(10 km env.)*, en passant par le **Meeting of the Waters**, point de rencontre des eaux de Upper et Middle Lake. Vous pouvez aussi prendre part à une marche guidée avec Killarney Guided Walks *(www.killarneyguidedwalks.com - 2h - 12 €)*.

Pour une mini-croisière sur les lacs, contactez Killarney Lake Tours *(✆ 064 663 2638 - www.killarneylaketours.ie)*.

★ Ross Castle

De Killarney, comptez 30mn à pied par le parc. En voiture, accès par la N 71, puis Ross Rd.

064 663 5851 - www.heritageireland.ie - visite guidée (40mn) - été : 8h-18h ; hiver : 9h-17h30 - dernière entrée 45mn av. fermeture - 5 € (enf. 3 €).

Rudimentaire, comme beaucoup de châteaux de cette période (15ᵉ s.), celui-ci est en fait un simple donjon fortifié, très bien restauré, jadis fief du clan O'Donoghue Ross. On y découvre la rude vie de l'Irlande féodale, du mobilier d'époque et les méthodes de construction, comme cet ingénieux treillis en osier qui servait de coffrage aux voûtes de pierre.

Aux alentours, de jolis sentiers dans les bois et au bord du lac mènent à la presqu'île de **Ross Island★**, ancien site d'exploitation du cuivre.

★ Innisfallen Island (INIS FAITHLINN)

Embarcadère au pied du château : traversée vers l'île (15mn) et jusqu'à Lord Brandon's Cottage, ou tour du lac (1h).

Pour suivre les traces des anciens pèlerins, tel le célèbre roi irlandais BrianBorú, allez à Innisfallen Island, l'un des nombreux îlots du premier des trois lacs du

Les annales d'Innisfallen

De nombreux vestiges attestent l'occupation humaine de la région dès l'âge de bronze. Au 7e s., un monastère est fondé sur l'îlot d'Innisfallen, où les moines écriront, entre les 11e et 13e s., les *Annales d'Innisfallen*, l'une des plus anciennes chroniques historiques d'Irlande dont le seul exemplaire, en gaélique et en latin, se trouve à Oxford. La communauté religieuse attire alors les lettrés et les puissants, à la manière d'une université

parc national, associé au nom de saint Finian le Lépreux. Outre la découverte des ruines d'un oratoire du 12e s. et d'un portail roman sculpté, avec un if sacré au cœur du monastère, vous profiterez de la traversée face aux contreforts des Macgillycuddy's Reeks.

★ Muckross House, Farms and Gardens

Accès par la N 71 au sud de la ville (bien indiqué). Desservi depuis Killarney par un bus rouge à impériale (4 €) et un « shuttle bus » (5 €).
064 667 0144 - www.muckross-house.ie - Muckross House ouv. juil.-août : 9h15-19h ; avr.-juin et sept.-oct. : 9h15-18h ; nov.-mars : 9h15-17h30 - Muckross Farms ouv. juin-août : 10h-18h ; mars-mai : 13h-18h - Muckross Gardens ouv. 8h-18h (20h juil.-août) - fermé sem. de Noël - accès jardins gratuit, visite guidée (1h) de Muckross House ou visite libre de Muckross Farms 7 € (6-18 ans 5 €), billet combiné House + Farms 12 € (6-18 ans 8 €). Beaucoup de monde en saison et le week-end.
Ce merveilleux **parc paysager★★** au bord du lac représente le joyau de ce majestueux domaine. D'immenses rhododendrons de toutes les couleurs, des azalées, des hortensias, des plantes et des arbustes d'une étonnante variété se détachent sur un arrière-plan de montagnes boisées, d'îlots rocheux et de falaises abruptes *(la plus belle saison est le mois de mai)*.
La visite de **Muckross House★**, imposant manoir victorien dû à un architecte écossais (1843), plonge les visiteurs dans une atmosphère du 19e s., depuis les opulentes salles du premier étage jusqu'au sous-sol réservé aux activités domestiques. Ses premiers propriétaires, la famille Herbert, engagèrent de grands travaux durant 6 ans pour accueillir dignement la reine d'Angleterre et sa suite de... 100 personnes. En 1861 Victoria leur rendit enfin visite, mais n'y resta que 2 jours !
Les **Muckross Farms★**, fermes traditionnelles du domaine, constituent une sorte d'écomusée en plein air où une dizaine de maisons reproduisent les différents habitats ruraux. Vous y découvrirez les animaux, les outils et les activités de la ferme dont l'atelier du maréchal-ferrant et du menuisier *(parcours de 1,5 km environ)*. Une visite qui ravira les enfants.

★ Muckross Friary

À 1,5 km de Muckross House (fléché dans le parc). Un autre parking (nettement plus petit), sur la N 71, vous rapproche de l'abbaye.
Cette abbaye franciscaine fondée en 1448 est en ruine. Mais quelles ruines ! Le cloître bien conservé – et son if torsadé hors d'âge –, la tour carrée (seule tour franciscaine de tout le pays) et les vestiges des bâtiments usuels évoquent la vie monacale au sortir du Moyen Âge. L'abbaye a connu une histoire violente et les moines ont dû subir de fréquents assauts de maraudeurs. La communauté fut finalement dispersée en 1652 par les partisans de Cromwell.

3

Le développement économique de Killarney

À partir du 13e s., des clans se partagent les environs de Killarney : les O'Donoghue bâtissent Ross Castle sur les berges orientales du lac, les McCarthy s'approprient Muckross et les O'Sullivan règnent sur Dunloe. Mais les guerres de Cromwell mettront fin à cet équilibre. Sous la férule des Anglais, Killarney se développe grâce aux manufactures de lin et de laine, et le tourisme (19e s.) gagne ses galons avec la visite de la reine Victoria.

★ Torc Waterfall

Accès par la N 71 (parking bien indiqué).
La cascade est relativement modeste avec ses 18 m de haut, mais elle permet une balade au cœur d'un ravissant site boisé *(accès facile à 150 m du parking)*.
À gauche des chutes, un escalier à flanc de colline *(173 marches)* permet d'atteindre un belvédère avec une **vue★** panoramique sur les lacs.

★★ Upper Lake et Ladies View

Accès par la N 71 (bien indiqué).
De Muckross Lake (Middle Lake), la route serpente entre deux murs de rhododendrons sauvages, dont les fleurs violettes éclosent en mai. En atteignant Upper Lake, le paysage change, les rochers se multiplient et les tourbières succèdent aux bois. Puis vous parvenez au site de Ladies View *(à 16 km de Killarney)*, ainsi nommé en souvenir de la reine Victoria et de ses dames de compagnie qui y admirèrent le panorama. Malgré l'affluence, ce lieu permet d'embrasser du regard les lacs et les montagnes.

★★ Gap of Dunloe

Cet impressionnant défilé a été sculpté par les glaciers du massif montagneux des Macgillycuddy's Reeks. L'authenticité de cette région est menacée par le flot incessant des voyages organisés. Cependant, en vous en écartant, vous trouverez des endroits sauvages où jouir de la splendeur des lacs aux eaux noires, des cascades rugissantes ou des crêtes désolées.
Accès sud – *Pour rejoindre Gap of Dunloe par le sud, passez par Black Valley : 8 km après Ladies View (lire ci-dessus), quittez la N 71 à Moll's Gap et suivez les panneaux. Ne tentez ce passage que hors saison, sinon c'est trop encombré. Attention, les routes en lacet sont parfois très étroites.*
En arrivant par le sud, vous traverserez des paysages plus sauvages, tout aussi beaux, et éviterez aux abords du parking, à Kate Kearney's Cottage, le harcèlement commercial des organisateurs d'excursions en tout genre.
Accès nord – *Pour rejoindre Gap of Dunloe par le nord, quittez Killarney vers l'ouest, en direction de Killorglin (N 72). À 9 km, tournez à gauche vers Beaufort.*
C'est la route qu'empruntent les cars en saison. Ils s'arrêtent au niveau de Kate Kearney's Cottage, ancien relais de diligences entouré de boutiques. Ne prenez le tour en carriole que si vous êtes fatigué ou pressé (très cher et trop court). Préférez la marche ou le VTT si vous avez de bons mollets. Passé les deux premiers kilomètres, la foule sera nettement moins dense...
La route se poursuit par un chemin empierré, puis elle est goudronnée vers le sud *(vers Black Valley)*.
Pour une alternative charmante, mais très touristique en saison, prenez un bateau à Ross Castle jusqu'au pied du Gap *(www.killarneylaketours.ie - 16 € l'aller, à pied ou avec un vélo, départ à 11h)*. Le chemin monte à l'assaut du Gap pendant

Parc national de Killarney.
Rafal Stachura/Getty Images Plus

2,5 km et redescend sur 12 km jusqu'à Lord Brandon's Cottage, sur Upper Lake (*comptez 3h*). De là, des bateaux regagnent Ross Castle (*vérifiez les horaires*).
Circuit depuis Killarney par la N 72, avec retour par Black Valley, Moll's Gap et la N 71. On peut le raccourcir (30 km) en longeant Upper Lake par le sentier pédestre du Kerry Way jusqu'à retrouver la N 71, mais il faudra parfois pousser son vélo.
Après Kate Kearney's Cottage, le chemin doublé d'un torrent se faufile en lacet entre d'abruptes parois rocheuses de plus de 400 m de haut. Vous passez plusieurs petits lacs, des tourbières et des maisons abandonnées tels les quartiers en ruine de la gendarmerie royale au bord d'Auger Lake, ou un atelier d'ébénisterie désaffecté. 3

★★★ Macgillycuddy's Reeks (NA CRUACHA DUBHA)

Pour vous y rendre, prenez la direction de Beaufort (comme pour Gap of Dunloe), puis suivez le fléchage. Parking pour les voitures (payant en saison). Randonnées guidées « Con Moriarty's » (087 221 4002 - www.hiddenirelandtours.com).
6h AR d'ascension assez pénible à réserver aux randonneurs émérites et à n'entreprendre que très bien chaussé, avec une réserve d'eau et un snack. Ascension à éviter pendant ou juste après de fortes pluies ou par temps brumeux.
Vous aurez déjà remarqué que lorsque les Irlandais parlent de montagnes, il s'agit bien souvent de collines rocailleuses. Mais ici, dans la chaîne des Macgillycuddy's Reeks, vous vous mesurez au **Carrantuohill★★** (CORRÁN TUATHAIL), le plus haut sommet du pays (1038 m !). La raideur de la pente, les chaos de pierres, le sol humide et tourbeux vous convaincront vite qu'il s'agit tout de même d'une ascension assez sportive. Mais vos efforts seront largement récompensés par le **panorama★★★** que vous livre le toit de l'Irlande.

Carnet pratique

PLAN P. 229

S'informer

Killarney Tourist Office – B2 - *Beech St. - ✆ 064 663 1633 - www.killarney.ie.*

Adresses utiles

Poste – A2 - *New St. - ✆ 064 663 1461 - lun.-vend. 9h-17h30, sam. 9h-13h.*

Arriver/Partir

En avion

Kerry Airport – *Farranfore (à 15 km au nord de Killarney par la N 22) - ✆ 066 976 4644 - www.kerryairport.ie.* Navette entre l'aéroport et le centre-ville de Killarney (20mn) ou de Tralee.

En train

Gare – *East Avenue Rd.* Liaisons entre Killarney et Tralee (35mn), Cork (1h45) et Dublin (3h en direct ou avec changement à Mallow).

En bus

Gare routière – *Park Rd (derrière la gare ferroviaire).* Killarney est reliée à Kenmare, Cork et Tralee (env. 10 bus/j.), Dublin (5 bus/j.), Dingle (5 bus/j., 3 le dim.), Limerick (6 bus/j.) et Galway (6 bus/j. avec changement à Limerick).

Horaires sur www.buseireann.ie et www.transportforireland.ie.

Transports

Location de vélos

Killarney rent a bike *(www.killarneyrentabike.com)* compte trois points de location.

Excursions

Gap of Dunloe Tours – *7 High St. - ✆ 064 663 0200 - www.gapofdunloetours.com - 20/65 € selon l'itinéraire.* Excursion guidée en bus ancien ou en bateau.

Agenda

The Gathering – *facebook.com/TheGatheringTraditionalFestival.* Fin fév.-déb. mars, à Killarney. Cinq jours de musique et de danse traditionnelles en divers lieux de la ville.

Rally of the Lakes – *www.rallyofthelakes.com.* 1er w.-end mai. Célèbre rallye automobile sur les routes de montagne autour de Killarney. La foule s'amasse au bord du parcours et dans les pubs !

Nos adresses

PLAN P. 229

Restauration

Killarney

Premier prix

12 **Mike's Take Away** – B2 - *23 Plunkett St. - ✆ 064 662 0979 - jeu. 16h-0h, vend.-dim. 16h30-1h15 - moins de 15 €.* Le fast-food à l'irlandaise, mais la qualité est au rendez-vous. *Fish & chips*, pas gras et copieux.

Budget moyen

2 **Caragh** – B2 - *106 New St. - ✆ 064 663 1645 - à partir de 12h - plats 17/30 €.* Un restaurant bon marché, mais ne vous attendez pas à de la grande cuisine, simplement de quoi vous rassasier. La grande salle évoque davantage une cantine qu'un restaurant.

6 **Cronins** – B2 - *College St. - ✆ 064 663 0903 - www.croninsrestaurant.com - 16-21h (vend.-sam. 21h30) - plats 15/25 €.* On aime ce restaurant de quartier, sa cuisine traditionnelle et son

accueil chaleureux. Laissez-vous tenter par les préparations de saumon fumé. Aux murs, des photos anciennes de Killarney.

14 **Stonechat** – B1-2 - *8 Fleming's Lane - High St. - ✆ 064 663 4295 - 17h-23h30 - fermé dim.-lun. - plats 18/30 €.* Dans une ruelle partant de High St., petit restaurant au cadre agréable proposant le traditionnel *Irish stew*, des soupes, des steaks et une sélection de plats végétariens.

10 **The Laurels** – B2 - *Main St. - ✆ 064 663 1149 - www.thelaurelspub.com - 12h30-23h, jeu.-sam. 12h30-23h30 - plats 17/25 €.* L'un des indémodables de la ville, un pub chaleureux avec ses miroirs décorés et sa *pub food*, doublé d'un café-restaurant où faire une pause thé/gâteaux, déjeuner ou dîner. À l'arrivée, on peut manger à tous les prix.

Gap of Dunloe

Heather – *Gap of Dunloe - ✆ 064 664 4144 - www.heatheratthegap.ie - merc.-dim. 9h30-17h - moins de 15 €.* Du matin au début de la soirée, cet agréable café-restaurant vous régale de préparations simples et bien faites, sucrées ou salées. Une belle étape.

Boire un verre

Avant de choisir votre pub, faites un tour pour vous informer du programme du soir, affiché sur la porte. L'essentiel se passera autour de Market Cross.

☺ Surveillez l'ouverture programmée du nouveau « campus » de la **Killarney Brewing Company** *(www.killarneybrewing.com)* pour visiter les installations de la brasserie et déguster les bières produites sur place.

O'Connor's – B1 - *7 High St. - ✆ 064 663 9424 - www.oconnorstraditionalpub.ie - 15h-23h30 - fermé dim.-lun.* Un autre rendez-vous des habitants pour une pinte. Bonne musique, concerts en fin de semaine en saison.

Buckley's Bar – B2 - *Arbutus Hotel - College St. - ✆ 064 663 1037 - www.arbutuskillarney.com.* Mus que traditionnelle.

Courtney's Bar – B2 - *24 Plunkett St. - ✆ 064 663 2689 - www.courtneysbar.com - 16h-23h30, vend.-sam. 14h-0h30.* Ambiance sympathique. Musique traditionnelle ou DJ.

Killarney Grand – B2 - *Main St. - ✆ 064 663 1159 - www.killarneygrand.com - 19h30-2h30 (dim. 1h30).* Le bar de l'hôtel Grand est l'un des rendez-vous préférés des locaux. La musique et les danses irlandaises (à 21h) y sont de bonne qualité.

Shopping

Artisanat

N'hésitez pas à comparer les prix, vous aurez parfois des surprises et pourrez plus facilement négocier.

Quills Woollen Market *(1 High St. - www.irishgiftsandsweaters.com)* est la même maison que celle de Kenmare, mais les articles sont plus chers à Killarney. Bon choix de pulls et tweeds.

Aran Sweater Market *(College St - www.aran.com.)* est appréciable pour le grand choix de pulls, couvertures, etc.

Moriarty's *(accès nord de Gap of Dunloe)* est bien fourni en vestes de tweed, casquettes, jupes et tissus à la coupe. Vous y trouverez aussi des plaids de mohair et des pulls. Enfin, il y a une très jolie boutique à Muckross House où l'on trouve des articles en tweed de fabrication locale, ainsi que de la très belle mais onéreuse poterie du **Muckross Craft Centre** *(6 km au sud de Killarney par la N 71 - www.muckross-house.ie).*

3

Sport
Vous trouverez aisément en centre-ville des magasins spécialisés dans le matériel de montagne ou le golf.

Activités

Équitation
Muckross Riding Stables – *Mangerton Rd - Muckross - ✆ 064 663 2238 - www.muckross-stables.com.* Le centre équestre fait également B & B.

Golf
Ross Golf Course – *Ross Rd - ✆ 064 663 1125.* 9 trous dans un cadre très plaisant.

Pêche
O'Neills – *6 Plunkett St. - ✆ 064 663 1970.* Vous obtiendrez un permis et des renseignements. Location de matériel et parties de pêche organisées.

Randonnée
Procurez-vous à Muckross House les cartes pour découvrir à pied ou à vélo le Killarney National Park. Essayez aussi le célèbre **Kerry Way**, une boucle pédestre de 214 km qui parcourt la péninsule d'Iveragh au départ de Killarney : le tronçon Killarney-Black Valley est somptueux (24 km) ; celui qui relie Black Valley à Glencar, encore plus sauvage (20 km).

Infos à l'office de tourisme, sur www.kerryway.com ou achetez le guide « *The Kerry Way* » (éd. Rucksack Readers).

Hébergement

Killarney est bondée en saison. Réservation conseillée et plus ce sera tôt, meilleurs seront les tarifs obtenus.

Killarney

Premier prix

29 **The Black Sheep Hostel** – A2 - *68 New St. - ✆ 064 663 8746 - www.blacksheephostel.ie - lit à partir de 24 €, appart. 115 €.* Cet *hostel* a été salué comme le meilleur du pays et fait de nombreux efforts pour limiter son impact environnemental. Tout est très bien conçu et pensé pour le confort des voyageurs. Le bois apporte beaucoup de chaleur au décor. Les parties communes, le café et le jardin invitent à s'attarder. Location de vélos et aide précieuse pour organiser vos excursions.

23 **Neptune's Hostel** – B2 - *New St. - ✆ 064 663 5255 - www.neptuneshostel.com - 150 lits : lit en dortoir 20/22 €, ch. 70/100 €.* Central, impeccable et bien équipé : cuisine, laverie, consigne, coffres, location de vélos, etc.

Ross Castle Lodge – B2 EN DIR. - *Ross Rd - ✆ 064 663 6942 - www.rosscastlebnb.com - P - 4 ch. 85/115 €.* Au milieu d'un beau jardin arboré, un cottage bien tenu par des propriétaires d'une grande gentillesse. Des tas de jolies promenades tout autour.

Budget moyen

25 **Orchard House** – B1 - *St Anne's Rd - ✆ 064 663 1879 - www.orchardhousekillarney.com - P - 4 ch. 90/120 €.* De l'extérieur, la maison n'a rien de charmant. Les chambres sont toutefois douillettes et lumineuses, deux d'entre elles donnant sur un jardin à la pelouse impeccable.

Elyod House – A1 EN DIR. - *Ross Rd (vers le Ross Castle) - ✆ 064 663 6544 - www.elyodhouse.ie - P - 5 ch. 95/130 €.* Dans une grande maison toute blanche, des chambres agréablement décorées et confortables.

Woodlawn House – B2 EN DIR. - *Woodlawn Rd - ✆ 064 663 7844 - www.woodlawn-house.com - P - fermé nov.-déc. - 14 ch. 95/150 €.* Grande maison moderne, un peu en retrait de la route, proposant des chambres spacieuses et confortables, décorées de façon très classique.

Carriglea House – *Muckross Rd (à la sortie de Killarney vers Muckross, à gauche, en face du Lake Hotel) - ✆ 064 663 1116 - www.carrigleahouse.com - P - fermé nov.-mars - 6 ch. à partir de 100 €* ☕. En retrait de la route, sur les hauteurs, cette grande bâtisse georgienne offre une superbe vue. Une adresse aux prix vraiment raisonnables.

7 **Countess House** – B2 - *Countess Rd - Dromhale - ✆ 064 663 4247 - www.countesshouse.net - P - 16 ch. 115/130 €* ☕. Grande maison jaune à 5mn du centre. Chambres agréables ; celles à l'arrière ont une vue sur les montagnes.

Fuchsia House – B2 EN DIR. - *Muckross Rd - ✆ 086 862 1516 - www.fuchsiahouse.com - ♿ P - 8 ch. 110/155 €* ☕. Un peu perdue au milieu des hôtels qui envahissent la rue, cette demeure victorienne maintient une décoration raffinée et une plaisante véranda sur un jardin clos. Le petit déjeuner est délicieux, avec un vaste choix, y compris pour les végétariens.

Pour se faire plaisir

Earls Court House – B2 EN DIR. - *Woodlawn Rd - ✆ 064 663 4009 - www.killarney-earlscourt.ie - ♿ P - 40 ch. 167/190 €* ☕. Un luxueux petit hôtel à 5mn du centre. Chambres meublées à l'ancienne, avec rideaux drapés et couvre-lit matelassé, dotées de tout le confort d'un hôtel haut de gamme.

13 **The Fairview** – B2 - *College St. - ✆ 064 663 4164 - www.killarneyfairview.com - ♿ ✕ P - 29 ch. 189/245 €* ☕. Les plus : un hôtel central et pratique (équipé d'un ascenseur), doté de chambres classiques et élégantes. Le moins : un personnel débordé, surtout au petit déjeuner.

Kathleens Country House – A1 EN DIR. - *Tralee Rd (à 3 km sur la N 22 vers Tralee et l'aéroport) - ✆ 064 663 2810 - www.kathleens.net - P - 17 ch. 150 €* ☕. Presque un petit hôtel que cette énorme maison dominant un grand jardin. La déco et l'atmosphère évoquent le charme traditionnel des cottages, meubles en pin et tissus fleuris. Grand confort et bon accueil.

Muckross

Budget moyen

Friars Glen – *Mangerton Rd - ✆ 064 663 7500 - www.friarsglen.ie - P - 10 ch. 120/150 €* ☕. Belle maison en pleine nature, avec la forêt au bout du jardin. Salons et feu dans la cheminée, véranda pour le petit-déjeuner (délicieux), grandes chambres douillettes et impeccables, et une pièce spéciale pour sécher l'équipement du randonneur ! L'une de nos adresses préférées.

Aghadoe

Premier prix

Aghadoe House - Killarney International Hostel – *À 5 km de Killarney, à partir de la route de Killorglin (navettes gratuites depuis la gare) - ✆ 064 663 1240 - www.anoige.ie - ♿ ✕ P - mars-oct. - 138 lits : lit 20 €, ch. 75/95 €.* Un superbe manoir au cœur d'un parc dominant l'un des plus beaux panoramas de la région. Possibilité de faire sa lessive, de louer des vélos ou d'organiser des excursions au Gap of Dunloe. Souvent complet en saison.

Beaufort

Budget moyen

Inveraray Farm Guesthouse – *À 9 km de Killarney vers Killorglin (à gauche passé le Beaufort Bar) - ✆ 064 664 4224 - www.inver-aray.com - P - fév.-nov. - 9 ch. 95/155 €* ☕. Grandes chambres avec une belle vue sur les montagnes et un agréable jardin. Possibilité de demi-pension sur commande, spécialités de produits de la mer et délicieuses tartes faites maison. Accueil par un couple charmant.

3

La péninsule de Dingle ★★

Après les pentes fleuries des environs de Killarney, le contraste est saisissant. Avec un relief accidenté et des falaises vertigineuses, la plus septentrionale des péninsules du Sud-Ouest montre un visage spectaculaire. La violence de la côte se juxtapose à un paisible damier vert de petits champs entourés de murs. Cette région du « bout du monde » séduit par la beauté de ses paysages et la force de ses traditions : comme le rappellent ses pubs qui résonnent encore de conversations en gaélique, vous entrez au cœur d'une « gaeltacht ».

Se repérer

CARTE AB1 (P. 170-171).
Comté du Kerry.
La péninsule de Dingle se déploie à 30 km au nord-ouest de Killarney.
Une boucle d'environ 200 km permet d'en faire le tour au départ de Tralee.

À ne pas manquer

Brandon Bay et le mont Brandon ; Connor Pass et la route de Slea Head ; par beau temps, la route Camp-Aughils ; les ruines de la cathédrale d'Ardfert ; Blasket Centre.

Organiser son temps

Comptez 2 à 3 jours. Tralee est une étape pratique, moins jolie que Dingle mais moins chère. Prévoyez du temps pour randonner le long du Dingle Way. Restez zen en voiture : les panneaux, s'il y en a, sont surtout en gaélique.

En famille

Kerry County Museum, Tralee Bay Wetland Center et Aqua Dome à Tralee ; Crag Cave ; Blennerville Windmill ; Oceanworld à Dingle ; les dunes d'Inch.

Carnet pratique p. 247

Nos adresses p. 247

Se promener

Tralee (TRÁ LÍ)

La ville ayant été détruite durant le 17e s., ne vous attendez pas à des merveilles architecturales, mais prenez le temps de flâner. Principalement fréquentés par des Irlandais, les pubs vous en apprendront bien plus que tous les livres sur l'art de la conversation locale... La ville est particulièrement vivante lors du **Rose of Tralee Festival** *(voir « Agenda »)* où, durant quelques jours, des dizaines de milliers de

Détonant cocktail à l'irlandaise !

Au fond d'une baie protégée par une chaîne de montagnes, Tralee, capitale du comté de Kerry, est loin de l'apprêt des cartes postales. Bourdonnante d'activité, elle vit en marge des touristes, malgré le coup de blues de la crise. Les files de remorques s'allongent près du foirail les jours de marché, les pubs sont animés, tandis que, plus loin, de jeunes cadres des entreprises high-tech côtoient les étudiants de l'institut technologique.

Blasket Islands.
The Irish Image Colle/Design Pics RM/age fotostock

personnes chantent, dansent et font la fête pour l'élection de la « Rose », sorte de « super Miss Irlande » choisie parmi des descendantes d'Irlandais venues du monde entier. Ambiance garantie, flots de bière aidant !

★★ **Kerry County Museum** – *Ashe Memorial Hall, Denny St. - ✆ 066 712 7777 - www.kerrymuseum.ie - juin-août : 9h30-17h30 ; sept.-mai : mar.-sam. 9h30-17h - 5 € (très bon audioguide en français). Propose aussi une visite guidée de Tralee (1h30 ; 5 €).* Dans le Town Park, qui se pare de superbes roses en saison *(juin-sept.)*, voici l'un des musées les plus intéressants du Sud-Ouest irlandais. Il se compose de deux parties distinctes : le 1er étage retrace l'histoire de l'Irlande, de l'âge de pierre aux rébellions contre l'occupant en passant par l'héritage celtique, les « Plantations » anglaises, les poètes du Kerry et les grands événements nationaux. Le niveau inférieur vous entraîne à travers les rues reconstituées de l'ancienne cité médiévale, enrichie de sons, de lumières et même d'odeurs ! Le défilé de maisons, d'échoppes, de passants crée une illusion presque parfaite !

Rejoignez ensuite, vers le nord, le parvis de **St John's Church** et notez l'inattendu robinet d'eau bénite ! Ressortez plus loin sur Castle Street, que vous prendrez vers la gauche pour rejoindre l'agréable centre commerçant de la ville.

À la sortie sud de la ville, un panneau indique le **Tralee Bay Wetlands Eco & Activity Park** *(Ballyard - ✆ 066 712 6700 - www.traleebaywetlands.org - avr.-août : 10h-17h ; sept.-mars : 10h-16h - 3 €)*, où vous pourrez faire une halte pour dominer la région du haut d'une tour de 20 m et en apprendre plus sur la faune et la flore locale.

3

À proximité

CARTE P. 170-171

Ardfert (ARD FHEARTA) et la route des plages B1

À 9 km au nord-ouest de Tralee par la R 551 (direction Ballyheige).

Cette bourgade paisible appartenait, à l'origine, aux évêques du Kerry et éclipsait Tralee avec sa cathédrale, ses églises et son abbaye franciscaine. Mais en l'absence de port, elle fut finalement dépassée par sa rivale.

Les Fitzgerald à Tralee

Jusqu'à la fin du 12e s. et des invasions normandes, la société locale dominée par l'influence gaélique était organisée en petites communautés rurales dispersées. Puis, une famille anglo-normande très puissante, les Fitzgerald, prit le nord du Kerry et fonda Tralee en 1216. La ville possédait un château, des remparts et, surtout, un port, où se négociaient le bois de chêne, les peaux, la laine, le vin, le poisson salé et la viande. Au 16e s., les Fitzgerald, devenus comtes de Desmond, finirent par renâcler devant l'ingérence anglaise et se rebellèrent. Vaincus, leurs terres furent confisquées et le sentiment nationaliste – qui anime toujours la population – est né.

Les ruines de la **cathédrale★** et des **églises★** *(✆ 066 713 4711 - www.heritageireland.ie - ⊠ - avr.-sept. : 10h-17h15 - 5 €, enf. 3 €)* forment un ensemble émouvant, témoin de l'intense vie spirituelle au Moyen Âge. Il subsiste des tombes de l'époque du premier monastère (6e s.), fondé par saint Brendan le Navigateur. La cathédrale (13e s.) n'est plus qu'un grand vaisseau à ciel ouvert, qui vous émerveillera par l'élégance de ses hautes fenêtres gothiques. On pense que la statue (13e s.) placée dans une niche au coin nord-ouest représente Brendan. À l'ouest, le portail roman (12e s.) a été rénové avec un peu trop d'enthousiasme, mais l'Office irlandais chargé de la préservation du patrimoine n'a hélas pas les moyens de faire appel à des spécialistes. Les deux autres bâtiments comportent aussi des vestiges de sculptures, l'une avec des fleurs, l'autre des griffons.
En quittant ces ruines, continuez dans la même rue, jusqu'au parking, pour visiter **Ardfert Friary★** *(à 200 m du parking - gratuit)*. Plantée au milieu des champs, cette abbaye franciscaine, fondée au 13e s. et reconstruite au 15e s., conserve un beau cloître plein de charme et de sérénité dont les hautes fenêtres rappellent celles de la cathédrale toute proche. Remarquez son toit, astucieux appareil de pierre conçu pour drainer l'eau de pluie.
Quittez Ardfert vers le sud-ouest, direction Fenit, puis suivez les panneaux vers Barrow.
Après avoir passé un golf au cadre admirable, allez jusqu'au parking de **Barrow Beach★**. Du haut de la falaise, vous apercevez en face les Slieve Mish Mountains et le mont Brandon, sur la péninsule de Dingle ; à droite, l'immense plage de sable se poursuit sur 8 km jusqu'à la superbe **Banna Strand★★**, où fut tournée en 1968 une partie du film *La Fille de Ryan,* de David Lean. C'est également à Banna que Roger Casement débarqua avec des armes en vue du soulèvement de Pâques 1916, avant d'être dénoncé par un fermier local et capturé à Ardfert.
Regagnez Tralee en passant par **Fenit**, petit port de pêche et de plaisance. Vous longerez la rive nord de la baie de Tralee, avec une **vue★** superbe sur la péninsule de Dingle.

★ Crag Cave B1

▶ À 20 km à l'est de Tralee par la N 21 en direction de Limerick. Du village de Castleisland (Oileán Ciarraí), suivez les panneaux vers Crag Cave (à 1,5 km vers le nord).
✆ 066 714 1244 - www.cragcave.com - mai-oct. : 10h-18h ; nov.-déc. : merc.-dim. 10h-18h ; janv.-avr. : vend.-dim. 10h-18h - visite guidée (30mn) - dép. ttes les 30mn de mai à août, à 10h45, 12h, 14h30, 16h et 17h30 hors saison - 15 € (enf. 6 €).
Ce réseau de grottes calcaires, découvert en 1983, aurait plus d'un million d'années. Seule une petite partie de la grotte est visible (350 m), mais elle concentre

une belle variété de formations calcaires habilement mises en lumière. On reste émerveillé par la galerie de cristal et ses milliers de stalactites étincelantes et fines comme des aiguilles.

Circuits conseillés

CARTE P. 170-171

★★ De Tralee à Dingle via Connor Pass

Circuit de 76 km (en comptant le détour par Brandon Bay), tracé en vert clair sur la carte de région p. 170-171. Prévoyez un pique-nique et de bonnes chaussures de marche. Sortez de Tralee au sud-ouest par la N 86.

★ Blennerville Windmill B1

066 712 1064 - www.blennerville-windmill.ie - juin-août : 9h30-17h30 ; avr.-mai et sept. : mar.-sam. 9h-17h - 8 € (enf. 4 €) - audiovisuel en français sur demande.
Immaculé, cet imposant moulin dresse ses 18 m de haut à l'embouchure de la baie de Tralee. Construit vers 1800, mais entièrement restauré, il fait la joie des enfants qui peuvent en visiter l'intérieur *(échelles raides)* et découvrir le fonctionnement d'un moulin traditionnel.
Le bâtiment adjacent abrite une **exposition sur l'émigration** des Irlandais, utilisant un court film et de nombreux documents liés à la traversée périlleuse de l'Atlantique. C'est dans les chantiers de Blennerville que fut reconstruite la *Jeanie Johnston*, un navire aujourd'hui exposé à Dublin.
Continuez sur la N 86.

Le long de la baie de Tralee B1

La route suit la baie, au pied des **Slieve Mish Mountains** qui s'élèvent à plus de 800 m. À **Camp** *(à 15 km de Tralee)*, suivez les panneaux Dingle *via* Connor Pass. Passé la bifurcation vers Castlegregory (CAISLEÁN GHRIAIRE), la route s'élève peu à peu et domine **Stradbally Strand** et **Fermoyle Beach**, longue plage de sable bordée de pâturages. Au loin, vous apercevez l'imposante silhouette du mont Brandon (951 m) qui garde Brandon Bay.
Guettez le panneau Cloghane, Brandon, et tournez à droite vers la partie la plus secrète de la péninsule, souvent ignorée des touristes.

★ Cloghane (AN CLOCHÁN) et Brandon Bay (BÁ BHRÉANAINN) A1

Situé au fond d'une baie sablonneuse traversée par une rivière, Cloghane offre des paysages somptueux, changeants selon les marées.
À 3 km environ après le village, tournez à droite pour rejoindre la **plage de Cappagh**, site sauvage propice à la pêche au saumon. Dépassez le village de Brandon et suivez **Brandon Point★★** par une route côtière qui serpente au pied du mont Brandon, entre murets de pierres et petits champs où paissent moutons et chevaux. Au bout de la route, garez votre voiture et empruntez le sentier, le long d'impressionnantes falaises.
De nombreuses randonnées sont possibles aux alentours : l'ascension de **Brandon Mountain★★** *(à partir de Cloghane)*, une balade sur une portion du **Dingle Way★★** vers l'ouest *(de Cloghane à Brandon, ou de Brandon à Ballycurrane)* ou celle vers **Lough A Dúin★★**, au sud, au cœur de montagnes caillouteuses et désolées *(les marcheurs trouveront à Cloghane un petit guide recensant les différents parcours, assortis de toutes les informations nécessaires).*
Revenez sur la R 560 et continuez jusqu'à la route du Connor Pass.

3

★★ Connor Pass A1

Vous vous élevez progressivement au-dessus d'une profonde vallée tourbeuse, traversée de lacs, de rivières, de multiples ruisseaux et de cascades qui se fraient un passage parmi d'énormes rochers gris. La route s'accroche au flanc de la montagne avant d'atteindre le col, à 456 m (le plus haut du pays !). Du parking, admirez le **panorama★★★** sur les deux côtés de la péninsule, gris et austère au nord, vert et plus doux au sud. La route descend ensuite vers Dingle *(à 8 km)* et offre encore un formidable point de vue sur la baie.

★★ Dingle (AN DAINGEAN OU DAINGEAN UÍ CHÚIS) A1

Strand St. - 066 915 1188 - www.dingle-peninsula.ie.

Tout l'intérêt de Dingle repose sur l'alignement de ses façades colorées, l'animation de ses quais, le soir au retour des bateaux de pêche, ses galeries d'art, ses excellents restaurants et son *pub crawling*, sport national qui consiste à passer de pub en pub. La ville s'est un temps enorgueillie de compter presque autant de pubs que d'habitants. Si la légende ne tient pas ses promesses, il en reste suffisamment pour que vous ayez l'embarras du choix !

Ne manquez pas non plus un arrêt au **Café Liteártha** *(voir « Restauration »)*, sorte de librairie-*coffee shop* où l'on vient lire les journaux ou lier connaissance devant une tasse de thé.

Sur Green Street, le **Díseart** *(www.diseart.ie - 11h-16h, vend. 11h-13h - fermé le w.-end - 5 €)*, centre culturel dédié à la langue gaélique, abrite dans sa chapelle des vitraux du Dublinois Harry Clarke (1889-1931).

La plus célèbre attraction de Dingle fut un temps (1983 à 2020) la présence du **dauphin Fungie** qui attirait à lui seul des milliers de touristes. Disparu mais aujourd'hui statufié, Fungie a initié une solide activité d'observation des cétacés *(voir « Activités » p. 250)*. Près du port, en direction de Ventry, **Oceanworld** *(www.dingle-oceanworld.ie - 10h-17h - 16 €, enf. 11 €)* vous fait découvrir les différentes espèces animales de l'océan. Un tunnel sous l'eau permet d'admirer de près toutes sortes de poissons tels que l'anguille ou le turbot. La visite se poursuit par un aquarium où évoluent requins et poissons tropicaux.

★★ De Dingle à Brandon Creek par la côte

Boucle de 40 km tracée en rouge sur la carte de région p. 170-171. Quittez Dingle vers l'ouest, en direction de Ventry et de Slea Head (R 559).

Ventry (CEANN TRÁ) A1

La superbe baie de Ventry est hélas un peu gâchée par les caravanes installées derrière la plage. Continuez sur la route de Slea Head et arrêtez-vous, à gauche, au **Celtic and Prehistoric Museum** *(087 770 3280 - mars-oct. : 10h-17h30 - 5 €)*,

Des Espagnols dans la forteresse

Le port de Dingle est bien abrité au fond d'une anse naturelle. Son nom gaélique An Daingean signifie forteresse, en référence au rôle qu'elle joua dans les guerres de rébellion. Dès l'arrivée des Normands, la cité s'orienta vers la pêche et le commerce, principalement avec l'Espagne. De nombreux Espagnols se sont d'ailleurs installés sur place, mais ils étaient regardés avec suspicion et n'avaient pas le droit de résider à l'intérieur des murs de la ville. En se promenant dans Green Street, on remarque les plaques au-dessus des portes, signalant leur présence.

Wild Atlantic Way

Au cours de votre périple le long du littoral dans l'Ouest et le Sud-Ouest irlandais, vous ne pourrez « échapper » à cet itinéraire largement, et à juste titre, promu comme l'un des plus beaux du pays. Sous cette appellation, un parcours côtier de 2 500 km entre Kinsale (comté de Cork), au sud, et la péninsule d'Inishowen (comté de Donegal), au nord, ce qui en fait l'une des plus longues routes côtières touristiques du monde ! Baies, plages, falaises, villages, châteaux, réserves naturelles font l'objet d'une signalétique particulière... Une invitation à « faire » le Wild Atlantic Way dans sa totalité. www.ireland.com/fr-fr/destinations/experiences/wild-atlantic-way.

qui réunit d'intéressantes collections de fossiles, d'outils préhistoriques et de l'âge du bronze, des bijoux celtes... Après un petit crochet par l'intérieur des terres, la route regagne la côte, au flanc sud du mont Eagle (516 m).

★ Fahan Beehive Huts (GLEN FAHAN) A1

Le paysage est d'une rare beauté : falaises noires surmontées de prairies vert vif, quadrillage de champs montant à l'assaut de la colline, et l'un des sites archéologiques les plus surprenants du pays. Le lieu-dit Fahan regroupe plus de 400 huttes de pierres sèches réunies en petits groupes, des forts circulaires et des souterrains.

Ces huttes en forme de ruches *(beehives)* sont appelées *clochán* en gaélique. Leur origine encore mystérieuse remonterait vraisemblablement à la fin de la période païenne ou au tout début du christianisme. Vu leur taille, on suppose que leurs habitants étaient petits. Ils devaient aussi faire preuve de talents d'organisation, si l'on en croit ces maisons à plusieurs pièces, bien défendues par la montagne et les falaises, et proches du réservoir alimentaire de l'océan. L'ensemble constituait peut-être une sorte de ville ou, pour le moins, une communauté élargie.

D'autre groupes de *clochán* ponctuent l'itinéraire jusqu'à la pointe. Pour les visiter, garez-vous sur l'un des élargissements de la route, où les propriétaires locaux ont installé des panneaux indicatifs. Bien d'autres vestiges sont visibles de la route, un peu plus loin.

Dans un grand virage, la route est traversée par une rivière qui dévale la montagne. Vous parvenez ensuite à Slea Head.

★★ Slea Head (CEANN SLÉIBHE) A1

Marquée par un crucifix, comme beaucoup de sites élevés ou exposés, la pointe commande un panorama grandiose. Les falaises à pic sont impressionnantes. Au sud, par temps clair, on aperçoit nettement les hauteurs de Valentia Island. À l'ouest, la silhouette des îles Blasket et, vers le nord, la courbure de la ravissante plage de **Coomeenole**, où furent tournées d'autres scènes du film *La Fille de Ryan* *(voir p. 240)*. Sur les pentes, vous distinguez d'autres huttes de pierre, certaines recouvertes de terre et d'herbe.

En approchant de la plage, remarquez sur la gauche quelques maisons abandonnées, désormais utilisées pour abriter des potagers à la terre enrichie au fil des ans par un mélange de sable et d'algues : les cultures y sont encore effectuées à la main, à la pelle et à la pioche. En raison de l'escarpement des champs, la charrue n'est apparue que très tardivement dans la région.

Passé Coomeenole, les falaises deviennent moins hautes et le paysage plus verdoyant, jusqu'à Dunquin *(à 5 km de Slea Head)*. Faites attention si vous vous approchez du bord, les falaises s'écroulent peu à peu.

3

Le chou du marin

Plante commune sur Great Blasket, le praiseach thrá (chou marin ou crambe maritime) se conserve dans du sel ou du vinaigre depuis l'époque romaine. Les marins qui en connaissaient les vertus contre le scorbut, bien avant que les médecins n'aient découvert l'origine de la maladie, en emportaient toujours en voyage. Les herboristes récoltaient la plante et la faisaient sécher pour la vendre dans les villes et aux capitaines en partance.

Dunquin (DÚN CHAOIN) A1

C'est l'un des villages de la péninsule où le gaélique est le plus parlé. De son embarcadère, étroite cale de pierre accrochée à la falaise, au milieu d'une eau verte et claire, partent les bateaux pour les Blasket Islands. Ne manquez pas surtout le passionnant musée, à l'architecture lumineuse et habilement intégrée dans le paysage, qui leur est consacré.

★★ **The Blasket Centre** (IONAD AN BHLASCAOID MHÓIR) – *Dún Chaoin - ✆ 066 915 6444 - www.heritageireland.ie - mars-oct. : 10h-18h - 5 € (-12 ans gratuit).* Il présente avec sensibilité et beaucoup de soin la vie quotidienne des îliens, leur exode vers l'Amérique et l'extraordinaire richesse littéraire de l'île qui a vu naître nombre d'écrivains et de poètes tels Tomás Ó Criomhthain (1855-1937) et Peig Sayers (1873-1958) ; leurs œuvres sont en vente dans la petite librairie. En sus, un café où l'on peut grignoter devant la mer.

À l'entrée du centre, un sentier balisé *(boucle de 1h)*, de part et d'autre de la R 599, permet de contempler les îles.

★ Blasket Islands (NA BLASCAODAÍ) A1

Bateau pour Great Blasket au dép. de Dunquin (✆ 085 775 10 45 - www.blasketisland.com - de Pâques à oct. : ttes les h. à partir de 10h30 par beau temps - 35/40 € AR). Dép. aussi de Ventry (✆ 086 335 3805 - www.marine tours.ie) ou de la marina de Dingle (✆ 066 915 1344 - www.dinglebaycharters.com - avr.-sept. - 56 € AR).

Ces sept îles, vestiges de la période volcanique de la région, sont les derniers sommets de la chaîne des collines de la péninsule. Inhabitées depuis 1953, elles conservent des ruines qui en disent long sur le rude quotidien des îliens (ils étaient encore 153 en 1848, ils n'étaient plus que 27 en 1951). C'est d'ailleurs la mort d'un jeune homme malade, faute de secours rapides, qui précipita l'exode vers le continent. Aujourd'hui, ces îles sont un paradis pour les oiseaux et les lapins, quelques rares moutons et des phoques qui viennent y mettre leurs petits au monde entre août et décembre. La **plage★** de **Great Blasket** (AN BLASCAOD MÓR) figure parmi l'une des plus belles de l'Ouest.

Suivez ensuite la route jusqu'à Ballyferriter en admirant au passage, en bord de mer, la curieuse silhouette des collines des Three Sisters (Trois Sœurs).

Ballyferriter (BAILE AN FHEIRTÉARAIGH) A1

Ce village étendu réunit les plus beaux monuments de la péninsule, dispersés sur le territoire de la commune *(ils sont tous très bien indiqués).*

★ **West KerryM Museum** (MÙSAEM CHORCA DHUIBHNE) – *✆ 066 915 6333 - www.westkerrymuseum.com - de juin à mi-sept. : 10h-17h ; reste de l'année : sur RV - 5 € - brochure en français.* Il retrace l'histoire de la péninsule (qui a perdu un quart de sa population après la Grande Famine), mais permet aussi d'en découvrir les richesses : sa flore, sa géologie, son patrimoine et ses coutumes. Vous pourrez faire une halte au café du musée.

L'oratoire de Gallarus.
twstipp/Getty Images Plus

Dún an Oir Fort – *À environ 5,5 km au nord du village.* Cet ancien promontoire fortifié peut constituer le but d'une belle promenade le long de la baie de Smerwick. Il fut le théâtre d'une bataille féroce (1580) opposant les Irlandais, leurs alliés italiens et espagnols aux Anglais, qui évidemment l'emportèrent. En représailles, 600 hommes, femmes et enfants furent massacrés.

De retour au village, prenez la R 559 vers l'est et, à 2 km à droite, suivez les panneaux jusqu'au site monastique de Reasc.

★ **Riasc Monastic Settlement** – *Accès libre.* Cet ancien monastère du 6e s. est entouré d'un mur d'enceinte circulaire, comptant les vestiges d'un oratoire et de plusieurs huttes servant de cellules pour les moines. On a surtout découvert une dizaine de croix gravées sur les dalles du site, présentant de beaux motifs celtes primitifs, d'inspiration préchrétienne.

3

★★ Gallarus Oratory A1

À l'écart de la R 559 vers Ballydavid - juin-août : 10h-18h - 5 €.

Le Gallarus Oratory est un exemple remarquable de l'architecture chrétienne primitive. Sa forme en carène de bateau renversée, ses angles nettement dessinés et l'impeccable travail de maçonnerie – l'ensemble très bien conservé tient sans mortier depuis près de 1200 ans ! – forcent l'admiration. À côté, un Visitor Centre projette un film de 15mn sur les techniques de construction de ce type d'oratoire et sur les différents sites alentour.

En poursuivant sur la R 559 vers Ballydavid, guettez sur la droite la pancarte vers **Kilmalkedar Church★**, église romane du 12e s. Remarquez le portail roman sculpté de motifs géométriques et les têtes, notamment celle de la voûte, qui représenterait le saint fondateur du monastère. Le site conserve également un ancien **cadran solaire**, une pierre gravée en alphabet latin et une pierre oghamique *(voir encadré, p. 534)*.

Après ce périple culturel, arrêtez-vous à **Ballydavid** (BAILE NA NGALL), petit bout du monde, avec son quai minuscule qui sent bon les algues, sa plage au sable doux, et la vue imprenable sur la mer et les Three Sisters. Une épicerie, deux pubs, le calme...

Un saint voyageur

Dès la venue au monde de Brendan, les miracles se succédèrent. Devenu moine, il entreprit de fonder un monastère à Ardfert et, ne cédant pas à la facilité, il bâtit un oratoire au sommet du mont Brandon ! Puis, sans doute lassé par ces défis terrestres, il répondit à l'appel du large. Le voilà donc embarqué avec 14 autres moines, à la recherche de terres lointaines. L'histoire veut qu'il ait atteint l'Amérique et qu'il en soit revenu sain et sauf. Des passionnés qui tentèrent de renouveler l'exploit en 1976 mirent treize mois avant d'atteindre Terre-Neuve !

Brandon Creek A1

Brendan le Navigateur serait parti de là pour la première transatlantique, au 6e s. À voir l'échancrure dans les hautes falaises et l'eau noire agitée, on s'interroge sur son incroyable courage, à moins que ce ne soit de l'inconscience…

Non loin de là, près du hameau de Ballinloghig, un sentier part à l'assaut du **mont Brandon**. En haut, les vestiges de l'oratoire attirent encore un pèlerinage, le dimanche le plus proche de la saint Brendan *(16 mai)*, et le dernier dimanche de juin pour une messe au sommet…

Regagnez Dingle par la route directe en suivant les panneaux.

★ De Dingle à Camp par les dunes

Circuit de 56 km tracé en gris sur la carte de région p. 170-171. Comptez 2h, plus si vous pique-niquez sur la plage d'Inch. De Dingle, prenez la route de Tralee (N 86) en direction d'Anascaul. Juste avant Anascaul (Abhainn an Scáil), prenez à droite, vers Inch et Castlemaine (R 561).

★ Inch B1

Après avoir quitté la N 86 vers Inch, vous traversez un court défilé pour rejoindre le littoral, face à la péninsule d'Iveragh. Vous apercevez alors le **tombolo d'Inch**, immense langue de sable et de dunes qui semble couper le fond de la baie. Les énormes vagues de l'Atlantique s'y brisent les unes après les autres sur des kilomètres, pour le plus grand bonheur des surfeurs. Beaucoup d'automobilistes se garent directement sur la plage pour être aux premières loges. Ne les imitez pas : même si le sable est très dur, la mer, à un moment ou un autre… remonte ! Vers le bout du tombolo, vous serez seul face à l'océan, et les dunes, si petites vues de la route, vous apparaîtront énormes. Derrière, une vaste zone marécageuse abrite de nombreux **oiseaux**.

Reprenez la R 561 vers l'est en direction de Castlemaine (Caisleán na Mainge). À 8 km, vous atteignez le village d'Aughils. Guettez une petite route à gauche marquée « Scenic Route to Camp ». Par beau temps, elle est fantastique, surtout dans le sens Camp-Aughils.

★★ La route touristique vers Camp B1

Attention, cette route de 8 km de long est assez escarpée et étroite, donc déconseillée aux camping-cars ou aux caravanes.

Vous pénétrez au cœur des **Slieve Mish Mountains**, laissant derrière vous une vue splendide. Vous traversez des vallées profondes enchâssées entre des versants désolés, sans croiser âme qui vive, sauf des moutons. La route aboutit au village de **Camp**, dans un virage près du pont sur la Finglass River.

Carnet pratique

S'informer

Tralee Tourist Office – *Ashe Memorial Hall (au bout de Denny St., dans le Town Park) - ✆ 066 712 1288 - www.discoverireland.ie.*

Adresses utiles

Banque – Banques et distributeurs de billets à Tralee et Dingle.
University Hospital Kerry – *Tralee - ✆ 066 718 4000.*
Dingle Medical Centre – *✆ 066 915 2225.*

Arriver/Partir

En avion

Kerry Airport – *Farranfore (à 15 km au nord de Killarney par la N 22) - ✆ 066 976 4644 - www.kerryairport.ie.* Navette entre l'aéroport et le centre-ville de Killarney (20mn) ou de Tralee (30mn).

En train

Gare ferroviaire – *À Tralee (angle John Joe Sheehy Rd et Edward St.).* De Tralee, plusieurs départs quotidiens vers Killarney (35mn), Cork (2h) et Dublin (3h30).
Informations : www.irishrail.ie.

En bus

Gare routière – *Même adresse que la gare ferroviaire.* Service régulier de Tralee vers Killarney, Cork (2h30), Limerick, Galway et Dublin (6h).
Pour la péninsule de Dingle, plusieurs bus quotidiens de Tralee à Dingle (1h10) et de Dingle à Dunquin *via* Ventry et Ballyferriter ; également quelques rares bus de Tralee à Cloghane et entre Dingle et Ballydavid *via* Gallarus.
Horaires sur www.buseireann.ie ou www.transportforireland.ie.

Transports

Location de vélos

O'Halloran Cycles – *83 Boherbee - Tralee - ✆ 066 712 2820.* **Paddy's Rent-a-Bike** – *Dykegate Lane - Dingle - ✆ 066 915 2311 - www.paddysbikeshop.com.*

En taxi ou minibus

Begley's Tours – *Dingle - ✆ 087 250 4767 - www.dingleshuttlebus.ie.* Navette avec l'aéroport du Kerry, circuits privés de Slea Head...

Agenda

Rose of Tralee International Festival – *www.roseoftralee.ie.* Une semaine mi-août. La ville de Tralee organise de multiples concerts, animations, jeux et l'élection annuelle de la « Rose », l'Irlandaise originaire de la diaspora.
Dingle Food Festival – *www.dinglefood.com.* Fin sept.-déb. oct. Toute la ville met à l'honneur sa gastronomie et ses artisans.

3

Nos adresses

Restauration

Tralee

Premier prix

The Greyhound Bar – *Pembroke St. - ✆ 066 712 5188 - ▭ - 10h30-23h30, vend.-sam. 10h30-0h30, dim. 12h30-23h - moins de 15 €.* Pub traditionnel populaire, avec longues salles en enfilade et recoins chaleureux. Vous y rencontrerez les Irlandais et y mangerez les plats classiques : *Irish stew*, rôti de mouton, jambon au chou... Authentique. Soirées musicales.

The Snackery – *The Mall - ✆ 066 712 6024 - 8h-18h, dim. 11h-17h - moins de 25 €.* Petits déjeuners et *lunches* classiques et pas chers (hamburgers, steaks, sandwichs). Fréquenté par les gens du coin.

Spa Seafoods – *The Spa (à 7 km sur la route de Fenit) - ✆ 066 713 6901 - www.spaseafoods.com - 16h-21h, dim. 15h-21h - fermé lun.-mar. - moins de 20 €.* Dans une salle design très lumineuse, on savoure des produits de la mer ultra-frais, préparés sans chichi et à petit prix. Une excellente adresse.

Budget moyen

Quinlans – *1 The Mall - ✆ 066 712 3998 - www.kerryfish.com - 12h-20h - plats 18/22 €.* Dans un joli décor « marin », les amateurs de poissons et fruits de mer se régalent de préparation ultra-fraîches et bien faites. Vous pourriez bien devenir un habitué de cette petite chaîne fondée par une famille de pêcheurs.

Cassidy's – *16 Abbey St. - ✆ 066 712 8833 - P - 17h-23h - plats 18/30 €.* Cuisine irlandaise (fruits de mer, viande du Kerry) à des prix raisonnables. Murs peints à la chaux, photos noir et blanc et tables bien dressées. Une adresse élégante sans être ostentatoire.

The Oyster Tavern – *The Spa (à 7 km sur la route de Fenit) - ✆ 066 713 6102 - www.theoystertavern.ie - P - 16h-22h, dim. 12h30-21h - plats 19/30 €.* Ses spécialités de produits de la mer connaissent un grand succès depuis plus de 20 ans. Bonne ambiance au bar, fréquenté par les gens du coin.

Camp

Budget moyen

Ashes Bar – *Main St. - ✆ 066 915 0989 - www.ashesbar.ie - P - 13h-21h - fermé lun.-mar. - plats 23/35 €.* Un pub à l'ancienne, une minuscule cheminée où chuinte un feu de tourbe, quelques bancs de bois. On peut y grignoter une traditionnelle *pub food* bon marché ou manger au restaurant attenant.

Dingle

Premier prix

An Café Liteartha – *Dykegate St. - ✆ 066 915 2204 -10h-18h - fermé dim. - env. 15 €.* Le matin ou l'après-midi, vous y dégusterez pâtisseries et *scones* pour accompagner votre thé ou votre café. Le midi, salades et sandwichs copieux. On s'attable dans l'arrière-salle d'une librairie spécialisée dans la culture gaélique. Des journaux sont à disposition et la conversation s'engage sans façon. Idéal les jours de pluie...

Murphy's – *Strand St. - ✆ 066 915 1450 - www.murphyspub.ie - P - 10h30-23h30, vend.-sam. 10h30-0h30, dim. 12h-23h - moins de 10 €.* Au côté des traditionnels plats de pub, un grand choix de glaces maison... Essayez notamment celle à l'eau de mer !

Budget moyen

Lord Baker's – *Main St. - ✆ 066 915 1277 - www.lordbakers.ie - 17h30-21h30 - fermé dim. - menu early bird 26/32 €, plats 20/26 €.* Restaurant de poissons et de fruits de mer, mais on peut y déjeuner aussi de très bons sandwichs, salades et soupes à prix raisonnable. Plus cher à partir de 18h.

Fenton's – *Green St. - ✆ 066 915 2172 - www.fentonsrestaurantdingle.com - 17h30-21h30 - fermé lun. - plats 20/32 € - réserv. recommandée.* Décor marin, dans des tons de bois et de bleu, et ravissant patio fleuri à l'arrière, pour une cuisine variée.

Doyle's – *4 John St. - ✆ 066 915 2674 - www.doylesofdingle.ie - à partir de 17h - plats 22/32 €.* Dès le seuil de la porte, on sent la proximité de la mer. Maquettes de bateaux, boiseries et décor marin pour des spécialités de la mer. Produits superbes, présentés avec originalité. Pensez à réserver.

Pour se faire plaisir

Out of the Blue – *Strand St. - ✆ 066 915 0811 - www.outoftheblue.ie - 17h30-21h30 - plats 22/38 €.* Si cette petite bicoque bleue sur le port ne paie pas de mine, le chef qui y officie prépare pourtant d'excellentes recettes à base de produits ultra-frais (crustacés et poissons exclusivement). Joli décor coloré et peintures modernes dédiées à la mer.

Land to Sea – *Main St. - ✆ 066 915 2609 - www.landtoseadingle.com - 17h30-21h30 - fermé lun. - menu early bird 29/34 €, plats 23/35 €, menu 68 € - réserv. recommandée.* Le chef fait bon usage des produits des exploitations et eaux environnantes. Les viandes locales et les poissons et fruits de mer, délicieusement frais et préparés avec soin, révèlent une belle maîtrise des saveurs. Si la salade de crabe est au menu, ne la manquez pas !

Chart House – *The Mall - ✆ 066 915 2255 - www.thecharthousedingle.com - été : tlj sf mar. à partir de 17h30 ; reste de l'année : se rens. - menu early bird 39 €, plats 22,50/33 € - réserv. recommandée.* Situé sur le quai, cet ancien hangar à bateaux bénéficie d'un emplacement agréable et vous accueille dans une salle cosy et intime. Ici, on utilise des produits de saison locaux pour créer de savoureux plats rustiques. Personnel convivial et efficace.

Ballyferriter

Premier prix

Tigh an tSaorsaigh – *Ballyferriter - ✆ 066 915 6344 - www.searspub.com - 13h-21h - plats 15/19,50 €.* Un de nos pubs préférés dans la péninsule (fait également B & B). Le midi ou le soir, snacks et sandwichs ou plats traditionnels pour tous les prix. En été, musique plusieurs fois par semaine. Jetez-y l'ancre !

Anascaul

Premier prix

South Pole Inn – *Lower Main St. - ✆ 066 915 7388 - 12h-20h - plats 20/25 €.* Impossible de manquer ce pub bleu et blanc, à l'entrée d'Anascaul, côté Dingle. Il doit son nom à Tom Crean, son fondateur dans les années 1920 : c'était le second officier de l'explorateur Ernest Shackleton. L'intérieur abrite d'ailleurs des souvenirs de la funeste expédition dans l'Antarctique. On y mange une honnête cuisine de pub à prix doux, dans une ambiance sympathique. Agréable terrasse.

Boire un verre

Tralee

Kirby's Brogue Inn – *Rock St. - ✆ 066 713 1998 - www.thebrogue.ie - 9h-23h30, vend. 9h-0h, sam. 9h-2h.* Une institution. Grande salle aux murs de pierre et aux dalles d'ardoise par terre. Concerts tous les soirs en été. Hors saison, les clients apportent leur instrument pour des soirées musicales impromptues.

Paddy Mac's – *18 The Mall - ✆ 066 712 1572 - à partir de 11h.* Ambiance jeune et très vivante, dans un décor fait d'un joyeux bric-à-brac.

Seán Óg's – *41 Bridge St. - ✆ 066 712 8822 - www.sean-ogs.com.* Ce pub tout simple programme une excellente musique le soir.

Dingle

O'Flaherty's – *Bridge St. - ✆ 066 915 1983 - à partir de 11h (12h le dim.).* Décor rustique, pierre et bois brut. Les tables sont des barriques de bière. Excellente musique traditionnelle, tous les soirs en saison.

3

Dick Mack's – *Green St. - ✆ 066 915 1787 - www.dickmackspub.com - ⊠ P - à partir de 11h (12h le dim.) - fermé lun.* Avec sa façade rouge et bleue, en face de l'église, ce pub figure sur bien des cartes postales. Mi-cordonnier mi-barman, le propriétaire entretient une ambiance chaleureuse. Bonne musique.

An Droichead Beag – *Main St. (au coin de la route de Connor Pass) - ✆ 066 915 1723 - www.androicheadbeag.com.* Très populaire chez les gens du coin, ce pub se flatte d'accueillir le plus grand nombre de concerts *live* chaque année. Musique tous les soirs à partir de 21h.

Shopping

Artisanat

Commodum – *Main St. - Dingle - ✆ 066 915 1380 - www.commodum.ie - 9h-13h.* Des articles de l'artisanat traditionnel, revus par quelques créateurs plus originaux. Jolis pulls, étoles, vestes, couvertures, bijoux, céramiques et de la laine en pelote pour les tricoteuses.

Louis Mulcahy Pottery – *Clogher/Caolóige (4 km à l'ouest de Ballyferriter sur la R 559) - ✆ 066 915 6229 - www.louismulcahy.com - 10h-17h30.* L'un des céramistes les plus doués de sa génération. Superbe série de vases, bols, mugs, déclinée en différentes glaçures.

Musique

Dingle Record Shop – *2-46 Green St. - Dingle - ✆ 087 298 4550 - www.dinglerecordshop.com.* Spécialiste de la musique traditionnelle et folk.

En soirée

Siamsa Tíre – *National Folk Theatre (près de Town Park) - Tralee - ✆ 066 712 3055 - www.siamsatire.com.* Chants, danses et mimes présentent la culture gaélique pour des soirées de grande qualité, où la langue n'est absolument pas un obstacle.

Activités

Activités nautiques

Dingle Sailing Club – *Marina - ✆ 087 718 7557 - www.dinglesailingclub.* D'autres centres de voile existent sur la péninsule.

Dingle Traditional Rowing – *Port de Dingle - ✆ 087 699 2925 - www.dinglerowing.com - 25 € la séance (1h30).* Depuis 1989, ce club enseigne l'art de ramer et de voguer à bord d'un traditionnel *naomhóg*, longue pirogue en bois et toile goudronnée typique des côtes Ouest de l'Irlande.

Dingle Boat Tours – *Port de Dingle - ✆ 087 672 6100 - www.dingleboattours.com.* En plus de ses mini-croisières dans le port (1h ; 15 €) et vers Great Blasket (45/60 € AR), ce pro de la sortie en mer organise des excursions plus lointaines ou des rencontres avec les dauphins.
Mêmes options avec **Dingle Dolphin Boat Tours** *(www.dingledolphin.com).*

Dingle Surf – *Green St. - Dingle - ✆ 066 915 0833 - www.dinglesurf.com.* Boutique d'équipements de surf et, en été, leçons de surf et sorties en paddle.

Kingdom Waves – *✆ 087 744 7958 - www.kingdomwaves.com.* Cours de surf sur les plages de Inch et Banna (40 €).

Courses de lévriers

Kingdom Greyhound Stadium – *Brewery Rd - Tralee - ✆ 061 448 055 - www.grireland.ie - mar. à partir de 18h, vend.-sam. à partir de 18h45.* Très pittoresque.

Équitation

Tralee Equestrian Centre – *Tralee - Tonevane - ✆ 066 711 7800 - www.traleeequestriancentre.com.*

Dingle Horse Riding – *Dingle - Balilinaboula - ✆ 086 821 1225 - www.dinglehorseriding.com.* Organisation d'excursions de plusieurs jours, avec location comprise de B & B.

Football gaélique

L'un des bastions de ce sport est le Kerry, l'équipe du **Kerry GAA** *(www.kerrygaa.ie)*, fondée en 1888, ayant été 37 fois championne d'Irlande ! Tralee possède au total 4 équipes et, les soirs de match, l'ambiance est électrique à l'**Austin Stack Park** *(John Joe Sheehy Rd).* Agenda et billets sur le site du club et sur www.gaa.ie.

Golf

Tralee Golf Club – *Ardfert - West Barrow - ✆ 066 713 6379 - www.traleegolfclub.com - green fee 180/250 €.* Conçu par Arnold Palmer, ce 18 trous bénéficie d'un cadre superbe.

Ballybunion Golf Club – *Sandhill Rd - Ballybunion (à 32 km au nord de Tralee) - ✆ 068 27146 - www.ballybuniongolfclub.ie - avr.-sept. - green fee 80/275 €.* L'un des dix plus beaux golfs du monde : deux 18 trous face mer.

Dingle Golf Club Ceann Sibéal – *Ballyferriter - ✆ 066 915 6255 - www.dinglelinks.com - green fee 60/120 €.* 18 trous.

Parc aquatique

Aqua Dome – *Dan Spring Rd (au bout de Prince's St.) - Tralee - ✆ 066 712 8899 - www.aquadome.ie - 10h-22h, w.-end 10h-19h (21h de juil. à mi-août) - 17 € (-18 ans 15 €).* Piscines à remous, toboggans, rapides, saunas...

Pêche

La pêche depuis le rivage est ici couramment pratiquée. Entre Tralee et Dingle, vous trouverez de bons coins à Blennerville, Derrymore et Camp et, plus loin, à Stradbally et Fermoyle. Cloghane est un endroit intéressant pour le bar et la truite de mer. Au bout de la péninsule, de Smerwick Harbour à Ballyferriter, bars et poissons plats. Idem pour Inch.

Randonnée

The Dingle Way est une boucle pédestre de 179 km sur toute la péninsule. Infos sur www.dingleway.com ou procurezvous le guide « *The Dingle Way* » (éd. Rucksack Readers).

Ireland Walk Hike Bike – *Tralee - ✆ 087 250 2434 - www.irelandwalkhikebike.com.* Ce centre organise des randonnées dans l'ouest du pays depuis Tralee, à pied ou à vélo, d'une demi-journée à 8 jours, avec ou sans guide, culturelles ou sportives, etc. Réservation des B & B, des repas et transport compris dans le prix.

Irish Adventures – *Dingle - ✆ 087 419 0318 - www.irishadventures.net.* Organise aussi des séjours sportifs clé en main (randonnée, kayak, escalade, etc.).

Hébergement

Attention, en raison de l'afflux de touristes le week-end et en saison, il est impératif de réserver.

Tralee

Budget moyen

Tralee Townhouse – *2 High St. - ✆ 066 718 1222 - www.traleetownhouse.com - ♿ - 19 ch. 90/125 € - ☕ 5 €.* Ce petit hôtel avec ascenseur bénéficie d'un emplacement pratique pour sortir le soir, ainsi que d'un service dynamique et efficace.

Ashville House – *Ballyard - ✆ 066 712 3717 - www.ashvillehousetralee.com - P - 5 ch. 110/150 € ☕.* Sortez de Tralee par Prince's Quay, traversez la route de Dingle. Vous passez un petit pont et montez dans le quartier de Ballyard, à 15mn à pied du centre.

Imperial Hotel – *27 Denny St. - ✆ 066 712 7755 - www.imperial*

3

hoteltralee.com - ♿ ✕ P - *27 ch. 115/150 €* ☕. Un hôtel à la façade jaune vif qui fait partie de l'histoire de la ville, avec un bar chaleureux et des chambres confortables. En plein centre, donc un peu bruyant le matin.

The Grand Hotel – *Denny St. - ✆ 066 712 1499 - www.grand hoteltralee.com* - ✕ - *48 ch. 140 €* ☕. Un hôtel classique et élégant avec un bar sympathique pour pimenter la soirée. Formules famille ou avec dîner.

Pour se faire plaisir

The Ashe Hotel – *Maine St. - ✆ 066 710 6300 - www. theashehotel.ie - 97 ch. 140/205 €* ☕. Un bel hôtel à l'ambiance maritime (bois, tons bleus), idéal pour se reposer. Package-aventure à découvrir pour les plus sportifs et offres avantageuses toute l'année.

Ballyseede Castle Hotel – *Ballyseede (à 5 km de Tralee) - ✆ 066 712 5799 - www. ballyseedecastle.com* - ♿ ✕ P - *23 ch. 179/360 €* ☕. Le château des Fitzgerald (15e s.), au cœur d'un grand parc. Hall imposant, salle à manger superbe, salons agréables, bar aux boiseries sombres, chambres aux décors variés... Une étape spéciale pour goûter la douceur de vivre de la *gentry*.

Cloghane

Premier prix

Mount Brandon Hostel – *Dans le village - ✆ 085 136 3454 - www. mountbrandonhostel.com - 35 lits : lit 27,50 €, ch. 65 €, appart. 145/220 € les 2 nuits.* Une adresse fréquentée par les randonneurs. Cuisine, machine à laver et garage à vélos. Accueil chaleureux.

Dingle

Premier prix

Rainbow Hostel & Camping – *À la sortie de la ville, continuez tout droit au rond-point au lieu de tourner à gauche vers Slea Head (comptez 15mn à pied du centre) - ✆ 066 915 1044 - www. rainbowhosteldingle.com* - ♿ 🚭 P - *mars-oct. (nov.-fév. sur réserv.) - empl. tente 12 €, lit 20 €, ch. 60/105 €.* Une auberge de jeunesse irréprochable : grandes chambres lumineuses, cuisine équipée, jardin où planter sa tente. Autres options : laverie, navette gratuite à votre arrivée et au départ, location de vélos.

The Grapevine Hostel – *Dykegate Lane - ✆ 066 915 1434 - www. grapevinedingle.com - 26 lits 21/24 €, ch. 60/80 €.* Dans une rue calme, au cœur de Dingle. Petite salle commune chaleureuse avec cheminée. Location de vélos à côté.

Devane's – *Goat St. (en haut de Main St.) - ✆ 066 915 1193 - www. devanesdingle.com* - 🚭 P - *fermé nov.-mars - 6 ch. 80/90 €* ☕. Grande maison rose confortable, sur les hauteurs de la ville. Accueil familial.

Emlagh Lodge – *Emlagh West (à l'entrée de Dingle en venant d'Annascaul et Killarney) - ✆ 087 641 8893 - www. emlaghlodge.com* - 🚭 P - *fermé de fin nov. à déb. mars - 4 ch. 80/100 €* ☕. Idéalement située à l'écart de l'agitation, au bord de l'eau, mais à 5mn à pied du centre, cette maison récente est tenue à merveille par Maggie Flaherty. Grande pelouse face à la mer et vue de la baie depuis les chambres. Une très bonne adresse.

The Lighthouse – *High Rd (en suivant Main St. vers l'ouest) - ✆ 066 915 1829 - www.lighthouse dingle.com* - P - *fév.-nov. - 6 ch. 80/120 €* ☕. Cette maison moderne domine toute la baie. Un lieu bien décoré, avec des tissus multicolores et de jolis meubles en bois. Demandez les chambres avec vue. Accueil irréprochable.

Brownes – *Lady's Cross, Milltown (à la sortie de Dingle) - ✆ 066 915*

1259 - www.brownesbnb.com - ♿ P - de mi-avr. à mi-oct. - 4 ch. à partir de 95 € ☕. Sur la route de Slea Head, une jolie maison, calme et confortable.

Budget moyen

Clonmara House – *Milltown (à la sortie de Dingle vers Slea Head) - ✆ 066 915 1656 - www.clonmara.com - ♿ P - fermé de déb. nov. à mi-mars - 4 ch. à partir de 110 €* ☕*, bung. 160 €.* Charmant bungalow blanc posé sur une belle pelouse au bord de l'eau, face au port de Dingle. Cadre reposant, à moins de 15mn à pied du centre, et accueil aimable.

An Capall Dubh – *Green St. - ✆ 066 915 1105 - www.ancapalldubh.com - P - 6 ch. 100/120 €* ☕ *(2 nuits mini).* Dissimulé au fond d'une petite cour, un B & B joliment aménagé et calme. Le propriétaire loue aussi deux maisons de ville au même endroit, une bonne option pour les familles.

Quayside – *The Tracks - ✆ 066 915 1068 - www.quaysideguesthouse.com - 6 ch. 130/155 €* ☕. Cette maison de pierre abrite quelques jolies chambres à l'étage, avec vue sur le port de pêche. Petit déjeuner varié.

Pour se faire plaisir

Pax House – *Upper St John St. - ✆ 066 915 1518 - www.pax-house.com - 12 ch. 110/280 €* ☕. Maison moderne aux chambres élégantes et au décor contemporain très soigné. Superbes vues sur l'estuaire et terrasses de rêve où prendre un excellent petit déjeuner.

Ballintaggart House – *À 2 km sur la rte d'Annascaul - ✆ 066 915 1333 - www.ballintaggarthouse.com - ✕ P - 6 ch. 120/160 €* ☕ *- rest. w.-end seult sur réserv.* Un ancien relais de chasse du 18e s. transformé en petit hôtel de luxe et entouré d'un immense parc. Décor raffiné et superbe petit déjeuner. Accueil courtois.

Une folie

Emlagh House – *Emlagh West - ✆ 066 915 2345 - www.emlaghhouse.com - ♿ P - 10 ch. 190/260 €* ☕. Demeure de style georgien, à l'entrée de Dingle en venant de Killarney. L'intérieur est élégant, chaque chambre dédiée à une fleur et à une couleur. Petit déjeuner à base de produits locaux.

Ventry

Budget moyen

Ceann Trá Heights – *✆ 066 915 9866 - P - 4 ch. 100 €* ☕. Cette maison agréable possède des chambres avec vue sur la baie de Ventry. Petit déjeuner copieux.

Ballydavid

Budget moyen

Imeall na Mara – *Seashore House (près du port) - ✆ 066 915 5191 - www.imeallnamara.com - P - 4 ch. 150 €* ☕. La maison est impeccable et confortable, dotée de chambres claires et sobres, dont deux donnant sur l'océan. Le salon ? Une véranda avec vue sur la mer !

Brandon Creek

Budget moyen

An Bóthar Pub & Guest House – *Cuas - ✆ 066 915 5342 - www.botharpub.com - ✕ P - 7 ch. 115/130 €* ☕. Isolé en campagne, un pub avec quelques chambres sommaires. Bien pratique pour la pinte du soir et les repas servis toute la journée jusqu'à 21h. Musique traditionnelle presque tous les soirs en saison. Promenades magnifiques aux environs.

Inch

Budget moyen

Inch Beach House & Cottages – *✆ 066 915 8900 - www.inchbeach.com - ♿ P - 14 ch. à partir de 100 € et 9 cottages.* Chambres élégantes avec belle vue sur la mer ou les montagnes. Également des cottages à louer à la semaine.

3

Château du roi Jean, à Limerick.
Brian Morrison/Tourism Ireland

4

La vallée du Shannon et les lacs

CARTE MICHELIN N° 712 B-I8-10
COMTÉS DE LIMERICK, CLARE, TIPPERARY, OFFALY, ROSCOMMON, LEITRIM ET WESTMEATH

A
B
VALLÉE DU SHANNON ET LES LACS
0 20 km
0 10 miles
N
1
2
3
5
N 26
N 5
N 5
N 60
N 17
Lough Carra
Lough Mask
N 84
N 59
N 83
Tuam
Lough Corrib
M 18
N 63
GALWAY
M 6
R 446
Black Head
N 65
Aran Islands
R 477
Lisdoonvarna
The Burren
M 18
Mountshannon
Holy Island
Ennis
Quin
Craggaunowen
Knappogue
Killaloe
N 67
N 68
Castleconnell
Ballina
Bunratty & Folkpark
Limerick
Adare
Lough Gur
Cashen R.
N 69
N 21
N 20
3
R 512
A
KILLARNEY
B

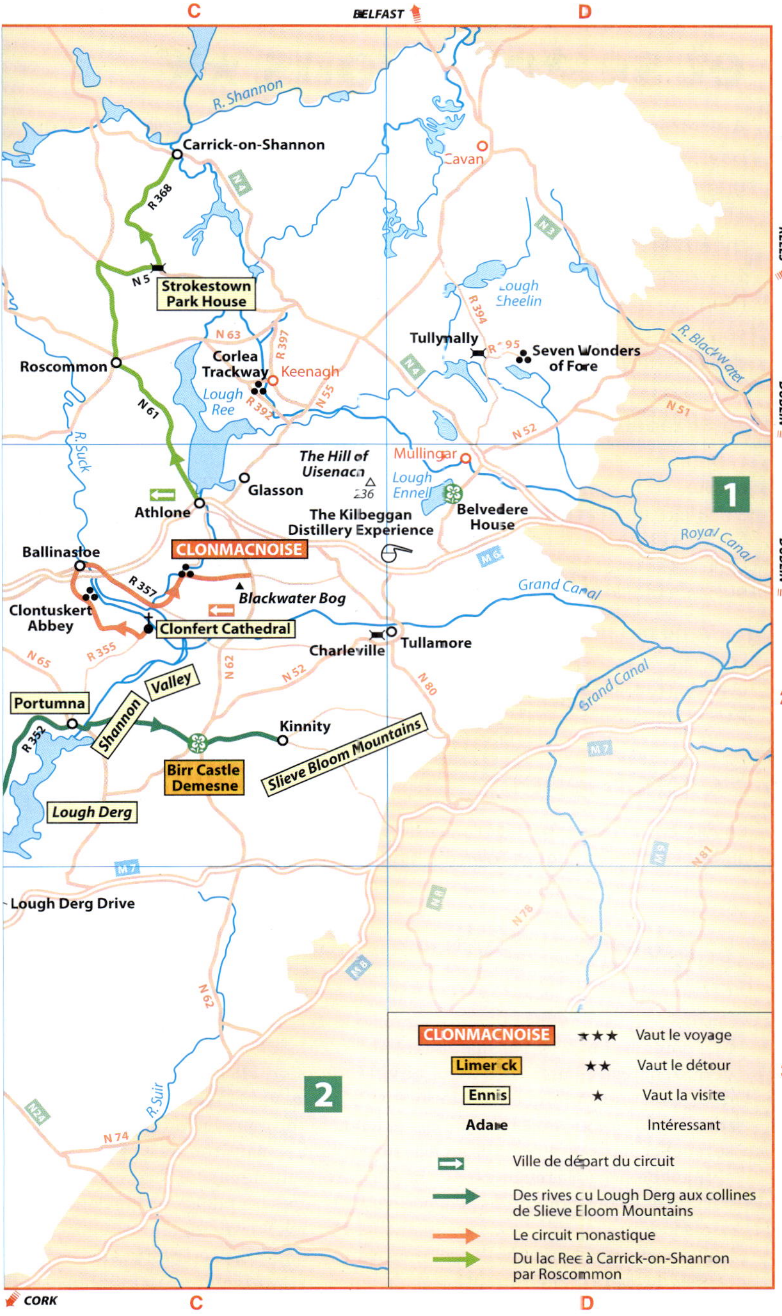
C
BELFAST
D
1
KELLS
DUBLIN
DUBLIN
2
3
CORK
C
D
R. Shannon
Carrick-on-Shannon
Cavan
N 4
R 368
N 3
N 5
Strokestown Park House
Lough Sheelin
R 394
N 63
R 397
Tullynally
Seven Wonders of Fore
R. Blackwater
Corlea Trackway
Keenagh
Roscommon
Lough Ree
R 392
N 55
N 4
N 61
N 51
N 52
R. Suck
The Hill of Uisenach
Mullingar
Lough Ennell
236
Glasson
1
Athlone
The Kilbeggan Distillery Experience
Belvedere House
Royal Canal
Ballinasloe
CLONMACNOISE
M 6
R 357
Blackwater Bog
Grand Canal
Clontuskert Abbey
Clonfert Cathedral
Charleville
Tullamore
N 65
R 355
N 62
N 52
N 80
Grand Canal
Valley
Portumna
Shannon
Kinnity
R 352
Slieve Bloom Mountains
M 7
Birr Castle Demesne
Lough Derg
M 7
M 9
N 81
Lough Derg Drive
N 8
N 78
M 8
N 62
2
R. Suir
N 24
N 74
CLONMACNOISE ★★★ Vaut le voyage
Limerick ★★ Vaut le détour
Ennis ★ Vaut la visite
Adare Intéressant
Ville de départ du circuit
Des rives du Lough Derg aux collines de Slieve Bloom Mountains
Le circuit monastique
Du lac Ree à Carrick-on-Shannon par Roscommon

Limerick et ses environs ★★

Autrefois dénigrée, Limerick a su profiter de l'essor économique du pays et du développement de son université pour s'imposer parmi les grandes villes de l'Ouest irlandais. Devenue cosmopolite et dynamique, elle a misé sur le renouveau culturel. Grâce à une scène musicale et théâtrale très vivante, une équipe de rugby combative (Munster), et sa volonté de bien faire, la cité baignée par la rivière Shannon se métamorphose. Son surprenant plan en damier, unique en Irlande, ainsi que son audacieux plan de développement – Limerick 2030 – lui donnent des airs de ville américaine. Mais ici les gratte-ciel ont taille humaine.

Se repérer

CARTE B3 (P. 256-257) - PLAN DE LIMERICK (P. 260).

Limerick (LUIMNEACH) - 94 200 hab. – Capitale du comté de Limerick. Limerick se trouve à 200 km au sud-ouest de Dublin par la M 7.

À ne pas manquer

Hunt Museum ; King John's Castle ; le Bunratty Folkpark ; le Thomond Park Stadium qui accueille le Munster.

En famille

King's John's Castle ; Bunratty Castle & Folkpark ; Craggaunowen, le parc-village de la préhistoire et de l'ère pré-chrétienne.

Carnet pratique p. 264

Nos adresses p. 264

Se promener

PLAN P. 260

La ville, construite de part et d'autre du Shannon et d'Abbey River, se partageait autrefois en deux : **English Town** (ou King's Island), autour du château, était ceinturée de remparts, tandis qu'au sud d'Abbey River s'étendait **Irish Town**.

Terre de colonisations

Les premiers colonisateurs de la ville furent les Vikings, au 10e s., qui l'utilisèrent comme base arrière pour piller le pays. Les Irlandais réussirent à la reprendre, mais les Normands l'envahirent à leur tour, bâtissant près de 400 châteaux dans les environs. La ville prêta alors allégeance au roi d'Angleterre et, durant tout le Moyen Âge, les populations anglaise et irlandaise ne se mélangèrent guère. Les Irlandais finirent tout de même par se rebeller et par occuper la cité, où ils furent vaincus par Cromwell, après six mois de siège. En revanche, 40 ans plus tard, Guillaume d'Orange ne parvint pas à investir la ville, occupée par les troupes irlandaises. Il dut donc se résoudre à signer un traité avec leur chef, **Patrick Sarsfield**, garantissant la liberté de culte aux catholiques. Mais les Anglais ne respectèrent pas les termes du traité et alourdirent encore leur joug. Le sentiment antibritannique prit une grande ampleur et Limerick devint un bastion nationaliste.

★★ Le circuit historique AB1

Profitez du petit parc sur Arthur Quai qui offre une jolie vue le long du Shannon sur King John's Castle.

★★ Hunt Museum A1

Rutland St. - ✆ 061 312 833 - www.huntmuseum.com - 10h-17h, dim. 11h-17h - 10 € (7,50 € en ligne).

Hébergé dans l'élégant édifice de style georgien de Custom House, ce musée est l'un des plus beaux du pays. Ses collections proviennent du legs de John Hunt, spécialiste de la préhistoire irlandaise et des arts religieux médiévaux. Parmi la multitude d'objets splendides issus de différentes époques, de l'âge de pierre au 20e s., on remarquera l'une des pièces d'argent vraisemblablement données à Judas, une croix celtique en bronze du 9e s. (Antrim Cross), une émouvante collection de crucifix médiévaux, ou encore des bijoux rares... Mais la visite révèle aussi des objets acquis par ce collectionneur éclectique et son épouse, notamment un petit cheval de bronze attribué à Léonard de Vinci ou des dessins de Giacometti.

Suivez le Shannon vers le nord et passez Mathew Bridge qui enjambe Abbey River pour rejoindre King's Island.

Sur la rive nord d'Abbey River, sur le plus ancien quai de la ville, vous remarquerez les vestiges du **Potato Market** (marché à la pomme de terre).

★★ St Mary's Cathedral AB1

✆ 061 317 522 - www.saintmaryscathedral.ie - tlj sf dim. 11h-14h - gratuit.

La tour crénelée de la cathédrale anglicane s'élance fièrement. C'est le plus vieux bâtiment de Limerick, fondé en 1168, après que les Irlandais eurent chassé les Vikings. De cette époque subsistent le très beau portail roman, la nef et une partie des transepts. Le reste de l'édifice (tour, chœur, chapelles et fenêtres) date du 15e s. Le chœur comporte de remarquables **stalles★** en chêne noir (15e s.), finement sculptées d'animaux fantastiques et de personnages grotesques qui figurent la lutte entre le bien et le mal. Le cimetière possède de très belles croix celtes. Dans *P'tit-Bonhomme*, Jules Verne en fait le décor d'une scène douloureuse et poétique.

Limerick City Museum A1

The Old Franciscan Friary - Henry St. - ✆ 061 557740 - www.limerick.ie/limerick-museum - lun.-vend. 10h-17h - gratuit.

Le musée raconte la vie quotidienne à Limerick au 19e s. et explique les métiers traditionnels, notamment la fabrication de la très réputée **dentelle** de Limerick.

★★ King John's Castle A1

Nicholas St. - ✆ 061 711 222 - www.kingjohnscastle.ie - 9h30-17h - dernière entrée 1h av. fermeture - 13 € (4-18 ans 9,50 €) - réserv. en ligne conseillée.

L'imposante et spectaculaire forteresse normande fut construite sur les berges de la rivière Shannon à partir de 1200, à l'emplacement du village viking. La porte massive encadrée de deux tours est gâchée par une entrée moderne, mais la visite se révèle passionnante. On peut approcher les fouilles souterraines et voir les maisons du 12e s., avec leurs murs de planches et leurs entrées en pierre. Dans la cour, des reproductions d'armes et d'outils donnent une idée des conditions de vie au Moyen Âge. Des échafaudages en bois et en osier permettent de comprendre les méthodes de construction de l'époque, tandis que sont expliquées les différentes techniques de siège, dont la plus efficace consistait à creuser des tunnels sous les remparts, à les bourrer de paille et à y mettre le feu pour démolir la muraille. Diverses expériences multimédia font revivre la forteresse et vous immergent dans l'atmosphère violente et incertaine de Limerick à travers les siècles.

En sortant du château, tournez à gauche pour rejoindre le Shannon par le nord.

Avant de traverser Thomond Bridge, notez la bâtisse néogothique qui faisait office de péage. De l'autre côté de la rivière se trouve **Treaty Stone**, la pierre sur laquelle aurait été signé le traité de Limerick, en 1691, entre le roi d'Angleterre Guillaume III d'Orange et son prédécesseur renversé en 1688, Jacques II.

Suivez ensuite la rivière vers le sud pour bénéficier d'un joli **point de vue** sur la forteresse. Le Shannon est parcouru de violents courants, causés par les marées. Lorsque le niveau de l'eau baisse, ce segment de rivière est fréquenté par les pêcheurs au lancer.

Repassez la rivière par Sarsfield Bridge jusqu'à O'Connell St.

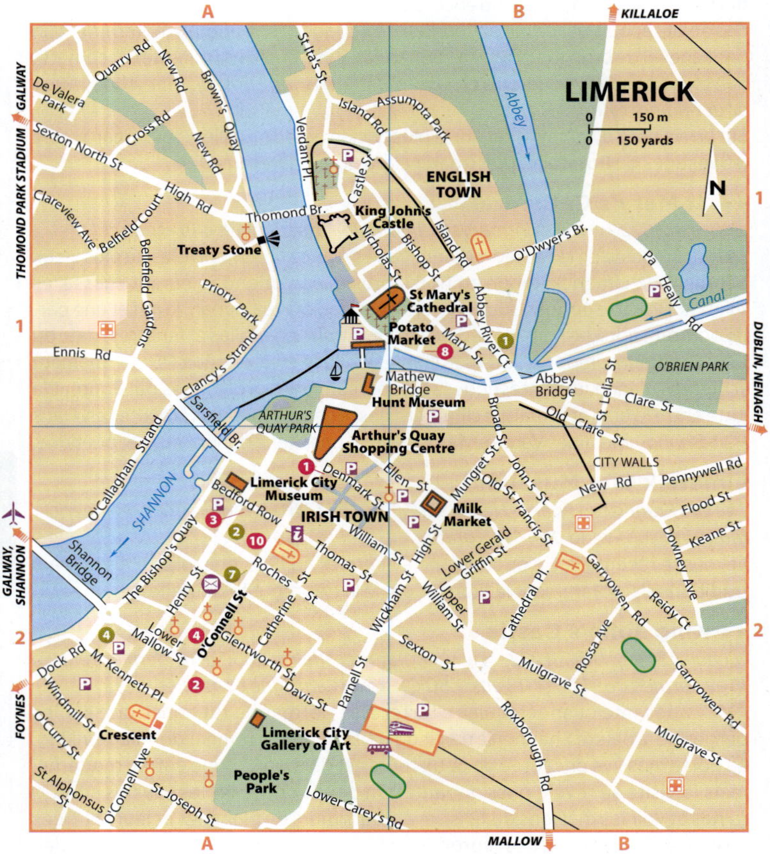

SE RESTAURER
Aroi Asian Street Food 1
Belltable 2
Hook & Ladder 3
Freddy's Bistro 4
The Locke Bar 8
Texas Steakout 10

SE LOGER
Absolute Hotel 1
The Savoy Hotel 2
Limerick City Hotel 4
George Hotel 7

Le centre-ville AB2

O'Connell Street (A2) est bordée de hautes maisons georgiennes en brique dont les perrons et les portes à imposte ouvragée composent un très bel ensemble graphique. Puis la rue s'élargit au niveau du **Crescent★** (Croissant) (A2), où trône la statue de Daniel O'Connell, appelé « le Libérateur » pour son rôle dans la lutte pour l'indépendance. Tournez à gauche dans Barrington Street, pour gagner le **People's Park** (A2), très agréable jardin public, longé à l'ouest par Pery Square et agrémenté de sculptures et de kiosques. À cet endroit, au cœur du quartier georgien, la **Limerick City Gallery of Art** (A2) *(www.gallery.limerick.ie - 10h-17h, dim. 12h-17h - gratuit)* présente une collection de peintures irlandaises modernes ainsi que des expositions temporaires.

Retournez vers le centre-ville en prenant Hartstonge St. Arrivé à O'Connell St., tournez à droite et remontez la rue jusqu'aux commerces.

À gauche, dans O'Connell Street, la galerie marchande **Arthur s Quay Shopping Centre** (A1-2) accueille quelques boutiques. Plusieurs petites rues forment un quartier piétonnier très vivant, étendu entre Cruises Street et Denmark Street. Celle-ci mène, derrière l'église, au **Milk Market** (B2), entièrement rénové en 2010 et devenu un véritable spot gourmand, mais aussi un lieu de rencontre autour d'artisans, de danses, d'un cinéma... (marché pittoresque le samedi matin).

À voir aussi

★ Thomond Park Stadium & Museum A1 EN DIR.

Comptez 20mn à pied du centre ville, ou accès par le bus 302.

Old Cratloe Rd, Annacotty - ☎ 061 421 109 - www.thomondpark.ie - musée : lun.-vend. 9h30-17h - 10 €. Pour assister à un match du Munster, consultez munster-rugby.ie.

Fondé en 1933, largement rénové dans les années 2000 pour porter sa capacité à 26 000 spectateurs, ce stade est connu de tous les amateurs de rugby pour son ambiance surchauffée et bruyante, oppressante pour l'adversaire. Au point que l'équipe locale du **Munster Rugby** *(www.munsterrugby.ie)* y fut invaincue en compétitions européennes de 1995 à 2007. La Red Army, surnom de l'équipe fondée en 1879 et reconnue comme l'une des meilleures du continent, en a fait son antre, ne jouant que les « petits » matches à Cork. À Limerick, on raconte donc en toute modestie que Thomond Park Stadium est le domaine des meilleurs supporters de rugby. Il faut imaginer l'euphorie qu'ont vécue, en 1978, les spectateurs du match Munster-All Blacks, remporté par l'équipe locale 12-0 ! N'hésitez pas à assister à un match ou, à défaut, participez à une visite guidée du musée et du stade.

À proximité

CARTE P. 256-257

★ Lough Gur B3

À 17 km au sud de Limerick par la R 512.

Lieu de promenade favori des habitants de la région, ce petit lac niché dans les collines est entouré de vestiges archéologiques, de dolmens et de cercles de pierres. L'**Heritage Centre** *(☎ 061 385 386 - www.loughgur.com - mars-sept. : 10h-18h, w.-end 10h-20h ; oct.-fév. : 10h-16h - 5 €, enf. 3 €)* explique l'histoire du site depuis le néolithique.

4

Adare (ÁTH DARA) B3

À 17 km au sud-ouest de Limerick. Quittez Limerick par la N 20 en direction de Tralee et Killarney, puis bifurquez sur la N 21 jusqu'à Adare. Le bus Limerick-Tralee peut vous déposer à Adare.

Ce village doit sa notoriété aux chaumières que lord Adare, seigneur local, fit construire pour ses gens. À l'entrée d'Adare en arrivant de Limerick, dans le parc du château transformé en hôtel et club de golf, s'élèvent les belles ruines du **Franciscan Friary** construit au 15e s. *(visible de la route).*

Le village conserve également les vestiges d'autres monastères, comme la **Trinitarian Abbey** (13e s.), qui continue à servir d'église, et l'**Augustinian Priory** fondé au 14e s., tous deux situés dans Main Street.

★★ Bunratty Castle & Folkpark B3

À 13 km au nord-ouest de Limerick par la N 18.

061 711 222 - www.bunrattycastle.ie - 9h-17h30 - dernière entrée au château 16h, au Folk Park 16h15 - 15,25 € (4-18 ans 11,50 €).

Afin d'éviter la foule, arrivez dès l'ouverture pour visiter ce parc folklorique, l'un des sites les plus intéressants de la région.

Le **château médiéval** du 15e s., orné de meubles et de tapisseries d'époque, est superbement conservé. Au cours de banquets dits médiévaux qui s'y succèdent sans répit *(2 fois/soir)*, les convives, en majorité américains, sont servis par de jeunes femmes en costume, sur fond de musique irlandaise revue au goût outre-Atlantique !

Le **folkpark** présente la reconstitution pleine de charme d'un village du début du 20e s., avec sa rue aux échoppes anciennes. L'école et la poste sont un vrai plaisir, ainsi que les devantures du quincaillier ou les vieilles réclames en tôle émaillée. Plus loin, vous découvrirez des maisons traditionnelles, une ferme, un cottage de pêcheur et une forge. À la fin de votre visite, faites un tour au **pub Durty Nelly's** *(voir « Restauration »)*, un autre musée à lui tout seul.

★★ Craggaunowen B3

À 25 km au nord-ouest de Limerick par la N 18, la R 462 vers Sixmilebridge, puis la R 469 en direction de Quin. Guettez alors les panneaux vers Craggaunowen.

061 711 222 - www.craggaunowen.ie - avr.-août : 10h-17h (horaires susceptibles de changer) - dernière entrée 16h - 9,50 € (4-18 ans 8 €).

Une façon originale de découvrir l'habitat de l'âge de bronze. Un *crannóg* (maison construite sur un lac), un fort circulaire et une tour évoquent le mode de vie des époques reculées. Est également exposée la réplique du bateau de saint Brendan, fabriquée par l'explorateur Tim Severin en 1976 pour refaire le voyage du saint homme, qui aurait découvert l'Amérique 500 ans avant les Vikings et 1000 ans avant Christophe Colomb.

Un peu plus loin sur la R 469, suivez le panneau **Knappogue Castle** qui mène à une autre forteresse normande, où sont organisés, comme au Bunratty Castle, des banquets médiévaux, seul moyen de le visiter *(www.knappoguecastle.ie - 63 €).*

Nettoyage à sec

Au Moyen Âge, on appelait « garde-robe » la petite pièce qui abritait les sièges percés des toilettes. Les vêtements y étaient suspendus durant la nuit pour que les vapeurs ammoniacales des déjections les purifient. Les parasites en tout genre qui les infestaient s'empressaient alors de fuir...

Cottage traditionnel irlandais, à Adare.
Patryk_Kosmider/Getty Images Plus

★ Quin (CUINCHE) B3

À 33 km au nord-ouest de Limerick par la N 18.

Le village possède les ruines d'une **abbaye franciscaine★** *(www.clare.ie - juin-sept. : mar.-vend. 10h-17h, sam.-dim. 9h-16h - gratuit)*, construite avec les pierres des ruines du château de Thomas de Clare. Elle a conservé sa tour et un très joli cloître du 15e s. Prenez le temps de flâner entre les tombes, dont certaines datent de plus de 400 ans.

★ Ennis (INIS) B2-3

À 35 km au nord-ouest de Limerick par la N 18.

Petite ville bourdonnante d'activité, Ennis constitue une étape de choix pour le shopping et un haut lieu de la musique traditionnelle irlandaise. Si vous flânez dans les rues de la ville *(samedi est le jour de marché)*, ne manquez pas de vous rendre au Custy's Music Shop *(voir « Achats »)*.

★ Ennis Friary – *065 682 9100 - www.heritageireland.ie - de Pâques à fin sept. : 10h-18h - 5 € (enf. 3 €).* Située en plein centre-ville, édifiée au 13e s., elle vaut le détour pour sa superbe fenêtre et pour ses sculptures : un Christ avec les instruments de la Passion (à la jonction de la nef et du transept sud), une Vierge à l'Enfant, un saint Francis (entre la nef et le chœur) et le tombeau des McMahon (15e s.), sculpté de scènes de la Passion. La communauté, l'une des plus importantes du pays en son temps, compta jusqu'à 350 moines et 600 élèves.

Clare County Museum – *061 682 3382 - www.clarelibrary.ie - tlj sf dim. 9h30-13h, 14h-17h30 - gratuit.* Pour découvrir les richesses naturelles et culturelles du comté de Clare.

Carnet pratique

PLAN P. 260

S'informer

Tourist Office – A2 – *20 O'Connell St. - ✆ 061 317 522 - www.limerick.ie.*

Adresses utiles

Banque – Les principales banques, munies de distributeurs, sont situées sur O'Connell St.

Poste – A2 - *Cecil St. Lower - tlj sf dim. 9h-17h30.*

University Hospital Limerick – A2 EN DIR. - *Dooradoyle - ✆ (061) 301111.*

Arriver/Partir

En avion

Shannon Airport – A2 EN DIR. - *À 24 km au nord-ouest, sur la route de Galway - ✆ 061 712 000 - www.shannonairport.ie.* Navettes régulières en bus entre l'aéroport et les gares *(www.buseireann.ie - ligne 343 - durée 40mn).*

En train

Colbert Station – B2 – *Parnell St. (à l'est du centre-ville, près de People's Park) - ✆ 061 315 555.* Liaisons pour Dublin Heuston (2h, la plupart avec changement à Limerick Junction), Galway (2h), Cork (1h30), Rosslare, Tralee et Killarney.

En bus

Colbert Station Bus Eireann – B2 – *Parnell St. (à l'est du centre-ville, près de People's Park) - ✆ 061 313 333.* C'est l'une des plus importantes gares routières du pays. Bus quotidiens pour Ennis (1h), Galway (1h20), Cork (1h45), Tralee (2h), Killarney (2h), Dublin (3h) et Dublin Airport (3h30), Sligo (6h), Rosslare (4h30).

Horaires sur www.buseireann.ie et wwww.transportforireland.ie.

Transports

Le centre-ville de Limerick souffre d'une circulation très dense. Préférez la marche à pied après avoir garé votre voiture dans l'un des parkings le long des quais.

Location de vélos

TFI Bikes – *www.bikeshare.ie.* 23 stations de vélo en libre-service dans le centre de Limerick.

En taxi

Castelroy Cabs – *✆ 061 332 266.*

Top Cabs – *✆ 061 417 417.*

Agenda

Riverfest – *www.limerick.ie/riverfest.* 1er w.-end de mai. Trois jours de fête à Limerick.

Fleadh Nua – *www.fleadhnua.com.* Dernière sem. de mai. Chant, musique, danse, partout dans la ville de Ennis.

Nos adresses

PLAN P. 260

Restauration

Limerick

Premier prix

(1) **Aroi Asian Street Food** – A2 - *1 O'Connell St. - ✆ 061 311 411 - www.aroi.eu - 16h-21h30, vend.-sam. 15h-22h - moins de 20 €.* Si vous êtes, pour changer, à la recherche d'une honnête cuisine de rue malaisienne, thaïe, indonésienne ou vietnamienne, cette adresse est une référence.

(2) **Belltable** – A2 - *The Belltable Art Centre - 69 O'Connell St. - ✆ 061 953 400 - www.belltable*

connect.ie - P. En face du Limerick County Council, en sous-sol, une décoration chaleureuse et originale, des journaux à lire et une sélection de petits plats. Bon café expresso.

3 **Hook & Ladder** – A2 - *7 Sarsfield St. - ✆ 061 413 778 - www.hookandladder.ie - 8h-17h (vend.-sam. 19h) - moins de 15 €.* Petite chaîne irlandaise de café tendance où se restaurer en journée de préparations légères bien réalisées avec des produits de qualité (cafés, salades, *full irish breakfast*, sandwichs, plats du jour, desserts).

Budget moyen

8 **The Locke Bar** – B1 - *3 George's Quay - ✆ 061 413 733 - www.lockebar.com - 9h-23h30, vend.-sam. 9h-0h30, dim. 10h-23h - plats 14/27 €.* Grand pub au rez-de-chaussée et restaurant à l'étage, face à l'Abbey River. En été, agréable terrasse.

Pour se faire plaisir

10 **Texas Steakout** – A2 - *116 O'Connell St. - ✆ 061 414 440 - www.texassteakout.ie - 12h-22h30, dim. 12h30-22h - plats 20/43 €.* Un décor de western qui change des pubs! Bon choix de cuisine végétarienne ou mexicaine et large choix de grillades.

4 **Freddy's Bistro** – A2 - *Theatre Lane - Lower Glentworth St. - ✆ 061 418 749 - www.freddysbistro.com - jeu.-sam. à partir de 16h30 - plats 22/30 €.* Dans une vieille maison en brique, un bistro chic *made in Ireland*. Déco intimiste, lumière tamisée, service aux petits soins. Côté cuisine, le chef adore ajouter des touches exotiques à ses plats.

Adare

Pour se faire plaisir

1826 – *Main St. - ✆ 061 396 004 - www.1826adare.ie - jeu.-sam. 17h-21h, dim. 15h-20h - plats 25/40 €.* Un couple expérimenté gère cette jolie chaumière de caractère, qui distille une atmosphère cosy. Intéressante cuisine, joliment présentée, portée par des ingrédients de qualité.

Une folie

Carriage House – *Adare Manor - ✆ 061 605 200 - www.adaremanor.com- plats 19/40 €.* Difficile d'imaginer que cet élégant *club house* était autrefois une écurie. Il possède un bar cossu et une salle à manger informelle aux allures de jardin d'hiver offrant une vue sur le *putting green*. La cuisine y très variée, fraîche et soignée.

Bunratty

Budget moyen

Durty Nelly's – *✆ 061 364 861 - www.durtynellys.ie - 12h-23h30 (vend.-sam. 0h30) - plats 20/28 €.* Au pied du château, un pub mythique qui a gardé son atmosphère et son décor (presque) d'origine, avec son enfilade tarabiscotée de petites salles aux plafonds bas. On y sert à midi la classique *pub food*, et des plats plus élaborés le soir, au restaurant à l'étage. Quelques tables à l'extérieur.

Boire un verre

Nancy Blakes – A2 - *19 Upper Denmark St. - ✆ 061 416 443 - 10h15-2h.* Sans doute la meilleure adresse de Limerick! Ce pub a gardé le caractère et l'atmosphère authentiques des vieux bars. Au moins quatre soirs par semaine, on y joue de la musique traditionnelle. Dans la cour, à l'arrière, The Out Back, comme on l'appelle ici, est fréquenté par les jeunes. En été, la cour pavée est remplie de tables et l'ambiance est très vivante.

Activités

Profitez des 3,5 km de la **Riverbank Walkway** (entre le centre-ville et l'Université) pour échapper à la circulation et longer la rivière Shannon.

4

Limerick Adventures – *www. limerickadventures.com.* Propose diverses activités sportives en ville : kayak sur la Shannon, descente des remparts du château en rappel, etc.

Shopping

Limerick

Celtic Book Shop – AB1 - *2 Rutland St. - ✆ 061 401 155 - www.celticbookshop-limerick. ie - 12h-17h - fermé dim.* Littérature celtique, de cartes et d'affiches.

Lucky Lane – A2 - *9 Catherine St. - ✆ 089 437 8240 - www.luckylane. info - 11h-17h - fermé dim.* Un marché dont l'inventaire est à la Prévert : vêtements, brocante, bijoux, disques, plantes... dans un fourmillant bric-à-brac propice à la découverte de petits trésors.

Ennis

Custy's Traditional Music Shop – *Cooks Lane - ✆ 065 682 1727 - www.custysmusic.com - 9h30-18h - fermé dim.* Le comté de Clare est l'un des plus dynamiques en matière de musique traditionnelle. On trouve à cette adresse de superbes instruments de fabrication artisanale

Hébergement

Limerick

Si vous préférez être en dehors du centre, allez voir du côté d'Ennis Rd (A1 EN DIR.), où s'aligne une brochette de B & B (comptez autour de 70 €).

Budget moyen

0 **Absolute Hotel** – B1 - *Sir Harrys Mall - ✆ 061 463 600 - www.absolutehotel.com - ✗ - 99 ch. à partir de 130 € ☕.* Hôtel central moderne et tout confort au bord de l'Abbey River. Nombreux équipements et accueil professionnel.

4 **Limerick City Hotel** – A2 - *Lower Mallow St. - ✆ 061 207 000 - www.limerickcityhotel.ie - ✗ P payant - 141 ch. 129/159 € ☕.* En centre-ville, un hôtel moderne adapté aux familles. Attention, si vous aimez ouvrir la fenêtre, les chambres avec vue sur la rivière sont plus exposées au bruit.

Pour se faire plaisir

7 **George Hotel** – A2 - *Shannon St. - ✆ 061 460 400 - www.thesavoycollection.com/ the-george - ✗ P - 124 ch. 154/189 € ☕.* Un beau boutique-hôtel du centre-ville, dont les chambres affichent un décor résolument contemporain. Bonne literie. Service efficace et jovial.

2 **The Savoy Hotel** – A2 - *Henry St. - ✆ 061 448 700 - www. thesavoycollection.com/the-savoy - ✗ P payant - 93 ch. 189/380 € ☕.* Un hôtel luxueux aux chambres spacieuses et confortables. Rien ne manque dans l'établissement, doté d'un Spa pour se ressourcer, d'un restaurant pour se régaler, d'un bar, d'un salon de thé, d'une bibliothèque pour se relaxer... Décoration originale et élégante.

Adare

Pour se faire plaisir

Dunraven Arms Hotel – *Main St. - ✆ 061 605 900 - www.dunraven hotel.com - ✗ 🏊 P - 89 ch. à partir de 170 € ☕.* Confort et charme sont au rendez-vous dans cet hôtel « historique » entouré de beaux jardins et équipé d'un centre de remise en forme. Parfois de belles promotions de dernière minute sur le site de l'établissement.

Quin

Premier prix

Armada Lodge – *1 Elm Drive - Caherdavin Lawn - ✆ 061 326 993 - www.armadalodgebandb.com - P - fermé de mi-déc. à fin janv. - 4 ch. 70 € ☕.* B & B classique qui vaut pour l'accueil chaleureux et le petit déjeuner qui prépare à une excellente journée.

Les lacs ★

Relié à la côte est par le Grand Canal et le Royal Canal, et au nord par la Shannon-Erne Waterway, le Shannon était autrefois une importante voie de communication. C'est aujourd'hui un lieu touristique encore paisible dont la nature est la vedette. Ses berges plates et marécageuses se bordent de roselières peuplées d'oiseaux et s'élargissent, ici ou là, en de nombreux lacs plus ou moins grands. Le Shannon déploie son allure de fleuve au cœur d'un paysage champêtre où seules les ruines d'anciens monastères florissants, victimes des raids vikings puis normands, viennent aujourd'hui rompre la sérénité.

Se repérer

CARTE B2-3-CD1-2 (P. 256-257).
Comtés de Clare, Tipperary, Offaly, Roscommon, Leitrim et Westmeath. Le Shannon alimente le Lough Derg, au nord-est de Limerick.

À ne pas manquer

Clonfert Cathedral ; le monastère de Clonmacnoise.

Organiser son temps

Comptez 3 ou 4 jours. Si vous empruntez ce trajet comme itinéraire entre Limerick et le nord de l'île, arrêtez-vous à Clonfert et à Clonmacnoise, puis filez sur Athlone et Carrick-on-Shannon.

En famille

L'excursion à Holy Island ; Birr Castle Demesne ; naviguer sur le Shannon ou pique-niquer dans le château d'Athlone

Carnet pratique p. 274

Nos adresses p. 274

Circuits conseillés

CARTE P. 256-257

★ Des rives du Lough Derg aux collines de Slieve Bloom Mountains

Circuit tracé en vert foncé sur la carte de région p. 256-257. Comptez 60 km de Killaloe à Portumna. Vous pouvez aussi faire le tour du lac par le Lough Derg Drive (160 km). Quittez Limerick au nord-est par la R 445.

★ Castleconnell (CAISLEÁN UÍ CHONAILL) B3

Au cœur d'une campagne verdoyante, à l'écart de la route nationale, on retrouve le Shannon à Castleconnell, ravissant village boisé, propre et fleuri comme un jardin à l'anglaise, où s'alignent de belles demeures et des devantures colorées à l'ancienne. La petite route qui mène à la rivière bordée d'arbres offre une agréable promenade.

La route se poursuit vers O'Briensbridge où vous traversez la rivière en direction de Killaloe par la R 463.

★ Lough Derg B3-C2

C'est le plus grand des lacs du Shannon (40 km de long sur 15 km de large), enchâssé entre des collines boisées. Plusieurs localités autour du lac constituent un bon point de départ pour des croisières ou des excursions en bateau.

4

★ Killaloe B3

The Heritage Centre, The Bridge - 061 376 866 - www.discoverloughderg.ie.

Ce gros village fleuri aux ruelles en pente marque le début du Lough Derg. En dehors de sa marina, la localité mérite une escale pour **St Flannan's Cathedral★** (12e-13e s. - *généralement ouv. 9h-18h*), l'une des plus belles de la région, avec son portail roman très ouvragé à base de motifs caractéristiques mélangeant fleurs et zigzags. L'édifice abrite également l'une des grandes croix de Kilfenora (12e s.) et, près de la porte, un fût de croix gravé portant des inscriptions oghamiques *(voir encadré, p. 534)* et runiques (écriture scandinave). À proximité subsiste un ravissant oratoire roman du début du 12e s., aux chapiteaux sculptés d'animaux et au toit très pentu couvert de pierre.

Si vous avez le temps, empruntez le beau pont de pierre pour rejoindre **Ballina**, sur la rive gauche du lac. Les deux bourgades semblent n'en former qu'une seule, mais Killaloe se trouve dans le comté de Clare, alors que sa voisine appartient à celui de Tipperary. De cette dernière, vous pourrez suivre le **Lough Derg Drive** jusqu'au point de vue sur le lac.

En revenant sur vos pas, guettez le panneau vers les **Leinstermen's Graves** (tombes des hommes du Leinster) et garez votre voiture au pied de la colline. Le sommet (461 m), où se dresse un groupe de pierres préhistoriques, livre un superbe **panorama★** sur le lac et les collines.

À la sortie de Killaloe, la R 463 domine le lac et offre de jolies vues sur un paysage doucement vallonné. À 15 km, elle traverse le village de Tuamgraney, puis atteint Mountshannon, 10 km plus loin.

Mountshannon B2

Bien exposé au sud, ce petit village permet de savourer le charme discret du Lough Derg. Dotée de l'une des plus jolies marinas du lac, où mouillent des vedettes et des voiliers au milieu des arbres, cette localité est aussi un point de départ apprécié des pêcheurs.

★ Holy Island (INIS CEALTRA) B2

Accès en bateau (avr.-sept.) de Mountshannon ou de Tuamgraney - 061 921 615 ou 086 874 9710 - www.holyisland.ie et www.discoverloughderg.ie.

Holy Island fait partie de ces îles sur lesquelles les premiers ermites chrétiens se retiraient du monde pour mener une vie contemplative. Ce site monastique passionnant, où plane encore la présence des moines arrivés au 6e s., devint au siècle suivant un centre d'études renommé attirant des érudits de tout le pays. Après avoir subi le sac des Vikings, le monastère fut restauré par le célèbre roi Brian Ború, natif de Killaloe, et l'île devint le lieu d'un important pèlerinage au Moyen Âge, qui fut interdit au 19e s. à cause de ses allures païennes... Vous découvrirez les vestiges de cinq **églises**, une cellule monacale, une tour ronde, des tombes gravées, une fontaine sacrée et de curieuses pierres creusées d'une cuvette, vraisemblablement utilisées pour des rites païens et reconverties en bénitiers.

Au retour, suivez la R 352 puis la R 353 jusqu'à Portumna, situé à 29,5 km.

★ Portumna (PORT OMNA) C2

Au carrefour entre le Lough Derg et le cours supérieur du Shannon, Portumna s'avère une étape importante sur la route des oiseaux migrateurs et un excellent site pour les observer.

★ **Portumna Castle** - *090 974 1658 - www.heritageireland.ie - avr.-sept. : 10h-18h ; oct. : w.-end 10h-17h - 5 € (enf. 3 €).* Avec son entrée imposante, son joli jardin à la française et son potager clos, ce château constitue un exemple d'architecture du 17e s. Celui-ci ayant brûlé en 1826, la visite ne présente pas un immense intérêt, car seul le hall est ouvert au public.

Au sud du château, à proximité des vestiges d'un **prieuré cistercien** (13e et 15e s.), partent des sentiers balisés qui offrent d'agréables balades en forêt au bord du lac.

Irish Workhouse Centre – *St Brigid's Rd - ✆ 090 975 9200 - www.irishworkhouse centre.ie - avr.-sept. 9h30-16h30 - dernière entrée à 15h30 - 7 €.* Situé au nord du château, aménagé dans la « maison de travail » des pauvres de Portumna, il retrace l'effroyable histoire (1850-1920) de cette institution qui tenait plus du bagne que de l'hospice pour indigents.

Sortez de Portumna vers l'est par la N 65, puis prenez la R 489 à gauche vers Birr (25,5 km).

★ Birr C2

Charmante petite ville qui aligne ses maisons georgiennes le long d'avenues ombragées et dont les pubs et les restaurants contribuent à l'atmosphère chaleureuse.

★★ **Birr Castle Demesne** – *✆ 057 912 0336 - www.birrcastle.com - 9h-16h30 - 10 € (enf. 5 €), accès aux jardins, au grand télescope, au centre scientifique et à l'accrobranche.* Cet immense parc *(le château ne se visite pas)* en bordure de lac et de deux rivières est sans conteste l'attraction phare du bourg. Le long de 10 km de sentiers, on y découvre plus de 1000 espèces végétales (dont certaines originaires de l'Himalaya, de Chine ou d'Amérique du Sud) et les haies de buis les plus hautes du monde (12 m). Les diverses visites et attractions permettent de mesurer la passion de la famille Parson pour les ouvrages techniques qui ponctuent la balade, tels un télescope géant de 1840 ou un pont suspendu.

À l'est de Birr par la R 440, le massif de collines verdoyantes des **Slieve Bloom Mountains**★ (C2) culmine à un peu plus de 500 m.

À partir du charmant village de **Kinnitty** *(à 13 km de Birr)*, suivez la R 440 vers l'est et empruntez tout ou partie du **Slieve Bloom Way**, sentier de grande randonnée (77 km) qui part à l'assaut des versants tapissés de tourbières et plantés de résineux.

★★ Le circuit monastique C2

Circuit de 25 km tracé en orange sur la carte de région p. 256-257.

Les vestiges monastiques qui jalonnent cet itinéraire figurent parmi les sites les plus attrayants de la région.

★ Clonfert Cathedral C2

Mai-oct. : tlj 9h15-18h - gratuit.

Perdue en pleine campagne au milieu d'un cimetière, l'ancienne abbatiale du monastère de saint Brendan (6e s.), devenue cathédrale au 12e s., constitue un véritable joyau de l'architecture religieuse irlandaise, l'un des lieux les plus magiques du pays. On y vient surtout pour son merveilleux **portail roman**★★ triangulaire, en grès, superbe exemple de décoration irlandaise unissant les figures géométriques, cercles et triangles, aux représentations de visages et d'animaux *(belle lumière l'apr.-midi)*. À l'intérieur de l'édifice, sur l'arcade menant au chœur, remarquez les **sculptures** figurant des anges et une sirène (15e s.).

Revenez en arrière jusqu'au grand carrefour et tournez à droite vers Ballinasloe. Au carrefour suivant, tournez encore à droite et suivez la route pendant 5 km.

Clontuskert Abbey C2

En face d'un cottage rose vif, vous apercevez dans un champ, sur votre droite, les ruines de Clontuskert Abbey (13e s.). De sa restauration, au 15e s., subsistent une jolie portion de **cloître**, une fenêtre à rosace et un intéressant **portail ouest** sculpté de quatre saints (Michel, Jean, Catherine et Augustin).
À **Ballinasloe**, très animée lors de la foire aux chevaux *(début oct.)*, suivez la direction d'Athlone, puis bifurquez à droite vers Clonmacnoise *(R 357)*.

★★★ Clonmacnoise (CLUAIN MHIC NÓIS) C2

090 967 4195 - www.heritageireland.ie - fév.-oct. : 10h-17h30 ; nov.-janv. : 10h-17h - dernière entrée 1h av. fermeture - 8 € (enf. 4 €).
Les rois de Connaught et de Tara étaient enterrés à Clonmacnoise, le plus vaste et le plus riche ensemble monastique du pays, dominant les méandres du Shannon. Les moines avaient choisi ce site en raison de son emplacement stratégique, au carrefour du fleuve et de la route des crêtes reliant Dublin, Tara et l'ouest du pays. Le premier monastère fut fondé par saint Kieran (Ciarán), modeste fils d'un charpentier ambulant, mais fin lettré. Il en fit un établissement d'érudits, qui rayonna pendant des siècles, malgré les raids ennemis successifs. La plupart des vestiges visibles sur cette colline remontent à une période s'étendant du 10e au 12e s.
On devine l'organisation générale du monastère qui, à l'intérieur d'une enceinte de pierre, se compose de huit églises, d'une cathédrale, de deux tours rondes, de tombes et de trois grandes croix *(les originaux des croix et des plus beaux tombeaux sont exposés dans le Visitor Centre)*. La **croix des Écritures★★** (début du 10e s.), la plus importante, dessine une véritable bande dessinée biblique en relief ; la **croix du Sud**, sur la droite, est ornée de spirales et d'entrelacs similaires à ce que l'on voit en Écosse, et la **croix du Nord**, la plus ancienne (9e s.), ne garde qu'un fût ouvragé – côté rivière, le personnage aux jambes croisées représenterait un dieu celte.
Chaque année, le 9 septembre, le pèlerinage de saint Kieran rassemble toujours de nombreux fidèles autour du puits sacré.
À la sortie du site, continuez sur la même route, à travers un paysage désolé, presque lunaire, dont la terre noire, ratissée sans relâche par d'énormes engins, s'étend à perte de vue. Vous vous trouvez au cœur du **Blackwater Bog**, les tourbières les plus élevées au monde, exploitées industriellement pour fournir l'énergie aux centrales électriques.

Du Lough Ree à Carrick-on-Shannon

Circuit de 29 km au départ d'Athlone, tracé en vert clair sur la carte de région p. 256-257.

Athlone (BAILE ÁTHA LUAIN) C2

6 Castle St. - 90 649 4630 - www.athloneartsandtourism.ie.
Athlone s'est édifiée sur les rives du Shannon au cœur de l'Irlande ancestrale, dans un paysage de lacs et de rivières.
★ **Athlone Castle** – *St Peter's Square - 90 644 2130 - www.athlonecastle.ie - juin-août : mar.-dim. 9h30-18h (dim. 10h30) ; mars-mai et sept.-oct. : mar.-dim. 10h-17h30 (dim. 11h) ; nov.-fév. : merc.-dim. 10h30-17h (dim. 11h30) - 10 € - famille 25 €.*
Dominant le Shannon, cette imposante forteresse a appartenu au dernier des rois celtes irlandais. La scénographie entièrement revue s'attache à l'histoire du site et de la ville, depuis les origines jusqu'au siège subi au 17e s. Une salle rend

Le monastère de Clonmacnoise.
egal/Getty Images Plus

aussi un hommage poétique à John Mc Cormac (1884-1945), originaire d'Athlone et le plus jeune ténor à avoir chanté à Covent Garden.
En face du château se dresse l'église **St-Pierre-et-St-Paul**, consacrée en 1937. À deux pas s'élève la très contemporaire **Luan Art Gallery** *(www.athloneartsand-tourism.ie/luan-gallery - mar.-sam. 11h-17h, dim. 12h-17h).*
Old Rail Trail Westmeath – *40 km d'Athlone à Mullingar.* Une fois passé le pont, piétons et cyclistes de tous âges se partagent cette route plutôt plate, qui va d'ancienne gare en ancienne gare.
Avant de contourner le lac Ree par l'ouest, faites un détour par Glasson (9,5 km à l'est par la N 55).

Glasson C2

Très fleuri, ce village est parfois surnommé le village des roses, mais c'est aussi une destination gourmande *(voir « Nos Adresses »).*
Revenez à Athlone et engagez-vous sur la N 61 en direction de Roscommon.
En route, faites un arrêt au **Derryglad Folk & Heritage Museum** qui réunit dans une sorte de joyeux bric-à-brac près de 6 000 objets illustrant le quotidien du temps passé (*Curraghboy - ✆ 90 648 8192 - www.derrygladfolkmuseum.com - mai-sept. : tlj sf dim. 10h-18h - 8 €).*

Corlea Trackway C1

À 3 km de Keenagh (20 km nord-est d'Athlone) par la R 392 - ✆ 043 332 2386 - www.heritageireland.ie - avr.-sept. : tlj 10h-18h - gratuit.
Les amateurs d'archéologie pousseront jusqu'à ce site perdu au milieu des tourbières : en 1984, on y a découvert sur 18 m les restes d'un *togher*, une chaussée préhistorique faite de planches de chêne posées sur des rails de bouleaux. Datée de 148 av. J.-C., cette piste – la plus importante de toutes celles que l'on a exhumées à ce jour en Irlande – faisait vraisemblablement partie d'une route cérémonielle reliant deux sièges sacrés : la colline d'Uisneach *(voir p. 273)* et Rathcroghan (au nord de Roscommon).

Une femme bourreau

Dans le centre de Roscommon, l'ancienne prison garde le souvenir sinistre de Lady Betty. Cette meurtrière condamnée à mort profita du retard de son bourreau pour proposer de le remplacer, si on lui épargnait la peine capitale. Investie dans ses nouvelles fonctions, elle prit l'habitude, avant chaque exécution, de dessiner le portrait du détenu sur les murs de la prison.

Roscommon (ROS COMÁIN) C1

Dressé au milieu d'un champ à la sortie du village, le **château★** en ruine illustre l'importance de cette bourgade, située dans une riche région d'élevage. Malgré ses tours massives et ses hauts murs, donnant la mesure des moyens que ses ennemis ont dû mettre en œuvre pour en venir à bout, cet édifice de l'époque romane fut démantelé par le cruel Cromwell.
Autre témoin de la richesse de la ville, l'**abbaye dominicaine** (13e s.) abrite le tombeau de son fondateur, le roi O'Connor.
Sortez de Roscommon par le nord en direction de Boyle. À 9 km, tournez à droite sur la R 368, vers Strokestown.

★ Strokestown Park House C1

Sur la N 5 - ✆ 071 963 3013 - www.strokestownpark.ie - 10h-18h : mars-mi et sept. : 10h-17h ; de nov.-fév. : 10h-16h - visite guidée du château à 12h, 14h, 16h - musée et jardin ou maison 9,50 € ; billet combiné jardin et château 14 €.
Ce domaine fut construit pour la famille Mahon en 1696. Chaque Mahon qui en fut propriétaire par la suite y imprima sa marque. Ainsi, Thomas Mahon, un parlementaire irlandais du comté de Roscommon, y ajouta deux ailes, Maurice y installa une bibliothèque... Cette élégante **villa★** de style palladien, décorée d'un beau mobilier, resta dans la famille jusqu'en 1979. L'intérieur, demeuré intact depuis, comprend la nursery, la salle de classe et même la cuisine, avec la galerie qu'empruntait la maîtresse de maison pour mettre son grain de sel ! Dans les écuries, le passionnant **Famine Museum★** retrace l'histoire de la Grande Famine, évoquant la lourde responsabilité des colons britanniques dans les proportions catastrophiques que prit ce drame.
Suivez ensuite les panneaux pour Carrick-on-Shannon.

Carrick-on-Shannon (CORA DROMA RÚISC) C1

Ce qui fut autrefois un simple et charmant petit port de plaisance peut sembler un peu dénaturé par les maisons de vacances qui s'alignent à son entrée. La rue principale, ses boutiques et ses pubs agréables restent néanmoins sympathiques pour une pause et ils constituent une bonne base de départ pour la navigation fluviale et les pêcheurs.
Pour poursuivre votre voyage vers le Nord-Ouest, voir Boyle et Sligo (p. 344).

À l'est du Shannon CD1-2

Région centrale plutôt marécageuse, les Midlands n'en regorgent pas moins de châteaux, d'abbayes et de sites historiques.

Tullynally Castle D1

Castlepollard - ✆ 044 966 1856 - www.tullynallycastle.ie -avr.-sept. : jeu.-dim. 11h-17h - 8 € (enf. 4 €).
Demeure privée *(ne se visite pas)* appartenant à la famille comtale des Pakenham. Ce château à l'allure néo-médiévale jouit d'un beau jardin dont l'origine remonte

au 18e s. Il possédait alors le plus grand potager d'Irlande. Remodelé au 19e s., on lui a adjoint au siècle suivant un jardin tibétain, un jardin japonais... Les thématiques sont multiples et la promenade agréable.

Fore Abbey and its Seven Wonders D1

À 8 km à l'est de Tullynally Castle par la R 915.

Les ruines de l'abbaye de Fore fondée par saint Féchin en 630 sont majestueuses. Le site est associé à sept merveilles (Seven Wonders of Fore) que l'on découvre au fur et à mesure de la visite : l'anachorète dans une pierre, l'eau qui ne bouillira pas, le monastère construit sur un marécage, le moulin sans ruisseau, l'eau qui coule vers le haut, l'arbre (frêne) qui ne brûle pas et le linteau de pierre soulevé par les prières du saint.

Autour du Lough Ennell CD2

★ **Belvedere House** – *Mullingar - ✆ 044 933 8960 - www.belvedere-house.ie - mai-août : 9h30-20h ; avr. et sept. : 9h30-19h ; mars et oct. : 9h30-18h ; nov.-fév. : 9h30-16h30 - 6,40 € (enf. 4 €).* Ce pavillon de chasse et de pêche du 18e s. possède un fascinant jardin clos, riche d'une collection de plantes rares et spéciales. Dans le parc, belles folies dont une surnommée « le mur de la jalousie », car élevée pour séparer le domaine de deux frères ennemis.

The Hill of Uisneach – *Rathnew, Loughnavalley (à 16 km au sud-ouest de Mullingar par la R 390) - ✆ 087 718 9550 - www.uisneach.ie - visite guidée de la colline (2h) - mai-sept. : merc.-dim. à 13h - 15 €.* Cette colline est associée au siège sacré des rois depuis les temps préhistoriques. Elle figure dans de nombreuses légendes et conserve une aura culturelle et mythologique forte.

Kilbeggan Distillery Experience – *Kilbeggan (16 km au nord de Tullamore) - ✆ 057 933 2134 - www.kilbegganwhiskey.com - avr.-oct. : 10h-16h30 ; nov.-mars : 11h-14h30 - 15/30 € selon la visite choisie).* L'une des plus anciennes distilleries d'Irlande (1757) dévoile ses coulisses et son histoire. Étapes et procédés de fabrication sont présentés. Dégustation en sus (possibilité d'emporter les échantillons pour les conducteurs).

Tullamore (TULACH MHÓR) CD2

Tullamore Dew – *Bury Quay - ✆ 057 9325015 - www.tullamoredew.com - 9h30-18h, dim. et j. fériés 11h30-17h - 20/95 € selon la visite choisie.* L'ancien entrepôt dressé sur le grand canal de Tullamore accueille aujourd'hui les visiteurs dans une ambiance toute contemporaine pour découvrir l'histoire et le processus ultramoderne de fabrication du whiskey. Dégustation à la clé.

Charleville Castle – *3 km au sud-ouest - ✆ 057 932 3040 - www.charlevillecastle.ie - 11h-17h - 8 € (enf. 4 €) - téléphonez avant pour être sûr de trouver quelqu'un.* Un des rares châteaux néo-gothiques d'Irlande. Il doit sa survie à un groupe de bénévoles. Dans son parc, un chêne pluricentenaire King Oak, labellisé arbre remarquable.

Carnet pratique

Adresses utiles

Banque – Banques et distributeurs à Athlone, Killaloe, Roscommon et Carrick-on-Shannon.

Arriver/Partir

En bus

Athlone (bus et train), Tullamore (bus et train) et Birr (bus) sont desservis régulièrement au départ de Dublin et Galway.

Horaires sur www.transportforireland.ie.

Découvrir la région en bus est plus difficile, les endroits intéressants étant à l'écart des routes principales. Voyez la compagnie locale **Kearns Transport** *(www.kearnstransport.com)*. Clonmacnoise et Clonfert, les sites majeurs, sont accessibles à vélo depuis Ballinasloe.

Nos adresses

Restauration

Athlone

Pour se faire plaisir

Thyme – *Custume Pl., Strand St. - 090 647 8850 - www.thymerestaurant.ie- merc.-sam. 17h-21h, dim. 13h-19h - menus 38/58 €.* Accueillant restaurant tout près du fleuve. Un chef passionné et son équipe, efficace et conviviale, y concoctent avec soin des menus aux ingrédients locaux et aux riches saveurs naturelles.

Glasson

Budget moyen

Glasson Village Restaurant – *090 648 5001 - www.thevillager.ie - 15h-20h45, dim. 15h-19h30 - fermé lun.-mar. - plats 22/26 €.* Un restaurant où goûter une cuisine imaginative à base de produits du terroir (pigeon à la purée de betterave, penne au haddock...).

Carrick-on-Shannon

Budget moyen

Oarsman – *Bridge St. - 071 962 1733 - www.theoarsman.com - 17h-20h45 - fermé dim. (sf sur réserv.) et lun.-merc. - plats 16/24 €.* Un gastro-pub à la carte alléchante.

Boire un verre

Athlone

Sean's Bar – *Main St. - 090 649 2358 - www.seansbar.ie - 10h30-0h30, dim. 12h30-23h30.* Une institution à Athlone.

Murphy's Law – *23 Mardyke St. - 090 643 2753 - www.murphyslawathlone.com - 10h30-21h30, dim. 11h-21h.* Autre possibilité de petite pause : testez l'ambiance du Murphy's Law.

Activités

Randonnée

Plusieurs sentiers balisés sillonnent les berges du Shannon et des lacs *(loughs)*. En partant de Limerick, le chemin de halage permet de rejoindre la **Lough Derg Way** (64 km). Parfois, il devient difficile de longer la rive, très marécageuse, mais certains sentiers offrent des vues des *loughs* au fil du parcours *(rens. dans les offices de tourisme)*. Il y a ausi le **Old Rail Trail Westmeath** *(voir p. 271)*.

Galway-Clare Burren Trail – *Derryoran East, Whitegate (à 5 km au nord-est de Mountshannon) - 061 927 411 - www.irishhorseriding.com - avr.-août.* Organise des séjours équestres avec grandes randonnées au départ du Shannon et jusqu'au Burren (guides parlant français).

Sur l'eau !

Avec ses 200 km navigables, le Shannon peut se parcourir en bateau habitable. Parmi les ports d'embarquement, Killaloe, Athlone ou Carrick-on-Shannon, à chaque extrémité de la voie navigable principale, sont les plus pratiques, et des marinas ont été aménagées en différents endroits du Shannon. Infos sur www.waterwaysireland.org et www.iwai.ie.

Les locations de bateaux *crusers* s'effectuent au w.-end ou à la semaine :

Emerald Star – *Carrick-on-Shannon - 071 962 7633 - www.emeraldstar.ie.*

Spirit of Killaloe – *Killaloe - 086 814 0559 - www.killaloerivercruises.com.*

Pour une balade de quelques heures, préférez le kayak ou le paddle : voir **Mid Ireland Adventure** *(www.midirelandadventure.ie)* à Banagher.

Hébergement

Castleconnell

Premier prix

Rivergrove – *World's End - 061 377 107 - www.rivergrovehouse.com - P - 4 ch. 70/80 €.* Le Shannon, ses roseaux et ses berges boisées devant le jardin fleuri, de jolies chambres confortables dominant la rivière en font une étape au charme serein, idéale pour les fans de pêche, tout en restant proche des restaurants et des pubs.
Petit déjeuner dans une jolie véranda devant la rivière.

Mountshannon

Premier prix

Lakeside Holiday Park – *Clare - 061 927 225 - www.lakesideireland.com - mi-avr.-oct. - 45 empl 20/25 €, mobile homes 199/249 €.* Au bord du lac, un parc agréablement ombragé et bien équipé (tennis, ping-pong, kayak, aviron, baignade)

Roscommon

Premier prix

Hannon's Hotel – *Athlone Rd - 090 663 7644 - www.hannonshotel.com - P - 30 ch. 95/105 €.* Hôtel familial, moderne et confortable, proche du centre-ville, face au golf. Accueil chaleureux.

Budget moyen

Gleeson's Townhouse – *Market Square - 090 662 6954 - www.gleesonstownhouse.com - P - 19 ch. 135/169 €.* Belle maison de ville proposant des chambres très bien équipées, un café-restaurant où manger à tous les prix et même une épicerie fine où l'on vous fera un sandwich tout frais.

Une folie

Castlecoote House – *Castlecoote (à 5 km à l'ouest de Roscommon, sur la R 366) - 090 666 3794 - www.castlecootehouse.com - P - 5 ch. - chalet 400 € la sem.* Une petite folie pour séjourner dans un manoir de style palladien au cœur d'un agréable parc, avec rivière, verger et ruines. Grand style et très belles chambres.

Carrick-on-Shannon

Budget moyen

Bush Hôtel – *Main St. - 071 967 1000 - www.bushhotel.com - P - 60 ch. 139/169 €.* Un bel hôtel-boutique alliant charme et confort contemporain. Chambres soignées. *Coffee shop* et bar-restaurant où tout est élaboré avec des produits frais, provenant de producteurs locaux choisis pour leur qualité.

4

BURREN, CONNEMARA ET MAYO
Benwee Head
Dún Caocháin
Downpatrick Head
Belmullet
Céide Fields
R 314
Carrowmore Lake
Killala
Mullet Peninsula
R 313
Bangor
Belleek
N 59
Mayo
Ballina
CROAGHAUN
Achill Island
Deel
Lough
Conn
River Moy
667
Minaun Heights
Keem Strand
464
Nephin Drive
R 312
Foxford Woolen Mills
Trawmore Strand
N 59
ATLANTIC DRIVE
Burrishoole Abbey
N 5
Clew Bay
Castelbar
National Museum - Country Life
Clare Island
Westport
N 84
Manulla
Sliver Strand
763
N 60
Croagh Patrick
Inishbofin Island
Scenic Road
817
Lough Carra
Robe
N 59
Lough Mask
Leenaun
R 536
Dry Canal
N 84
N 17
River Clare
CONNEMARA
Clifden
Cong
Lough
R 345
Inchagoill Island
R 341
N 59
Grange
Tuam
Corrib
CONNEMARA
R 336
Oughterard
Aughnanure Castle
ATLANTIC
R 340
N 59
N 84
N 17
Moycullen
Costelloe
Patrick Pearse's Cottage
Galway
M 18
OCEAN
Spiddal
Salthill
M 6
R 336
N 67
N 18
DÚN AENGUS
Ballyvaughan
Corcomroe Abbey
Dunguaire
R 446
Black Head
N 65
Killeany
Inishmore
Fanore
R 477
Kinvarra
N 65
Inishmaan
Lisdoonvarna
Aillwee
Thoor Ballylee
Aran Islands
Inisheer
Coole Park
Doolin
Poulnabrone
Kilmacduagh Monastery
Kilfenora
THE BURREN
CLIFFS OF MOHER
Corrofin
M 18
Lahinch
Ennistymon
Dysert O'Dea
Milltown Malbay
Ennis
N 68
LIMERICK
Foynes
Adare
N 24
N 21
N 20
R 512
CONNEMARA ★★★ Vaut le voyage
Westport ★★ Vaut le détour
Dunguaire ★ Vaut la visite
Doolin Intéressant
Ville de départ du circuit
Le Connemara par les lacs
Le Connemara par la côte nord
De Cong à Killary Harbour
Le Connemara par la côte sud
Murrisk Peninsula
Le littoral du Nord Mayo
The Burren (par la côte)
The Burren (au cœur des terres)
CONNEMARA Voir la carte détaillée des circuits
0 20 km
0 10 miles
N
6
4
A
B
1
2
3
4
BELFAST
BELFAST
DUBLIN
DUBLIN
DUBLIN
CORK

5

Burren, Connemara et Mayo

CARTE MICHELIN N° 712 B-E 5-8
COMTÉS DE CLARE, GALWAY ET MAYO

Le Burren ★★★

Le Burren, cet immense plateau calcaire tourmenté par l'érosion, forme un paysage unique, étrange et attachant. Entre ces étendues lunaires de pierres gris pâle, parcourues de murs de cailloux barrant l'horizon, jaillissent par endroits une poignée de fleurs rares, un fort circulaire, un dolmen colossal ou une abbaye ancienne. Mais le Burren recèle davantage que ce spectacle désolé d'hectares de cailloux, vestiges de quelque bouleversement géologique. Il faut en arpenter les sentiers sans relâche pour se laisser gagner peu à peu par son mystère, avant de basculer définitivement sous son charme, au détour d'un chemin creux. Ne rêvez pas d'un circuit idéal, vous manqueriez l'essentiel : perdez-vous sur ses terrasses de pierre, retenez votre souffle au sommet des falaises de Moher, tournez trois fois autour des puits sacrés pour attirer la chance et laissez-vous bercer par les légendes que vous content les anciens au coin du feu...

Se repérer

CARTE AB2 (P. 276) - CARTE DU BURREN (P. 280-281).

Comté de Clare.
Cette curiosité géologique se déploie à une quarantaine de kilomètres au nord-ouest de Limerick. Un circuit de 110 km à partir d'Ennis *via* la côte en donne un rapide aperçu. Prévoyez le double pour visiter les principaux sites.

À ne pas manquer

Les falaises de Moher ; la route côtière de Black Head ; au moins une petite randonnée sur le Burren Way ; une soirée de *set dancing* à Kilfenora.

Organiser son temps

Comptez 1 à 2 jours. À chaque panneau *Green Road*, offrez-vous le détour sur ces anciennes voies de communication, les plus belles et les plus secrètes. Prévoyez de l'argent liquide, organisez vos nuits et confirmez vos réservations.

Carnet pratique p. 288

Nos adresses p. 289

Circuits conseillés

CARTE P. 280-281

★★★ The Burren (par la côte) AB2

Circuit de 85 km tracé en bordeaux sur la carte de région p. 276 et en rouge sur la carte du Burren p. 280-281. Partez d'Ennistymon (à 26 km au nord-ouest d'Ennis).

La région est désignée par l'Unesco comme géoparc, une aire protégée pour ses caractéristiques géologiques exceptionnelles. *www.burrengeopark.ie.*

Si vous n'avez (malheureusement) pas le temps de vous attarder dans le Burren, cette route vous offrira un aperçu du phénomène géologique spectaculaire que connaît la région. Côté mer, après les extraordinaires falaises de Moher, le sol est constitué d'une succession de terrasses de pierre, lisses et plates, striées de longues crevasses, où viennent s'intercaler quelques criques de galets. Côté terre, les rares prairies offrent, entre les cailloux, un bien pauvre pâturage aux ânes, vaches et moutons. Au-dessus de la route, le **Slieve Elva** (345 m) est entièrement constitué de ces amas calcaires. Les roches prennent l'aspect étonnant d'un chaos

Les célèbres falaises de Moher.
MNStudio/Getty Images Plus

de cheminées de pierre, de canyons, de plateaux fendus de vallées et ponctués d'étranges boulets monumentaux, que l'on dirait jetés là par quelque dieu facétieux. Et lorsque l'on se perd dans ces méandres de pierres, il n'est pas rare de voir surgir les plus exotiques des fleurs alpines et méditerranéennes : gentiane bleue, rose pimprenelle, géranium sauvage, orchidée... Une progression de quelques centaines de mètres dans cet enchevêtrement rocheux s'effectue au prix de bien des détours et escalades, mais vous serez largement récompensé de vos efforts par le sentiment de débarquer sur une autre planète, au cœur d'un silence minéral.

Ennistymon (INIS DÍOMÁIN) B3

La paisible bourgade d'Ennistymon possède un nombre impressionnant de pubs et un foirail où éleveurs et maquignons garantissent un spectacle très pittoresque.
Sortez d'Ennistymon vers l'ouest, en direction des Cliffs of Moher, pour rejoindre Lahinch (4 km).

Lahinch et ses environs A3

Lahinch (ou Lehinch) est une petite station balnéaire assez populaire et, surtout, un paradis pour golfeurs et surfeurs.

5

Vous pouvez faire une excursion vers le sud jusqu'à **Milltown Malbay** (SRÁID NA CATHRACH) et **Spanish Point** *(détour de 30 km AR)*. Cette côte plate, bordée de plages de sable, serait assez belle si elle n'était pas envahie de constructions. Le détour ne vaut toutefois que si vous cherchez un excellent site pour pratiquer le surf ou le golf, ou si vous êtes fan de musique traditionnelle : ne manquez pas alors la **Willie Clancy Week** de Milltown Malbay, la première semaine de juillet *(voir « Agenda »)*.
De Lahinch, empruntez la route côtière (R 478) jusqu'aux falaises de Moher.

★★★ Cliffs of Moher A3

À visiter l'après-midi pour bénéficier d'un meilleur ensoleillement. Attention, les jours de pluie ou de grand vent, le bord des falaises est très dangereux. Parking payant (inclus si vous visitez le Visitor Centre).

Pour admirer les falaises depuis la mer, rendez-vous à l'embarcadère de Doolin *(25 € l'excursion avec la compagnie Doolin Ferry - ✆ 065 707 5555 - www.doolin ferry.com).*

Ces falaises noires, composées de strates de grès et de schiste moussus où nichent des milliers d'oiseaux (n'oubliez pas vos jumelles, ils ne sont pas décelables à l'œil nu !), sont l'un des sites naturels les plus spectaculaires d'Irlande. Leur hauteur vertigineuse (environ 200 m au plus haut, près de la tour, sur 8 km de long) vous réduit à une telle petitesse que vous en oublierez la présence des autres touristes, pourtant nombreux.

Bien intégré au relief, le **Cliffs of Moher Visitor Centre** *(www.cliffsofmoher.ie - mai-août : 8h-21h ; mars-avr. et sept.-oct. : 8h-19h ; nov.-fév. : 9h-17h - 7/10 € selon l'heure de visite - réserv. en ligne conseillée)* accueille un bureau d'informations très complet, des expositions thématiques et interactives bien faites (faune, flore, géologie, tourisme), des boutiques et un café.

Le site est le point de départ de **sentiers de randonnée★★★** vers des coins plus sauvages, où vous pourrez observer aux jumelles des guillemots, macareux, mouettes, pingouins torda, fulmars...

À l'ouest, le sentier vers **Hags Head★★** offre une **vue★★★** saisissante de cet ensemble de murailles démesurées, au sommet desquelles les visiteurs ressemblent à des fourmis.

Vers le nord, vous dépasserez la **tour O'Brien** pour continuer ce tronçon côtier du **Burren Way★★★**.

Quittez le parking vers la gauche, en direction de Lisdoonvarna/Lios Dúin Bhearna (R 478). À 5 km environ, bifurquez à gauche vers Doolin.

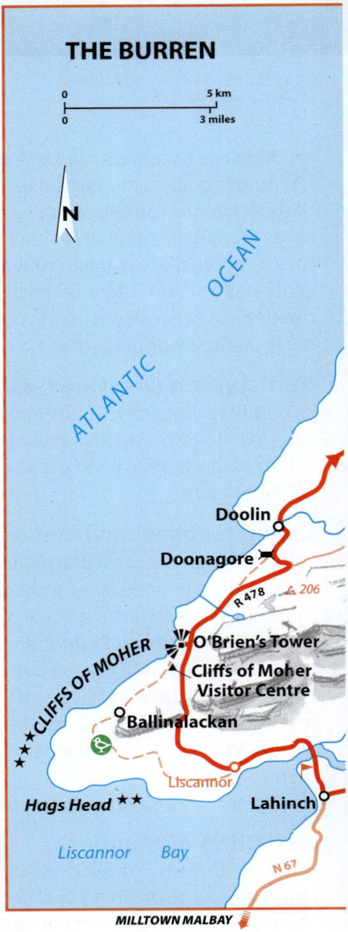

Doolin (DÚLAINN) A3

Lieu de séjour idéal, le village vaut surtout pour la visite pour ses pubs musicaux de grande qualité, où se réunissent chaque soir des musiciens venus des quatre coins du pays. Née dans les années 1960 avec les frères Russell qui se produisaient alors au pub O'Connor's, la réputation musicale de ce « patelin perdu » demeure assez inexplicable – bien que l'ouest du comté de Clare soit connu pour sa créativité en matière de musique traditionnelle. Malheureusement, la rançon du succès est une surpopulation en été. Ce drôle de petit village étiré en trois parties se termine par l'embarcadère vers les îles d'Aran *(voir p. 304)*.

À partir de Fisherstreet *(en bas du village)*, vous pouvez rejoindre vers le sud un sentier de randonnée qui longe le rivage. Après avoir passé, sur votre gauche, **Doonagore Castle**, construit au 15e s. par les O'Brien, vous pouvez continuer jusqu'aux falaises de Moher *(comptez une journée AR ; prévoyez de bonnes chaussures et gare au terrain glissant par temps de pluie)*.

Doolin Cave – *Craggycorradan (à 5mn au nord de Doolin sur la R 479, à côté du pub McDermott's) - ✆ 065 707 5761 - www.doolincave.ie - de mi-mars à mi-oct. : 10h-17h - 17,50 € (enf. 8,50 €) - réserv. en ligne -20 %).* Pour les spéléologues en herbe, une descente à 20 m sous terre dans l'une des nombreuses grottes du Burren sera l'occasion d'apprécier la formation d'une énorme stalactite de 7,30 m.

Pour quitter Doolin, laissez la route de Lisdoonvarna et prenez la R 479, à gauche au carrefour en patte d'oie. Après environ 6 km à l'intérieur des terres, vous rejoignez la R 477, en tournant à gauche.

La lune est tombée sur la Terre

La légende veut que le Burren soit issu d'une querelle lunaire. Une nuit, un géant et son épouse, qui vivaient là-haut, se saoulèrent et se disputèrent à coups de cailloux. Terrifiée, la femme se cacha derrière un amas rocheux. Mais le géant, ivre d'alcool et de rage, attrapa le tout, femme et cailloux, et les lança à travers le ciel. La dame mourut à l'atterrissage, près de Fanore, et les habitants du village l'enterrèrent sous un énorme tas de sable, les dunes que l'on voit encore aujourd'hui. Quant aux cailloux restés sur place, ils formèrent le Burren.

Fanore B3

Après avoir passé l'une des plus belles parties de la côte (n'hésitez pas à vous enfoncer dans les formations rocheuses à l'est de la route), au milieu de tous ces rochers, le village vous réserve la surprise d'une **plage** de sable blond, de dunes et de vagues propices à une agréable baignade. Hélas, pris d'assaut par les caravanes et les bungalows, le lieu s'avère bruyant et bondé en été.
Juste avant de franchir la rivière, tournez à droite, côté montagne, vers la vallée de la **Caher River★★**. La route serpente entre les **terrasses rocheuses★** et permet une petite incursion dans le Burren.
Revenez ensuite sur vos pas et reprenez la « Coastal Road » jusqu'à Black Head. À Murrooghtoohy (Muiríuch Tuaithe), peu avant Black Head, beau panorama.

★ Black Head B3

De ce massif rocheux saillant dans la mer, paysage exclusivement minéral de falaises calcaires, vous apercevrez peut-être des dauphins et des phoques. Un petit phare en contrebas marque l'entrée sud de la baie de Galway.
Les plus sportifs grimperont à flanc de colline jusqu'à **Cathair Dhún Iorais**, ancien fort de l'âge de fer qui offre un **panorama★★** exceptionnel.
Plus loin au bord de l'eau, vous apercevez le **château de Gleninagh** *(fermé à la visite)*, haute tour carrée du 16e s.
Au hameau de Cregg, un sentier de randonnée s'enfonce dans les collines, entre les monts Gleninagh et Cappanawalla, révélant un **point de vue★★** sur la baie et les chaos rocheux avant de regagner, vers le sud, le Burren Way.
En retrouvant la route côtière, vous apercevez, sur votre droite, un curieux petit édifice : le **Pinnacle Well**, puits communal où les femmes allaient chercher de l'eau. On raconte que ce puits sacré porte chance à celui qui en fait trois fois le tour en prononçant trois vœux. La route se fait ensuite plus verdoyante et se borde d'arbres avant d'arriver à Ballyvaughan.

Ballyvaughan (BAILE UÍ BHEACHÁIN) B3

Blotti au fond de son anse, ce petit port, au visage plus accueillant que les étendues caillouteuses voisines, est devenu un site très touristique. De jolis cottages et une succession de profondes échancrures marquent la transition vers le fond de la baie de Galway, dont le littoral se borde de vertes prairies quadrillées de petits murs.
Après 6,5 km sur la route de Galway, tournez à droite vers Corcomroe Abbey. (attention aux nombreux nids de poule !).

★ Corcomroe Abbey (MAINISTIR CHORCA MRUA) B3

Le principal intérêt de cette abbaye cistercienne en ruine, fondée au 12e s., réside dans ses **sculptures** représentant des têtes énigmatiques, des effigies et des motifs floraux. Les botanistes reconnaissent dans les fleurs reproduites plusieurs espèces médicinales sans doute cultivées par les moines – les cisterciens étaient en général d'excellents jardiniers. En guise de clin d'œil à ce savoir-faire, cette abbaye porte le nom de « Sainte-Marie-du-Rocher-Fertile », un comble au bord du Burren !

De retour sur la route principale, continuez en direction de Galway pendant 15 km jusqu'à Kinvarra.

Kinvarra (CINN MHARA) B3

Ce port niché au fond de la baie de Galway est le rendez-vous des fans de musique traditionnelle *(voir* Cuckoo Fleadh *le 1er w.-end de mai)* et des amateurs de vieilles coques *(rassemblement début août)*. Les **Galway Hookers**, lourdes barques noires et ventrues, gréées de voiles brunes, se croisent sur ce plan d'eau abrité dont le rivage révèle, à marée basse, des étendues d'algues, de vase et de cailloux, qui attirent les oiseaux marins.

★ Dunguaire Castle B3

061 711 222 - www.dunguairecastle.com - de fin avr. à fin sept. : 10h-16h ; banquets à 17h30 et 19h45 - 8,50 € (7,50 € par Internet), banquet 63 € (réserv. indispensable).

Le paysage en demi-teintes est dominé par la silhouette austère de Dunguaire Castle, haute tour de quatre étages, construite en 1520 par un descendant des rois de Connaught. Après avoir parcouru les quelques petites pièces aux plafonds coffrés en vannerie, vous pourrez contempler la superbe **vue★** du sommet de l'édifice. Ce château (qui a servi de décor au film *Les Loups de haute mer* avec Roger Moore et Anthony Perkins en 1979) accueille également des **banquets médiévaux**, où vos hôtes costumés vous recevront sur un fond musical de circonstance. Après avoir goûté au breuvage local, vous devrez faire honneur à un menu gargantuesque, pendant que l'on vous distraira avec force réjouissances littéraires et musicales. L'authenticité n'est cependant pas garantie, votre voisin de table risquant fort de pécher par excès d'accent texan !

Pour quitter le Burren, remontez vers Galway (28 km).

★ The Burren (au cœur des terres) B3

Circuit de 37 km de Kinvarra à Corrofin, tracé en rose sur la carte de région p. 276 ou en gris sur la carte p. 280-281. De Kinvarra, suivez les panneaux vers Gort, au cœur de vastes étendues de pierres.

Ceux qui sont tombés sous le charme de la région pourront pénétrer dans une zone encore plus secrète, qui aurait inspiré à J.R.R. Tolkien les paysages de ses romans et quelques créatures. Un peu à l'écart du Burren lui-même, les férus de littérature irlandaise feront deux étapes, à l'est et au nord de Gort. 5

★ Thoor Ballylee

Sur la N 66 entre Gort (à 4 km) et Loughrea (à 20 km) - 091 631 436 - www.yeatsthoorballylee.org - juin-août : tlj 10h-18h ; avr.-juin et sept.-oct. : 10h-16h, w.-end. 11h-17h - 7 €.

Le site recèle d'émouvants souvenirs de **Yeats**, dont l'œuvre est fortement influencée par les paysages alentour. En 1917, le poète fit de cette grosse tour fortifiée du 16e s. sa maison de vacances afin de se rapprocher de Coole Park, résidence de Lady Gregory, avec qui il fonda l'Abbey Theatre de Dublin. La tour comporte quatre pièces l'une au-dessus de l'autre, reliées par un escalier.

De Gort, empruntez la N 18 vers le nord pendant 3 km.

Coole Park

✆ 091 631 804 - www.coolepark.ie - parc ouv. tte l'année : 8h-18h (19h30 en été) - Visitor Centre ouv. avr.-sept. : 10h-17h - gratuit.

Ce parc offre de jolies balades et, dans le jardin clos, vous verrez l'**arbre aux autographes**, où les plus grands auteurs irlandais ont gravé leurs initiales (W. B. Yeats, G. B. Shaw, J. M. Synge, S. O'Casey...). Le Visitor Centre, aménagé dans les anciennes écuries, présente une exposition sur le site et Lady Gregory.

Retournez à Gort et prenez la R 460 en direction de Corrofin. À 6 km, sur la droite, vous atteignez les ruines de Kilmacduagh.

★ Kilmacduagh Monastery

Fondé au 7e s., puis ravagé par les Vikings aux 9e et 10e s., cet ensemble totalement ruiné (à l'exception de la tour) surprend par son importance. Il se repère de loin grâce à la silhouette légèrement penchée de sa haute **tour ronde** à toit conique (11e ou 12e s.), qui permettait de guetter les assaillants et de s'y réfugier en cas d'attaque. On accédait à la porte d'entrée, située en hauteur, par une échelle que l'on remontait ensuite à l'intérieur. Le reste du site monastique comprend une cathédrale (13e s.), plusieurs églises (11e et 12e s.) et Glebe House (15e s.), bâtiment à deux étages qui servait de logis.

De retour sur la route de Corrofin *(à 17 km)*, vous longez un petit lac et traversez de nouvelles étendues de pierres formant d'énormes pavés, entre lesquels éclosent de nombreuses fleurs sauvages au mois de mai.

Corrofin (CORA FINNE)

Aux environs de cette localité sans prétention, les amateurs pourront pêcher dans les sites du bassin de la rivière **Fergus** et de nombreux lacs.

Clare Heritage & Genealogy Centre – *Dans l'ancienne église du village - ✆ 065 683 7955 - www.clareroots.com - lun.-vend. 9h-17h - 4 €.* À travers une collection d'outils et d'objets domestiques servant au travail du lin, à la fabrication du beurre ou aux activités de la ferme, cette exposition évoque la vie quotidienne de la région au 19e s. ainsi que l'épisode de la Grande Famine, soulignant la détresse des fermiers et l'émigration massive – plus de 100 000 personnes auraient quitté le comté de Clare entre 1851 et 1867.

De l'autre côté de la rue, un bâtiment abrite, au rez-de-chaussée, le **Burren National Park Information Point** *(www.burrennationalpark.ie - juin-sept. : 9h30-17h ; avr.-mai : merc.-dim. 9h30-17h)* d'où part, toutes les demi-heures, une navette pour les cinq sentiers de randonnée les mieux balisés de la réserve naturelle de Slieve Caran *(comptez de 1,3 km/30mn à 7,5 km/3h)* ; au 1er étage, un **Genealogical Research Centre** *(✆ 065 683 7955 - lun.-vend. 9h-17h)* aide les familles dispersées à retrouver leurs racines.

Suivez la R 476 en dir. d'Ennis, puis le fléchage sur la droite indiquant Dysert O'Dea.

★ Dysert O'Dea

Plusieurs monuments intéressants jalonnent ce site, théâtre d'une victoire décisive des Irlandais contre les envahisseurs anglo-normands en 1318, épisode qui écarta le joug anglais du comté de Clare pendant près de deux siècles.

Installé dans une tour carrée fortifiée du 15e s., le **Clare Archaeological Centre** *(✆ 065 683 7794 - www.dysertcastle.com - mai-sept. : 10h-18h - 5 €, enf. 3 €)* informe sur l'histoire locale et les vestiges environnants.

Ne négligez pas l'**Archaeology Trail★**, intéressant parcours pédestre reliant 25 vestiges aux alentours *(4 km)*.

Au beau milieu du champ se dresse la superbe **St Tola's Cross★**, croix monumentale (12e s.) qui illustre parfaitement l'art celte avec ses motifs géométriques d'influence scandinave (de nombreux envahisseurs vikings se sont sédentarisés en Irlande). Sur la partie inférieure se déroulent des scènes de la Bible (Adam et Ève, Daniel et les lions...), tandis que les parties supérieures présentent l'effigie du Christ surmontant celle d'un évêque.
Au fond du champ, au pied d'une **tour ronde** en ruine (11e s.), démolie par les soldats de Cromwell, les vestiges d'une **église romane** (11e s.) dégagent une grande sérénité. Remarquez son magnifique **portail sculpté★★** qui comporte une rangée de têtes étranges et de colonnes ornées d'entrelacs compliqués.
Retournez à Corrofin, que vous traversez en direction de Kilfenora (R 476). À 3 km, vous arrivez au hameau de Killinaboy.

Killinaboy

Si vous êtes à l'affût d'art religieux insolite, tournez à droite dans le village vers **Killinaboy Church** (11e ou 12e s.), église qui accueillait une communauté de religieuses. Le pignon face à l'entrée porte une croix de Lorraine (souvent la marque d'une relique de la Vraie Croix rapportée des croisades), mais l'élément le plus étrange se trouve au-dessus de la porte sud : désignée sous le nom de **sheela na gig**, l'image de cette femme assise jambes écartées, montrant ses parties génitales, renvoie au culte païen de la fécondité et se retrouve sur de nombreux édifices celtes.
À 5 km sur la route de Kilfenora, vous passez les ruines un peu sinistres de **Leamaneh Castle**, vestiges d'une des tours O'Brien, agrandie au 17e s.

★ Kilfenora (CILL FHIONNÚRACH)

Doté de son propre *céilí band*, ce village du Burren accueille deux fois par semaine des soirées de **set dancing★★** *(voir « Activités »)*. Outre ces festivités hebdomadaires, le village présente quelques sites intéressants.
★ **The Burren Centre** – *✆ 065 708 8030 - www.theburrencentre.ie - juin-août : 9h30-17h30 ; de mi-mars à mai et sept.-oct. : 10h-17h - 6 €.* On vous y explique, au moyen d'un film et de maquettes, les particularités géologiques, zoologiques et botaniques du Burren, ainsi que l'histoire de ses principaux monuments.
★ **Cathédrale** – *Mars-oct. : 10h-17h.* Construite au 12e s. et partiellement en ruine, elle conserve quelques beaux éléments architecturaux comme une tête d'évêque sculptée au-dessus de la porte, une fenêtre finement travaillée et de superbes chapiteaux ornés de personnages. De chaque côté de la nef, d'anciennes dalles funéraires du 14e s. présentent les effigies d'évêques en haut-relief. La troisième dalle, qui est gravée, date de la même époque. Les objets les plus intéressants de la visite sont les quatre grandes croix réunies dans la chapelle attenante, dont la célèbre **Doorty's Cross★★**, malheureusement très érodée. Sur son côté est, le moins abîmé, on distingue un évêque debout au-dessus de deux autres personnages et, sur la face ouest, presque illisible, on devine un Christ. Une autre croix, la West Cross, porte un Christ, des entrelacs et un animal sur sa face orientale.
Quittez Kilfenora vers le nord-ouest par la R 476 jusqu'à Lisdoonvarna.

Lisdoonvarna (LIOS DÚIN BHEARNA)

Le bourg doit sa célébrité à ses **sources sulfureuses** et à sa foire aux célibataires, les premières attirant de riches alanguies venues chercher la santé, la seconde de fringants fermiers en quête d'une compagne ! Vous pourrez ainsi tester les bienfaits de l'eau locale, censée traiter rhumatismes et problèmes de thyroïde, en buvant un verre d'eau (au fort mauvais goût). Trouver l'âme sœur pendant le

5

Matchmaking Festival, au mois de septembre, risque d'être plus compliqué. Fini les beaux jours où, pour des honoraires convenus d'avance, un marieur se chargeait de trouver chaussure à votre pied ! Aujourd'hui, ce festival, qui attire une foule considérable, est pour certains prétexte aux pires excès de boisson, mais il reste la chanson, la danse country et l'ambiance joyeuse des fêtes rurales. Si vous craignez les débordements, évitez la ville à ce moment-là.
Quittez Lisdoonvarna par la N 67 en direction de Ballyvaughan.
Après 8 km, la route amorce la grande descente de **Corkscrew Hill★★** (colline en tire-bouchon) d'où l'on jouit d'un magnifique panorama sur les collines en terrasses.
Juste avant d'entrer dans Ballyvaughan, bifurquez à droite (presque en arrière), sur la R 480. Continuez pendant 1,5 km avant de vous garer à gauche.

★ Aillwee Cave

✆ 065 707 7036 - www.aillweeburrenexperience.ie - avr.-oct. : 10h-17h30 (juil.-août 18h30) ; nov.-janv. : 10h-17h - fermé fév. - 12 € (10 € par Internet).
Cette grotte fait partie d'un réseau souterrain complexe qui parcourt toute la région. La visite de cette ancienne tanière d'ours, qui s'enfonce sur plus de 1 km au cœur de la montagne, est principalement consacrée à cet animal.
Birds of Prey Center – *15 €, billet combiné avec la grotte 22 €.* Centre dédié à la présentation des oiseaux de proie dans l'environnement spécifique du Burren. Depuis 2011, il contribue à sauvegarder le milan royal *(red kite)*. Démonstrations de fauconnerie que l'on espère respectueuse (en 2016, la fauconnerie a été inscrite au patrimoine culturel immatériel de l'Unesco).
La R 480 continue vers le sud, jalonnée de part et d'autre de forts circulaires et de tombes. Guettez, sur votre gauche, le panneau pour Poulnabrone.

★★ Poulnabrone

À visiter tôt le matin ou tard le soir, lorsque la lumière rasante et la solitude accentuent son allure mystérieuse.
Au milieu d'un paysage minéral splendide, ce grand dolmen âgé de 5 000 ans offre un très bel exemple de tombe mégalithique, suffisamment vaste pour contenir plus de 20 personnes accompagnées de poteries et de bijoux.
Un kilomètre plus loin se trouve le **Caherconnel Fort** *(✆ 065 708 9999 - www-caherconnell.com - juil.-août : 10h-17h30 ; mai-juin et sept. : 10h-17h ; mars-avr. et oct. : 10h30-16h30 - 6 €, enf. 4 €)*, un fort circulaire qui aurait servi d'habitation à un fermier et à sa famille (jusqu'à 25 pers.) au début de l'ère chrétienne. Démonstrations de chiens de berger *(6,50 €, billet combiné 10,50 €)*.
À 1,5 km environ après le dolmen, tournez à gauche vers Carran *(à 5,5 km)*. À l'est du village, vous pouvez visiter la **Burren Perfumery** *(www.burrenperfumery.com - 10h-17h)*, distillerie de parfum qui utilise les fleurs locales.

Un sous-sol troué comme du gruyère

La nature calcaire du Burren se prête à l'érosion et au ravinement. Les rivières suivent un cours capricieux, apparaissent et disparaissent sous terre où elles ont creusé un vaste réseau de grottes et de souterrains, tourmenté à l'image du paysage. À la surface, l'eau s'amasse dans les dépressions, créant les *turloughs*, lacs éphémères qui peuvent se dissiper dans le réseau sous-jacent. Ces grottes sont fermées au public en raison des variations du niveau de l'eau et de leur manque de sécurité.

Le dolmen de Poulnabrone.
Jbyard/Getty Images Plus

Sortez de Carran vers le sud et, au carrefour en patte d'oie, obliquez à gauche sur la petite route qui rejoint Killinaboy. À 2 km environ, guettez le panneau pour Cahercommaun.

★★ **Cahercommaun Fort** (CATHAIR CHOMÁIN)
Perché au bord d'un escarpement, ce fort composé de trois enceintes compte parmi les plus beaux du pays. Vraisemblablement édifié à l'âge du fer et occupé jusqu'au 9e s., il renfermait des vestiges romains attestant l'existence d'échanges au-delà des mers ainsi que les traces de ses anciens occupants, qui vivaient de l'élevage *(accès assez facile ; comptez 20mn de marche, mais vérifiez que le fermier autorise toujours le passage).*

Le Burren à pied

Procurez-vous l'*Ordnance Survey Discovery Series* n° 51 (carte qui couvre également les îles d'Aran) en librairie ou sur www.trailheadireland.com.
La marche est le meilleur moyen pour explorer le Burren. Impossible de manquer le **Burren Way★★★**, itinéraire de grande randonnée, qui s'étire sur 115 km entre Lahinch et Corrofin, combinant sentiers et routes locales.
Vous pouvez rejoindre les **falaises de Moher★★★** en empruntant le sentier de Doolin jusqu'à Hags Head, mais la partie la plus sauvage va de **Ballyvaughan à Ballinalacken** (un peu moins de 20 km). Elle quitte la route côtière, à 1 km de Ballyvaughan vers Black Head, et s'enfonce dans le massif.
Pour raccourcir cette étape d'un tiers (AR faisable dans la journée), sortez en voiture de Ballyvaughan vers Lisdoonvarna (N 67). À 3 km, tournez à droite vers Lismacteige (LIOS MHIC THAIDHG) et suivez le chemin aussi longtemps que possible (il fait partie du Burren Way). Garez-vous et poursuivez à pied entre les collines de pierres. Passé un premier massif, vous couperez la **Caher Valley** et remonterez à flanc du **Slieve Elva** (succession de vues à couper le souffle), que le chemin contourne vers le sud pour rejoindre la route côtière à Ballinalacken.

Carnet pratique

S'informer

Les meilleurs renseignements sont fournis par le **Cliffs of Moher Tourist Information Office** à Liscannor *(11 Holland Ct - tlj 9h-18h)* et à Kilfenora *(voir p. 285)*. Pour les randonnées dans le Burren, procurez-vous les guides détaillés (historique et cartes) publiés par Tír Eolas : *Ballyvaughan, O'Brien Country* et *Kilfenora (4 € chacun).*

Arriver/Partir

En bateau

Si vous venez du sud-ouest du pays, les **Shannon Ferries** *(☎ 065 905 3124 - www.shannonferries.com - 11-13/j. - 20mn - 22 € AS avec voiture, pas besoin de réserver - si réserv. en ligne -10 %)* permettent de passer du comté de Kerry au comté de Clare sans faire le détour par Limerick. Départ du port de Tarbert et arrivée au port de Killimer.

De mars à octobre, au départ de Doolin, des ferries relient les **îles d'Aran** *(voir p. 304)*.
Informations sur www.doolin2aranferries.com et www.doolinferry.com.

En bus

Le Burren est peu desservi, mais vous trouverez quelques bus au départ d'Ennis ou de Galway. La ligne 350 *(www.buseireann.ie)* relie ces deux villes en passant par Corrofin, Lahinch, Cliffs of Moher, Doolin, et Ballyvaughan.

De Ennis, relié en train à Galway et Limerick *(voir www.irishrail.ie)*, des bus desservent Ennistymon, Lahinch, Corrofin. les Cliffs of Moher, Lisdoonvarna et Doolin.

À Doolin, bus pour Galway, Ballyvaughan, Ennis ou les Cliffs of Moher.

Transports

Location de vélos

Doolin Rent a Bike Store – *Fisher St - ☎ 086 109 1850 - www.doolinrentabike.ie.*

E-Whizz – *The Square, Kilfenora - ☎ 087 627 7000 - www.e-whizz.com. Vélos électriques et circuits guidés.*

Agenda

The Russell Memorial Weekend – *www.michorussellweekend.ie.* Dernier w.-end de fév., à Doolin. Festival de musique folklorique en l'honneur de l'enfant du pays, Micho Russell (1915-1994), roi du *tin whistle*, la flûte traditionnelle.

Burren in Bloom – *www. burreninbloom.com.* Fin avr.-déb. mai. Randonnées et conférences pour comprendre le Burren.

Willie Clancy Week – *www.scoilsamhraidhwillieclancy.com.* 1re sem. de juillet à Milltown Malbay. Très bon festival qui programme des concerts et des spectacles de danses traditionnelles dans tous les pubs de la station.

Matchmaking Festival – *www.matchmakerireland.com.* En sept., à Lisdoonvarna. La foire aux célibataires est devenue l'occasion de faire la fête et de boire (trop !). Très populaire, très animée. La ville est bondée.

Nos adresses

Restauration

Lahinch

Budget moyen

Barrtrá – *À 3,5 km de Lahinch sur la rte de Milltown Malbay - ✆ 065 708 1280 - www.barrtra.com - mai-sept. : merc.-sam. 17h30-21h (juil.-août : 12h30-21h), dim. 12h-19h ; mars-avr. et oct.-déc. : vend.-sam. 17h30-21h, dim. 12h-19h - plats 26/30 €.* Spécialités de fruits de mer, réputées depuis plus de 20 ans Belle vue sur Liscannor Bay.

Doolin

Premier prix

Gus O'Connor's – *Fisher St. - ✆ 065 707 4168 - www.gusoconnorsdoolin.com - 9h30-21h (vend.-dim. 22h) - plats 16/30 €.* Portions pantagruéliques et musique tous les soirs. Ambiance garantie, mais c'est tout de même très touristique.

McDermott's – *Dans le centre - ✆ 065 707 4328 - www.mcdermottspub.com - 10h-23h30, jeu.-sam. 10h-0h30, dim. 10h-23h - plats 17/32 €.* Cuisine de pub. Surtout connu pour son excellente musique.

StoneCutters Kitchen – *Sur la rte de Doolin aux Cliffs of Moher - ✆ 065 707 5962 - www.stonecutterskitchen.com - juin-sept. : 12h30-20h - plats 17/28 €.* Une petite maison jaune accrochée en haut de Doolin, qui combine trois salles à l'intérieur, une terrasse aux beaux jours avec une aire de jeux pour les enfants. Cuisine familiale faite maison.

Budget moyen

Cullinan's – *Centre du village - ✆ 065 707 4183 - www.cullinansdoolin.com - Pâques-oct. : 18h-21h - fermé merc. et dim. - 30/40 € - réserv. recommandée.* Petite salle agréable surplombant la rivière, cuisine simple, authentique et délicieuse.

Pour se faire plaisir

Oar – *Toomullin, Roadford - ✆ 065 704 7990 - oardoolin.ie - merc.-dim. 17h30-21h - menus 45/65 € - réserv. recommandée.* Un restaurant contemporain et douillet, à l'écart de la ville et offrant une vue sur les falaises de Moher. La séduisante carte propose des assiettes généreuses et bien mitonnées faisant usage d'ingrédients irlandais de qualité ; le poisson issu de la pêche locale est à l'honneur.

Ballyvaughan

Premier prix

Tea & Garden Rooms – *Coast Rd (face au port) - ✆ 085 726 1315 - www.tearoomsballyvaughan.com - avr.-oct. : 11h-17h30 (mai-juin : fermé mar.-merc.) - plats 7/30 €.* Adorable cottage traditionnel au fond d'un ravissant jardin, grande salle chaleureuse devant la cheminée ou véranda sur la verdure : à ce cadre plein de charme s'ajoute une délicieuse cuisine. Soupe du jour nourrissante et pain maison, sandwichs variés, plats divers et cakes ou gâteaux à y oublier tous les régimes... On craque à toute heure !

Budget moyen

Monk's Bar – *Au port - ✆ (065 707 7059 - www.monks.ie - 10h-21h - plats 16/32 €.* Une adresse fort agréable où profiter de la petite activité du quai. Produits de la mer dans l'assiette.

Lisdoonvarna

Premier prix

Roadside Tavern – *✆ 065 707 4084 - www.burrenexperiences.ie - 12h-21h - plats 18/24 €.* On aime tout dans ce pub au décor hétéroclite : l'atmosphère, le patron joueur de *bodhrán* et son saumon fumé maison, absolument délicieux. Choix de sandwichs, salades et desserts.

Budget moyen

Wild Honey Inn – *Kincora Rd - ✆ 065 707 4300 - www.wildhoneyinn.com - mars-avr. et oct. : jeu.-sam. 18h-21h ; mai-sept. : 18h-21h - fermé dim.-lun. - menu 75 €.* Sans doute l'une des meilleures cuisines de pub d'Irlande, à tous les prix. Ne manquez pas d'essayer les « specials » du chef.

Boire un verre

Doolin

La plupart des pubs du village programment de la musique traditionnelle tous les soirs en saison, avec une mention spéciale au **McDermott's**, **McGann's** et **Gus O'Connor's**. Mais on ne fait pas qu'y chanter : le curieux jeu de cartes « 45 », opposant deux équipes de quatre joueurs, est la passion locale. Si les règles demeurent assez obscures, le spectacle, avec distribution de prix à la clé, vaut le détour. En hiver, d'interminables parties attirent un monde fou dans les pubs de Doolin *(chez McDermott's le merc. soir et chez O'Connor's le jeu. soir)*.

Lisdoonvarna

Musique traditionnelle tous les soirs en saison à la **Roadside Tavern** *(voir « Restauration »)*.

Shopping

The Burren Smokehouse – *Lisdoonvarna - ✆ 065 707 4432 - www.burrensmokehouse.com - P - juin-août : 9h-18h ; mai et sept. : 10h-18h ; oct.-avr. : 10h-16h.* Choix de saumon sauvage fumé au bois de chêne. Excellent ! Visite guidée de l'atelier de fumage *(8,50 €)*.

Hazel Mountain Chocolate Factory – *Oughtmama, Bellharbour (à 8mn de Kinvara en dir. de Ballyvaughan) - ✆ 065 707 8847 - www.hazelmountainchocolate.com - 10h-17h30.* Dans cet atelier sont créées, à partir de fèves criollo et trinitario, des tablettes de chocolat au lait du Burren et une jolie collection de truffes. Visite guidée avec dégustation *(14/20 €)*.

Activités

Golf

Lahinch Golf Club – *✆ 065 708 1003 - www.lahinchgolf.com - de mi-mars à mi-oct. - green fee 40/250 €.* Un golf réputé au niveau mondial : deux fois 18 trous.

Musique et danse traditionnelles

Le comté de Clare possède le plus grand nombre de pubs musicaux du pays, ce qui vous permet de passer d'une animation à l'autre au fil de la semaine. Dans chaque village, plusieurs soirs par semaine sont consacrés à des concerts de *céilí bands*, de groupes folk et aux danses traditionnelles.

Vaughan's Pub – *Main St. - Kilfenora - ✆ 065 708 8004 - www.vaughanspub.ie - rens. sur les autres lieux dans ce pub.* Set dancing le dim. (21h30).

Pêche

Le bassin de la rivière Fergus, à l'est de Corrofin, est réputé pour ses truites, ses brochets, ses perches... À l'ouest du village, Inchiquin Lough est riche en truites.

Randonnée

Certains prestataires organisent des randonnées guidées du Burren.

Heart of Burren Walks – *Killinaboy - ✆ 087 292 5487 - www.heartofburrenwalks.com - 40 €.*

Surf

Location de planches à Lahinch, près de la plage, et plusieurs écoles de surf dans la région.

Lahinch Surf School – *Lahinch- ✆ 087 960 9667 - www.lahinchsurfschool.com.*

Aloha surf School – *Fanore - ✆ 087 213 3996 - www.surfschool.ie.*

Hébergement

Ennistymon

Premier prix

Station House – *Ennis Rd (à l'entrée de la ville en arrivant d'Ennis) - ✆ 065 707 1149 - P - 6 ch. 90/115 €*. Malgré son abord austère et nu, c'est une maison moderne et spacieuse.

Budget moyen

Grovemount House – *Lahinch Rd (sur la N 67, à 1 km après le village en direction des falaises de Moher) - ✆ 065 707 1431 - www.grovemount-ennistymon.com - ♿ P - 6 ch. 100/120 €*. Excellent confort, service aimable et efficace.

Byrnes – *Main St. - ✆ 065 707 1080 - www.byrnes-ennistymon.ie - ✕ P - 6 ch. à partir de 135 € en 1/2 P.* Au centre d'Ennistymon, dans une maison de ville du 18e s., quelques chambres spacieuses et confortables. Belle vue sur la rivière.

Cliffs of Moher et environs

Premier prix

Cliff View Lodge – *4,5 km après Liscannor, en allant vers les Cliffs of Moher, sur une petite rte à droite - ✆ 086 328 5494 - www.cliffview-liscannor.com - P - fermé nov.-fév. - 3 ch. à partir de 90 €*. Petite maison jaune, en pleine campagne. Jolies chambres, confortables et calmes. Réduction par Internet à partir de 2 nuits.

Doonagore Farmhouse – *Doonagore (4 km environ après Moher vers Doolin) - ✆ 065 707 4170 - www.doolin-accommodation.com - P - 5 ch. à partir de 90 €*. Accueil chaleureux dans cette grande ferme tout près de la mer.

Budget moyen

Atlantic View – *4 km après Liscannor, en allant vers les Cliffs of Moher, sur une petite rte à droite - ✆ 065 708 1214 - www.accommodation-cliffs-of-moher.com - P - 4 ch. à partir de 120 €*. Grande maison jaune impeccablement tenue par une sympathique propriétaire. En retrait de la route principale, dans un jardin très soigné.

Doolin

Le village est étiré en trois parties : autour de l'église, autour du pub O'Connor's et vers le port. Tout est accessible à pied ou à vélo.

Premier prix

Flanagan's Village Hostel – *Dans le centre - ✆ 065 707 4564 - www.flanaganshostel.com - P - 28 lits 25 €, ch. 60/65 €*. Dans le haut du village, une maison moderne aux chambres doubles qui restent bon marché. Grande cuisine équipée et possibilité de faire sa lessive. Épicerie à proximité.

The Aille River Hostel – *Dans le centre - ✆ 065 707 4260 - www.ailleriverhosteldoolin.ie - P - 40 lits 22/30 €, ch. à partir de 65 €.* Au bord de la rivière, cette ancienne ferme rénovée est le repaire des musiciens de passage. Services gratuits, comme la lessive (séchage payant) ou l'accès Internet. Possibilité de camper.

Toomullin – *Dans le centre - ✆ 065 707 4723 - www.toomullindoolin.com - P - 4 ch. à partir de 75 €*. Près des pubs et de l'église, charmant cottage traditionnel bleu et blanc. Intérieur chaleureux et chambres aux tons gais.

Dunroman House – *Dans le centre (à côté de Cullinan's) - ✆ 065 707 4774 - www.doolinbedandbreakfast.com - P - fermé nov.-fév. - 6 ch. à partir de 95 €*. Belle maison récente, spacieuse et dotée de tout le confort.

Budget moyen

Doolin Cottage – *Derrière le Aille River Hostel - ✆ 065 707 4762 - www.doolincottage.net - P - fermé nov.-fév. - 4 ch. 105 €*.

Le B & B le moins cher de Doolin pour des chambres simples mais impeccables. Accueil chaleureux de Carol.

Doolin View B & B – *Teergoneen - ✆ 065 707 5875 - www.doolinview.com - P - 5 ch. 110/135 € ☕.* Quel bonheur de prendre son petit déjeuner avec vue au loin sur les Cliffs of Moher. Demandez si la chambre avec Jacuzzi est disponible, car elle est au même prix que les autres !

Pairc Lodge – *Entre le pub O'Connor's et le port - Ballaghaline - ✆ 065 707 4752 - www.pairclodgedoolin.com - P - 5 ch. à partir de 100 € ☕.* Maison blanche aux volets bleus. Chambres spacieuses et agréablement aménagées.

Atlantic View B & B – *Juste avant le port - Clare - ✆ 065 707 4189 - www.atlanticviewdoolin.ie - P - fermé oct.-fév. - 8 ch. 110/130 € ☕.* Maison moderne avec une superbe vue sur les îles. Les propriétaires s'occupent aussi des ferries pour les îles d'Aran.

O'Connor's Guesthouse – *Dans le centre (face au Fitzgerald's Pub) - ✆ 065 707 4498 - www.oconnorsdoolin.com - ♿ P - 10 ch. 100/120 € ☕.* Imposante maison de couleur rousse aux grands volumes intérieurs. Chambres colorées et bien équipées.

Aran View Country House – *À la sortie de Doolin, après l'église - ✆ 065 707 4061 - www.aranview.com - ✕ P - 11 ch. 130/150 € ☕.* Une grande demeure de 1736 transformée en hôtel confortable avec vue sur les îles d'Aran. Le restaurant propose une carte étendue, des snacks ou salades aux plats élaborés, à tous les prix.

Cullinan's Guesthouse – *Dans le centre - ✆ 065 707 4183 - www.cullinansdoolin.com - ✕ P - fermé déc.-fév. - 8 ch. 140/155 € ☕.* Un intérieur chaleureux et confortable, un accueil irréprochable et, en prime, l'une des meilleures tables du village *(voir « Restauration »)*. Excellents petits déjeuners et très bon rapport qualité-prix. Une très belle adresse.

Fanore

Premier prix

Annaly House – *R 477 (rte côtière entre Doolin et Ballyvaughan) - ✆ 065 707 6154 - ✕ P - 4 ch. à partir de 90 € ☕, bung. env. 350 € la sem.* Bungalow avec vue sur la baie de Galway. Dîner élaboré avec les produits de la ferme.

Ballyvaughan

Premier prix

Rent an Irish Cottage – *Entre le centre du village et le port - ✆ 061 411109 - www.rentacottage.ie - P - cottages à partir de 430 € la sem. pour 6 pers. (location pour 2 ou 3 nuits possible hors été).* Cottages dans le plus pur style irlandais, répartis sur un terrain face au port. Éloignés de la route, ils sont parfaits avec des enfants. Cuisine équipée, véranda, salon.

Meadowfield – *À la sortie de Ballyvaughan en direction de Galway - ✆ 065 707 7083 - www.meadowfield.net - 💳 P - fermé d'oct. à mi-avr. - 9 ch. 90/100 € ☕.* Grande maison aux chambres toutes simples mais confortables.

Budget moyen

Ballyvaughan Lodge – *Galway Rd (dans le centre) - ✆ 065 707 7292 - www.ballyvaughanlodge.com - P - 11 ch. 110 € ☕.* Au cœur du village, belle maison de grand confort. Chambres décorées à base de pin et de patchworks. Petit déjeuner copieux et varié.

Cappabhaile House – *Sur la rte d'Ennistymon - ✆ 083 858 0018 - www.cappabhaile.com - P - 10 ch. 120 € ☕.* Charmante maison en pierre aux fenêtres rouges, au fond d'un jardin en retrait de la route. Chambres très spacieuses, petit déjeuner copieux et billard pour occuper les soirées pluvieuses.

Pour se faire plaisir

Hyland's Hotel – *Centre du village - 065 707 7037 - www.hylandsburren.com -* P *- 32 ch. 145/169 €* . Établissement très *british*, confortable et chaleureux. Salon et bar avec cheminée.

Corrofin

Premier prix

Corofin Camping & Hostel – *Main St. - Clare - 065 683 7683 - www.corofincamping.com -* P *- fermé oct.-mars - 30 lits 20 €* , *ch. 50/80 €* . Une adresse agréable où il possible de camper et de faire sa lessive. Marie est charmante et parle français.

Clare's Rock – *Carran - 065 708 9129 - www.claresrock.com -* P *- fermé oct.-avr. - 65 lits 25 €* , *ch. 80/90 €* . Cette auberge isolée dans un cadre sauvage est un point de chute idéal pour les randonneurs et les cyclistes. Confortable et bien équipée (location de vélos, laverie, repas possibles).

Lakefield Lodge – *Ennis Rd (à la sortie de Corrofin, côté Ennis) - 065 683 7675 - www.lakefieldlodgebandb.com -* P *- 4 ch. à partir de 80 €* . Le rendez-vous des pêcheurs (le patron est un spécialiste). Organisation de journées de pêche.

Lisdoonvarna

Premier prix

Greenlawn Lodge – *Galway Rd (juste à la sortie du village) - Clare - 065 707 4861 - www.greenlawn-lodge.ireland-hotels.net -* P *- 5 ch. 95/120 €* . Grande maison claire, agréable et calme.

Ballinsheen House – *Ballynsheen - 065 707 4806 - www.ballinsheen.com -* P *- fermé nov.-fév. - 4 ch. 125/130 €* . Presque en face du Greenlawn Lodge, belle maison jaune sur la butte. Accueil très gentil, décor agréable.

Une folie

Wild Honey Inn – *Kincora Rd - 065 707 4300 - www.wildhoneyinn.com -* P *- mars-oct. - 14 ch. 260/300 € -* . Un hôtel classique et intemporel, avec un joli jardin et des chambres sobres mais soignées. Excellente table (*voir « Restauration »*).

Galway ★★

Galway doit son attrait à l'animation de ses rues colorées, de ses petits restaurants et de ses pubs. L'université, qui attire une population jeune et cosmopolite grâce aux échanges internationaux, concourt, avec les industries de pointe, à l'effervescence du port. Aux beaux jours, ses rues envahies par les terrasses de café et la foule de promeneurs prennent une allure presque méditerranéenne, bercées par le rythme de la musique. Porte d'entrée du Connemara et de l'une des plus importantes zones de « gaeltacht » du pays, Galway est un fief de la culture gaélique. Port d'attache des îles d'Aran, elle fait aussi la part belle à la littérature, au théâtre, à la danse et à la musique qui se retrouvent dans toutes les manifestations. Elle a été désignée comme Capitale européenne de la culture en 2020-2021.

Se repérer

CARTE B3 (P. 276) - PLAN (P. 296).
81 000 hab. – capitale du comté de Galway. Construite au fond de la baie qui porte son nom, Galway s'étire le long de la rivière Corrib, à 130 km à l'ouest de Dublin par les M 4 et M 6.

À ne pas manquer

Flâner dans les rues piétonnes ; écouter de la musique dans les pubs.

Organiser son temps

Si le soleil est là, vous pourrez jouir d'un après-midi balnéaire à Salthill ou y passer une soirée en fin de semaine pour profiter de l'ambiance exceptionnelle de ses pubs.

Carnet pratique p. 298

Nos adresses p. 299

Se promener

PLAN P. 296

Sur la rive droite se trouve le site de l'ancien village de pêcheurs de Claddagh. Rive gauche, vous découvrirez les vestiges de la ville médiévale et les quais. Au nord-est, le quartier d'Eyre Square arbore d'élégantes bâtisses du 18e s. Vous l'aurez compris, Galway est une fascinante mosaïque de quartiers et d'ambiance !

★ La ville médiévale B1-2

Commencez au bord de la rivière, près de Claddagh Bridge, d'où vous pourrez découvrir, sur la droite, les restes des quais du Galway médiéval.

Spanish Arch B2

Ce vestige (13e s.) de l'ancienne porte de la ville doit son nom aux relations commerciales avec l'Espagne. Les arcades (quatre à l'origine) soutenaient un fort destiné à protéger le débarquement des marchandises. Au sud de la porte subsistent les anciens remparts sur une vingtaine de mètres.

★ Galway City Museum B2

091 532 460 - www.galwaycitymuseum.ie - mar.-sam. 10h-17h (et dim. 12h-17h de Pâques à fin sept.) - gratuit. Expositions temporaires intéressantes.

L'excellent musée municipal, aménagé dans l'édifice contemporain (2007) qui

Galway, entre Normands et Gaëls

Le premier village édifié fut Claddagh où vivait un peuple de pêcheurs qui avait construit ses chaumières le long du rivage. Au 13e s., les Normands, qui prenaient peu à peu possession du pays, profitèrent de ce mouillage abrité à mi-hauteur de la côte ouest. Ils bâtirent un château, puis une véritable ville entourée de remparts, et encouragèrent les colons anglais et gallois à venir s'y installer. Le pouvoir se répartit alors entre quatorze familles normandes influentes, qui avaient fait fortune dans le commerce avec l'Espagne et le Portugal. Véritable bastion du pouvoir anglais, la ville imposa des règles strictes pour écarter les familles irlandaises, ce qui les contraignit à s'installer à l'ouest de la cité, le long de la baie.

domine l'embouchure de la rivière Corrib, explore toute l'histoire de la région, depuis les premiers chasseurs-cueilleurs jusqu'à la période révolutionnaire (1913-1923) en passant par l'arrivée des Anglo-Normands et la fabrication du *curragh*, cette barque en peau goudronnée, typique de la côte ouest. Vous y verrez, suspendu dans l'atrium, un **Galway Hooker**, vieux gréement traditionnel de 9 m. La statue rend hommage à Pádraic O Conaire (1882-1928), l'un des pionniers de la littérature moderne en langue gaélique. Très instructives aussi : la carte présentant les résultats des élections de 1918 et celle recensant les villes et villages d'Irlande dévastés par les troupes britanniques en 1920.

Du dernier étage du musée, la **vue★** ouvre sur **Claddagh** (AN CLADACH) (AB2), de l'autre côté du pont. Cet ancien village de pêcheurs (documenté ici par de nombreuses photos) devint le quartier des Irlandais pauvres durant les siècles d'occupation britannique. Il fut rasé dans les années 1930 pour devenir une zone résidentielle banale. Mais il est resté profondément ancré dans la mémoire collective, en raison de ses traditions, comme l'élection de son propre roi (le dernier roi élu est mort en 1934 à l'âge de 90 ans).

Remontez Quay St et suivez High St., rue pittoresque aux maisons de pierre, bars et boutiques multicolores.

Un rapide crochet sur la droite par Druid Lane vous permet d'admirer les vestiges archéologiques du **Hall of the Red Earl** *(lun.-vend. 9h30-16h30, sam. 10h-13h - gratuit)*, une construction du 13e s. mise au jour dans les années 1990 et désormais intégrée à un édifice moderne. Ces fondations seraient celles d'un édifice administratif élevé par la famille De Burgo qui régnait alors sur la cité naissante.

Au bout de High St., tournez à gauche.

★ St Nicholas Church B1

Angle de Mainguard St. et Lombard St. - www.stnicholas.ie - 9h-16h30 - gratuit - de juin à août, concerts de musique traditionnelle lun.-vend. à 19h45 (www.tunesinthechurch.com - 15/20 €).

Dédiée au patron des marins, cette eglise fut fondée en 1320, puis agrandie aux 15e et 16e s. Christophe Colomb, en mission commerciale à Galway, y aurait fait ses dévotions en 1477. Lors du siège de 1652, les troupes de l'infâme Cromwell s'en servirent comme écurie... À l'intérieur, on découvre un bénitier médiéval et des pierres tombales, dont celle d'un croisé (12e ou 13e s.).

Chaque week-end, les abords de l'église sont animés par un marché traditionnel très animé où s'alignent les stands d'artisans et de producteurs locaux *(Church Lane - www.galwaymarket.com - sam. 8h-18h, dim. et j. fériés 12h-18h)*. À ne surtout pas manquer !

Lynch's Castle B1

Angle de Shop St. et Abbeygate St.Upper.

Sur la façade de cet imposant manoir médiéval (15e s.), qui abrite l'Allied Irish Bank (AIB), remarquez les gargouilles et les linteaux ouvragés, ainsi que le médaillon aux armes du roi d'Angleterre Henri VII. Le manoir fut confisqué au 17e s. lorsque Cromwell s'empara de la ville (les Lynch avaient soutenu le clan royaliste adverse).

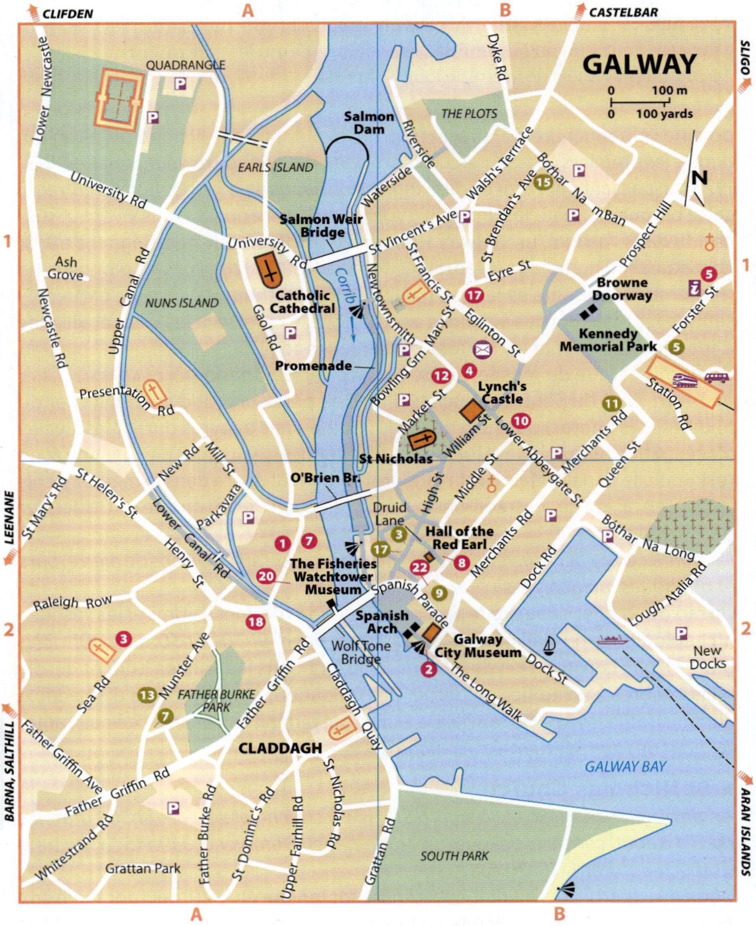

SE RESTAURER

- Dela Restaurant 1
- Ard Bia at Nimmos 2
- Kai Café-Restaurant 3
- Cooke's 4
- Jungle Cafe 5
- Tartare 7
- Éan 8
- Food for Thought 10
- Java's 12
- McSwiggan's 17
- Monroe's Tavern 18
- Oscar's Seafood Bistro 20
- The Yard 22

SE LOGER

- Snoozles Hostel Quay 3
- Galway City Hostel 5
- Griffin Lodge 7
- The House Hotel 9
- Kinlay Hostel 11
- Linderhof 13
- Sleepzone 15
- Residence Hotel 17

La bague de Claddagh

On voit encore souvent cette bague, qui représente un cœur (amour à offrir) tenu par deux mains et surmonté d'une couronne (fidélité). Elle fut créée au 17e s. par un garçon du pays, kidnappé par les Barbaresques et vendu à un joaillier arabe qui lui enseigna le métier. Libéré, l'homme revint au pays et lança cette tradition. À Claddagh, où elle était souvent le seul bijou de la famille, elle se transmettait de mère en fille. Avant d'avoir un petit ami, on la porte pointe du cœur vers l'ongle. Après le mariage, on la retourne dans l'autre sens. Dans l'arrière-boutique de la bijouterie Dillon *(1 Quay St. - 9h-18h - gratuit)*, un petit « musée » vous en dira plus sur cette bague.

Sous le porche, vous lirez la fameuse (et fausse) légende du fils pendu dans ces lieux par son père, James Lynch, maire de Galway au 15e s.

Remontez Shop St., puis Williamsgate pour arriver sur Eyre Square.

Eyre Square B1

La place principale de la ville porte aussi le nom de **Kennedy Memorial Park** (le président américain reçut à Galway en 1963 un accueil triomphal). Vous y verrez, sur le côté nord-ouest, les vestiges d'un portail d'entrée Renaissance (1627) baptisé **Browne Doorway (DORAS DE BRÚN)**, du nom de ses anciens propriétaires qui habitaient le quartier (les Browne faisaient partie de ces 14 familles de marchands ou « tribus » qui détenaient le pouvoir sur Galway au Moyen Âge). Côté sud-ouest, le centre commercial a intégré une portion des anciens remparts et les restes de deux tours.

Redescendez Williamsgate et tournez à droite pour rejoindre les berges.

Sur les berges du Corrib AB1-2

Partez du joli pont de **Salmon Weir Bridge (A1)**. Construit en 1819, il reliait le palais de justice à la prison (qui se situait alors à l'emplacement de la cathédrale). En contrebas, la rivière est étroite et le courant violent. Si vous continuez un peu en amont, le barrage à saumon (Salmon Weir) vous permettra d'observer les poissons qui remontent la rivière au printemps pour rejoindre les lacs.

Édifiée au cœur d'un réseau d'îles, l'énorme cathédrale catholique **Notre-Dame-de-l'Assomption-et-St-Nicolas** *(www.galwaycathedral.ie - 8h30-18h30)* fut consacrée en 1965. Son architecture, véritable pot-pourri de styles, fut l'objet de bien des critiques, mais on reste émerveillé à la vue de son énorme volume intérieur.

Retournez rive gauche et empruntez les jolies berges aménagées en **promenade★** jusqu'à **O'Brien Bridge (A2)**. Un peu plus loin, au pont suivant (qui rencontre Quay Street), faites un crochet par la petite **Fishery Watchtower (A2)**, aisément identifiable à ses murs jaune moutarde. Élevée en 1853, elle abrite un musée *(Wolfe Tone Bridge - mar.-vend. 10h-16h, sam. 11h-15h - gratuit)* qui raconte l'économie de pêche en rivière (anguilles, saumons) à Galway.

De Claddagh Quay vous pouvez longer, à pied ou à vélo, les rives jusqu'à South Park Beach, où la rivière rencontre la mer. Vous parviendrez ainsi à **Salthill (A2 EN DIR.)**, quartier résidentiel et maritime de Galway qui compte plusieurs cordes à son arc : un centre de loisirs, l'aquarium **Atlantaquaria** *(www.nationalaquarium.ie - 10h-17h, w.-end 18h - fermé lun.-mar. en hiver - 14 €)*, un terrain de golf et, surtout, des kilomètres de **plages**, dont l'agréable Silver Strand. Toutes sont accessibles depuis la **Salthill Promenade** (« The Prom »), rendez-vous préféré des habitants de Galway. Marcher, pédaler, se baigner ou faire du paddle, flâner de plages en pubs, admirer le coucher du soleil... On ne s'en lasse pas !

Carnet pratique

PLAN P. 296

S'informer

Galway Tourist Information Centre – B1 - *21 Forster St.* - *091530 665* - *www.discoverireland.ie*. Documentation, vente de billets pour les îles Aran et pour les liaisons en bus.

Adresses utiles

Banque – Banques et distributeurs sur Eyre Square (B1) et Shop St. (B1).

Poste – *3 Eglinton St.* (B1) - *tlj sf dim. 9h-17h30.*

University Hospital Galway - *Newcastle Rd* - *091524222* - *www.saolta.ie.*

Arriver/Partir

En avion

Shannon Airport – *voir p. 264.* Liaisons par bus vers Galway.

Connemara Airport – *www.aerarannislands.ie.* Liaisons en avion de/vers les îles d'Aran (*voir « Nos adresses » p. 309).*

En train

Céannt Station – B1 – *près d'Eyre Square (en plein centre-ville)* - *091561444*. Nombreux départs quotidiens vers Ennis (1h15) et Dublin Heuston (2h40) ; changement à Athlone ou Athenry pour les autres destinations.

Horaires sur www.irishrail.ie.

En bus

Central Bus Station – B1 – *À côté de la gare ferroviaire* - *091562000.* Les **Bus Éireann/Expressway** *(www.buseireann.ie)* assurent des liaisons quotidiennes vers toutes les grandes villes et l'aéroport de Dublin. De nombreuses compagnies comme **City Link** *(www.citylink.ie)* ou **Go Bus** *(www.gobus.ie)* offrent de meilleurs services (moins chers ou plus rapides) sur certaines destinations. Renseignez-vous avant de prendre votre billet. Attention, les points de départ ne sont pas forcément les mêmes selon les compagnies.

Se garer

Le centre de Galway, en partie piétonnier, est très encombré. Nombreux parkings (payants).

Transports

En bateau

Pour les îles d'Aran *(www.aranislandferries.com)*, départs en ferry de Rossaveal (Ros a'Mhíl), à une heure de route de Galway vers l'ouest par la R 336 (des navettes en bus sont aussi proposées).

En bus

La plupart des lignes partent d'Eyre Square (B1), notamment le bus de Salthill (ligne 401 - il passe aussi à Spanish Parade).

En taxi

Vous trouverez des taxis sur Eyre Square ou Bridge St. (B1).

Big O Taxis – *091585858.*

Galway Taxis – *091561111.*

Location de voitures

Budget – B1 – *12 Eyre Square* - *091 564570.*

Europcar – *Headford Rd (en bordure de la ville)* - *091396555.* Autres compagnies à l'aéroport.

Agenda

International Festival of Literature – *www.cuirt.ie.* Une sem. en avr. Accueille écrivains et amateurs pour des conférences et des lectures dans plusieurs endroits de la ville.

Galway Early Music – *www.galwayearlymusic.com.* En avr.-mai. Nombreux concerts sur 3 jours, mettant à l'honneur la culture européenne du 12e au 18e s. (musique, danse, costumes...).

Trad on the Prom – *www.tradontheprom.com.* Mai-sept. Musique, danse, chants traditionnels modernisés durant tout l'été au Leisureland Theatre de Salthill.

Galway Film Fleadh – *www.galwayfilmfleadh.com.* Une sem. en juil. Le festival transforme pour quelques jours Galway en capitale du cinéma.

Galway International Arts Festival – *www.giaf.ie.* En juillet. Musique, théâtre, animations. Très vivant et sympathique, mais la ville est bondée.

Galway Races – *www.galwayraces.com.* 4e sem. de juil. ou déb.août. À l'occasion des courses de chevaux, folle ambiance dans les bars et en ville. Sur les champs de courses, les dames montrent des chapeaux spectaculaires.

Ros a Mhíl regatta (Rossaveal Race) – Déb. août à Rossaveal (35mn à l'ouest de Galway). Deux jours de régates d'embarcations traditionnelles irlandaises, *Currachs* et *Galway Hookers* utilisées dans la baie de Galway, le long de la côte du Connemara et de North Clare.

Galway Pride – Une semaine en août. Parade (en partie sur l'eau), concerts, débats autour de la diversité.

Galway Oyster Festival – *www.galwayoysterfest.com.* 4 jours fin sept. Festival de l'huître, LA spécialité locale, que l'on déguste partout dans les rues, arrosée de bière. Concerts et championnat du monde des ouvreurs d'huîtres.

Galway Jazz Festival – 1er w.-end d'oct. Concerts en divers lieux de la ville.

Nos adresses

PLAN P. 296

Restauration

Même si les pubs restent une bonne alternative, Galway compte une surprenante richesse gastronomique à prix abordable.

Premier prix

12 **Java's** – B1 - *17 Upper Abbeygate St. - 091 533 330 - - 10h-22h (vend.-sam. 23h) - fermé lun. - moins de 20 €.* À l'écart du quartier piéton, sympathique crêperie tenue par un Français.

10 **Food for Thought** – B1 - *5 Lower Abbeygate St. - 091 565 854 - 7h30-17h30, sam. 8h-18h, dim. 12h30-16h30 - moins de 20 €.* Pour un déjeuner rapide sur quelques tables hautes. Quiches, lasagnes, plats végétariens et salades. Fréquenté par les gens du coin.

5 **Jungle Cafe** – B1 - *29 Forster St. - 091 562 858 - 8h-18h30, dim. 9h-18h30 - moins de 20 €.* Une oasis pour des déjeuners savoureux : soupes, sandwichs, tartes...

Budget moyen

17 **McSwiggan's** – B1 - *3 Eyre St. - 091 568 917 - www.mcswiggans.ie - à partir de 12h, dim. à partir de 12h30 - plats 17/25 €.* Un pub traditionnel servant des plats variés en guise de *bar food*. Le soir, c'est plus élaboré et plus cher, comptez 25-40 € au restaurant.

3 **Kai Café-Restaurant** – A2 - *22 Sea Rd - 091 526 003 - www.kaicaferestaurant.com - 11h-21h - fermé dim.-lun. - plats 25/35 €.* Gérée avec passion, cette adresse au cadre agréablement chargé et bohème tient lieu de café le jour et devient un restaurant décontracté le soir : café et gâteaux le matin, plats simples et frais le midi, et savoureux dîners. La petite carte propose des assiettes délicieuses aux ingrédients bio et tracés.

8 **Éan** – B2 - *Druid Lane - 091 374 154 - www.eangalway.com -*

5

boulangerie : mar.-dim. 10h-16h ; wine bar : merc.-dim. 18h-23h - menu 32 €. Près du Druid Theatre, cette adresse est en journée un café-boulangerie artisanal prisé, proposant pâtisseries, sandwichs et tartes maison ; le soir, elle se transforme en un bar à vin proposant des vins naturels, biodynamiques et biologiques, ainsi que des assiettes de saison créatives pensées pour le partage.

4 **Cooke's** – B1 - *28 Upper Abbeygate St. - ✆ 091 568 203 - www.cookes.ie - 12h-22h - plats 15/26 €.* Restaurant installé dans une maison ancienne avec pierres apparentes, parquet et vieux portraits au mur. Bonne cuisine italienne et métissée.

18 **Monroe's Tavern** – A2 - *14 Dominick Upper St. - ✆ 091 583 397 - www.monroes.ie - à partir de 12h - plats 18/26 €.* Rive droite, cet immense pub propose une cuisine traditionnelle, copieuse et savoureuse à tous les prix. Plats uniques énormes, d'un excellent rapport qualité-prix et superbe ambiance le soir ; concerts variés.

1 **Dela Restaurant** – A2 - *51 Lower Dominick St. - ✆ 091 449 252 - www.dela.ie - à partir de 9h30 - plats 21/29 €.* Un restaurant irlandais qui propose une bonne cuisine imaginative à base de beaux produits.

2 **Ard Bia at Nimmos** – B2 - *Spanish Arch - ✆ 091 561 114 - www.ardbia.com - 10h-21h - plats 20/55 €.* Passez sous Spanish Arch pour entrer dans ce restaurant aux murs de pierre bourré de charme. Le café sert midi et soir une délicieuse cuisine, simple et bon marché. Le restaurant, plus raffiné, propose une carte nettement plus recherchée.

20 **Oscar's Seafood Bistro** – A2 - *36 Upper Dominick St. - ✆ 091 582 180 - www.oscarsseafood bistro.com - à partir de 18h30 - fermé dim. - plats 25/37 €.* Une excellente adresse, réputée pour ses poissons et ses fruits de mer.

22 **The Yard** – B2 - *House Hotel - Flood St. - ✆ 091 538 900 - www.thehousehotel.ie - 12h-21h - plats 18/28 €.* Depuis que le restaurant du boutique-hôtel House a fait peau neuve, le talentueux Shane Hanly régale les papilles avec une cuisine fusion, des petites portions bien troussées et un chaleureux afternoon tea. À suivre !

Pour se faire plaisir

7 **Tartare** – A2 - *56 Lower Dominick St. - ✆ 091 567 803 - www.tartaregalway.ie - café : 10h-17h, dim. 11h-17h ; wine bar : merc.-dim. 18h-23h - plats 27/43 €.* Ce charmant café moderne servant une restauration légère dans la journée se transforme en bar à vins le soir venu (vins naturels, bio et biodynamiques) et propose une carte plus raffinée. Une équipe sympathique vous servira de petites assiettes composées d'ingrédients de saison de premier choix.

Boire un verre

☺ Difficile de faire un choix parmi tous les pubs, plus sympathiques les uns que les autres. Préférez les établissements de la rive gauche (centre-ville) dans la journée, car les groupes commencent à y jouer plus tôt. Ceux des environs de Dominick St. (rive droite) se prêtent davantage aux fins de soirée, la musique ne commençant jamais avant 22h ou même plus tard.

Les établissements ci-dessous ne figurent pas sur le plan de ville, les carroyages sont donnés à titre indicatif.

Rive gauche

Taaffes – B1 - *19 Shop St. - ✆ 091 564 066 - 10h30-23h30, vend.-sam. 10h30-0h30, dim. 12h30-23h.* On aime bien ce pub dans la journée pour sa musique *live* tlj à

17h30 et 21h30. Ambiance vivante et clientèle très variée.

The Quays – B2 - *11 Quay St. - 091 568 347 - 12h-23h.* Très fréquenté par les jeunes, le pub est toujours bondé. La musique y est très variée. Musique traditionnelle plusieurs soirs par sem. Les concerts à l'étage (en été) sont payants, mais vous en profiterez quand même au rdc.

The Bunch of Grapes – B2 - *2 High St. - 091 563 325 - à partir de 10h30, dim. à partir de 12h30.* L'adresse idéale pour les débuts de soirée. Il s'agit plutôt d'un bar où l'on vient discuter et boire un verre, mais l'ambiance est sympathique.

The King's Head – B1 - *15 High St. - 091 566 630 - www.thekingshead.ie - 10h30-23h30, jeu. 10h30-0h, vend.-sam. 10h30-2h, dim. 11h-23h.* Attire une clientèle jeune dans un décor pseudo-médiéval. Bonne musique blues, rock, soul... Musique *live* au rdc, DJ à l'étage.

Tigh Neachtain – B2 - *17 Cross St. - 091 568 820 - www.tighneachtain.com - 10h30-23h30 (vend.-sam. 0h30).* Depuis 1894, ce pub traditionnel respecte à la lettre l'hospitalité à l'irlandaise : que vous poussiez la porte pour prendre un verre, savourer un repas ou laisser faire le hasard des rencontres, l'accueil est toujours chaleureux et le moment, agréable.

An Púcán – B1 - *11 Forster St. - 091 376 561 - www.anpucan.ie - 12h-23h30 (vend.-sam. 2h).* Un pub à l'ambiance assez incroyable certains soirs. Musique traditionnelle, ballades et même danse. Les spectateurs sont priés de se joindre aux réjouissances.

Tig Cóilí – B1 - *Mainguard St. - 091 561 294 - www.tigcoiligalway.com - 10h30-23h30, vend.-sam. 10h30-0h30, dim. 12h30-23h.* Pub convivial où se retrouve la population locale. Excellente musique traditionnelle.

Rive droite

Monroe's Tavern – A2 - *14 Dominick St. Upper - 091 583 397 - www.monroes.ie - à partir de 10h, dim. 12h-23h30.* Presque toujours bondé, en raison de l'exceptionnelle qualité de la musique. Allez-y après 22h, vous ne pourrez sûrement pas en repartir !

Roísín Dubh – A2 - *9 Dominick Upper St. - 091 586 540 - www.roisindubh.net - 17h-2h.* Le pub où se produisent les célébrités : la musique y est donc superbe. Concerts payants (salle séparée, entre 20 et 59,50 €). Si vous restez dans le pub, vous entendrez tout aussi bien et l'atmosphère compensera largement.

The Crane – A2 - *2 Sea Rd (au sud-ouest de Dominick St.) - 091 587 419 - www.thecranebar.com.* Au rdc, petit bar typiquement irlandais, pour boire et causer. À l'étage (escalier sur le côté), des concerts très intimes tous les soirs (pas d'ampli, musiciens inconnus se produisant gratuitement) et une atmosphère vraiment sympathique (musique traditionnelle seulement).

Shopping

Artisanat

Judy Greene Pottery – B2 - *Kirwan's Lane (ruelle partant de Quay St.) - 091 561 753 - www.judygreenepottery.com - 11h-17h - fermé dim.* Belle sélection de poterie fleurie. On retrouve les articles traditionnels aux côtés de créations résolument contemporaines. À l'étage, on peut voir les potiers travailler.

Bijoux

Thomas Dillon's – B2 - *1 Quay St. - 091 566 365 - www.claddaghring.ie - 10h-17h - fermé dim.* La Claddagh Ring (*voir encadré p. 297*) se trouve chez tous les bijoutiers, essayez-la chez Thomas Dillon's.

5

Musique

Powell's Music & Art Store – B1 - *53 William St. (au coin d'Abbeygate St. Lower) - ✆ 091 562 295 - 9h-17h30, vend. 9h-18h, dim. 13h30-17h30.* La meilleure adresse, avec une riche sélection. N'hésitez pas à demander conseil pour des découvertes inédites. Le groupe De Danaan et la chanteuse Dolores Keane, par exemple, sont originaires de Galway.

Pulls

Ó'Máille – B2 - *16 High St. - ✆ 091 562 696 - www.omaille.com - 10h-18h - fermé dim.* Il se vante d'avoir eu pour clients John Wayne et Maureen O'Hara, et d'avoir réalisé plusieurs costumes du film « L'Homme tranquille ». Passez voir ses pulls !

Activités

Croisières

Corrib Princess – A1 - *Waterside, Woodquay - ✆ 087 806 5366 - www.corribprincess.ie - 20 €.* Courtes croisières sur la rivière et le lac Corrib.

Galway Tour Company – B2 - *Kinlay Hostel, Merchants Road- ✆ 091 566 566- www. galwaytourcompany.com.* Plusieurs excursions d'une journée dans la région : îles d'Aran, Cliffs of Moher, Connemara, etc.

Randonnée à vélo

West Ireland Cycling – A2 - *Bridgewater Court (à côté du Monroe's Pub), Fairhill Rd Lower - ✆ 087 205 6904 - www.westirelandcycling.com.* Location de vélos à la journée et circuits tout inclus (repas, transports, hébergements), notamment dans le Burren et le Connemara.

Hébergement

Réservez à l'avance, même hors saison. Galway compte un nombre impressionnant d'auberges de jeunesse, dont beaucoup sont exiguës et de surcroît très chères. Comparez avec les B & B si vous voulez une chambre privée.

Rive gauche

C'est le quartier des restaurants et des magasins.

Premier prix

(11) **Kinlay Hostel** – B1 - *Merchants Rd - Eyre Square - ✆ 091 565 244 - www.kinlaygalway.ie - ♿ - 150 lits 35/55 € ☕, ch. 190 € ☕.* Dortoirs spacieux et clairs. Laverie, cuisines, casiers verrouillés, consigne à bagages. Accueil agréable.

(3) **Snoozles Hostel Quay** – B2 - *10 Quay St. - The Latin Quarter - ✆ 091 568 644 - www. snoozleshostelgalway.ie - P payant - 109 lits 38/53 €, ch. 180/220 € ☕.* Auberge agréable et propre. Laverie, casiers et consigne. Souvent complet.

(5) **Galway City Hostel** – B1 - *Frenchville Lane, Eyre Square - ✆ 091 535 878 - www. galwaycityhostel.com - ✕ - 66 lits 38/55 € ☕.* En face de la gare, auberge de jeunesse à couleurs vives. Les dortoirs ne sont pas immenses. Ensemble un peu bruyant, mais ambiance sympathique.

(15) **Sleepzone** – B1 - *✆ 091 566 999 - www.sleepzone.ie - ♿ - 200 lits 30/40 € ☕, ch. 80/95 € ☕, appart. 129/169 €.* Impeccable et bien situé. Grande cuisine, casiers, salle télé et laverie.

Pour se faire plaisir

(17) **Residence Hotel** – B2 - *14 Quay St. - ✆ 091 569 600 - www.theresidencehotel.ie - ♿ ✕ P payant - 20 ch. 185/245 € ☕.*

Élégant et décoré avec goût, chambres intimes et confortables. Vérifiez les offres spéciales en dehors de la haute saison.

Une folie

9 **The House Hotel** – B2 - *Spanish Parade - Lower Merchants Rd - 091 538 900 - www.thehousehotel.ie -* *payant - 40 ch. 199/339 €*. Hôtel luxueux dont le lobby baroque et coloré dément les chambres sobres et design. Grand confort, calme et à proximité du centre.

G Hotel – B1 EN DIR. - *Old Dublin Rd - Wellpark - 091 865 200 - www.theghotel.ie - - 101 ch. 245/388 €*. Ce luxueux hôtel, pour le moins baroque, propose des chambres décorées et colorées par Ph. Tracy, le chapelier irlandais en vogue à Londres. Spa, cocktail bar.

Rive droite

Quartier nocturne, animé. Beaucoup de B & B sur Griffin Rd.

Premier prix

13 **Linderhof** – A2 - *25 Munster Av. - 091 588 518 - www.linderhofbandb.net - - 4 ch. 90 €*. B & B calme. Bridget et Ulrich vous accueillent comme des amis de longue date et vous fournissent les meilleurs tuyaux.

Budget moyen

7 **Griffin Lodge** – A2 - *3 Father Griffin pl. - 091 589 440 - www.griffin-lodge-guesthouse.1stgalwayhotels.com - - fermé déc.-déb. fév. - 8 ch. 110 €*. Proche des pubs mais au calme également, une adresse propre et confortable.

Salthill

Quartier résidentiel et paisible, à 10mn à pied. Autres B & B sur la bordure du littoral.

Premier prix

Roncalli House – A2 EN DIR. - *24 Whitestrand Av. - 091 584 159 - www.roncallihouse.com - - 6 ch. 90 €*. Une maison confortable, dont le charmant couple de propriétaires s'enorgueillit d'avoir hébergé la fille de Bill Clinton.

Lawndale – A2 EN DIR. - *5 Beach Court - 091 586 676 - - 4 ch. 80 €*. Une maison agréable, aux chambres soignées, au calme et face à la mer. Petits déjeuners maison.

Marless House – A2 EN DIR. - *8 Threadneedle Rd - 091 523 931 - www.marlesshouse.com - - fermé déc.-mars - 6 ch. 80/90 €*. Les chambres de cette grosse maison moderno-georgienne sont agréables, le décor de style plutôt élégant. Pour une chambre calme, préferez l'arrière du bâtiment. Accueil sympathique et excellent petit dejeuner. Desservi par le bus.

Budget moyen

Claremount House – A2 EN DIR. - *Claremount House - Upper Salthill - 091 584 741 - www.claremountsalthill.com - - 5 ch. 140 €*. Une maison décorée avec goût, situee sur le front de mer, face au golf. Bon petit déjeuner et accueil très sympathique : un très bel exemple du « savoir accueillir » en B & B.

St Judes – A2 EN DIR. - *110 Lower Salthill - 091 521 619 - www.st-judes.com - - 3 ch. 140 €*. À 15mn à pied du centre, une charmante demeure familiale, qui change des B & B stéréotypés. Les chambres sont raffinées avec, pour certaines, de belles cheminées d'époque. Grand jardin. Arrêt de bus tout près. Dîner sur réservation. Une très belle adresse.

Les îles d'Aran ★★

Isolées au large, à l'entrée de la baie de Galway, trois grandes plaques de calcaire, bordées de falaises noires et de baies, présentent une structure géologique identique à celle du Burren. Vous retrouverez sur ces îles les mêmes paysages lunaires, avec des étendues d'étranges galets et des murs qui se croisent et s'entrecroisent à l'infini, formant un étroit maillage de pierre autour de petits champs à l'herbe rase mais à la flore somptueuse (437 variétés). Cette terre rude et désolée dégage une impression particulièrement poignante les jours de grisaille, quand l'eau, le ciel et la terre se fondent dans des couleurs incertaines d'aquarelles chinoises. Si les hameaux, étirés en chapelets de petits cottages, demeurent l'un des plus solides bastions de la langue gaélique, sachez que les antiques traditions décrites dans « Les Îles d'Aran » de J.-M. Synge ont, quant à elles, bel et bien disparu. Libéré de vos a priori romantiques, vous pourrez ainsi vous abandonner à la beauté austère des paysages.

Se repérer

CARTE A3 (P. 276) - CARTE DES ÎLES (P. 307).
Comté de Galway.
L'archipel se situe au large du Burren.

À ne pas manquer

Dún Aengus et la route de Gort na gCapall sur Inishmore ; Dún Chonchúir et les chemins d'Inishmaan.

Organiser son temps

Comptez 2 à 3 jours. Visitez Dún Aengus en fin de journée ou tôt le matin, pour éviter la foule. À vélo, méfiez-vous des rares voitures qui roulent toujours au milieu de la route ! Autre conseil concernant cette fois les pulls d'Aran : préférez les tricotés mains en laine, sinon vous risquez de payer cher un produit ordinaire.

Carnet pratique p. 309

Nos adresses p. 309

Se promener

CARTE DES ÎLES P. 307

★ Inishmore (INIS MÓR)

L'île fait 12,8 km de long sur 3,2 km de large.

Une visite marathon de l'île est possible en une journée, en pédalant à toute vitesse ou en prenant un taxi, mais vous ne sentiriez pas tout le charme de l'île, une notion différente du temps qui passe. Passez donc au moins une nuit sur place en vous organisant en amont, car il y a peu d'hébergement.

La légende affirme que les îles étaient à l'origine peuplées par la mythique tribu des Fir Bolg. Si les toutes premières traces d'une activité humaine (saisonnière ?) sur Inis Mór remontent à 2500 av. J.-C., la présence d'une demi-douzaine de forts circulaires (Dún Aonghasa, Dún Dúchathair...) invite les archéologues à situer l'occupation permanente de l'île dans les années 1500/1100 av. J.-C. L'île fut ensuite christianisée, à partir du 5e s., par saint Enda qui y fonda un monastère. Les initiateurs des plus grandes communautés monastiques du pays, comme

Les murets en pierre d'Inishmore.
alantobey/Getty Images Plus

celle de Clonmacnoise, vinrent y étudier sous sa direction, attirés par ce lieu austère, propre au recueillement. À partir du Moyen Âge, deux familles irlandaises, les O'Brien, seigneurs du comté de Clare, et les O'Flaherty, pro-Anglais, se disputèrent le pouvoir. L'île finit par tomber sous la coupe anglaise et dut subir la domination de propriétaires absents, qui se contentaient de collecter des loyers exorbitants. Avec la famine et la pauvreté croissantes, beaucoup d'habitants émigrèrent alors vers l'Angleterre et l'Amérique.

Kilronan (CILL RÓNÁIN)

On accoste au petit port de Kilronan où un quai tout en longueur accueille les bateaux, lien vital avec le continent. Une animation intense s'empare de l'endroit lorsque les fermiers venus en tracteur guettent l'embarquement de larges troupeaux rétifs ou le déchargement de matériaux de construction, d'appareils électroménagers ou de palettes de denrées en tout genre.

Dès la sortie du port, on vous proposera une balade en carriole, auquel cas vous suivrez l'itinéraire classique du tour de l'île. Si vous choisissez le vélo ou la marche à pied, tournez à droite dans le village.

Trois hommes dans un bateau

Le symbole des îles d'Aran est le *curragh*, version celte de la pirogue, manœuvré par trois hommes équipés de rames sans pales. On voit encore quelques coques noires et mates, à la forme longue et incurvée, posées à l'envers sur les plages. Traditionnellement réalisées à partir d'une légère armature en bois, elles étaient recouvertes d'une peau de vache trempée dans de la poix, puis de toile enduite de goudron. Aujourd'hui, si elles sont souvent conçues en fibre de verre et dotées d'un moteur, elles gardent tout de même la forme séculaire. Chaque année, des concours de rameurs rappellent le combat ancestral des hommes contre l'océan.

Vers l'ouest de l'île

Comptez environ 13,5 km jusqu'à l'extrémité ouest de l'île. À 600 m du port, prenez Lower Rd, à droite en face du Joe Watty's Bar. Le circuit dans ce sens est plus facile pour les cyclistes.

Vous longerez la mer, sur une route étroite encadrée de murs. Prenez le temps d'étudier de plus près ces pierres grises, fendillées de crevasses, comme trop cuites lors d'un bouleversement oublié. Les baies se succèdent, couvertes de gros galets doux et ronds (certains incluant des fossiles), qui roulent avec un son clair sous le ressac. Des panneaux indiquent les ruines de **St Kieran's Church** (TEAMPALL CHIARÁIN) (8e et 12e s.) et de **Teampall Assurnuidhe**, deux petites églises qui offrent une vue agréable.

La route surplombe ensuite directement l'eau jusqu'aux ruines d'une ancienne usine de transformation du goémon. Si vous vous attardez sur le rivage, vous verrez pointer à la surface de l'eau des dizaines de triangles noirs, qui se révèlent être les museaux d'une **colonie de phoques**.

À 6 km de Kilronan, vous arrivez à la **plage de Kilmurvey** (CILL MHUIRBHIGH) que vous contournerez pour parvenir au **Man of Aran Cottage★**, chaumière construite en 1932 par Robert Flaherty pour le tournage de son film *Man of Aran, aujourd'hui transformé* en B & B.

Retournez vers le milieu de la plage et suivez pendant 500 m la route qui mène à **Dún Aengus** (DÚN AONGHASA)★★★ *(✆ 099 61 008 - www.heritageireland.ie - avr.-oct. : 9h30-18h ; nov.-mars : 9h30-16h - 5 €).* Aengus était-il un chef Fir Bolg ou un vrai roi du 5e s. apr. J.-C. ? On l'ignore mais le site, très spectaculaire, était vraisemblablement le centre politique et religieux de l'île vers 1100 av. J.-C. Vous devrez laisser votre vélo au bas de la colline *(comptez 10mn de marche jusqu'au sommet).* La silhouette imposante du fort se découpe au bord d'une falaise de plus de 80 m de haut *(soyez très prudent, l'enceinte arrive jusqu'au bord).* Composé d'une triple enceinte de murs de plus de 5 m d'épaisseur, il est doublé de rochers acérés fichés en terre, destinés à retarder les assaillants et à gêner leur progression. Sur la droite du fort, on entrevoit une impressionnante enfilade de falaises vers l'ouest. La plate-forme rocheuse, au bord de la falaise, pourrait avoir eu une fonction cérémonielle ou rituelle (on y a découvert quatre anneaux de bronze : une offrande destinée à une divinité ?).

En sortant du fort vers l'est, longez un moment le rivage en escaladant une succession de murets. Vous surplomberez le **Blind Sound★★** (Goulet aveugle), une incurvation de falaises à l'aspect feuilleté, creusées à la base, qui accueillent dans leurs anfractuosités des milliers d'oiseaux marins.

Redescendez du fort jusqu'aux boutiques et prenez la route de gauche, qui tourne rapidement à angle droit et rejoint, à 1 km environ, la route principale vers l'extrémité ouest de l'île. Si votre temps est compté, vous pouvez ignorer cette partie d'Inishmore.

Des murs et des champs

Mis bout à bout, les murets d'Inishmore s'étendraient sur des milliers de kilomètres (certains avancent des chiffres supérieurs à 10 000 km). Bâtis avec des pierres que l'on retirait du sol pour pouvoir cultiver, ils protégeaient les plantations des vents salés de l'Atlantique. La terre, bien trop pauvre, était ensuite enrichie d'un mélange de sable et de goémon. Les générations successives ont ainsi amélioré quelque peu le rendement des sols.

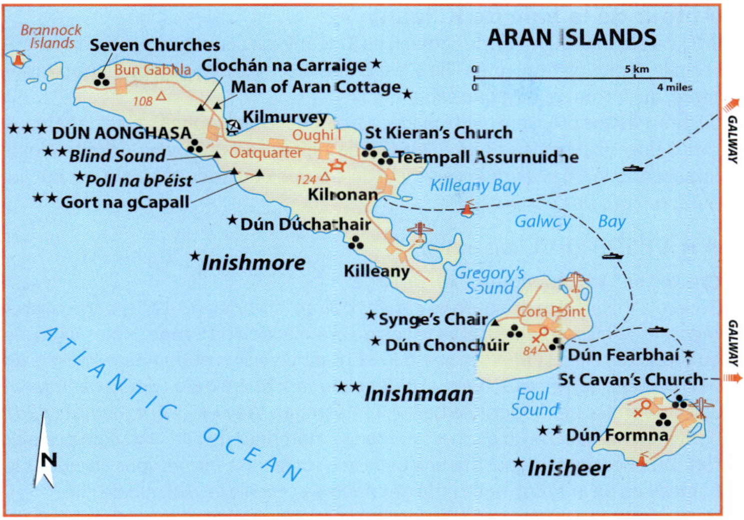

En face du point de jonction avec la route principale, un sentier mène au bout de 200 m au **Clochán na Carraige★** (construction en pierres sèches dont le toit en encorbellement est uni à la structure) en bon état, témoin émouvant de la vie rudimentaire et solitaire des premiers moines.

La route principale se poursuit ensuite vers les **Seven Churches** (NA SEACHT DTEAMPAILL), appellation un peu exagérée pour cet ensemble modeste de ruines, vestiges d'une communauté monastique, qui ne compte pas sept mais deux églises : **Teampall Bhreacáin** (13e s.), dédiée à saint Brecan, et **Teampall an Phoill** (15e s.), l'« église du trou ». Elle se termine à l'extrémité occidentale de l'île d'où l'on aperçoit les îles Brannock.

Ne manquez pas la route de Gort na gCapall pour regagner Kilronan. Retournez à la plage de Kilmurvey et, au fond de la baie, quittez la route principale (plus rapide pour aller au port, mais moins intéressante et jalonnée de B & B), puis prenez à droite vers le hameau de Gort na gCapall.

★★ La route de Gort na gCapall

Environ 5,5 km. Comptez 1h30 pour rejoindre le sud de Kilronan, au début de la baie de Killeany. Attention, le dernier tronçon étant vraiment très caillouteux, si vous n'êtes pas habitué au VTT, vous devrez sans doute pousser votre vélo sur une partie du chemin.

La route de Gort na gCapall se poursuit après le hameau dans un paysage de terrasses caillouteuses dominant la mer et les falaises. Faites un détour vers le rivage, au sud-ouest du hameau, pour voir **Poll na bPéist★ (Wormhole)**, un trou rectangulaire au pied de la falaise, impressionnant à marée montante.

Continuez votre chemin *(non sans peine, c'est assez raide)* jusqu'à la partie la plus élevée de l'île, complètement sauvage. La route devient alors un sentier envahi par l'herbe folle, bordé de fleurs et même... de rares fraises sauvages. La succession de petits murs qui tentent en vain de piéger le vent conduit le regard vers l'océan. La solitude et le silence qui règnent ici résument toute l'âme de l'île.

5

Autour de la baie de Killeany

À 2 km au sud de Kilronan, le hameau de **Killeany** (CILL ÉINNE) ouvre la zone méridionale, la plus plate de toute l'île. C'est là que s'étend la plus grande plage d'Inishmore, qui forme un joli lagon sablonneux.
Juste après une première petite plage *(à la sortie sud de Kilronan)*, avant le hameau de Killeany, un panneau indique **Dún Dúchathair★** (Fort noir), vers la droite. Moins imposant que Dún Aengus mais plein de charme et d'atmosphère, il est bâti lui aussi au bord de la falaise.

★★ Inishmaan (INIS MEÁIN)

L'île fait 5 km de long sur 2 km de large.
Source d'inspiration de son livre *Les Îles d'Aran*, Inishmaan, et plus particulièrement ses falaises à l'ouest, était le lieu de prédilection de **Synge**. Moins exposée au tourisme, elle est plus sereine que sa grande voisine et demeure, malgré un net recul ces dernières années, le plus solide sanctuaire de la culture gaélique.
Un sentier de randonnée balisé, l'**Inishmaan Way★★** *(8 km; comptez 2h)*, commence à gauche du quai et s'enfonce à l'intérieur de l'île. Passé un premier fort, **Dún Fearbhaí★**, qui offre une belle vue sur la terre ferme, vous atteignez le hameau où un long cottage coiffé de chaume accueille le seul pub de l'île.
Un petit musée est consacré à Synge dans le cottage où il séjournait *(Teach Synge - 099 73036 - visite possible en juin-sept. : 12h-14h, 14h30-16h30 - 3 €).*
Un peu plus loin sur votre gauche, après **Synge's Cottage**, se dresse, autour des restes de plusieurs *clochán*, l'énorme fort de **Dún Chonchúir★** qui doit son nom à Chonchúir (Conor), le frère d'Aengus, chef des Fir Bolg. Du sommet de l'édifice, la **vue★★** panoramique vers les côtes d'Irlande et sur les innombrables murets de pierre tout autour est magnifique.
En continuant vers l'ouest, vous approchez du rivage, en face d'Inishmore. Le sentier, dont les pierres sont marquées de blanc, mène à **Synge's Chair★**, abri rocailleux où l'artiste passait des heures à méditer ou à écrire. La route du retour traverse des étendues de petits champs bordés de murs.

★ Inisheer (INIS OÍRR)

L'île fait 4 km de long sur 2,5 km de large. Excursion d'une journée au départ de Doolin.
La plus petite des îles d'Aran est aussi la moins haute et la plus proche de la côte du comté de Clare *(à 8 km)*. La plupart des maisons sont situées sur le littoral nord, et le reste de l'île, bien que sauvage, abrite une nature moins sévère, que vous découvrirez en suivant le sentier balisé de l'**Inisheer Way★★** *(10,5 km; comptez 2h30 à 3h)*. Mélange de dunes, de côtes rocheuses, de petits champs et des sempiternels murets, Inisheer se métamorphose au printemps lorsqu'elle se couvre de jonquilles, l'une de ses principales ressources.
L'île recèle quelques trésors, dont **St Cavan's Church** (TEAMPALL CHAOMHÁIN), étonnante chapelle du 10e s. à demi ensablée, qui abrite la tombe de saint Cavan (Caomháin), frère du fondateur de Glendalough *(voir p. 102)*.
Ne manquez pas non plus le château des O'Brien, érigé au Moyen Âge au centre de l'ancien fort **Dún Formna★★**.

Carnet pratique

S'informer

Aran Tourist Office/Oifig Fáilte – *Près du port - Kilronan - ✆ 099 612 63 - www.aranislands.ie.*

Adresses utiles

Banque – À Kilronan, distributeur de billets dans le supermarché.

Supermarché – **Spar** à Inishmore, bien approvisionné et pas trop cher.

Arriver/Partir

En avion

Aer Árann - *✆ 091 593 034 - www.aerarannislands.ie.* Départ de Connemara Airport/Aerfort Chonamara (Inverin). Navette sur réserv. au départ du Victoria Hotel de Galway, sur Victoria Place *(45mn - 5 €)*. Vols quotidiens vers Inishmore *(15mn - 30 € AS ; 55 € AR)*.

En bateau

Aran Island Ferries - *37-39 Forster St. - Galway - ✆ 091 568 903 - www.aranislandferries.com.* La compagnie assure la traversée vers les trois îles toute l'année *(40-55mn - 30 € AR)*. Au départ de Queen St, liaisons en bus *(9 € AR)* jusqu'à **Rossaveel** (ROS A'MHÍL), à 38 km à l'ouest de Galway. Comptez 5 à 10 € AR pour transporter votre vélo (réserv. conseillée). Rens. par téléphone pour les liaisons inter-îles.

Doolin Ferry – *Port de Doolin - ✆ 065 707 5555 - www.doolinferry.com.* D'avr. à sept., la compagnie dessert les trois îles : Inisheer *(15mn - 32 € AR)*, Inishmaan *(20mn - 39 AR)* et Inishmore *(35mn - 39 € AR)*.

Transports

En bus

En été, des minibus font le tour de l'île d'Inishmore en 2h environ.

À vélo

Aran Bike Hire – *Kilronan (sur le quai) - Inishmore - ✆ 083 470 2285- www.aranislandsbikehire.com - 20-25 €/j ou 40 €/j pour un vélo électrique.*

Rothaí Inis Oírr/Inisheer Bike Hire – *Inisheer - ✆ 099 750 49 - www.rotnai-inisoirr.com.*

Nos adresses

Restauration

Inishmore

Premier prix

Teach nan Phaídi – *Kilmurvey/Cill Mhuirbhigh (à l'entrée de la rte pour Dún Aonghasa) - ✆ 099 209 75 - 11h-14h30, w.-end 11h-15h - formule déj. 15 €.* Ce café-restaurant familial tout simple, aménagé dans une jolie chaumière, propose de copieuses salades au saumon fumé et pain noir, un ragoût de bœuf à la bière et de bons gâteaux. Service souriant, excellent rapport qualité-prix.

Budget moyen

Joe Watty's Bar – *Kilronan (après la poste) - ✆ 086 049 4509 - www.joewattys.ie - 12h-23h30 - plats 22/26 €.* Bonne *Bar food* traditionnelle. Tables dehors.

Inishmaan

Une folie

Inis Meáin Restaurant & Suites – *Inishmaan - ✆ 086 826 6026 - www.inismeain.com - merc., vend., sam. à 19h30 (sur réserv.) - menu 100 € - 5 suites (mars-oct.) à partir de 1350 € ☕ pour 2 nuits.* Les charmants propriétaires (Monsieur est natif de l'île) de cette surprenante bâtisse en pierre

5

au design futuriste propose une cuisine moderne sans chichis, misant sur les meilleurs ingrédients locaux (fruits de mer, délicieuses pommes de terre du potager). Style minimaliste et mobilier très « nature » dans les superbes suites et petit déjeuner servi en chambre.

Shopping

Inishmore

Aran Goats' Cheese/Cáis Gabhair Árann – *Oughill/Eochaill (sur la rte nord de l'île, à mi-chemin entre Cill Rónáin et Cill Mhuirbhigh) - 087 222 6776 - www.arangoatcheese.com.* Depuis 2010, Gabriel et sa femme Orla confectionnent, avec l'aide de leurs 93 chèvres, plusieurs spécialités fromagères que l'on retrouve sur toutes les tables étoilées de la région et qui ont, pour certaines, un léger goût marin (ils y ont infusé une petite algue rouge de l'île, le *duileasc*)

Hébergement

Inishmore

Premier prix

Kilronan Hostel – *Kilronan (sur le port) - 099 61255 - www.kilronanhostel.com - - 44 lits 28/38 € ; ch. 95 €.* Emplacement agréable et pratique, face à l'embarcadère.

Aran Islands Camping & Glamping – *French Beach (à 1 km au nord de Kilronan) - 086 189 5823 - www.irelandglamping.ie - - camping 11 €/pers., bungalows à partir de 150 €.* En bord de mer, à deux pas du village, un camping ultra-moderne et tout confort proposant, dans la partie glamping, de très jolis bungalows, bien équipés et pouvant accueillir jusqu'à 4 pers.

Budget moyen

Seacrest House – *Kilronan (près du port) - 099 612 92 - www.aranaccommodations.com - - 6 ch. 80/110 €.* Une maison simple et propre, accueil aimable.

Kilmurvey House – *Kilmurvey - 099 612 18 - www.irelandwide.com - - 12 ch. 95/110 €.* Vieux manoir de pierre admirablement tenu. Accueil très chaleureux, cuisine variée et pâtisseries délicieuses.

Pier House – *Kilronan (face au débarcadère, devant le port) - 099 614 17 - www.pierhousearan.com - - fermé de fin oct. à fin fév. - 13 ch. 97/115 €.* Maison très confortable, chambres agréables et claires, dans un style cottage rustique.

Ard Éinne – *Killeany (près de la piste d'atterrissage) - 099 611 26 - www.ardeinne.com - - 6 ch. 100 €.* Grande maison impeccable avec vue sur mer. Transfert pour le port possible.

Tigh Fitz – *Killeany (à 1,5 km du port) - 099 612 13 - www.tighfitz.com - - 10 ch. 110/160 €.* Une maison aux chambres confortables et à l'accueil aimable.

Inishmaan

Budget moyen

An Dún – *087 680 6251 - www.inismeainaccommodation.ie - - 5 ch. 130/155 €.* Chambres confortables et, au restaurant, des plats faits maison avec les fruits et légumes du jardin.

Une folie

Inis Meáin Restaurant & Suites – *Voir « Restauration ».*

Le Connemara ★★★

Après l'animation de Galway, préparez-vous à affronter le pays des tourbières, des lacs miroitants, des brumes évanescentes et des montagnes austères, brunies par les pluies fréquentes. Parcourez sa nature sauvage et désertée, hantée par les moutons et quelques poneys, ses rares chemins au cœur de vastes étendues de rocaille, semée d'herbe rousse et piquée de trous d'eau, son fjord Killary et son littoral aux criques profondes tapissées d'algues orange.

Se repérer

CARTE AB2-3 (P. 276) - CARTE DU CONNEMARA (P. 314-315).
Comté de Galway. La côte déchiquetée du Connemara s'étend au nord-ouest de Galway.

À ne pas manquer

Inagh Valley, la route des tourbières (Bog Road), Kylemore Abbey, Lough Corrib, Cong Abbey, Killarney Harbour, Twelve Bens, Sky Road…

Organiser son temps

Comptez au moins 2 jours et 1 ou 2 jours de plus pour randonner. Dans la zone gaéolophone au sud (gaeltacht), pensez à repérer l'orthographe gaélique sur la carte, souvent la seule indiquée sur les panneaux routiers.

Carnet pratique p. 320

Nos adresses p. 320

Circuits conseillés

CARTE DU CONNEMARA P. 314-315

★★ Le Connemara par les lacs

Circuit de 100 km (sans les détours) tracé en violet sur la carte de région p. 276 et sur la carte p. 314-315. Quittez Galway par Salthill et la R 336.

À **Spiddal** (AN SPIDÉAL), prenez à droite la L 1320 vers **Moycullen** (MAIGH CUILINN) et découvrez sur 15 km les premières tourbières du Connemara dans un paysage mamelonné, à 360°. Arrivé à Moycullen, prenez la N 59 à gauche, vers **Oughterard** (UACHTAR ARD). Après 13 km, guettez les panneaux pour Aughnanure Castle.

Petite histoire du Connemara

Le Connemara était jadis le fief du puissant clan O'Flaherty, que les Normands de Galway ne réussirent pas à déloger. Cette emprise gaélique finit cependant par céder le terrain aux troupes de Cromwell, qui instaurèrent la terreur à partir de leur base d'Inishbofin Island : les moines furent emprisonnés et déportés, et la population soumise à l'interdiction de s'installer à moins de 5 km des côtes, ce qui la condamnait à la misère, la privant de pêche et d'accès aux champs d'algues, utilisées pour fertiliser le sol très pauvre. Après la Grande Famine, très sévère dans la région, les survivants émigrèrent ou louèrent leurs bras sur les chantiers de travaux publics. Mais grâce au renouveau considérable que connut la culture gaélique à la fin du 19e s., conduisant à la réhabilitation de la langue, le sud du Connemara constitue désormais la plus vaste *gaeltacht* du pays.

★ Aughnanure Castle (ACHADH NA NIÚR)

À 3,5km d'Oughterard sur la N 59 - ✆ 091552214 - www.heritageireland.ie - de mi-mars à mi-nov. : 9h30-18h (dernière entrée 17h15) - 5 € (enf. 3 €).
Bâti sur un promontoire rocheux rongé par les eaux du lac, cet imposant **donjon** de six étages, dont le nom gaélique signifie « champ de l'if », date de la campagne de construction des Normands au 13e s. Il passa rapidement aux mains des O'Flaherty, puis les troupes de Cromwell s'en servirent pour protéger les abords de Galway. La disposition intérieure est classique, avec la salle de séjour au dernier étage et une terrasse *(fermée au public)* qui procurait une vue superbe sur le **Lough Corrib★★**.

Oughterard (UACHTAR ARD)

Ce village, souvent animé, est le point de chute préféré des pêcheurs. Si vous avez la journée devant vous, profitez-en pour faire une excursion sur le lac, ponctué de centaines d'îlots, dont Inchagoill Island. Oughterard offre également de belles promenades, comme celle de **Glann Road★** *(route en grande partie carrossable indiquée dans le village, sur la N 59, par le panneau An Gleann, vers le nord)* menant à Hill of Doon, colline d'où l'on bénéfice d'un panorama sur le lac de Corrib. Glann Road fait partie du **Western Way★★**, un sentier de randonnée qui, d'Oughterard, rejoint Leenane/Leenaun.

★ Inchagoill Island

Pour rallier l'embarcadère depuis Oughterard, suivre le panneau « Corrib Cruises » à l'entrée du bourg ; dép. à 12h en juil.-août (sf mar.) et les merc. et sam. en sept. ; le bateau part ensuite pour Cong (voir p. 317), où vous pouvez visiter le village ou le parc d'Ashford Castle, retour ensuite à Oughterard (✆ 087 283 0799 - www.corribcruises.com - 32 € AR). Départ également de Cong à 14h45 (d'Ashford Castle si vous avez payé l'entrée du parc) ou à 15h (sur Lisloughery Pier), de juin à sept.
Au centre du **Lough Corrib★★**, cette île peuplée par des moines dès le 5e s. conserve les ruines de deux églises. La plus intéressante, **Saint's Church** (12e s.), possède un magnifique portail roman sculpté de têtes.
De retour à Oughterard, prenez la N 59 en direction de Clifden. Après 3 km, suivez les indications pour Glengowla Mines.

Glengowla Mines

✆ 091552 021 - www.glengowlamines.ie - mars-oct. : 10h-18h (visite guidée ttes les 20mn) - 11 € (enf. 5 €). Pique-nique possible.
Cette mine fut exploitée de 1850 à 1865, quinze années au cours desquelles des fermiers du coin, pauvres et novices, trimèrent pour manger. George O'Flaherty, propriétaire de la mine, la ferma du jour au lendemain. Depuis, tout est resté en plan, outils coincés dans les rochers. La visite rend compte des moyens (dérisoires) d'extraction à l'époque. La mine fournissait 28 kg d'argent et plus de 300 t de plomb. Aujourd'hui, à 60 m sous terre, vous verrez quelques « rivières » de marbre, qui n'intéressaient personne à l'époque.
Au départ de la boutique, qui vend aussi du marbre du Connemara, petit circuit en boucle *(looped walk)* de 45mn.
Reprenez la N 59, toujours en direction de Clifden. Après les mines, la route laisse à gauche le pont dit « The Quiet Man Bridge » où a été tournée, en 1951, une scène du film L'Homme tranquille *avec John Wayne.*

Maam Cross (AN TEACH DÓITE)

À 16 km d'Oughterard. À partir de ce carrefour en pleine campagne, vous entrez dans le **Connemara★★★** des cartes postales, où alternent les collines désertiques et les multiples lacs. Passé Recess, la N 59 longe le **Derryclare Lough**, l'une des

Le lac Corrib.
H & D Zielske/Look/age fotostock

images phares de la région. La route serpente ensuite au pied des **Twelve Bens**, les douze sommets mythiques du Connemara, qui s'élèvent sur votre droite.

★ Twelve Bens (NA BEANNA BEOLA)

Dans ce cadre exceptionnel pour la randonnée, il est possible d'enchaîner plusieurs sommets – Benglenisky, Bengower et Benlettery par exemple *(niveau difficile, comptez 4-5h)*. Procurez-vous surtout une bonne carte avant de vous lancer, car les sentiers n'existent pas, ou peu, tourbières et cailloux émaillent l'ascension et les pluies restent capricieuses... Mais quel plaisir en haut !
Vous pouvez aussi opter pour le **Western Way★★** *(voir p. 322)*.
Arrivée à Clifden par la N 59.

★★ Le Connemara par la côte nord

Circuit de 65 km (sans les détours à vélo) tracé en rouge sur la carte de région p. 276 et sur la carte p. 314-315.

Clifden (AN CLOCHÁN) A2

La « capitale » du Connemara (1600 hab.) est une charmante petite ville. Son statut attire un nombre impressionnant de visiteurs : les Français en été, les Américains au printemps et en automne – un afflux qui l'anime incontestablement mais la

5

L'Atlantique en avion

Alcock et Brown : ces noms figurent en divers endroits de Clifden, et un mémorial a été dressé à la mémoire de ces deux hommes qui ont effectué la première traversée de l'Atlantique en avion sans escale. Partis de Terre-Neuve, ils atterrirent le 15 juin 1919 après 15h et 57mn de vol, au milieu des tourbières, à 5 km de Clifden. Ils obtinrent pour leur exploit le prix du *Daily Mail*, d'une valeur de 10 000 £, et envoyèrent le télégramme annonçant la bonne nouvelle de la poste du village.

transforme en une bourgade anglophone et touristique. Pas de quoi gâcher votre séjour néanmoins, car alentour les paysages restent intacts et les criques, désertes. Pour en savoir un peu plus sur l'histoire de Clifden et du Connemara, faites une halte au modeste **Station House Museum** *(Galway Rd - 10h-17h - 3 €).*
Plus intéressant, le **Connemara Heritage & History Centre** *(Lettershea, à 7 km à l'est de la ville par la N 59 - www.connemaraheritage.net - mars-nov. : 10h-18h - 8,50 €)* est un musée en grande partie en plein air, autour d'une ferme traditionnelle rénovée. Un lieu qui permet de comprendre le quotidien des paysans.
Quittez Clifden par la N 59 vers Westport. À 3,5 km, tournez à gauche en direction de Claddaghduff, puis suivez le panneau Sky Road. À éviter par temps brumeux.

★★ Sky Road (BÓTHAR NA SPÉIRE)

Pendant 16 km, vous dominez Streamstown Bay, échancrure marine de plus de 6 km entre les collines, puis vous longez la baie de Clifden et ses îles. La vue, par temps clair, est absolument superbe !

À pied, préférez la **Sky Road Lower** *(boucle au dép. de Beach Rd, dans Clifden).*

Clifden Cycle Lúb (Clifden Cycle Hub)

Comme la Sky Road (Lúb 1), trois autres circuits carrossables, fléchés pour les vélos, permettent de découvrir le déchirement des péninsules de part et d'autre de Clifden.

La Lúb 3 (33 km) longe Streamstown Bay et passe par **Cleggan** (**AN CLOIGEANN**) dans des paysages quasi désolés.

La Lúb 2 (14 km) part au sud de Clifden par la R 341 et rejoint, comme un bout du monde, **Errislannan** (**IORRAS FHLANNÁIN**).

La Lúb 4 (40 km) fait une boucle par la R 341, vers Ballinaboy et **Mannin Bay** (où se succèdent de jolies plages), et la spectaculaire **Bog Road** *(voir p. 318)*. Toutes ces Lúb reviennent sur Clifden.

Quittez Clifden par la N 59 vers Westport. À 3,5 km tournez à gauche jusqu'au minuscule lieu-dit de Claddaghduff, repérable à sa station-essence.

★ Omey Island

On peut rejoindre à marée basse Omey Island *(compter 2h30 pour en faire le tour)*, îlot de belles plages de sable et de rochers, abritant quelques maisons. Des courses de poneys du Connemara ont lieu sur la plage en été.

Prenez jusqu'à Cleggan (An Cloigeann), petit port de pêche tres vivant, situé à 6 km.

★★ Inishbofin

(INIS BÓ FINNE)

095 45 819 - www.inishbofinferry.ie - embarquement à Cleggan à 11h30 (tlj, tte l'année) et à 14h (tlj de juin à août) ; dép. de l'île à 13h et 17h - 30mn de traversée ; renseignez-vous pour les dép. hors saison et les dép. soir/matin si vous dormez sur l'île - 25 € AR.

Plusieurs sentiers sont aménagés, dont un qui passe par une plage de sable *(niveau facile à modéré - comptez 1h30, 2h ou 3h30 de balade).*

Cette île de 160 hab., mélange de prairies, de plages de sable (Trá Ghael, sur la façade Ouest) et de falaises sauvages, abrita des moines, puis la célèbre femme pirate Grace O'Malley *(voir encadré, p. 330).*

Le sinistre Cromwell s'en empara pour en faire une place forte et un centre d'internement pour les futurs déportés. Au pied du **fort** qu'il construisit, une pierre découverte à marée basse servait à attacher les rebelles, qui se noyaient à la marée montante sous les yeux de leurs codétenus. À la pointe est de l'île, près des ruines de l'abbaye, on peut voir des pierres tombales du 7e s.
De Cleggan, rejoignez la N 59 à Moyard (8 km), puis Letterfrack (7 km).

★★ Connemara National Park (PÁIRC NÁISIÚNTA CHONAMARA)

Bien indiqué sur la N 59, à l'entrée de Letterfrack/Leitir Fraic.
✆ 095 410 54 - www.connemaranationalpark.ie - parc ouv. tte l'année - Visitor Centre : 9h-17h30 - visite guidée dans les tourbières en saison - gratuit. Salon de thé agréable pour faire une pause (tlj mars-nov.). Aire de jeux.
Ce parc national s'étend sur 2 000 ha de tourbières, landes, prairies, bois et montagnes – quelques-unes font partie des Twelve Bens et s'élèvent à 400 ou 600 m. Au Visitor Centre, une exposition bien scénographiée retrace la naissance du Connemara, détaille les moyens de préservation du site, des sols, de la faune et de la flore, puis évoque le « peuple des tourbières » *(audiovisuel et document en français sur demande gratuits)*. Des informations utiles aux randonneurs sont fournies pour des excursions plus extrêmes dans les fameuses Twelve Bens.
Du Visitor Centre, des **sentiers★** faciles et bien balisés ont été aménagés. Le plus long *(niveau modéré, env. 2h30)* grimpe au sommet de Diamond Hill (442 m).

Letterfrack (LEITIR FRAIC)

Dans ce village, fondé par un couple de *quakers*, l'évêché ouvrit un orphelinat, puis une école, connue pour la sévérité de ses règles. Près de l'église, une pierre tombale fut ensuite érigée à la mémoire des 60 garçons morts... durant leur scolarité.

★ Kylemore Abbey

À 6,5 km à l'est de Letterfrack et à 16 km de Clifden.
✆ 095 52001 - www.kylemoreabbey.com - 10h-16h30 - visite guidée (20mn) gratuite ttes les heures de 11h à 16h-- fermé janv.-mars - 15 € (-10 ansgratuit). Document en français. Possibilité de déjeuner sur place au Mitchell's Café (tte l'année) ou à The Tea House (Pâques/mi-nov. 11h30-16h).
Avec un lac pour splendide miroir, dans une forêt mêlée de rhododendrons, cet imposant château de style néogothique fut transformé en **abbaye**, puis en collège privé. Construit à partir de 1867 par un riche Anglais, Mitchell Henry, pour son épouse irlandaise, ce château bénéficia d'une modernité d'avant-garde (serres chauffées, énergie hydroélectrique...) et reçut la visite d'Edouard VII en 1903. Kylemore fut ensuite racheté par l'Église catholique pour accueillir une

Un amour de tourbière

La tourbe (*móin* en gaélique, *bog, turf ou peat* en anglais) est un matériau organique constitué à 4 % de débris de feuilles, racines, brindilles, fleurs, graines et... d'eau. Plus il pleut – 1 650 mm par an dans la région ! –, plus l'oxygène se raréfie dans les sols et plus la décomposition est lente, voire nulle. D'où une accumulation progressive, inéluctable. La plus profonde des tourbières du parc du Connemara atteint 5 m. En identifiant les grains de pollen, les scientifiques sont parvenus à retracer l'histoire de ces tourbières qui, au fil des siècles, ont recouvert des forêts entières (des pins, vieux de 4 000 ans, ont été retrouvés), tout en produisant un écosystème tout à fait particulier.

Inishbofin island.
C. Goupi/age fotostock

communauté de bénédictines belges, chassées de leur couvent d'Ypres pendant la Première Guerre mondiale. Les sœurs ouvrirent en 1923 un internat international pour jeunes filles (Anjelica Huston est l'une des pensionnaires les plus connues). L'école ferma en 2010.
À l'est de l'abbaye, l'**église★** et le **mausolée** où repose Margaret Henry. À l'ouest, les **jardins victoriens★** *(navette gratuite depuis l'abbaye)* et leurs serres restaurées.
Si la visite des bâtiments est assez rapide, le **parc★★** réserve de superbes balades alentours. Des sentiers en montagne doivent obligatoirement s'effectuer avec un guide de Kylemore *(de 1h à 3h AR, accès payant, il est conseillé de réserver).*
Reprenez la N 59 vers l'est jusqu'au carrefour, puis tournez à droite (R 344). Suivez la R 344 sur 17 km. Attention aux moutons sur la route !

★★ Inagh Valley

Cette vallée est parcourue par l'une des plus jolies routes du Connemara, encadrée à l'est par les sommets des **Maumturk Mountains**, culminant à 700 m, et par les **Twelve Bens**, à l'ouest. La route s'achève au cœur d'un paysage de tourbières désertes.
Au bout, prenez la N 59 à gauche jusqu'à Maam Cross. Au carrefour, tournez vers Maum et Joyce Country.

5

★ De Cong à Killary Harbour

Circuit de 57 km tracé en bleu sur la carte de région p. 276 et la carte p. 314-315.
Cette route, depuis **Maum**, traverse le **Joyce Country★**, du nom de la rivière que longe la route (et non de l'écrivain !). Cette vallée très verte est encadrée de collines abruptes souvent couronnées de brumes ou de nuages. La route se prolonge en suivant au plus près les berges nord du Lough Corrib.

Cong (CONGA)

Accès par la R 345. Le village est également accessible par bateau depuis le village d'Oughterard (voir p. 312).

Construit sur une langue de terre entre le Lough Corrib et le Lough Mask, le minuscule village de Cong (comté de Mayo) accueillit le tournage de *L'Homme tranquille (The Quiet Man)*, de John Ford. Seuls les cinéphiles inconditionnels trouveront un intérêt à la visite du **Quiet Man Cottage Museum** *(www.quietmanmuseum.com - avr.-oct. : 10h-16h - 10 €)* réplique de celui du film.

D'autres scènes se sont déroulées à **Ashford Castle** *(15mn à pied de l'abbaye)*, impressionnant château construit entre lac et rivière, qui appartenait autrefois à la richissime famille Guinness. De nombreux hôtes de marque, dont le président Reagan, sont descendus dans ce château-hôtel, l'un des plus prestigieux du monde *(parc ouvert aux visiteurs - 10/15 €)*.

Un canal sans eau

Long de 7 km, le canal de Cong devait réunir le Lough Mask et le Lough Corrib. Des ouvriers, payés un salaire de misère, y travaillèrent durant six ans, mais le jour de la mise en eau, le canal resta désespérément sec, la roche poreuse absorbant l'eau au fur et à mesure ! On renonça à remédier à ce problème, car le chemin de fer supplantait déjà le transport fluvial.

★ **Cong Abbey** – *En face de l'office de tourisme - gratuit.* Les ruines de l'abbaye, à l'emplacement d'un premier monastère (6e ou 7e s.), méritent le détour. C'est ici que mourut en 1198 Rory O'Connor, dernier roi d'Irlande. De cette époque datent le beau portail roman et certains chapiteaux du cloître, où règne une grande sérénité. On peut aussi y voir de spectaculaires croix celtes.

Bâtie sur la rivière, la maison de pêche prouve l'extraordinaire sens pratique des moines : le trou au sol servait à descendre les lignes et, lorsque le poisson mordait, un système de cloche relayait le message en cuisine.

À l'est du village, la route mène au **Dry Canal**, un canal qui n'a jamais servi *(voir encadré p. 318)*.

Reprenez la R 345 vers le village de Clonbur (Cloghbrack), puis prenez à droite vers Finny. Cette route secondaire borde le Lough Mask, puis le petit Lough Nafooey, au pied du mont Maumtrasna (671 m). Dirigez-vous ensuite vers la R 336, Leenane (écrit aussi Leenaun ou An Líonán) et Killary Harbour.

★ Killary Harbour

Le long de la N 59, quelques excursions en bateau sont proposées. Superbes lumières en fin de journée par beau temps.

On comprend que ce site, unique en Irlande, ait pu inspirer un peintre comme Paul Henry (1876-1958) : un fjord étroit bordé de montagnes, au fond duquel se jette la rivière Erriff *(à 3 km à l'est de Leenane/Leenaun)*. À cet endroit se forme **Aasleagh Falls**, cascade que vous pourrez rejoindre en amont au terme d'une belle promenade.

★ Le Connemara par la côte sud

Circuit de 130 km tracé en vert sur la carte de région p. 268 et sur la carte p. 314-315. Quittez Clifden au sud par la R 341, puis tournez à gauche vers Bog Road.

★★ Bog Road

L'étroite Bog Road, cahoteuse à en donner le mal de mer, traverse un paysage magique – plus encore si vous roulez dans le brouillard – de tourbières brunes, percées de mille lacs aux eaux noires.

Au bout, tournez à droite (R 341) vers Roundstone.

★ Roundstone (CLOCH NA RÓN)

Ce petit port fut créé de toutes pièces au 19e s. par Alexander Nimmo : cet ingénieur écossais, qui réalisa la plupart des quais (y compris ceux de Galway) et des routes du Connemara, encouragea le développement du village et l'implantation de familles écossaises. Il est connu pour son atelier d'instruments de **musique** traditionnelle *(voir « Shopping »)*.

À 4 km du village en direction de Ballyconneely (BAILE CONAOLA) s'étend la plage de **Gurteen Bay**, l'une des plus belles de la région, suivie un peu plus loin de celle de **Dog's Bay★**.

Revenez à Roundstone, continuez pendant 6 km, puis tournez à droite (R 342) jusqu'à Cashel (An Caiseal), puis encore à droite (R 340) vers Carna, à 13 km.

Carna

La route côtière se faufile entre le versant abrupt de la colline et le rivage découpé, jusqu'à Carna, village de pêcheurs caché au cœur d'un incroyable fouillis de rochers gris et d'une lande rousse, qui répond à la couleur des criques tapissées d'algues orange.

Poursuivez sur la R 340, longez la baie jusqu'à Gortmore (An Gort Mór) et guettez les panneaux pour Rosmuck et Pearse's Cottage.

★ Patrick Pearse's Cottage (TEACH AN PHIARSAIGH)

An Gort Mhór - ✆ 91 574 292 - www.heritageireland.ie - 9h30-18h (16h en hiver) - 5 €.

Au beau milieu d'un paysage de lochs et de montagnes surgit un tout nouvel « espace culturel » qui devrait intéresser les curieux de littérature irlandaise et d'histoire nationale : l'**Ionad Cultúrtha an Phiarsaigh**. Il vous racontera, à travers documents et souvenirs, la vie du poète et écrivain Patrick Pearse qui fut l'un des leaders du soulèvement de Pâques 1916, avant d'être exécuté par les Britanniques. Derrière le centre, un petit sentier conduit à l'émouvante **chaumière** où l'« éveilleur du peuple » venait chaque été enseigner le gaélique.

Reprenez la R 340 vers l'est. À Screeb Cross, tournez à droite : la R 336 vous emmène jusqu'à Costelloe (Casla), situé à 13 km.

Peu après le village de **Costelloe** (CASLA), si vous avez le temps, prenez à gauche en direction d'Oughterard (UACHTAR ARD) et traversez un **paysage sauvage★**. Vous gagnerez ensuite Moycullen et Galway par la N 59.

Sinon, restez sur la R 336, qui vous emmène doucement à Galway *(à 37 km)* via Spiddal (AN SPIDÉAL) et les plages de **Salthill**.

5

Carnet pratique

S'informer

Clifden Tourist Information – *Galway Rd (sur la N 59, à l'entrée de la ville) - ✆ 095 21163 - www.visitclifden.com.*

Adresses utiles

Banque – Distributeurs à Oughterard et Clifden.

Essence – Stations-service à Oughterard, Clifden et Cong.

Poste – Bureaux de poste à Oughterard *(Main St.)* et Clifden *(Main St.).*

Santé – Pharmacies à Oughterard et Clifden.

Arriver/Partir

En bus

De Galway, les compagnies de bus Éireann *(www.buseireann.ie)* et Citylink *(www.citylink.ie)* proposent plusieurs liaisons quotidiennes vers Oughterard, Leenane, Letterfrack, Recess, Clifden, Roundstone ; vers Spiddal, Rossaveal ; vers Cong, Westport. Horaires, tarifs et réservations sur les sites des compagnies, sur *www.transportforireland.ie* ou à la gare routière de Galway.

Agenda

Inishbofin Arts Festival – Fin avril, à Inishbofin. Musique, danse, arts visuels, artisanat.

Connemara Bog Week – Fin mai, à Letterfrack. Fête traditionnelle, avec concerts et danses.

Clifden Connemara Pony Festival – *www.cpbs.ie.* Une semaine mi-août. Une foire pleine d'ambiance où sont présentés les célèbres poneys du Connemara.

Clifden Arts Festival – *www.clifdenartsfestival.ie.* Une dizaine de jours fin sept. Concerts gratuits, représentations théâtrales, poésie et, surtout, une atmosphère extraordinaire dans les pubs de Clifden.

Nos adresses

Restauration

Oughterard

Premier prix

The Boat Inn – *Main St. - ✆ 091 552196 - www.theboatinn.ie - 11h-23h - plats 16/25 €, menus 20/25 €.* Grand pub au centre du village. *Bar food* de très bonne qualité servie jusqu'à 21h30. B & B également (10 ch. à partir de 90 €).

Clifden

Premier prix

Upstairs Downstairs Cafe – *Main St. - ✆ 095 228 09 - 9h-18h, w.-end 10h-18h - moins de 25 €.* Un café sur deux étages : on paie en bas au comptoir et on mange en haut sur de petites tables ou installés dans de confortables fauteuils. Sandwichs, salades, soupes, gâteaux et très bon café.

Budget moyen

Mitchell's – *Market St. - ✆ 095 218 67 - www.mitchellsrestaurantclifden.com - 12h-22h - plats 20/35 €, menu 32 €.* Cadre élégant et chaleureux, ambiance très irlandaise et des plats traditionnels bien préparés. Service aimable et efficace.

Off The Square – *Main St. - ✆ 095 222 81 - www.offthesquare.ie - lun.-mar. 10h-15h, merc.-sam. 10h-21h, dim. 10h-18h - plats 19/25 €.* Bonne cuisine traditionnelle à base de poissons ou de viandes (qu'ils savent cuire saignantes !). Leur credo : en direct de la mer, en direct de la ferme.

Cleggan

Budget moyen

Oliver's – *Dans le centre - ✆ 095 446 40 - www.oliversoncleggan pier.ie - 9h30-22h - 19/33 €.* Très joli pub-restaurant où manger de délicieux produits de la mer à des prix raisonnables. Le midi, les snacks sont copieux et pas chers. Musique certains soirs.

Leenane (Leenaun)

Premier prix

The Missunderstood Heron – *Derrynacleigh - ✆ 087 991 5179 - www.misunderstoodheron.com - merc.-dim. 11h-17h ; horaires réduits hors saison - 15/20 €.* Original : un *food truck* en bois, perdu en pleine campagne, réputé pour ses petits plats exclusivement locaux et sa spectaculaire vue sur le fjord de Killary. Aux beaux jours, on fait la queue pour y déjeuner à la bonne franquette d'une marmite de moules de la baie, d'une quiche aux oignons rouges & champignons ou d'un saumon fumé sur pain aux céréales…

Budget moyen

Blackberry – *✆ 095 422 40 - www.blackberryrestaurant.ie - avr.-sept. : 18h-21h - fermé mar. hors saison - plats 19/26 €.* Une charmante adresse pour une cuisine simple, fraîche et délicieuse. Soupes, *fish cakes*, poissons fumés, snacks et pâtisseries ; quelques plats plus élaborés le soir (35 € à la carte).

Cong

Budget moyen

Lydon's Lodge Restaurant – *Circular Rd - ✆ 094 954 6053 - www.lydonslodge.ie - ♿ P - 11h30-0h30, dim. 12h30-23h - carte 15/25 €.* Cuisine traditionnelle de pub servie à partir de 12h.

Roundstone

Budget moyen

O'Dowd's – *✆ 095 358 09 - www.odowdsseafoodbar.com - 12h-21h - plats 16/24 €.* Bar-restaurant populaire, réputé pour ses produits de la mer, évidemment ultra-frais et bien préparés. Excellente adresse !

Ballynahinch

Une folie

Owenmore – *Ballynahinch Castle, Recess - ✆ 095 310 06 - www.ballynahinch-castle.com - 18h30-21h - menu 70 €.* Un restaurant élégant et lumineux logé dans une maison de campagne du 17e s. qui surplombe la rivière et le domaine. Sa cuisine moderne et délicate révèle des saveurs subtiles. Après votre repas, commandez un verre et installez-vous près de la cheminée en marbre.

Boire un verre

Clifden

Mannion's Bar – *Market St. - ✆ 095 217 80 - www.mannionsbarclifden.com - 12h-21h.* Le plus chaleureux et le moins touristique des pubs de la ville. Excellente musique traditionnelle ; concerts tous les soirs en saison ; vend. et sam. hors saison. *Bar food.*

Letterfrack

Veldons – *Dans le centre - ✆ 095 410 46 - www.veldons.ie - 10h-23h30, vend.-sam. 10h-0h.* Beaucoup d'ambiance, musique traditionnelle à l'improviste avec l'un des meilleurs *fiddle* (violon) du Connemara. *Bar food.*

Mollys – *Dans le centre - ✆ 095 419 31 - 10h30-23h30.* C'est le pub des gens du coin. Musique le w.-end.

Renvyle

Paddy Coynes – *Tullycross (à 2 km de Renvyle) - ✆ 095 434 99 - www.paddycoynespub.com.* Un pub qui

5

a près de 200 ans, avec des coins et des recoins, une cheminée, des affiches au plafond... Un pub chaleureux où l'on mange aussi très bien. Excellente musique traditionnelle.

Shopping

Musique

Roundstone Musical Instruments – *Malachy Bodhrán's, IDA Craft Centre - Roundstone - ✆ 095 358 08 - www.bodhran.com - 12h30-18h.* L'adresse des amateurs d'instruments de musique traditionnelle, comme le *bodhrán*, la flûte irlandaise, la harpe, etc. Petit musée (gratuit) attenant.

Saumon

Connemara Smokehouse – *Bunowen Pier, Ballyconneely - ✆ 095 237 39 - www.smokehouse.ie - 9h-17h - fermé w.-end et j. fériés.* Saumon, thon, maquereau, la maison a plusieurs produits. Il est possible de visiter la fabrique de juin à août (réservation indispensable).

Activités

Équitation

Cleggan Beach Riding Centre – *Cleggan - ✆ 083 388 8135.* Balades sur la plage ou randonnées plus longues.

Ashford Equestrian Centre – *Cong - ✆ 094 954 6507 - www.ashfordequestrian.com.*

Loisirs en mer

Roundstone Outdoors – *Main St. - Roundstone - ✆ 095 358 25 - www.bogbeanconnemara.com.* Kayak et paddle en mer.

DK Connemara Oysters – *Dawros Beg - Letterfrack- ✆ 087 918 6997 - www.dkconnemaraoysters.com.* Le week-end, en été, intéressantes visites d'une ferme ostréicole. Sur réservation (en ligne).

Pêche

Inland Fisheries Ireland – *Galway - Earl's Island - ✆ 091 563 118 - www.fisheriesireland.ie.* Le Connemara est un haut lieu de la pêche en eau douce. Informations au Inland Fisheries Ireland et dans les magasins d'articles de pêche, nombreux dans la région. La pêche à la truite et au saumon est autorisée de fév. à fin sept.

Max Couque – *Rossaveel - Spiddal - ✆ 086 323 4638 - www.galwayfishing.ie.* Max est français, vit dans le Connemara et organise des sorties de pêche en mer sur son bateau depuis Spiddal.

Randonnée

Attention, les tourbières sont traîtres et les sentiers tracés quasi inexistants. Informez-vous auprès de professionnels avisés avant de partir. Soyez équipés pour la pluie et portez de solides chaussures imperméables. Pour les cartes et guides de randonnée, renseignez-vous auprès de vos hôtes, dans les librairies (à Clifden) ou dans les magasins de sport.

Western Way – Ce sentier de randonnée de 179 km débute à Oughterard (comté de Galway), passe par Westport et se termine à Ballycastle (comté de Mayo). Comptez 55 km pour le tronçon « Galway » (Oughterard-Leenane), qui longe le Lough Corrib, puis parcourt les Maumturks Montains jusqu'à Killary Harbour. Plans et informations sur *www.sportireland.ie et www.thewesternway.ie.*

Connemara Walks – *Clifden - ✆ 087 629 1659 - www.walkconnemara.com.* Michael Gibbons partage sa passion pour la géologie et le patrimoine archéologique du Connemara. Un circuit est aussi proposé à Newgrange, au nord de Dublin.

Connemara Safari – *Sky Rd - Clifden - ✆ 095 210 71 - www.walkingconnemara.com.* Organise des trekkings de 3 ou 5 j. au départ de Clifden.

Connemara Adventure Tours – *Leenane - ✆ 095 422 76 - www.connemaraadventuretours.com.* Randonnées de 3 à 8 jours (avec ou sans guide), à pied, à cheval, à vélo. Hébergement, repas et transferts des bagages prévus.

Vélo

Mannion Bike Hire – *Bridge St. - Clifden - ✆ 095 211 60 - www.clifdenbikes.com - 10h-18h, dim. 10h-13h, 17h-18h.* Location 15 €/j, 90 € la sem. En activité depuis 50 ans, ils connaissent tout sur le vélo dans le Connemara...

Bike Electric Connemara – *Market St. - Clifden - ✆ 095 226 30 - www.bikeelectric.ie - ouv. tlj - location 22,50 €/j pour un vélo classique, 48 €/j pour un vélo électrique (30 € la demi-journée après 15h).*

Hébergement

Attention, certains B & B n'ouvrent qu'en saison, d'avril à octobre.

Spiddal

Premier prix

Ardmor Country House – *Greenhill (à moins de 1 km de Spiddal côté Connemara) - ✆ 091 553 145 - www.ardmorcountryhouse.com - P - 9 ch. 85/90 €.* Beau bungalow fleuri, en bord de route. Tout confort, service efficace. Jardin à l'arrière avec vue sur mer.

Cloch na Scíth – *Kellough (à 2 km avant Spiddal en venant de Galway, côté mer) - ✆ 091 553 364 - www.thatchcottage.com - P - 3 ch. 80/85 €.* Une chaumière toute blanche au style cottage très plaisant. Les chambres sont situées dans une partie plus récente, à l'arrière. Demandez si possible celle qui a vue sur la mer. Loue également un cottage pour 4 pers. *(405/500 € la sem. en haute saison).*

Oughterard

Premier prix

The Western Way – *Camp St. - ✆ 091 552 475 - www.westernwaybb.com - P - fermé nov.-fév. - 4 ch. 76/90 €.* B & B coquet à la façade fleurie. À deux pas des pubs et des restaurants.

Budget moyen

The Waterfront – *Corrib View (à la sortie du village vers Galway, prenez la route du golf jusqu'au bout) - ✆ 091 552 797 - www.thewaterfronthousecountryhome.com - P - 8 ch. 82/110 €.* Sur une belle pelouse au bord du lac, une grande maison neuve aux chambres claires et impeccables.

Corrib View Country House – *Lough Corrib (à la sortie du village vers Galway, prenez la route du golf) - ✆ 091 552 345 - www.galwaybandb.net - P - 8 ch. 85/130 €.* Sur le lac Corrib, belle maison georgienne recouverte de lierre et entouré d'un parc fleuri.

Corrib Wave House – *Portacarron (sur la route de Galway, à 1,5 km) - ✆ 091 552 147 - www.corribwave.com - P - fermé de nov. à mi-fév. - 10 ch. 90/100 €.* Au bord du Lough Corrib, cette maison tenue par un pêcheur a ses habitués, qui reviennent pour profiter de ses conseils. Location de bateau et de matériel.

Lakeland & Midsummer Lakehouse – *Portacarron (bien signalé sur la rte de Galway) - ✆ 091 552 121 - www.lakelandanglingcentre.com - P - fermé nov.-mars - 8 ch. 85/110 €.* Maison dans un agréable jardin au bord de l'eau. Demandez une chambre côté lac. Le patron est un pêcheur qui loue aussi des bateaux.

Une folie

Ross Lake House Hotel – *Rosscahill - ✆ 091 550 109 - www.rosslakehotel.com - P - 13 ch. 190/250 €.* Cette demeure du 19e s., dans un parc agréable, respire le calme et un bon goût classique. Atmosphère feutrée et confortable. La table accommode les produits du terroir.

Inagh Valley

Pour se faire plaisir

Lough Inagh Lodge Hotel – *Sur la R344, à 5 km au nord de Recess/ Sraith Salach - ✆ 095 347 06 - www.loughinaghlodgehotel.ie - fermé de mi-déc. à mi-mars - 13 ch. 140/280 € ☕.* À l'origine (1880), c'était le chalet de pêche d'un riche brasseur londonien (Berridge). De nos jours, c'est un 4 étoiles cossuet ultra-soigné, situé dans un cadre grandiose et relaxant. Le spot idéal pour se livrer aux joies de la randonnée et de la pêche (deux lacs à portée de main : le Lough Inagh et le Derryclare). Excellente table.

Clifden

Premier prix

Blue Quay – *2 Seaview, Beach Rd - ✆ 087 6217 616 - www.bluequayrooms.com - 🅿 - ch. 70/100 € ☕.* Excellent rapport qualité-charme-prix que ce joli B & B au décor mêlant éléments vintage et contemporains. Une seule chambre n'offre pas de vue sur la mer, essayez de l'éviter !

Budget moyen

Sea Mist House – *Dans le centre - ✆ 095 214 41 - www.seamisthouse.com - 🅿 - 6 ch. 80/110 € ☕.* Jolie maison en pierre datant de 1825. Intérieur charmant et agréable véranda donnant sur un jardin à étages. Petit déjeuner à base de produits frais.

Mallmore Country House – *À 2 km, vers Ballyconneely - ✆ 095 214 60 - www.mallmore.com - 🚭 🅿 - fermé oct.-mars - 6 ch. 90/100 € ☕.* Il a des airs de manoir avec son porche à fronton et ses colonnes. Beaucoup de raffinement dans son grand salon chaleureux et feutré, avec feu de cheminée. Petit déjeuner varié. Excellent rapport qualité-prix.

Ben View House – *Bridge St. - ✆ 095 212 56 - www.benviewhouse.com - 9 ch. 90/120 € ☕.* Accueil chaleureux. Certaines chambres, plus spacieuses, sont un peu plus onéreuses.

Faul House – *À 2 km de Clifden sur la rte de Ballyconneely - ✆ 095 212 39 - www.faulhouse.com - 🚭 🅿 - 6 ch. 95/110 € ☕.* Une ferme chaleureuse, au calme, dotée de chambres spacieuses. Mary et John vous accueilleront comme à la maison. Petit déjeuner plantureux.

Buttermilk Lodge – *À 400 m de Clifden - ✆ 095 219 51 - www.buttermilklodge.com - 🅿 - fermé nov.-fév. - 11 ch. 100/110 € ☕.* Cette *guesthouse* est une base idéale pour sillonner dans le Connemara. Avis aux randonneurs, aux cavaliers ou aux gourmands ! Accueil chaleureux.

Hillside Lodge – *Sky Rd (à 1,5 km de Clifden) - ✆ 095 214 63 - www.hillside-lodge.com - 🅿 - fermé fin nov.-fév. - 6 ch. 100/120 € ☕.* Jolie maison, bien tenue et confortable. Salon chaleureux avec feu de cheminée dès qu'il fait frais. Le mari est *guitar road*... Une famille fan de musique !

Pour se faire plaisir

The Quay House – *Beach Rd - ✆ 095 213 69 - www.thequayhouse.com - 🅿 - fermé nov.-mars - 14 ch. 175/185 € ☕.* Sur la baie de Clifden, une demeure de caractère au charme fou. Décoration originale et raffinée, chambres immenses meublées d'antiquités, chacune dans un style différent. Le petit déjeuner (fruits pressés, huîtres...) est exquis et se prend sous une véranda croulant sous les fleurs. Accueil irréprochable.

Dolphin Beach House – *Lower Sky Rd - Belleek - ✆ 095 212 04 - www.dolphinbeach.ie - 🍴 🅿 - fermé nov.-mars - 8 ch. 120/180 € ☕ - dîner sur réserv.* Superbe maison sur plusieurs niveaux, dont les baies vitrées ouvrent sur une vue imprenable. Déco soignée, accueil chaleureux, tout y est. Les chambres les plus chères bénéficient d'une terrasse avec vue.

Roundstone

Premier prix

Wits End – *Main St. - 095 358 13 - - 3 ch. à partir de 75 €* . Située en haut du village, cette maison a vue sur la mer. Jolies petites chambres, tenues par une dame charmante.

Budget moyen

Ivy Rock House – *Sortie de Rouone vers Recess - Letterdyfe - 095 358 72 - P - 6 ch. 80/100 €* . Superbe vue sur la mer. Les chambres sont toutes très confortables, mais choisissez plutôt celles de l'étage.

The Anglers Return – *Toombeola, sur la R 341, à 7 km de Rouone vers Recess - 095 310 91 - www.anglersreturn.com - P - fermé déc.-mars - 5 ch. à partir de 110 € - 3 nuits mini.* Le charme d'une jolie maison en pleine nature et un accueil d'une grande gentillesse. Pièces communes et chambres spacieuses (2 sdb partagées), meublées dans un style gentilhommière raffiné. Ravissant jardin, bordé d'une rivière à saumon, et superbe petit déjeuner.

Claddaghduff

Premier prix

KerMor B & B – *083 485 6694 - www.kermor-ireland.com - P - 4 ch. 90/125 €.* Vous vous sentirez chez vous dans le cottage bleu et jaune très accueillant de Timéa, parfaite hôtesse des lieux (elle parle un peu le français). L'endroit est paisible et la vue magnifique. Copieux petits déjeuners maison.

Cleggan

Premier prix

Cnoc Breac – *À 800 m du village - 095 446 88 - www.cnocbreac.com - P - fermé oct.-avr. - 3 ch. 70/80 €* . Deux des chambres possèdent une vue sur la mer. Mrs King est discrète et très gentille.

Moyard

Premier prix

Cornerstones B & B – *Crocnaraw (à 1 km de Moyard côté Clifden) - 095 413 64 - www.connemarabnb.com - P - fermé nov.-mars - 4 ch. 84/90 €* . Pimpante maison moderne, aux chambres simples et claires, tout confort.

Budget moyen

Ben Breen House – *Tooreen (bien signalée depuis la N 59, entre Clifden et Letterfrack) - 095 411 71 - www.benbreenhouse.ie - P - fermé nov.-mars - 6 ch. 70 €* . Mrs Conneely vous donnera une foule de conseils pour découvrir les environs. Maison confortable et impeccable.

Letterfrack

Premier prix

Old Monastery Hostel – *087 234 9543 - www.oldmonasteryhostel.com - P - 50 lits à partir de 18 €* . Une auberge en or installée dans un ancien couvent. La déco est faite de bric et de broc et d'idées délirantes (essayez la douche « disco » !). Cadre boisé, confort, patron sympathique, dîner végétarien et bio. Possibilité de camper, louer des vélos, faire sa lessive...

Letterfrack Lodge – *Près de l'accès au Connemara National Park - 095 412 22 - www.connemaranationalpark.com - P - fermé nov.-mai - lit 25/27 €, 10 ch. 90/110 € - 5 €.* Une auberge de jeunesse « de luxe », toute propre, dans une belle maison en pierre. Idéal pour les randonneurs.

Kylemore Lodge – *Kylemore, de l'autre côté du petit lac - 095 411 48 - P - 3 ch. 80/90 €* . Une grande maison se dresse sur la berge, au pied de la montagne. Hébergement simple, mais confortable. Lac pour pêcher et beaux sentiers dans une nature préservée.

Une folie

Rosleague Manor – *À 2,5 km, sur la N 59 vers Clifden - ✆ 095 411 01 - www.rosleague.com - ♿ ✕ P - fermé de nov. à mi-mars - 20 ch. 265/311 € ☕ - dîner sur réserv.* Un charme fou et une situation merveilleuse, dans un parc qui dévale vers la baie sertie de montagnes. Pièces de réception et chambres spacieuses, meublées d'antiquités.

Renvyle

Premier prix

Renvyle Thatched Cottages – *✆ 095 434 64 - www.connemara-thatched-cottages.ie - P - 9 cottages 100/125 €.* Pour ceux qui rêvent de dormir sous un toit de chaume, ces cottages sont dotés de tout le confort. L'intérieur est assez sombre, mais on peut y faire un feu de tourbe.

Olde Castle House – *Curragh (à 4 km après Renvyle, le long de la baie) - ✆ 095 434 60 - www.theoldecastle.com - ✕ P - fermé nov.-fév. - 5 ch. 75/95 € ☕ - dîner sur réserv.* Perdue au bout du monde face à la mer, à l'ombre d'un château en ruine du 15e s., une étape pour amoureux de nature sauvage. Chambres en pin et couettes fleuries. Belles balades aux environs.

Leenane (Leenaun)

Premier prix

Connemara Hostel – *À 5 km de Leenane en direction de Clifden, puis 1 km à droite le long de la baie - ✆ 095 429 29 - www.sleepzone.ie - ♿ P - fermé nov.-fév. - 85 lits 22/25 € ☕, ch. 80/90 € ☕.* Isolé au bord de la baie, une auberge de jeunesse associée à un centre d'activités sportives. Quelques belles chambres avec vue (on adore la 7), des dortoirs impeccables, tout le confort (salon, superbe salle à manger, bar en saison, jeux) et un personnel qui parle français. On peut aussi planter sa tente.

Glen Valley Farm – *Glencraff (bien signalé à 5,5 km à l'ouest de Leenane, en allant vers Clifden) - ✆ 095 422 69 - www.glenvalleyhouse.com - P - fermé nov.-fév. - 4 ch. 80 € ☕.* Cette ferme aux chambres simples offre un calme idyllique aux amoureux de randonnée (le Western Way passe près de la maison). Cadre sauvage et splendide.

Portfinn Lodge – *Clifden Rd (à la sortie du village vers Letterfrack) - ✆ 095 422 65 - www.hotelinconnemara.com - P - fermé de fin nov. à mi-mars - 11 ch. 85/95 € ☕.* Bien située, cette adresse confortable est décorée avec goût. Belles chambres donnant sur la baie et excellente table.

Cong

Premier prix

Lakeland House – *Quay Rd (à la sortie de Cong vers Galway) - ✆ 094 954 6089 - www.lakelandhouse.net - P - 24 lits 20 € ☕, ch. 50/75 € ☕.* Grande auberge de jeunesse bien entretenue. Cuisine, laverie, épicerie, bureau de change, location de vélos et de bateaux. Possibilité de camper.

Ballykine House – *Knockbeg (à 3,5 km de Cong vers Clonbur, sur la droite) - ✆ 094 954 6150 - www.ballykinehouse-clonbur-cong.com - P - fermé de mi-oct. à mi-avr. - 4 ch. 75/90 € ☕.* Imposante demeure dans un grand jardin dominant le Lough Mask. La maîtresse de maison vous donnera les meilleures indications sur la région. Jolies balades à faire dans les environs.

Piles de tourbe dans le Connemara.
CeriJonesPhotography/Getty Images Plus

Le Sud Mayo et Westport ★★

Plus sauvage encore que le Connemara voisin, avec ses montagnes désolées et ses immenses plages, le Mayo incarne surtout une terre sacrée pour les Irlandais. Les pèlerins affluent en effet par milliers à Croagh Patrick, où l'on vénère le saint patron du pays. Et il y a aussi le village de Knock. Depuis que la Vierge y est apparue en 1879, ce bourg situé à l'intérieur des terres est devenu le Lourdes irlandais, doté d'un aéroport ultramoderne, d'une basilique pour 12 000 personnes et de confessionnaux à la chaîne.

Se repérer

CARTE A2 (P. 276) - CARTE DE MURRISK PENINSULA CI-CONTRE - PLAN DE WESTPORT (P. 332).

Westport (6 200 hab.) est la capitale du comté de Mayo. La péninsule de Murrisk se situe au sud de Westport.

À ne pas manquer

L'ascension du Croagh Patrick ; Silver Strand ; Westport ; la voie cyclable du Great Western Greenway.

Organiser son temps

Comptez une journée si vous vous contentez de parcourir la région. Si vous montez au Croagh Patrick ou si vous randonnez, prévoyez au moins deux jours et gardez la visite de Westport pour une fin d'après-midi. Sachez par ailleurs que le pèlerinage du Croagh Patrick (dernier dim. de juil.) draine souvent 25 000 participants.

En famille

Un pique-nique à la plage Silver Strand ; jouer aux pirates à Westport House et passer la nuit au camping.

Carnet pratique p. 333

Nos adresses p. 333

Circuit conseillé

CARTE DE MURRISK PENINSULA CI-CONTRE

★★ Murrisk Peninsula

Circuit de 31 km tracé en marron sur la carte de région p. 276 et la carte ci-contre. Départ de Leenane (Leenaun).

Au sud du comté du Mayo, cette péninsule massive est délimitée au sud par le profond fjord de Killary Harbour, au nord par Clew Bay et Clare Island. Sauvage, très peu peuplée, c'est un paradis pour randonneurs et amoureux des grands espaces.

★ Killary Harbour

Ce bras de mer étroit *(voir p. 318)*, qui s'enfonce sur 14 km entre des falaises rocheuses, atteint 30 m de profondeur à son embouchure. La rive nord, côté Mayo, est bordée d'imposantes collines, dont la plus haute, le **mont Mweelrea**, culmine à 817 m.

★ Au cœur des montagnes

La R 335 s'engage entre les massifs montagneux du Ben Gorm, à droite, et du Mweelrea, à gauche. Vous parvenez à **Delphi**, lieu-dit au nom surprenant, baptisé ainsi par le marquis de Sligo à son retour d'un voyage en Grèce.

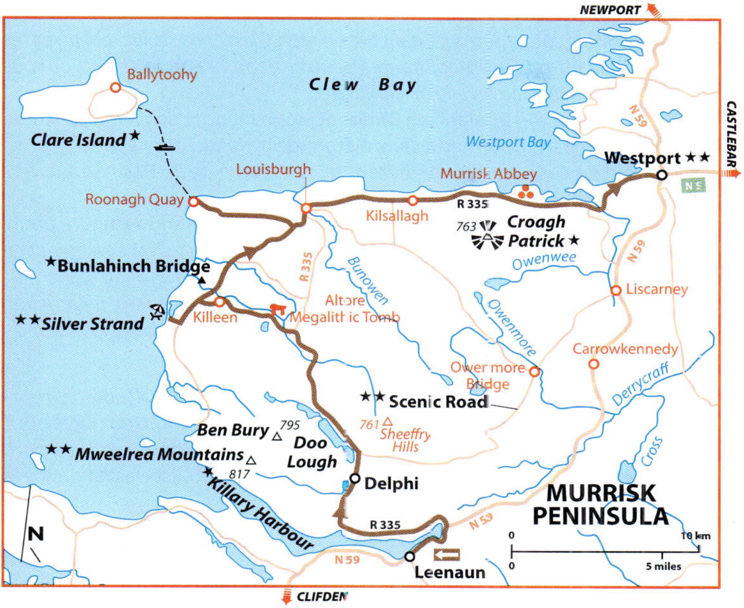

Si vous ne souhaitez pas aller à Silver Strand, sur votre droite après Delphi, une route cahoteuse permet de gagner directement Westport. La **Scenic Road★★** serpente durant 20 km dans des montagnes désertes, couvertes tantôt de lande, tantôt de forêts, avant de retrouver la N 59 à Liscarney.
Sinon, continuez sur la R 335.

★★ Autour de Doo Lough

Passé Delphi, la route longe le Doo Lough, lac de montagne très romantique, enserré entre le Mweelrea et les Sheeffry Hills.

En partant à gauche à l'extrémité nord du lac, les randonneurs confirmés pourront faire l'ascension du **Ben Bury** (795 m) et du **Mweelrea★★** *(16 km ; comptez 8h de montée difficile ; prévoyez une carte)*, ce dernier révélant des **vues★★** époustouflantes sur la région.

5

La révolution en buvant...

La tradition de la *poteen* remonte au 17e s., lorsque les Anglais décrétèrent de lourdes taxes sur les alcools distillés. Les Irlandais, réfractaires à tout règlement de cette nature, s'empressèrent de distiller clandestinement avec la denrée la plus courante : la pomme de terre. La tradition est la plus forte du West Cork au Donegal, en passant par le Connemara et le Mayo. La coutume voulait que l'on se livre à cette activité dans des coins reculés. Le fin du fin consistait à lancer les policiers sur de fausses pistes pour qu'ils s'enlisent dans les marais. La *poteen* est devenue le symbole d'une population rebelle, récalcitrante et non ennemie de la boisson. Toujours interdite, elle est bien sûr encore fabriquée, mais dans le plus grand secret. .

★★ Vers Silver Strand

Pour rejoindre la côte, tournez à gauche, environ 6 km après le lac, et suivez les panneaux Scenic Road to Silver Strand. Vous arrivez au village de Killeen, où vous bifurquez vers la mer, au niveau du cimetière.

Un panneau indique le **Bunlahinch Bridge★**, étonnant pont de pierre, constitué de dalles énormes, qui permettait aux piétons de traverser la rivière.

Revenez sur vos pas jusqu'au cimetière et reprenez la route de Silver Strand vers le sud.

Immense plage de sable argenté et de dunes, **Silver Strand★★** figure parmi les plus belles du pays. Propice à la baignade (non surveillée), c'est également un spot très prisé pour admirer de superbes couchers de soleil.

Revenez sur vos pas et prenez la direction de Louisburgh (à 16 km). En arrivant, tournez à gauche vers Roonagh Quay, port d'embarquement pour Clare Island.

★ Clare Island

Clare Island Ferries - Roonagh Pier - 098 23 737 - www.clareislandferry.com - mai-sept. : 4-5 traversées/j. ; oct.-avr. : dép. selon météo - 15mn de trajet - 19 € AR, vélo gratuit - AR possible dans la journée - connexion en bus avec Westport.

Pensez à demander la brochure *Clare Island Walking*, qui liste les randonnées à faire sur l'île, toutes très belles.

Longue de 8 km, large de 4,5 km, gardant l'entrée de Clew Bay, cette île de 160 habitants doit sa célébrité aux pirates qui s'en servaient comme repaire. Grace O'Malley, qui en avait fait son quartier général au 16e s., serait enterrée dans les ruines de l'**abbaye** cistercienne, près de la plage – on y devine des traces de fresques sur le plafond, très rares en Irlande.

Moins fréquentée que les îles d'Aran, mais tout aussi belle, Clare Island est gardée par des **falaises** impressionnantes de 90 m de haut, dominées par le mont Knockmore (461 m) : son ascension, bien qu'assez difficile, réserve une **vue★★** splendide. Ceux qui préfèrent jouir du panorama des falaises et de la montagne sans fatigue se rendront au **phare**.

Retournez à Louisburgh et prenez la direction de Westport. À 13 km, arrêtez-vous au parking de Croagh Patrick.

★ Croagh Patrick

Sentier de 7 km jusqu'au sommet, comptez 3h30-4h AR (pour bon marcheur).

L'ascension de cette colline sacrée ne présente pas de difficulté particulière, malgré les cailloux qui la rendent un peu pénible. Cependant, attention, les jours de vent, la marche devient vraiment plus difficile. Évitez de partir sans un bon équipement (chaussures de marche, vêtements chauds et imperméables, de quoi boire...) et soyez en forme.

La reine de l'Ouest

Grace O'Malley, ou Granuaile, veuve d'un O'Flaherty tué lors d'un raid contre les Anglais de Galway, était une navigatrice hors pair. Cette femme pirate, qui rançonnait les navires sur la côte ouest, mena une vie plutôt mouvementée. À peine eut-elle accouché, au beau milieu d'une bataille contre un bateau turc, qu'elle se releva aussitôt pour gagner le combat ; lorsque son second mari pactisa avec les Anglais, elle le mit dehors ; capturée, elle s'évada avec l'aide de son fils. Surnommée la reine de l'Ouest, elle se rendit à la cour d'Angleterre et parvint même à obtenir la grâce pour les siens de la reine en personne.

Le centre de Westport.
D. Lyons/age fotostock

Des milliers de pèlerins de tous âges font l'ascension parfois pieds nus lors du célèbre pèlerinage, le dernier dimanche de juillet (Reek Sunday). Près de la statue, ne manquez pas les recommandations à leur attention. Durant la montée, vous admirerez **Clew Bay** et son semis d'îlots et, parvenu au sommet (763 m), vous serez récompensé par la **vue★★** sur tout le Mayo. Occupé initialement par un fort celte, le sommet porta ensuite un oratoire paléochrétien. Saint Patrick y aurait jeûné pendant 40 jours en 441, puis agité une clochette pour bannir tous les serpents du pays. La chapelle qui y trône actuellement a été inaugurée le 31 juillet 1905. En bas, face au départ du sentier, le National Famine Memorial (1997) rend hommage aux victimes de la Grande Famine.

★★ Westport PLAN PAGE SUIVANTE

Entourée d'une nature préservée, cette petite ville élégante et vivante, capitale du comté de Mayo, offre un contraste étonnant avec ses environs. Son architecture georgienne rappelle la domination britannique, sa construction (1780) ayant été supervisée par les plus gros propriétaires terriens de la région, les Browne, devenus marquis de Sligo.

La ville s'étire le long de la rivière Carrowbeg. Son point central est l'Octagon, une place articulée autour d'une colonne dorique sur laquelle figure une statue de Saint-Patrick.

De là, James Street descend vers les berges ombragées de la rivière, encadrées par South Mall et North Mall.

★★ Westport House – A2 - *✆ 098 27 766 - www.westporthouse.ie - juil.-août : 10h-18h ; mai-juin et sept. : 10h-16h ; reste de l'année : w.-end slt - maison et jardins 13,50 € - pass Pirate (maison, jardin et animations) 25 € (enf. 20 €).* Ancienne résidence de la famille Browne, elle fut construite au 18e s. sur le modèle classique en vogue à l'époque. Son intérêt principal réside dans son intérieur, très raffiné, où le mobilier, la bibliothèque, les tableaux, la vaisselle et les objets d'art, de toute beauté, reflètent l'image de la société anglaise. Le jardin abrite un parc de jeux, le **Pirate Adventure Park**.

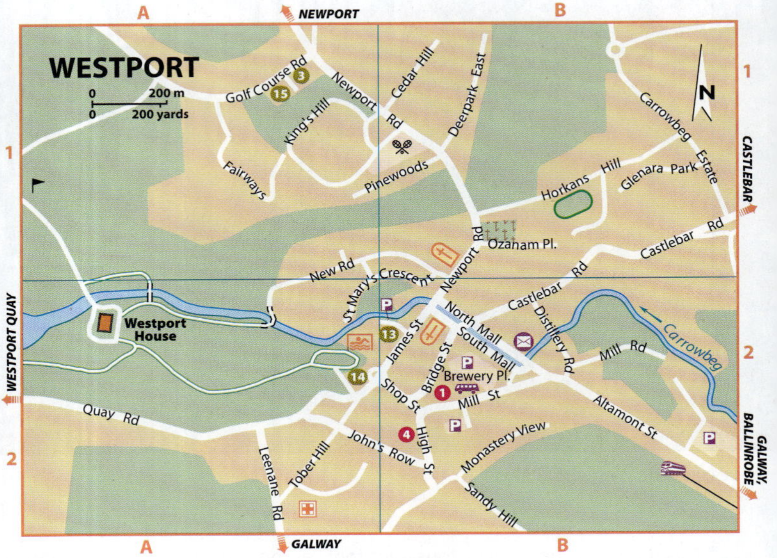

SE RESTAURER
An Port Mór 1
Sage 4

SE LOGER
Augusta Lodge 3
The Old Mill Hostel 13
Wyatt Hotel 14
Woodside Lodge 15

Westport Quay – A2 EN DIR. - Face à la baie, à la sortie ouest de la ville, se trouve l'ancien port, qui conserve de beaux entrepôts de pierre. Au passage, arrêtez-vous au **Clew Bay Heritage Centre** *(✆ 098 26 852 - juin-sept. : lun.-vend. 10h-17h ; mars-mai et oct. : 10h-14h - gratuit)* pour voir les maquettes de la ville et du Croagh Patrick. L'association organise aussi des visites guidées de la ville.

Les randonneurs ne manqueront pas le **Great Western Greenway★★** *(voir « Activités », p.334).* Si vous avez un peu de temps, faites également quelques randonnées dans **Clew Bay** *(cartes gratuites au Westport Heritage Centre).*

Quittez Westport par la N 59 et, 2,4 km après Newport, tournez à gauche.

Édifié au bord d'un bras de mer, **Burrishoole Abbey★** (A2), monastère dominicain du 15e s., est empreint d'une grande sérénité.

Si vous voulez rejoindre directement Ballina ou Sligo, ne manquez pas le raccourci spectaculaire de **Nephin Drive★★** (A1) entre des collines plantées de rhododendrons, le long d'un joli lac. Après Furnace Lough et Lough Feeagh, la route devient un chemin et traverse une épaisse forêt au pied des montagnes. Puis, au col, surgit un superbe **panorama** du Nord Mayo, océan de tourbières brunes d'où émergent les silhouettes des grandes éoliennes blanches.

Carnet pratique

S'informer

www.westporttourism.com.

Adresses utiles

Banque - Banques et distributeurs à Westport et Louisburgh.

Arriver/Partir

En train

Altamount St. (dans le centre). 3 trains/j. entre Westport et Dublin (3h30). *www.irishrail.ie.*

En bus

Liaisons au départ de Westport pour Louisburgh (30mn), Clifden (1h20) ou Galway (2h). Pour Sligo, changez à Knock ou Charlestown. *www.transportforireland.ie.*

Agenda

Horse & Pony Show – Déb. juin. Le festival transforme les rues en un gigantesque champ de foire où les chevaux sont rois. Une animation incroyable.

Pèlerinage de Croagh Patrick – Dernier dim. de juil. À faire pour partager la piété des Irlandais. Préparez-vous à une foule considérable.

Arts Festival – *www.westportartfestival.org.* Déb. sept. Lectures, pièces et concerts dans tous les pubs. Animations de qualité.

Nos adresses

PLAN CI-CONTRE

Restauration

Les restaurants sont plus rares dans cette région moins peuplée. Il ne faut pas hésiter à aller dans les pubs ou les restaurant des hôtels.

Westport

Budget moyen

1 **An Port Mór** – B2 - *1 Brewery Pl. (accès par Bridge St.) - 098 267 30 - www.anportmor.com - à partir de 17h - menu Early Bird 38 €, plats 22/38 €.* Dans un cadre très sobre, des produits locaux délicatement travaillés, servis par l'imagination créative et juste de Frankie Mallon. Goûtez le *surf & turf* (mer et terre) : un steak aux coquilles St-Jacques de la baie de Clew relevé au beurre d'ail.

4 **Sage** – B2 - *10 High St. - 098 567 00 - www.sagewestport.ie - 17h30-21h30 - plats 24/28 €, menus 25/29 €.* Dans un cadre très sobre, une table d'inspiration méditerranéenne, des pâtes aux plats de viande ou de poisson.

Petite pause

Westport

Marlene's Chocolate Haven – *James St. - Lime Court - 098 245 64 - www.marleneschochaven.com - 10h30-18h - fermé dim.* Un lieu idéal pour les amoureux du chocolat chaud ! Les amateurs de thé sont aussi les bienvenus.

Matt Molloy's – *Bridge St. - 098 266 55 - www.mattmolloy.com - 12h30-23h30, vend.-sam. 12h30-0h30, dim. 12h30-23h.* Le plus célèbre pub de la ville, tenu par le flûtiste des Chieftains. Musique tous les soirs en saison.

Shopping

Westport

Foxford Woollen Mills – *3-13 Bridge St. - 098 278 44 - www.foxfordwoollenmills.com - 10h-17h, dim. 12h-17h.* La boutique des ateliers de tissage de Foxford *(voir p. 337)*. Beaux plaids, articles de déco, étoles…

Activités

Randonnée

Nombreux sentiers à travers la région, qui est très sauvage. Vous pouvez acheter des topoguides et des cartes à l'office du tourisme de Clifden *(voir p. 320)*.

Vélo

Entre Wesport et Achill, la **Great Western Greenway★★** est une voie cyclable panoramique qui, sur 42 km, traverse de magnifiques paysages (tourbières, littoral) en suivant le tracé d'une ancienne voie ferrée, fermée en 1937.

Informations pratiques (étapes, plans, locations) sur *www.greenwaysireland.org/great-western-greenway*.

Location de vélos et acheminements en divers points du Greenway avec **Clew Bay Bike Hire** *(Distillery Rd - Westport - ✆ 098 248 18 - www.clewbaybikehire.ie)* et **Westport Bike Hore** *(James St. - Westport - ✆ 086 088 0882 - www.westportbikehire.com)*.

Hébergement

Près de Doo Lough

Une folie

Delphi Lodge – *Leenane - ✆ 095 422 22 - www.delphilodge.ie - ♿ ✕ P - 13 ch. 300/340 €* ☕. Élégant manoir georgien adossé à la montagne, devant un lac privé réservé aux hôtes aisés amateurs de pêche. Cadre chaleureux et raffiné, plein de charme. Bonne table. Les paysages sont extraordinaires.

Westport

Premier prix

13 **The Old Mill Hostel** – A2 - *James St. (à côté de l'office de tourisme) - ✆ 098 270 45 - www.oldmillhostel.com - P - 50 lits 30/35 €* ☕. Un ancien moulin rénové, propre et confortable.

Budget moyen

Glenderan B & B – *Rosbeg (signalé à la sortie de Westport Quay vers l'ouest) - ✆ 098 265 85 - www.mayo-westport.com - P - fermé nov.-fév. - 6 ch. 90/120 €* ☕.Maison récente et bien tenue. Utilisation gratuite du Leisure Centre (piscine couverte, fitness) pour les hôtes.

3 **Augusta Lodge** – A1 - *Golf Links Rd - ✆ 098 289 00 - www.augustalodge.ie - P - 9 ch. 110/120 €* ☕. Une pension spacieuse et plutôt élégante.

15 **Woodside Lodge** – A1 - *Golf Course Rd - ✆ 098 264 36 - www.woodsideireland.com - P - 6 ch. 110/115 €* ☕. Grand cottage récent inspiré de l'architecture traditionnelle. Chambres spacieuses et claires, petits déjeuners de gourmets. On y parle français. C'est un mélange de convivialité irlandaise et de French Touch.

14 **Wyatt Hotel** – A2 - *The Octagon (au cœur de Westport) - ✆ 098 250 27 - www.wyatthotel.com - ♿ ✕ P - 63 ch. 80/180 €* ☕. L'hôtel propose de grandes et confortables chambres, dans une ambiance décontractée. Accueil attentif et efficace. Bar et brasserie.

Clare Island

Une folie

Le Phare de Clare Island – *Clew Bay - ✆ 087 668 9758 - www.clareislandlighthouse.com - ♿ ✕ P - 6 ch. 1 100/1 300 € en demi-pension - 2 nuits mini.* S'installer sur une île dans un phare surplombant l'océan : une expérience hors du temps. Le temps d'un bref séjour, vous goûtez à ce qui fut le quotidien des gardiens de phare… le confort en plus !

Le Nord Mayo ★

Vous pénétrez en Irlande méconnue, celle des déserts de tourbières. Si Achill Island attire de nombreux visiteurs, qui y viennent pour ses panoramas d'une austère grandeur, le reste du comté est totalement préservé : des kilomètres de routes vides, perdues dans l'immensité brune.

Se repérer

CARTE AB1-2 (P. 276).

Comté de Mayo. Le nord du comté de Mayo s'étend au nord de Westport.

À ne pas manquer

Atlantic Drive sur Achill Island.

Organiser son temps

Comptez 2 jours. Empruntez Atlantic Drive le matin, pour éviter d'être aveuglé par le soleil de face.

En famille

Céide Fields ; le National Museum - Country Life.

Carnet pratique p. 338

Nos adresses p. 338

Découvrir

CARTE P. 276

★★ Achill Island A1

L'île fait 24 kmde long sur 19 km de large.

En arrivant de Westport, prenez dans le village de Mulrany la route signalée **Atlantic Drive★★★**, qui épouse les contours d'une vaste péninsule et ménage de belles **vues★** sur Achill Island, de l'autre côté de l'isthme.Reliée à la terre ferme par un pont, cette île formée de plages de sable ou de galets et de falaises vertigineuses est dominée par le Slievemore (670 m) et le Croaghaun (666 m).

À la sortie d'Achill Sound, village situé sur l'isthme, Atlantic Drive forme une boucle en suivant la côte méridionale de l'île, où s'élève l'un des **donjons** de Grace O'Malley *(voir p. 330)*. Après la pointe sud, falaises et criques désertes se succèdent jusqu'à Dooega. Idéal pour les randonneurs.

Avant Cashel, ne manquez pas la bifurcation, à gauche, vers **Minaun Heights★★** (464 m), colline qui révèle un panorama unique sur l'île.

De retour sur Atlantic Drive, si vous contournez le Minaun, vous verrez un panneau sur votre gauche en direction du Fr Sweeney Monument et de la plage. Cette route mène à **Trawmore Strand★**, plage au pied des falaises, dont la quiétude n'est troublée que par quelques dauphins et le bruit des vagues sur les galets.

Revenez sur vos pas et reprenez la route vers Keel, petite capitale de l'île, puis Dooagh, la plage rendue par l'océan, jusqu'à **Keem Strand★★**, crique de sable fin, nichée au pied de la plus haute montagne de l'île. Laissez-vous émouvoir par le village de Slievemor, déserté au moment de la grande famine.

Si vous êtes sportif, vous pourrez effectuer l'ascension du **mont Croaghaun★★★** qui tombe dans la mer en un à-pic à couper le souffle. À moins que vous ne choisissiez de découvrir Annagh, le village « booley » (de cabanes de transhumance) et le lac Nakeeroge.

De retour à Mulrany, empruntez la N 59 vers le nord en direction de Bangor (32 km).

5

Le littoral du Nord Mayo AB1

Circuit de 150 km de Bangor à Killala tracé en vert clair sur la carte de région p. 276. Après Bangor, prenez la R 313 en direction de Belmullet (à 19 km).
Au nord du Mayo, le paysage devient plus sauvage encore, un désert de tourbières à perte de vue, larges ondulations brunes, sans arbres ni villages.

Mullet Peninsula A1

Belmullet se dresse au seuil de la péninsule. Cette presqu'île délaissée par le tourisme n'abrite rien de spectaculaire, mais elle est le paradis des pêcheurs en mer et des cyclistes *(relief presque plat)*.
Repassez par Belmullet et, 5 km plus loin, prenez la R 314 vers Killala. À 22,5 km de Belmullet, tournez à gauche vers Portacloy.

★★ Benwee Head A1

Ce détour jusqu'au village de Portacloy vous réserve des coins déserts propices à de belles randonnées *(au départ du village, vers l'ouest et surtout vers l'est)*, comme celle qui mène aux **falaises de Dún Caocháin★★**.
De Portacloy, parcourez 13,5 km vers la R 314, que vous prendrez en direction de Céide Fields, situé environ 17 km plus loin.

★★ Céide Fields B1

096 43 325 - mars-sept. : 10h-18h ; oct.-mi-nov. : 10h-16h30 - 5 €.
Niché sur une hauteur, l'immense site archéologique permet de découvrir l'histoire du Mayo depuis la préhistoire. Si les fouilles présentent peu d'intérêt pour les profanes, la reconstitution d'un habitat vieux de 5 500 ans, les explications fournies sur la constitution progressive des tourbières et un très beau film sur les merveilles naturelles de la région rendent la visite passionnante. Face au parking, le **point de vue★** sur les hautes falaises noires est impressionnant.
Continuez sur la R 314 jusqu'à Ballycastle et bifurquez sur votre gauche (détour de 18,5 km).
De la route côtière, vous apercevez **Downpatrick Head★** (B1), exemple frappant des formations géologiques rencontrées sur cette partie du littoral, avec sa falaise érodée et son fragment de roche formant un îlot dans la mer.
Suivez cette route jusqu'à la R 314. Il reste 5,5 km à parcourir avant d'arriver à Killala.

Killala B1

Ce paisible petit port est une minuscule station balnéaire encore préservée du tourisme. Le général français Humbert, qui y débarqua avec ses troupes pour aider à la rébellion contre l'Anglais, eut fort à faire avec les troupes irlandaises, indisciplinées, et ne parlant que le gaélique ! Le village a conservé une belle **tour ronde** (12e s.) de 25 m de haut, qui servait de refuge en cas d'attaque.

Ballina et ses environs B1-2

Ballina B1

À 12 km au sud de Killala.
Nichée dans son écrin de nature, la ville est chère au cœur des pêcheurs en eau douce. La rivière Moy est en effet l'une des plus poissonneuses d'Irlande. Chaque été, Ballina accueille en juillet le **Salmon Festival** (festival du Saumon), savoureux cocktail d'ambiances, mi-foire de village, mi-concours de pêche.
Belleek Castle – *096 22400 - www.belleekcastle.com - mai-sept. : 11h-16h ; oct.-avr. : 14h-16h - 10 €. Le château abrite aussi un hôtel (voir « Nos Adresses »).*

Achill Island.
mkallstrom/Getty Images Plus

La **Marshall Doran Collection** rassemble un impressionnant ensemble d'armes et d'armures, de fossiles et d'antiquités.

★ Foxford Woolen Mills B1

À Foxford, 15 km au sud de Ballina par la N 26.
094 925 6104 - www.foxfordwoollenmills.com - visite guidée (1h) : 10h-17h, dim. 12h-17h (moulin à l'arrêt le w.-end) - 6 €.
Si vous avez le temps, visitez ces filatures où l'on fabrique des tweeds et des plaids. Cette industrie fut développée à Foxford au 19e s. par une religieuse cherchant à remédier à la pauvreté de la population. Outre la création des filatures, elle encouragea l'implantation d'un moulin et ouvrit une école gratuite pour attirer les tisserands.

★★ National Museum - Country Life B1-2

À Turlough, 36 km au sud de Ballina par les N 26, N 58 et N 5 vers Castlebar.
094 903 1755 - www.museum.ie/Country-Life - mar.-sam. 10h-17h, dim.-lun. 13h-17h - gratuit.
Ce grand musée moderne a été spécialement conçu pour accueillir les superbes collections nationales consacrées à la vie rurale. Il complète avec bonheur les trois antennes de Dublin. L'agencement très réussi met en valeur de façon vivante et didactique tous les aspects de la vie quotidienne dans les campagnes. Une visite qui passe un intelligent coup de plumeau sur tous les clichés romantiques.
The Big House – Demeure typique des propriétés agricoles habitées par la petite noblesse anglo-irlandaise. La visite permet de comprendre la vie de ces domaines ainsi que les paradoxes et l'ambiguïté de la société irlandaise.

Carnet pratique

S'informer

Achill Tourism – *Davitt Quarter, Achill Sound - ✆ 098 204 00 - www.achilltourism.com.*

Adresses utiles

Banque – Distributeurs de billets à Belmullet, Ballina et Foxford.

Santé – Pharmacies à Belmullet et à Ballina.

Transports

En train – *www.transportforireland.ie.* Un train hebdomadaire entre la gare de Ballina *(Station Rd, au sud de la ville)* et Dublin Heuston (3h45). *www.irishrail.ie.*

En bus – 2-3 bus/j. au départ de Ballina pour Galway (2h15) et Dublin (4h). Pour Westport, changement à Castlebar.

Agenda

Ballina Salmon Festival – *www.ballinasalmonfestival.ie.* 5 jours en juil., à Ballina. Au programme de ce festival : concerts, danses folkloriques et... saumons !

Nos adresses

Restauration

Achill Island

Premier prix

The Beehive Craft Coffeeshop – *Keel - ✆ 086 854 2009 - ♿ - fév.-nov. : 10h45-16h - moins de 25 €.* Idéal pour le déjeuner et les snacks.

Belmullet

Budget moyen

The Barony at the Talbot Hotel – *Barrack St. - ✆ 097 204 84 - www.thetalbothotel.ie - ♿ - sam-dim. 18h30-21h - plats 16/26 € - réserv. recommandée.* Une adresse pour les amateurs de poissons et de fruits de mer : fraîcheur assurée et service fort plaisant.

The Carne Golf Club House – *Sur le parcours de golf - Carne - ✆ 097 822 92 - à partir de 12h.* Le meilleur pari pour manger des plats copieux à des prix raisonnables.

Activités

Kilcullen's Seaweed Baths – *Cliff Rd - Enniscrone (à 13 km au nord-est de Ballina) - ✆ 096 362 38 - www.kilcullenseaweedbaths.net - 12h-20h, w.-end 10h-20h ; juin-août : 10h-19h.* Une tradition irlandaise ancienne : un bain d'algues dans de l'eau de mer chaude. Une cure de jouvence !

Hébergement

Achill Island

Budget moyen

Hy Breasal – *St Fionans Rd - Achill Sound (bien signalé à l'entrée de l'île) - ✆ 098 451 14 - P - 5 ch. à partir de 80 € ☕.* Jolie maison neuve, au calme, mais proche du village.

West Coast House – *School Rd - Dooagh - ✆ 098 433 17 - www.achillwestcoasthousebandb.com - P - fermé nov.-fév. - 5 ch. 90 € ☕.* Dans une maison blanche de plain-pied avec des chambres agréables.

Joyce's Marian Villa – *Keel East - ✆ 098 431 34 - www.joycesachill.com - ♿ P - fermé de nov. à Pâques - 10 ch. à partir de 90 € ☕.* Maison ancienne rénovée avec goût et à la décoration agréable. Accueil efficace et chaleureux, avec thé et scones. Environnement non fumeur.

Pour se faire plaisir

Bervie – *Keel, The Strand - 098 431 14 - www.bervieachill.com - P - fermé nov.-mars - 14 ch. 130/160 €.* Plusieurs bungalows installés face à la plage. Les chambres les plus chères donnent sur la mer (évitez celles qui donnent sur le parking), jouissant d'une vue magnifique. Très bon dîner sur commande.

Stella Maris – *Keel - 098 432 97 - www.stellamaris-achill.com - P - fermé oct.-mars - 10 ch. 130/150 €.* Dans le village, une maison traditionnelle à la décoration romantico-kitsch exubérante et aux vues splendides. Les chambres sans baldaquin sont moins chères et celles de l'étage sont plus simples. La plus agréable est la n° 6.

Belmullet

Premier prix

Kilcommon Lodge Hostel – *Pollatomish (sur la R 314, tournez à gauche pour Pollatomish, entre Belmullet et Portacloy) - 097 846 21 - www.kilcommonlodge.ie - P - 20 lits 20 €, ch. 48/55 € - 6,50 €.* Adorable cottage, propre et confortable, planté au milieu des fleurs. Situation idéale pour les randonneurs. Laverie.

Budget moyen

Drom Caoin – *Church St. - 097 811 95 - www.dromcaoin.ie - P - fermé nov.-mars - 4 ch. 90/110 €.* Un hôtel confortable, avec une belle vue sur Blacksod Bay et Achill Island. Accueil agréable.

Pour se faire plaisir

The Talbot Hotel – *Barrack St. - 097 204 84 - www.thetalbothotel.ie - P - 21 ch 170/250 €.* Un boutique-hôtel très sympathique proposant de belles prestations. Le restaurant The Barony mise sur la justesse *(voir « Restauration »).*

Killala

Premier prix

Avondale – *Quay Rd - 096 322 29 - P - 5 ch. à partir de 85 €.* Devant le quai, petite maison toute simple agrémentée d'un très joli jardin.

Ballina

Premier prix

Suncroft B & B – *3 Cathedral Close - 096 215 73 - P - 5 ch. 80 €.* Tout près du centre, derrière la cathédrale, de petites chambres très confortables.

Pour se faire plaisir

Twin Trees – *Downhill Rd - 096 210 33 - www.twintreeshotel.ie - P - 54 ch. 139/179 €.* Un hôtel extrêmement agréable et bien équipé, proposant des chambres très confortables. Sauna, Jacuzzi.

Ballina Manor Hotel – *096 809 00 - www.ballinamanorhotel.ie - P - 84 ch. 139/219 €.* Bien situé, au bord de la rivière Moy, avec vue sur la cathédrale. Établissement confortable, avec piscine et salle de sport. Accueil agréable, par une équipe très professionnelle.

Une folie

Belleek Castle Hotel – *Garrankeel - 096 224 00 - www.belleekcastle.com - P - 10 ch. 250/290 €.* Savourez la vie de château dans un confort contemporain. Histoire et charme, pour un séjour hors du temps. Restaurant et bar très agréables.

Ice House – *The Quay - 096 235 00 - www.icehousehotel.ie - P - 32 ch. 260/330 €.* Une expérience architecturale mélangeant passé (bâtiment du 19e s.) et futur (ajouts contemporains) en pleine nature. Élégance, design et confort soigné sont au rendez-vous. Spa.

Phare de Fanad Head, dans le comté de Donegal.
Susanne Neumann/Getty Images Plus

6

Le Nord-Ouest

CARTE MICHELIN N° 712 F-L 1-6
COMTÉS DE SLIGO, LEITRIM, ROSCOMMON ET DU DONEGAL

LE NORD-OUEST
0 10 miles 20 km
A
B
C
1
2
ATLANTIC OCEAN
Malin Head
Fanad Head
Rinmore Point
Tranarossan Bay
Atlantic Drive
Horn Head
Tory Island
Bloody Foreland
Cruit Island
Aranmore Island
Burtonport
The Rosses
Dungloe
Bunbeg
Gweedore
R 257
Dunfanaghy
Muckish Mountain
670
752
Errigal Mountain
Doe Castle
Rosguill
Carrigart
Mulroy Bay
R 245
Fanad
Kerrykeel
Rathmullan
R 247
Ramelton
GLENVEAGH NATIONAL PARK
N 56
Church Hill
N 251
Letterkenny
N 13
N 14
N 15
N 257
Lough Eske
Donegal
N 56
Owenwee
R 252
N 250
Glenties
Portnoo
Naran
Rossbeg
Doon Fort
Loughros More Bay
Loughros Point
R 261
Ardara
Glengesh Pass
Maghera
Kilcar Coast Road
Killybegs
Studio Donegal
Carrick
Teelin
Port
R 263
601
Glencolumbkille Folk Village
SLIEVE LEAGUE
BUNGLASS
Dunree Head
Dunree
262
Mamore Gap
Lough Swilly
Fahan
Inishowen
Carndonagh
R 238
Lough Foyle
Grianán of Aileach
DERRY
A 2
A 6
A 5
7
Owenkillew
R. Foyle
Lifford
Finn R.

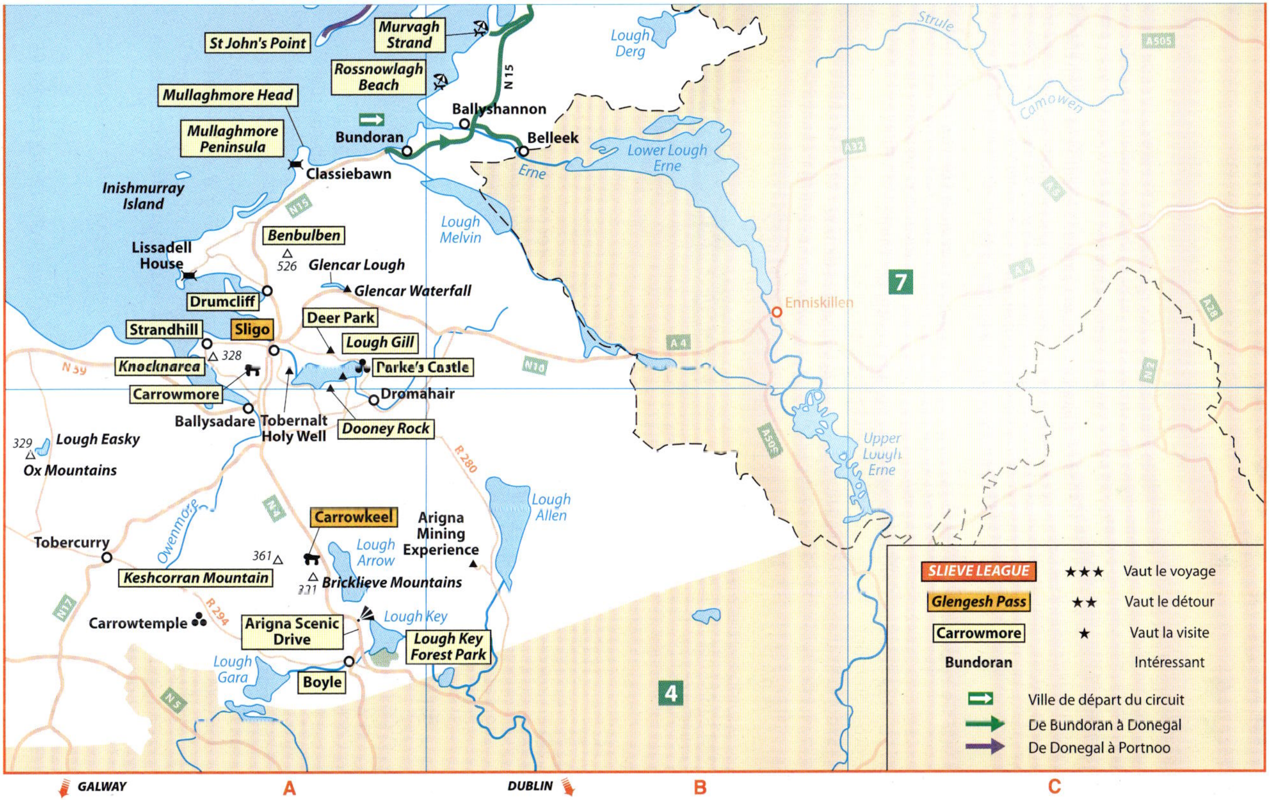
St John's Point
Murvagh Strand
Rossnowlagh Beach
Mullaghmore Head
Mullaghmore Peninsula
Bundoran
Ballyshannon
Belleek
N 15
Lough Derg
Lower Lough Erne
Erne
Classiebawn
Inishmurray Island
Lough Melvin
Benbulben
526
Glencar Lough
Glencar Waterfall
Lissadell House
Drumcliff
Deer Park
Strandhill
Sligo
Lough Gill
Knocknarea
328
Parke's Castle
Carrowmore
Dromahair
Ballysadare
Tobernalt Holy Well
Dooney Rock
329
Lough Easky
Ox Mountains
Enniskillen
Upper Lough Erne
Lough Allen
Carrowkeel
Arigna Mining Experience
Lough Arrow
361
Tobercurry
Owenmore
Keshcorran Mountain
Bricklieve Mountains
321
Carrowtemple
Arigna Scenic Drive
Lough Key
Lough Key Forest Park
Lough Gara
Boyle
R 294
R 280
N 59
N 15
N 4
N 17
N 5
N 16
A 4
A 505
A 32
A 5
A 28
N 2
Strule
Camowen
7
4
3
4
A
B
C
GALWAY
DUBLIN
BELFAST
SLIEVE LEAGUE
★★★
Vaut le voyage
Glengesh Pass
★★
Vaut le détour
Carrowmore
★
Vaut la visite
Bundoran
Intéressant
Ville de départ du circuit
De Bundoran à Donegal
De Donegal à Portnoo

Sligo et ses environs ★★

La jolie petite ville de Sligo (20 000 hab.), qui s'étire entre mer, lac et rivière, doit sa célébrité à W. B. Yeats, prix Nobel de littérature en 1923. Avec son frère, le peintre Jack Yeats, il passait ses vacances dans la région, s'en inspirant pour ses plus beaux poèmes. La ville en a gardé le goût de la littérature et des arts. Très animée sur le plan culturel, elle est aussi le point de départ de superbes balades.

Se repérer

CARTE A3 (P. 342-343).
Comtés de Sligo, Leitrim et Roscommon.
Sligo se trouve à 210 km au nord-ouest de Dublin par la M 4, puis la N 4.

À ne pas manquer

Le tombeau de la reine Maeve et Knocknarea ; le panorama de Carrowkeel par temps clair ; la randonnée du Benbulben.

Organiser son temps

Ne vous contentez pas de traverser ce comté : certaines balades aux environs sont parmi les plus attachantes du pays, encore plus agréables à vélo. Évitez l'ascension du Benbulben par temps de pluie et prévoyez un coupe-vent.

Carnet pratique p. 351

Nos adresses p. 351

Se promener

En arrivant dans la ville par le sud (N 4), suivez la direction de Town Centre. Parking gratuit le long de la N 4, juste avant le centre, ou payant, près de l'abbaye.
L'agréable centre-ville s'étend de part et d'autre de la rivière Garavogue, qui serpente sur 3 km entre le Lough Gill (lac) et la baie de Sligo.

★ Sligo Abbey

Abbey St. - ✆ 071 914 6406 - www.heritageireland.ie - d'avr. à mi-oct. : 10h-18h (dernière entrée 45mn av. fermeture) - 5 € (enf. 3 €).
Ce monastère dominicain, le plus ancien monument de la ville, construit au 13e s. par Maurice Fitzgerald, comporte un chœur et les vestiges d'un jubé de pierre à trois arches datant de cette époque. Très abîmée par un incendie, l'abbaye reçut des ajouts au 15e s. comme le **cloître**★, la nef, la tour et surtout le plus bel élément de l'édifice : l'**autel sarcophage**★, sculpté de neuf panneaux, le seul de cette sorte en Irlande. *Avant de traverser le pont, passez par Teeling St. et levez la tête.*
Courthouse, le palais de justice de Sligo construit en 1878 par J. Rawson Carroll, est un exemple exceptionnel de style victorien, une particularité architecturale rare, hors de Dublin.
Revenez sur vos pas, prenez Bridge St. à droite et traversez le pont jusqu'à Stephen St.

Sligo County Museum

Stephen St. - ✆ 071 911 1679 - mai-sept. : tlj sf dim.-lun. 9h30-12h30, 14h-16h45 ; oct.-avr. : tlj sf dim.-lun. 9h30-12h30 - gratuit.

Un peu d'histoire

Durant le néolithique, des chasseurs et mangeurs de coquillages érigèrent de nombreux dolmens, cercles de pierres, tumuli et, par la suite, des forts circulaires, utilisés jusqu'au Moyen Âge. Plusieurs clans gaéliques se disputaient la région lorsque les Normands (Fitzgerald) arrivèrent au 13e s. Les Gaëls réussirent à conserver une partie de leurs terres et à préserver leur culture jusqu'au 17e s., face aux Anglais colonisateurs. Sligo prospéra au 18e s. grâce au commerce des alcools, du lin, des cordages et du cuir, et devint le port d'embarquement pour les Amériques.

Hébergé dans l'ancien presbytère, le musée présente une collection d'objets évoquant les frères Yeats et leurs liens avec la ville, ainsi que des vestiges archéologiques issus des fouilles locales. On retiendra un tableau : *l'Arrestation de la comtesse Markievicz pendant l'insurrection de Pâques 1916*, par Kathleen Fox.
Suivez Stephen St. vers l'est jusqu'au Mall.

★ The Model

The Mall - ✆ 071914 1405 - www.themodel.ie - 11h-17h - fermé dim.-lun. - don suggéré 4 €.
Le bâtiment initial, à l'origine de cet ambitieux centre d'art et de culture contemporains, était la **Model School**, fondée en 1862. Agrandie une première fois en 2000, la structure a bénéficié d'une addition spectaculaire en 2010, ce qui en fait l'un des centres culturels les plus importants du pays, doté d'ateliers d'artistes, d'espaces d'expositions, d'une salle de spectacle, d'une librairie et d'un café-restaurant. The Model patronne également les festivals musicaux prestigieux de la ville.
Il abrite en premier lieu la **Niland Collection★**, rassemblée par Norah Niland, ancienne bibliothécaire du comté. Elle compte environ 200 peintures de Jack Yeats, mais aussi des œuvres d'autres artistes modernes irlandais, tels George Russell, Maurice McGonigal, Nora McGuinness, Augustus John... Des expositions temporaires de qualité complètent la visite.
Revenez ensuite sur Stephen St. jusqu'à Hyde Bridge.
Avant de traverser le pont, devant l'Ulster Bank, immeuble néo-Renaissance de 1863, notez la belle **statue de William Butler Yeats**, au torse gravé de fragments de poèmes.

Yeats Building & Art Gallery

Hyde Bridge (à l'angle de O'Connell St.) - ✆ 071914 2693 - www.yeatssociety.com - mar.-sam. 10h-15h - 5 € (-12 ans gratuit).
Installé dans un immeuble de brique de l'autre côté de la rivière, il abrite les activités de la Yeats Society, une bibliothèque et une galerie où sont organisées des expositions temporaires d'œuvres contemporaines et de photos.
Tournez ensuite à droite pour rejoindre le quai où fut érigé l'émouvant **mémorial à la Grande Famine**, statue d'une famille prostrée, prête à émigrer.
Pour parcourir les principales rues commerçantes, revenez sur vos pas et prenez, en face, O'Connell St., puis Grattan St.

St John's Cathedral

John St., qui prolonge Grattan St. vers l'ouest.
Conçue en 1730 sur un plan un peu insolite, elle subit un remaniement gothique important en 1812. C'est là que les parents des frères Yeats se sont mariés.

À proximité

CARTE P. 342-343

★ À l'ouest de Sligo A3-4

À 8 km de Sligo par la R 292, la station balnéaire populaire de **Strandhill** ★ est connue pour sa splendide **plage** de dunes et de galets fouettés par des vagues énormes, qui font le délice des surfeurs et des *body boarders*. Attention, la baignade y est dangereuse, il y a des courants et des sables mouvants.

La R 292 contourne ensuite la presqu'île, offrant de belles **vues** sur Ballysadare Bay. Quittez-la à gauche, par une petite route marquée « Scenic Drive ».

Au parking du **View Point**★, laissez votre voiture et revenez jusqu'au puits, au bord de la route côté montagne. Escaladez le talus pour prendre le départ d'une très jolie **balade**★ *(2 km AR, assez facile, boueux par temps humide)*, dans une gorge à la végétation luxuriante.

En voiture, suivez la route jusqu'au panneau Knocknarea, vers la gauche.

★ Knocknarea A3

L'ascension ne présente pas de difficulté et le sentier est bien balisé *(comptez 1h AR)*. Cette colline se reconnaît de loin grâce au monticule arrondi qui la coiffe. Le sommet livre une **vue**★★ magnifique : au nord, le Slieve League et le Donegal, à l'est, le Lough Gill, au sud, le Mayo et le Croagh Patrick, et tout autour les méandres des baies et des bancs de sable. De plus près, vous identifiez le fameux monticule, de 10 m de haut et de 55 m de diamètre, c'est un cairn : il renfermerait le **tombeau de la reine Maeve (Medh ou Méabh)**, souveraine légendaire du Connaught, et recouvre en tout cas une tombe vieille de 5 000 ans.

Au nord-ouest (400 m), on devine les fondations circulaires de huttes de pierre.

Reprenez la route et continuez jusqu'au panneau Carrowmore.

★ Carrowmore A3

☏ 071 916 1534 - www.heritageireland.ie - avr.-oct. : 10h-18h - dernière entrée 17h - 5 € (enf. 3 € ; gratuit le 1er merc. du mois).

Le site compte un nombre étonnant de dolmens et de cercles de pierres dispersés sur plusieurs centaines de mètres. Le **Visitor Centre** présente cette gigantesque nécropole mégalithique, l'une des plus importantes d'Europe.

En quittant le parking vers Sligo, vous verrez sur la gauche, un peu plus loin, un splendide **dolmen** dans un champ.

Rejoignez la N 4 vers le sud, puis la N 59 vers **Ballysadare** (A4), où la rivière s'écoule vers la mer en chutes bruyantes.

Suivez ensuite la N 59 pendant environ 5 km et tournez à gauche vers Glen Wood et Coolaney que vous traversez vers Carrowneden. Au panneau Scenic Drive et Ladies'Brae, tournez à droite.

Ox Mountains A4

La route passe au cœur des Ox Mountains, dans un paysage de forêts et de collines sauvages, pour arriver à un **point de vue**★ sur la côte et Knocknarea.

Continuez tout droit jusqu'à la N 59 et tournez à gauche. Passez Templeboy et Dromore West où vous prenez à gauche, vers Tobercurry. La route passe au pied des Ox Mountains, sur les rives du **Lough Easky**.

Arrivé à **Tobercurry** (ou Tubbercurry), important centre de musique traditionnelle, suivez la R 294 en direction de Boyle. À 15 km, tournez à droite sur la R 293 vers Ballaghaderreen. Guettez les panneaux pour Carrowtemple Burial Grounds.

★ Au sud de Sligo AB4

Carrowtemple A4

À 8 km de Gurteen (berceau d'un style musical très ornementé qu'on appelle le style Sligo) se dresse l'enclos monastique de Carrowtemple, datant de la première période chrétienne. Outre les ruines d'une église médiévale, il compte 14 **pierres tombales★** (8e au 10e s.) gravées de motifs frustes et d'entrelacs.

Revenez sur vos pas et gagnez Boyle par la R 294.

★ Boyle A4

★ **Boyle Abbey** – *www.heritageireland.ie - ⊭ - Pâques-sept. : 10h-18h - dernière entrée 17h15 - 5 € (enf. 3 €).* La petite ville de Boyle possède une **abbaye** parmi les plus belles du pays. Fondée par les cisterciens de Mellifont en 1161, elle comporte une tour carrée, rare chez ces moines, mêlant les influences bourguignonne, anglaise et celte. Beaux **chapiteaux sculptés★** d'animaux ou de personnages.

★ **King House** – *✆ 071 966 3242 - www.kinghouse.ie - avr.-sept. : 11h-17h, dim. 11h-16h - 7 €, audioguide 1 €.* Construite au 18e s. pour la famille King, nobles anglais dépêchés dans la région pour la soumettre, la demeure hébergea l'armée par la suite. On y découvre l'histoire du pouvoir local, des chefs irlandais aux propriétaires anglais. Au rez-de-chaussée, collections d'art de la ville. Dans l'enceinte se tient chaque dimanche un petit marché de producteurs, le **Farmers market**.

★ Lough Key Forest Park A4

À 3,2 km sur la route de Carrick-on-Shannon - parking 4 €.

Cette vaste forêt au bord de l'eau constitue un site agréable pour pique-niquer, faire une balade à pied ou à vélo, voire une mini-croisière sur le lac ponctué d'îles. Sur Trinity Island se dresse les belles ruines d'un château. De nombreuses activités (payantes) – kayak, parcours dans les arbres – sont par ailleurs proposées au départ du Visitor Centre *(voir www.loughkey.ie).*

Arigna Mining Experience B4

Derreenavoggy (à 20 km au nord-est de Boyle) - ✆ 071 964 6466 - www.arignaminingexperience.ie - 10h-18h - 13 € (5-18 ans 7 €).

C'est la plus ancienne et la dernière des mines irlandaises. On y exploita le charbon du début du 18e s. jusqu'en 1990. Au départ d'un bel édifice contemporain, vous visiterez une exposition racontant l'exploitation du site et le quotidien de ceux qui y travaillaient. Puis, casqués et chaudement vêtus, vous descendrez à plusieurs centaines de mètres sous terre, guidés dans les galeries par d'anciens mineurs.

Quittez Boyle vers Sligo par la N 4. À 3 km, bifurquez à droite vers l'**Arigna Scenic Drive★**, qui offre de belles vues sur le Lough Key.

★★ Carrowkeel A4

Longez le Lough Arrow. La route rejoint la N 4 à Castlebaldwin, que vous traverserez en direction de Carrowkeel (à 6,5 km).

La route vers le site mégalithique de Carrowkeel s'élève entre les falaises des **Bricklieve Mountains** (321 m), passe un portail *(refermez-le soigneusement)* et se termine, après le parking, par une magnifique promenade le long des tourbières abandonnées *(comptez 1h AR)*. Du sommet, où un groupe de cairns recouvre des tombes du IVe millénaire av. J.-C., vous jouirez d'un splendide **panorama★★** sur le Sligo et ses lacs jusqu'au Benbulben. Un peu en contrebas, à l'est (Mullaghfarna), on distingue les vestiges de 150 **huttes rondes**, sans doute le village des bâtisseurs de tombes. À l'ouest, la Keshcorran Mountain est, elle aussi, coiffée d'un grand cairn.

6

Retournez vers la route et prenez à gauche, à l'opposé de Castlebaldwin. À 5 km, vous rejoignez la R 295 vers Ballymote. Suivez-la jusqu'au village de Kesh.

★ Keshcorran Mountain A4

De Keash, descendez vers Boyle et quittez la R 295 vers l'église St Kevin. Prenez à gauche au carrefour en T et suivez le petit chemin (à pied). Les grottes sont sur votre droite, en surplomb. Longez la falaise en passant à l'écart du village de Keash que vous rejoignez en retrouvant la R 295, côté Ballymote. Attention, l'abord des grottes est risqué, gare aux éboulis !

Vous reconnaîtrez la Keshcorran Mountain à son énorme cairn. Une petite randonnée *(comptez 1h30 AR)* vous mènera aux **grottes de Keshcorran** qui ont abrité les hommes préhistoriques, servi de cadre aux célébrations païennes de la fête de Lughnasa et suscité de nombreuses légendes.

La R 295 traverse Ballymote et rejoint la N 4 au sud de Sligo. Avant d'entrer dans la ville, bifurquez à droite en direction du Lough Gill.

★ Autour du Lough Gill A3-4

Circuit de 48 km, présentant peu de dénivelé, facile à faire à vélo.

En atteignant le lac, tournez à gauche vers **Tobernalt Holy Well** *(www.holywell-sligo.com)*. Selon la légende, saint Patrick aurait posé ses doigts sur la pierre devant le puits sacré, et il vous suffit de placer les vôtres dans les marques pour être guéri. L'eau est censée soulager les maux de tête et les problèmes oculaires. Ce puits est vénéré depuis l'époque païenne, et le jour du pèlerinage *(dernier dimanche de juil.)* correspond au début des fêtes celtiques de la moisson. Notez l'émouvant arbre aux chiffons, le long de l'escalier, où on laisse ses prières, des images pieuses et de petits objets personnels.

Reprenez la route du bord de lac, suivez-la dans la forêt et tournez à gauche sur la R 287.

Un peu plus loin, laissez votre voiture au parking pour gravir **Dooney Rock★**, promontoire qui domine le Lough Gill (A3).

Retournez sur la R 287 jusqu'à **Dromahair** (A4), dans le comté du Leitrim, pour visiter les ruines de Creevelea Abbey, monastère franciscain du 16e s.

Poursuivez ensuite vers Parke's Castle.

★ Parke's Castle A3

071 916 4149 - www.heritageireland.ie - d'avr. à fin sept. : 10h-18h (dernière entrée 17h15) - 5 € (enf. 3 €).

Ce manoir fortifié du 17e s. appartenait à Robert Parke qui l'érigea sur le site de la maison forte d'un « rebelle », Sir Brian O'Rourke, exécuté à Londres. Ses épaisses murailles baignent dans les eaux du lac, face à Innisfree (INIS FRAOICH). C'est un

Des lits pour les amants

La belle Gráinne, fille du roi de Tara, avait été promise à Fionn, chef des Fianna, soldats légendaires. Mais l'homme était vieux, et la belle succomba au charme de l'un des soldats de son fiancé, le beau Dermot. Gráinne persuada le jeune homme de l'enlever. Ulcéré, Fionn poursuivit sans répit les amants, contraints de changer de cachette chaque nuit pour lui échapper. Hélas, Dermot se fit tuer par un sanglier au sommet du **Benbulben**. La légende raconte que les nombreux amas de pierres et tombes qui jonchent le pays ne sont que les lits abandonnés par les amants pourchassés.

Montagne Benbulben, dans le comté de Sligo.
Francesco Scatena/Getty Images Plus

bon exemple de forteresse construite au moment de la **Plantation**. Une passionnante vidéo (45mn) présente la région.
Du quai, on embarque pour une promenade en bateau (1h) sur le Lough Gill d'où l'on apercevra l'île d'Innisfree telle que célébrée par Yeats dans *The Lake of Innisfree (Rose of Innisfree Tourboat - ✆ 071 916 4266 - www.roseofinnisfree.com - été : 12h30 et 15h30 - 20 €).*
Suivez le long du lac la R 286 vers Sligo. À 3 km, tournez à droite vers Calry puis, au carrefour en T, allez à gauche jusqu'au parking Deer Park, Giant's Grave.
Une jolie promenade à travers bois mène au sommet de la colline, à **Deer Park★** *(suivez les flèches ; comptez 40mn AR)*, belle tombe néolithique composée de deux vastes ovales fermés par des dolmens.

★★ Au nord de Sligo A3

Pour débuter votre parcours, faites un détour à **Rosses Point**, tranquille village de la baie de Sligo qui donne accès à de belles plages. Les amoureux de la poésie de Yeats peuvent ensuite parcourir aux environs les sites qu'il a célébrés.
Procurez-vous un recueil de ses poèmes pour vous mettre dans l'ambiance.

★ Drumcliff (DRUMCLIFFE)

À 9 km au nord de Sligo vers Donegal.
L'étrange silhouette du Benbulben veille sur Drumcliff, village où Yeats, mort à Roquebrune (France), a voulu être enterré. À gauche de l'église se trouve sa pierre tombale comportant l'épitaphe écrite par le poète. Ne manquez pas non plus la tour ronde et la **grande croix★** (début du 11e s.) gravée de scènes bibliques, qui rappellent le premier monastère fondé par saint Columba au 6e s.
Juste après Drumcliff, tournez à gauche vers Carney.

★ Lissadell House

✆ 071 916 3150 - www.lissadellhouse.com - visite guidée (45mn) - de mi-avr. à mi-oct. : 10h-18h - 14 € (enf. 6 €).

Jusqu'en 2003, cette maison néoclassique (1834) fut la résidence de la famille Gore-Booth dont le membre le plus éminent fut Constance, **comtesse Markievicz**, qui participa au soulèvement de 1916 et fut la première femme élue député en 1918. C'est l'âme de cette grande demeure, qui garde encore le souvenir de Yeats et de tant d'autres... Les actuels propriétaires ont réalisé une ambitieuse campagne de restauration que les passionnés d'histoire, de poésie, de jardin et d'architecture apprécieront à sa juste valeur.
Retournez vers Sligo et suivez les panneaux vers Enniskillen et la N 16.

Glencar Lough

Après la sortie de la ville, la route s'élève au-dessus du lac de Glencar. Ses eaux noires sont dominées par les plateaux du Truskmore et du Benbulben, impressionnante rangée de falaises, striées de cascades, surplombant des pentes vertes quadrillées de petits champs. Dépassez le lac et tournez à gauche en direction du village de Glencar pour ardmirer la **Glencar Waterfall**, chute d'eau immortalisée par Yeats.
Longez ensuite la rive nord, bien ombragée et, au bout du lac, à la fourche, prenez à droite au pied des falaises du Benbulben.

★ Benbulben

Comptez 3h AR - difficulté modérée. Faites de préférence appel à un guide (www.highhopesmountaintreks.com), car le sentier demande nombre de précautions. Vous pouvez effectuer l'**ascension★★** jusqu'au sommet (526 m) et, parvenu sur le plateau, faire le tour des falaises.
Pour une approche par la route, retournez vers la N 15 entre Sligo et le Donegal. Après Drumcliff, guettez la petite église à clocheton sur la droite. Tournez à droite juste après vers Ballaghnatrillick (ou Ballintrillick), puis prenez la première à droite. Suivez le panneau North Sligo Watersupply, passez entre les grilles vertes. Au carrefour en patte d'oie, garez-vous et continuez à pied.
Le sentier, très facile, longe un torrent sur le **versant nord★★** du Benbulben, au milieu des tourbières désolées. Si vous vous retournez, vous pourrez embrasser du regard tout le nord du Sligo et le Donegal du Slieve League.
Regagnez la N 15 que vous suivez vers le nord. À Cliffony, prenez la R 279 vers Mullaghmore.

★ Mullaghmore Peninsula

Elle s'avance dans la baie du Donegal, face aux sommets du Slieve League. La silhouette romantique perchée sur la falaise herbue est celle de **Classiebawn Castle**, dont hérita l'épouse de Lord Mountbatten, tué en 1979 par l'IRA sur son bateau, juste au large. Les environs offrent de splendides promenades, le long des falaises de **Mullaghmore Head★**, en face de l'île d'Innishmurray.

Innishmurray Island

Embarquement au port de Mullaghmore. Contactez Keith Clarke au ✆ 087 254 0190 ou www.inishmurrayislandtrips.com.
L'île possède un **enclos monastique** remarquable, construit à l'intérieur d'un **fort circulaire** à l'image de ceux du Kerry ou des îles d'Aran. Il compte une église, un oratoire, une hutte de pierre, des autels, des dalles gravées...

Les pierres à maudire

Vous verrez dans l'enclos d'Innishmurray de gros galets alignés, que l'on tourne dans le sens inverse des aiguilles d'une montre pour maudire quelqu'un. Mais si la malédiction n'est pas méritée, elle pourrait bien se retourner contre l'envoyeur !

Carnet pratique

S'informer

Sligo Tourist Office – *23 O'Connell St. - ✆ 071 916 1201 - www.sligotourism.ie.*

Adresses utiles

Banque – Banques et distributeurs à Sligo et à Boyle.

Arriver/Partir

En train – *www.irisshrail.ie.* Gare ferroviaire sur Lord Edward St. 6-7 trains/j. pour Dublin Connolly (3h).

En bus – *www.transportforireland.ie.* Gare routière sur Lord Edward St. Bus pour Donegal (1h), Ballina (1h15), Enniskillen (1h20), Galway (2h20), Derry (2h30) et Dublin (3h45). Liaisons également avec Boyle, Glencar, Strandhill.

Agenda

Sligo Jazz Project – *www.sligojazz.ie.* Une sem. à partir de la mi-juil. Concerts de jazz.

South Sligo Summer School - *www.southsligosummerschool.com.* Mi-juil. Une semaine de musique traditionnelle d'une exceptionnelle qualité.

Sligo Live – *www.sligolive.ie.* 5 jours en oct. Concerts multiples.

Nos adresses

Restauration

Sligo

Premier prix

Osta Cafe and Wine Bar – *Garavogue Weir - ✆ 071 914 4639 - www.osta.ie - 8h-17h, vend. 8h-18h, dim. 9h-15h - moins de 20 €.* Du petit déjeuner au dîner, une adresse avec des menus végétariens.

Budget moyen

Coach Lane – *1-2 Lord Edward St. - ✆ 071 916 2417 - www.coachlanesligo.com - 17h30-22h - plats 14/32 €.* Cuisine très éclectique, à tous les prix. *Bar food* classique au pub et plats complets élaborés dans l'élégant restaurant.

Bistro Bianconi – *Tobergal Lane - ✆ 071 914 1744 - www.bistrobianconi.ie - 17h-22h - plats 15/27 €.* Pour changer, un excellent petit restaurant italien. Bonnes pâtes fraîches et pizzas au feu de bois.

Stanford Inn – Cet établissement propose la traditionnelle *pub food*, dans un bar plein de caractère.
Voir ci-après « Hébergement ».

Boyle

Budget moyen

King House Tea Rooms – *✆ 087 643 0326 - 9h-17h - fermé dim. - moins de 25 €.* Un salon de thé convivial et typiquement irlandais, où l'on prend le temps de faire la conversation... Soupe de légumes frais, salades, tartes de légumes et l'ardoise des desserts.

Boire un verre

Mc Laughlin's – *9 Market St. - ✆ 087 978 9125 - à partir de 19h.* Ambiance garantie, le patron est musicien. Concert tous les soirs.

Activités

Celtic Seabaths - Voya Seaweed Baths – *Strandhill - ✆ 071 916 8686 - www.voyaseaweedbaths.com - 10h-18h.* Ce centre renoue avec l'ancienne tradition du Mayo, des bains d'eau de mer chaude et d'algues. Bons contre les rhumatismes et le stress.

Perfect Day Surf School – *Strandhill - ✆ 087 202 9399 - www.perfectdaysurfing.ie.* Leçons de surf et paddle sur la plage de Strandhill.

Sea Trails – *087 240 5071 - www.seatrails.ie.* Cette petite agence propose des marches guidées variées (Yeats, littoral, Benbulben).

Hébergement

Sligo

Premier prix

Harbour House – *Finisklin Rd - 071 917 1547 - www.harbourhousehostel.com - P - 50 lits à partir de 25 €, ch. à partir de 65 €.* Sur le port, à 15mn à pied de la gare et du centre, une maison de pierre impeccable aux lits très confortables. Propriétaires sympathiques et chaleureux. Location de vélos.

The Railway Hostel – *1 Union Pl. - 087 690 5539 - www.therailway.ie - P - 20 lits 18/25 €, ch. 60/90 €.* Une auberge familiale assez classique, à 3mn de la gare.

Tree Tops – *Cleveragh Rd - 071 916 2301 - P - 3 ch. 85 €.* Maison bien entretenue et chambres confortables, dans un quartier résidentiel calme.

Budget moyen

The Glasshouse – *Swan Point, Abbeyquarter North - 071 919 4300 - www.theglasshouse.ie - P - 115 ch. à partir de 130 €.* Ce vaisseau de verre au design contemporain se dresse au bord de la rivière, offrant de belles vues de certaines de ses chambres, confortables et colorées.

Aux environs de Sligo

Premier prix

Stanford Village Inn – *Dromahair - 071 916 4140 - P - 9 ch. à partir de 80 € et 2 cottages.* Au centre d'un joli village, au bout du Lough Gill, une adresse sympathique près de la rivière, qui bénéficie de la présence d'un pub chaleureux. Chambres confortables.

Benbulben Farm – *à 2 km de Drumcliff, au pied du Benbulben - 071 917 3956 - www.benbulbenfarmhouse.com - P - 4 ch. à partir de 85 €.* Décoration intérieure typiquement irlandaise et joli jardin, avec vue splendide sur la côte.

Budget moyen

Stonecroft B & B – *À 10 km au nord de Sligo - 071 914 5667 - www.stonecroft.ie - P - 3 ch. 90/140 €.* Une maison de famille chaleureuse et bien soignée, confortable et accueillante. Une localisation idéale pour rayonner dans le Sligo. Bon petit déjeuner.

Boyle et ses environs

Premier prix

Abbey House – *Roscommon - Boyle - 071 966 2385 - www.abbeyhouse.net - P - fermé nov.-fév. - 6 ch. 80/115 €.* Juste derrière Boyle Abbey, imposante maison au fond d'un jardin en bord de rivière. Chambres spacieuses et confortables, salon agréable avec feu de tourbe dès qu'il fait frais.

Rosdarrig House – *À la sortie en dir. de Dublin - 071 966 2040 - www.rosdarrig.com - P - fermé nov.-fév. - 5 ch. 85 €.* Chambres confortables et claires dans une maison de brique rouge. Mrs McCormack est charmante et vous accueille de façon délicate et gourmande (petit déjeuner et thés savoureux).

Pour se faire plaisir

Temple House – *Ballymote (quittez Sligo par la N 17 vers Tobercurry et tournez à gauche après Ballynacarrow) - 087 997 6045 - www.templehouse.ie - P - 6 ch. 188/225 €.* Pour une escapade romantique et raffinée, grand manoir georgien meublé d'antiquités. 500 ha de terres et les ruines du château médiéval garantissent de belles balades. Dîner concocté avec les produits de la propriété et petit déjeuner somptueux dans la salle à manger.

Donegal et le Slieve League ★★★

De Bundoran à Ardara

Le plus irlandais des comtés vit de la pêche, de la laine, du tweed et du tourisme et fut, au fil de l'histoire, farouchement gardé par des clans gaéliques. Parmi les moines qui y exercèrent une influence déterminante, le plus célèbre d'entre eux, Columba évangélisa une bonne partie du pays et de l'Écosse. Les colons anglais s'y sont moins bien implantés qu'ailleurs, sans doute à cause de l'isolement et de la rigueur du climat.

Se repérer

CARTE B2 (P. 342-343).
Comté du Donegal. Donegal se trouve à 70 km au nord-est de Sligo.

À ne pas manquer

La balade des falaises du Slieve League ; Silver Strand ; la randonnée vers Port Hill et les Maghera Falls.

Organiser son temps

Comptez 3 jours. Pour les sites les plus spectaculaires, prévoyez suffisamment de temps pour les randonnées, et n'oubliez surtout pas votre coupe-vent (ça souffle !).

En famille

Le Waterworld Bundoran ; le Donegal Railway Heritage Centre.

Carnet pratique p. 360

Nos adresses p. 360

Circuits conseillés

CARTE P. 342-343

De Bundoran à Donegal AB2-3

Circuit de 50 km au départ de Bundoran, tracé en vert sur la carte de région p. 342-343.

Bundoran A3

Bundoran est une station balnéaire très appréciée des Irlandais, du Sud comme du Nord (la frontière est à moins de 15 km), et considérée par beaucoup comme la **capitale du surf irlandais**. Le week-end, la bourgade s'anime, fourmille de jeunes qui y viennent pour le *craic* (la recherche du bon moment, en irlandais) et les pubs. La ville, qui compte beaucoup d'hôtels et de boîtes de jeux bruyantes, dispose d'une grande et superbe **plage** au nord (Tullan Strand), idéale pour le surf, ce qui explique l'organisation de championnats nationaux et, à plusieurs reprises déjà des European Surfing Championships *(www.eurosurfing.org)*. Quant aux plus petits, ils plébiscitent le **Waterworld**, un parc aquatique couvert *(voir « Nos Adresses »)*.

Ballyshannon B3

À 6,5 km à l'est de Bundoran.

Lieu de fabrication de la porcelaine du Donegal, Ballyshannon doit sa célébrité au Folk & Traditional Music Festival qui garantit trois jours d'ambiance torride.

6

Un petit détour par **Belleek** *(7 km à l'est en direction d'Enniskillen)* vous ouvrira les portes de l'Irlande du Nord *(voir p. 475)*.
De Ballyshannon, suivez la N 15 vers le nord et tournez rapidement à gauche sur la R 231 pour rejoindre Rossnowlagh Beach.

★ Rossnowlagh Beach B3

Le long ruban de sable blond de Rossnowlagh, très populaire en été (les campings font le plein), est un autre fief du surf irlandais. On peut aussi plus simplement s'y baigner. Déserte en hiver, on ne se lasse pas de s'y promener des heures durant en affrontant le vent.
Après avoir dépassé le village de Ballintra, tournez à gauche en direction du golf et allez jusqu'à Murvagh Beach.

★ Murvagh Beach B3

Cette plage splendide doublée d'une forêt, face à Donegal Bay, est idéale pour la baignade, le surf ou un pique-nique.

Donegal B3

Malgré son nom, Donegal n'est pas le chef-lieu du comté (c'est Lifford). La ville (3 000 hab.) présente un certain charme, avec son château et sa jolie place en triangle, The Diamond, et constitue un endroit idéal pour faire son shopping de tweeds et de pulls.
Donegal Castle – *✆ 074 972 2405 - www.heritageireland.ie - de Pâques à mi-sept. : 10h-18h ; de mi-sept. à Pâques : tlj sf mar.-merc. 9h30-16h - dernière entrée 45mn av. fermeture - 5 € (enf. 3 €, gratuit le 1er merc. du mois).* Cette forteresse était le fief des O'Donnell. La visite permet de voir une maquette du château initial qui n'existe plus, car le farouche Irlandais préféra le détruire plutôt que de l'abandonner à l'ennemi ! Le château actuel est l'œuvre de Basil Brooke (on reconnaît ses armes sur l'imposante cheminée). Une seconde maquette illustre les différences entre les deux édifices.
Donegal Abbey – *Près de l'office de tourisme.* Implantée sur la rive sud de l'estuaire de l'Eske, qui arrose Donegal, l'abbaye est aujourd'hui en ruine. Lors de sa fondation, en 1474, elle était très riche, mais malheureusement son site stratégique intéressa les Anglais, qui en firent une réserve de munitions. Malgré l'explosion de l'édifice en 1601, l'endroit garde tout son charme, avec son cimetière envahi par l'herbe folle et la baie en arrière-plan.
Donegal Railway Heritage Centre – *Tirconnel St. - ✆ 074 972 2655 - www.donegalrailway.com - 10h-17h - fermé le w.-end - 5 € (enf. 3 €).* Dans l'ancienne gare, une exposition retrace l'histoire du chemin de fer à voie étroite du comté de Donegal. De 1900 à sa fermeture en 1959, il transportait fermiers, marchands et écoliers, de Derry, au nord, à la côte atlantique. Maquettes, photos anciennes et wagons restaurés animent la visite.

Les risques du métier

Difficile d'être un cartographe anglais en Irlande. Craignant que des plans précis ne favorisent les Anglais dans les batailles, les Irlandais faisaient la chasse aux cartographes, ce qui explique l'incroyable inexactitude des cartes du 16e s., surtout sur la côte ouest, comme en témoignent les spécimens exposés au Donegal Castle. Un malheureux géographe se fit même couper la tête en essayant d'effectuer des relevés topographiques !

Fondée par les Vikings

Fondée par les Vikings, Donegal Town devint ensuite la place forte des Irlandais O'Donnell, avant d'être attribuée à la famille anglaise Bourke, lors de la colonisation, en 1610. C'est à ce premier Bourke que l'on doit le plan de la ville. En 1641, puis en 1798, les Irlandais tentèrent en vain de la reprendre en comptant sur l'aide des Français

★ Lough Eske B2

Au nord-est de Donegal, adossées aux Blue Stack Mountains, les berges du lac offrent une jolie balade. Avant de sortir de la ville en direction de Killybegs, guettez le panneau sur la droite pour suivre **Lough Eske Drive**, la route qui en fait le tour *(boucle de 23 km)*.

★ De Donegal À Portnoo A2-3

Circuit de 65 km en suivant la côte (44 km par la route directe), tracé en violet sur la carte de région p. 342-343. À partir de Donegal, prenez la N 56 vers Killybegs. À Dunkineely, tournez à gauche vers St John's Point.

★ St John's Point A3

La petite route qui longe l'étroite péninsule offre de merveilleux **points de vue★** sur McSwyne's Bay et le Slieve League au nord, la côte du Sligo et la silhouette du Benbulben au sud. D'étranges rochers, noirs et feuilletés, ponctuent l'itinéraire qui aboutit à une crique ravissante abritée des vagues.

Revenez sur vos pas et reprenez la N 56, puis tournez à gauche sur la R 263 vers Killybegs.

Killybegs A2

Les puissants effluves qui montent des quais trahissent le **port de pêche**, le premier du pays car sans doute le plus sûr, le plus abrité et le plus naturellement profond. Les lourdes coques rouillées, les amas de filets qui sèchent et l'odeur de poisson à l'heure du retour de pêche lui donnent tout son caractère. Petit détail qui a son intérêt : les pubs ferment plus tard qu'ailleurs, sans doute pour rattraper les heures passées en mer...

Killybegs s'est aussi forgé une réputation dans le domaine de l'artisanat grâce aux **Donegal Carpets**, tapis noués à la main que l'on retrouve au Dublin Castle, dans le bureau ovale de la Maison Blanche, au Vatican et à Buckingham Palace... L'usine, sur la route de Kilcar, accueille le **Killybegs Carpet Making and Fishing Centre** *(074 974 1944 - www.visitkillybegs.com - tlj sf w.-end 9h30-17h - 5 €)*, où il est possible de voir le plus large métier à tisser manuel du monde (8 tisserands).

Reprenez la R 263. À Shalwy, tournez à gauche sur la Kilcar Coast Rd.

★ Kilcar Coast Road A2

Cette jolie route vous introduit à la plus belle partie du Donegal, avec sa côte sauvage et déchiquetée, dominée par des collines désertes, striées de petits murs. Au sud, de l'autre côté de la baie, vous apercevez encore les sommets du Sligo.

Le village de Kilcar ne paye pas de mine, mais c'est un centre de production de **tweed** utilisant une laine de belle qualité aux couleurs riches, mouchetée de points multicolores, tissée en camaïeu. Vous pouvez visiter l'atelier de tissage de **Studio Donegal** *(voir « Achats »)*. En face se trouve une petite usine de tricots à la machine *(hand loomed)*, souvent exécutés par des hommes – contrairement au tricot à la main *(hand knitted)* plutôt réservé aux femmes.

6

★★ Vers le Slieve League A2

À la sortie de Kilcar, la **Coast Road** en direction de Glencolumbkille (Glencolmcille) vous conduit tout au fond d'une échancrure du littoral, à **Carrick**, où se tient chaque année, en août, un très bon festival de musique traditionnelle. Sur la rive d'en face, vous apercevez le petit village de Teelin, au pied du Slieve League.

En quittant Carrick, tournez à gauche en direction de Bunglass et de Teelin.

★★★ Slieve League (SLIABH LIAG) A2

Sliabh Liag Visitor Centre : ✆ 074 973 9620 - www.sliabhliag.com - 9h-17h.

Dès la sortie de Carrick, le regard embrasse un large panorama étonnamment changeant selon la lumière. Les champs de différentes teintes de vert ondulent mollement entre mer et montagne, et les rivières qui se jettent dans la baie sont réputées pour leurs saumons. On parvient à proximité du Slieve League, l'un des massifs montagneux les plus spectaculaires du pays. Vous disposez de plusieurs chemins pour atteindre le sommet (601 m) de cette falaise qui dévale jusqu'à la mer. Quel que soit l'itinéraire choisi, vous découvrirez des panoramas inoubliables.

★★★ Pilgrim's Path A2

Tournez à droite, 2 km après Carrick, suivez les panneaux pour Slieve League jusqu'à la fin de la route goudronnée et le début de la randonnée.

Attention : cette randonnée et toutes celles qui longent le bord des falaises sont extrêmement dangereuses en cas de vent ou de pluie, des accidents ont déjà eu lieu...

Comptez au moins 5h de marche, dont 1h30 pour atteindre le One Man's Pass. Ce chemin qu'empruntaient les fidèles grimpe vers le sommet et passe les ruines de la **chapelle** d'un ermite, cousin de saint Columba. Un peu plus loin, le passage devient très étroit (moins de 1 m de large !) au niveau du **One Man's Pass★★★**, accroché à 500 m au-dessus de l'océan... Attention, si vous êtes sujet au vertige, la sensation est vraiment forte ! À ce stade, vous pouvez continuer vers l'ouest pour aboutir à Silver Strand *(voir ci-dessous)* ou retourner sur vos pas vers l'est, le long de la côte, et rejoindre le sentier qui passe par **Bunglass**, puis **Teelin** avant de rejoindre votre point de départ.

★★★ Le sentier de Bunglass A2

Comptez 1h30 de marche pour atteindre le One Man's Pass. Si vous avez moins de temps, allez en voiture jusqu'à Teelin et prenez la route en direction de Bunglass. Après 5 km en épingles à cheveux, vous arrivez à un parking, d'où la vue est époustouflante.

Vers le sud-est, vous apercevez deux **tours de guet** dont la plus grosse date des guerres napoléoniennes, quand les Anglais craignaient une invasion française. Vers le nord, le sentier permet de s'approcher du point de vue sur les **falaises de Bunglass★★★**, l'une des plus hautes d'Europe (601 m), taillées dans le flanc du Slieve League. En cas de vent, de vertige aigu ou de manque de temps, arrêtez-vous là. Si vous choisissez de continuer, vous entamez la première ascension pour rejoindre la ligne impressionnante des falaises.

Reprenez ensuite votre véhicule, retournez à Carrick et suivez la direction de Glencolumbkille. À 3,2 km, prenez à gauche en direction de Malin Beg.

★★ Silver Strand A2

Après les émotions de Bunglass, la route conduit à l'arrière du massif. De rares maisons, de petits lacs et peu d'arbres offrent un contraste saisissant avec le vertige de l'océan. À Malin Beg, suivez les panneaux Silver Strand *(nom local de Trabane*

Les falaises de Slieve League.
espiegle/Getty Images Plus

Strand). La route longe des falaises noires, peuplées de moutons au pied agile. Tout au bout, vous arrivez à un cirque de sable fin encadré de hautes falaises vertes, l'une des plus belles plages du pays vers laquelle descend un escalier très raide.
Du parking, vous pouvez entamer la **randonnée★★★** des falaises du Slieve League ou tout au moins une partie vers le sud-est *(comptez 2h de marche jusqu'au sommet du Slieve League, ou 45mn jusqu'à un beau point de vue sur les falaises de Bunglass, au flanc du mont Leahan).*
Reprenez la route et rejoignez Glencolumbkille.

Glencolumbkille (GLENCOLMCILLE) A2

Si vous entrez dans le village en venant de Malin Beg plutôt que par la route directe *(R 263)*, vous jouirez d'une vue plus attrayante sur la vallée glaciaire, entre ses pans de falaises qui s'ouvrent sur une jolie plage de sable.
Glencolumbkille tient son nom de saint Columcille ou Columba, qui y fonda un monastère au 6e s. James McDyer, le curé local, mort en 1987, voulut remédier à la pauvreté et prit en charge l'organisation du village, faisant installer l'électricité, créant une coopérative et encourageant les ateliers artisanaux.
★★ **Glencolumbkille Folk Village** – *Glencolumbkile Rd - 074 973 0017 - www.glenfolkvillage.com - de Pâques à sept. : tlj 10h-18h ; oct. 11h-16h30 - visite guidée ttes les 30mn - 6,50 € (7-18 ans 2,50 €).* Ce musée original regroupe six **chaumières** reconstituant l'habitat de différentes périodes (1700, 1800, 1900), une école, une boutique, un **shebeen** (debit de boissons clandestin) et un salon de thé. Pour pénétrer à l'intérieur des chaumières, vous devrez suivre la visite guidée *(uniquement en anglais).*
Chaque 9 juin, le **Turas Cholmcille★** (voyage de Columcille), pèlerinage de 5 km, démarre traditionnellement à minuit le jour du saint patron : les fidèles avancent le long des 15 stations marquées par des **pierres levées**, gravées probablement avant l'an 700 *(descriptif du parcours disponible à la boutique qui tient lieu d'office de tourisme ou sur le site voicesfromthedawn.com/turas-stations).*

Ces pierres étaient vraisemblablement des vestiges de rites païens que le saint diplomate s'est bien gardé de supprimer, préférant les reconvertir en haltes pieuses... Elles ponctuent un parcours très agréable à travers la vallée et ses versants, en partant de l'église protestante. Au fil de la marche, on découvre une foule de **vestiges préhistoriques**, cairns, tombes, etc. *(la station 7 est la plus au nord).*

En poursuivant le long des falaises qui s'étirent au nord de la localité, vous pourrez effectuer une splendide randonnée vers **Port★★** *(comptez 5h AR)*, village en ruine abandonné durant la Grande Famine.

En voiture, prenez la direction d'Ardara sur un peu plus de 8 km, puis la route sur votre gauche qui conduit aux falaises à proximité du village.

Revenez ensuite sur vos pas et reprenez la route d'Ardara jusqu'au **Glengesh Pass★★**, beau défilé entre les montagnes escarpées.

Ardara A2

Ardara se targue d'être la capitale du tweed tissé à la main. On a retrouvé la trace d'un tissage systématique de la laine dès l'âge du bronze et on sait qu'au Moyen Âge, il était l'objet d'une exportation active. À partir de la fin du 19e s., une foire se tenait chaque mois à Ardara, où négociants et tisserands concluaient leurs affaires en plein air. En 1912, un marché couvert dut être construit. À l'époque, les artisans travaillaient à domicile *(homespun tweed)*, puis, sous l'impulsion des philanthropes **Ernest et Alice Hart**, des firmes plus importantes émergèrent au 20e s. à Ardara et à Donegal, comme Molloy ou Magee. Aujourd'hui, les tisserands artisanaux sont rares, et la commercialisation ne passe plus par les foires, même si chaque année la **Weaver's Fair** (Foire aux tisserands) est une grande fête où ils continuent de se réunir en musique et en chansons (1er w.-end de juin). Les liens entre Arda et le tweed est raconté dans un petit **Heritage Centre** *(✆ 087 242 4590 - tlj sf dim. 10h-17h).*

Sortez d'Ardara vers Killybegs et tournez aussitôt à droite vers Loughros Point.

★★ Loughros Point A2

Voilà une belle balade à faire en fin d'après-midi, lorsque les rayons du soleil éclairent les falaises rousses. Les petites rivières se jetant dans l'océan au fond de cette baie sablonneuse, semée d'îlots herbus, dessinent des méandres brillants qui changent avec la marée. De l'autre côté de **Loughros More Bay★★**, au sud, les pentes abruptes des collines s'allument dans la lumière du couchant et composent un paysage d'une grande beauté.

★★ Maghera A2

À environ 1 km d'Ardara en direction de Killybegs, prenez à droite la route de Maghera Falls. Si vous voulez faire la randonnée, partez tôt le matin.

La petite route côtière longe la rive méridionale de Loughros More Bay. On voit encore mieux les bancs de sable et l'arrière du tombolo, éclairé par le soleil matinal. À 9 km d'Ardara, vous passez les **Maghera Falls★**, qui tombent d'une échancrure dans la falaise.

Plus loin, sur la plage, vous pourrez voir, à marée basse, les **Maghera Caves** *(à 20mn du parking)*. Sombres et profondes, ces grottes servaient de cachette aux distillateurs clandestins de *poteen* *(voir encadré p. 329)* et de chapelle secrète lors des persécutions.

Allez jusqu'au bout du village, d'où un **chemin balisé★★**, praticable en VTT *(très dur)*, s'élève dans une vallée solitaire et rocailleuse, rejoignant Glengesh ou Port Hill *(comptez la journée AR).*

Prenez la R 261 au nord d'Ardara vers Naran.

Des tweeds et des couleurs

Après la tonte des moutons, en juin-juillet, on récupère la laine, qui est lavée et traitée avec des teintures naturelles. Le lichen gris qui pousse sur le granit était autrefois la principale source de couleur utilisée dans les maisons, donnant un rouge sombre une fois bouilli avec la laine. Grâce aux expériences d'Alice Hart, l'éventail est désormais plus large : la bruyère teint en jaune vif, la suie de tourbe en jaune-brun, les racines de mûrier en marron. On utilise également l'épine noire, l'iris sauvage, la mousse, les ajoncs, la couleur obtenue variant selon les lieux de récolte, les quantités et les recettes plus ou moins secrètes. Pour fixer les couleurs, on employait du tannin de chêne ou d'aulne, ou l'ammoniaque tirée de l'urine…

Au nord d'Ardara A2

En arrivant à **Naran**, la route surplombe une superbe plage de sable en arc de cercle et descend vers le minuscule port de **Portnoo**.

Après la poste de Portnoo, roulez 1 km et tournez sur le chemin à gauche juste après le lac.

À 1,6 km, suivez le panneau **Doon Fort★★** : cet étonnant fort circulaire, qui occupe à lui seul tout un îlot du petit lac, aurait été édifié à la fin de l'âge de fer (3000 av. J.-C.).

Retournez sur la route principale et tournez à gauche.

La route serpente ensuite entre lacs et collines, offrant des points de vue sur la mer jusqu'à **Rossbeg★**, avec ses criques découpées et son panorama splendide sur Loughros More Bay.

De retour à Ardada, reprenez la N 56 vers Glenties (à 10 km au nord-est).

Glenties B2

Cette petite bourgade permet de découvrir la **St Connal's Church**, église construite en 1974 par le fameux architecte irlandais Liam McCormick, inspirateur des églises modernes du pays.

C'est aussi le terreau de l'inspiration de deux écrivains irlandais célèbres : Brian Friel (1929-2015) et Patrick Mac Gill (1889-1963). Auteur de théâtre, le premier a aussi signé des romans : *Philadelphie, mon amour* (1965), *Guérisseur* et *Aristocrates* (1980) ou *Danser à Lugnasa* (1990), tandis que le second est connu pour son récit autobiographique, *Children of the Dead End* (1914), à l'époque très critiqué par le clergé. Redécouvrez ces écrivains au **St Connells Museum** *(Mill Rd - ✆ 0749 557 880 - www.glentiesheritagemuseum.com - 10h-17h)*.

Dans un autre domaine, Glenties s'est fait une réputation avec sa *Fiddle Convention* où les meilleurs *fiddlers* (violonistes) d'Irlande et d'ailleurs se produisent. On y pratique aussi le *pitch and putt*, un jeu encore parfois appelé *working men's golf*, inventé en 1929 par les Irlandais pour que tous puissent jouer au golf. C'est aujourd'hui une discipline à part entière accessible à tous. Pêche et randonnées complètent l'offre.

Vous pouvez partir directement pour l'Irlande du Nord par Letterkenny ou poursuivre l'exploration du Donegal en vous rendant à Dungloe.

Carnet pratique

S'informer

Donegal Town Tourist Office – *The Quay, Donegal - ☏ 074 972 11 48 - www.govisitdonegal.com.* Prenez tous les renseignements nécessaires : le seul autre office de la région se situe à Letterkenny

Adresses utiles

Banque – Distributeurs à Bundoran, Ballyshannon, Donegal, Killybegs, Ardara et Glenties.

Santé – Pharmacies à Bundoran, Donegal, Killybegs et Ardara.

Arriver/Partir

Vous ne verrez malheureuse ment pas grand-chose si vous vous contentez des rares bus locaux. Il vous faudra un véhicule. Cyclistes, sachez que le vent et les côtes, longues et nombreuses, en ont découragé plus d'un !

En voiture – Ce chapitre est traité pour un itinéraire longeant la côte depuis le sud. Pensez à vous ravitailler en essence dans les villages, car l'ensemble de la région est très peu peuplé.

En train – Pas de gare à Donegal. Les gares les plus proches sont à Sligo et à Derry.

En bus – **Bus Eireann/Expressway** entre Dublin et Donegal Town (3h30-4h), Sligo, les villages des péninsules du Nord ou Derry. Voyez aussi les dessertes proposées par **Bus Feda** *(www.busfeda.ie)*, notamment vers Galway, par **McGeehan** *(www.mcgeehancoaches.com)* vers Dublin, son aéroport ainsi que diverses localités de la région, ou encore **John McGinley** *(www.johnmcginley.com).*

Agenda

Sea Sessions – *www.seasessions.com.* 3 jours en juin, à Bundoran. Concerts, surf et sports extrêmes attirent beaucoup de monde !

Earagail Arts Festival – *www.eaf.ie.* 2 sem. en juil. Musique, théâtre, arts visuels, films, littérature, cirque, carnaval… Ce festival privilégie le dialogue des arts de la scène et du spectacle, dans des lieux aussi variés que possible : théâtres, galeries, salles de village, forêts, plages, créant une expérience culturelle unique.

Folk & Traditional Music Festival – *www.ballyshannonfolkfestival.com.* 3 jours fin juil.-déb. août, à Ballyshannon. Concerts de musique traditionnelle, ateliers et spectacles, dans une ambiance torride.

Nos adresses

Restauration

Bundoran

Budget moyen

The Fox's Lair Bar & Restaurant – *Church Rd - ☏ 071 984 1343 - 17h-22h - menus 24/28 €.* Restaurant très agréable, cuisine de produits fournis par des producteurs passionnés.

Donegal Town

Premier prix

The Blueberry Tearooms – *Castle St. - ☏ 074 972 2933 - 9h-18h - fermé dim. - moins de 25 €.* À côté du château, ce salon de thé propose des snacks classiques, mais aussi soupes, quiches, *baked potatoes* (pommes de terre au four, garnies), etc. Les gâteaux sont une vraie réussite.

Just William's – *Central Hotel, The Diamond - ☏ 074 972 1027 - www.*

centralhoteldonegal.com - à partir de 12h - formules déj. 16/19 €. Au sous-sol de l'hôtel, le bar sert d'excellents *carvery lunches*.

Budget moyen

The Olde Castle Bar and Red Hugh Restaurant – *Tirconnell St. (à côté du château) - 074 972 1262 - www.oldecastlebar.com - 12h-21h - plats 20/36 €.* Pub sympathique au cadre ancien très chaleureux. Sert le midi des plats à des prix raisonnables, mais plus chers le soir.

Killybegs et environs

Pour se faire plaisir

Kitty Kelly's – *à 5 km de Killybegs vers Glencolumbkille (petite maison violette, dans un virage) - 074 973 1925 - 18h-23h - fermé lun.-mar. - formule déj. 25/28 €, menus 35/45 €.* Dans un cottage traditionnel coloré, une succession de petites pièces intimes, sur deux niveaux, et une carte intéressante, principalement à base de produits de la mer.

Au nord d'Ardara

Budget moyen

Lake House Hotel – *Naran, Portnoo - 074 954 5123 - www.lakehousehotel.ie - ♿ P - 18h-21h, dim. 13h-21h - plats 22/32 €. Bar food* (apéritif) jusqu'à 18h, puis dîner avec des plats classiques, mais bons et copieux.

Boire un verre

Donegal Town

The Coach House – *Upper Main St. - 087 973 5277.* Bien sombre et bien typique. Guitares et chansons.

The Forge Bar – *7 Meetinghouse St. - 074 972 5578.* Typique pub irlandais, avec Guinness, *craic* et musique.

The Reel Inn – *Bridge St. - 087 933 8456.* Là encore, un pub authentique avec *craic* et musique tous les soirs.

Ardara

Ramblers Bar - The Nesbitt Arms – *Au centre du village - 074 954 1103 - www.nesbittarms.com - 11h30-23h30 (0h30 vend.-sam.).* Le bar de cet hôtel traditionnel est convivial et chaleureux. Concerts réguliers.

Shopping

Tweeds et tricots

Une des grandes spécialités du Donegal.

Magee – *The Diamond - Donegal Town - 074 972 2660 - www.magee1866.com - 10h-18h, dim. 13h-17h.* Sans doute le meilleur endroit pour acheter des tweeds traditionnels (parmi les derniers faits sur des métiers à tisser manuels) et des vêtements impeccablement coupés. Chers, mais garantis pour durer une vie. Les casquettes, les chapeaux et les écharpes sont plus accessibles. Prenez le temps de palper les tissus, leur sécheresse, leur grain serré et leur tenue.

John Molloy – *Donegal - Glencolumbkille et Ardara - 074 954 1133 - www.johnmolloy.com - 9h-18h.* Un autre producteur de la région, de qualité moindre, mais tout de même très satisfaisante. Vend aussi des tricots traditionnels de qualité. Les prix sont à peu près les mêmes dans les deux boutiques.

Cyndi Graham Handweaving Studio – *St. John's Point - Dunkineely - 086 401 9307.* Voici l'atelier d'une charmante tisserande qui exécute écharpes, étoles et plaids avec des laines de Kilcar et du lin des environs de Belfast. De plus, elle est installée dans une ravissante chaumière, face au Slieve League.

Studio Donegal – *The Glebe Mill - Kilcar - 074 973 8194 - www.studiodonegal.ie - 9h-17h30 - fermé w.-end.* Produit des tweeds un peu différents de ceux de Magee et de Molloy et propose quelques vêtements, plaids, écharpes et chapeaux.

Activités

Loisirs

Waterworld Bundoran – *Atlantic Way - Bundoran - 071 984 1172 - www.waterworldbundoran.com - avr.-mai : w.-end 12h-18h ; juin : 11h-17h, w.-end 12h-18h ; juil. août : tlj 10h-19h ; 2 sem. en sept. : tlj 12h-18h - 13,50 € (-8 ans 11 €).* Piscines à vagues, toboggans aquatiques, etc. Juste à côté, aux mêmes horaires, **Bundoran Seaweed Baths** propose des enveloppements d'algues et un hammam *(25/45 €).*

Sliabh Liag Boat Tours – *Teelin Harbour, Rinnakill, Teelin - 087 628 4688 - www.sliabhleagueboattrips.com - durée 1h45 - 25 €.* Embarquez à bord d'un petit bateau de tourisme pour découvrir la faune marine, contempler le littoral et les falaises de Slieve League depuis les flots.

Surf

Les plages de la région, en particulier Bundoran et Rossnowlagh, sont des hauts lieux du surf en Irlande.

Fin McCool Surf School – *Rossnowlagh Beach - 071 985 9020 - www.finmccoolsurfschool.com.* Location de matériel et leçons.

Bundoran Surf Co – *Main St., Bundoran - 071 984 1968 - www.bundoransurfco.com.* Location de matériel et leçons/sorties de surf, paddle ou *coasteering*.

Hébergement

Bundoran

Budget moyen

Bank House – *Main St. - 071 984 1152 - www.bankhousebundoran.com - P - 18 ch. 75/150 €.* Chambres confortables et agréables, petit déjeuner copieux et équipe adorable.

Ballyshannon

Budget moyen

Cavangarden House – *4 km après Ballyshannon en dir. de Donegal (sur la gauche) - 071 985 1365 - www.cavangardenhouse.com - P - 6 ch. 85/140 €.* Calme absolu pour cette belle ferme ancienne nichée en pleine nature, à l'écart de la route. Dîner sur commande.

Donegal Town

Budget moyen

Diamond Lodgings – *The Diamond Centre - 074 972 2027 - www.diamondlodgings.com - P - 10 ch. 80/115 €.* Situé en plein centre, au 2e étage d'un petit immeuble du centre commercial, cet établissement propose des chambres impeccables, vastes et confortables (mais pas de petit déjeuner). Moins cher encore hors saison.

Une folie

Harvey's Point Hotel – *Lough Eske - 074 972 2208 - www.harveyspoint.com - P - 60 ch. 325/350 €.* En pleine nature, sur les bord du Lough Eske, un très bel hôtel proposant des services haut de gamme. Chambres cosy, parfaitement équipées. Une adresse de charme, un accueil inoubliable.

Lough Eske

Premier prix

Ardeevin – *Lough Eske, Barnesmore - 074 972 1790 - www.ardeevinguesthouse.co.uk - P - fermé de nov. à mi-mars - 5 ch. 85/95 €.* Jolie maison bien décorée, avec de superbes vues sur le lac. La chambre Benbulben est la plus agréable. Petits déjeuners variés et accueil chaleureux.

The Arches – *Lough Eske, Barnesmore - ✆ 074 972 2029 - www.archescountryhse.com -* ♿ 🅿 *- 6 ch. 80/90 €* ☕. Dans le cadre splendide du Lough Eske, une belle maison d'où l'on ne veut plus repartir.

St John's Point

Premier prix

Seaview House – *À 6 km de Dunkineely sur la rte de St John's Point - ✆ 074 973 7252 -* 🚭 🅿 *- fermé oct.-mars - 2 ch. à partir de 60 €* ☕. Dominant la baie, face au Slieve League, un bungalow récent abrite des chambres très gaies et bon marché. Pour les amoureux de la mer et des grands espaces.

Pour se faire plaisir

Castle Murray – *Sur la rte de la pointe, à 2 km de Dunkineely - ✆ 074 973 7022 - www. castlemurray.com -* 🅿 *- 10 ch. 120/165 €* ☕. Un petit hôtel qui bénéficie d'une vue somptueuse sur la baie et les rochers noirs. Chambres modernes très confortables.

Kilcar

Premier prix

Dún Ulún House – *Coast Rd en dir. de Glencolumbkille (en quittant Kilcar vers Slieve League, prenez la route côtière) - Cashel - ✆ 074 973 8137 - www. dunulunhouse.weebly.com -* 🚭 🅿 *- 7 ch. à partir de 65 €* ☕. Maison fort sympathique, tenue par des propriétaires accueillants et férus de culture traditionnelle.

Glencolumbkille

Premier prix

Áras Ghleann Cholm Cille – *Sur la rte de Malin Beg, après le Folk Village - ✆ 074 973 0077 - www. arasbnb.com -* ♿ ✕ 🅿 *- lit 30/40 €, 20 ch. 60/100 €* ☕. Installé dans un grand bâtiment jaune, un ancien hôtel reconverti en auberge de jeunesse. Bien situé, confortable et clair, il abrite des chambres de taille variable. Grande cuisine à disposition. Une très bonne affaire !

Gleann Dobhar – *Gannew - ✆ 074 973 0363 -* 🚭 🅿 *- 6 ch. 80 €* ☕. Chambres petites mais agréables.

Ardara

Premier prix

Brae House – *Front St. - ✆ 087 282 8793 -* 🚭 🅿 *- 5 ch. 90 €* ☕. Une jolie maison et un accueil chaleureux.

Bay View Country House – *Portnoo Rd - ✆ 074 954 1145 - www. bayviewcountryhouse.com -* 🅿 *- fermé nov.-janv. - 4 ch. à partir de 80 €* ☕. Un bungalow très fleuri. Mrs Bennett est dynamique et efficace

Pour se faire plaisir

Woodhill House – *✆ 074 954 1112 - www.woodhillhouse.com -* ♿ ✕ 🅿 *- 9 ch. 140/180 €* ☕. Un très joli manoir pour un B & B chaleureux, dans une demeure historique.

Glenties

Budget moyen

Lisdanar – *Mill Rd - ✆ 074 955 1800 - www.lisdanar.com -* 🅿 *- fermé nov.-mars - 4 ch. à partir de 90 €* ☕. Imposante maison, à l'entrée de Glenties en venant d'Ardara. Chambres vastes et confortables avec fenêtres équipées de moustiquaires. Grand choix de petits déjeuners, y compris végétarien.

Les péninsules du Nord ★★

En Irlande septentrionale, la lumière du Nord rase un littoral semé d'écueils, très découpé, aux baies torturées tournées vers une multitude d'îlots livrés à l'Atlantique immense, fougueux et impérieux. On est ici plus au nord que Terre-Neuve. Il est possible d'observer des aurores boréales. À l'intérieur des terres, autour des Derryveagh Mountains, lacs et tourbières constituent un paradis pour pêcheurs et randonneurs. Ces sites souvent noyés de brume offrent des panoramas nimbés de mystère au cœur de l'un des plus grands « gaeltachts » du pays.

Se repérer

CARTE ABC1-2 (P. 342-343) - CARTE DES DONEGAL GLENS (P. 370-371).
Comté du Donegal.
Cette côte déchiquetée se déploie au nord et au nord-est de Donegal.

À ne pas manquer

L'intérieur des terres, aussi beau que la côte ; l'Errigal Mountain et le Glenveagh National Park ; Horn Head et Rosguill Atlantic Drive ; le fort de Grianán Ailigh et son panorama.

Organiser son temps

Comptez 3 à 4 jours. Évitez les encombrements de Letterkenny, sauf si vous comptez y loger.

Carnet pratique p. 372

Nos adresses p. 372

Circuits conseillés

CARTE P. 342-343

★ La péninsule des Rosses A1-2

Circuit de 95 km par les routes côtières.

La première des péninsules du Nord que vous parcourrez après le Slieve League offre un contraste reposant, tout en nuances subtiles.

Au fil des dunes et des lacs

En venant d'Ardara, la route rejoint l'estuaire de la Gweebarra River, dans un paysage changeant de bancs de sable, de dunes, d'îlots herbeux et de berges rocailleuses. Au nord-ouest se dessinent les Derryveagh Mountains.
Si vous avez l'âme à musarder, tournez à gauche, juste après avoir traversé la Gweebarra River, sur la **Scenic Route★**, cahotant au milieu de vagues d'herbe et de collines qui n'arrêtent même pas le vent. Ensuite, la campagne presque plate est piquée de cottages en ruine, de modestes maisons, de tas de varech attendant d'amender la terre, avant d'arriver à une lagune au sable blond et aux eaux vert pâle. Sur la route apparaît, comme une surprise, **Dungloe** (A2), dernier point de ravitaillement avant les Rosses. Ce bourg étonnamment animé est au seuil d'un étrange paysage de collines basses et caillouteuses, ceinturé de plages et de dunes et semé de centaines de petits lacs aux eaux noires. De temps à autre, la lande rousse s'entrecoupe de plantations de conifères qui rajoutent une note encore plus nordique à cette nature désolée, si belle sous les lumières de l'arrière-saison.

Le mont Errigal.
Eye Ubiquitous/age fotostock

La R 259, à l'ouest de Dungloe, longe d'abord le fond d'une baie encombrée d'une poussière de rochers jusqu'à **Burtonport** (A2) *(à 6 km de Dungloe)*, petit port de pêche qui sent bon le poisson, à l'abri derrière un chapelet d'îlots. Les spécialités locales sont les huîtres, les moules et le homard.

★★ Arranmore Island (ÁRAINN MHÓR) A1-2

Accès en bateau depuis Burtonport (20mn) - ✆ 074 954 2233 - www.arranmore ferry.com - 6-8 traversées/j. - 15 € AR.

Cette île de 469 habitants, gaélophones pour la plupart, a gardé toute son authenticité. Elle est parcourue par l'Arranmore Way, sentier balisé permettant d'en faire le tour dans la journée *(comptez 6h)*, notamment jusqu'aux impressionnantes falaises (150 m) de la façade ouest.

En reprenant la R 259, surveillez sur votre gauche le panneau vers Cruit Island.

Cruit Island A1

Cette île tout en longueur est reliée à la terre par un pont. D'un côté de la route émergent de gros rochers ronds de granit rose et, de l'autre, se succèdent des plages de sable tout aussi rose, bordées de hautes herbes blondes. Au bout, la route traverse un terrain de golf et fait face à **Owey Island**, un autre îlot.

Reprenez la R 259 jusqu'à Crolly, où vous rejoignez la N 56 vers le nord. Quittez-la à nouveau en suivant les panneaux Bunbeg et la R 257. Si vous voulez enchaîner sur les montagnes et Dunlewy, continuez vers Gweedore et tournez à droite sur la R 251.

6

La péninsule de Gweedore B1-2

En regagnant la côte, vous pénétrez sur la presqu'île de Gweedore, autre haut lieu de la langue gaélique.

Bunbeg B1

Depuis le centre du village, Harbour Road aboutit à un adorable havre, coincé au fond d'une étroite baie de rochers gris. Un chantier naval, un quai tout en longueur où s'alignent les barques et un calme qui dément la proximité de l'océan. Cette partie de Bunbeg est nettement plus authentique que celle de la plage, très belle mais trop urbanisée.

À la sortie de la zone touristique, la route aborde l'une des premières pointes de la région, **Bloody Foreland** qui, selon les versions, doit son nom au sang des naufragés ou aux couleurs qu'y prend le soleil couchant. En contrebas de la route, des champs caillouteux striés de murets mènent à des plages de galets.
Passé Bloody Foreland, la route traverse de larges tourbières. Au fond, on aperçoit la masse conique du mont Errigal, puis, barrant la baie, un long tombolo de sable clair. Au large, vers le nord, vous apercevez la silhouette de Tory Island.

Tory Island (TORAIGH) B1

Accès en ferry depuis Magheroarty avec Tory Ferry - ✆ 087 199 3710 - www.toryferry.com - dép. tte l'année : 2-4 traversées/j. - 25 € AR.
L'île est réputée pour avoir accueilli tous les pirates et contrebandiers de l'histoire, à commencer par les légendaires Fomores, mystérieuses créatures diaboliques qui terrorisaient les navigateurs. Les 119 habitants, connus pour leur caractère farouche, parlent leur propre dialecte et ont leur propre roi depuis le 6e s. !
Le meilleur moyen de découvrir l'île, son village, sa plage, son littoral découpé et son phare, est de suivre le sentier balisé *(8 km)*, qui en fait le tour. Et si vous êtes en quête d'isolement, n'hésitez pas à résider dans son unique hôtel *(voir « Nos adresses »)*.

★★ Horn Head B1

Le joli village côtier de **Dunfanaghy** est environné de belles plages. À l'entrée de la localité, vous pouvez vous arrêter au **Dunfanaghy Workhouse Heritage Centre**, ancien hospice aménagé en centre d'exposition sur la Grande Famine (1845-1850) et ses ravages dans la région *(✆ 074 913 6540 - www.dunfanaghy.info - avr.-oct. : 10h-17h, w.-end 10h-16h ; nov.-mars : lun.-merc. 10h-17h - 6 €)*.
Traversez l'isthme, au fond de la baie, pour suivre **Horn Head Drive★★★** vers la pointe, la plus belle promenade des environs *(le circuit est plus attrayant dans le sens des aiguilles d'une montre, tournez donc à gauche à la fourche)*. N'hésitez pas à prendre tous les détours pour bénéficier de vues splendides sur la côte.
À l'ouest, vous devinez Bloody Foreland, tandis qu'une fois passé le cap, vous apercevez la péninsule de Rosguill à l'est et, par temps clair, l'enfilade en arrière-plan de Fanad Head et Malin Head. Au retour, vous reconnaissez le sommet plat du Muckish et la forme conique de l'Errigal.
Quittez Dunfanaghy vers Letterkenny, par la N 56. À Creeslough, tournez à gauche vers Doe Castle (à 1 km). Si vous n'avez pas le temps de faire le détour par Doe Castle, traversez Creeslough et tournez à gauche sur la R 245 vers Carrigart.

★ Doe Castle B1

Sheephaven Bay - 9h-18h - gratuit.
De la route, vous verrez très bien le château qui se dresse dans un cadre d'une grande sérénité, sur un promontoire commandant une baie profonde. **Donjon** de quatre étages (16e s.), il est protégé par la mer et par des douves, aujourd'hui asséchées.

★★ Les péninsules de Rosguill et Fanad BC1

Circuit de 115 km par les routes côtières.

★★ Rosguill Peninsula B1

Le village de **Carrigart** permet de faire quelques courses et de passer à la banque. Traversez-le vers le nord-ouest (R 248) pour rejoindre **Atlantic Drive★★** *(à 14,5 km)*. La route traverse Rosapenna et Downings, où l'on fabrique encore traditionnellement du tweed.

La première partie de l'itinéraire est a moins spectaculaire, mais la route s'élève progressivement vers les hauteurs du cap, avant de déboucher sur **Tranarossan Bay★★** (B1), site grandiose bordé de hautes falaises et barré d'une plage de sable clair. Derrière, les collines s'étendent jusqu'à **Melmore Head**.

En revenant vers les terres, le paysage devient moins austère, très vert, surplombant un mouillage abrité où s'alignent les gros chalutiers : **Mulroy Bay** est une longue échancrure marine qui s'infiltre dans les terres entre les péninsules de Rosguill et de Fanad, en face.

À Carrigart, reprenez la R 245, le long de Mulroy Bay, jusqu'à Millford (à 14,5 km) et tournez à gauche vers Kerrykeel (ou Carrowkeel).

★ Fanad Peninsula B1

Cette péninsule, presque encerclée par la mer, est sans doute encore plus contrastée que les autres. Du côté de **Kerrykeel**, la route suit la baie, aux rives vertes et boisées qui rappellent un lac nordique.

Après Kerrykeel, suivez Portsalon *(R 246)*, puis bifurquez à gauche sur une petite route vers Tawney, Kindrum, Tulaigh na Dála... Les collines verdoyantes ondulent le long des bras de mer, dans un paysage complètement différent de ceux que vous venez de traverser.

Au bout de la péninsule, une longue plage doublée d'une dune sépare **Rinmore Point★** et ses jolies criques plates, à l'ouest, de **Fanad Head★★** (CIONN FHÁNADA) et ses falaises austères, à l'est. En redescendant vers Portsalon, vous distinguez, de l'autre côté du Lough Swilly (un bras de mer), les hauteurs d'Inishowen.

Après Portsalon, prenez la route du golf, derrière la plage, pour continuer votre périple sur les petites routes le long de la mer, jusqu'à **Rathmullan** (RÁTH MAOLÁIN) (C1). Aligné le long d'une digue, c'est un agréable village d'où s'enfuirent vers l'Europe les derniers chefs gaéliques, au début du 17e s. L'épisode, connu sous le nom d'*Imacht na nIarlaì (flight of the earls)*, la « fuite des comtes », sonna le glas de l'indépendance irlandaise.

Poursuivez sur la R 247.

★ Ramelton (RÁTH MEALTAIN) B1

Au cœur de paysages purement irlandais, cette charmante bourgade fondée au 17e s. doit sa fortune à la production de lin et aux tanneries dont on voit encore les hautes bâtisses de pierre grise. Particulièrement agréable le soir, au soleil couchant, le quai a gardé le souvenir des riches entrepôts et de la promenade des dames. Au bord de la rivière, **Fish House** accueillait la marchandise des pêcheurs. À la base du mur, on devine les arches par où entraient les denrées avant que le quai ne soit construit. Juste à côté, une ancienne **balance victorienne** servait à la pesée. Au bout du quai, les grands entrepôts à la porte rouge datent du 18e s. et, à l'arrière, le vieux bâtiment de Kelly's Grain Store servait à sécher le grain. L'ensemble a conservé une remarquable harmonie et l'on imagine sans mal la vie bourdonnante de ce petit port, qui servit de décor de cinéma pour le tournage de la série télé *Hanging Gale* (1995) racontant l'histoire des frères Phelan pendant la famine.

La R 245 conduit à Letterkenny, à 12 km au sud.

Letterkenny B2

Avec ses 20 000 habitants, Letterkenny est la ville la plus peuplée du Donegal. Sans grand charme, elle offre une base pratique pour rayonner et mérite finalement une halte pour son animation, assurée notamment par ses pubs. Elle possède en outre un instructif musée sur l'histoire de la région, **Donegal County Museum** *(High Rd - ✆ 074 912 4613 - lun.-vend. 10h-12h30, 13h-16h30, sam. 13h-16h30 - gratuit).*

★★ La péninsule d'Inishowen C1-2

Circuit de 160 km. Quittez Letterkenny vers l'est, par la N 13 en direction de Derry. À 23 km, au niveau de l'église circulaire moderne, tournez à droite vers Grianan of Aileach.

Plus massive, cette dernière presqu'île, la plus septentrionale, la plus spectaculaire aussi avec sa route panoramique, la **Scenic Drive « Inishowen 100 »**, et son chapelet de plages, s'enfonce dans l'Atlantique Nord. Sa base est la ville de Derry, en Irlande du Nord.

★★ Grianan of Aileach (GRIANÁN AILIGH) C2

L'énorme fort circulaire, largement restauré au 19e s., révèle un **panorama★★** splendide de tout le Donegal, Errigal Mountain, Muckish Mountain et de l'Irlande du Nord. Un diamètre de 23 m, des murs de 4 m d'épaisseur sur trois étages en font l'un des plus impressionnants du pays. Le site fut depuis la nuit des temps réservé aux rites. Le premier fort remonte sans doute à l'âge de fer, au 5e s. av. J.-C. Le géographe Ptolémée y faisait référence, comme résidence royale, dans son ouvrage datant de 140 apr. J.-C. La branche O'Neill des rois d'Irlande y régna durant cinq siècles, mais il fut détruit au 12e s., lors des guerres de clans. Un sentier, derrière l'édifice, mène à un **puits** en contrebas où, selon la légende, saint Patrick aurait baptisé le fondateur de la dynastie.

Revenez à la N 13, que vous quittez aussitôt vers Buncrana par la R 238.

Fahan C1

À l'entrée de ce petit village sans grand attrait, une ancienne église protestante en ruine possède une **croix celtique★**, rare, datant du 7e s. Il s'agit en fait d'une dalle de pierre gravée d'une croix, d'entrelacs et de deux figures, au milieu d'un cimetière à l'abandon, peuplé de corbeaux, à l'emplacement d'un monastère fondé par saint Columba.

Traversez Buncrana, station balnéaire populaire, et allez à Dunree Head.

Dunree Head C1

La pointe est couronnée d'un fort militaire de 1798, **Fort Dunree** *(☏ 074 936 1817 - 10h30-16h30, w.-end 12h-18h - 7 €)*, et offre une vue intéressante de Fanad, en face. Après le petit col, au sortir de Dunree Head, une jolie plage très abritée permet un arrêt pique-nique, avant d'entamer la montée vers Mamore Gap.

★★ Mamore Gap C1

Pour atteindre le col d'accès au nord d'Inishowen, une route étroite en lacets se faufile entre d'imposants éboulis de rochers. Au col, une Vierge peinte en blanc essuie les grains et protège les passants sous son abri dérisoire. En descendant, la **vue★** sur la mer est splendide. La route se poursuit jusqu'à **Carndonagh**, village méritant le détour si vous désirez voir la plus ancienne **croix celtique★★** (8e s.) du pays *(à l'entrée du village en arrivant de Ballyliffin par la R 238)*. Ornée d'une crucifixion et d'entrelacs, elle est encadrée de deux belles stèles représentant David en guerrier et jouant de la harpe. Si la mise en valeur et la protection de ce superbe vestige nuisent à sa magie, son étude demeure fascinante.

★★ Malin Head C1

Le nom que l'on donne aujourd'hui à ce point précis, le plus au nord du pays, est Banba's Crown. Banba (ou Banbha) serait le nom d'une reine celtique et représenterait l'Irlande : Malin Head est donc la tête du pays... Si vous aimez les endroits ventés et solitaires, vous ne regretterez pas d'avoir pris la route qui fait le tour du cap,

Glenveagh Castle, dans le Glenveagh National Park.
M.Siepmann/Westend61 RM/age fotostock

en particulier pour ses **vues spectaculaires**★★★ sur les autres pointes vers l'ouest. En suivant la route côtière après les stations météo et radio, repérez le panneau vers **Wee House of Malin**. Un chemin dévale la pente vers la mer, jusqu'à une église en ruine et à la Wee House : cette grotte dans la falaise, qui abritait un saint ermite, est devenue un lieu important de pèlerinage. Le long de la falaise, de petites criques se succèdent et des rochers étranges se dressent face au nord. *Suivez la route vers Glengad, à travers un relief désolé, Culdaff et Moville où vous rejoignez le littoral et la route menant à Derry (voir p. 457).*

À voir aussi

CARTE DES DONEGAL GLENS P. 370-371

★★ Derryveagh Mountains

À partir de la péninsule des Rosses, à Gortahork, vous retrouvez la N 56. Poursuivez jusqu'à Falcarragh si vous avez besoin de vous ravitailler. Sinon descendez vers le sud en direction de Donegal. À 9 km de Gortahork, tournez à gauche vers Dunlewey (ou Dunlewy), sur la R 251, qui longe le mont Errigal.
Barrant le cœur des péninsules du Nord, cette petite chaîne montagneuse offre des paysages austères et désolés, alternant tourbières brunes, landes rases et crêtes rocailleuses.

★★ Errigal Mountain

4h d'ascension sans grande difficulté. En l'abordant de ce côté *(versant sud)*, on est frappé par la forme régulière de cette montagne conique, la plus haute du Donegal (752 m). Pour l'observer de plus près, contournez-la par la route qui part près du pub, en face de l'église, à l'entrée du village de **Dunlewy**. Pour l'ascension, continuez après l'auberge de jeunesse sur la R 251 jusqu'au parking. Parvenu au sommet, vos efforts seront récompensés par la **vue** sur tout le massif et la côte nord.

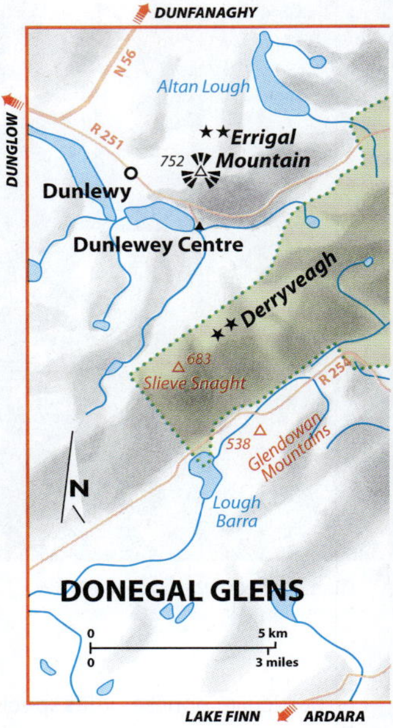

Le **Dunlewey Centre (IONAD COIS LOCHA)** *(✆ 074 953 1699 - www.dunleweycentre.com - de fin mars à fin oct. : 10h30-17h - visite guidée 7,50 €, bateau 7 €, combiné 12 €)* s'adresse aux familles qui veulent visiter un atelier de tissage et faire un tour du lac en bateau. Les activités proposées étant en anglais et assez chères, vous pouvez vous contenter d'un arrêt au restaurant, très sympathique.

Contournez l'Errigal par la R 251 en direction du Glenveagh National Park.

★★★ Glenveagh National Park

La route menant au parc est splendide, un désert ondulant de tourbières et d'amples collines. Les crêtes surgissent de la lande orange comme les épines dorsales de monstres préhistoriques. Le paysage tout entier prend des couleurs de whiskey ou de bière, et l'eau des torrents est brune comme le thé. Le parc national couvre 9 667 ha et inclut le château et ses jardins.

Glenveagh Castle & Gardens – *✆ 076 100 2537 - www.glenveaghnationalpark.ie - château ouv. mars-oct. : 9h-17h30 (dernier bus 16h45) ; nov.-fév. : 9h-16h30 (dernier bus 15h45) - accès parc et Visitor Centre gratuit, navette 3 €, château 7 € - le nombre de visiteurs étant limité pour le château, inscrivez-vous en descendant de la navette.* Du Visitor Centre, où sont présentées la faune et la flore du domaine, on vous emmène au château dans une navette, au bord d'un lac de montagne. Les splendides jardins offrent un contraste total avec la nature sauvage qui les entoure. Le château (1873) dresse au milieu des arbres son élégante **tour crénelée** de la même couleur que la montagne. La visite révèle un intérieur raffiné, des meubles superbes, témoins d'un savoir-vivre à l'irlandaise. Construit par un riche propriétaire, John Adair, né à Laois, le château a été légué à l'État par son dernier propriétaire, un milliardaire irlando-américain. À l'ombre du château, le *tea shop* propose des cakes délicieux, à déguster dans une cour pavée en été.

Suivez l'un des sentiers le long du lac ou montez au belvédère, qui livre un panorama de l'ensemble. De belles balades à pied sont à faire dans le parc.

Tournez à droite en sortant du parc et restez sur la R 251, en suivant les panneaux pour Church Hill et Glebe Gallery (à 12 km).

Church Hill et ses environs

Dans un paysage très vert, au bord d'un petit lac, s'élève un presbytère romantique (1828) hébergeant la **Glebe House & Gallery★** *(✆ 074 913 7071 - www.glebegallery.ie - vac. de Pâques et juin-sept. : 11h-18h30 - fermé vend. hors juil.-août - 5 €).* Elle abrite les collections léguées par l'artiste Derek Hill et contient les œuvres de peintres irlandais, des estampes japonaises, de beaux textiles de William Morris, des tapisseries, des céramiques et une série de peintures du 20e s.

À une dizaine de kilomètres sur la R 251 vers Letterkenny, les **Newmills Corn and Flax Mills** *(✆ 074 912 5115 - www.heritageireland.ie - juin-sept. 10h-18h - dernière entrée 17h15 - gratuit)* présentent le fonctionnement des moulins à eau et le

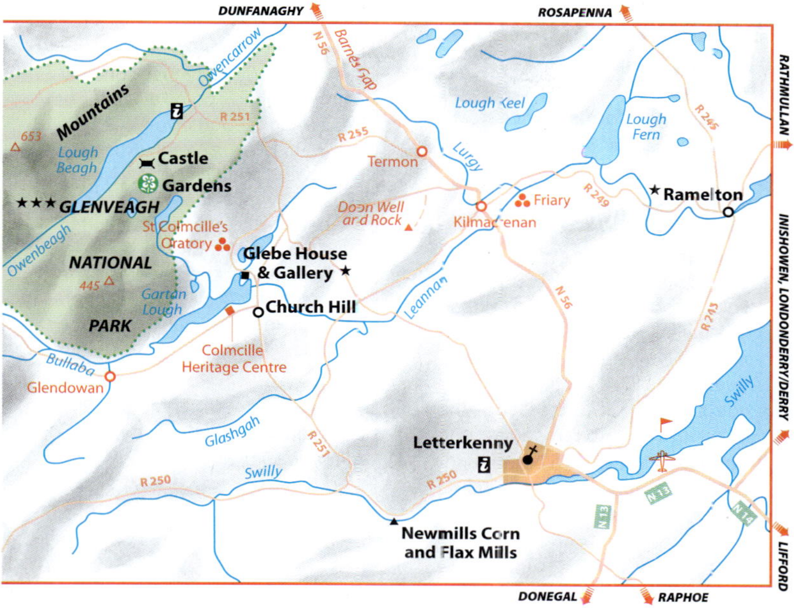

traitement du lin, une spécialité locale : certains des moulins ont plus de 400 ans. *À ce stade, vous pouvez gagner directement Letterkenny (à 5 km de Newmills) ou retourner à Falcarragh (à 35 km) en rebroussant chemin sur la R 251 et en repassant devant le Parc national. Puis, engagez-vous sur la route vers Muckish Gap.*

★★ Muckish Mountain

4h de montée par un sentier assez raide. Facilement identifiable à son sommet tronqué et au grand cairn qui la coiffe, cette montagne impressionnante, très rocailleuse, se franchit par un austère défilé, le **Muckish Gap**.

La route descend ensuite vers Falcarragh, que vous traversez vers le nord-est, sur la N 56, jusqu'à Dunfanaghy.

Carnet pratique

S'informer

Letterkenny Tourist Office – *3 Neil T Blaney Rd - ✆ 1 850 230 330 - www.letterkennytidytowns.com.*

Adresses utiles

Banque – Banques et distributeurs à Letterkenny, Dungloe, Bunbeg, Falcarragh, Buncrana, Carndonagh et Moville. Si vous transitez par l'Irlande du Nord, souvenez-vous que c'est la livre sterling qui a cours, même si l'euro est souvent, mais pas obligatoirement, accepté.

Santé – Pharmacies à Letterkenny, Dungloe, Bunbeg, Falcarragh, Buncrana, Carndonagh et Moville.

Transports

En bus – Letterkenny, Sligo et Derry (Irlande du Nord), sont les trois principaux pôles d'échanges de la région. Pour savoir quelle compagnie (Bus Éirann, Bus Feda, Northwest John McGinley, North West Busways) dessert votre destination, planifiez vos trajets avec www.transportforireland.ie. Sachez que les compagnies privées sont plus efficaces et moins chères pour rejoindre les péninsules du Nord.

Agenda

Earagail Arts Festival – *Voir « Agenda » p. 360.*

Nos adresses

Restauration

Au Donegal, hors des villes, les restaurants sont souvent dans les hôtels et accueillent volontiers les non-résidents. Misez aussi sur les pubs ou prévoyez un pique-nique.

Péninsule des Rosses

Budget moyen

The Lobster Pot – *Burtonport - ✆ 074 954 2012 - www.lobsterpot.ie - P - vend.-dim. 12h-23h30 - plats 18/52 €.* Maison couverte de dalles de pierre, dans la descente vers le port. Essayez les huîtres, la salade de homard ou le *chowder*, qui peut faire un déjeuner léger. L'addition est plus élevée le soir.

Pour se faire plaisir

Danny Minnie's Restaurant – *✆ 074 954 8201 - www.dannyminnies.ie - 18h30-21h30, dim. 13h-16h (en juil.-août) - plats 26/29 €.* Une étape raffinée. Cuisine classique et de bonne qualité, dans un cadre particulièrement élégant.

Péninsules de Rossguill et Fanad

Budget moyen

The Bridge Bar – *Bridge End - ✆ 074 915 1119 - à partir de 17h - fermé lun.-merc. - plats 17/28 € - réserv. indispensable le w.-end.* Spécialités de la mer et plats classiques. Concerts traditionnels tous les w.-end., et le jeu. en saison.

Pour se faire plaisir

Waters Edge – Au bord de l'eau, permet de déjeuner ou de dîner aux chandelles. *Voir « Hébergement ».*

Letterkenny

Premier prix

The Quiet Moment – *94-96 Upper Main St. - ✆ 074 912 8382 - www.quietmoment.ie - 8h-18h, dim. 10h-16h - moins de 25 €.* Salons de thé et sandwicherie. Plat du jour, soupes, salades de 5 à 12 €.

Budget moyen

Yellow Pepper – *36 Lower Main St. - ✆ 074 912 4133 - www.yellowpepperrestaurant.com - 15h-22h, w.-end 13h-22h - plats 18/30 €,* *menu 25 €.* L'adresse propose des plats toute la journée, un *lunch* mais aussi des snack et tapas à partir de 7 €. Belle carte le soir.

Pour se faire plaisir

Lemon Tree – *32 Courtyard Shopping Centre, Lower Main St. - ✆ 074 912 5788 - www.thelemon treerestaurant.com - mar.-dim. à partir de 17h - plats 20/26 €.* Dans ce restaurant familial bien établi, frère, sœurs et cousins collaborent pour créer une surprenante cuisine moderne portée par les produits naturels du comté de Donegal ; le menu proposé en début de soirée offre un bon rapport qualité-prix.

Derryveagh Mountains

Premier prix

Dunlewey Centre – *Au bord du lac, Dunlewy - ✆ 074 953 1699 - www.dunleweycentre.com - ♿ - 10h30-17h - env. 20 €.* Cafétéria qui sert des plats très bon marché et copieux. Cadre agréable.

Boire un verre

Malin Head

Farren's Bar – *Ballygorman - ✆ 074 937 0128 - P - 11h-1h.* Un pub du bout du monde, dans la paroisse la plus septentrionale d'Irlande, avec des vues spectaculaires sur l'océan. Maître Yoda serait passé par là lors d'un tournage…

Activités

Eco Atlantic Adventures – *✆ 086 225 0599 - www.ecoatlanticadventures.com.* Nombreuses propositions d'activités en mer (kayak, surf, paddle, *coasteering*) et sur terre (escalade, marche) dans la région.

Inishowen Boating – *✆ 086 252 2685 - à partir de 30 €.* Sortie de pêche en haute mer.

Dunfanaghy Golf Club – *Dunfanaghy - ✆ 074 913 6335 - www.dunfanaghygolfclub.com - green fee : 40/60 €.* Parcours de 18 trous.

Hébergement

Péninsule des Rosses

Premier prix

Sea View – *Mill Rd - Dungloe - ✆ 087 130 7180 - 💳 P - fermé oct.-avr. - 5 ch. 80 € ☕.* Une grande maison blanche dominant la baie de Dungloe. Les chambres sont coquettes. Pêcheurs bienvenus.

Budget moyen

Donegal Thatched Cottages – *Kincasslagh - Cruit Island - ✆ 087 236 4963 - www.donegalthatchcottages.com - P - 10 cottages 650/995 € la sem.* D'adorables cottages au toit de chaume, nichés entre les rochers dans la partie sauvage de Cruit Island.

Danny Minnie's – *Teach Killindarragh, Annagry - ✆ 074 954 8201 - www.dannyminnies.ie - ✕ P - fermé janv.-fév. - 5 ch. 130/140 € ☕.* Une maison noyée sous la vigne vierge, un salon feutré, une salle à manger élégante et des chambres décorées avec goût. Formules demi-pension, avec un excellent dîner (prix moins élevés hors saison). Une très bonne adresse.

Péninsule de Gweedore

Budget moyen

Bunbeg House – *Harbour Rd - Bunbeg - ✆ 074 953 1305 - www.bunbeghouse.com - P - fermé nov.-mars - 8 ch. 100/110 € ☕.* Chambres confortables, au-dessus du petit port.

Teac Jack – *Glassagh - ✆ 074 953 1173 - www.teacjack.com - ♿ ✕ P - 26 ch. 110/120 € ☕.* Près de Gweedore, à deux pas de Bunbeg, un petit hôtel cosy où tout est charmant. Son pub et ses soirées musicales sont comme hors du temps.

Pour se faire plaisir

An Chúirt Gweedore Court Hotel – *Gweedore - ✆ 074 953 2900 - www.gweedorecourthotel.com - ♿ ✕ P - 63 ch. 135/199 € ☕.* Un hôtel contemporain alliant hébergement de standing et centre de bien-être (Spa, soins, sauna, massage).

Tory Island

Premier prix

Tory Island Hotel – *Westown - ✆ 086 251 2601 - www.hoteltory.com - ✕ - 12 ch. à partir de 90 € ☕.* Cette immanquable maison jaune donnant sur le port est l'unique hôtel de l'île. Les chambres y sont simples, confortables et bien tenues. Une retraite idéale... tout en profitant de la chaude ambiance du pub ! Location de vélos et nombreuses informations pour vous faire connaître l'île.

Horn Head

Premier prix

Corcreggan Mill – *À 3 km à l'ouest de Dunfanaghy - ✆ 074 913 6409 - www.corcreggan.com - P - empl. 25/30 € ; glamping 80/110 € ; 19 ch. 125/155 € ☕.* Une auberge de jeunesse installée dans un beau moulin, le dortoir se trouvant dans l'ancien four. Plus confortables, les chambres du nouveau cottage possèdent une salle de bains.

Budget moyen

The Whins – *Dunfanaghy - ✆ 074 913 6481 - www.thewhinsdunfanaghy.com - 🚭 P - 3 ch. à partir de 80 € ☕.* Abritée dans un joli jardin, cette maison offre une belle vue sur Horn Head depuis le salon et la salle à manger. Chambres décorées avec imagination et exubérance. Propriétaire adorable. Petit déjeuner copieux et varié. Une excellente adresse.

Péninsules de Rossguill et Fanad

Premier prix

Sonas – *Upper Carrick (à 5 km de Carrigart vers Millford, bien signalé sur la droite) - ✆ 074 915 5401 - www.sonasbandb.com - 🚭 P - fermé nov.-mars - 5 ch. forfait 99 €/pers. (2 nuits avec petit déj., 2 randonnées et 1 dîner).* Maison impeccable et tout confort. Bon accueil.

Budget moyen

Lennon Lodge – *Ramelton - ✆ 074 915 1227 - ch. 85/110 € ☕.* Près de l'église, une maison très confortable, idéale pour les familles. Le prix, au lit ou à la chambre, est variable. Petit déjeuner en supplément. Cuisine commune.

Crammond House – *Market Square - Ramelton - Rossreagh - ✆ 074 915 2841 - www.crammondhouse.com - 🚭 P - 4 ch. 90 € ☕.* À deux pas des restaurants, un accueil charmant et des chambres coquettes récemment rénovées.

Water's Edge – *The Glebe - ✆ 074 972 1523 - www.thewatersedge.ws - 🚭 P - fermé nov.-fév. - 4 ch. à partir de 95 € ☕.* Au ras de l'eau, un hôtel confortable.

Une folie

Rathmullan House – *Lough Swilly, Rathmullan (à moins de 1 km au nord, sur la R 247) - ✆ 074 915 8188 - www.rathmullanhouse.com - ✕ 🏊 P - 34 ch. 340/381 € en 1/2 P.* Merveilleuse demeure au cœur d'un parc au bord de l'eau. Beaucoup de charme. Restaurant réputé.

Letterkenny

Premier prix

Town View – *Oldtown Rd - Leck Rd - ✆ 074 912 1570 - 🚭 P - 3 ch. à partir de 80 € ☕.* Jolies chambres et petit déjeuner remarquable (les confitures maison de Mrs Herrity sont un vrai régal !)

Ardlee B & B – *Gortlee Rd - Ballyraine - ✆ 074 912 1943 - www.ardleehouse.ie -* 🅿 *- 6 ch. 80/110 €* ☕. Une maison élégante, proche du centre, entourée d'un très beau jardin. Décoration soignée, grande attention des hôtes. Choix de petits déjeuners.

Budget moyen

Mount Errigal Hotel – *Gortlee Rd - Ballyraine - ✆ 074 912 2700 - www.mounterrigal.com -* ♿ ✕ 🏊 🅿 *- 140 ch. 115/180 €* ☕. En centre-ville, un hôtel familial qui cultive la tradition de l'accueil. Les petits plus : une salle de sport et un salon de beauté.

Pour se faire plaisir

Castle Grove Country House – *Ramelton Rd - Castle Grove (au nord-est par la R 245), Ballymaleel - ✆ 074 915 1118 - www.castlegrove.com -* ♿ ✕ 🅿 *- 15 ch. 175/280 €* ☕. Belle demeure georgienne dominant le Lough Swilly. Le décor semble tout droit sorti d'un roman des sœurs Brontë... Du charme, le calme absolu et tout le confort.

Péninsule d'Inishowen

Premier prix

Admiralty House – *Moville - Carrownasse - ✆ 074 938 2529 -* 🅿 *- 3 ch. 85 €* ☕. Belle demeure jaune pâle, face à la mer, sur la route de Derry.

The Hall Green Farm – *Lifford - Porthall - ✆ 074 914 1318 - www.thehallgreen.co.uk -* 🚭 🅿 *- 4 ch. à partir de 80 €* ☕. Grande ferme traditionnelle. On se réveille avec le meuglement des vaches et un petit déjeuner plantureux. Famille accueillante et bavarde.

Mc Eleney's B & B – *Ballyliffin (à moins de 1 km du village vers Clonmany) - ✆ 074 937 6541 - www.mceleneys.com -* 🚭 🅿 *- 5 ch. à partir de 85 €* ☕. La propriétaire est accueillante et dynamique. Prix plus attrayants hors saison.

Budget moyen

Mount Royd – *Carrigans (à 8 km du village vers Derry) - ✆ 074 914 0163 - www.mountroyd.com -* 🚭 🅿 *- fermé déc.-fév. - 4 ch. 80/90 €* ☕. Une maison douillette et chaleureuse, où l'on vous porte une attention toute particulière. Une étape cocooning, avec des chambres à thème, décorées dans le style anglais. Petit déjeuner « surprise ».

Caldra – *Buncrana - Lisnakelly - ✆ 074 936 3703 - www.caldrabandb.com -* 🅿 *- fermé nov.-mars - 4 ch. 100/130 €* ☕. Grande maison blanche aux chambres coquettes. Mrs Vaughan est très chaleureuse et concocte un excellent petit déjeuner.

Glen House – *Clonmany - Straid - ✆ 074 937 6745 - www.glenhouse.ie -* 🅿 *- 9 ch. 95/105 €* ☕. Demeure du 18e s. très bien tenue par une Américaine passionnée par la région. Belles balades alentour.

6

La Chaussée des Géants.
RelaxFoto.de/Getty Images Plus

DÉCOUVRIR L'IRLANDE DU NORD

Au-delà des frontières

Communément assimilée à l'Ulster, la province d'Irlande du Nord – qui forme, avec la Grande-Bretagne, le Royaume-Uni – ne comprend que six des neuf comtés traditionnels de l'Ulster : Antrim, Armagh, Derry, Down, Fermanagh et Tyrone. Les comtés du Donegal, de Monaghan et de Cavan ont été rattachés à la république d'Irlande après le traité anglo-irlandais de 1921. Les habitants de l'Irlande du Nord se répartissent en deux grands groupes, les descendants des colons écossais ou anglais, installés lors de la *Plantation* au 17e s., et les descendants des premiers Irlandais.

Frontières confessionnelles

Les Irlandais du Nord étaient jusqu'ici majoritairement protestants, mais le dernier recensement (2021) tend à montrer un certain équilibre avec la population catholique, plus jeune. Ces derniers sont concentrés dans certains quartiers des grandes villes et dans les cantons limitrophes de la république d'Irlande. À l'inverse des catholiques, les protestants ne forment pas une famille homogène : ils sont divisés entre presbytériens, anglicans, méthodistes, baptistes, etc. La religion constitue le principal facteur d'identité des Irlandais du Nord, mais aussi le principal motif de division. Dans la plupart des villes, et en particulier dans les quartiers de logements sociaux, les zones protestantes et catholiques sont nettement différenciées. Dans certains quartiers et villages républicains, le drapeau orange, vert et blanc de la république d'Irlande est accroché sur les maisons ou peint aux bordures des trottoirs. De même, les secteurs loyalistes se distinguent par l'omniprésence de l'Union Jack.

Une province « troublée »

L'histoire de l'Irlande du Nord se sépare de celle du reste du pays en décembre 1921 lorsque le **traité anglo-irlandais** de Londres accorde leur autonomie à six des neuf comtés de l'Ulster, majoritairement protestants, tout en reconnaissant le statut de dominion autonome à l'Irlande du Sud. Cette situation, douloureusement vécue par les catholiques du Nord, qui se sentaient pris en otages par les protestants, fut à l'origine de la guerre civile entre partisans et adversaires du traité. En 1925, la séparation des deux Irlandes devint définitive avec l'établissement d'une frontière entre le nord et le sud.

La lutte pour les droits civiques

Durant les cinquante années qui suivirent le traité, les catholiques furent niés dans leurs droits politiques fondamentaux, et le Parlement d'Ulster, dominé par les unionistes conservateurs, n'eut de cesse de leur imposer toutes sortes de lois discriminatoires et humiliantes. Un système de découpage électoral partial, renforcé par le vote censitaire, faisait des catholiques des citoyens de seconde zone sous-représentés dans toutes les institutions. C'était en particulier le cas dans la police, les **Royal Ulster Constabulary (RUC)**, presque entièrement constitués de protestants. Cela était encore plus vrai dans le monde du travail. Quel que soit

leur niveau de qualification, les Irlandais catholiques étaient sous-payés et discriminés à l'embauche au profit des candidats protestants.
Au milieu des années 1960, la situation des catholiques d'Irlande du Nord leur parut d'autant plus intolérable et anachronique que partout dans le monde des mouvements de libération luttaient pour les droits civiques et l'indépendance. C'est en prenant modèle sur le mouvement des droits civiques lancé aux États-Unis en faveur des Noirs que les Irlandais catholiques se lancèrent dans le combat pour l'obtention de l'égalité politique à travers le slogan « *One man, one vote* ». Compte tenu de l'histoire de l'Irlande, la vieille revendication d'unité avec la république d'Irlande se fondit rapidement avec les aspirations à l'égalité.

L'escalade de la violence

À partir de 1969, la férocité de la répression des manifestations incita les partisans de l'indépendance à relancer l'**Irish Republican Army** (**IRA**) ainsi que d'autres groupes armés comme l'**Irish National Liberation Army**. Mais alors que l'idéologie de l'ancienne IRA était strictement nationaliste et patriotique, les nouveaux groupes paramilitaires catholiques des années 1960 étaient fortement influencés par différentes tendances marxistes et affichaient une sympathie marquée pour les mouvements indépendantistes tiers-mondistes, prenant notamment modèle sur les Palestiniens radicaux. La surenchère dans la violence et le terrorisme qui accompagnait leur action était d'autant plus incompréhensible pour l'opinion publique, y compris catholique, que la vieille revendication de l'égalité des droits civiques avait été satisfaite. Dès 1962, la république d'Irlande avait condamné le terrorisme comme moyen de réunifier le pays, et le **Sinn Féin**, représentant l'aile politique de l'IRA, ne fut jamais majoritaire aux élections chez les catholiques. Ceux-ci préférèrent toujours accorder leurs voix aux partis nationalistes modérés comme le SDLP (Social Democratic and Labour Party).
Mais les catholiques ne possédaient pas le monopole de la violence. Les protestants les plus extrémistes s'organisèrent en milices paramilitaires comme les **Ulster Volunteer Forces** (**UVF**), ou les **Ulster Freedom Fighters** (**UFF**), usant du terrorisme contre la communauté catholique.

L'intervention de Londres

La violence entre catholiques et autorités britanniques culmina en janvier 1972 lorsque l'armée fit feu à Derry sur un cortège pacifique, tuant 13 personnes lors du **Bloody Sunday** *(voir « Derry », p. 457)*. Suite à ces incidents sanglants, le gouvernement de Londres décida de suspendre le Parlement irlandais du Nord et de placer la province sous l'autorité directe du Parlement de Westminster. Dans le même temps, il instaura la **loi martiale** permettant l'internement sans jugement des militants et envoya en Ulster un important contingent de forces militaires. Dès lors, l'Irlande du Nord connut pendant près de 25 ans une suite ininterrompue d'attentats meurtriers et de règlements de comptes sauvages. Chaque camp possédait ses « martyrs ». En 1979, l'assassinat par l'IRA de l'oncle du mari de la reine, lord Mountbatten, et de son petit-fils bouleversa le monde entier. Deux ans plus tard, la mort en prison, à la suite d'une grève de la faim, du leader nationaliste **Bobby Sands**, alors qu'il venait d'être élu au Parlement de Londres, plongea la communauté catholique dans la consternation.

La recherche d'une solution politique

Entre-temps, de timides efforts avaient été tentés pour trouver une issue politique. Mais les deux camps les rejetèrent systématiquement. En 1974, l'accord de Sunningdale prévoyait la création d'un parlement où catholiques et protestants siégeraient à égalité. Ce projet demeura lettre morte au terme d'une grève générale insurrectionnelle lancée par les protestants. En 1985, un accord anglo-irlandais, qui prévoyait l'ouverture de négociations au niveau des deux États, fut rejeté aussi bien par les catholiques que par les protestants. Il fallut six longues années de négociations entre 1987 et 1993 pour que toutes les parties prenantes du conflit acceptent de siéger autour de la même table. Au terme de l'**accord de Downing Street** de décembre 1993, elles acceptèrent le principe selon lequel aucun changement du statut institutionnel de l'Irlande du Nord ne pourrait se faire sans l'accord de la majorité de la population. Le premier pas décisif vers la paix eut lieu huit mois plus tard, le 31 août 1994. L'IRA annonçait un **cessez-le-feu** unilatéral, suivi, en octobre, par celui des groupes paramilitaires loyalistes. En 1996, l'IRA rompit le cessez-le-feu à la suite de la décision du Premier ministre britannique John Major d'exclure le Sinn Féin des pourparlers de paix. Il y eut à nouveau des attentats meurtriers et, l'année suivante, l'Irlande du Nord connut une série d'émeutes à l'occasion des marches orangistes. Toutefois, quelques jours après ces émeutes, l'IRA annonça un nouveau cessez-le-feu, tandis que le gouvernement de John Major laissait le Sinn Féin s'asseoir à la table des négociations.

La signature des accords de paix

Une étape cruciale fut franchie lorsqu'en décembre 1997, Tony Blair rencontra **Gerry Adams**, porte-parole et figure emblématique des combattants nationalistes. Malgré les fortes réticences des partis unionistes, ce déblocage allait enfin conduire, après trente années de conflit, 3 600 morts et 47 500 blessés, à l'accord dit du « **Vendredi Saint** » (Good Friday Agreement ou GFA), conclu le 10 avril 1998. Cet accord posait le principe du maintien de l'Irlande du Nord dans le Royaume-Uni tant que la majorité de ses habitants y seraient favorables, tout en octroyant à la province une large autonomie avec son propre gouvernement et l'élection d'un parlement de 108 membres élus à la proportionnelle. Il était également prévu la création d'un conseil Nord-Sud permettant aux deux Irlandes de gérer en commun un certain nombre de domaines : agriculture, pêche, tourisme, transports, éducation, etc. De son côté, la république d'Irlande s'engageait à amender sa Constitution qui, jusque-là, prévoyait la réunification du pays sous sa seule autorité. Enfin, l'accord du Vendredi Saint établissait le retrait substantiel des forces militaires britanniques, le désarmement intégral de tous les groupes paramilitaires et la libération de tous les prisonniers. Soumis à référendum, l'accord fut approuvé par 71,1 % des Irlandais du Nord et 94,4 % de ceux du Sud en mai 1998. Le nouveau Parlement fut donc élu le 25 juin 1998, avec une majorité de représentants modérés des deux camps. **David Trimble**, leader de l'Ulster Unionist Party, fut nommé Premier ministre, tandis que Seamus Mallon, représentant le parti catholique modéré SDLP, devint vice-Premier ministre. Le 15 août, un attentat à la voiture piégée, revendiqué par l'« IRA véritable » (un groupuscule extrémiste, dissident de l'IRA), fit 29 morts à Omagh. David Trimble et **John Hume**, ancien militant catholique des droits civiques et leader historique du SDLP, verront tout de même leurs efforts récompensés par l'attribution conjointe du prix Nobel de la paix. Le pouvoir devait être officiellement transféré au nouvel exécutif le 10 mars 1999 mais, l'IRA n'ayant toujours pas rendu les armes, les partis unionistes décidèrent de boycotter le nouveau gouvernement de David Trimble. Après une grave crise politique, le gouvernement autonome multiconfessionnel put enfin siéger le 2 décembre 1999. Très vite, cependant, de violents règlements de comptes entre milices loyalistes et le glissement de l'IRA vers le crime organisé amenèrent Londres à suspendre le Parlement d'Irlande du Nord. Il faut attendre

le 26 mars 2007 pour que de nouveaux accords historiques viennent sceller la paix en prévoyant un partage du pouvoir entre les deux partis extrémistes. Deux événements ont aidé à la médiation : l'appel de l'IRA à abandonner la lutte armée (2005) et la reconnaissance de la police nord-irlandaise par le Sinn Féin (2007). Au fil des ans, les tensions intercommunautaires s'apaisent : unionistes et nationalistes s'efforcent de vivre côte à côte en bons voisins. Hélas, les vieux démons ressurgissent avec le référendum de 2016 portant sur l'appartenance du Royaume-Uni à l'Union Européenne : la petite Irlande du Nord vote à 56 % en faveur du maintien du royaume dans le giron de l'Europe, contrairement à la grande Angleterre qui choisit majoritairement d'en sortir.
Dans la perspective du **Brexit**, devenu effectif le 31 janvier 2020, de longues négociations entre l'Europe et le Royaume-Uni se concentrent sur le statut de l'Irlande du Nord où l'on craint le retour de la frontière qui, jusqu'en 1998, séparait les deux Irlandes sur 499 km. Un rétablissement risquerait en effet d'entraver sérieusement la circulation des frontaliers et les échanges commerciaux, mais pourrait aussi mettre en péril la paix si durement acquise. En résulte le **Northern Ireland Protocol** qui permet à l'Irlande du Nord de continuer à faire partie du marché unique et d'appliquer ses règles douanières. Une solution qui déplaît fortement aux unionistes, opposés à la mise en place d'une frontière en mer d'Irlande qui sépare de fait la province du Royaume-Uni. Le NI Protocol a réveillé les tensions politiques.
Lors des **élections nord-irlandaises** de 2022, le Sinn Féin remporte une victoire historique. Les unionistes conditionnent leur participation à un gouvernement de partage du pouvoir (comme prévu par l'accord du Vendredi Saint) à une modification du protocole. Le gouvernement britannique envisage donc de le renégocier, au risque d'une nouvelle période de conflit avec l'UE. À suivre...

Une économie à double vitesse

Plus industrieux et surtout plus enclins à s'aligner sur le mode de vie anglais, les protestants ont très tôt su mettre en valeur les ressources naturelles de l'Irlande du Nord, le lin notamment, principale richesse de l'Ulster à partir du 17e s. Par la suite, le développement exceptionnel des chantiers navals de Belfast a permis le décollage économique de la région au 19e s., tandis que l'Irlande du Sud restait confinée dans sa culture rurale (l'écart n'a d'ailleurs cessé de se creuser au cours du siècle, entre une Irlande protestante politiquement dominatrice, culturellement individualiste, libérale et urbaine, et une Irlande catholique et rurale, dominée par le traditionalisme de l'Église et la main de fer britannique). C'est durant la 2e moitié du 20e s. que l'économie de l'Irlande du Nord se tasse : profondément affecté par les « troubles », le pays accumule un important retard sur le plan social, aggravé par la crise des chantiers navals, qui touche de plein fouet Belfast et sa région.

Sous l'influence du climat politique

L'aide apportée par l'Union européenne dès l'entrée du Royaume-Uni dans la CEE en 1973 a donné des résultats tangibles. Les perspectives de paix ont encouragé les **investisseurs** à miser sur la région. On le constate surtout dans les grandes villes : à Belfast ou à Derry, les municipalités se sont efforcées d'embellir le centre-ville et ont favorisé l'implantation de commerces dans des quartiers piétonniers. Le secteur industriel, quant à lui, bien qu'encore très affecté par les crises de la construction navale et du textile, continue d'opérer une reconversion courageuse vers les **activités tertiaires** ainsi que les **technologies de pointe**. Des grands chantiers comme celui du quartier Titanic à Belfast ont par ailleurs redonné à la région l'envie et l'énergie d'imaginer et de construire le futur.

Pont en corde de Carrick-a-Rede
Lauz83/Getty Images Plus

7

L'Irlande du Nord

CARTE MICHELIN N° 712 H-O 2-3

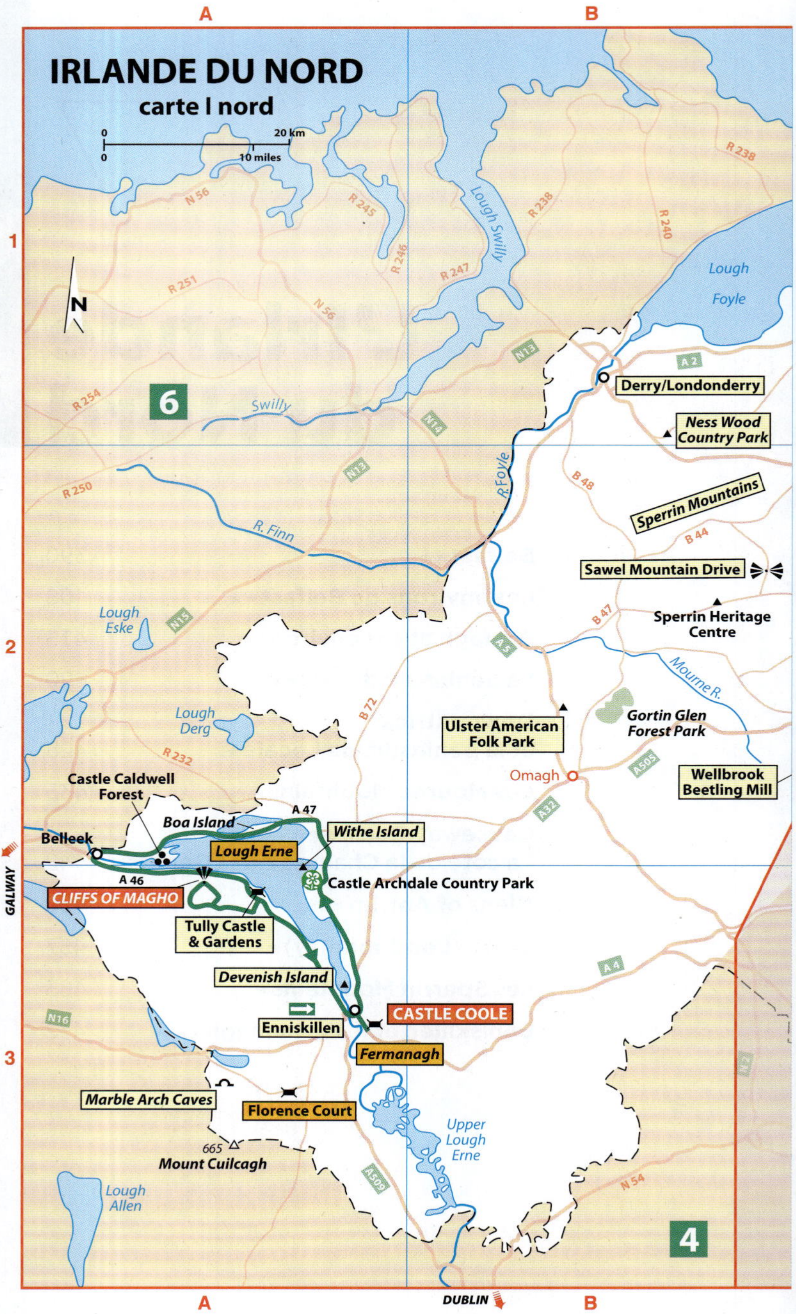
IRLANDE DU NORD
carte I nord
0 20 km
0 10 miles
A
B
1
2
3
N
N 56
R 245
R 246
Lough Swilly
R 238
R 240
R 238
R 251
N 56
R 247
Lough Foyle
R 254
6
Swilly
N 13
N 14
Derry/Londonderry
A 2
Ness Wood Country Park
R 250
N 13
R. Foyle
B 48
Sperrin Mountains
R. Finn
B 44
Sawel Mountain Drive
Lough Eske
N 15
B 47
Sperrin Heritage Centre
A 5
Mourne R.
Lough Derg
B 72
Ulster American Folk Park
Gortin Glen Forest Park
R 232
Omagh
A 505
Wellbrook Beetling Mill
Castle Caldwell Forest
Boa Island
A 47
A 32
Withe Island
Belleek
Lough Erne
GALWAY
A 46
Castle Archdale Country Park
CLIFFS OF MAGHO
Tully Castle & Gardens
Devenish Island
A 4
N 16
Enniskillen
CASTLE COOLE
Fermanagh
Marble Arch Caves
Florence Court
665
Mount Cuilcagh
Upper Lough Erne
A 509
Lough Allen
N 54
4
DUBLIN

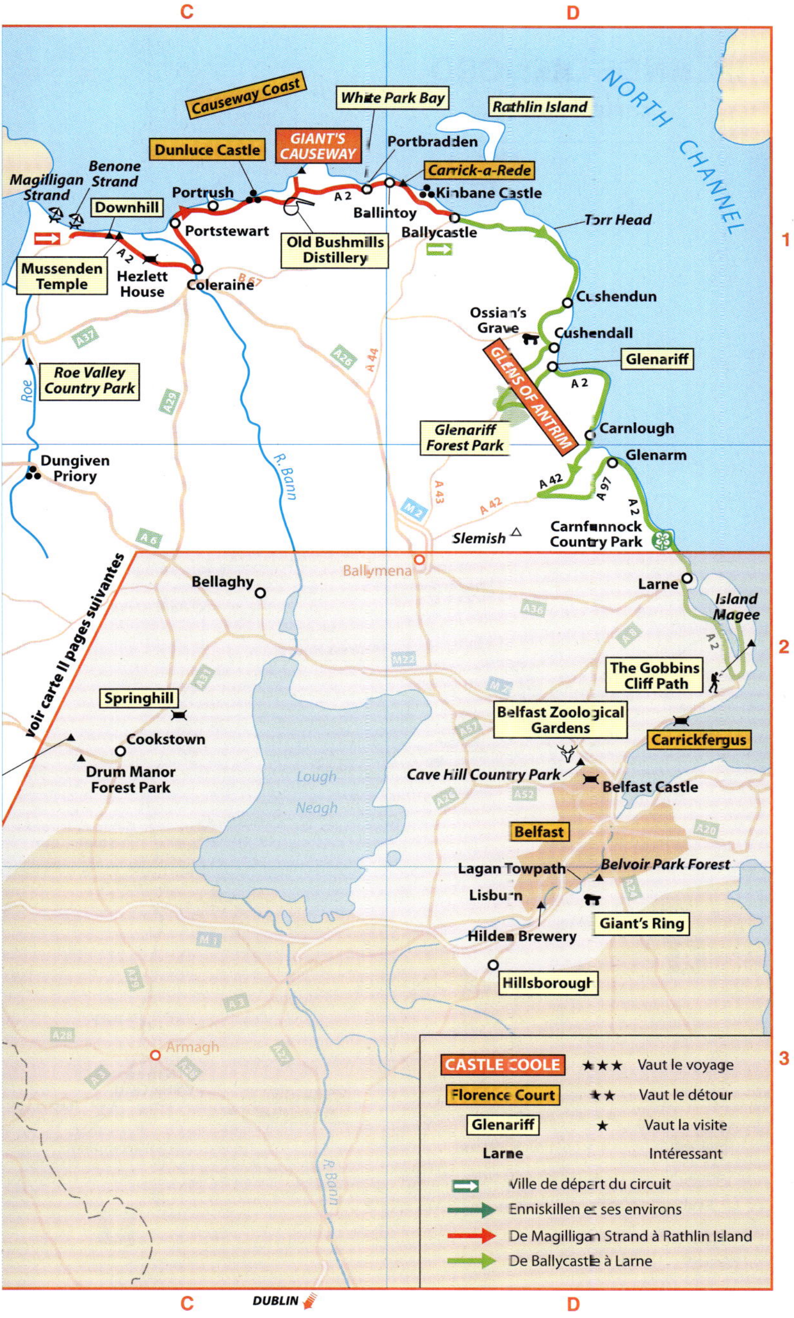
C
D
NORTH CHANNEL
Causeway Coast
White Park Bay
Rathlin Island
Dunluce Castle
GIANT'S CAUSEWAY
Portbradden
Carrick-a-Rede
Kinbane Castle
Benone Strand
Magilligan Strand
Downhill
Portrush
Portstewart
Ballintoy
Ballycastle
Torr Head
Mussenden Temple
Hezlett House
Coleraine
Old Bushmills Distillery
Cushendun
Ossian's Grave
Cushendall
GLENS OF ANTRIM
Glenariff
Roe Valley Country Park
Carnlough
Glenariff Forest Park
Glenarm
Dungiven Priory
R. Bann
Roe
Slemish
Carnfunnock Country Park
Ballymena
Larne
Island Magee
Bellaghy
voir carte II pages suivantes
The Gobbins Cliff Path
Springhill
Belfast Zoological Gardens
Carrickfergus
Cookstown
Drum Manor Forest Park
Lough Neagh
Cave Hill Country Park
Belfast Castle
Belfast
Lagan Towpath
Belvoir Park Forest
Lisburn
Giant's Ring
Hilden Brewery
Hillsborough
Armagh
DUBLIN
1
2
3
CASTLE COOLE ★★★ Vaut le voyage
Florence Court ★★ Vaut le détour
Glenariff ★ Vaut la visite
Larne Intéressant
Ville de départ du circuit
Enniskillen et ses environs
De Magilligan Strand à Rathlin Island
De Ballycastle à Larne

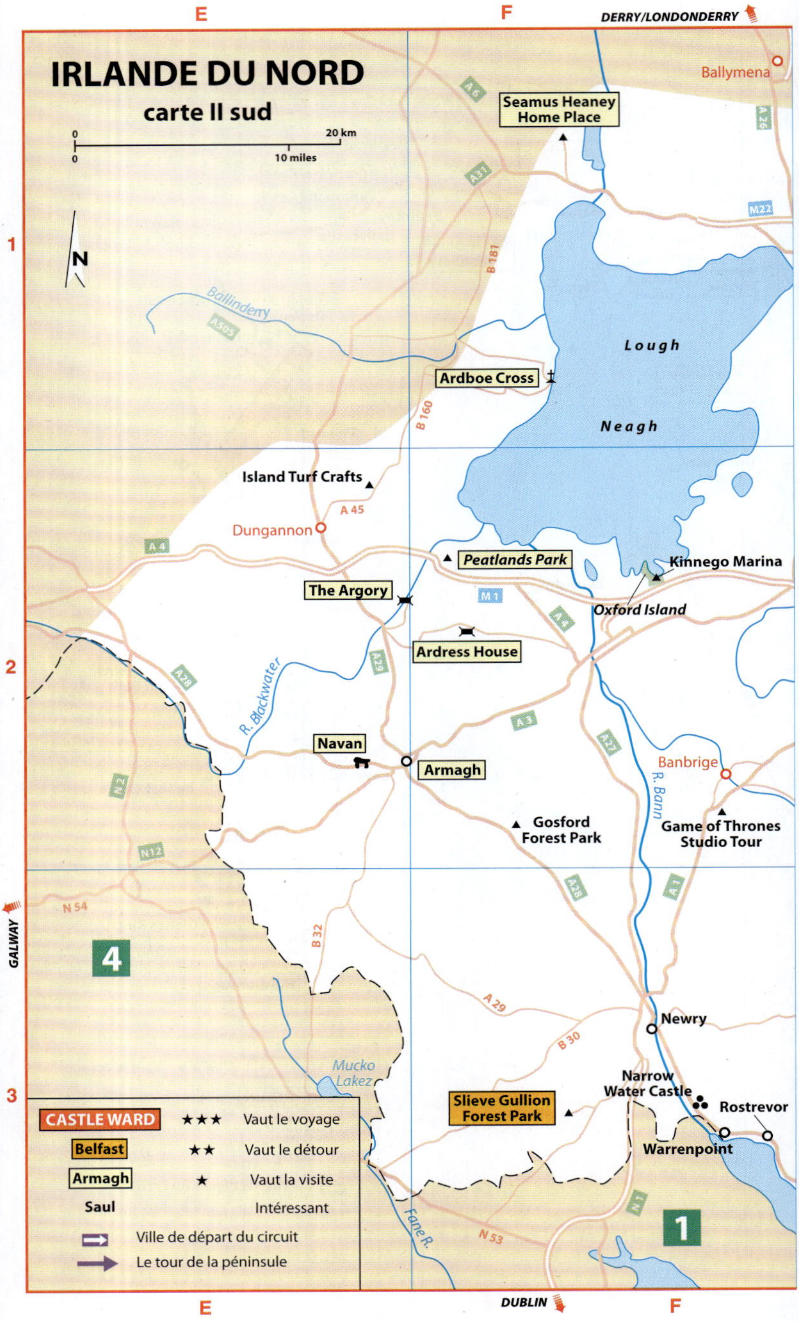
IRLANDE DU NORD
carte II sud
0
20 km
0
10 miles
N
E
F
DERRY/LONDONDERRY
Ballymena
Seamus Heaney Home Place
A 6
A 26
A 31
M22
1
B 181
Baillinderry
A505
Lough
Ardboe Cross
B 160
Neagh
Island Turf Crafts
A 45
Dungannon
A 4
Peatlands Park
Kinnego Marina
The Argory
M 1
Oxford Island
A 4
Ardress House
2
A 28
R. Blackwater
A 29
A 3
Navan
Armagh
A 27
Banbrige
R. Bann
N 2
Gosford Forest Park
Game of Thrones Studio Tour
N12
A 28
A 1
N 54
GALWAY
4
B 32
A 29
Newry
B 30
Mucko Lakez
Narrow Water Castle
3
Slieve Gullion Forest Park
Rostrevor
Warrenpoint
CASTLE WARD
★★★ Vaut le voyage
Belfast
★★ Vaut le détour
Armagh
★ Vaut la visite
Saul
Intéressant
Ville de départ du circuit
Le tour de la péninsule
Fane R.
N 53
N 1
1
DUBLIN
E
F

G
H
1
2
3
C
H
The Gobbins Cliff Path
Carrickfergus
Belfast Zoological Gardens
Cave Hill Country Park
Belfast Castle
Ulster Folk & Transport Museum
Belfast
Somme Heritage Centre
Lagan Towpath
Belvoir Park Forest
Giant's Ring
Lisburn
Hilden Brewery
Castle Espie Centre
Hillsborough
Nendrum Monastery
Lighthouse Island
Ballyholme
Copeland Islands
Bangor
Donaghadee
Ballycopeland Windmill
Newtownards
MOUNT STEWART
Greyabbey
Ards Peninsula
Strangford
Lough
Portavogie
Killyleagh
Delamont Country Park
Audley's Castle
Portaferry
Quoile Countryside Centre
Strangford
CASTLE WARD
Inch Abbey
Saul
Seaforde Garden
Downpatrick
Struell Wells
Kilclief
Lecale Peninsula
Dundrum Coastal Path
Ballynoe Stone Circle
Castlewellan Forest Park
Castlewellan
Dundrum Castle
Ardglass
Tollymore Forest Park
Murlough National Nature Reserve
Newcastle
Donard Park
850 Slieve Donard
Mourne Mountains
Silent Valley Reservoir
Annalong Cornmill
Kilbroney Park
IRISH SEA
R. Lagan
R. Bann
A 36
A 2
B 150
A 8
M 2
A 57
B 58
M 5
A 26
A 20
A 21
A 24
A 3
M 1
B 172
A 2
A 20
A 22
B 2
A 7
A 2
A 50
A 25
B 8
B 27
A 2

Game of Thrones

Saviez vous qu'une grande partie de la série Game of Thrones a été tournée en Irlande du Nord ? Nous vous proposons de découvrir quelques lieux emblématiques de la série.

Parc forestier de Tollymore

Un parc aux bois denses qui servit de décor à la **Forêt hantée**, située au-delà du Mur. Lors de la scène d'introduction, trois patrouilleurs de la Garde de nuit y rencontrent un Marcheur blanc (White Walker). C'est également là que Bran Stark fait la connaissance de la corneille à trois yeux.

Inch Abbey

C'est dans ces ruines que Catelyn Stark se prépare à négocier avec Walder Frey dans la première saison. Les alentours ont également été utilisés pour représenter le domaine Tully, notamment les funérailles de Hoster Tully durant lesquelles Robb tire à l'arc pour enflammer la barque où dérive son grand-père.

Château de Ward

« Castle Ward » devient **Winterfell**, la place forte de la maison Stark. Vous pourrez vous y promener, y tirer à l'arc et voir **Thor** et **Odin**, les deux chiens de traîneau qui ont joué le rôle des louveteaux géants recueillis par les enfants Stark.

Titanic Studios

Ces studios, au cœur de Belfast, sont utilisés pour les décors de la **salle du trône**, à Port-Réal, ou encore pour ceux du **Grand Septuaire de Baelore**. Dommage qu'on ne puisse y pénétrer.

Vallée de Shillanavogy

Le peuple Dothraki y établit son campement.

La Route royale

Une sombre allée de hêtres, **The Dark Hedges**, hantée selon la légende locale, est la fameuse **Route royale**

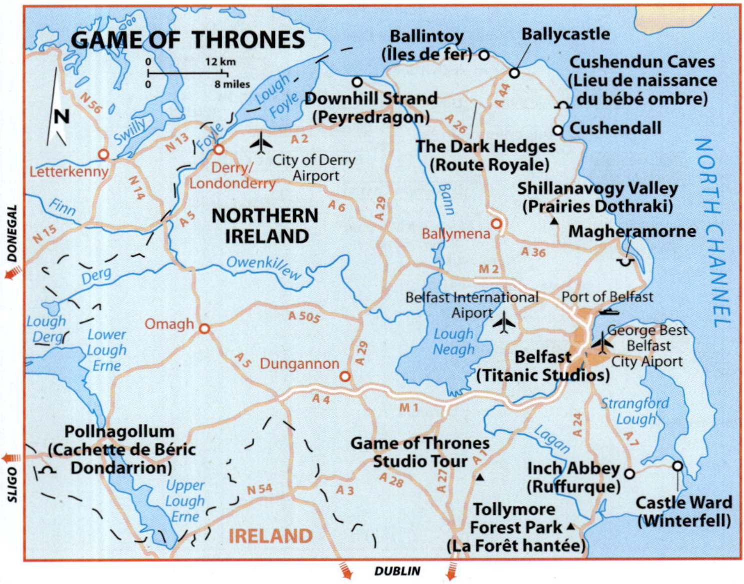

The Dark Hedges.
miroslav_1/Getty Images Plus

qui conduit à Port-Réal. Elle se trouve dans le comté d'Antrim, près d'Armoy.

Grottes de Cushendum
Située sur le littoral d'Antrim, c'est dans ces grottes que Mélisandre donne naissance à une « ombre tueuse », afin d'assassiner Renly, le frère de Stanis.

Ballycastle
Petite ville côtière dont le port de Ballintoy servit de décor aux **îles de Fer**.

Grotte de Pollnagollum
Une sombre grotte qui devint une **cachette** pour Béric Dondarrion, l'un des adeptes de R'hllor, Maître de la Lumière.

Downhill Strand
Onze kilomètres de sable fin avec le temple de Mussenden en arrière-plan. Dans la série, cette plage appartient au domaine de **Peyredragon**. Stanis et Mélisandre y firent brûler les sept statues des dieux de Westeros en sacrifice à R'hllor.

Magheramorne Quarry
Cette carrière de calcaire abandonnée sert à figurer la paroi de glace du **Mur** qui protège Westeros.

Banbridge
Depuis février 2022, les fans ont la possibilité de visiter les **Studios Linen Mill** à Banbridge (à 30mn au sud-ouest de Belfast sur l'A1), quartier général de la série durant des années de tournage en Irlande et dans bien d'autres pays. Transformés en musée et rebaptisés **Game of Thrones Studio Tour**, ils permettent de découvrir les coulisses des studios où furent tournés nombre de scènes majeures : plateaux, décors, costumes, armes, accessoires, etc.
Liste complète des lieux de tournage sur www.discovernorthernireland.com/gameofthrones.

Belfast ★★

Vaste métropole portuaire et industrielle, la capitale de l'Irlande du Nord offre une image qui déroutera les amateurs de clichés. Certes, les maisons de certains quartiers républicains ou loyalistes portent toujours les fresques murales rappelant le passé douloureux de la cité et sa division religieuse. Mais l'histoire, si cruelle soit-elle, semble avoir été rattrapée et finalement dépassée par l'économie. La profusion d'immeubles de bureaux ultramodernes, de magasins et de banques dans le vieux centre-ville témoigne du renouveau qui a suivi les accords de paix. À la nuit tombée, l'animation se déplace de la City au Golden Mile, quartier situé entre l'hôtel de ville et l'université, où la vie estudiantine bat la mesure jusqu'à une heure avancée. C'est aussi le cas dans quelques poignées de rues du Cathedral Quarter, où restaurants gastronomiques et bars branchés ont poussé comme des champignons. Mais la vie nocturne n'est plus le seul intérêt de la ville : Belfast possède aussi une vitalité artistique et culturelle, illustrée par le musée Titanic, à l'architecture audacieuse, qui domine les rives de la Lagan.

Se repérer

CARTE II G1-2 (P. 386-387) - PLAN (P. 392-393).
340 200 hab. – Belfast occupe, sur la côte est, l'estuaire de la Lagan. Le centre-ville se situe entre le City Hall et Queen's University, à chaque extrémité de l'axe formé par University Road et Victoria Street.

À ne pas manquer

La tournée des pubs ; les fresques des Murs de la paix ; l'Expérience Titanic.

Organiser son temps

Comptez deux jours pour un survol de la ville, quatre si vous voulez faire des visites. Évitez Belfast et sa région au moment des marches orangistes, autour du 12 juillet : la plupart des musées, sites touristiques, hôtels et restaurants sont fermés.

En famille

W5 ; Titanic Belfast...

Carnet pratique p. 400

Nos adresses p. 402

Se promener

PLAN P. 392-393

Le City Hall se dresse sur **Donegall Square** (B2), où aboutissent des rues piétonnières et commerçantes. Ce quartier très vivant en journée se vide totalement, hormis quelques pubs animés, après 18h. Le soir venu, toute l'animation se concentre sur le **Golden Mile** (B2), le long de University Road, Bradbury Place, Dublin Road et autour de Queen's University (B3), quartier qui concentre par ailleurs la majorité des B & B.

★ Le centre-ville B1-2

Le long de Great Victoria Street B2

En face de la gare routière, le pub victorien **Crown Liquor Saloon★** *(voir « Boire un verre » p. 404)* est un ancien buffet de gare, dont l'incroyable décor classé tient à

La Grand'rue vers l'Albert Memorial Clock sur Queens Square, Belfast
Alamy/hemis.fr

la fois du temple hindou, de la cathédrale gothique et du palais du facteur Cheval. À droite en sortant du pub, vous parvenez rapidement en face du **Grand Opera House**, bel exemple d'architecture victorienne version kitsch, qui ressemble à un gros gâteau à la fraise recouvert de motifs en crème chantilly. Sérieusement endommagé par des bombes de l'IRA en 1991 et en 1993, il a fait alors l'objet d'une coûteuse restauration, suivie d'une récente modernisation (2020). L'**Heritage Exhibition** permet d'en découvrir les coulisses. Vous pouvez également prendre part à une intéressante visite guidée de l'édifice *(réservation en ligne sur www.goh.co.uk - 12 £)*.

À l'angle de Howard Street, sur votre droite, se dresse **Church House** (B2). Cet étrange bâtiment de style Renaissance, ancien quartier général de l'Église presbytérienne d'Irlande, accueille à présent la galerie marchande de **Spires Mall**.

Remontez Howard St. et May St. en direction du fleuve.

Un petit détour à l'angle de Joy Street et Hamilton Street (C2) permet d'admirer un très bel exemple de *terrace* georgienne *(voir p. 537)* construite à l'origine dans les années 1830 et très bien rénovée.

St George's Market C2

12-20 East Bridge St. - www.belfastcity.gov.uk - vend. 7h-14h, sam. 9h-15h, dim. 10h-15h.

Construit en 1890-1896, c'est l'une des plus anciennes attractions de Belfast. On y trouve les meilleurs produits frais *(vend.-dim.)*, mais aussi un **garden & craft market** le samedi, idéal pour rencontrer des Belfastois ailleurs qu'au pub.

Revenez vers l'hôtel de ville.

★ City Hall B2

Donegal Square - lun.-vend. 8h30-17h - visite guidée sur réserv. - www.belfastcity.gov.uk/visitcityhall - gratuit.

La construction de l'impressionnant hôtel de ville fut commencée à la fin de l'ère victorienne et achevée en 1906. Les bâtiments de style classique, rehaussés de

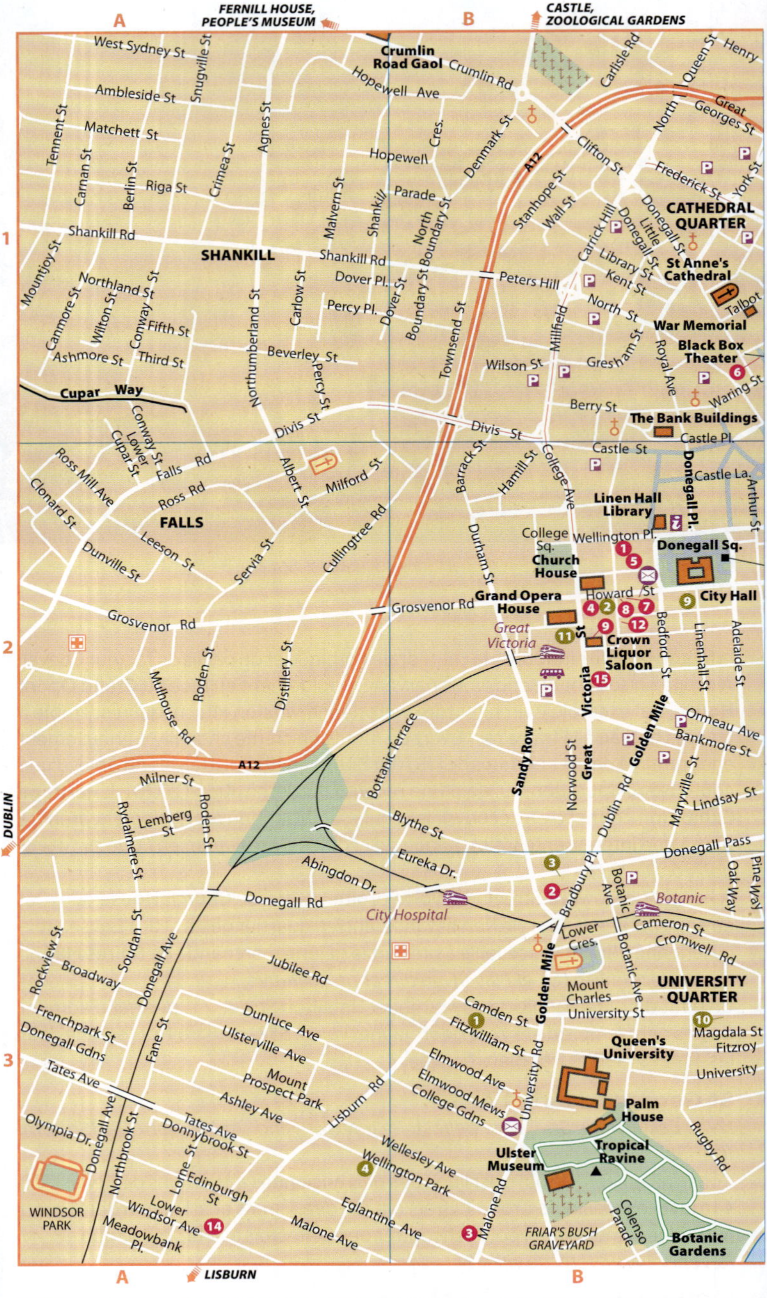

SE RESTAURER

Home 1	Made in Belfast City Hall 5	Deanes Seafood Bar-Love Fish 8
Benedicts 2	The Muddlers Club 6	Crown Liquor Saloon 9
Botanic Inn 3	Deanes EIPIC 7	Sweet Afton 12
Howard Street 4		

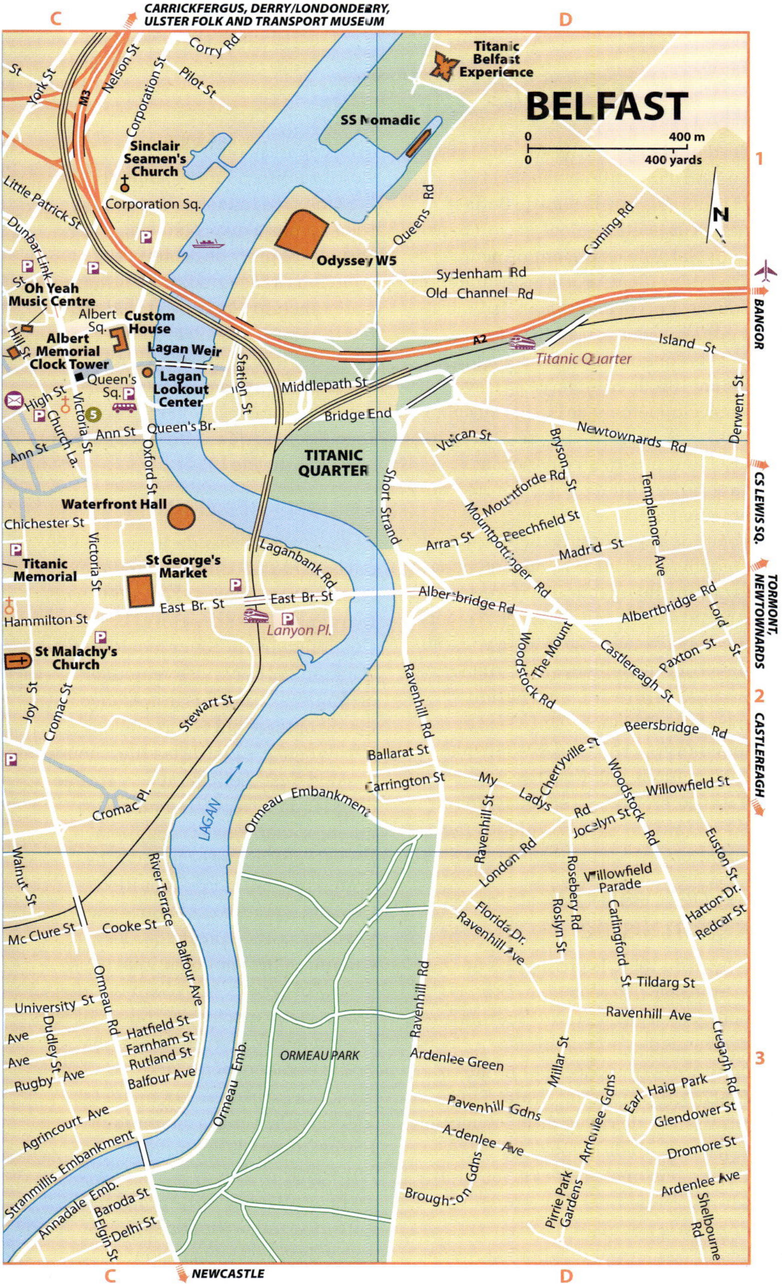

Shu 14
Fratelli Ristorante, Pizzeria & Bar 15

SE LOGER
Botanical Backpackers 1
The Flint.................... 2
Belfast International Youth House 3
Camera House.............. 4
Malmaison 5
Ten Square Hotel 9
Global Village 10
Europa 11

Les troubles passés

On donna à cette ville, fort bien située au fond d'un golfe au débouché de la rivière Lagan, le nom de Belfast, dérivé du gaélique *Béal feirste* (banc de sable). Elle ne fut jamais peuplée de façon significative par les Irlandais de souche. Le Normand Jean de Courcy y édifia un château au 12e s., mais c'est la construction d'un quai pour les navires de commerce qui favorisa le développement de la ville au début du 17e s. À la même époque, l'arrivée de colons presbytériens écossais l'ancra dans une tradition protestante et industrieuse, renforcée par la venue de huguenots français qui contribuèrent au développement de la culture du lin dans l'arrière-pays. Aux 18e et 19e s., divers aménagements portuaires encouragèrent la vocation maritime de Belfast, qui devint le premier centre de construction navale du Royaume-Uni. C'est dans les chantiers Harland & Wolff que fut construit, entre autres, le célèbre **Titanic**, en 1911. À l'époque, près de 30 000 ouvriers travaillaient sur ces chantiers.

Le berceau du nationalisme

À la fin du 18e s., la prospérité de la ville favorisa l'éclosion d'une bourgeoisie protestante libérale désireuse de s'affranchir des contraintes imposées par Londres. En 1791, le protestant **Wolfe Tone**, admirateur des idées de la Révolution française, fonda la société des United Irishmen qui devait conduire à la révolte de 1798. Toutefois, dans les décennies qui suivirent, l'essor économique de Belfast fut concomitant à la famine et à la misère qui sévissaient dans le reste du pays. De fait, la ville, qui avait été à la pointe du combat nationaliste irlandais, devint, pour les catholiques des campagnes, le symbole de l'injustice et de l'oppression.
Cette dualité, nourrie pendant la révolution industrielle par l'émergence d'un prolétariat catholique privé de droits civiques, contribua à l'accumulation de haines et de rancœurs qui furent accentuées par la partition de l'Irlande en 1921. Dès lors, Belfast se retrouva au cœur des affrontements inter-communautaires meurtriers qui secouèrent l'Irlande du Nord jusqu'au cessez-le-feu de 1994.

Les espoirs de paix

Les accords de paix du 10 avril 1998 ont considérablement détendu l'atmosphère. Durant l'été 1999, les fourgons blindés des Royal Ulster Constabulary, la police locale, ont été supplantés par des véhicules ordinaires et, hormis la présence d'hélicoptères qui sillonnent en permanence le ciel de la ville, aucune tension n'est réellement perceptible dans les quartiers que vous serez amené à visiter, sauf pendant la période qui concerne les marches orangistes, autour du 12 juillet.
Cela dit, il faudra sans doute encore plusieurs années avant que les ennemis d'hier ne cohabitent sans heurts ni arrière-pensées dans une prospérité partagée par tous, tout en faisant face à bien des défis globaux : Brexit et ses conséquences, pandémie mondiale, crise(s) économique(s)... Mais gageons que la dynamique Belfast n'aura de cesse de se réinventer un futur !
En 2021, un coup de projecteur a été mis sur la ville dans les festivals de cinéma du monde entier avec le film de Kenneth Branagh, **Belfast**, qui raconte son enfance à Mountcollyer Street (près d'Alexandra Park, au nord de la ville) durant les « troubles » des années 1960-70.

Fresque en faveur de la paix, à Belfast.
TPX/Prisma/age fotostock

Les murals ★★ ou le conflit peint sur les murs

En près de trente ans d'affrontements souvent sanglants, chaque communauté a marqué son territoire de signes et de symboles visibles un peu partout. Si la bordure du trottoir est peinte en bleu, blanc et rouge, vous êtes en territoire loyaliste. Si elle est orange, vert et blanc, vous vous trouvez en pays républicain. Dans le même temps, les façades couvertes de **fresques** revêtent un caractère saisissant pour le visiteur de passage qui n'est pas au fait du conflit qui agitait la ville. Les différentes œuvres qui parsèment les quartiers communautaires exaltent la violence des groupes paramilitaires, le soutien aux prisonniers politiques ou encore l'espoir de paix.

Dans le petit bastion protestant de **Sandy Row**, près du Golden Mile, à deux pas de Shaftesbury Square, une fresque impressionnante montrant un milicien cagoulé annonce l'arrivée dans le quartier. Le ghetto protestant de Shankill, à l'ouest du centre-ville, est également bien doté en fresques. Pour les *murals* illustrant la cause républicaine, rendez-vous dans **West Belfast** (l'ouest de la ville), sur Divis Street et son prolongement, Falls Road. Entre les quartiers de **Falls** et de **Shankill**, sur **Cupar Way**, s'élève la **Peace Line**, véritable mur de Berlin qui sépare physiquement les deux quartiers. Leur destruction progressive est programmée, mais peine à se concrétiser. Dans West Belfast, vous pourrez également pousser la porte du **Cultúrlann McAdam Ó Fiaich** *(216 Falls Rd - www.culturlann.ie)*, un centre culturel de langue irlandaise comprenant un café, des expos, une librairie et un centre d'informations touristiques.

Gardez à l'esprit que les peintures murales ne sont pas de banales œuvres d'art, mais le signe le plus visible des violentes différences qui ont séparé et séparent parfois encore les communautés. S'il n'est pas question de voyeurisme mais plutôt de rappel d'une histoire lourde et douloureuse, il est préférable d'effectuer ces visites par l'intermédiaire d'un organisme, pour éviter d'en avoir une vision parcellaire et pour mieux comprendre leur signification. *Rens. à l'office de tourisme (www.visitbelfast.com) ou avec Black Taxi Tours (028 906 422 64 - www.belfasttours.com).*

quelques rajouts d'inspiration rococo, sont couronnés par un dôme de cuivre, supporté par des colonnes, qui rappelle le Capitole de Washington. L'intérieur, pompeux et grandiloquent, évoque l'histoire de Belfast. Vous verrez notamment, dans la salle de réception, la charte originale accordée à Belfast par Jacques Ier en 1613. Vous pourrez, en semaine, parcourir l'édifice en visitant une vaste exposition permanente consacrée à l'histoire de la ville.

Autour de Donegall Square B2

Cette vaste place est constituée de plusieurs petits jardins à la française tapissés de pelouse, où se dressent quelques statues, dont celle de la reine Victoria.
Donegall Square East – Érigé en 2012, à l'occasion du centenaire du naufrage, le **Titanic Memorial** évoque la mémoire des victimes du paquebot construit à Belfast.
Donegall Square North – *Face au City Hall.* De beaux immeubles anciens se dressent de part et d'autre de Donegall Place, aménagée en voie piétonnière. Sur la droite, l'immeuble d'angle en pierre de grès rose orné de sculptures abritait un entrepôt à lin de la fin du 19e s.
Linen Hall Library – *Sur la gauche, au n° 7 - lun.-vend. 9h-17h, sam. (sauf oct.-mars) 9h30-16h.* Fondée en 1788, c'est la plus ancienne bibliothèque publique de Belfast. Elle mérite une visite pour son charme désuet et son ambiance studieuse qui tranchent avec l'animation commerciale du quartier.

Donegall Place B2

Prolongée par Royal Avenue, cette rue piétonnière est bordée de magasins et de banques. Au carrefour avec Castle Place, jetez un coup d'œil à **The Bank Buildings**, au riche et surprenant décor gothique florentin. Un temps dédié au commerce, l'édifice a été classé en 2020 et attend une nouvelle affectation, probablement culturelle, que l'on espère à la hauteur du lieu.
Dans le prolongement de Castle Place s'ouvre **High Street**, bordée d'enseignes commerciales. En la parcourant, ouvrez l'œil pour repérer les **Entries** (Pottinger's Entry, Joy's Entry, Crown Entry...), d'étroites ruelles qui, dès le 17e s., desservaient les immeubles de ce quartier très densément peuplé. Elles comptent nombre de pubs et des projets immobiliers plus ou moins judicieux visant à profiter de leur authenticité.
Rejoignez ensuite le quartier de la cathédrale par Bridge St. et Donegal St.

★ Ste-Anne's Cathedral B1

Donegall St. - lun.-sam. 9h (parfois 8h)-17h, dim. 13h-15h - messes à 10h, 11h et 15h30 - 5 £.
Dans la rue qui rassemble les principaux quotidiens nord-irlandais, se dresse l'imposante cathédrale anglicane de Belfast, que les fidèles nomment simplement **Belfast Cathedral**. Sa construction débuta en 1899 dans le style roman irlandais, à l'emplacement de l'église St Anne fondée par le marquis de Donegall en 1776. Après bien des vicissitudes liées aussi bien à la nature instable du sol qu'aux aléas de l'histoire et à un financement laborieux, l'édifice ne fut totalement achevé qu'en 1981, ce qui explique la variété de ses styles architecturaux. Elle arbore ce qui serait la plus grande croix « celte » existant au monde. Une curieuse et haute aiguille métallique lui a par ailleurs été adjointe en 2007 et consacrée dans la foulée par l'évêque de New York. Si on peut légitimement être surpris de son emplacement et de son esthétisme, avec elle, Belfast se dote d'un nouveau symbole d'espoir, de paix et de réconciliation entre les communautés.
L'intérieur, assez sobre, est constitué d'une chapelle militaire consacrée aux soldats irlandais morts durant les différents conflits, et d'une **chapelle œcuménique**

dédiée à la réconciliation des chrétiens. Vous remarquerez que les colonnes du transept sud et de la nef font toutes référence à des thèmes particuliers : tempérance, théologie, féminité, construction navale, sagesse, art et franc-maçonnerie. Ce dernier thème s'explique par l'étroite relation des francs-maçons anglo-irlandais avec l'Église anglicane et par les mythes concernant les bâtisseurs de cathédrales.

NI War Memorial B1

21 Talbot St. (rue qui longe la cathédrale) - 028 903 203 92 - www.niwarmemorial.org - lun.-vend. 10h-16h, sam. (sept.-juin) 12h-16h - gratuit.
Ce petit musée rappelle l'implication nord-irlandaise dans la Seconde Guerre mondiale. Tenu par des anciens combattants, il présente de façon émouvante et en plusieurs scènes (avec habits d'époque, mannequins en situation, vidéos et photos), l'impact de la guerre sur les gens de Belfast et notamment le Blitz. Ces terribles bombardements qui frappèrent la ville, mal protégée et ciblée en partie à cause de ses chantiers navals, détruisirent un nombre important d'habitations, faisant près de 1000 morts en avril-mai 1941.

Cathedral Quarter BC1

Commencez votre visite par la **Custom House**, l'ancien bâtiment des douanes, et l'**Albert Memorial Clock Tower**. Plantés au milieu du brouhaha de la circulation et de l'agitation des chantiers voisins, ils font figure de vestiges poussiéreux d'un autre âge. Cette tour de 35 m de haut, érigée en l'honneur du prince Albert, époux de la reine Victoria, penche à la suite d'un affaissement de terrain : amusant compromis entre Big Ben et la tour de Pise !
Les rues pavées de **Skipper Street**, **Hill Street**, **Gordon Street** ou encore **Waring Street**, occupées par d'anciens entrepôts de brique rouge, accueillent des bars, restaurants et centres culturels fréquentés par les jeunes trentenaires de Belfast. Tour à tour quartier des imprimeurs et des tanneurs au 17e s., puis celui des distilleries de whiskey au 19e s., Cathedral Quarter est aujourd'hui celui des noctambules en même temps qu'il devient le symbole de la nouvelle vitalité artistique de la ville. Les murs du quartier, comme d'autres lieux en ville, se parent de fresques colorées et expressives que l'on ne se lasse pas de détailler et photographier. Elles sont l'œuvre d'artistes locaux et internationaux qui à l'occasion de divers festivals placent un peu plus encore Belfast sur la carte mondiale du **street art.** Découvrez-les à votre rythme en consultant le site *www.visitbelfast.com/article/virtual-street-art-tour* ou en prenant part à une visite guidée (*078 435 900 97 - www.seedheadarts.com - 2h - 10 £*). *Voir aussi encadré p. 395.*
Aux nos 15-21 Gordon Street, l'alternatif **Oh Yeah Music Centre** (*028 903 108 45 - www.ohyeahbelfast.com - gratuit*) est un centre dédié à la musique, permettant aux artistes locaux de répéter et d'enregistrer, et proposant aux visiteurs une exposition permanente sur les musiciens nord-irlandais célèbres (Van Morrison, Snow Patrol, Two Door Cinema Club). Il organise également chaque samedi un Music Tour *(2h ; 15 £)* et accueille régulièrement des concerts *(rens. sur leur site Internet)*. Le bâtiment voisin, dont la façade est décorée d'une fresque multicolore, abrite l'**école du cirque** de Belfast.
Aux nos 18-22 Hill Street, le **Black Box Theater** (*www.blackboxbelfast.com*) propose des expositions temporaires, des concerts et des représentations théâtrales.

★ Sinclair Seamen's Church C1

Corporation Square (au nord du Laganside) - 028 902 466 09 - mars-déc. : merc. 14h-16h30 - gratuit.

Comme son nom l'indique, cette église, dont la décoration intérieure est entièrement inspirée par la vie maritime, est dédiée aux gens de la mer. Remarquez, entre autres, les troncs en forme de chaloupe.

Crumlin Road Gaol AB1

53-55 Crumlin Rd - ✆ 028 907 415 00 - www.crumlinroadgaol.com - visite guidée (env. 1h15) - 10h-15h30 (16h les vend.-sam. en été) - 12 £ (10,80 £ sur Internet).
Cette bâtisse, qui fut une prison de 1845 à 1996, permet d'appréhender l'organisation de l'univers carcéral ; impressionnante cellule du condamné à mort.

★ Titanic Quarter CD1-2

Les rives de la Lagan et les quartiers alentour font l'objet d'un ambitieux programme de rénovation qui redessine peu à peu le très attractif **Titanic Quarter**. Près du centre-ville, le **Waterfront Hall** (C2), une immense structure ronde en verre au look postfuturiste, regroupe des salles de concert ultramodernes et un centre de conférences. Les quais deviennent promenades, des édifices maritimes historiques sont transformés en pôles touristiques... Plus à l'est, l'ancien site du chantier naval Harland and Wolff s'est mué quant à lui en une zone résidentielle attractive avec la construction de complexes gigantesques alliant audacieuses réalisations architecturales et immeubles d'habitation.
Débutez votre visite sur le quai au niveau de la fine passerelle piétonne qui enjambe la rivière. Notez l'imposante et très photogénique sculpture **The Salmon of Knowledge** (ou The Big Fish). Imaginé par John Kindness en 1999, il est couvert de carreaux de céramiques qui racontent l'histoire de la ville et son renouveau.

★ Lagan Lookout Centre C1

À l'entrée du pont, près de Custom House - ✆ 028 903 154 44 - avr.-sept. : 11h-17h, sam. 12h-17h, dim. 14h-17h ; oct.-mars : 11h-15h30, sam. 13h-16h30, dim. 14h-16h30 - 2 £.
Cette intéressante exposition permanente, installée dans un poste d'observation, permet de comprendre le passé maritime de Belfast lié à la Lagan, dont le flot est régulé par le **Lagan Weir**, digue-barrage sur laquelle vous pourrez vous promener.
Traversez la passerelle et longez la rivière vers le nord.
La promenade qui court le long de la Lagan est ponctuée de sculptures contemporaines, d'impressionnantes infrastructures de sports et de loisirs comme l'**Odyssey**, qui regroupe restaurants, boutiques et cinémas, la **SSE Arena** *(www.ssearenabelfast.com)*, une salle de spectacle de 15 000 places, ou le **W5** *(www.w5online.co.uk)*, un formidable centre dédié aux sciences et à la découverte. Vous passerez également au pied d'anciens bateaux amarrés le long des quais – le **SS Nomadic** *(voir ci-après)* et le **HMS Caroline** – avant de parvenir finalement au formidable Titanic.

★★ Titanic Belfast Experience D1

✆ 028 903 154 44 - www.titanicbelfast.com - juin-août : 9h-19h ; avr.-mai et sept. : 9h-18h ; oct.-mars : 10h-17h - dernière entrée 1h45 avant la fermeture - 21,50 £ (5-15 ans 10 £), audioguide 4 £.
Phare de ce nouveau quartier, le musée a ouvert ses portes en avril 2012, l'année du centenaire du naufrage du célèbre paquebot. Conçu par l'architecte américain Eric Kuhne, le **bâtiment★**, constitué de plaques d'aluminium, adopte la forme d'une étoile, en hommage à la compagnie qui construisit le géant des mers, la White Star Line. Chacune des quatre sections du bâtiment rappelle la proue du navire.

Le musée Titanic, par l'architecte Eric Kuhne.
C. Morucchio/robertharding/age fotostock/architecte : Eric Kuhne

Construit sur le site des chantiers navals qui avaient donné naissance au paquebot, en 1911, le musée présente l'épopée du célèbre navire, depuis sa construction jusqu'au jour fatal qui causa la mort de 1500 personnes. Des reconstitutions saisissantes de l'époque, un centre d'explorations des océans, des expositions, une découverte de l'épave du navire, une reproduction du bateau avec des effets spéciaux… Le site offre un panorama complet sur le paquebot.

SS Nomadic D1

Hamilton Dock, Queens Rd - ✆ 028 907 663 86 - www.nomadicbelfast.com - juin-août : 10h-18h ; avr.-mai et sept. : 10h-17h ; oct.-mars : 11h-16h - 13 £ (gratuit avec le billet du musée Titanic) - dépliant en français.
Il est possible de monter à bord de ce remorqueur historique ramené de France et rénové : un moment émouvant pour les passionnés de traversées.

★ Le quartier de l'Université B2-3

★ Queen's University B3

Avec son imposante façade en brique rouge, ornée de tourelles et de clochetons, elle forme un bel ensemble de bâtiments de style Tudor datant de l'époque victorienne, inspiré par le Magdalen College d'Oxford.
Visitor Centre – *À gauche de l'entrée principale - ✆ 028 902 451 33 - mai-sept. : 9h-17h, w.-end 10h-16h ; oct.-avr. : 9h-0h - gratuit.* Il donne des informations sur l'histoire de l'université (18 000 étudiants) ainsi que sur les manifestations culturelles, musicales ou autres, accessibles au public. Les plus importantes se déroulent en novembre pendant le **Queen's University Festival**, qui propose durant trois semaines une série de concerts, de spectacles et d'animations diverses de bonne qualité dans tout le quartier.
Les pelouses de l'université sont mitoyennes de celles des jardins botaniques.

★ Botanic Gardens B3

De mi-avr. à mi-août : 10h-21h ; hors saison : horaires réduits - gratuit.

Les 11 ha de jardins descendent en pente douce jusqu'à la Lagan et sont, à la belle saison, envahis par les étudiants qui profitent des rayons du soleil.

À l'entrée se dresse la statue du physicien William Thompson, connu sous le nom de **Lord Kelvin** (1824-1907), natif de Belfast, dont le patronyme reste lié à l'échelle des températures. La serre tropicale, **Tropical Ravine** *(mar.-dim. 10h-16h)*, où règne en permanence une température de 35 °C, contient de beaux spécimens de plantes exotiques. Non loin de là, la serre des palmiers, **Palm House**★ *(avr.-sept. : 10h-16h45 ; oct.-mars : 10h-15h45)*, édifice de verre très élégant surmonté d'une coupole, est l'une des plus anciennes serres de ce style en Europe.

★ Ulster Museum B3

✆ 028 904 400 00 - www.nmni.com/um - mar.-dim. 10h-17h - gratuit.

Au sud des Botanic Gardens, ce musée de près de 8 000 m² embrasse des domaines extrêmement variés tels que les arts plastiques, l'histoire et les sciences naturelles. Dans les niveaux supérieurs, la section des beaux-arts propose une rétrospective des plus fameux peintres britanniques et irlandais du 18e au 20e s. comme **Turner**, **Reynolds** ou **Roderic O'Connor**. Une galerie réunit des œuvres des artistes flamands du 17e s. (*Saint Christophe portant l'Enfant Jésus*, de Jacob Jordaens).

Les étages intermédiaires sont consacrés à l'artisanat et aux **arts décoratifs**, avec de belles collections de bijoux, de verreries, d'argenterie et de cristaux irlandais, principalement du 17e s. Vous y trouverez aussi des collections de sciences naturelles.

Les niveaux inférieurs retracent l'histoire de l'Irlande de la préhistoire à nos jours. Vous y découvrirez un beau squelette de renne géant de l'ère glaciaire, un torque en or de l'âge de bronze et, surtout, le **trésor de l'Invincible Armada**★★, ensemble de pièces d'or et d'argent, ainsi que de bijoux, dont une magnifique **salamandre**★ d'or incrustée de rubis. Ces richesses ont été récupérées par des plongeurs sur les épaves de la flotte espagnole au large des côtes d'Irlande. Une large place est également dédiée au conflit en Irlande du Nord, avec des photos marquantes (notamment sur des attentats) et des vidéos. Les expositions du rez-de-chaussée brasse les thèmes pour montrer au public des choses aussi diverses qu'un impressionnant canon ayant appartenu à l'armée espagnole au 16e s. ou une robe du créateur de mode britannique Alexander McQueen. En sortant, n'hésitez pas à faire une halte à l'agréable cafétéria donnant sur le jardin botanique.

ℹ Carnet pratique

PLAN P. 392-393

S'informer

Visit Belfast Welcome Centre – *9 Donegall Square North - ✆ 028 9024 6609 - www.visitbelfast.com.* Infos sur la ville et l'Irlande du Nord, visites guidées, vente de titres de transports, réservations de nuitées.

Visites

Belfast Free Walking Tour – *www.belfastfreewalkingtour.com - donation.* Visite du centre-ville et autres tours thématiques (pubs, politique, etc.).

Belfast City Bike Tours – *www. belfastcitybiketours.com.* Divers circuits guidés à vélo dans les différents quartiers de la ville.

Coiste Irish Political Tours – *www.coiste.ie - 13 £.* Visite de West Belfast axée sur l'histoire, animée par d'anciens prisonniers politiques.

East Side Greenway – *www.eastsidegreenways.com.* « Mystic of the East » propose un tour de Belfast Eastside en musique, le quartier cher à Van Morrison et George Best ; « The C.S. Lewis Trail » invite à pénétrer dans *Le Monde de Narnia*, sur les pas de C.S. Lewis ; « The Yardmen » retrace la mémoire des chantiers navals... Autres parcours, dont les plans et descriptifs sont à télécharger sur le site.

Pour tout ce qui touche au street art ou au fresques politiques, voir **Street Art Walking Tours** et l'encadré Les Murals *(p. 395).*

Adresses utiles

Banque – Profusion de banques avec distributeurs dans le centre-ville.

Poste – La poste du centre-ville est située sur Howard St. (B2).

Urgences – *✆ 999 ou 112.*

Santé – L'hôpital le plus central est le **Belfast City Hospital** (B3) (*✆ 028 9032 9241 - www.belfasttrust.hscni.net).*

Arriver/Partir

En avion

Belfast International Airport – A1 EN DIR. *- à 31 km à l'ouest de la ville - ✆ 028 944 848 48 - www.belfastairport.com.* Bus 300 toutes les 20mn pour le centre-ville (40 à 50mn). En taxi, comptez 30 £.

Belfast City Airport George Best – D1, EN DIR. *- Sydenham (à 5 km à l'est du centre-ville,) - ✆ 028 909 390 93 - www.belfastcityairport.com* Liaisons avec la république d'Irlande, l'Écosse et l'Angleterre. Accès par le train de Bangor (arrêt pour l'aéroport à Sydenham Station). Bus n° 600 toutes les 20mn pour le centre-ville. En taxi, comptez 10 £.

En train

Attention, il n'y a pas de consigne dans les gares. Toutes les informations sur : *www.translink.co.uk.*

Belfast Lanyon Place (ou Belfast Central Station) – C2 - *Eastbridge St.* Départ toutes les 30mn (ttes les h. le dim.) pour Bangor (30mn de trajet). Cette ligne dessert le Folk & Transport Museum. Trains pour Larne (50mn) *via* Carrickfergus. 8 trains/j. pour Dublin Connolly Station (2h) en passant par Portadown et Dundalk.

Great Victoria Street Station – B2 - 9 trains/j. (4 le dim.) pour Derry (2h20) *via* Coleraine.

En bus

Europa Bus Centre – B2 - *Great Victoria St.* Bus à destination des comtés d'Armagh, de Tyrone, Derry, Fermanagh, West Down et de la république d'Irlande.

Laganside Bus Centre – C1 - *Oxford St. (près d'Albert Clock Tower).* Bus pour le comté d'Antrim, East Down et la région de Cookstown.

Pour planifier vos trajets, consultez **www.translink.co.uk**. Pour les liaisons entre l'Irlande du Nord et la République d'Irlande, voyez **www.transportforireland.ie**.

En bateau

Pour Cairnryan en Écosse et pour Liverpool : ferry de **Stena Line** *(Ballast Quay - ✆ 03447 707 070 - www.stenaline.co.uk).* Pour l'île de Man : **Steam Packet Company** *(Albert Quay - ✆ 08722 992 992 - www.steampacket.com)* et **Manx Ferries** *(✆ 01624 654 081 - manxferries.com).*

Transports

À pied – Il est aise de se repérer dans le centre-ville et les distances ne sont pas très longues. Pour aller plus loin, prenez le bus ou le train.

En voiture – Circuler en voiture ne peut que vous causer des désagréments, car les places de stationnement, toujours payantes, sont rares, et la police est impitoyable. Laissez votre véhicule dans l'un des parkings du centre-ville.

En vélo – La ville possède son système de vélos partagés, répartis dans une quarantaine de stations. Forfait 3 j pour 6 £ (premières 30mn gratuites, puis 0,50 £ jusqu'à 1h et 1 £/h… Après 4h, cela monte plus vite). Attention, pénalisation onéreuse pour tout retard de dépose ou dégradation.

Informations et plans sur *www. belfastbikes.co.uk.*

En bus - La ville est sillonnée par de nombreuses lignes gérées par Translink. En plus des bus traditionnels circulent les **Glider**, (lignes G1 et G2), des véhicules articulés au design futuriste.

Informations et tarifs sur *www.translink.co.uk.*

Pensez au très avantageux **Belfast Visitor Pass** *(6 £ 1 j., 11 £ 2 j., 14,50 £ 3 j.).*

En taxi – Il faut distinguer les taxis ordinaires des Black Taxis (taxis noirs), similaires aux taxis londoniens, qui ne desservent que les quartiers périphériques, protestants ou catholiques. Vous trouverez une importante station de taxis sur Donegall Place (B2). Sinon, contactez **Belfast Cabs** *(℘ 7446 014 761 - belfastcabs.com).*

Location de voitures – Les loueurs sont regroupés à l'aéroport international. Avis, Europcar, Budget et Hertz ont aussi des agences en ville.

Agenda

Féile an Earraigh – *www.feile belfast.com.* Une semaine en mars. Festival de musique celtique traditionnelle.

St Patrick's Day – 17 mars.

Belfast Film Festival – *www. belfastfilmfestival.org.* En avr. ou nov. Cinéma irlandais et international.

Festival of Fools – *www.fools festival.com.* Fin avr.-début mai. Spectacles de rue.

Cathedral Quarter Arts Festival – *www.cqaf.com.* En mai. Festival pluridisciplinaire dans le très dynamique quartier de la cathédrale.

Féile an Phobail – *www.feile belfast.com.* En août. Une semaine de festivités à travers West Belfast.

Belfast International Arts Festival – *www.belfast internationalartsfestival.com.* En oct.-nov. Durant trois semaines, riche programmation de danse, concerts, théâtre…

Nos adresses

PLAN P. 392-393

Restauration

Centre-ville

Premier prix

(9) **Crown Liquor Saloon** – B2 - *46 Great Victoria St. - ℘ 028 902 431 87 - www.nicholsonspubs. co.uk - 11h30-23h30, vend.-sam. 11h30-0h30 - 10/19 £.* En dépit de la musique un peu forte, voici une bonne adresse pour un *Irish stew*, un *Beef & Guinness pie* et autres spécialités irlandaises.

(15) **Fratelli Ristorante, Pizzeria & Bar** – B2 - *60 Great Victoria St. - ℘ 028 903 108 62 - www.fratellibelfast.com - lun. 16h30-20h30, mar.-sam.*

11h30-21h - fermé dim. - plats 12/30 £. Une pizzeria aux allures de taverne vénitienne, où l'on se régale de pizzas, de pâtes et de spécialités de la Sérénissime...

Budget moyen

8 **Deanes Seafood Bar - Love Fish** – B2 - *28-40 Howard St. - ✆ 028 903 311 34 - www.michaeldeane.co.uk - 12h-21h30 - fermé dim.-lun., et mar. matin - 25/32 £.* Un des restaurants Deanes *(voir ci-contre)*, dédié aux produits de la mer. Ambiance lumineuse et clientèle posée qui déguste sandwichs aux crevettes, sardines marinées ou linguine au crabe.

12 **Sweet Afton** – B2 - *Brunswick St. - ✆ 028 902 480 00 - www.sweetaftonbelfast.com - 12h-1h, dim. 12h-0h - 21/30 £.* Bar-Kitchen où, toute la journée, on peut manger plutôt bien, prendre un thé, un café, un verre...

4 **Howard Street** – B2 - *56 Howard St. - ✆ 028 902 483 62 - www.howabelfast.com - à partir de 17h - fermé dim.-mar. - 16/28 £.* Un restaurant-pub-bar à cocktails à l'image du renouveau de Belfast, où ambiance, convivialité et gastronomie sont au rendez-vous. Le chef, Marty Murphy, met un point d'honneur à travailler des produits frais. Le résultat est réussi.

5 **Made in Belfast City Hall** – B2 - *4 Wellington St. - ✆ 028 902 467 12 - www.madeinbelfastni.com - 12h-21h30 (vend.-sam. 22h), dim. 12h-21h - fermé lun.-mar. - 20/33 £.* Dans un cadre agréable à l'ambiance décontractée, on déguste une cuisine simple mais savoureuse, à base de produits frais bien mis en valeur : *fish & chips, Irish steak* avec légumes. Excellent rapport qualité-prix et service, à l'avenant.

Pour se faire plaisir

7 **Deanes EIPIC** – B2 - *28-40 Howard St. - ✆ 028 903 311 34 - www.deaneseipic.com ou www.michaeldeane.co.uk - jeu.-sam. 12h-13h30, 18h-21h30 - menus 29/85 £.* La qualité de ce bistro gastronomique n'est plus à prouver. C'est une des réussites du chef Michael Deane qui se constitue un petit empire gastronomique à Belfast, avec plusieurs adresses dans différents points de la ville (Love Fish ou Deane et Decano). De nombreuses récompenses le distinguent, saluant des saveurs croisées du monde entier et une très bonne carte des vins.

Home – B2 - *22 Wellington Pl. - ✆ 028 902 349 46 - www.homebelfast.co.uk - merc. 17h-21h30, jeu.-sam. 12h30-15h30, 17h30-21h30, dim. 13h-20h30 - 18/32 £.* Cet établissement spacieux et décontracté se compose d'un café et, à l'arrière, d'une salle à manger rustique revêtue de bois recyclé. On y sert une cuisine britannique et méditerranéenne raffinée, souvent maison (d'où son nom). Plusieurs menus sont proposés : sans gluten, végan ou encore « skinny » ; les plats sont colorés et certains révèlent un assaisonnement intéressant.

Une folie

The Muddlers Club – C1 - *1 Warehouse Lane - ✆ 028 903 131 99 - www.themuddlersclubbelfast.com - merc.-jeu. 17h-21h30, vend.-sam. 12h30-14h, 17h-21h30 - 70 £.* Niché dans le quartier de la cathédrale, ce restaurant moderne au style industriel porte le nom d'une société secrète bicentenaire ; l'enthousiasme de l'équipe qui le gère ne fait aucun doute. La cuisine est moderne ; la philosophie consiste à trouver les meilleurs ingrédients et à bien les préparer sans trop compliquer les choses.

Golden Mile et Quartier de l'Université

Premier prix

3 **Botanic Inn** – B3 - *23-27 Malone Rd - ✆ 028 905 097 40 - www.*

thebotanicinn.com - 12h-0h, dim. 11h-0h - 13/19 £. Très fréquenté par les étudiants de Queen's University. Ambiance bruyante et animée, mais bonne cuisine de brasserie, très abordable, et intéressant menu tapas le soir (tlj 16h-23h).

Budget moyen

2 **Benedicts** – B3 - *7-21 Bradbury Pl. - ✆ 028 905 919 99 - www.benedictshotel.co.uk - 8h-21h, vend.-sam. 8h -22h - menu 22 £.* Au cœur du Golden Mile, ce restaurant au décor gothico-baroque propose une cuisine hétéroclite : poulet au gingembre, saumon grillé, ou agneau sauce au vin rouge. Si vous êtes mange-tôt, profitez du Beat the Clock entre 17h (vend. 16h30, dim. 16h) et 19h. C 'est l'heure de la commande qui donne le prix de votre plat principal (à 17h, c'est 7 £).

Pour se faire plaisir

14 **Shu** – A3 - *253 Lisburn Rd - Ascot House - ✆ 028 903 816 55 - www.shu-restaurant.com - 12h-14h30, 17h30-19h30, dim. 12h30-18h - 16/35 £.* L'un des restaurants les plus réputés de Belfast sert, dans un décor sobre et moderne, une cuisine internationale fraîche et délicate, d'inspiration asiatique et italienne.

Boire un verre

Pubs traditionnels du centre-ville

Si vous passez une seule soirée à Belfast, vous pouvez prendre part à un **Historical Pub Tour** pour découvrir un certain nombre de pubs lors d'une visite commentée et arrosée (à vos frais). Voyez avec *www.belfastcrawl.com* ou *www.walkingtoursbelfast.com*.

The Crown Liquor Saloon – *46 Great Victoria St. - ✆ 028 902 431 87 - www.nicholsonspubs.co.uk ou www.nationaltrust.org.uk - 11h30-23h30, vend.-sam. 11h30-0h30.* Un monument historique classé et certainement l'un des plus beaux pubs qui puisse exister. L'architecture, mêlant superbes boiseries et vitraux colorés, est un bel exemple de style victorien chargé, réunissant influences italienne et orientale. On y sert une bière maison, la Belfast Crown blonde, fruitée à la saveur de houblon légèrement prononcée. Musique traditionnelle certains soirs et *pub grub* le midi.

Robinsons – *38-40 Great Victoria St. (juste à côté du Crown Liquor) - ✆ 028 902 474 47 - www.robinsonsbar.co.uk - 11h30-0h, dim. 12h-0h.* Vaut aussi le détour pour son bar victorien et, surtout, pour son arrière-salle au décor d'épicerie de campagne, où des groupes de musique traditionnelle ou folk se produisent.

Kelly's Cellars – *30-32 Bank St. - ✆ 028 902 460 58 - 11h30-1h, dim. 12h-0h30.* Cette taverne (1720), située en plein quartier des affaires, fait de la résistance avec son parterre en ciment craquelé, les boiseries de son plafond noircies par presque trois siècles de vociférations chargées d 'alcool et de tabac. Musique folk-blues certains soirs, restaurant à l'étage.

The Morning Star – *17-19 Pottingers Entry (entre High St. et Ann St.) - ✆ 028 902 359 86 - www.themorningstarbar.com - 10h30-0h, vend.-sam. 10h30-1h, dim. 12h-1h.* Pubs à l'ancienne avec boiseries de style victorien, dans ce quartier voué au commerce et aux affaires.

Whites Tavern – *2-4 Winecellar Entry - ✆ 028 903 125 82 - www.whitesbelfast.com - à partir de 12h (13h le dim.).* Cette véritable institution du centre-ville, avec ses énormes poutres apparentes, revendique le titre de plus ancien pub de la ville. On y vient pour son bon *pub grub* et pour sa musique, jazz ou irlandaise.

McHugh's Bar, Queen's Square, Belfast.
J. Orr/age fotostock

The Duke of York – *7-11 Commercial Court - ✆ 028 902 410 62 - www.dukeofyorkbelfast.com - 12h-21h, vend.-sam. 12h-1h.* Ambiance très animée et multi-générationnelle dans ce pub chaleureux à la façade fleurie. La clientèle se trouve autant à l'intérieur que dans la ruelle à l'extérieur. Jolie fresque dans un passage voisin qui rend hommage aux artistes irlandais, du poète John Hewitt à Bono, leader de U2.

Maddens – *74 Berry St. - Smithfield - ✆ 028 902 441 14 - 11h30-1h, dim. 13h-0h.* Avec son ambiance amicale et les instruments de musique accrochés un peu partout, ce pub est l'un des plus authentiques du centre-ville. Bonne musique traditionnelle.

The John Hewitt – *51 Donnegall St. - ✆ 028 902 337 68 - www.thejohnhewitt.com - 11h30-1h, sam. 12h-1h, dim. 7h-0h.* Un pub de quartier animé et traditionnel qui joue un rôle social important. En effet, une partie des profits est reversée à l'association qui aide les chômeurs de la ville... Musique traditionnelle le soir.

McHughs – *29-31 Queen's Square - ✆ 028 905 099 99 - www.mchughsbar.com - 12h-1h, dim. 13h-23h.* L'un des pubs les plus anciens de la ville (1711), que la décoration intérieure, assez classique, ne laisse pas imaginer. Quelques coupures de presse saisissantes sur les troubles politiques et une terrasse sympa.

Bittles Bar – *70 Upper Church Lane - ✆ 028 903 110 88 - à partir de 12h.* Un lieu très particulier, à voir pour l'architecture, la décoration et les bons moments à y passer.

Bars du centre-ville

The Cocktail Bar du Merchant Hotel – *16 Skipper St. (à l'angle de Waring St.) - ✆ 028 902 348 88 - www.themerchanthotel.com - 10h30-1h, dim. 11h30-0h.* Un magnifique hôtel cossu, ancien siège de l'Ulster Bank, dont il a conservé la salle des coffres. Le hall d'entrée interpelle : grande coupole de verre, gigantesque lustre et moulures extravagantes. Le bar est l'endroit idéal pour terminer la soirée, avec lumières tamisées, épais rideaux de velours, fauteuils

7

de cuir et ambiance feutrée. Et surtout un nombre impressionnant de cocktails (la carte est en fait un livre) dont la préparation relève de la création artistique.

Bars du quartier de l'Université

The Empire Bar – *42 Botanic Av. - ✆ 028 902 492 76 - www.thebelfastempire.com - 12h-1h, dim. 12h30-0h.* Cette ancienne église transformée en pub et discothèque est l'un des endroits les plus prisés des étudiants. On y vient surtout le soir pour la musique rock live au bar (du merc. au dim.) et tous types de musique dans les étages, où vous rencontrerez peut-être Abraham, le fantôme qui hante les lieux. L'entrée est parfois payante le soir.

Lavery's Gin Palace – *12-18 Bradbury Pl. - ✆ 028 908 711 06 - www.laverysbelfast.com - 17h-0h, vend.-sam. 12h-1h, dim. 14h-0h.* Pub classique et, dans les étages, deux discothèques ouvertes tous les soirs, envahis par la jeunesse festive de Belfast.

Spectacles

Grand Opera House – *Réserv. en face du théâtre ou au ✆ (028) 902 419 19 - www.goh.co.uk.* Il présente des opéras, bien sûr, mais aussi de la danse, du théâtre ou de la musique classique.

Waterfront Hall – *wwww.waterfront.co.uk.* Le centre de concerts et de congrès propose en permanence les concerts et les spectacles les plus variés.

Odyssey – *www.theodyssey.co.uk.* Cet énorme complexe réunissant des cafés, restaurants, boutiques et cinémas est également l'antre du club de hockey-sur-glace local et la plus belle salle de concert à Belfast.

Shopping

Saint George's Market – *12-20 East Bridge St. - ✆ 028 904 357 04 - www.belfastcity.gov.uk - Variety : vend. 8h-14h; City Food and Craft : sam. 9h-15h; Sunday Market : dim. 10h-15h - fermé dim. de Pâques.* Le Saint George's Market se tient les vendredi, samedi et dimanche dans un bel édifice victorien aux structures de fonte. Ambiance animée et belle variété de produits locaux et artisanat.

Victoria Square – Temple de la consommation *made in Belfast*, reconnaissable à sa coupole de verre qui émerge des toits du centre-ville, cet étonnant centre commercial abrite les grandes enseignes internationales de la mode et des marques reconnues dans les îles Britanniques, mais aussi nombre de designers irlandais.

Hébergement

Premier prix

3 **Belfast International Youth Hostel** – B3 - *22-32 Donegall Rd (juste à côté de Shaftesbury Square) - ✆ 028 903 154 35 - www.hini.org.uk - ♿ P - 202 lits 15/20 £, ch. 35/52,50 £.* Incontestablement la meilleure adresse de Belfast pour les petits budgets, avec quelques chambres doubles et des dortoirs de 4 à 6 lits très bien tenus. On ne cuisine pas, car il y a un restaurant très bon marché. Bureau de change, informations touristiques, organisation d'excursions à la Chaussée des Géants ou tour de Belfast en bus. Pour ceux que les fresques murales intéressent, l'endroit est à deux pas du ghetto protestant de Sandy Row.

1 **Botanical Backpackers** – B3 - *63 Fitzwilliam St. - ✆ 028 902 428 67 ou 0757 295 0502 - www.botanicalbackpackers.co.uk - 24 lits 20 £.* Petit hostel privé, ouvert à tous, proposant 4 dortoirs de 4 lits, un dortoir de 8 lits et quelques doubles. Le

confort d'ensemble n'est pas extraordinaire, mais l'endroit est bien situé, pas cher pour Belfast et d'une tenue générale correcte.

10 **Global Village** – B3 - *87 University St. - 028 903 135 33 - www.globalvillagebelfast.com - 52 lits à partir de 17 £, ch. à partir de 50 £.* Un *hostel* récent aménagé dans une maison du 19e s. Autour de très agréables parties communes, divers types de chambres et dortoirs, tous bien conçus et bien tenus. Location de vélo.

Budget moyen

4 **Camera House** – A3 - *44 Wellington Park - 028 906 600 26 - www.camera-guesthouse.co.uk -* **P** *- 10 ch. 80/100 £.* Chambres agréables et bien tenues dans une maison édouardienne, avec une loggia dans laquelle est servi le petit déjeuner.

Ravenhill Guest House – C3 EN DIR. - *690 Ravenhill Rd - 028 902 825 90 - www.ravenhillhouse.com -* **P** *- 4 ch. 100/120 £ - 2 nuits mini en haute saison.* Au calme, dans le sud de la ville. On accède à cette jolie maison victorienne par les bus 83, 84, 85 ou 86. Les chambres sont agréables, et l'on peut dîner sur demande.

Pour se faire plaisir

2 **The Flint** – B2 - *48 Howard St. - 028 906 664 00 - www.theflintbelfast.com - 55 ch.à partir de 140 £.* Central, confortable, au style urbain et contemporain.

11 **Europa** – B2 - *Great Victoria St. - 028 902 710 66 - www.hastingshotels.com -* **P** *- 240 ch. 117/235 £.* Cet hôtel fait payer sa célébrité. Mondialement connu, il a souvent fait la une des journaux du monde entier pendant les troubles. Mais il a aussi reçu des hôtes célèbres comme le président Clinton. C'est un incontournable à Belfast. On s'y donne rendez-vous au bar, on vient déjeuner entre amis au restaurant. Le service est amical et on s'y sent vite chez soi.

5 **Malmaison** – C1 - *34-38 Victoria St. - 028 960 014 05 - www.malmaison.com -* **P** *- 62 ch. 155/220 £.* Certes, le prix est assez élevé... mais pour cet établissement, vraiment justifié : décoration contemporaine réussie dans un bel immeuble victorien, chambres confortables aménagées avec beaucoup de goût où l'on se sent bien, petits détails qui savent satisfaire, et personnel souriant et efficace. L'occasion rêvée de se faire plaisir. Un vrai coup de cœur.

9 **Ten Square Hotel** – B2 - *10 Donegall Square South - 028 902 410 01 - www.tensquare.co.uk -* **P** *- 131 ch. 160/240 £.* Hôtel moderne bien situé, contre l'hôtel de ville. Les chambres, impeccables, sont fonctionnelles et rehaussées de quelques touches contemporaines. Comme souvent dans les hôtels de standing à Belfast, la moquette est bien moelleuse...

7

Les environs de Belfast ★★

Les environs de Belfast réservent de passionnantes visites. L'impressionnant Carrickfergus Castle, l'Ulster Folk Museum ou l'Irish Linen Centre à Lisburn et les studios de Game of Thrones sont autant d'excursions à ne pas manquer qui justifient que l'on s'attarde un jour de plus dans la capitale pour sillonner les environs.

Se repérer

CARTE II GH1-2 (P. 386-387).

À ne pas manquer

L'Ulster Folk & Transport Museum ; l'Irish Linen Centre à Lisburn ; Game of Thrones Studio Tour.

Organiser son temps

Comptez un à deux jours et choisissez de loger à Belfast si vous aimez l'animation des pubs le soir.

Carnet pratique p. 413

Nos adresses p. 414

Découvrir

CARTE II P. 386-387

Cave Hill Country Park G1

À 6,5 km au nord de Belfast par l'A 6 ou la M 2.

Percée de nombreuses grottes, l'énorme falaise de basalte noir qui surplombe Belfast et le Belfast Lough est surnommée le « chapeau de Napoléon » en raison de sa silhouette en forme de promontoire. Le lieu se prête à d'agréables promenades et randonnées sur les chemins grimpant au sommet de la colline qui offre une **vue★★** dégagée sur Belfast, la mer, les Sperrin et les Mourne Mountains.

Trois parcours balisés, de 1,3 à 7,2 km, sont proposés *(plan et description sur www.walkni.com/walks/cave-hill-country-park et www.belfasthills.org/visiting/cave-hill).*

Belfast Castle – *Au pied de Cave Hill - 028 907 769 25 - www.belfastcastle.co.uk - 9h-18h.* Demeure aristocratique de la fin du 19e s. admirablement située dans un environnement de jardins à la française et qui abrite désormais un restaurant de luxe. Vous pourrez toujours profiter du parc et prendre un verre au bar.

★ **Belfast Zoological Gardens** – *028 907 762 77 - www.belfastzoo.co.uk - avr.-sept. : 10h-18h ; oct.-mars : 10h-16h - dernière entrée 1h30 av. fermeture - 13,50 £.* L'endroit est un modèle du genre, qui concilie faune exotique variée et aménagement paysager.

Les sentiers de Cave Hill sont également accessibles, avant Newtownabbey, depuis le parking du zoo.

★★ Carrickfergus Castle G1

À 15 km au nord de Belfast par la M 5 et l'A 2. De Belfast Bridge St., prenez l'Ulsterbus 568.

028 933 582 62 - de Pâques à fin sept. : 10h-18h ; d'oct. à Pâques : 10h-16h30 - dernière entrée 30mn av. fermeture - 5,50 £. Comptez 1 à 2h.

Le joli port de pêche et de plaisance de Carrickfergus est dominé par l'impressionnante ombre grise de son château anglo-normand, le mieux conservé d'Irlande, qui se dresse sur un éperon basaltique dominant les flots. Sa construction entreprise par Jean de Courcy à la fin du 12e s. était destinée à contrôler l'accès au Belfast Lough. Il fut un enjeu stratégique permanent durant toutes les guerres qui opposèrent Écossais, Irlandais et Anglais, mais demeura toujours aux mains de ces derniers. La visite permet de mesurer l'importance et la complexité des fortifications. Dans le **donjon**, un spectacle vidéo reconstitue l'ambiance des fêtes médiévales et, un peu partout, des personnages de cire donnent vie à l'austérité des lieux.

★ The Gobbins Cliff Path H1

028 933 723 18 - www.thegobbinscliffpath.com - visite guidée uniquement (réserv. en ligne conseillée) - 8h30-17h - 20 £. Comptez au moins 3h.

L'accès à ce « sentier » aménagé en 1902 n'est pas autorisé aux personnes mesurant moins de 1,20 m et les moins de 16 ans doivent être accompagnés. La promenade d'environ 2,5 km comporte des escaliers, des passages étroits ou suspendus : elle est déconseillée aux personnes ayant des problèmes respiratoires ou physiques. Munissez-vous de bonnes chaussures, de vêtements chauds et imperméables, et ne vous chargez pas trop.

Après Carrickfergus, à 3 km de Belfast en allant vers la Chaussée des Géants, ce sentier maritime à flanc de falaise est de nouveau ouvert aux randonneurs. Tunnels et voies suspendues ont tous été sécurisés et rénovés. La balade est spectaculaire.

★★ Ulster Folk & Transport Museum G1

À Cultra, près de Holywood, 13 km à l'est de Belfast par l'A 2 en direction de Bangor. De Belfast, prenez le train de Bangor et descendez à la gare de Cultra, à côté du Transport Museum.

028 904 284 28 - www.nmni.com - mars-sept. : tlj sf lun. 10h-16h ; oct.-fév. : mar.-vend 10h-16h, w.-end 11h-16h - Ulster Folk Museum seul 9,28 £, billet combiné pour les deux musées 12 £. Comptez une demi-journée.

L'immense parc aménagé sur les terres du manoir de Cultra accueille deux musées extrêmement bien conçus, qui font de ce site l'une des plus importantes attractions touristiques de toute l'Irlande.

★★ **Transport Museum** – Il comprend une série de galeries et d'entrepôts rassemblant tout ce qui a pu rouler sur une, deux, trois, quatre roues et plus en Irlande depuis le début de l'ère industrielle. Ces collections sont d'autant plus intéressantes que l'accent est mis sur l'environnement social et humain de ces différents modes de transport et les conséquences de leur évolution sur la société irlandaise. Les reconstitutions d'un guichet et d'un kiosque de gare ou d'un garage de campagne sont saisissantes de réalisme.

Les mésaventures de l'Amphicar

La première voiture amphibie fut conçue pendant la Seconde Guerre mondiale à l'usine Bugatti de Molsheim, en Alsace. La production reprit en Allemagne dans les années 1960, avec des véhicules racés, dotés de moteurs Triumph. 2 800 modèles furent vendus, principalement aux États-Unis. L'exemplaire exposé au Transport Museum a quelques étonnants records à son actif : traversée entre l'Écosse et Ballycastle, sur la côte d'Antrim, et traversée du Belfast Lough de Carrickfergus à Bangor. Il faut cependant reconnaître que l'Amphicar n'était ni un bon bateau ni une bonne voiture, et la fabrication s'arrêta à la fin des années 1960, l'engin étant jugé peu sûr.

★★ **Folk Museum** – Il comprend les **Folk Galleries★**, où sont présentées des expositions thématiques illustrant l'évolution de la société irlandaise, et **The Town★★**, reconstitution grandeur nature d'un village traditionnel irlandais avec ses églises, son école, ses commerces, sa poste, etc. Tous les édifices ont été démontés sur leur lieu d'origine puis remontés pierre par pierre. Les intérieurs sont reproduits avec une précision surprenante, notamment le cottage à toit de chaume où brûle un feu de tourbe, tandis que le tic-tac de la pendule égrène le temps d'autrefois.

Lisburn G2

À 14 km au sud-ouest de Belfast par la M 1. Plusieurs liaisons en bus de Belfast à Lisburn (10mn de trajet).
15 Lisburn Square (au même endroit que l'Irish Linen Centre) - 028 924 476 22 - www.visitlisburncastlereagh.com - tlj sf dim. 9h-17h.
Cette ville, qui fait à présent partie de l'agglomération de Belfast, était jadis la capitale mondiale du lin, cultivé dans les campagnes environnantes. Un huguenot français, Louis Crommelin, fut en 1698 le fondateur des filatures de Lisburn, qui apportèrent la prospérité à l'Ulster durant plus de trois siècles et permirent à cette partie de l'Irlande d'échapper aux grandes famines du 19e s.
★★ **Irish Linen Centre** – *Market Square (dans le centre ville) - 028 926 633 77 - www.visitlisburnmuseum.com - tlj sf dim. 9h30-16h - dernière entrée 45mn av. fermeture - gratuit. Dépliant et documentation en français.* Ce musée, extrêmement intéressant, est aménagé dans l'ancienne **halle au lin** où les paysans venaient vendre la toile qu'ils tissaient dans leurs chaumières. Vous découvrirez l'histoire de l'industrie linière, de l'Égypte ancienne à nos jours, et observerez le processus complexe de fabrication du tissu à partir de la plante, tandis que d'anciens ouvriers des filatures font des démonstrations de filage, de tissage et de composition de motifs sur des métiers Jacquard. Des reconstitutions illustrées par des personnages de cire complètent l'exposition.

Hilden Brewery G2

Sur la droite à la sortie de Lisburn en direction de Belfast.
028 926 608 00 - www.hildenbrewing.com - visite guidée (1h) - mar.-sam. à 12h et 18h.
Si l'évocation du travail des filatures vous a donné soif, faites un tour dans l'une des dernières brasseries artisanales d'Irlande. Tous les secrets sur la fabrication de la bière vous seront révélés, et vous pourrez déguster un verre de rousse légère ou déjeuner dans l'un des deux agréables restaurants du lieu.
Lagan Towpath – *Randonnée de 4 à 5h au départ de Hilden. Des dépliants disponibles au musée du Lin de Lisburn détaillent les différentes sections de cet itinéraire d'une quinzaine de kilomètres.* Si votre emploi du temps le permet, empruntez ce sentier de randonnée aménagé sur les bords de la Lagan pour rejoindre Belfast en traversant le **Belvoir Park Forest** et les villages pittoresques de Lambeg et Drumbeg.
À 1,5 km au sud du Shaw's Bridge, dans la partie nord de l'itinéraire, on accède au **Giant's Ring★**, vaste cercle de pierres de l'époque néolithique au centre duquel se trouve un dolmen, daté de 2700 av. J.-C. *(également accessible en voiture de Lisburn par la B 23 en direction de Newtownbreda).*

★ Hillsborough G2

À 4 km au sud de Lisburn par l'A 1. De Belfast, prenez le bus n° 38 à l'Europa Bus Centre. Comptez 2h.
The Square - 028 926 897 17 - www.visitlisburncastlereagh.com.

Dans une rue de Hillsborough.
Loop Images/Ros Drinkwater/age fotostock

Ravissant bourg aux maisons georgiennes alignées le long d'une rue en pente, Hillsborough mérite une halte pour ses vestiges du passé, son agréable parc et ses restaurants réputés. L'**International Oyster Festival** (fin août-déb. sept.) concilie gastronomie et animations culturelles diverses.

Ancien marché au lin – Transformé en tribunal au 19e s., cet édifice accueille aujourd'hui l'office de tourisme, lequel propose une exposition intéressante sur le système pénal autrefois en vigueur. Vous y apprendrez notamment que, vers 1850, un gamin de 14 ans pouvait être condamné à l'exil en Australie pour avoir chapardé deux bouteilles de bière ou qu'une femme se voyait imposer le port d'une sorte de muselière pour bavardage excessif...

★ **Hillsborough Castle** – *✆ 028 926 813 09 - www.hrp.org.uk - visite guidée (45mn) de 10h à 16h30 - 15,25 £.* Derrière le tribunal se dresse ce bel édifice classique en brique rouge de la fin du 18e s. précédé d'une imposante grille en fer forgé. Le château, qui fut la résidence du gouverneur de l'Irlande du Nord de 1924 à 1973, est désormais résidence officielle du Secrétaire d'État pour l'Irlande du Nord et donc une résidence royale, celle de Sa Majesté la Reine et de la famille royale lorsqu'elle se rend dans la région. C'est aussi là que certains chefs d'État en visite sont accueillis. Ce fut aussi le lieu des longues négociations de 2010, au sujet de la police d'Irlande du Nord. Beaux parc et jardins.

En bas de la rue principale, sur la droite, une allée majestueuse mène à l'imposante **St Malachy's Church**, dont le haut clocher pointu domine des bâtiments aux formes harmonieuses datant du 18e s. En traversant la pelouse, sur la droite, face à l'église, un chemin conduit au fort.

★ **Fort** – *✆ 028 908 232 07 - avr.-sept. : mar.-sam. 10h-19h, dim. 14h-19h ; oct.-mars : mar.-sam. 10h-16h, dim. 11h-16h - gratuit.* La construction de ce quadrilatère fortifié, d'un hectare de superficie, fut entreprise au milieu du 17e s. par le colonel Arthur Hill, dont la famille a donné son nom à la localité. Les fortifications étaient destinées à contrôler la route entre Belfast et le comté de Down. Plus tard, à l'époque georgienne, le corps de garde fut aménagé en logis d'agrément pour la famille Hill. Le chemin de ronde donne sur l'**Hillsborough Forest**, agréable parc doté

7

Le paradis des anguilles

Des recherches archéologiques ont démontré que l'on pêche l'anguille dans le Lough Neagh depuis 4 000 ans. Les alevins, appelés civelles ou pibales, naissent dans la mer des Sargasses, puis remontent la rivière Bann jusqu'au lac, à partir de Coleraine. Celles qui échappent aux pêcheurs vivent entre 12 et 14 ans dans le lac avant de retourner sur leur lieu de naissance pour y pondre et y mourir. Pour des raisons tenant aux habitudes gastronomiques locales, personne ici ne mange d'anguilles qui, fumées ou non, sont totalement exportées. La pêcherie coopérative de Toome *(voir « Shopping »)*, au nord du lac, propose néanmoins sa production aux visiteurs.

d'un lac et d'une aire de pique-nique. Pour y accéder, empruntez l'ouverture dans le mur est du fort ou le sentier sur votre gauche à la sortie sud de Hillsborough.

Game of Thrones Studio Tour F2

À Banbridge, 22 km au sud de Hillsborough et 41 km au sud de Belfast par l'A1 (sortie A26).
The Boulevard - ✆ 028 404 647 77 - www.gameofthronesstudiotour.com - juil.-août : 9h30-19h30 ; avr.-juin et sept.-oct. : 10h-18h30 ; nov.-mars : 10h-17h30 - dernière entrée 3h av. la fermeture - achat des billets en ligne seult : 39,50 £ - possibilité de packs bus + entrée au départ de Belfast (tlj) ou de Dublin (w.-end seult) : voir le site - parking gratuit à distance (puis navette gratuite). Café, boutique.
Attendue par tous les fans de *Game of Thrones*, cette attraction inaugurée en 2022 dans la banlieue de Banbridge permet de visiter les principaux studios de la série de tous les records, tournée en grande partie en Irlande du Nord.
Au programme : une plongée audioguidée dans l'univers *Game of Thrones*, au rythme de sa bande originale. Vous parcourez les plateaux, découvrez des images cultes ou inédites, comprenez les effets spéciaux, approchez costumes et accessoires (maquillage, armes, prothèses...). Vous vous retrouverez face au trône de Daenerys Targaryen ou à un Marcheur blanc, au sein de la salle des Visages ou de la Grande Salle de Winterfell.
De nombreuses activités interactives vous permettent de défendre vos personnages préférés, imaginer votre blason, ou vous fondre dans la peau d'un acteur de la série. Comptez au moins 2h de visite pour profiter de cette expérience au sein du Royaume des Sept Couronnes !

Autour du Lough Neagh F1-2

Aussi vaste (400 km²) que peu profond (12 à 15 m), le plus grand lac des îles Britanniques représente une importante réserve naturelle, bien préservée car il est presque inaccessible depuis la rive. Il constitue une étape migratoire pour les oiseaux qui, de septembre à janvier, profitent de ses eaux très poissonneuses où brochets, carpes, brèmes et surtout anguilles se pêchent en abondance.
Les promenades en bateau s'y font à partir de **Kinnego Marina** (B2), l'importante base nautique située dans la réserve naturelle d'Oxford Island, sur la rive sud du lac *(excursions d'avr. à oct., selon le temps, à bord du* Master McGra'*; contactez Paddy Prunty au ✆ 028 383 275 73 ou 0777 481 12 48).*

Oxford Island F2

À 37 km à l'ouest de Belfast par la M 1, puis sortie n° 10 et suivez le fléchage.
Cette presqu'île où l'on rencontre la seule forêt bordant le Lough Neagh est le meilleur endroit, et à peu près le seul, permettant d'accéder aux rives du lac.

Lough Neagh Discovery Centre – ✆ *028 383 222 05 - www.oxfordisland.com - 9h-19h (18h en hiver) - gratuit.* Ce centre d'interprétation propose une exposition interactive high-tech qui vous familiarisera avec l'écosystème du lac. Vous y verrez aussi une **pirogue** en chêne du 6e s. retrouvée au fond du lac.

Pour un contact plus direct avec la nature, promenez-vous sur les 7 km de **sentiers** qui sillonnent la presqu'île, parmi les roseaux, les aulnes et les peupliers. Des observatoires permettent de guetter les canards et autres oies ou cygnes sauvages à l'époque des migrations.

★ Peatlands Park F2

À Maghery, 17 km à l'ouest d'Oxford Island par la M 1. Sortie n° 13 sur l'autoroute et suivez le fléchage.

Juin-août : 9h-21h ; jusqu'à la tombée de la nuit le reste de l'année - gratuit ; promenade en train 2 £.

Ce parc naturel de 250 ha de forêts et de tourbières est un bon endroit pour s'initier aux mystères de la tourbe et de son exploitation. Un **chemin de fer** à voie étroite, qui servait autrefois à l'exploitation de la tourbe, vous transportera dans un environnement naturel insolite.

★ Ardboe Cross F1

Sur la rive occidentale de Lough Neagh, à 17 km à l'est de Cookstown par la B73.

Voici l'un des lieux magiques de la région. Cette haute croix qui s'élève près d'un cimetière romantique, à l'emplacement d'une ancienne abbaye, est l'une des plus belles d'Irlande, avec des scènes bibliques sculptées sur ses deux faces. Allez jusqu'au bout de la presqu'île pour profiter d'une splendide **vue★** sur le lac avec, dans le lointain, la silhouette des Sperrin au nord et des Mourne Mountains au sud.

Bellaghy F1

50 km à l'ouest de Belfast par la M 2, puis l'A 6.

★ **Seamus Heaney Home Place** – *45 Main St. - ✆ 028 793 874 44 - www.seamus heaneyhome.com - 10h-17h, dim. 13h-17h - 7 £.* L'ancien poste de police de Bellaghy est devenu un impressionnant centre d'art et de littérature explorant la vie, l'œuvre et les inspirations du poète irlandais, lauréat du prix Nobel. Un lieu aussi poétique que pédagogique, où l'on découvre l'environnement, la vie et la poésie de Seamus Heaney (1939-2013). C'est également une promenade à la fois temporelle et virtuelle, mais émouvante, dans l'Irlande rurale qui a façonné sa plume. Un must pour les amoureux de poésie, et un lieu idéal pour attraper le doux virus des mots justes.

Carnet pratique

S'informer

Visit Belfast Welcome Centre – *9 Donegall Square North - Belfast - ✆ 028 9024 6609 - www.visitbelfast.com.*

Arriver/Partir

Reportez-vous à l'introduction du chapitre précédent pour les transports en commun desservant Carrickfergus, Lisburn, Hillsborough ou Banbridge. Planifiez votre voyage et achetez vos tickets sur www.translink.co.uk.

Nos adresses

Restauration

Hillsborough

Premier prix

The Plough Inn – *3 The Square - ✆ 028 926 829 85 - www.ploughgroup.com - 9h-21h, dim. 10h-21h30 - 16/32 £.* Bonne cuisine inventive et raffinée dans un cadre rustique de pub traditionnel. Très abordable à midi, plus cher le soir.

The Hillside – *21 Main St. - ✆ 028 926 892 33 - www.hillsidehillsborough.co.uk - 12h-21h, vend.-sam. 12h-21h30, dim. 12h30-20h - 17/30 £.* Au cœur du village, ce restaurant réputé propose un *pub grub* de qualité à midi dans le Refectory à la décoration moderne et, le soir, une cuisine de saveurs croisées à base de produits frais de la région dans la salle de l'étage, au décor campagnard anglais.

Carrickfergus

Premier prix

The Central – *13-15 High St. - ✆ 028 933 578 40 - 8h-0h, vend.-sam. 8h-1h - moins de 25 £.* À deux pas du château, un pub où déjeuner agréablement de recettes classiques. Attendez midi pour savourer le *chowder* crémeux.

Shopping

Lough Neagh Fishermen's Cooperative Toomebridge – *Antrim (à l'extrémité nord du Lough Neagh) - ✆ 028 796 506 18 - www.loughneagheels.com - 8h-17h (vend. 16h) - fermé w.-end.* La pêcherie coopérative de Toome Bridge propose sa production d'anguilles fumées.

Activités

Fisheries Conservancy Board – *1 Mahon Rd - Portadown - ✆ 0300 200 7860.* Pour des renseignements et les permis pêche.

Golf

Il y a une douzaine de golfs (assez chers) aux environs de Belfast. La plupart sont situés près de la Lagan ou du Belfast Lough.

Carrickfergus Golf Club – *35 North Rd - ✆ 028 933 637 13 - www.carrickfergusgolfclub.co.uk - green fee 25/30 £.* Beau parcours de 18 trous dominant le Belfast Lough, réservé aux membres les jeu. et w.-end.

Hébergement

Belfast Zoological Gardens

Premier prix

Loughshore Caravan Park – *Shore Rd - Jordanstown - Newtownabbey (à 8 km au nord de Belfast par l'A 2) - ✆ 028 903 401 37 - www.antrimandnewtownabbey.gov.uk - P - empl. tente 18 £, caravane 25/28 £.* Un agréable camping dominant le Belfast Lough dans un environnement boisé. Il accueille surtout les caravanes, mais dispose d'emplacements pour tentes.

Carrickfergus

Premier prix

The Keep Guesthouse – *93 Irish Quarter South - ✆ 028 933 670 07 - www.thekeepguesthousecarrickfergus.co.uk - P - 4 ch. à partir de 60 £.* Une maison contemporaine avec vue sur le château et la mer, à 15 mn en voiture de Belfast. Les chambres décorées avec goût sont très confortables. Idéal pour rayonner.

Banbridge

Pour se faire plaisir

Belmont House – *Rathfriland Rd - ✆ 028 406 625 17 - www.belmontbanbridge.co.uk - P - 8 ch. à partir de 150 £.* Une adresse élégante, nichée au sein d'un parc. Chambres vastes et confortables, idéales pour faire étape.

Armagh et ses environs ★

Au cœur d'une belle région rurale réputée pour ses vergers de pommiers, Armagh occupe une place de premier plan dans l'histoire de l'Irlande chrétienne. L'ancienne cité celte d'Ard Mhacha (colline de Mhacha), qui porte le nom d'une reine celtique légendaire, fut choisie en 445 par saint Patrick pour être la capitale de la nouvelle religion. Au Moyen Âge, Armagh devint le plus important centre scolastique et théologique du pays, où fut écrit au 9e s. le célèbre Book of Armagh (exposé au Trinity College de Dublin), relatant la confession de saint Patrick.

Se repérer

CARTE II EF2 (P. 386-387) - PLAN (P. 416).

La ville se trouve à 65 km au sud-ouest de Belfast.

À ne pas manquer

Le site néolithique de Navan ; the Argory et sa belle décoration intérieure.

Organiser son temps

Comptez une demi-journée pour faire le tour de la ville. Armagh n'étant pas très animée le soir, arrivez de bonne heure au restaurant pour dîner.

Carnet pratique p. 419

Nos adresses p. 419

Se promener

PLAN P. 416

St Patrick's Cathedral (Catholic) A1-2

Des marches monumentales mènent à la **cathédrale catholique**, sobre bâtiment néogothique qui dresse ses deux clochers au sommet d'une colline. Sa construction, entreprise en 1840, ne fut terminée qu'en 1873. Le plafond de la nef est décoré de belles **fresques** montrant la vie de saint Patrick, tandis que le pourtour est orné de médaillons en **mosaïques** représentant les saints patrons des vingt diocèses d'Irlande.

Redescendez les marches, tournez à gauche dans l'allée où a lieu le marché plusieurs fois par semaine, puis tournez à droite dans Dawson St.

L'ancien hôpital accueille l'**Irish & Local Studies Library** (A1-2). En face, le bâtiment d'angle abrite l'**Armagh Robinson Library** (A2) (*43 Abbey St. - www.armaghrobinsonlibrary.co.uk - tlj sf w.-end 10h-13h, 14h-16h*), une bibliothèque créée en 1771. Parmi les rares et précieux documents qu'elle renferme, vous découvrirez notamment des lettres manuscrites de Jonathan Swift (1667-1745) et une édition originale des *Voyages de Gulliver*.

Non loin, au sein du **N° 5 Vicars' Hill** (*5 Vicars Hill*) géré par la bibliothèque, d'autres collections comprennent des manuscrits, bijoux, pièces anciennes...

Tout à côté, un chemin monte vers la cathédrale protestante.

★ St Patrick's Cathedral (Anglican) A2

10h-17h (16h en nov.-mars) - visite guidée en juin-août : tlj sf dim. à 13h30 et 14h30 - 3 £.

Comme son pendant catholique, la cathédrale protestante, beaucoup plus

Une double capitale épiscopale

Pour mieux en comprendre le patrimoine, il faut en connaître le contexte religieux. Catholiques et protestants ont chacun leur cathédrale (pour aider à la confusion générale, elles portent toutes les deux le nom de saint Patrick !) et les sièges respectifs de leur épiscopat dans cette petite ville qui, toutes proportions gardées, est un peu la Jérusalem de l'Irlande : une ville sainte pour deux religions, qui fut à plusieurs reprises le théâtre d'affrontements. La séparation des quartiers unionistes et républicains demeure très marquée, et ce n'est pas un hasard si, en 1998, Armagh a également servi de cadre aux accords de paix sur l'Irlande du Nord.

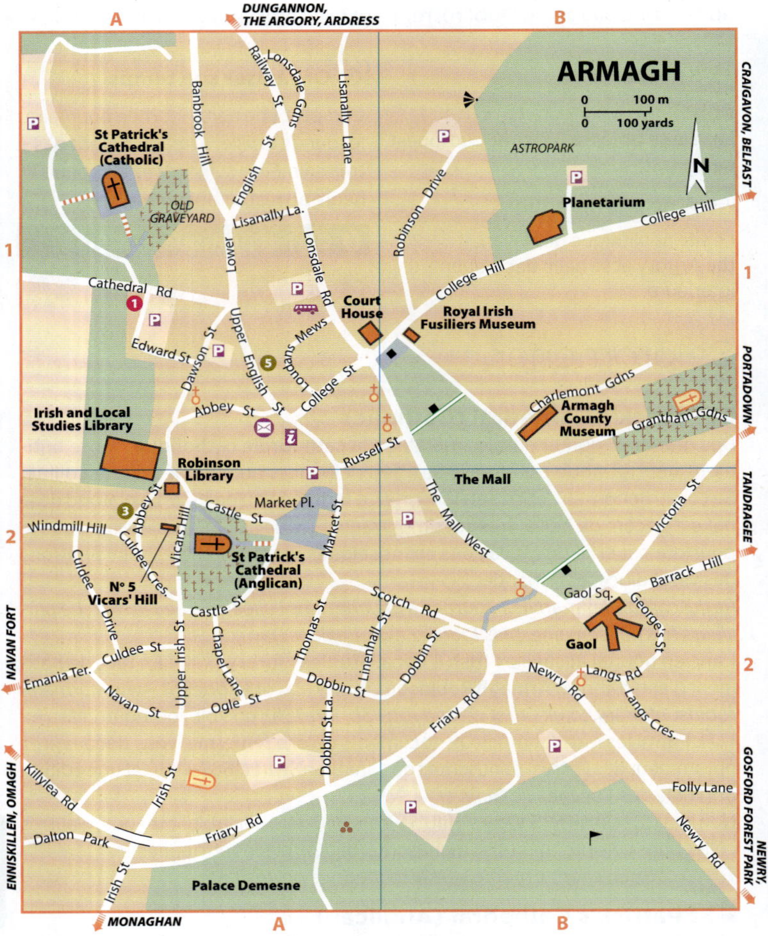

SE RESTAURER
Mulberry Bistro............ 1

SE LOGER
Armagh City Youth Hostel... 3
Charlemont Arms Hotel..... 5

ancienne, domine la ville du sommet d'une colline. C'est en ce lieu que saint Patrick aurait érigé la première église d'Armagh au 5e s. Plus tard, en 1014, le roi celte Brian Ború et son fils y furent enterrés après la bataille de Clontarf contre les Danois *(voir « Histoire », p. 520)*. Les plans de l'église actuelle le datent de 1268, mais elle fut détruite 17 fois et chaque fois restaurée. À l'intérieur, vous admirerez des **monuments funéraires** en marbre blanc des 17e et 18e s.

Autour du Mall B1-2

Dans la partie basse de la ville, ce vaste espace vert est bordé, au nord, par l'élégante **Court House** (AB1), palais de justice de style georgien précédé d'un péristyle et, au sud, par la **Gaol**, l'austère prison installée dans une ancienne caserne.
Royal Irish Fusiliers Museum – *À l'angle du Mall et de College Hill - ✆ 028 375 229 11 - tlj sf w.-end 10h-12h30, 13h30-16h - gratuit.* Si vous vous intéressez à l'histoire militaire du Royaume-Uni, allez jeter un œil à ce musée. Vous y verrez de belles collections d'uniformes et des souvenirs militaires relatant l'histoire du régiment fondé en 1793, qui s'illustra dans toutes les guerres de l'Empire britannique.
Armagh County Museum – *Sur le côté est du Mall - ✆ 028 375 230 70 - lun.-vend. 10h-17h, sam. 10h-13h, 14h-17h - gratuit.* Installé dans un bâtiment aux allures de temple grec coincé entre de beaux immeubles georgiens, cet intéressant petit musée présente des collections d'ustensiles domestiques, d'uniformes, de costumes et de bijoux du 19e s., dont un amusant collier réalisé à partir de boîtiers de montres, ainsi que des objets de l'âge du bronze.

Armagh Planétarium B1

College Hill - ✆ 028 375 236 89 - www.armagh.space - lun. 10h-14h, mar.-dim. 10h-17h - fermé le dim. de sept. à juin - 8 £.
Sous une coupole de 15 m de diamètre, construite en 1968 près de l'observatoire de 1789, visite guidée du cosmos grâce à des moyens ultramodernes.

★ Palace Demesne AB2

Au sud de la ville, sur Friary Road, l'ancien domaine du palais de l'archevêque anglican d'Irlande abrite à présent les bureaux de la municipalité. On y accède par une allée bordée, à gauche, par les ruines d'un monastère franciscain.
Promenez-vous dans les jardins autour du palais et de la **Primate's Chapel**, chapelle privée de style classique du Primat de l'Église d'Irlande. Des espaces de jeux, des aires de pique-nique et un **jardin des sens** pour personnes non voyantes font de l'endroit un lieu très apprécié des habitants de la région.
Si vous avez plus de temps à y consacrer, ne négligez pas cette région agréablement boisée et encore préservée.

À proximité

CARTE II P. 386-387

★ Navan Fort E2

À 3 km à l'ouest d'Armagh par l'A 28 en direction de Killylea
Visitor Centre – *✆ 028 375 296 44 - 10h-17h - fermé lun. - dernière entrée 1h av. fermeture - 8 £ (enf. 5 £.*
Selon les historiens, ce site correspondrait à celui d'Emain Mhacha, l'antique capitale celtique décrite dans les récits mythologiques du cycle d'Ulster. Des fouilles entreprises dans les environs ont toutefois démontré que Navan était habité, bien avant l'arrivée des Celtes, par des chasseurs du mésolithique voici 5 000 ans. Le **fort**★, construit vers 1100 av. J.-C., fut tour à tour un lieu sacré et un ouvrage

défensif entouré d'un fossé. Il se présente aujourd'hui sous la forme d'un tumulus dominant la campagne environnante.
Le **Visitor Centre★** propose une vidéo (dont une version en français) sur le travail des archéologues. Une exposition montre un certain nombre de vestiges trouvés sur place. La découverte la plus surprenante est le crâne d'un singe d'Afrique du Nord dont nul ne sait comment il est arrivé ici voici près de 2390 ans. De nombreuses activités et une immersion dans le quotidien des légendes et du folklore celtes.

Gosford Forest Park F2

À Markethill, à 11 km au sud-est d'Armagh par l'A 28.
028 375 512 77 - de 10h à la tombée de la nuit - 5 £/voiture.
C'est l'un des plus agréables parcs forestiers d'Irlande du Nord, aménagé sur un domaine de 240 ha ayant appartenu aux comtes de Gosford. Le **château**, détruit par un incendie, fut remplacé au début du 19e s. par l'actuelle bâtisse de style néonormand *(demeure privée)*.
Le parc possède de nombreuses **essences rares** du monde entier, dont de majestueux cèdres de l'Himalaya, ainsi qu'une basse-cour.

★ Ardress House F2

À Annaghmore, 11 km au nord-est d'Armagh par la B 77.
028 877 847 53 - www.nationaltrust.org.uk/ardress-house - mars-sept. : w.-end et j. fériés 12h-16h - 6,60 £.
Au cœur de la campagne boisée, cette élégante demeure appartenait à l'architecte dublinois George Ensor, qui l'acquit par mariage en 1760 et transforma ce qui n'était qu'une modeste ferme en belle gentilhommière. L'intérieur a conservé sa décoration et son riche mobilier Chippendale d'origine. Vous admirerez aussi la finesse des **stucs du salon** et les splendides **cristaux** irlandais.
La cour de ferme, encadrée de dépendances où sont exposés des outils agricoles traditionnels, ne manque pas d'animation, avec ses cochons, poules, canards, chèvres et poneys.

★ The Argory EF2

À 3 km d'Ardress House en suivant le fléchage ou à 16 km au nord d'Armagh par l'A 29 (puis suivez le fléchage sur la droite à l'entrée de Moy).
www.nationaltrust.org.uk - juil.-août : 10h-17h; mars-juin : jeu.-dim. 12h-16h - 7,20 £.
Cette belle résidence de pierre blanche, sertie dans l'écrin de verdure d'un vaste domaine boisé au bord de la Blackwater River, date de 1824. Elle fut durant quatre générations la propriété de la riche famille Bond, qui la décora avec amour.
Son intérieur n'a pas changé depuis le début du 20e s. La cuisine, les salons et la bibliothèque présentent un mélange de raffinement bourgeois et d'élégance rustique illustrant les mœurs de l'aristocratie britannique au 19e s. La principale attraction est, à l'étage, l'élégant **orgue de Barbarie★** en état de marche.
À l'extérieur, les jardins offrent à la belle saison d'agréables possibilités de promenade, avec notamment une superbe **roseraie★**.

Carnet pratique

PLAN P. 416

S'informer

Armagh Information Centre – A1 - *40 Upper English St. - www.visitarmagh.com.*

Adresses utiles

Poste – A1 - *26-28 Barrack St.*
Banque – Distributeurs aux 11 Upper English St. (A1) et 74-76 Scotch St (AB2).

Arriver/Partir

En bus – *www.translink.co.uk.* Gare routière sur Lonsdale Rd, au nord du Mall, près de Court House. 15 bus/j. (8 le sam. et 4 le dim.) pour Belfast (1h15 à 2h10).

Nos adresses

PLAN P. 416

Restauration

Premier prix

1 **Mulberry Bistro** – A1 - *6 Cathedral Rd - ✆ 028 375 101 28 - www.hini.org.uk - P - 9h-20h, dim. 9h-15h - plats 8/12 £.* Des préparations simples mais parfaites, servies tout au long de la journée, et qui font la part belle aux produits locaux. Cadre et accueil chaleureux.

Boire un verre

Harry Hoots – *147 Railway St. (dans le quartier de l'ancienne gare) - ✆ 028 375 221 03.* L'endroit le plus jeune et le plus animé avec musique *live* ou DJ le w.-end.

Activités

Armagh County Golf Club – *7 Newry Rd - ✆ 028 375 258 61 - www.golfarmagh.co.uk.* Green fees : 35/50 £. 18 trous sur un parcours boisé classique.

Hébergement

Premier prix

3 **Armagh City Youth Hostel** – A2 - *45 Abbey St. - ✆ 028 375 118 00 - www.hini.org.uk - ♿ P - fermé nov.-mars - 58 lits 18/22 €, ch. 36/65 €.* Une auberge de jeunesse très confortable (sdb et télévision dans les chambres doubles), dans un bâtiment moderne proche du centre. Possibilité de cuisiner, de laver son linge, de louer des vélos, etc.

Budget moyen

5 **Charlemont Arms Hotel** – A1 - *57-65 English St. - ✆ 028 375 220 28 - www.charlemontarmshotel.com - ♿ ✕ P - 30 ch. 118/130 £ ☕.* Petit hôtel bien rénové et très confortable en centre-ville. À ne pas confondre avec la Charlemont House.

Fairylands Country House – A2 EN DIR. - *25 Navan Fort Rd - ✆ 028 375 103 15 - www.fairylands.ie - P - 5 ch. 75 £ ☕.* Maison moderne construite dans le style georgien où vous trouverez des chambres claires, vastes et très bien tenues mais sans charme particulier.

Charlemont House – A1 EN DIR. - *4 The Square - Moy (11 km au nord d'Armagh par l'A29) - ✆ 075 1693 040 - www.charlemonthouse.com - P - 10 ch. 75/95 £ - ☕.* Vieille et vaste maison de village dont les chambres et les salons, décorés avec toutes sortes d'antiquités, ont un charme fou. Une excellente adresse.

La péninsule d'Ards ★★

Strangford Lough

À moins d'une heure de route de Belfast, Ards Peninsula vous offre le charme de sa nature et de ses belles demeures. La côte est, la plus exposée au vent et la plus sauvage, présente une succession de criques où se nichent quelques petits ports de pêche. La côte du Strangford Lough longe, quant à elle, un golfe peu profond qui communique par un goulet avec la mer où la riche faune aquatique vit au rythme des puissantes marées. Très tôt colonisée par les Vikings, la région n'a conservé que quelques noms de cette époque.

Se repérer

CARTE II H1-2 (P. 386-387) - CARTE DE STRANGFORD LOUGH CI-CONTRE.

Cette langue de terre de 40 km de long sur 5 à 10 de large s'étire du nord au sud entre la mer d'Irlande, à l'est, et le Strangford Lough, à l'ouest, auquel on accède de Belfast (16 km) par l'A2 qui longe la côte.

À ne pas manquer

Une soirée dans les pubs de Bangor; une promenade dans les jardins de Mount Stewart; une halte au sommet de la Scrabo Tower à Newtownards.

Organiser son temps

Comptez une journée pour faire le tour de la péninsule. Logez plutôt à Bangor si vous souhaitez profiter de l'animation nocturne.

Carnet pratique p. 426

Nos adresses p. 426

Circuit conseillé

CARTE II (P. 386-387) ET CARTE CI-CONTRE

Le tour de la péninsule H1-2

Circuit de 90 km, tracé en violet sur la carte ci-contre. Départ de Bangor, au nord de la péninsule.

Si vous avez le temps, la douceur de ses paysages mérite une découverte plus approfondie, que vous savourerez au cours d'une randonnée à vélo.

Bangor H1

Tower House – *34 Quay St. - ✆ 028 912 700 69 - www.visitardsandnorthdown.com.*

Il ne reste pratiquement aucun signe visible de l'important passé religieux de ce port qui fut, au 6e s., un centre monastique notable avant d'être pillé et détruit par les Vikings. C'est au 17e s. que des colons venus d'Écosse fondèrent la ville actuelle en développant son port et l'industrie textile.

Bangor est aujourd'hui une cité balnéaire agréable et animée qui rappelle les stations de la côte normande, avec sa marina, sa plage de sable de **Ballyholme** et ses hautes maisons victoriennes bâties à flanc de colline dominant la mer. La ville regorge de pubs sympathiques et de coquets B & B qui en font une bonne base pour partir à la découverte de la péninsule.

BANGOR
DONAGHADEE
BELFAST
HILLSBOROUGH
ROWALLANE GARDENS
BELFAST
ROWALLANE GARDENS
NEWCASTLE
NORTH CHANNEL
Somme Heritage Centre
Newtownards
Movilla Abbey
Ballycopeland
Millisle
Scrabo Country Park
Comber
Ballyferis Point
★★ Ards
MOUNT STEWART ★★★
Temple of the Winds ★★
Ballywalter
Greyabbey
Ballywalter Park
Castle Espie Centre
★★ Strangford
Peninsula
Mahee Castle
Mahee Island
Nendrum Monastery ★
Sketrick Castle
Ballyhalbert
Kircubbin
Eurr Point
Lough
Portavogie
Cloghy
Killyleagh ★
Delamont Country Park
Audley's Castle
Quoile Countryside Centre
Cairn
Strangford
Portaferry
Kearney
★★★ CASTLE WARD
IRISH SEA
Inch Abbey
Quoile
Raholp
St Tassach's Church
Saul
Slieve Patrick
Kilclief
Downpatrick ★
Struell Wells
Ballyquintin Point
Ballynoe ★ Stone Circle
Killard Point
N
Lecale Peninsula ★
Ballynoe
Ardglass
STRANGFORD LOUGH
0 5 km
0 3 miles
A 48
A 21
A 20
A 22
A 2
B 5
A 7
B 2
A 25
B 1

Si vous souhaitez vous attarder à Bangor, rendez-vous dans le **château** aménagé en hôtel de ville, au sud de la marina, pour visiter son musée.
North Down Museum – *✆ 028 912 712 00 - www.northdownmuseum.com - 10h-16h, dim. 12h-16h - fermé lun. (sf en été) - gratuit.* Ce petit musée aménagé dans un bâtiment de style néo-Renaissance vous invite à découvrir Bangor de la préhistoire à nos jours, et présente une belle collection d'objets d'Extrême-Orient. Le fleuron du musée : les trois épées de l'âge de bronze découvertes à Ballycroghan.
Castle Park – *de mai à mi-sept. : lun.-jeu. 10h-20h, vend.-dim. 10h-18h - gratuit.* Une courte marche à travers le parc conduit à un charmant jardin victorien, bien caché derrière un mur de 4 m de hauteur, le **Bangor Castle Walled Garden**, qui était, à l'origine, le potager du château.
Suivez l'A 48 pour atteindre Donaghadee, à 10 km au sud-est de Bangor.

Donaghadee H1

Ce joli port aux maisons blotties autour d'une rade bien protégée fut jusqu'au milieu du 19e s. le principal point de liaison de l'Irlande du Nord avec l'Écosse. Supplanté par Larne, Donaghadee continue cependant d'accueillir de nombreux bateaux de plaisance.
La **motte** dominant la localité servit de position défensive à l'âge du bronze et de point de guet à l'époque normande, avant d'accueillir au début du 19e s. une poudrière, aujourd'hui en ruine, où l'on stockait les explosifs qui ont servi à l'aménagement du port. Ses abords ont été transformés en jardin public et, du sommet, vous profiterez d'une belle perspective permettant d'apercevoir l'Écosse et l'île de Man par temps clair.
Les îles les plus proches de la côte sont les **Copeland Islands**. La plus grande, jadis habitée, est à présent le paradis des moutons et de quelques heureux propriétaires de résidences d'été.
Une réserve ornithologique a été aménagée sur **Lighthouse Island**, où l'on aperçoit aussi quelques phoques *(pas d'accostage)*.
Sortez de Donaghadee par l'A 2 en direction de Portaferry, faites 4 km jusqu'à Millisle, puis prenez la B 172 sur la droite pendant 1,5 km.
Ballycopeland Windmill *(mar.-sam. 10h-18h, dim. 14h-18h - fermé en hiver - gratuit)* est le plus vieux moulin à vent d'Irlande du Nord (18e s.). Ses ailes ont tourné jusqu'en 1915. Fort bien restauré et en état de marche, il ne se visite pas, contrairement à la maison du meunier aménagée en petit musée.

La route côtière H1-2

Elle longe quelques plages de sable avant d'arriver à Ballywalter, petit port un peu endormi à l'écart duquel se trouve le **Ballywalter Park** *(15,50 £ - réserv. obligatoire sur www.ballywalterpark.com)*, ensemble de bâtiments victoriens entourés d'un beau jardin où poussent de nombreuses espèces de rhododendrons. Le droit d'entrée est plutôt cher par rapport à l'intérêt de la visite mais, en été, vous pourrez vous y arrêter pour acheter des fraises que vous aurez cueillies vous-même.
Quatre kilomètres plus loin, en traversant le village de **Ballyhalbert**, vous apercevez les ruines d'un château normand et d'une église. Puis vous atteignez l'actif port de **Portavogie** dont les chalutiers sont spécialisés dans la pêche à la crevette et au hareng, en vente sur le quai au retour des bateaux.
Vous longez la belle plage de sable de **Cloghy**, près de laquelle se trouve un parcours de golf renommé, avant de gagner **Kearney**, minuscule hameau de pêcheurs aux cottages systématiquement restaurés.
Traversez ensuite la pointe sud de la péninsule pour rejoindre Portaferry.

Portaferry H2

Ce charmant port est le point d'embarquement du **bac** qui traverse l'entrée du Strangford Lough pour rejoindre Strangford, sur la rive du comté de Down *(dép. ttes les 30mn de 7h30 à 22h30 ; horaires réduits le w.-end - 1 £/piéton ; 5,80 £/ véhicule - rens. : www.nidirect.gov.uk/articles/strangford-ferry-timetable).* C'est d'ailleurs en arrivant de Strangford que l'on bénéficie de la plus belle vue sur Portaferry, village aux maisons colorées qui possède quelques demeures georgiennes dominées par une austère maison forte crénelée du 16ᵉ s., le **Portaferry Castle**.

★ **Exploris** – ✆ *028 427 280 62 - www.explorisni.com - tlj 10h-17h - dernière entrée 16h - 11,70 £.* Ce centre marin passionnant explique, grâce à plusieurs expositions interactives, la complexité de la vie aquatique dans la mer d'Irlande et le Strangford Lough, où les espèces vivent au rythme des marées qui déplacent 400 millions de litres d'eau à chaque flux et reflux. La principale attraction consiste en un aquarium de plein air dans lequel les poissons évoluent à partir d'une grotte sous-marine.

Longez ensuite la rive est du Strangford Lough, par l'A 20 vers le nord en direction de Bangor, pendant 20 km.

Greyabbey H2

Ce village renommé pour ses boutiques d'antiquaires doit son nom à une **abbaye cistercienne**★ *(www.greyabbeyhouse.com - avr.-sept. : lun.-vend. 8h30-20h, sam.-dim. 10h-20h ; oct.-mars : dim. 10h-16h)* située sur la route de Ballywalter. Édifiée en 1193 par Affreca, l'épouse du Normand Jean de Courcy, elle constitue le plus ancien témoignage d'architecture gothique en Irlande. La plupart des bâtiments furent détruits à l'époque de la Réforme. De l'église abbatiale, il subsiste le portail, le cloître et la salle capitulaire, construits en blocs de grès rose. Le centre d'accueil présente une intéressante exposition sur la vie monacale, et la reconstitution d'un **jardin de plantes médicinales** où poussent des spécimens identiques à ceux utilisés par les religieux.

Reprenez l'A 20 en direction de Bangor sur 4,5 km jusqu'à Mount Stewart.

★★★ Mount Stewart H2

✆ 028 427 883 87 - www.nationaltrust.org.uk/mount-stewart - le domaine comprend les jardins, la résidence et le temple des vents - jardins ouv. mars-oct. : 10h-16h30 ; nov.-fév. : 10h-16h - résidence ouv. mars-oct. : 11h-16h ; nov.-déc. : w.-end 11h-15h ; janv.-fév. : fermé - temple des vents ouv. mars.-oct. : dim. 14h-17h - Attention, horaires à vérifier car très changeants - 12,10 £.

Des moines bons vivants

Si la règle cistercienne fut créée par saint Bernard pour rétablir l'austérité de la vie monacale, les religieux de Greyabbey en faisaient une interprétation très particulière. Les livres de comptes de l'abbaye révèlent qu'au Moyen Âge, les moines, plutôt riches, vivaient confortablement de l'élevage et de la pêche dans le Strangford Lough. Pour accompagner le fromage et les poissons, ils buvaient aussi beaucoup de bière qu'ils brassaient eux-mêmes. À l'occasion, la bière leur servait aussi à payer leurs employés en liquide. Ainsi, un servant profane de l'abbaye recevait environ 80 litres de bière par semaine pour lui-même et sa famille.

7

Cette demeure aristocratique et les jardins qui l'entourent constituent l'un des sites les plus merveilleux de toute l'Irlande. Le domaine doit son nom aux Stewart, famille originaire d'Écosse qui s'implanta en Ulster au 17e s. et dont l'un des descendants fut anobli en 1816 sous le titre de marquis de Londonderry. La résidence dans son état actuel date de cette époque et fut, pour l'essentiel, conçue par l'architecte londonien George Dance qui, pour la petite histoire, était l'amant de la belle-sœur du marquis de Londonderry.

Élevé à la fin du 18e s. par le premier marquis, le **temple des vents★★** (Temple of the Winds) *(accessible à pied par une allée sur la droite après l'entrée principale)* faisait partie d'un projet d'ensemble qui demeura inachevé. Imitant le temple d'Éole à Athènes pour servir de lieu de plaisir et de salle des banquets, son élégante silhouette classique se dresse sur un promontoire dans un endroit idyllique face au Strangford Lough. Admirez les **parquets★** en marqueterie de différentes variétés de pins retrouvés dans les tourbières alentour. Au sous-sol, les logements des domestiques, sombres et exigus, vous éclaireront sur les écarts sociaux qui prévalaient à cette époque.

Construite en pierre sombre dans le style néoclassique, la **résidence★★★** est composée d'un corps central flanqué de deux ailes. Encore habitée de temps à autre par les propriétaires, elle possède des galeries de portraits, des collections de porcelaines et un mobilier anglais et irlandais d'une prodigieuse richesse. L'une des pièces du rez-de-chaussée est dédiée au fils du premier marquis de Londonderry, qui représenta la Couronne britannique au congrès de Vienne en 1815. Une partie du mobilier fut utilisée par les délégués au Congrès, et vous y verrez une miniature figurant les participants, avec, entre autres, la signature du Français Talleyrand.

Les **jardins★★** qui entourent la résidence furent réalisés à partir de 1920 par Edith, l'épouse du septième marquis. Ils sont constitués d'une profusion d'espèces végétales rapportées du monde entier, qui s'épanouissent grâce au microclimat du Strangford Lough. Des allées bordées d'ifs et agrémentées de sculptures contournent des plans d'eau et conduisent à une série de jardins à thème : jardin à l'italienne, à l'espagnole, bois aux lis, jardin encaissé, jardin en trèfle ou terrasse du dodo, du nom du gros oiseau aujourd'hui disparu de l'île Maurice. L'immense variété de la végétation permet une floraison continue qui rend la visite très agréable du début du printemps à la fin de l'automne.

Newtownards H2

Cette ville active et commerçante qui possède un hôtel de ville de style georgien ne présente qu'un intérêt pratique.

Somme Heritage Centre – *233 Bangor Rd (à 2 km au nord par l'A 21 - ✆ 028 918 232 02 - www.irishsoldier.org - juil.-août : tlj sf dim. 10h-17h ; avr.-juin et sept.-nov. : lun.-jeu. 10h-16h, sam. 11h-16h ; déc.-mars : lun.-jeu. 10h-16h - 8,50 £.* Si vous vous intéressez à l'histoire de la Première Guerre mondiale, un parcours audioguidé, illustré par une exposition de souvenirs, rend hommage aux combattants irlandais, catholiques ou protestants, ayant participé à la bataille de la Somme.

Pour des loisirs plus bucoliques, dirigez-vous vers le

Scrabo Country Park – *Au sud de la ville sur la route de Comber - gratuit.* Scrabo Hill est une colline d'origine volcanique dont la pierre, de couleur noire, a été abondamment extraite dans les carrières environnantes pour servir, entre autres, à la construction de Mount Stewart. Au sommet se dresse la **Scrabo Tower**, tour en lave noire érigée en 1857, en hommage à l'action du troisième marquis de Londonderry en faveur des victimes de la famine. L'endroit aménagé en parc naturel présente une **vue★★** exceptionnelle sur le Lough et les Mourne Mountains, au sud. Dans le

Les jardins de Mount Stewart.
Ch. Boisvieux/hemis.fr

lointain, au nord, vous apercevez Belfast. La tour propose une petite **exposition** *(de Pâques à sept. : sam.-jeu. 10h30-18h - 3 £)* consacrée à l'histoire du Strangford Lough et à son milieu naturel.
La rive ouest du Strangford Lough, plus sauvage et d'un accès moins aisé, est constellée de petites îles qui accueillent une abondante faune ornithologique.
Quittez la ville par l'A 21, en direction de Comber, au sud-ouest, et dépassez le village de 4 km en suivant l'A 22.

Castle Espie Wetland Centre H2

www.org.uk/wetland-centres/castle-espie - 10h-17h - 9,40 £.
Cette **réserve naturelle** pour les oiseaux migrateurs est aménagée dans les mares formées sur d'anciennes carrières, près des rives du Strangford Lough. C'est en mai-juin et, surtout, à l'automne que les oiseaux des régions arctiques y font escale. Le centre d'accueil fournit d'abondantes explications sur la faune ornithologique et le phénomène des migrations.
Poursuivez vers l'est pendant 2 km sur la route qui s'insinue sur une presqu'île.

★ Nendrum Monastic Site H2

028 908 232 07 - juil.-sept. : 10h-17h - horaires à consulter pour le reste de l'année - gratuit.
Ce site chrétien primitif, situé sur Mahee Island, est rattaché à la terre ferme par une chaussée. Un monastère dont la fondation est attribuée à saint Mochaoi y fut construit au 7e s. avant d'être détruit par les Vikings puis remplacé au 12e s. par un couvent bénédictin. Des fouilles ont permis de mettre au jour l'enceinte du monastère primitif et des cellules de moines. Les restes d'une **église** médiévale et une **tour ronde** donnent à cet endroit empreint de calme un caractère romantique.

Carnet pratique

S'informer

Ards Visitor Information Centre – *31 Regent St. - ✆ 028 918 268 46 - www.visitardsandnorthdown.com.*

Adresses utiles

Banque – Distributeurs à Bangor et Newtownards.

Poste – Bureaux à Bangor *(143 Main St.)*, Newtownards *(Ards Shopping Centre)*, Ballyhablbert, Ballywalter, Donaghadee, Greyabbey et Portaferry.

Arriver/Partir

En train – La gare de Bangor se trouve sur Abbey St., dans le centre-ville. Départs de Belfast Central Station ttes les 30mn (30mn de trajet). La ligne relie aussi l'Ulster Park Museum.

En bus – *www.translink.co.uk.* La gare routière de Bangor se trouve à côté de la gare ferroviaire. Bus de/vers Belfast Laganside. Bus pour Ballywalter *via* Millisle et Donaghadee (10 bus/j. en sem.). Du Laganside Bus Centre à Belfast, bus réguliers vers Newtownards (40mn de trajet) et Donaghadee (1h). On peut aussi rejoindre Portaferry (1h30) *via* Newtownards, Greyabbey, Ballywalter, Ballyhalbert et Portavogie.

Agenda

Aspects Festival – *www.aspects festival.com.* À Bangor, 10 j. à la mi-sept. Un programme éclectique qui met à l'honneur la poésie, la musique, le roman, le théatre et l'écriture pour tous.

Nos adresses

Restauration

Holywood

Pour se faire plaisir

Noble – *127 a Church Rd (entre Belfast et Bangor à l'écart de l'A2) - ✆ 028 904 256 55 - www.noble holywood.com - jeu.-sam. midi et soir, dim. 13h-18h30 - 30/49 £.* Ce restaurant compact offre un service chaleureux et authentique, dans une salle à manger joyeusement animée. La carte met à l'honneur des produits locaux soigneusement mitonnés. Bon rapport qualité-prix.

Bangor

Premier prix

Imperial – *4 Central Av. - ✆ 028 914 630 46 - 11h-23h - fermé dim. - moins de 15 £.* Une bonne adresse pour une cuisine de brasserie goûteuse dans une ambiance animée.

Budget moyen.

Marine Court Hotel – *18-20 Quay St. - ✆ 028 914 511 00 - www.marinecourthotel.net - 7h-19h, jeu. 7h-20h, vend.-sam. 7h-20h30, dim. 8h-18h30 - 13/18 £.* Restaurant d'hôtel avec vue sur le port où l'on sert une cuisine variée (prédominance de viandes rôties).

The Boat House – *1A Seacliff Rd - ✆ 028 914 692 53 - www. boathousebangor.com - 12h30-22h, dim. 13h-20h - fermé lun.-mar. - 20/29 £, menu 70 £.* Une cuisine digne d'une expérience, pour se faire plaisir au rythme des saisons.

Donaghadee

Budget moyen

Grace Neill's Bistro – *33 High St. - ✆ 028 918 845 95 - www. graceneills.com - 11h30-23h, jeu. 11h30-0h, vend.-sam. 11h30-1h - 16/31 £.* L'annexe gourmande du pub, qui serait le plus vieux d'Irlande, propose une cuisine moderne dans un décor élégant.

Newtownards

Premier prix

The Parlour Bar & Restaurant – *4 Castle Pl. - ✆ 028 918 141 54 - www.theparlourbarnewtownards.co.uk - 11h30-0h, vend.-sam. 11h30-1h, dim. 12h-0h - 15/20 £.* Auberge traditionnelle servant une cuisine rustique de bon aloi.

Cafolla's – *10A Regent St. - Conway Square - ✆ 028 918 149 99 - 8h-17h - moins de 20 £.* Pour les amateurs de *fish & chips*.

Boire un verre

Bangor

Jenny Watts – *41 High St - ✆ 028 912 704 01 - www.jennywattsbar.com - 11h30-1h (lun.-mar. 23h), dim. 12h30-0h.* Ce pub, construit en 1780, a su se mettre au goût du jour sans perdre son âme.

Portaferry

Fiddlers Green – *10 Church St. - ✆ 028 427 283 93 - www.fiddlersgreenportaferry.com - 11h30-0h, lun.-merc. 11h30-22h.* Un bar populaire, avec musique *live*, un large choix de bières et une atmosphère amicale.

Activités

La **Strangford Lough Cycle Route** fait le tour du Lough sur 132 km. La section qui concerne la péninsule d'Ards entre Newtownards et Portaferry offre de belles vues sur la Mer d'Irlande. Informations sur : www.sustrans.org.uk/find-other-routes/strangford-lough-cycle-trail.

Hébergement

Bangor

Premier prix

Bridge House – *5 Bridge Rd - Helen's Bay (à 7 km de Bangor) - ✆ 028 918 535 92 - www.sleepbridgehouse.co.uk - P - 3 ch. 75 £ ☕.* Une maison de famille charmante dans un cadre bucolique à 15 km de Belfast. Les chambres sont cossues et au calme. Très beau parc et copieux petit déjeuner.

Budget moyen

The Salty Dog – *10-12 Seacliff Rd - ✆ 028 912 706 96 - www.saltydogbangor.com - ✕ - 15 ch. 100/175 £ ☕.* Beau boutique-hôtel en bord de mer aux chambres confortables.

Cairn Bay Lodge – *278 Seacliff Rd - ✆ 028 914 676 36 - www.cairnbaylodge.com - P - 7 ch. 120/175 £ ☕ - 2 nuits mini.* Une maison de famille charmante aux chambres vastes, calmes et claires. Somptueux petit déjeuner.

Portaferry

Premier prix

Barholm Portaferry Youth Hostel – *11 The Strand - Barholm - ✆ 028 427 299 67 - 50 lits 30/33 £ ☕, ch. 52/68 £ ☕.* Très agréable auberge de jeunesse disposant de quelques chambres doubles avec vue sur le Lough. Possibilité de cuisiner et de laver son linge.

Newtownards

Budget moyen

Ballycastle House – *20 AMount Stewart Rd (à 6 km au sud de Newtownards par l'A20) - ✆ 028 427 883 57 - www.ballycastlehouse.com - ⊭ P - 3 ch. à partir de 80 £ ☕; cottage à partir de 427 £/sem.* Jolie maison campagnarde recouverte de végétation et meublée avec goût. Les chambres ont beaucoup de charme. Bon petit déjeuner.

Edenvale House – *130 Portaferry Rd - ✆ 028 918 148 81 - www.edenvalehouse.com - P - 3 ch. 120 £ ☕.* Belle maison ancienne avec vue sur le Lough. Le mobilier victorien et les lits à baldaquin des chambres de l'étage donnent à l'endroit du caractère.

Downpatrick et la péninsule de Lecale ★

Les récits de sa vie nous rapportent qu'en 432, lorsque saint Patrick retourna dans le pays où il avait déjà passé six ans comme esclave, il pénétra à bord de son navire dans le Strangford Lough et finit par échouer non loin du village de Saul, à côté de l'actuel Downpatrick. C'est là qu'il revint mourir après avoir achevé sa mission, et sa tombe se trouve près de la cathédrale de Downpatrick. Au cœur d'une région vallonnée où abondent les vestiges historiques, ce haut lieu de l'histoire chrétienne irlandaise attire depuis des siècles les pèlerins irlandais, qu'ils soient catholiques ou protestants.

Se repérer

CARTE II GH2-3 (P. 386-387).
Situé à 37 km au sud-est de Belfast, Downpatrick donne accès à la péninsule de Lecale, au sud du Strangford Lough.

À ne pas manquer

Une soirée musicale au pub Mullan's à Downpatrick; le cercle de pierres de Ballynoe; le parc de Castle Ward; le panorama d'Audley's Castle.

Organiser son temps

Comptez 2h30 pour faire le tour de la ville à pied et prenez au moins une journée pour découvrir la région.

En famille

Conduire une locomotive au Downpatrick & County Down Railway; Castle Ward.

Carnet pratique p. 433

Nos adresses p. 433

Se promener

Downpatrick, qui regroupe de nombreux commerces et activités au service des campagnes environnantes, a su préserver un certain cachet dont vous goûterez le charme tranquille en arpentant ses rues pittoresques à flanc de collines ou le long du Strangford Lough.
La ville (10 000 hab.) s'articule autour de quatre rues principales qui grimpent abruptement depuis la place du marché. Le centre se trouve à la jonction d'English Street, d'Irish Street et de Church Street, formant une place en étoile dominée par le **Civic Centre**. Cet immeuble victorien en brique, qui fut l'hôtel de ville, accueille un centre d'expositions *(10h-16h30)*, des salles de spectacle et une agréable cafétéria.

Autour de la cathédrale

★ English Street

Face au Civic Centre, la rue la plus typique de la ville monte vers la cathédrale. Elle a conservé son alignement de belles maisons mitoyennes de style georgien, avec leurs portes aux élégants pilastres.
En suivant la rue, vous verrez sur votre droite l'élégante façade de **Court House** (palais de justice), qui a subi d'importantes restaurations après un attentat à la bombe en 1971.

Le Mall

Un peu plus loin, English Street s'élargit et devient le Mall, bordé en contrebas sur la gauche par les bâtiments en brique de la **Southwell Foundation**. Édifié en 1733 pour accueillir un hospice et des écoles, c'est à présent un immeuble d'habitation.

Down County Museum

The Mall - ✆ 028 446 152 18 - www.visitmournemountains.co.uk/museums - merc.-vend. 10h-16h - gratuit.

De l'autre côté du Mall s'élève l'ancienne prison du comté, une imposante construction en pierre du 18e s., où fut pendu en 1803 Thomas Russell, l'un des chefs de la rébellion de 1798. Il abrite à présent un musée. Le bâtiment central renferme des collections sur l'histoire du comté de Down, de la préhistoire à nos jours, tandis que des personnages de cire montrent les conditions de détention dans les cellules de l'ancienne prison.

★ Down Cathedral (CATHEDRAL CHURCH OF THE HOLY TRINITY)

The Mall - www.downcathedral.org - 9h30-16h, dim. 13h-16h ; don conseillé. Dépliant en français.

L'imposante cathédrale, où l'on célèbre le culte anglican, domine le Mall. Détruits par un tremblement de terre, pillés par les Vikings, brûlés par les Écossais et mis à sac à nouveau par les Anglais, les bâtiments qui se sont succédé sur le site présumé de l'inhumation de saint Patrick ont totalement disparu. La cathédrale actuelle datant du début du 19e s. comporte quelques éléments plus anciens récupérés des ruines précédentes. À l'intérieur, vous remarquerez surtout le bel orgue du 18e s., le trône de l'évêque et le baptistère, réalisé à partir d'un abreuvoir médiéval.

À l'extérieur se dresse la réplique d'une **croix** en pierre sur laquelle sont sculptés quelques bas-reliefs bibliques difficilement déchiffrables (la croix originale, du 10e s., est conservée dans une extension du Down County Museum). Les fidèles viennent toujours se recueillir dans le cimetière près de la dalle de granit, posée au début du 20e s., censée recouvrir l'emplacement de la **tombe de saint Patrick**. Les abords de la cathédrale offrent une belle **vue★** sur la campagne environnante et sur la rivière Quoile. Dans la plaine, le monticule qui s'élève entre la rivière et la ville est le Mound of Down, l'un des ouvrages néolithiques les plus importants d'Ulster.

St Patrick Centre

St Patrick's Square, Market St. - ✆ 028 446 190 00 - www.saintpatrickcentre.com - lun.-sam. 9h-17h ; en juil.-août, ouv. aussi le dim. 13h-17h - 5,75 £.

Des restes controversés

Le seigneur normand Jean de Courcy, fondateur d'un monastère bénédictin édifié à l'emplacement de la cathédrale, aurait enterré à cet endroit des restes attribués à saint Patrick ainsi que ceux des deux autres saints préférés des Irlandais : sainte Brigitte et saint Columba. Si le *Book of Armagh*, exposé au Trinity College à Dublin *(voir p. 39)*, indique que saint Patrick reposerait sous la colline de Down, d'autres écrits prétendent que le saint fut inhumé à Saul. Quoi qu'il en soit, sa tombe « officielle » fait depuis des siècles l'objet d'un pèlerinage aussi bien des catholiques que des protestants.

La visite du centre permet de découvrir, à travers une exposition et un film, la vie de saint Patrick à Downpatrick avant qu'il ne devienne le saint patron du pays. Une immersion dans l'Irlande pré et post-chrétienne.

Downpatrick & County Down Railway

Market St. - ☏ 028 446 157 79 - www.downrail.co.uk - w.-end 12h30-17h (se rens. pour les autres jours) - 9 £ (4-17 ans 7 £), supp. pour voyager sur la plate-forme du conducteur 39 £.

À la gare de Downpatrick, on embarque pour un court *(10mn)* mais savoureux voyage à bord d'un train à vapeur qui roule jusqu'à Inch Abbey. Au retour, on visite le musée consacré au chemin de fer. Un véritable voyage dans le temps, au cours duquel petits et grands trouvent leur compte.

À proximité

CARTE II P. 386-387

Inch Abbey H2

À 3,5 km au nord par l'A 7, puis suivez le fléchage sur la gauche. Accès libre.

Les ruines romantiques qui se dressent dans un pâturage sur une ancienne île de la Quoile appartiennent à une abbaye cistercienne érigée en 1180 par le Normand Jean de Courcy. Les vestiges les plus importants sont ceux de l'**église** de style anglais, caractérisé par de hautes fenêtres en ogive.

Saul H2

À 3 km au nord-est de Downpatrick (suivez la route fléchée). Accès libre.

L'endroit vous charmera surtout par la grâce du paysage. Une **église** en pierre, construite en pleine campagne en 1932, rappelle la légende selon laquelle saint Patrick aurait effectué ses premières conversions à cet endroit. Vous remarquerez quelques pierres tombales anciennes dans le cimetière entourant l'église.

Struell Wells H2

À 3 km au sud-est en direction d'Ardglass. Accès libre. Agréable aire de pique-nique à proximité.

Au creux d'un vallon rocheux, quelques édifices de pierre et une chapelle discrète sont associés à la mémoire de saint Patrick. Il s'agissait de **bains publics** alimentés par un cours d'eau. Ici, comme dans d'autres lieux sacrés, la vénération des anciens Celtes pour les rivières et les sources se confond avec l'héritage chrétien.

★ Ballynoe Stone Circle H3

À 5 km au sud par une petite route. Prenez un chemin assez mal indiqué sur la droite avant l'entrée du village de Ballynoe et marchez environ 500 m.

Au beau milieu d'un champ, ce **cromlech** ou « rond de sorcière », d'une centaine de mètres de diamètre, est l'un des plus beaux d'Irlande du Nord. Âgé de 4 000 ans environ, il est formé de deux cercles de pierres concentriques enserrant un petit tumulus dans lequel des restes humains calcinés ont été retrouvés.

Delamont Country Park H2

À 8 km au nord par l'A 22 et suivez le fléchage sur la droite avant Killyleagh. www.delamontcountrypark.com - de 9h à la tombée de la nuit - 5 £/voiture. Cafétéria, aires de jeux et de pique-nique.

Profitez de la sérénité de ce magnifique endroit aménagé en parc naturel et en **réserve ornithologique** sur les rives du Strangford Lough.

À 2 km au nord, les tourelles Renaissance du très pittoresque **Killyleagh Castle★**

Les ruines de Inch Abbey.
Joaquin Ossorio-Castillo/Getty Images Plus

dominent le village du même nom. Malheureusement, cette demeure privée ne se visite pas.

Quoile Countryside Centre H2

12h-16h - gratuit.
Fermé par un barrage, l'estuaire de la Quoile forme un immense plan d'eau bordé de terrains marécageux où pousse en été une végétation luxuriante. C'est le paradis des oiseaux et d'autres espèces sauvages comme les loutres et les renards.
De retour sur l'A 25, continuez pendant 2,5 km en direction de Strangford jusqu'à Castle Ward.

★★★ Castle Ward H2

✆ 028 448 812 04 - www.nationaltrust.org.uk/castle-ward - château : 12h-18h (17h en avr.-mai et sept.-oct.) ; jardins : 10h-16h - 11 £, billet combiné maison et domaine.
Cette très belle demeure, bâtie dans un parc de toute beauté sur une hauteur dominant le Strangford Lough, a la particularité de posséder une façade de style palladien et l'autre de style gothique dit « Strawberry Hill ». Vous la connaissez peut-être sous le nom de… Winterfell *(voir Game of Thrones, p. 412)*.
Le **château** fut construit entre 1760 et 1775 pour la famille Ward, originaire d'Angleterre, dont les ancêtres avaient acquis le domaine des Fitzgerald de Kildare au 16ᵉ s. Il fut habité par la famille Ward jusqu'aux années 1950, et son intérieur, mélange de luxe aristocratique et de kitsch britannique, a conservé un certain caractère intime. Le hall d'entrée, qui est l'ancien salon de musique, est décoré de stucs rococo. Les salons, la salle à manger et les chambres de l'étage possèdent un bel ameublement victorien, et toutes les pièces du château sont décorées de nombreux tableaux de **peintres anglais** du 19ᵉ s. À noter aussi : le plafond du boudoir, ponctué de stucs façon… pis de vaches !
Les dépendances ont été aménagées en cafétéria et en salle de jeux, où les enfants peuvent se déguiser en habits victoriens et s'amuser avec des jouets de la même époque.

Castle Ward.
IIC/Design Pics RM/age fotostock

L'ancienne buanderie propose un **musée de la lingerie** où sont enfin révélés les dessous cachés de l'Angleterre victorienne...
Dans l'immense parc et les jardins à l'anglaise, à l'écart du château, s'étend un plan d'eau allongé appelé Temple Water, car en surplomb se dresse le **Temple★**, ravissant pavillon d'été construit sur le modèle d'un temple grec.
Dans le bas du parc, vers les rives du Strangford Lough, un chemin conduit vers **Old Castle Ward**, corps de ferme du 19e s. édifié à l'emplacement d'un château primitif du 17e s. dont il subsiste une tour crénelée. Une partie des bâtiments a été convertie en musée de la vie rurale avec démonstrations de sciage et de broyage du grain à l'ancienne. L'autre partie est occupée par le **Strangford Lough Wildlife Centre** *(℘ 028 448 814 11 - juil.-août : tlj sf jeu. 14h-18h ; avr.-juin et sept. : w.-end 14h-18h)*. Ce centre fournit une bonne documentation sur les 2 000 espèces animales qui peuplent le Lough.
Depuis Old Castle Ward, suivez le fléchage pendant 800 m vers Audley's Castle.

Audley's Castle H2

Accès libre.
Il s'agit d'une ancienne maison forte du 15e s., très ruinée, qui se dresse sur un promontoire offrant une belle **vue★** sur l'entrée du Strangford Lough. Un sentier à travers champs conduit à un **cairn**, petite tombe néolithique ceinte d'une clôture de pierre.
Revenez sur l'A 25.
Dans le port de **Strangford**, qui a donné son nom au Lough, attention à ne pas vous laisser bloquer dans la longue file de voitures qui attendent le bac pour Portaferry *(voir « Portaferry », p. 423)*.
De Strangford, la route côtière en direction d'Ardglass est très agréable et offre un spectacle saisissant sur les rochers qui émergent à fleur d'eau à marée basse. À 4 km au sud de Strangford, remarquez, sur le côté droit de la route, **Kilclief Castle** (H2) face à une crique de sable blanc. Cette maison forte *(ouv. en été - ℘ 028 908 232 07 - gratuit)* fut construite au 15e s. pour garder l'entrée du Strangford Lough.

Avant d'arriver à Ardglass, une route étroite sur la gauche conduit au **St Patrick's Well** (puits de saint Patrick), simple trou d'eau aménagé au pied d'un crucifix, où saint Patrick aurait procédé à ses premières conversions. Le lieu vaut surtout pour la beauté sauvage des rochers qui surplombent la mer.

Ardglass H3

Ce port de pêche très actif est protégé par un havre naturel fermé par un chapelet d'îlots. Dominant le port, une maison forte du 15ᵉ s., **Jordan's Castle**, jouxte ces constructions fortifiées plus récentes à l'entrée d'un parcours de golf.

Carnet pratique

S'informer

Downpatrick Tourist Information – *53A Market St. - ✆ 028 446 122 33 - www.saintpatrickcentre.com.*

Adresses utiles

Banque – Bureau de change à l'office de tourisme et distributeurs automatiques dans Market St.

Arriver/Partir

En bus – *www.translink.co.uk.* Gare routière sur Market St. Bus pour Belfast (28 dép./j., 15 le sam. et 6 le dim.), Strangford (12 dép./j. en sem., 5 le sam.) et Newcastle (20 dép./j en sem., 5 le sam. et 3 le dim.).

Nos adresses

Restauration

Downpatrick

Premier prix

Denvir's – *14-16 English St. - ✆ 028 446 120 12 - www.denvirs.com - 12h-20h30, vend.-sam. 12h-21h, dim. 12h-20h - 12/23 £.* Bonne cuisine de pub dans un cadre historique. Cette ancienne auberge a jadis accueilli Jonathan Swift et servait au 18ᵉ s. de lieu de réunion aux patriotes des United Irishmen. La famille Denvir a émigré aux États-Unis et a donné son nom à la ville de Denver.

Strangford

Budget moyen

Cuan – *6-12 The Square - ✆ 028 448 812 22 - www.thecuan.com - jusqu'à 20h, vend.-sam. jusqu'à 21h - 23/30 £.* Agréable restaurant de village proposant une goûteuse cuisine de la mer et des plats inspirés à partir de produits du terroir. Bonne carte des vins.

Ardglass

Budget moyen

Aldo's – *7 Castle Pl - ✆ 028 448 413 15 - 17h-21h, dim. 12h-21h - fermé lun.-merc. - 21/29,50 £.* Un bon restaurant de fruits de mer, réputé dans la région.

Boire un verre

Downpatrick

Mullan's – *48 Church St. - ✆ 028 445 122 27 - 11h-1h.* Plus connu sous le nom de Speedy's, l'endroit incontournable pour écouter de la musique traditionnelle.

Activités

Pêche

Quoile Countryside Centre est un bon endroit pour taquiner la perche, le brochet et l'anguille toute l'année, ainsi que la truite brune du 1er mars au 31 oct. Permis obligatoire.

Golf

Downpatrick Golf Course – *43 Saul Rd (à 2 km au nord-est de la ville) - ✆ 028 446 159 47 - www.stpatricksgolfclub.com - green fee : 35/60 £.* 18 trous sur un parcours champêtre classique.

Ardglass Golf Club – *Castle Pl. - ✆ 028 448 412 19 - www.ardglassgolfclub.com - green fee : 35/100 £ en sem., 50/200 £ le w.-end.* Sur une colline près du Jordan Castle.

Hébergement

Downpatrick

Premier prix

Castle Ward Caravan Park – *Strangford - ✆ 028 448 812 04 - www.nationaltrust.org.uk - 28 £ pour 2 pers., 1 tente et 1 voiture.* Dans le parc du château, un cadre merveilleux pour planter sa tente et profiter d'un bon équipement.

Budget moyen

Denvir's Hotel – *14 English St - ✆ 028 446 120 12 - www.denvirs.com - ✕ - 6 ch. 100/110 £ ☕.* Hôtel classique et confortable dans une maison georgienne datant de 1620, à deux pas de la cathédrale. Fait aussi pub et restaurant *(voir « Restauration »).*

The Mill – *3 Drumcullen Rd Ballydugan (à 5 km sur la N25 vers Newcastle) - ✆ 028 446 136 54 - www.ballyduganmill.com - P - 22 ch. à partir de 100 £ ☕.* Dans un ancien moulin, une halte vraiment bucolique sans être isolée, et une cuisine d'auberge très agréable. On peut aussi simplement y déjeuner ou prendre un café.

Ardglass

Budget moyen

Burford Lodge – *30 Quay St. - ✆ 028 448 411 41 - www.burfordlodgeguesthouse.com - ✕ P - 6 ch. à partir de 75 £ ☕.* Chambres simples mais confortables dans une *guesthouse* de style georgien avec loggia face au port. Possibilité de dîner.

Margaret's Cottage – *9 Castle Pl. - ✆ 028 448 433 28 - www.margarets-cottage.co.uk - 3 ch. 95/110 £ ☕.* Agréable B & B, d'un bon rapport qualité-prix, sur une hauteur dominant le port avec vue sur mer et le golf. Chambres coquettes (dont deux avec sdb commune), bon accueil et petit déjeuner sans reproche.

Les Mourne Mountains ★

Dominées par le Slieve Donard, le plus haut sommet d'Ulster qui culmine à 850 m, les Mourne Mountains sont avant tout le paradis des randonneurs et des promeneurs, qui peuvent les franchir à pied par l'Ulster Way. Des champs quadrillés par des murs de pierres sèches ourlent de sombres forêts de conifères; les chaos de pierres sont égayés par le violet éclatant des bruyères en fleur; au fond des vallées, l'eau des rivières à truites s'accumule dans de vastes lacs de barrage où se mirent les nuages en mouvement perpétuel, poussés par les vents océaniques.

Se repérer

CARTE II G3 (P. 386-387).
Bordé par la mer d'Irlande dans la partie la plus méridionale de l'Irlande du Nord, le massif ancien et compact des Mourne Mountains s'étend d'est en ouest entre la station balnéaire de Newcastle et le Carlingford Lough, à la frontière de la république d'Irlande, à une vingtaine de kilomètres au sud-ouest de Downpatrick par l'A 7 et l'A 2.

À ne pas manquer

Tollymore et Castlewellan Forest Park; l'ascension du Slieve Donard; la route panoramique du Slieve Gullion.

Organiser son temps

Prévoyez une journée à Newcastle, deux jours si vous souhaitez faire quelques balades à pied dans la région.

En famille

Faire résonner la cloche de la paix du labyrinthe de Castlewellan; suivre la promenade magique du Slieve Gullion Forest Park; visiter Seaforde et la maison aux papillons.

Carnet pratique p. 439

Nos adresses p. 440

Découvrir

CARTE II P. 386-387

Newcastle G3

Agréable station balnéaire, très fréquentée en été, Newcastle concilie les avantages de la mer et de la montagne. Au pied de l'imposante silhouette du Slieve Donard, au sommet souvent embrumé, cette ville s'étire le long d'une rue principale animée, parallèle à une belle plage de sable. La localité présente surtout un intérêt pratique et constitue une bonne base pour partir à la découverte des parcs et des montagnes environnantes.

Si vous n'avez pas le courage de partir à l'assaut des cimes, allez tout de même vous promener dans le **Donard Park**, au sud de la ville près de la Glen River. C'est de cet agréable parc public, en bordure d'une forêt de conifères, que tous les 25 juillet une procession monte jusqu'au sommet du Slieve Donard, du nom d'un apôtre de saint Patrick.

Slieve Donard – *Au départ du Donard Park, au sud de la ville.* Longez la rive gauche de la Glen River, puis passez sur la rive droite avant de regagner à nouveau la rive gauche que vous suivez pendant environ 3 km sur un chemin à travers la forêt. Vous bifurquez ensuite légèrement sur la gauche pour atteindre le **Mourne**

7

Wall, mur de pierre achevé en 1922, qui délimite le domaine de la **Silent Valley**. L'endroit offre une belle vue sur la mer. Partez ensuite à l'assaut du Slieve Donard, en suivant le mur qui grimpe jusqu'au sommet de la montagne. Par temps clair, le **panorama★★** sur Newcastle, la mer et les collines environnantes vous émerveillera.
Granite Trail – *www.walkni.com/walks/granite-trail-bogie-line-drinnee-var-loop - dép. au sud de la ville, à l'écart de l'A2 (au niveau de l'hôtel Harbour House Newcastle).* Ce circuit balisé d'à peine 4 km part à l'assaut du relief et traverse de belles zones naturelles, offrant quelques beaux panoramas sur la ville et la mer.

À proximité

CARTE II P. 386-387

★ Tollymore Forest Park G3

À 2,5 km au nord-ouest de Newcastle par la B 180.
De 10h à la tombée de la nuit - 028 437 224 28 - 5 £. Poss. d'hébergement, voir p. 441.
Ce vaste domaine de 500 ha traversé par la **Shimna River**, réputée pour ses saumons, fut en 1955 le premier parc forestier d'Irlande du Nord. Vous accéderez par une porte barbacane à une allée bordée de majestueux cèdres de l'Himalaya. Cette réserve est sillonnée de plusieurs sentiers pédestres très bien fléchés qui mènent à un arboretum, des grottes et des cascades, un lac où s'ébattent de nombreux palmipèdes, ainsi qu'à différents bâtiments anciens, dont une grange, la **Clanbrassil Barn**, convertie en centre d'information.
Une cafétéria, des aires de pique-nique, un terrain de camping et de caravaning font de l'endroit une halte très accueillante. Les fans de *Game of Thrones* y reconnaîtront certains décors de leur série préférée...

Murlough National Nature Reserve G3

À 3 km au nord-est de Newcastle par l'A 2. Accès possible à pied par le tronçon côtier de l'Ulster Way.
Du lever au coucher du soleil - www.nationaltrust.org.uk/murlough-national-nature-reserve - 5 £/voiture.
Véritable havre pour les oiseaux migrateurs, cette vaste presqu'île, enserrée entre la baie de Dundrum et un lagon, est parsemée de hautes dunes de sable à la végétation rase que sillonnent des chemins pédestres.

★ Dundrum Castle G3

À 6,5 km au nord-est de Newcastle par l'A 2.
028 908 232 07 - mai et sept. : tlj sf lun. 10h-17h ; juin-août : 10h-17h ; oct.-avr. : 10h-16h30, dim. 13h-16h30 - gratuit.
Les belles ruines dominées par les restes d'un **donjon** appartiennent à un château fort normand du 13e s., construit sur un pic rocheux. Sa position dominante en faisait un lieu d'observation idéal pour surveiller les navires se dirigeant vers la péninsule de Lecale et le Strangford Lough. L'endroit livre une **vue★★** saisissante sur la baie de Dundrum et son golfe intérieur, au nord, ainsi que sur la majestueuse silhouette des Mourne Mountains, au sud.

Dundrum Coastal Path G3

À 2 km au nord de Dundrum, quittez l'A 2 sur la droite pour rejoindre la côte.
www.walkni.com/walks/dundrum-coastal-path.
Si vos mollets préfèrent le terrain plat, suivez le chemin qui longe sur 2 km Dundrum Bay, peuplée de nombreuses espèces d'oiseaux, avant de rejoindre

Les Mourne Mountains.
C.Krieger/robertharding/age fotostock

l'A 2 près du village de Clough. S'il vous reste un peu d'énergie, faites encore 2 km jusqu'à Seaforde.

★ Seaforde Gardens G3

À 13 km au nord-est de Newcastle par l'A 2

028 448 112 25 - www.seafordegardens.com - de Pâques au 30 sept. : lun.-sam. 10h-17h, dim. 13h-18h - jardin seul 6,30 £, billet combiné 10,80 £.

Résidence de la famille Forde depuis plus de 400 ans, le jardin est d'une rare magnificence. Son labyrinthe est un cadeau d'anniversaire de mariage que s'offrirent Patrick et Lady Anthéa Forde. Patrick Forde parcourait le monde à la recherche d'*Eucryphia* à protéger, à choyer : la collection d'*Eucryphia* de Seaforde est désormais une collection nationale. Pour rêver ou pour enchanter les enfants, visitez les **serres tropicales** et la maison des papillons.

Castlewellan G3

À 6,5 km au nord-ouest de Newcastle par l'A 50.

Ce village calme qui s'étire le long d'une rue ombragée bordée de maisons du 18e s. est tout à fait charmant et possède quelques pubs accueillants. La **poste**, aménagée dans une boutique de vêtements pour enfants qui fait aussi bureau de tabac, est une vraie curiosité.

★★ Castlewellan Forest Park G3

À 1 km au nord de Castlewellan.

De 10h à la tombée de la nuit - 5 £. Aires de pique-nique.

Le lieu est enchanteur avec son imposant château *(fermé au public)* de style écossais du 19e s., qui domine un vaste lac très fréquenté par les pêcheurs. Ce grand domaine de 450 ha, propriété du ministère de l'Agriculture, possède un très bel **arboretum** protégé par les murs qui entourent Annesley Garden. Les bâtiments d'une ancienne ferme du début du 19e s., dont l'entrée est curieusement flanquée de deux aigles napoléoniens, sont transformés en cafétéria et centre d'information.

Trouvez votre chemin jusqu'à faire sonner la cloche de la paix au centre du **Peace Maze**, l'un des plus grands labyrinthe végétal du monde. Vous pourrez aussi faire le tour du lac en suivant le **Sculpture Trail**, sentier de 5 km, balisé par des sculptures modernes exécutées à partir de matériaux naturels provenant du parc.

Annalong Cornmill & Harbour Marine Park G3

À 12 km au sud de Newcastle par l'A 2.
028 437 681 23 - avr.-oct. : 14h-17h - fermé mar. - 3 £.
Alimenté par l'Annalong River, ce **moulin à eau** restauré est le dernier du genre parmi la vingtaine d'installations de la région qui servaient à moudre le grain ou à battre le lin. La visite permet d'observer le mécanisme des meules et des engrenages tels qu'ils fonctionnaient au 18e s. Un **parc de loisirs** a été aménagé près du port.

★ Silent Valley Reservoir G3

À 10 km à l'ouest d'Annalong. Reprenez l'A 2 sur 8 km, puis tournez à droite avant Kilkeel en dir. de la Silent Valley et faites 5 km jusqu'au parking. 3 bus/j. (ligne 34A) de la gare routière de Newcastle .
Mai-sept. : 10h-18h30 ; oct.-avr. : 10h-16h - voiture 5 £, moto 2,50 £, cycliste ou piéton 2 £.
C'est en 1933 que fut achevé le barrage construit sur la Kilkeel River, au terme de dix années de travaux sur un chantier qui employa jusqu'à 2 000 ouvriers. Le réservoir de 136 millions de m³ est destiné à alimenter en eau Belfast et le comté de Down. Plus au nord, un autre lac de barrage, le **Ben Crom Reservoir**, vint compléter ultérieurement l'entreprise. L'ensemble est clôturé par le Mourne Wall (26 km de long), construit au début des années 1920.
L'endroit se révèle un charmant lieu de promenade offrant de très belles **vues★** sur l'étroite vallée. Une exposition permanente organisée dans un centre d'information à l'entrée du domaine retrace l'histoire du barrage.

Kilbroney Park G3

À 14.5 km à l'ouest d'Annalong par l'A 2 sur 8 km, puis tournez à droite Gratuit. Restaurant et aires de pique-nique sur place.
Un agréable parc forestier a été aménagé sur les pentes du **Slieve Martin**, le sommet le plus méridional des Mourne Mountains. Des chemins conduisent à un beau **point de vue★** sur le Carlingford Lough et la Cooley Peninsula.
De retour sur la route principale, vous traversez **Rostrevor** (B3). Fin juillet, ce petit village connaît une animation fébrile avec le Fiddler's Green Festival qui accueille des groupes de musique traditionnelle *(rens. au Newry Tourist Information Centre)*.

Warrenpoint F3

Ce port animé, à l'extrémité nord du Carlingford Lough, constitue une étape plaisante grâce à ses nombreux pubs et restaurants qui bordent la place du village. Les maisons victoriennes alignées sur le front de mer font face aux eaux quelque peu troubles du Lough qui, pourtant, ne découragent pas les baigneurs téméraires en été.

Narrow Water Castle F3

À 3 km après la sortie de Warrenpoint en allant vers Newry. Il est possible d'y séjourner (voir « Hébergement » p. 441).
L'édifice dresse la silhouette de sa tour élisabéthaine crénelée au-dessus des eaux boueuses de la Newry River. Cette maison forte fut construite en 1650 pour accueillir la garnison chargée de contrôler l'entrée de la rivière.

Newry F3

À 11 km au nord de Warrenpoint par l'A 2.

Bagenal's Castle - ✆ 033 013 740 46 - www.visitmournemountains.co.uk.

Située dans le Comté d'Armagh, cette importante localité industrielle et commerçante présente un aspect plutôt austère. Elle conserve un curieux exemple de maison fortifiée, Bagenal's Castle, occupée par le **Newry and Mourne Museum**, un musée dédié à l'histoire locale *(Castle St. - www.visitmournemountains.co.uk/museums -10h-16h30 - fermé dim.-lun. - gratuit).*

★★ Slieve Gullion Forest Park F3

À 13 km au sud de Newry par la B 113 en direction de Forkhill.

www.ringofgullion.org - de 8h au coucher du soleil à la belle saison, parfois fermé le reste de l'année - gratuit.

Ne manquez pas la visite de ce site enchanteur et magique. À l'entrée du parc, une ancienne ferme aménagée en centre d'accueil propose une exposition sur le travail des forestiers. Vous pourrez également vous promener dans le joli **jardin clos** qui jouxte les bâtiments.

Le Slieve Gullion, qui culmine à 573 m, est entouré d'un anneau de collines d'origine volcanique, le Ring of Gullion, que l'on distingue en empruntant la **route panoramique★★** qui grimpe en serpentant à travers la forêt et les chaos de pierres. Au coucher du soleil, lorsque la lumière rasante fait ressortir les teintes mauves du granite qui contrastent avec le vert des fougères, le paysage baigne dans une atmosphère étrange. Celle-ci n'avait sans doute pas échappé aux hommes du néolithique qui ont construit deux **cairns** au sommet de la montagne. Vous pouvez y accéder à pied par un chemin balisé qui part sur la droite à mi-parcours de la route panoramique. Du sommet, la **vue★★** est à couper le souffle.

Bien d'autres sentiers pédestres et pistes cyclables sillonnent les environs. Un parc de jeux d'aventure, ainsi qu'un repaire... de trolls et de géants invite à des activités en famille !

Carnet pratique

S'informer

Newcastle Tourist Information Centre – *10/14 Central Promenade - ✆ 028 437 222 22 - www.visitmournemountains.co.uk.*

Adresses utiles

Banque – Nombreux distributeurs sur The Promenade à Newcastle et bureau de change à l'office de tourisme. Distributeurs aussi près de l'hôtel de ville de Newry.

Poste – Bureaux de poste à Newcastle *(6 Railway St.)* et Newry *(45-53 Hill St.).*

Arriver/Partir

En train

Gare ferroviaire de Newry – *Carnlough Rd (à 2 km au nord de la ville) - ✆ 028 302 692 71.* 3 trains/j. (7 le sam. et 4 le dim.) de la ligne Belfast-Dublin s'arrêtent à Newry. De Belfast (Great Victoria Station), comptez 1h de trajet jusqu'à Newry, puis 1h20 pour atteindre Dublin (Connolly Station).

En bus

Gare routière de Newcastle – *À l'est de la ville, au début de la rue principale - ✆ 028 437 222 96.* Bus pour Downpatrick (35mn de trajet) ttes les h. en semaine. Trajets Belfast-Newcastle (1h20) *via* Dundrum et parfois Castlewellan ttes les 30mn.

Gare routière de Newry – *The Mall - ✆ 028 302 635 31.* Bus vers Downpatrick (1h15), Belfast (1h), et Kilkeel *via* Warrenpoint.

Nos adresses

Restauration

Newcastle

Premier prix

On peut se restaurer correctement et à prix raisonnable dans les agréables cafétérias du Castlewellan et du Tollymore Forest Park.

Anchor Bar – *9-11 Bryansford Rd - ✆ 028 437 233 44 - www.anchorbar.co.uk - 12h-1h, dim. 12h-0h - 13/20 £.* Une copieuse nourriture de pub dans un cadre animé.

Budget moyen

The Harbour House Inn – *4-6 South prom. - ✆ 028 437 234 45 - www.harbourhousenewcastle.com - 12h-23h, vend.-sam. 12h-1h, dim. 12h-22h - 17/29 £.* À la sortie de Newcastle, au bord de l'eau, une auberge au décor marin pour déguster toutes sortes de produits de la mer. Fraîcheur et bon accueil garantis. On peut aussi loger dans des chambres avec vue sur la mer.

Dundrum

Pour se faire plaisir

Mourne Seafood Bar – *10 Main St. - ✆ 028 437 513 77 - www.mourneseafood.com - jeu.-vend. 12h30-15h, 17h-21h, sam. 12h30-21h30, dim.12h30-18h - 45 £.* Dans la rue principale de cette ville côtière animée, un sympathique restaurant de fruits de mer dont le décor nautique lumineux est orné d'œuvres locales. Commencez par un hareng mariné maison ou un *seafood chowder* (soupe de poisson). Les moules du Strangford Lough et les huîtres de Carlingford sont délicieuses.

Newry

Premier prix

The Brass Monkey – *1-4 Sandys St. (face au palais de justice) - ✆ 028 302 631 76 - 11h-1h - 14/29 £.* Cette brasserie-pub est une institution locale. Grand choix de steaks, plats de volaille ou produits de la mer et ambiance garantie les soirs de w.-end.

The Shelbourne – *69 Hill St. - ✆ 028 302 620 02 - www.shelbournebakery.com - 8h-18h - fermé dim. - 10/23 £.* Cette boulangerie doublée d'un restaurant sympathique constitue une bonne surprise.

Boire un verre

Newcastle et environs

Quinn's – *62-64 Main St. - ✆ 028 437 264 00 - www.quinnsbarnewcastle.com - 11h-1h, dim. 11h-0h.* Accueille des groupes de musique divers dans un décor hétéroclite.

Rostrevor

Corner House – *1 Bridge St. (sur la route de Newcastle) - ✆ 028 417 380 05 - 11h30-1h, dim. 12h30-0h.* Une bonne adresse pour écouter de la musique traditionnelle.

Activités

Équitation

Mourne Trail Riding Centre – *96 Castlewellan Rd - Newcastle - ✆ 028 437 243 51 - www.mournetrailridingcentre.co.uk.* Organise des chevauchées dans le Tollymore Forest Park et en bord de plage.

Riding & Trekking Centre - Mount Pleasant – *15 Bannonstown Rd - Castlewellan - ✆ 028 437 786 51 - www.mountpleasantcentre.com.* Propose des treks dans les Mourne Mountains ainsi que des balades dans les parcs forestiers.

Golf

The Royal County Down – *36 Golf Links Rd - Newcastle - ✆ 028 437 233 14 - www.royalcountydown.org - green fee : 90/300 £.* Ce club propose deux très beaux parcours (18 et 9 trous) entre mer et montagne.

Kilkeel Golf Club – *Kilkeel (à 4 km en direction de Newry) - ✆ 028 417 650 95 - www.kilkeelgolfclub.com.* 18 trous avec vue sur la mer.

Randonnée et sports de pleine nature

Mourne Countryside Centre – *19 Causeway Rd - Newcastle (dans les bureaux du Mourne Heritage Trust) - ✆ 028 437 240 59.* Vous pourrez notamment y acheter les cartes des itinéraires Mourne Mountains Walks.

Life Adventure Centre – *The Grange Court Yard - The Forest Park - Castlewellan- ✆ 028 437 707 14 - www.onegreatadventure.com.* Location de vélos, kayaks et paddle. Nombreuses activités en solo ou guidées dans le superbe Forest Park de Castlewellan (randonnée, escalade, kayak, paddle, *coasteering*, etc.).

Shopping

Bijoux

The Celtic Crafts Gallery – *45 Dromara Rd - Dundrum - ✆ 028 437 513 27.* Bon choix de bijoux celtiques artisanaux en métaux précieux ou non et agréable salon de thé.

Hébergement

Newcastle et environs

Premier prix

Tollymore Forest Park – *Bryansford Rd - Castlewellan - ✆ 028 437 224 28 - www.nidirect.gov.uk - empl. 15 £/2 pers. avec une tente et une voiture ; caravane 20/23 £.* Emplacements pour tentes et caravanes dans le cadre magnifique du parc forestier.

Budget moyen

Briers Country House – *39 Middle Tollymore Rd (prenez la dir. du Tollymore Forest Park et suivez le fléchage) - ✆ 028 437 243 47 - www.thebriers.co.uk - ♿ ✕ P - 9 ch. 120/135 £ ☕.* Les propriétaires qui ont rénové cette maison de ferme du 18e s. ont construit une annexe dans le même style, où se trouvent la plupart des chambres, très confortables. On prend l'excellent petit déjeuner dans la salle à manger. Dîner sur réservation.

Warrenpoint

Pour se faire plaisir

Narrow Water Castle – *67 Newry Rd - ✆ 07784 730826 - www.narrowwatercastle.co.uk - P Wi-Fi - 1 appart. avec deux ch. à partir de 150 £ - 3 nuits mini.* Vous rêviez de passer la nuit dans un château ? En voilà un qui vous propose de séjourner dans un appartement au confort luxueux.

Newry

Budget moyen

Black Gap Farm – *26 Divernagh Rd - Bessbrook (à 4 km au nord-est par l'A 25, puis à droite vers Bessbrook et suivez le fléchage) - ✆ 028 308 303 58 - 💳 P - 3 ch. à partir de 70 £ ☕.* Cette maison de ferme rénovée possède des chambres simples mais confortables avec vue sur le Slieve Gullion.

7

Causeway Coast ★★

La côte de la Chaussée des Géants

C'est sur la côte qui fait face à l'Écosse, à l'extrême nord de l'Irlande, que s'étend la fameuse Chaussée des Géants, l'une des curiosités naturelles les plus visitées au monde. Elle figure d'ailleurs au patrimoine mondial de l'Unesco. Principal site de la région, cet étonnant môle de colonnes basaltiques ne doit pas faire oublier que cette côte possède bien d'autres attraits, qui méritent de s'y attarder. Des rives du Lough Foyle, vaste baie d'estuaire, face au Donegal, jusqu'à Ballycastle, porte des superbes Glens of Antrim, la route longe tantôt de hautes falaises, tantôt des plages de sable fin que bordent d'authentiques ports de pêche.

Se repérer

CARTE I CD1 (P. 384-385) - CARTE DE GIANT'S CAUSEWAY (P. 445).
Comté d'Antrim – Cette côte regarde l'Écosse, à une centaine de kilomètres de Belfast, *via* Coleraine.

À ne pas manquer

La chaussée des Géants ; une dégustation de whiskey à Bushmills ; une promenade sur le Causeway Coastal Path ; la traversée du pont de corde de Carrick-a-Rede.

En famille

La chaussée des Géants ; le Rope Bridge. Au bord des falaises, le chemin peut être glissant par endroits : ne laissez jamais les enfants sans surveillance.

Carnet pratique p. 448

Nos adresses p. 448

Circuit conseillé

CARTE I P. 384-385

De Magilligan Strand à Rathlin Island CD1

Circuit de 46 km tracé en rouge sur la carte de région (p. 384-385).

Randonnée de 17 km env. entre la Chaussée des Géants et Carrick-a-Rede par de splendides sentiers côtiers (voir www.walkni.com).

Magilligan Strand et Benone Strand C1

À l'extrémité nord du Lough Foyle, Magilligan Strand, une longue plage de sable, s'étend sur près de 10 km entre Magilligan Point et Downhill *(accès par la B 202, petite route qui suit un terrain de manœuvres et une prison)*. La pointe, face à la péninsule d'Inishowen en république d'Irlande permet quelques belles promenades dans les dunes qui constituent une réserve naturelle.

Non loin de là, le site de **Benone**, aménagé en bordure d'une belle plage de sable blond, est un complexe touristique très fréquenté en été. Le site est particulièrement apprécié par les surfeurs.

Revenez au hameau de Magilligan et parcourez 10 km sur l'A 2 jusqu'à Downhill.

★ Downhill C1

Les jardins romantiques et les bâtiments classiques de cette propriété dominant l'océan sont l'œuvre de Frederick Hervey, évêque de Derry et comte de Bristol à

la fin du 18e s. Il ne reste pas grand-chose de sa grandeur passée, la résidence, à présent en ruine, ayant été détruite par un incendie en 1851, mais la **Bishop's Gate** (porte de l'Évêque) en donne tout de même une idée. Le comte-évêque, passionné d'antiquités, fit construire la **Lion's Gate**, qui se dresse près d'un jardin clos. Dominant la mer au sommet de la falaise, le **Mussenden Temple★** *(juil.-août : 10h-17h; de mi-mars à juin et sept. : w.-end et j. fériés 10h-17h - 5 £)* est le principal vestige des fastes d'antan. De cette ancienne bibliothèque, copie du temple de Vesta à Tivoli, vous jouirez d'un très beau **point de vue★** sur la plage de sable fréquentée par les surfers.
Reprenez l'A 2 en direction de Coleraine, passez Castlerock et poursuivez sur 3 km.

Hezlett House C1

✆ 028 708 487 28 - www.nationaltrust.org.uk - avr.-sept. 11h-17h; hors saison : horaires réduits - 7 £.
Ce vaste cottage à toit de chaume datant de 1691 servit de presbytère aux archidiacres protestants de Derry pendant 70 ans. Il appartint par la suite à la famille Hezlett. La visite permet de comprendre les conditions de vie aux 18e et 19e s., et de découvrir les techniques d'architecture utilisées pour la construction des bâtiments. Le **mobilier victorien** de la maison et le musée d'**outillage agricole** attenant animent un peu l'ensemble.
L'A 2 atteint ensuite **Coleraine**, importante localité sans véritable intérêt touristique. Elle traverse ensuite les stations balnéaires de **Portstewart** et de **Portrush** (superbe plage), très fréquentées en été, riches en restaurants et B & B.
De Portrush, prenez l'A 2 sur 7 km jusqu'à Dunluce Castle.

★★ Dunluce Castle C1

✆ 028 207 319 38 - avr.-sept. : 9h30-18h; oct.-mars : 9h30-17h - dépliant en français - 6 £.
L'impressionnante silhouette dentelée de cette forteresse du 16e s. se dresse, comme suspendue entre ciel et mer au bord d'une falaise, à 30 m au-dessus des vagues. La sensation de mystère et de solitude qui s'en dégage en fait l'un des lieux les plus étonnants d'Irlande du Nord.
À l'origine, le château fut construit par le clan écossais des MacDonnell, alliés aux Irlandais contre les Anglais. Avec l'utilisation de l'artillerie, les fortifications perdirent de leur importance, et le château devint au 17e s. une résidence luxueusement agencée et meublée par la duchesse de Buckingham, épouse d'un MacDonnell. C'est à cette époque qu'eut lieu un terrible drame : un soir de 1635, le pan de falaise sur lequel étaient bâties les cuisines s'effondra, précipitant dans la mer cuisiniers et marmitons. La duchesse décida de quitter le château, qui commença alors à péricliter.
Au cours de la visite, vous profiterez d'étonnants **points de vue** sur la mer et la côte. Remarquez qu'une partie du château a été bâtie avec des moellons provenant de la Chaussée des Géants.
Reprenez l'A 2 pendant 4 km jusqu'à Bushmills.

★ Old Bushmills Distillery C1

✆ 028 207 332 18 - www.bushmills.com - visite guidée - horaire : se rens. - 10 £.
La distillerie, reconnaissable à ses *kilns*, cheminées en forme de pagode servant au séchage de l'orge germé, serait l'une des plus anciennes du monde puisque ses alambics fonctionnent, paraît-il, depuis le 13e s. Plus certainement, dès 1608, le roi Jacques Ier d'Écosse accorda aux propriétaires de l'époque l'autorisation de fabriquer du whiskey.

Au cours de la visite, vous découvrirez les différentes étapes de la fabrication du whiskey à partir de l'orge malté, tels le **Bushmills** et le **Black-bush**, *blends* élaborés à partir d'un mélange de malt whiskey et d'alcool de grain, ainsi que des *single malts* de 10, 12 et 16 ans provenant en totalité de la distillerie. Après la dégustation, vous pourrez également déjeuner à la cafétéria et acheter la production locale. Les produits sont toutefois aussi chers, voire plus coûteux, qu'en France à cause des taxes.

En été, il est possible de relier la distillerie à la Chaussée des Géants en empruntant le petit train **The Giants Causeway and Bushmills Railway** *(www.giantscausewayrailway.webs.com)* géré par des bénévoles. Le trajet dure 20mn. Vous pouvez également suivre les voies et effectuer à pied le trajet (5 km).

Continuez pendant 3,5 km sur l'A 2 jusqu'à la Giant's Causeway.

★★★ Giant's Causeway (Chaussée des Géants) CARTE CI-CONTRE

Chaussures de marche recommandées. Comptez 3h.

Visitor Centre - 44 Causeway Rd, Bushmills - 028 207 318 55 - www.nationaltrust.org.uk - 9h30-17h (juil.-août 19h) - 13 £ ; voiture 5 £ ; spectacle audiovisuel en français 1 £ ; navette facultative vers le site (15mn à pied) 1,50 £.

Phénomène géologique exceptionnel et principale attraction touristique de l'Irlande du Nord, la Chaussée des Géants est à l'origine de bien des légendes. Ce n'est qu'au 19e s. que l'on comprit l'origine de ces colonnes basaltiques résultant de coulées de lave sorties des entrailles de la Terre voici 60 millions d'années. Le sommet de ces colonnes a la forme de polygones étroitement imbriqués donnant l'impression d'un gigantesque dallage. On retrouve ce type de formation en différents points de la côte d'Antrim ainsi qu'en Écosse et en Islande.

Ne vous contentez pas d'un aller-retour en navette entre le Visitor Centre et la Chaussée, mais partez à la découverte des criques, grottes et points de vue qui jalonnent le Giant's Causeway Coastal Path. D'autres promenades, plus courtes, vous permettront de découvrir d'étranges figures de pierre auxquelles les croyances populaires ont donné des noms amusants.

Visitor Centre – Ce centre est abrité dans un superbe « édifice-paysage », dont les pentes douces engazonnées et les façades faisant écho à la géologie du littoral s'intègrent parfaitement au site. On y présente une exposition sur l'histoire touristique du site et une vidéo. Demandez la brochure en français du National Trust, très bien faite, avec une carte détaillée de la Chaussée des Géants.

Une balade sur le site – Du Visitor Centre, vous pouvez soit faire le trajet à pied *(environ 800 m)*, soit emprunter la navette payante qui part en contrebas du

Histoires de géants

Une vieille légende celtique rapporte que la chaussée fut construite par le géant Fionn Mac Cumhaill (Finn McCool) pour permettre à son rival écossais Benandonner de venir le défier en combat singulier. Vaincu, ce dernier voulut repartir par le même chemin, mais Finn McCool fit disparaître la chaussée dans la mer. Une autre version prétend que lorsque le géant écossais arriva en Irlande, son adversaire s'était déguisé en bébé. Voyant sa taille, il imagina la stature de son père, prit peur et repartit en courant, détruisant la chaussée. Au 18e et au début du 19e s., ces légendes alimentèrent le commerce de faux outils en pierre taillée et de toutes sortes d'objets fantastiques ayant prétendument servi aux géants, que les guides vendaient aux touristes naïfs.

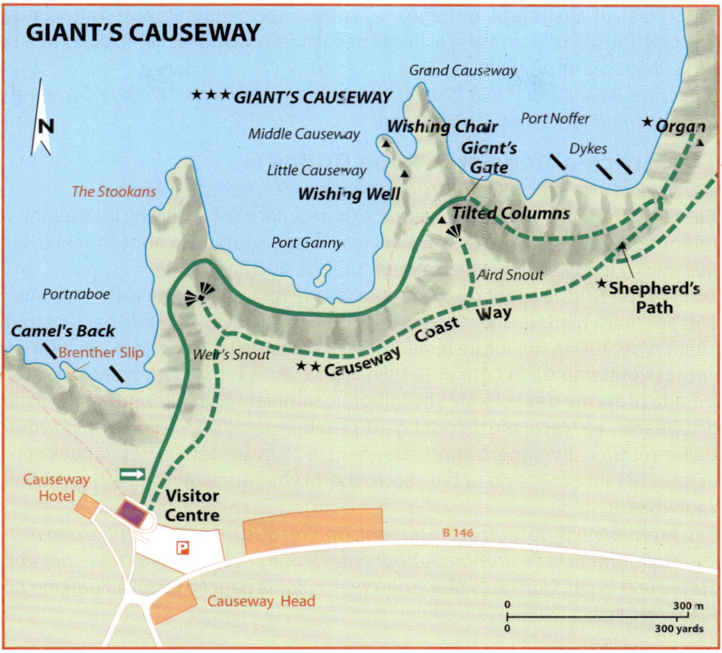

bâtiment toutes les 15mn. Une fois sur place, la principale attraction consiste à prendre des photos et à escalader les colonnes. Des panneaux mettent en garde les visiteurs contre de fortes vagues qui peuvent surgir brutalement, même par temps calme : ne vous approchez donc pas trop de la mer !

Sur les pas des Géants – Des itinéraires fléchés permettent d'explorer en profondeur la richesse géologique du site, formé de différentes sortes de basalte, sur lequel vit une faune ornithologique variée au milieu d'une flore protégée.

Le **Shepherd's Path★** (chemin des Bergers) longe la falaise et donne un bon aperçu des formations basaltiques aux noms pittoresques comme le **Camel's Back** (Dos de chameau), l'**Organ★** (Orgue), la **Wishing Chair** (Chaise porte-bonheur), le **Wishing Well** (Puits porte-bonheur) ou le **Honeycomb★★** (Nid d'abeilles). Un escalier de 162 marches dans la falaise vous permettra de retourner à la Grande Chaussée après une boucle de 3 km.

Les marcheurs les plus hardis peuvent s'élancer sur le **Causeway Coast Way★★**, chemin côtier qui aboutit, 8 km à l'est, aux ruines de Dunseverick Castle *(de bonnes chaussures de marche et un vêtement imperméable sont vivement conseillés pour ce trajet qui comporte des pentes raides parfois glissantes).*

De Giant's Causeway, revenez sur l'A 2 et roulez pendant 5 km vers l'est jusqu'à Portbradden.

★ White Park Bay C1

Le petit port de **Portbradden** se trouve à l'extrémité ouest d'une plage de sable blanc qui s'étend sur 3 km au pied d'un effondrement calcaire. Le cordon littoral blanc ourle la lande verte, s'étageant en pente douce vers la falaise en un saisissant contraste de couleurs. L'endroit abonde en fossiles et richesses archéologiques. La baignade est déconseillée en raison des forts courants.

L'A 2 (puis la B 15) suit la plage pendant 3 km jusqu'au minuscule port de **Ballintoy** (D1), blotti au pied d'une falaise et bordé de rochers basaltiques semblables à ceux de la Chaussée des Géants.

Sortez de Ballintoy par la B 15, avancez de 2 km jusqu'au parking de Carrick-a-Rede et continuez à pied jusqu'au pont.

★★ Carrick-a-Rede et le Rope Bridge D1

De mi-mars à fin sept. : 10h-18h (juil.-août 19h) - 9 £. Comptez 45mn AR.

Carrick-a-Rede signifie le « rocher sur la route », car c'est un lieu où les saumons, remontant vers les frayères, sont déviés de leur course. En conséquence, les pêcheurs y installent leurs filets depuis près de 400 ans.

Le **Rope Bridge** (pont de corde) qui relie le rocher à la côte a été créé voici 350 ans mais, bien sûr, il a été plusieurs fois restauré. On y accède par un étroit chemin de 800 m qui longe le haut de la falaise de laquelle on a une **vue**★★ impressionnante sur la côte et Rathlin Island. Vous remarquerez que Carrick-a-Rede présente des colonnes basaltiques semblables à celles de la Chaussée des Géants. La traversée du pont n'est possible que s'il n'y a pas trop de vent. L'aller-retour est vraiment impressionnant, à 25 m au-dessus des vagues écumantes ! Il faut avoir le cœur bien accroché. Si vous êtes sujet au vertige, mieux vaut vous abstenir.

Pas de promenade de l'autre côté du pont, l'intérêt du site tient tout entier dans l'aller-retour. Choisissez votre horaire pour éviter les cars des nombreux tour operator.

Suivez la B 15 sur 5 km, puis prenez le chemin sur la gauche jusqu'au parking de Kinbane Castle.

Kinbane Castle D1

Accès libre. Il ne subsiste pas grand-chose du château construit au 16e s. par Colla Dubh MacDonnell. En revanche, vous bénéficierez, du rebord de la falaise, d'une **vue**★ remarquable sur Rathlin Island jusqu'au promontoire de Fair Head, à l'est. Un petit chemin descend jusqu'à une avancée rocheuse sur laquelle se dressent les ruines du château. Gare aux éboulis !

Continuez sur la B 15 pendant 3 km jusqu'à Ballycastle.

Ballycastle D1

14 Bayview Rd, Ballycastle - 028 207 620 24.

Voici vraiment une localité très agréable pour faire étape entre la côte de la Chaussée des Géants et les Glens of Antrim. Port d'embarquement pour Rathlin Island, Ballycastle offre de multiples possibilités d'hébergement, des pubs animés, quelques bons restaurants et divers services touristiques. En été, nombreux sont les Écossais qui viennent en voisins avec le ferry de Campbeltown.

Sur le port se dresse le Marconi Memorial, monument évoquant la première liaison par onde hertzienne réalisée en 1891 entre Ballycastle et Rathlin Island par le savant italien. **Ballycastle Museum**, le petit musée local, vous en dira plus à son sujet *(59 Castle St. - juil.-août : 10h-18h ; horaires réduits hors saison - gratuit)*.

The Diamond, la place du village bordée de pubs animés, possède une belle église du 18e s., Holy Trinity Church. À voir aussi, à la sortie sud de la ville, les ruines d'un couvent du 16e s., **Bonamargy Friary** *(1,5 km sur Cushendall Rd)*.

Ballycastle connaît une animation inhabituelle le lundi et le mardi de la première semaine d'août. La **Ould Lammas Fair**, foire traditionnelle qui se tient depuis plus de 400 ans, attire non seulement les Irlandais du Nord mais aussi les Écossais des îles voisines. À cette occasion, on déguste la *dulse*, une algue séchée, paraît-il très bienfaisante, ainsi que le *yellow man*, sorte de caramel au beurre.

La Chaussée des Géants.
L. Decoudin/Michelin

★ Une excursion à Rathlin Island D1

Départ de Ballycastle avec le « Rathlin Island Ferry » - ✆ 028 207 692 99 - www.rathlinballycastleferry.com - 5 navettes/j. en hiver ; 10/j. en été - comptez 25mn de traversée avec le Rathlin Express, 40mn avec le Spirit of Rathlin - 12 £ AR.

Les amoureux de nature et de vie simple apprécieront cette petite île en forme de L, à 8 km au large des côtes d'Irlande du Nord et à 20 km de celles d'Écosse. Sa situation stratégique valut aux habitants bien des misères au fil des siècles. Ceux-ci ne sont plus aujourd'hui que 154, délaissant peu à peu leurs activités traditionnelles d'agriculture, de pêche et... de contrebande, pour profiter du tourisme. Sur cette île sans arbres, on s'adonne à de longues balades dans les champs ceinturés de murets en suivant des sentiers balisés *(plans à télécharger sur www.rspb.org.uk)*. Guettez çà et là, sur les rochers, la présence de phoques. Pêcheurs et plongeurs pourront s'adonner à leur passion en approchant l'une des nombreuses épaves, mais c'est surtout le paradis des ornithologues, car ici les oiseaux sont rois. Macareux, puffins, fulmars, guillemots et divers Laridae nichent sur les falaises et constituent l'une des plus importantes colonies d'oiseaux marins du Royaume Uni. Vous les approcherez en vous rendant au **Rathlin Westlight Seabird Centre** *(www.rspb.org.uk - avr.-oct. : 10h-17h - 5 £)*, aménagé dans un phare isolé à l'extrémité ouest de l'île. Géré par la RSPB, il comprend une exposition et diverses plate-forme d'observation. La période allant de mai à juillet est la plus intéressante.

De retour à Ballycastle, si vous empruntez l'A 2 pour rejoindre les Glens of Antrim *(voir p. 450)*, ne manquez pas le **Ballypatrick Forest Drive**, itinéraire d'une dizaine de kilomètres dans une belle forêt de conifères bordée de tourbières et jalonnée de sentiers pédestres.

Carnet pratique

Adresses utiles

Banque – Distributeurs de billets à Portstewart, Portrush, Ballycastle.

Transports

En bus – *www.translink.co.uk.* Des bus assurent la liaison entre Portrush et Ballycastle *via* Giant's Causeway et Bushmills. En été, le très avantageux ticket **Causeway Rambler** permet de se déplacer à moindre coût le long de la côte.

Nos adresses

Restauration

Portstewart

Pour se faire plaisir

Harry's Shack – *118 Strand Rd - 10h-23h - 40 £.* Situé sur la plage, le restaurant jouit d'un magnifique emplacement et ménage une vue sur la presqu'île d'Inishowen. L'intérieur affiche un cadre simple et séduisant avec ses tables en bois et ses chaises d'écoliers. La carte succincte - axée sur les produits de la mer - décline des plats qui laissent s'exprimer les saveurs.

Portrush

Premier prix

55 Degrees North – *1 Causeway St. - ✆ 028 708 228 11 - www.55-north.com - à partir de 9h - 10/19 £.* Du petit déjeuner au dernier verre, on peut y rester toute la journée. Carte large et variée. L'équipe est accueillante et la vue superbe.

Budget moyen

The Harbour Bistro – *Sur le port - ✆ 028 708 224 30 - www.ramore restaurant.com - 10h-17h, dim. 9h-13h - 16/31 £.* Une des cinq adresses essaimées par le restaurant Ramore, voisin. Cuisine de la mer mâtinée d'influences orientales dans un décor bistro.

Ramore Wine Bar – *1 Harbour Rd (sur le port) - ✆ 028 708 243 13 - www.ramorerestaurant.com - 12h15-21h (sam. 21h30) - 16/30 £.* La meilleure table de Portrush. Cuisine de la mer et jolie carte des vins à prix raisonnables.

Bushmills

Premier prix

Old Bushmills Distillery – *2 Distillery Rd - ✆ 028 207 332 18 - www.bushmills.com - 9h30-16h45, dim. 12h-16h45 - moins de 20 £.* La cafétéria de la distillerie propose des plats du jour classiques dans le décor d'un ancien entrepôt.

Giant's Causeway

Premier prix

Causeway Hotel & Restaurant – *40 Causeway Rd - ✆ 028 207 312 10 - www.thecausewayhotel.com - 8h-20h30 - 14/25 £.* Plutôt que de prendre votre repas à la cafétéria impersonnelle du Visitor Centre, dégustez pour le même prix une honnête cuisine de pub, servie toute la journée au bar de l'hôtel juste à côté. Réservez, car c'est souvent bondé.

Ballycastle

Premier prix

Fullerton Arms – *22-24 Main St. - ✆ 028 207 696 13 - www.fullerton-arms.com - 12h-21h - 16/21 £.* Cuisine classique dans un décor d'auberge traditionnelle.

Budget moyen

The Cellar – *11b The Diamond - ✆ 028 207 630 37 - www.cellarballycastle.com - 17h-22h,* *sam. 12h-22h - 15/30 £.* Un classique de la région, une cuisine fraîche et des prix imbattables.

Central Wine Bar – *12 Ann St. - ✆ 028 207 638 77 - www.centralwinebar.com - 12h-23h, jeu.-vend. 12h-1h30 - 17/30 £.* Une cuisine de chef qui s'adapte à la saison et au marché. Excellent !

Hébergement

Downhill

Premier prix

Downhill Beachhouse – *12 Mussenden Rd (près de la plage, à 3 km à l'ouest de Castelrock) - ✆ 028 708 490 77 - www.downhillbeachhouse.com - ♿ P - 32 lits 23/35 £, ch. 60/70 £.* Vieille maison rénovée à l'atmosphère un peu surannée, avec vue sur la mer.

Portrush

Budget moyen

Maddybenny Farm – *Loguestown Rd (en dehors de la ville, suivez le fléchage sur l'A29) - ✆ 028 708 233 94 - www.maddybenny.com - P - 3 ch. 80 £ ☕ - 2 nuits mini.* Chambres vastes et confortables dans une vieille ferme du 17e s. rénovée, idéale pour passionnés d'équitation. Petit déjeuner à base de produits maison.

White Park Bay

Premier prix

White Park Bay Youth Hostel – *157 White Park Rd - Ballycastle - Ballintoy - ✆ 028 207 317 45 - www.hini.org.uk - P - fermé de fin oct. à fin mars - 54 lits à partir de 18 £, ch. 60/90 £.* Cette auberge de jeunesse de construction récente est très bien située et bien équipée, en bordure de la plage de White Park, avec vue sur la mer.

Ballintoy House – *9 Main St. - Ballycastle (à gauche en sortant de Ballintoy vers Carrick-a-Rede) - ✆ 028 207 623 17 - ⊭ P - 3 ch. à partir de 60 £ ☕.* Vieille maison du 18e s. rénovée, chambres agréablement meublées et bien tenues.

Pour se faire plaisir

White Park House – *150 Whitepark Rd - Ballintoy (près de la plage de White Park) - ✆ 028 207 314 82 - www.whiteparkhouse-antrim.com - P - 4 ch. 130 £ ☕.* Cette maison cossue aux allures de petit castel possède un extraordinaire mobilier ancien et une décoration très asiatique. Très bon confort.

Ballycastle

Premier prix

Castle Hostel – *38 Quay Rd - ✆ 028 207 628 45 ou 077 732 378 90 - www.ballycastlebackpackers.net - 14 lits 18/20 £, 6 ch. 60 £.* Une adresse bon marché dans une maison du début du siècle. Les chambres et les dortoirs sont en revanche assez petits et le petit déjeuner n'est pas compris.

Budget moyen

Colliers Hall – *50 Cushendall Rd (à environ 1,5 km du village) - ✆ 079 267 530 02 - ⊭ P - fermé oct.-mars - 6 ch. 90 £ ☕.* La propriétaire, très prévenante, vous accueille dans sa vieille maison pleine de souvenirs. Vastes chambres au mobilier rustique donnant sur la campagne. Très bon petit déjeuner.

Rathlin Island

Pour se faire plaisir

The Manor House – *Church Bay - ✆ 028 207 600 46 - www.manorhouserathlin.com - ✕ - fermé oct.-avr. - 10 ch. à partir de 140 £ ☕.* Chambres confortable au style épuré.

Glens of Antrim ★★★

De Ballycastle à Larne par la côte

Cette côte sauvage, sillonnée perpendiculairement par d'étroites vallées (glens) descendant de hauts plateaux, est assurément l'une des régions les plus attachantes d'Irlande. L'infinie variété de paysages, rappelant tantôt les Alpes, tantôt la Bretagne, étonne en permanence le visiteur, qui surprend un monde différent derrière chaque promontoire. Dans le cœur de tout Irlandais, chacun des neuf glens – Glentaisie, Glenshesk, Glendun, Glencorp, Glenaan, Glenballyemon, Glenariff, Glencloy et Glenarm – occupe une place à part, synonyme d'authenticité préservée. La région dans son ensemble, et chaque glen en particulier, est restée isolée et gaélophone jusqu'à la fin du 19e s., date à laquelle le chemin de fer fit son apparition, mais il fallut attendre le milieu du 20e s. pour que la route côtière devienne à peu près carrossable. Si vous prenez le temps d'explorer cette contrée magnifique, vous découvrirez non seulement des paysages à couper le souffle, mais surtout des habitants chaleureux et hospitaliers, qui ont su conserver leur identité.

Se repérer

CARTE I D1-2 (P. 384-385) - CARTE DES GLENS OF ANTRIM CI-CONTRE.
Comté d'Antrim.

À ne pas manquer

Les falaises de Murlough Bay ; la route côtière ; les cascades de Glenariff Forest.

Organiser son temps

Comptez 2 jours. Le lever ou le coucher du soleil sont les meilleurs moments pour emprunter la route côtière entre Murlough Bay et Cushendun.

En famille

Se perdre dans le labyrinthe végétal de Carnfunnock Country Park.

Carnet pratique p. 455

Nos adresses p. 455

Circuit conseillé

CARTE CI-CONTRE

Circuit tracé en vert clair sur la carte de région (p. 384-385) et ci-contre. Si vous arrivez de Ballycastle (voir p. 446), suivez l'A 2 vers l'est. À Ballyvoy, vous pouvez soit continuer sur l'A 2 pour gagner Ballypatrick Forest Drive (voir p. 447), soit prendre la route côtière sur votre gauche.

★★★ De Ballycastle à Larne

Une vue superbe sur la mer, une flore étonnante, presque luxuriante, abritée au creux des falaises, et, de temps à autre, une harde de biches au regard étonné : voilà assurément l'un des lieux les plus enchanteurs d'Irlande du Nord.
Vous accédez à ce magnifique site naturel par deux niveaux différents.
À gauche du parking du haut, un chemin herbeux balisé par des points jaunes s'insinue dans un chaos rocheux avant de se prolonger sur la crête de la falaise jusqu'à **Fair Head**, cap venteux qui offre une **vue**★★ dantesque sur Rathlin Island, la côte de la Chaussée des Géants et, au large, le Mull of Kintyre en Écosse. Vous

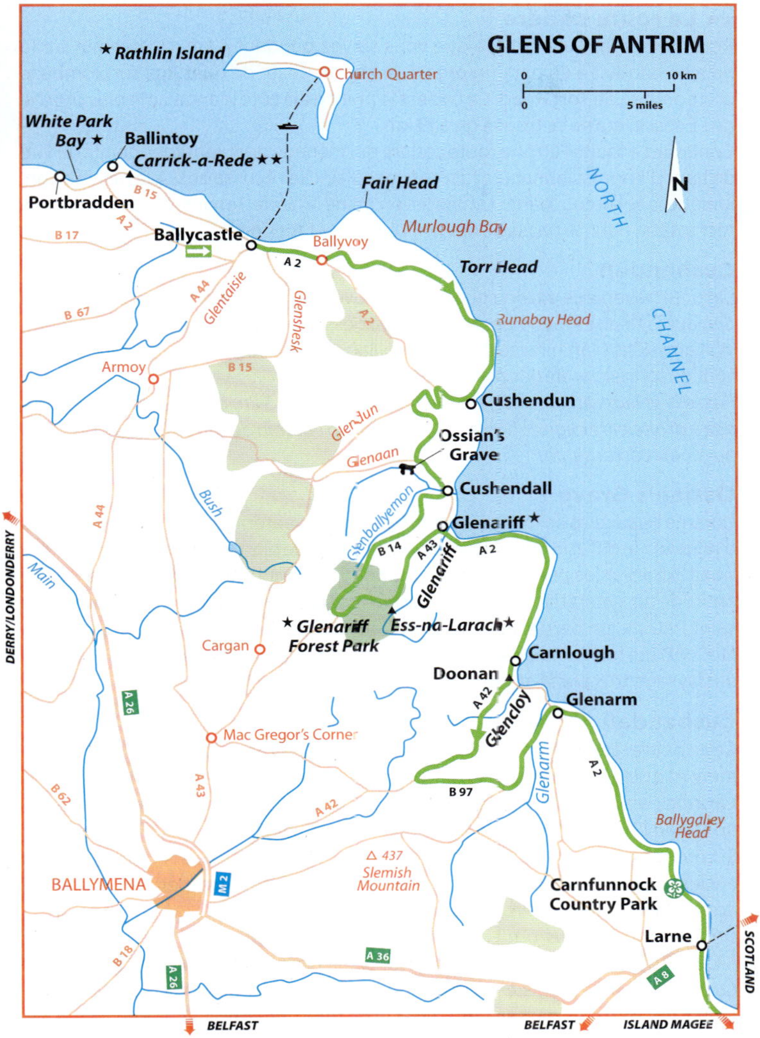

rejoignez le parking intermédiaire par un chemin bordé de hêtres, de bouleaux et de sorbiers. Un panneau vous donne des explications sur l'écologie très particulière du lieu et sert de repère pour situer la position des îles écossaises.

Au niveau du parking inférieur, prenez le sentier de droite pour longer la grève en direction d'un bois à la végétation étonnamment variée, où poussent notamment des eucalyptus. Vous passez devant un **four à chaux** et un ancien **cottage** de mineur. Le pourtour de la baie fut, en effet, un centre d'extraction de charbon pendant des décennies, mais la production est arrêtée depuis le début des années 1940. Vous apercevrez quelques vestiges de ces mines en empruntant le chemin qui part à gauche du parking.

★★ La route côtière

Revenez sur la route côtière que vous suivez pendant 4 km. Un chemin sur la gauche conduit à un parking près d'un ancien poste de guet, qui surplombe le promontoire de **Torr Head**. Ce cap est le point de la côte irlandaise le plus proche de l'Écosse, qui ne se trouve qu'à 19 km.

Continuez ensuite l'étroite route côtière qui ménage de splendides points de vue du haut d'impressionnantes falaises, jusqu'aux îles écossaises. À la belle saison, lorsque le soleil couchant illumine le vert vif de la lande, rehaussé par le violet des fuchsias en fleur, le paysage devient réellement féerique.

Cushendun

La route traverse ce pittoresque hameau, lové au sud d'une plage de sable bordée de hautes falaises. Ses villas et cottages, dessinés entre 1912 et 1925 par Clough Williams-Ellis (l'architecte du célèbre village de Portmeirion au pays de Galles), sont désormais protégés par le National Trust.

Passé le village, la route côtière rejoint l'A 2. Environ 3 km avant Cushendall, tournez à droite et rejoignez Ossian's Grave par un chemin de terre sur la gauche plus ou moins carrossable.

Ossian's Grave

Comme beaucoup de monuments mégalithiques antérieurs de plusieurs milliers d'années à la diffusion du christianisme, le cercle de pierres d'Ossian's Grave a été « annexé » par les premiers chrétiens irlandais, montrant par là leur étonnante aptitude au syncrétisme culturel. Ossian est en effet à la fois un compagnon de saint Patrick, un barde, et le fils du géant mythique Fionn Mac Cumhaill (Finn McCool) qui hantait la Chaussée des Géants. Chacun y retrouvera les siens, dans un paysage très plaisant, avec une belle vue sur les collines environnantes.

Cushendall

Cette petite station estivale propose surtout de nombreuses possibilités de logement et quelques pubs accueillants et chaleureux.

La principale curiosité de Cushendall est la **Curfiew Tower**, une tour en grès rouge érigée au 19e s. pour servir de geôle aux sujets récalcitrants.

Si vous suivez la route côtière sur 2 km au nord du village, vous atteignez la très ancienne **Layd Church** (13e s.), église en ruine entourée d'un cimetière qui domine la mer dans un paysage romantique à souhait.

De Cushendall, vous pouvez gagner directement Glenariff (Waterfoot) par l'A 2. Vous pouvez aussi faire un crochet par le Glenariff Forest Park : en quittant Cushendall par la B 14, sur votre droite, vous suivez pendant 10 km le Glenballyemon, au cœur d'un paysage de landes et de forêts de conifères. Parvenu à l'A 43, prenez la direction de Glenariff (Waterfoot) sur 3 km jusqu'à l'entrée du parc.

★ Glenariff Forest Park

De 10h à la tombée de la nuit - voiture 5 £, minibus 13 £.

Ce parc de 1185 ha est couvert de 900 ha de bois, principalement de conifères, qui alternent avec des tourbières et des étendues rocheuses. Si vous souhaitez pique-niquer, installez-vous sur les aires aménagées, notamment celle qui se trouve à proximité de l'entrée principale. De là, vous pourrez profiter de la vue magnifique sur les hautes collines recouvertes d'une infinie palette de verts et, au loin, vous apercevrez la mer et la côte écossaise. Avant de visiter le parc, faites un tour à l'**Information Centre**, fort bien conçu, pour découvrir l'exposition sur la faune et la flore du parc ainsi que sur les mines de la région.

Lever du jour sur Murlough Bay.
A. Burton/robertharding/age fotostock

Parmi les quatre sentiers bien balisés qui sillonnent le parc, le Waterfall Trail *(boucle de 2,5 km)* mène à la cascade **Ess-na-Larach**★ : son flot noirâtre, chargé de tourbe, écume dans une végétation luxuriante où les pins gigantesques et les hêtres majestueux se mêlent aux hautes fougères *(la cascade est également accessible en voiture : prenez la direction de Glenariff (Waterfoot) et tournez à droite jusqu'au parking de l'auberge The Manor Lodge).*
Rejoignez ensuite la route côtière.

★ Glenariff (Waterfoot)

Ce village blotti entre les masses impressionnantes du plateau de Garron au sud et du plateau de Lurig au nord se trouve au débouché du **Glenariff**, surnommé le roi – ou la reine – des Glens of Antrim. Les pâturages verdoyants des pentes du Lurig, où paissent, pour une fois, non pas des brebis mais des vaches, rappellent étonnamment l'alpage suisse. D'où le surnom de « Petite Suisse » donné à ce très bel endroit.
Durant la dernière semaine de juin et la première semaine de juillet, la localité, très calme le reste de l'année, s'anime lors de la **Feis na nGleann**, festival de jeux celtiques donnant lieu à des compétitions de *hurling (voir p. 500)* et à bien d'autres festivités sportives ou musicales.

Carnlough

À une quinzaine de kilomètres, halte agréable au creux d'une très belle baie ourlée de sable fin, ce village, qui a servi de décor à plusieurs scènes de *Game of Thrones (voir p. 388)*, doit son nom à un certain La, disciple de saint Patrick, qui aurait échoué dans sa tentative de convertir les habitants du lieu au christianisme. Dépité, il se serait tranché la main et l'aurait enterrée sous un cairn. Au milieu du 19e s., le village devint un important centre d'extraction de pierre calcaire qui était acheminée vers le port, à destination de l'Écosse, grâce à une ligne de chemin de fer à voie étroite. Son parcours est à présent un tronçon de l'**Ulster Way**, superbe sentier de randonnée, conduisant à l'ancienne carrière de Gortin, aménagée en réserve naturelle où coule la cascade de Cranny Falls.

Les randonneurs les plus courageux peuvent poursuivre leur chemin sur l'Ulster Way *(14 km)* à travers l'étendue sauvage et désertique du **plateau de Garron**, avant de redescendre sur la côte.

À environ 3 km au sud de Carnlough, avant de rejoindre l'A 42, l'aire de **Doonan** est un lieu de pique-nique très agréable, offrant un beau point de vue près d'une chute d'eau.

Prenez sur votre droite l'A 42, qui serpente au creux du Glencloy. Au bout de 10 km, bifurquez à gauche sur la B 97 pour rejoindre Glenarm au terme d'une boucle d'une vingtaine de kilomètres.

Vous traversez des paysages splendides en suivant la ligne des crêtes entre des pâturages quadrillés par des murets de pierres sèches. Au détour d'un virage, la route surplombe la mer, révélant, là encore, une **vue★** magnifique sur les falaises basaltiques de la côte jusqu'à Larne.

Glenarm

Au débouché du plus méridional des Glens of Antrim, ce port est l'un des plus charmants villages de la côte d'Antrim. Le **château** des comtes d'Antrim, toujours habité, est une demeure privée qui ne s'ouvre au public qu'une fois l'an, mais vous pouvez vous promener dans les jardins précédés d'une barbacane.

En remontant la rue principale, vous pénétrez dans le **Glenarm Forest Park**, que sillonnent, le long de la Glenarm River, d'agréables sentiers bordés de chênes, d'ormes, de hêtres et de conifères.

Reprenez l'A 2 vers le sud pendant 15 km.

Carnfunnock Country Park

028 282 624 71 - www.carnfunnock.co.uk - juil.-août : 9h-21h ; avr.-juin et sept. : 9h-20h ; oct.-mars : 9h-16h30 - labyrinthe (payant) : avr.-sept.

Avec un **labyrinthe végétal**, un jardin clos, douze cadrans solaires disséminés dans la végétation et indiquant l'heure du méridien de Grennwich, l'heure d'été et l'heure locale, un golf et un terrain de caravaning, le parc combine beautés naturelles et équipements touristiques dans un bel environnement de collines verdoyantes descendant vers la mer.

Continuez sur l'A 2 pendant encore 5 km.

Larne

Port d'embarquement pour les voyageurs qui prennent le ferry vers l'Écosse, cette ville ouvrière offre de nombreuses possibilités d'hébergement, en dépit de son aspect quelque peu rébarbatif.

Au sud du port, la presqu'île d'**Island Magee** reliée par un bac pour piétons *(028 282 740 85 - lun.-vend. 7 dép./j.)* est également accessible par la route à partir de Whitehead, à 15 km au sud de Larne. Sa côte extérieure est bordée de belles plages de sable, mais la presqu'île est malheureusement sillonnée de lignes à haute tension partant d'une énorme centrale thermique, ce qui en atténue considérablement le charme.

Pour continuer vers le sud et Belfast, voir The Gobbins Cliff Path *(p. 409)* et Carrickfergus *(p. 409)*.

Carnet pratique

S'informer

Cushendall Local Information Office - *25 Mill St. - Cushendall - ☎ 028 217 711 80 - www.discovernorthernireland.com.*

Larne Visitor Information Centre - *Narrow Gauge Rd (au sud de la ville en allant vers Belfast) - ☎ 028 282 624 50 - www.discovernorthernireland.com.*

Adresses utiles

Banque – Distributeurs automatiques à Cushendall, Larne.

Arriver/Partir

En train

Liaisons régulièrement entre Larne et Belfast (40 à 55mn).

Transports

En bus

Ils desservent les principales localités littorales. Planifiez votre voyage et achetez vos tickets sur www.translink.co uk.

Location de vélos

Ardclinis Outdoor Adventure – *11 High St. - Cushendall - ☎ 028 217 713 40.* Propose des locations de bicyclettes ainsi que toutes sortes d'activités sportives. Autres possibilités à l'office du tourisme de Larne ou au Carnfunnock Country Park.

Agenda

Festival – Au cœur des Glens, neuf jours à la mi-août. Tout Cushendall est dans la rue : sport, musique, randonnée, animations, etc.

Nos adresses

Restauration

Cushendall

Budget moyen

Harry's – *10 Mill St. - ☎ 028 217 720 22 - 12h-20h30 - 14/23 £.* Cette auberge de village fait un effort pour servir une cuisine fraîche et inventive. Cuisine de brasserie très abordable à midi.

Glenariff (Waterfoot)

Budget moyen

Laragh Lodge – *120 Glen Rd (sur la rte de Glenariff Forest Park) - ☎ 028 217 582 21 - www.laraghlodge.co.uk - 11h-20h30 - fermé lun.-jeu. en hiver - 15/25 £.* On vient de loin pour profiter du cadre un peu kitsch, mais charmant, de cette auberge forestière en bordure du parc. Cuisine de brasserie la journée et copieuses grillades le soir.

Carnlough

Budget moyen

Londonderry Arms Hotel – *Voir « Hébergement » ci-contre.* Cuisine très abordable le midi.

Larne

Budget moyen

Chekkers Winebar – *31-33 Lower Cross St. - ☎ 028 282 753 05 - 11h30-1h30, merc. et dim. 10h-22h - fermé lun.-mar. - env. 20/30 £.* Cuisine de brasserie servie au rez-de-chaussée ou le soir à l'étage dans une atmosphère très animée.

Ballygally Castle – *Voir « Hébergement » ci-après.* Menu traditionnel au pub de l'hôtel.

Ballymena

Une folie

River Room – *136 Fenaghy Rd (à 35 km à l'ouest de Larne) - ☎ 028 258 810 01 - www.galgorm.com - merc.-dim. 18h-22h - menu 80 £.* Salle à manger luxueuse

7

aménagée dans un manoir victorien appartenant à un complexe hôtelier. Beau panorama sur le domaine et la rivière. La cuisine raffinée, élaborée avec les meilleurs ingrédients irlandais, se distingue par ses saveurs contrastées.

Boire un verre

Cushendall

Johnny Joe's McCollam – *23 Mill St. - ✆ 028 217 719 92 - www.johnnyjoes.co.uk - à partir de 20h, vend.-sam. à partir de 16h, dim. à partir de 18h - fermé lun.-merc.* S'anime au son des *fiddles* tous les soirs en été et le w.-end en hiver.

Larne

Le w.-end, allez au **Chekkers Wine Bar** *(voir ci-dessus).*

Shopping

Glenarm Organic Salmon – *8 Castle Demesne - Ballymena - ✆ 028 288 416 91 - www.glenarmorganicsalmon.com.* Cet éleveur de saumons bio, en pleine mer, vous propose sa production fumée en Angleterre.

Activités

Cairndhu Golf Club – *192 Coast Rd - Ballygally (à 5 km au nord de Larne par l'A 2) - ✆ 028 285 833 24.* Parcours de 18 trous au pied des collines dominant la mer.

Hébergement

Cushendun

Budget moyen

The Villa Farmhouse – *185 Torr Rd (à la sortie de Cushendun par la rte côtière) - ✆ 028 217 612 52 - www.thevillafarmhouse.com - 🚭 P - 3 ch. à partir de 70 £ ☕.* Jolie villa 1900 admirablement située à flanc de colline, avec une vue superbe sur la baie. Vastes chambres confortables, au mobilier vintage.

Cushendall

Budget moyen

Glendale B & B – *46 Coast Rd - ✆ 028 217 714 95 - www.glendale-bandb-cushendall.co.uk - P - 6 ch. 90/98 £ ☕.* Maison récente située à l'entrée du village. Chambres confortables et très bon accueil.

Glenariff (Waterfoot)

Budget moyen

Dieskirt Farm – *104 Glen Rd - ✆ 028 2177 1308 - www.dieskirtfarm.co.uk - 🚭 P - 3 ch. à partir de 75 £ ☕.* Cette ferme en activité, très bien entretenue, dégage beaucoup de charme. Un lieu idyllique pour urbains en mal de repos et un environnement idéal pour les enfants.

Carnlough

Pour se faire plaisir

Londonderry Arms Hotel – *20 Harbour Rd - ✆ 028 288 852 55 - www.londonderryarmshotel.com - ✕ P - 35 ch. 156/195 £ ☕.* Cette grande demeure victorienne, qui fut la propriété de Winston Churchill, a gardé ce charme *so british*. Un havre luxueux à prix raisonnable.

Larne

Budget moyen

Seaview House – *154-156 Curran Rd (non loin du port) - ✆ 028 282 724 38 - www.seaviewlarne.com - P - 8 ch. 75/80 £ ☕.* Sorte de pension un peu vieillotte mais non dénuée de charme. On y trouve pas mal de renseignements sur la région, et le petit déjeuner est très correct.

Pour se faire plaisir

Ballygally Castle Hotel – *Coast Rd (à 5 km au nord de Larne par l'A 2) - ✆ 028 285 810 66 - www.hastingshotels.com - ♿ ✕ P - 54 ch. 220/320 £ ☕.* Chambres superbes dans la tour d'un château encore hanté par un joli fantôme féminin.

Derry (Londonderry) ★

Deuxième ville d'Irlande du Nord et « capitale » de la partie ouest de l'Ulster, Derry (Londonderry) est une localité touristique très agréable, qui semble avoir réussi à faire table rase d'un lourd passé lié aux affrontements intercommunautaires de ces dernières décennies (dont le tristement célèbre Bloody Sunday). Le riche patrimoine historique de la cité fortifiée a été restauré. La programmation culturelle est éclectique. Et le soir venu, les pubs sont envahis par une jeunesse qui se moque des appartenances religieuses pour communier dans une même joie de vivre de part et d'autre de la rivière Foyle, qu'enjambe l'élégant Peace Bridge, devenu symbole de la ville.

Se repérer

CARTE I BC1 (P. 384-385) - PLAN (P. 460).

Capitale du comté de Derry - 93 500 hab. – Cette ville frontière se trouve à une centaine de kilomètres au nord-ouest de Dublin.

À ne pas manquer

Une promenade sur les remparts ; les pubs musicaux de Waterloo Street. Les fresques de Bogside ; Peace Bridge.

Organiser son temps

Derry se visite à pied : si vous êtes en voiture, laissez-la au parking du Foyleside Commercial Centre, en vérifiant l'heure de fermeture.

En famille

Tower Museum.

Carnet pratique p. 462

Nos adresses p. 463

Se promener

PLAN P. 384-385

La ville intra-muros

★★ Le tour des remparts AB1-2

Entourant la vieille ville sur un 1,6 km, les remparts ont été construits entre 1608 et 1613 à l'initiative de l'Irish Society, organisation à la fois commerciale et militaire chargée de gérer Derry et sa région pour le compte des corporations londoniennes. Les murs sont percés de trois portes principales, dont **Ferryquay Gate**,

Les apprentis et le traître Lundy

Le colonel Robert Lundy devint gouverneur de Derry en décembre 1688 au début du siège. Pensant que la ville ne résisterait pas, il recommanda sa reddition devant les catholiques et s'enfuit sous un déguisement. Mais les courageux apprentis fermèrent la porte de la ville et résistèrent aux troupes de Jacques II. Cet épisode est célébré chaque année le 12 août. Alors que l'effigie de Lundy est brûlée, la Société des apprentis, sorte de confrérie initiatique masculine proche de la franc-maçonnerie, célèbre les valeurs de courage et de résistance des protestants d'Irlande.

la plus célèbre pour avoir été promptement fermée au nez des assaillants par les apprentis de la ville lors du siège de 1688-1689. À droite de la porte, à l'extérieur de l'enceinte, on remarque un plan détaillé de la ville à l'époque du siège.
En tournant à gauche dans Artillery Street, l'escalier qui accède aux remparts permet d'apercevoir, en contrebas, hors les murs, la cité de **Fountain**, seul quartier protestant subsistant dans cette partie de Derry. Les trottoirs, bordés de traits bleu, blanc et rouge, rappellent la fidélité des habitants à l'Union Jack.
Marchez jusqu'au cimetière qui entoure la cathédrale.

★ St Columb's Cathedral A2

www.stcolumbscathedral.org - tlj sf dim. 9h-17h - donation.
Cette cathédrale anglicane fut construite entre 1628 et 1633 dans le style gothique et, durant le siège de 1689, son clocher abritait une pièce d'artillerie. Un boulet de canon est conservé sous le porche en souvenir de cet épisode. Du baptistère, on pénètre dans la **salle capitulaire** ajoutée en 1910. Elle contient un petit musée rassemblant divers souvenirs historiques, notamment les énormes cadenas des anciennes portes de la ville. À l'intérieur de l'imposante nef, remarquez les **têtes sculptées** des différents évêques de Derry soutenant l'impressionnante charpente du plafond. Par terre, notez la diversité des motifs brodés au point de croix qui ornent les coussinets sur lesquels s'agenouillent les paroissiens.
En sortant, prenez à droite dans Bishop's St., puis à gauche dans Society St.
Juste avant de rejoindre les remparts se profilent, sur votre droite, **The Siege Museum** (A1) *(www.thesiegemuseum.org - lun.-sam. 10h-17h - 4 £)*, consacré au siège de Londonderry au 17e s., et l'**Apprentice Boys' Hall** (A1), siège de la Société des apprentis.

Symbole de l'identité protestante

Saint Columcille (saint Columba) édifia un monastère au 5e s. sur une « île plantée de chênes » (*Doire* en gaélique) de la rivière Foyle. Ce n'est qu'en 1613 que les Anglais rebaptisèrent la ville **Londonderry** lors de la colonisation entreprise par les corporations de Londres, auxquelles le roi Jacques Ier avait donné la ville et sa région. Les murs qui entourent toujours la vieille ville datent de cette époque. En 1688-1689, lors du siège entrepris par les troupes du catholique Jacques II, les habitants résistèrent pendant 105 jours à l'abri de leurs remparts, et cet événement devint le symbole de l'identité protestante de Derry.

Le Peace Bridge de Derry.
benkrut/Getty Images Plus

De cet endroit, les remparts offrent la meilleure vue sur le **Bogside** (A1) et ses façades décorées de **peintures** évoquant les « troubles » et le mouvement nationaliste irlandais. On aperçoit, soigneusement entretenu sur l'un des murs, le fameux *You are now entering the Free Derry* (« Vous entrez maintenant dans le Derry libre »), inscrit en 1969, au plus chaud du soulèvement du quartier catholique. Non loin de là se trouve le Bloody Sunday Monument, à la mémoire des victimes du « Dimanche sanglant ».

En poursuivant votre route, vous atteignez, sur la droite, Butcher St.

L'ère des conflits sanglants

Les catholiques, devenus majoritaires au cours de la révolution industrielle, se sentirent d'autant plus humiliés et opprimés que le suffrage censitaire les privait de leurs droits. Ils résidaient majoritairement dans le **Bogside** (littéralement le « côté de la tourbière »), quartier populeux et ouvrier, qui, plus tard, dans les années 1950-1960, s'entacha de tristes immeubles impersonnels. Au début des années 1970, le chômage vint attiser la révolte, et le Bogside s'érigea en une sorte de Commune libre qui fut durement réprimée. Lors de la manifestation du **Bloody Sunday** (Dimanche sanglant), le 30 janvier 1972, les militaires britanniques tirèrent sur un cortège de 20 000 personnes qui protestaient pacifiquement contre les lois d'exception permettant les internements sans jugement. Il y eut 13 victimes, et ce n'est qu'en 1998 que les autorités se décidèrent à rouvrir l'enquête sur la responsabilité de ce massacre. Ces tragiques événements n'empêchèrent pas les droits civiques de faire leur chemin. Une municipalité catholique de nationalistes modérés a réussi à embellir la ville et à mettre en valeur son patrimoine. Seule ombre au tableau : la population protestante a fui le centre-ville pour s'installer sur la rive droite de la Foyle (**Waterside**). Mais ce regrettable « nettoyage ethnique » était peut-être le prix à payer pour assurer le maintien d'une paix civile...

Après une visite du **Museum of Free Derry** *(55 Glenfada Park - ✆ 028 713 608 80 - www.museumoffreederry.org - 10h-16h - fermé dim.-lun. ; juin-sept. : ouv. aussi dim. 13h-16h - 7 £)*, qui relate minutieusement l'histoire de la ville, poursuivez plus au sud le long de Rossville Street, où les façades s'ornent d'immenses fresques (1997-2004), rassemblées sous le nom de **The People's Gallery of Murals** ★★, qui racontent les troubles et se « terminent » par le *Peace mural* comme promesse de paix.

Butcher Street débouche sur **The Diamond** (AB1), la place centrale de la vieille ville à chaque coin de laquelle se trouvait jadis un canon.
Traversez la place et rejoignez Shipquay St. pour atteindre le Craft Village.

Craft Village B1

www.derrycraftvillage.com.
Cet ensemble de vieilles maisons et de ruelles entièrement rénové en 1996 se veut une vitrine des savoir-faire irlandais (mailles, cristal, design...) et aligne boutiques de souvenirs, salons de thé et nombre de restaurants. Le **Bridie's Cottage**, une chaumière du Donegal transplantée, propose des informations sur la musique traditionnelle. Depuis quelques années, de nombreux artisans ont réouvert dans ce qui veut devenir le cœur créatif de la ville historique, lui donnant un nouvel élan.
L'une des boutiques, l'Irish Shop, s'ouvre sur une courette et vous permet d'accéder directement au Tower Museum dont l'entrée principale est sur Union Hall Place.

★ Tower Museum AB1

✆ 028 713 724 11 - www.derrystrabane.com/towermuseum - tlj 10h-17h30 - dernière entrée 16h30 - 4 £ (le billet comprend la visite de la tour et les expositions).
Fort bien conçu, très accessible pour des enfants aussi, ce musée est installé dans un édifice moderne de style médiéval. Après être passé par un tunnel en brique pavé de gros galets, semblable aux innombrables passages construits sous la ville au 17e s., vous découvrirez Derry de la préhistoire à nos jours, présentée à l'aide d'évocations audiovisuelles, d'objets anciens et de personnages en cire. La chronologie du musée s'arrête à la fin des années 1960. Il faut pénétrer dans la salle de cinéma où un documentaire objectif explique les causes des troubles et leurs conséquences.

En sortant du Tower Museum, prenez à droite et sortez de la vieille ville par Shipquay Gate.

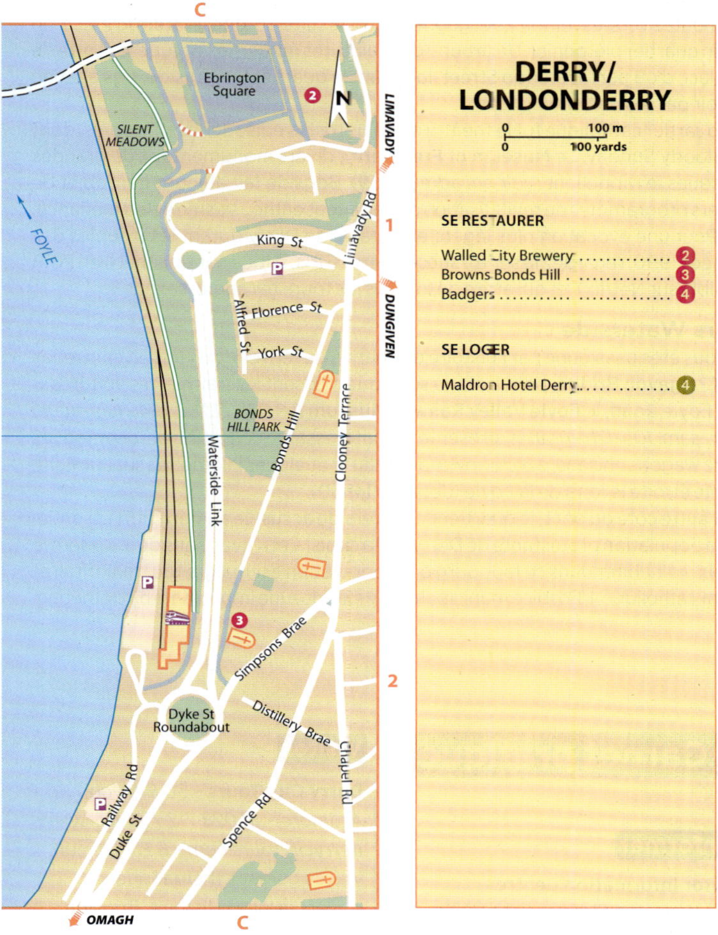

La ville extra-muros

Les rives de la Foyle B1

Face à Shipquay Gate se dresse le **Guildhall★** *(☏ 028 713 773 35 - tlj 10h-17h30 - gratuit)*, l'hôtel de ville néogothique de Derry, flanqué d'une tour à horloge dans le style de Big Ben. Au rez-de-chaussée de ce bel édifice en grès rouge, une exposition permanente retrace l'histoire de la Plantation de l'Ulster. La salle du conseil conserve quelques vitraux symbolistes, restaurés après qu'une bombe de l'IRA eut gravement endommagé les lieux en 1972 (un vitrail moderne, près de l'entrée du Guildhall, évoque le Bloody Sunday).

À deux pas de là, le **Peace Bridge★★** serpente au-dessus des flots de la rivière Foyle. Réservé aux piétons et aux cyclistes, ce pont de 235 m a été inauguré en 2011. Son nom (pont de la Paix) rappelle le lien qu'il crée entre deux quartiers unioniste et nationaliste. Son design audacieux en a fait un symbole du renouveau de la ville.

Bogside A1

Remontez vers les remparts et gagnez, tout de suite à droite, **Waterloo Place**, en plein quartier piétonnier. Un groupe de sculptures modernes occupe le centre de la place d'où part Waterloo Street, longeant le quartier de Bogside, très animée le soir par ses nombreux pubs.

Ce quartier catholique fut le théâtre des plus tristes épisodes des *Troubles,* dont le Bloody Sunday. Le **Museum of Free Derry**, divers monuments et de grandes fresques le rappellent *(voir encadré p. 459)*. Bogside fait aujourd'hui l'objet de divers programmes de revitalisation qui suscitent enthousiasme et/ou méfiance.

☺ Pour une évocation plus légère et décalée de Derry durant les troubles des années 1990, regardez la série à succès **Derry Girls**, initiée par Channel 4 en 2018 (visible sur Netflix), et qui attire désormais les touristes anglo-saxons.

Vers Waterside C1 EN DIR.

Si vous êtes passionné par l'histoire du chemin de fer, rendez-vous en contrebas du **Craigavon Bridge**, pont à étage sur lequel passent les trains et les voitures.

Sur Foyle Road, le **Foyle Valley Railway Museum** *(☏ 028 713 624 24 - juin-août : mar.-sam. 10h-17h - gratuit)* présente une intéressante collection de locomotives et de wagons anciens, et vous invite à parcourir quelques kilomètres sur une ligne à voie étroite le long de la Foyle (départ à 14h30).

De l'autre côté du pont, le quartier de Waterside accueille aujourd'hui l'essentiel de la population protestante de Derry, qui a choisi – et n'avait sans doute guère le choix – d'habiter dans ce faubourg où la population est malgré tout majoritairement catholique. L'hospice municipal du 19e s. abrite une importante bibliothèque.

Carnet pratique

PLAN P. 460

S'informer

Visitor Information Centre – A1 - *1 Waterloo Place - ☏ 028 712 672 84 - www.visitderry.com.*

Visites

Derry City Tours – *30 Bigwood Rd - Ardmore - ☏ 028 712 719 96 - www.derrycitytours.com - 6 £.* Plusieurs visites guidées thématiques à travers la ville : Histoire, Bogside, Dery Girls, etc.

Adresses utiles

Poste – B1 - *Custom House St. - lun.-vend. 9h-17h30, sam. 9h-12h30.*

Arriver/Partir

Waterside Railway Station - C2 - *Duke St. (sur la rive droite de la Foyle, dans le quartier de Waterside) - ✆ 028 713 422 28 - www.translink.co.uk.* 4-9 dép./j. pour Belfast (2h15) *via* Coleraine.

Bus Station – B1 - *Foyle St. - ✆ 028 712 622 61 - www.translink.co.uk.* Plusieurs départs quotidiens pour les grandes villes d'Irlande du Nord. Comptez moins de 2h pour Belfast. Pour les trajets vers la République d'Irlande (Dublin, Galway, Donegal, Sligo), consultez www.transportforireland.ie.

Transports

En bus – *Arrêt de bus sur Foyle St.*

En taxi – *Station de taxis en haut de Foyle St. (✆ 028 7126 3905).*

En vélo – Contactez Claudy Cycles *(✆ 028 713 381 28)* ou Derry Bike Tour *(✆ 079 555 992 24).*

Agenda

City of Derry Jazz Festival – *www.cityofderryjazzfestival.com.* En avr.-mai.

Gasyard Féile – En août. Festival très éclectique (carnaval, musique, spectacles de rue, théâtre, débats, sports, etc.).

Foyle Film Festival – *www.foylefilmfestival.org.* En nov.

Nos adresses

PLAN P. 460

Restauration

Premier prix

Pour de la *street food* à l'irlandaise, direction **POD** *(sur la N 124 Strand Rd)*, **Black Bird Pub** *(24 Foyle St.)* et le **Truck Food** *(en différents endroits du centre-ville)* : les prix sont doux *(env. 6,50 £, ou 7,50 £ avec les « frites maison »)* et la qualité est au rendez-vous.

4 **Badgers** – B1 - *18 Orchard St. - ✆ 028 713 633 06 - 11h30-1h, dim. 12h-23h30 - 15/30 £.* À l'est des remparts, un endroit très confortable avec son agréable décor de pub. Copieuse cuisine de brasserie d'un très bon rapport qualité -prix.

Budget moyen

2 **Walled City Brewery** – C1 - *170 Ebrington Square - ✆ 028 713 433 36 - www.walledcitybrewery.com - mar.-jeu. 17h-21h, vend.-sam. 13h-15h, 17h-21h, dim. 13h-17h. - 25/30 £.* Empruntez le Peace Bridge pour découvrir cette brasserie urbaine abritée dans un ancien édifice militaire. Pour accompagner la bière produite, de sérieux plats de pub modernisés sont proposés.

Pour se faire plaisir

3 **Browns Bonds Hill** – C2 - *1 Bonds Hill, Waterside. - ✆ 028 713 451 80 - www.brownsbondshill.com - merc. midi, et mar.-sam. soir - 11h30-1h, dim. 12h-23h30 - 40 £.* Posé sur la rive est du fleuve Foyle, le restaurant phare du groupe Browns abrite un salon douillet et une salle à manger au cadre discret et intime. Carte le midi et menu le soir : cuisine moderne habile, aux techniques et mélanges élaborés, et au bon rapport qualité-prix.

Boire un verre

Gweedore Bar – *61 Waterloo St. - ✆ 028 712 672 95 - P - 11h30-1h30, dim. 12h30-0h.* On reste debout pour boire sa pinte, mais on vient surtout pour la musique (blues, rock) que l'on peut écouter le soir.

Metro Bar – *3 Bank Pl. - ✆ 028 712 674 01 - 11h30-2h, dim. 12h-1h.* Dans la vieille ville, projection de films dans un décor hétéroclite. Jeune et bruyant.

Peadar O'Donnell's – *59-63 Waterloo St. - ✆ 028 712 672 95 - 11h30-1h30, dim. 12h30-0h30.* Avec sa façade jaune et ses faux jambons séchés au-dessus du comptoir, c'est l'un des pubs les plus typiques de la ville. Musique traditionnelle tous les soirs.

The Anchor Bar – *38 Ferryquay St. - ✆ 028 713 686 01.* Décoration marine et clientèle populaire derrière une belle façade rouge et vert. Musique live certains soirs et petite restauration tous les jours.

The Dungloe Bar – *41-43 Waterloo St. - ✆ 028 712 677 16 - www.thedungloebar.com - 11h30-1h, vend. 10h30-1h, dim. 12h30-0h.* Propose de la musique rock (mais pas seulement) dans un décor victorien.

Sandino's – *Water St. - ✆ 028 713 092 97 - www.sandinoscafebar.com - à partir de 12h30.* On refait le monde dans ce bistro au nom du chef de la guérilla du Nicaragua (des années 1930). Des portraits de révolutionnaires célèbres aux murs et de la bonne musique dans la salle. Musique traditionnelle le soir.

Activités

City of Derry Equestrian Centre – *30 Bigwood Rd - Ardmore - ✆ 078 502 086 56 - www.cityofderryequestrian.com.* Un club pour tous les cavaliers, de tous niveaux et de tous âges…

City of Derry Golf Club – *49 Victoria Rd (à 3,5 km au sud de la ville) - ✆ 028 713 463 69 - www.cityofderrygolfclub.com.* 18 trous et 9 par 3 dans la campagne.

Foyle International Golf Centre – *12-14 Alder Rd (à 2 km au nord de la ville) - ✆ 028 713 522 22 - www.foylegolfcentre.co.uk - green fee : 20/25 £.* Sur les bords de la Foyle, 18 trous et 9 par 3.

Hébergement

Budget moyen

Saddler's House – A1 EN DIR. - *36 Great James St. - ✆ 028 712 696 91 - www.thesaddlershouse.com - P - 7 ch. à partir de 75 £ ☕.* Dans une très belle maison victorienne élégamment meublée, un B & B au calme, proche du centre-ville. Idéal pour appréhender l'art de vivre à l'irlandaise.

Arkle B & B – A1 EN DIR. - *2 Coshquin Rd - ✆ 028 712 711 56 - www.derryhotel.co.uk - P - 7 ch. 75/100 £ ☕.* L'accueillante propriétaire vous propose de petites chambres au décor fleuri, claires mais sans prétention.

Serendipity House – A1 EN DIR. - *26 Marlborough St. - ✆ 028 712 642 29 - ww.cityofderryaccommodation.com - P - 5 ch. 80/105 £ ☕.* Un B & B pas tout à fait comme les autres, puisqu'il dispose aussi de plusieurs petites maisons de ville que l'on peut louer pour quelques jours (idéal pour se poser en famille ou entre amis).

Pour se faire plaisir

(4) **Maldron Hotel Derry** – A1 - *Butcher St. - ✆ 028 713 710 00 - www.maldronhotelderry.com - ✕ P - 93 ch. 165/195 £ ☕.* Au cœur de la vieille ville, à l'abri des remparts du 17e s., un hôtel récemment rénové et idéalement situé pour visiter et savourer Derry jour et nuit.

Da Vinci's Hotel – B1 EN DIR. - *15 Culmore Rd - ✆ 028 712 791 11 - www.davincishotel.com - ♿ ✕ P - 64 ch. 175/265 £ ☕.* Un hôtel très contemporain et confortable, à la décoration branchée, qui illustre bien ce qu'est l'Irlande du 21e s. : un mix de modernité et de « friendly service ». Le bar joliment décoré et la discothèque sont très courus.

Les Sperrin Mountains ★

Les hautes collines des Sperrin Mountains, tapissées de landes et de tourbières, couronnées par des arêtes de schiste, enserrent d'étroites vallées couvertes de forêts profondes où coulent des rivières poissonneuses. Longtemps laissée à l'écart de la croissance économique, la zone développe désormais une activité touristique orientée vers la découverte de l'environnement. Plusieurs parcs naturels, fort bien aménagés, vous donneront l'occasion de faire plus amplement connaissance avec l'écosystème d'une région qui a su tirer parti de ses faibles richesses pour vivre, des siècles durant, dans une quasi-autarcie.

Se repérer

CARTE I BC2 (P. 384-385) - CARTE DES SPERRIN MOUNTAINS (P. 466-467).

Comtés de Londonderry et Tyrone. Au sud de Derry et à l'ouest du Lough Neagh, les Sperrin Mountains, qui culminent au mont Sawel (678 m), s'étendent d'est en ouest sur 60 km.

À ne pas manquer

La chute d'eau du Ness Wood Country Park ; les points de vue du Sawel Mountain Drive ; le foulage du lin au Wellbrook Beetling Mill.

Organiser son temps

Comptez 2 jours. Une voiture est indispensable pour visiter la région.

Carnet pratique p. 470

Nos adresses p. 471

★ Découvrir

CARTE DES SPERRIN MOUNTAINS P. 466-467

Les contreforts nord

C'est de ce côté que les amoureux de nature préservee et de verdure trouveront leur bonheur, en musardant le long des petites routes.

★ Ness Wood Country Park B1

À Ervey Cross Roads, 11 km au sud-est de Derry par l'A 6 en direction de Belfast, puis suivez le fléchage sur la gauche.

Cette vaste forêt est traversée par la rivière Burntollet qui y a creusé des gorges profondes en roulant ses eaux brunes chargées de tourbe. En venant du parking, prenez le chemin qui conduit à la plus haute **chute d'eau★**. Au cœur d'une végétation luxuriante, la rivière gronde au fond d'un ravin sur les pentes duquel poussent en abondance mousses, lichens et fougères.

Attention, aux abords du ravin, il est fortement recommandé de ne pas laisser les enfants se promener seuls.

★ Roe Valley Country Park C1

À 3 km au sud de Limavady par la B 68.

La rivière Roe court ici sur près de 5 km dans un environnement de bois et de prés que l'on parcourt à pied par des chemins très agréables. Au 19e s., la Roe était jalonnée de moulins industriels servant principalement au battage du lin.

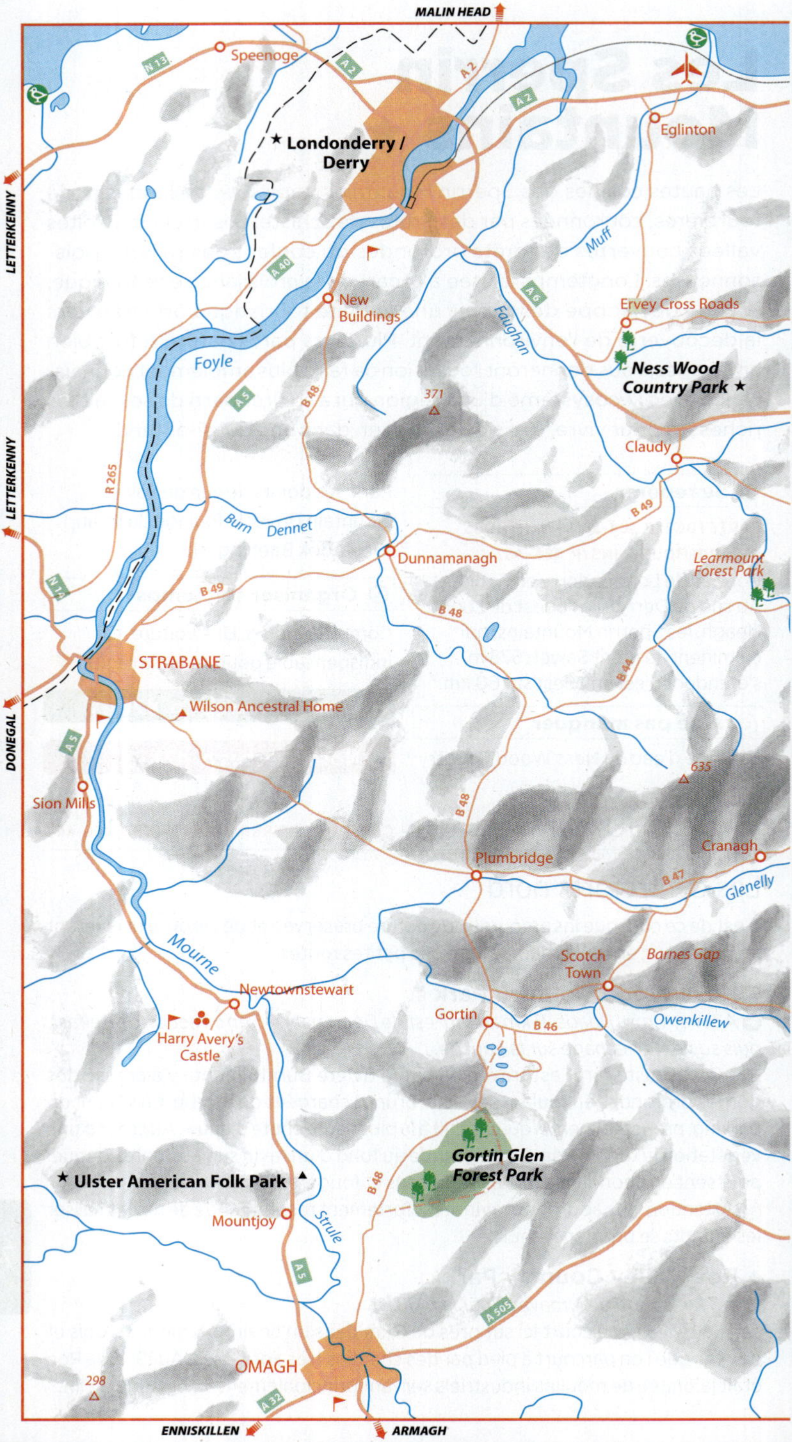
MALIN HEAD
Speenoge
N 13
A 2
Londonderry / Derry
Eglinton
Muff
A 40
New Buildings
A 6
Ervey Cross Roads
Faughan
Foyle
Ness Wood Country Park
A 5
B 48
371
Claudy
R 265
LETTERKENNY
Burn Dennet
B 49
Dunnamanagh
Learmount Forest Park
N 14
B 48
STRABANE
B 44
Wilson Ancestral Home
DONEGAL
A 5
635
Sion Mills
B 48
Cranagh
Plumbridge
B 47
Glenelly
Mourne
Scotch Town
Barnes Gap
Newtownstewart
Gortin
B 46
Owenkillew
Harry Avery's Castle
Gortin Glen Forest Park
Ulster American Folk Park
B 48
Mountjoy
Strule
A 5
A 505
OMAGH
298
A 32
ENNISKILLEN
ARMAGH

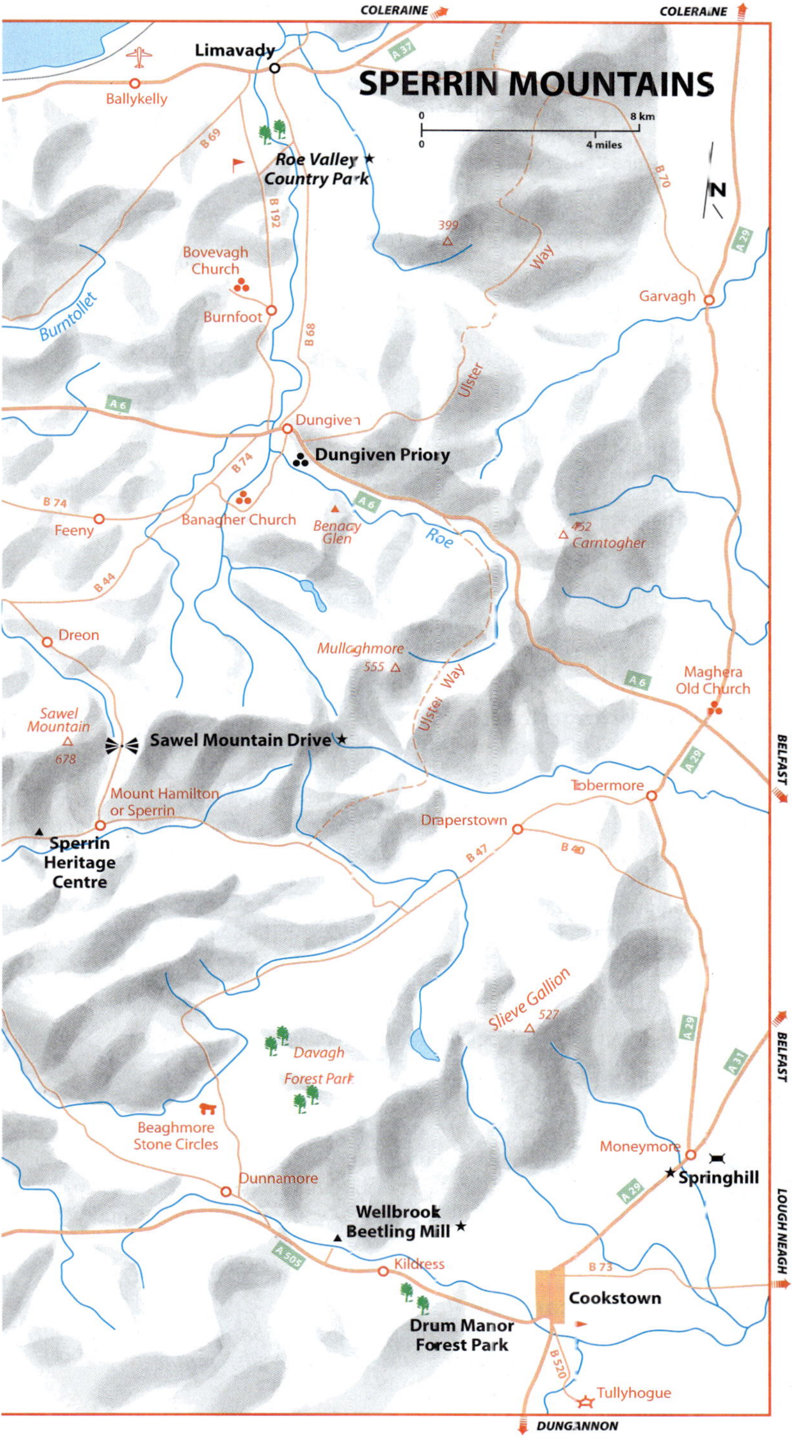
SPERRIN MOUNTAINS
0 8 km
0 4 miles
N
COLERAINE
COLERAINE
BELFAST
BELFAST
LOUGH NEAGH
DUNGANNON
Limavady
Ballykelly
Roe Valley Country Park
Bovevagh Church
Burnfoot
Burntollet
Garvagh
399
Ulster Way
Dungiven
Dungiven Priory
Banagher Church
Benady Glen
Feeny
Roe
452 Carntogher
Dreon
Mullaghmore 555
Maghera Old Church
Sawel Mountain 678
Sawel Mountain Drive
Mount Hamilton or Sperrin
Sperrin Heritage Centre
Tobermore
Draperstown
Slieve Gallion 527
Davagh Forest Park
Beaghmore Stone Circles
Moneymore
Springhill
Dunnamore
Wellbrook Beetling Mill
Kildress
Cookstown
Drum Manor Forest Park
Tullyhogue
A 37
B 69
B 192
B 68
B 70
A 29
A 6
B 74
B 44
B 47
B 40
A 31
A 505
B 73
B 520

De 1896 à 1946, la ville de **Limavady** tira son électricité d'une centrale hydraulique installée sur la rivière.
Dans le parc, le **Green Lane Museum** *(✆ 028 777 606 50 - mai-sept. : lun.-vend. 13h-17h45 ; parfois ouv. aussi le sam. - gratuit)*, installé dans un ancien moulin industriel qui a conservé sa roue à aubes métallique, expose des souvenirs de l'ère pré-industrielle.
Tout près, le **Dogleap Visitor Centre** *(de Pâques à août : 9h-18h)* propose une exposition sur l'environnement naturel de la vallée et son histoire.

Dungiven Priory C2

À 15 km au sud de Limavady par la B 68 ; le prieuré se trouve à l'extrémité d'une petite route sur la droite, à la sortie du village en direction de Belfast.
Les ruines de ce prieuré augustinien du 13e s. se dressent en pleine campagne, sur une hauteur dominant la Roe. Le cimetière autour de l'église comporte quelques **tombes** anciennes, intéressantes quoique endommagées. Remarquez, face au cimetière, dans un renfoncement sur le côté droit du chemin, les nombreux bouts de chiffon noués aux branches des buissons : ils témoignent de la croyance persistante des vertus miraculeuses d'une ancienne meule de pierre qui recueille de l'eau de pluie, censée guérir les verrues.

Au centre des Sperrin

Entre le hameau de Park, sur la B 44, et le hameau de Sperrin, sur la B 47, l'étroite route panoramique **Sawel Mountain Drive★**, qui se faufile pendant une dizaine de kilomètres sur la haute lande, entre les montagnes au pied du mont Sawel, offre une série d'impressionnants **points de vue★★**.

Sperrin Heritage Centre B2

Entre Sperrin et Cranagh, sur la B 47.
Découvrez la région grâce à des reconstitutions d'intérieurs traditionnels. Des consoles, des vidéos et des expositions permettent au visiteur de découvrir la faune, la flore et l'histoire culturelle de la région. Vous y apprendrez notamment que les Sperrin furent longtemps un repaire de bouilleurs de cru clandestins distillant la fameuse **poteen** *(poitín)*, redoutable *whiskey* tord-boyaux.
Aux abords du Centre (et en d'autres sites alentours), il est prévu d'installer des sculptures monumentales afin de créer, fin 2022, **The Sperrins Sculpture Trail** *(www.sperrinspartnershipproject.com/sperrins-trail)*.

Les contreforts sud

Une petite région sur la route de Cookstown, à parcourir pour ses parcs intéressants.

Gortin Glen Forest Park

À 9 km de Omagh.
De 10h à la tombée de la nuit - 5 £/voiture. Documentation au centre d'accueil.
Une route panoramique à sens unique de 8 km de long permet de découvrir cette belle et immense forêt de conifères. En empruntant l'itinéraire bien balisé du **Lady's View Walk** *(comptez 2h de marche)*, vous pourrez tenter d'approcher une espèce rare de **cerfs du Japon**.
Le site compte également plusieurs tracés réservés à la pratique du VTT.

★ Ulster American Folk Park

Près de Mountjoy (à 9 km au nord d'Omagh par l'A 5 en direction de Strabane).
✆ 028 822 432 92 - www.nmni.com/uafp - mars-sept. : tlj sf lun. 10h-17h ; oct.-fév. :

Sperrin Mountains en hiver.
The Irish Image Colle/Design Pics RM/age fotostock

mar.-vend. 10h-16h, w.-end 11h-16h - dernière entrée 1h30 av. fermeture - 9,28 £ (enf. 5,67 £), un suppl. peut être demandé lors des expositions temporaires.
Ce parc à thème célèbre le souvenir des 250 000 Irlandais d'origine écossaise qui émigrèrent aux États-Unis à la fin du 18e et au début du 19e s. Après avoir visité l'exposition sur l'émigration, ses origines, ses causes et sa répartition en Amérique, vos pas vous conduiront dans les allées du **parc** divisé en deux parties : l'Ancien et le Nouveau Monde. Chacune d'elles retrace avec fidélité la vie des émigrants en Irlande et au-delà des mers. Des maisons à toit de chaume, un atelier de forge, une maison de tisserand, une école et une poste grandeur nature reconstituent de manière d'autant plus saisissante la vie d'autrefois en Ulster que des guides habillés en costume d'époque font revivre les différents métiers. De la même façon, l'existence en Amérique est recréée dans des cabanes en rondins, un silo à maïs, un fumoir à viande et une grange. Un bassin accueillant un **bateau à voiles★** et les quais d'un port restituent avec fidélité l'ambiance des heures précédant l'embarquement. En été, différentes animations, des expositions et des concerts animent cet impressionnant tableau, notamment début septembre, pendant le **Blue Grass Music Festival** *(www.bluegrassomagh.com).*

Le chien des O'Cahan

Le clan des O'Cahan régnait sur la vallée de la Roe au 12e s. jusqu'à la victoire des Normands. La légende raconte qu'au cours d'une bataille le chien des O'Cahan réussit à franchir d'un bond la rivière pour aller porter un message à leurs alliés de Dungiven. L'exploit fut si impressionnant qu'il resta gravé dans les mémoires. The Dogleap (« le saut du chien ») est toujours le nom porté par un lieu-dit sur les bords de la rivière. Et la ville de Limavady, ancien fief des O'Cahan, dérive elle-même du gaélique *léim an mhadaidh*, mot à mot « le saut du chien ».

Cookstown et ses environs C2

La principale attraction de Cookstown, petite ville courant le long d'une interminable rue principale, réside dans son **marché** animé du samedi. Sa situation, non loin du Lough Neagh et à proximité des Sperrin Mountains, en fait une étape idéale pour découvrir la région.

★ Springhill

À côté de Moneymore, 6,5 km au nord de Cookstown par l'A 29 et la B 18. Juil.-août : tlj 12h-17h ; avr.-juin et sept.-oct. : w.-end 12h-16h - 7 £.

Cette belle ferme de *Plantation* fut durant trois siècles la demeure de la famille écossaise des Lenox-Conyngham, venus s'installer en Ulster au 17e s. Sa décoration est restée très intimiste, ce qui en fait tout son charme. Un fantôme hante même la chambre de l'étage, comme on vous l'affirmera avec le plus grand sérieux lors de la visite. Remarquez le **papier peint** bleu du cabinet d'armes, au rez-de-chaussée, le seul datant du 18e s. dans tout le Royaume-Uni. Le beau mobilier d'époque georgienne a été réalisé avec le bois d'arbres provenant de la propriété.

Un **musée du costume★**, installé dans une aile du bâtiment, présente une très intéressante collection d'habits aristocratiques des 18e et 19e s. Vous serez impressionné par l'incroyable finesse des points de broderie sur les gilets.

★ Wellbrook Beetling Mill

À côté de Kildress, 6 km à l'ouest de Cookstown en dir. d'Omagh par l'A 505. 028 867 482 10 - juil.-août : 14h-18h ; avr.-juin et sept. : w.-end et j. fériés 13h-17h - 5,50 £.

Voici le dernier survivant des moulins qui servaient jadis à fouler les draps de lin. Cette opération, brutale en apparence, consistait à battre le **lin** au moyen de pilons de bois actionnés par une roue à aubes, afin de rendre le tissu souple et brillant pour lui donner un aspect damassé. Le foulage, auquel on assiste au terme de la visite, se déroule dans un bruit infernal, ce qui explique que la plupart des ouvriers devenaient sourds à la fin de leur vie. À l'étage, une intéressante exposition explique en détail le processus très complexe de la fabrication du tissu de lin.

Drum Manor Forest Park

À 6 km à l'ouest de Cookstown en direction d'Omagh par l'A 505. 028 877 593 11 - de mi-mars à fin sept. : de 10h à la tombée de la nuit - voiture : 5 £ - possibilité de logement (voir « Hébergement » ci-contre).

À la place d'une demeure aristocratique, à présent en ruine, s'étend un parc peuplé de toutes sortes d'animaux : loutres, hérons, chats sauvages, etc. Mais vous aurez plus de chances d'apercevoir, en été, les **papillons** voleter dans le jardin clos spécialement conçu pour leur élevage et la nourriture des chenilles.

Carnet pratique

S'informer

On trouve des offices de tourisme à Limavady et Omagh *(www.discovernorthernireland.com).*

Adresses utiles

Banque - Distributeurs automatiques à Limavady, Omagh et Cookstown.

Transports

En bus – *www.translink.co.uk.* Liaisons entre Omagh et Enniskillen (1h), Derry (1h15) ou Belfast (1h45). Bus entre Cookstown et Belfast (1h40).

Nos adresses

Restauration

Omagh

Budget moyen

Grant's – *29 George's St. - ✆ 028 822 509 00 - jeu.-vend. 17h30-21h30, sam. 17h-22h, dim. 13h30-20h - 18/29 £.* Pub et restaurant très populaires, servant des plats de viande ou de pâtes copieux et goûteux. Ambiance plaisante.

Cookstown

Premier prix

Courtyard – *56 William St. - ✆ 028 867 650 70 - 8h-17h (merc. 15h) - fermé dim. - moins de 20 £.* Agréable cafétéria dans un décor rustique.

Boire un verre

Kelly's Inn – *232 Omagh Rd - Garvaghy - Ballygawley - ✆ 028 855 682 18 - www.kellysinn.com - 12h-23h30, sam. 12h-23h.* Déjeuner, thé, soirée musicale et festive, il y a toujours une bonne raison d'être là.

Activités

Golf

Killymoon Golf Club – *200 Killymoon Rd - Cookstown - ✆ 028 867 637 62 - www.killymoongolfclub.com - green fee : 25/30 £.* 18 trous en pleine nature.

Cyclotourisme

La **Banaher Cycle route** est un circuit de 50 km au départ de *Dungiven.* Carte disponible sur www.cycleni.com.

Conway Cycles - *157 Loughmacrory Rd, Sixmile Cross, Omagh - ✆ 028 807 612 58.* Location de vélos.

Gortin Centre – *62 Main St. - Omagh - ✆ 028 816 483 46 - www.gortincentre.com.* Location de vélos et réservation d'hébergements.

Hébergement

Dungiven

Budget moyen

Ballyhargan Farm House – *À 5 km de Dungiven - ✆ 028 777 412 01 - www.ballyharganfarmhouse.com - P - 2 ch. 80/90 £ ☕.* Idéale pour une famille, la maison offre un panorama somptueux sur les Sperrins. Cheminée, BBQ et jeux.

Omagh

Budget moyen

Silverbirch Hotel - *5 Gortin Rd - ✆ 028 822 425 20 - www.silverbirchhotel.com - ♿ ✕ P - 64 ch. 120/150 £ ☕.* Un des rares hôtels d'Omagh, au cœur du comté de Tyrone. Parfait pour un court séjour, pour profiter d'un dîner et d'une nuit. Spa.

Cookstown

Premier prix

Drum Manor Forest Park – *Kildress - ✆ 028 863 431 65 - ♿ P - empl. 23/40 £.* Emplacements très agréables pour tentes, caravanes et camping-cars, dans le célèbre parc du domaine.

7

Enniskillen et le Fermanagh ★★

Autour du Lough Erne

Belle région de lacs, de forêts et de collines, à l'écart des grands itinéraires touristiques, le Fermanagh s'étire jusqu'à la république d'Irlande. Enniskillen, sa « capitale », se niche entre les deux parties du Lough Erne, longue étendue d'eau de 80 km de long, alimentée par l'Erne et constellée de 154 îles boisées. Cet environnement, qui évoque la Scandinavie, est le paradis des amoureux de la nature, des promeneurs, des pêcheurs et des plaisanciers.

Se repérer

CARTE I A2-3 (P. 384-385) - CARTE DU FERMANAGH CI-CONTRE.

Comté du Fermanagh. Enniskillen se situe à 66 km à l'est de Sligo (Irlande) et à 133 km de Belfast par la M 1 et l'A 4.

À ne pas manquer

Une promenade dans le parc de Castle Coole; la vue sur Devenish Island depuis le lac; le panorama des Cliffs of Magho.

Organiser son temps

La nature étant le principal attrait de la région, l'été est la meilleure saison pour visiter le Fermanagh.

Carnet pratique p. 477

Nos adresses p. 477

Circuits conseillés

CARTE CI-CONTRE

★ Autour du Lough Erne

Circuit tracé en vert sur la carte de région (p. 384-385) et sur la carte ci-contre.
La capitale administrative du Fermanagh est une localité de 13 500 habitants, qui a su préserver son caractère historique. L'ancienne cité, dont le nom dérive d'Inis Ceithleann (« île de Kathleen » en gaélique), est bâtie sur une île portant le nom d'une reine celtique. Dans cette ville de *Plantation (voir p. 522)*, un imposant château fut fortifié pour défendre les intérêts de la Couronne britannique, qui donna par la suite le nom d'Enniskillen à deux de ses plus célèbres régiments.

★ Enniskillen

Pour découvrir les principaux monuments d'Enniskillen, empruntez la rue principale (Church St. puis Main St.) qui traverse la ville d'est en ouest, d'East Bridge au château. Au programme : trois églises, des maisons de style victorien ou édouardien, de jolies boutiques et des pubs colorés.
Au début de la rue, le **palais de justice** aligne les colonnes de son portique classique érigé au début du 19e s. Un peu plus loin sur la droite, vous reconnaîtrez l'**hôtel de ville** (1896) à sa tour d'angle à horloge de style néo-Renaissance.
Prenez à droite dans Church Street, au niveau de Midleton Street, pour rejoindre le **Buttermarket**, ancien marché au beurre dont les bâtiments restaurés, ordonnés autour d'une cour fermée, sont occupés par des boutiques et des ateliers d'artisans.
Poursuivant dans la rue principale, vous parvenez, sur votre gauche, devant

St Michael's Church, imposante église catholique érigée à la fin du 19e s., face à la cathédrale Church of Ireland, **St Macartin's**, un peu ancienne.
Headhunters – *5 Darling St. - ✆ 028 663 274 88 - www.headhuntersmuseum.com - mar.-sam. 9h-17h30 - entrée libre.* Si vous avez un peu de temps, découvrez l'étrange barbier et son musée réunissant une collection de trains et d'objets autour du chemin de fer. Le décor est celui d'un authentique salon de coiffure du siècle dernier (coupe possible).
Du même côté que l'église catholique, longez les colonnes du portique de l'église méthodiste avant de prendre sur la gauche.
★ **Enniskillen Castle** – *www.enniskillencastle.co.uk - lun.-vend. 9h30-17h, sam. 11h-17h ; de juin à sept. ouv. aussi le dim. 11h-17h - 5 £.* Construit au 15e s. par la puissante famille des Maguire, chefs de clan du Fermanagh, le bâtiment d'origine fut agrandi et renforcé lorsqu'il passa aux mains des Anglais au début du 17e s. La **Watergate**, poterne à deux tours s'élevant au-dessus du lac, date de cette époque. Les pièces donnant sur la cour du château, aménagées en musée, le **Fermanagh County Museum**, font la part belle aux récentes découvertes des archéologues dans l'îlot de Drumlay. Dans le donjon, occupé principalement par le **Regimental Museum of the Royal Inniskilling Fusiliers**, sont présentés des costumes, des armes et des souvenirs liés à l'histoire mouvementée de ce prestigieux régiment, qui porte le nom déformé d'Enniskillen.

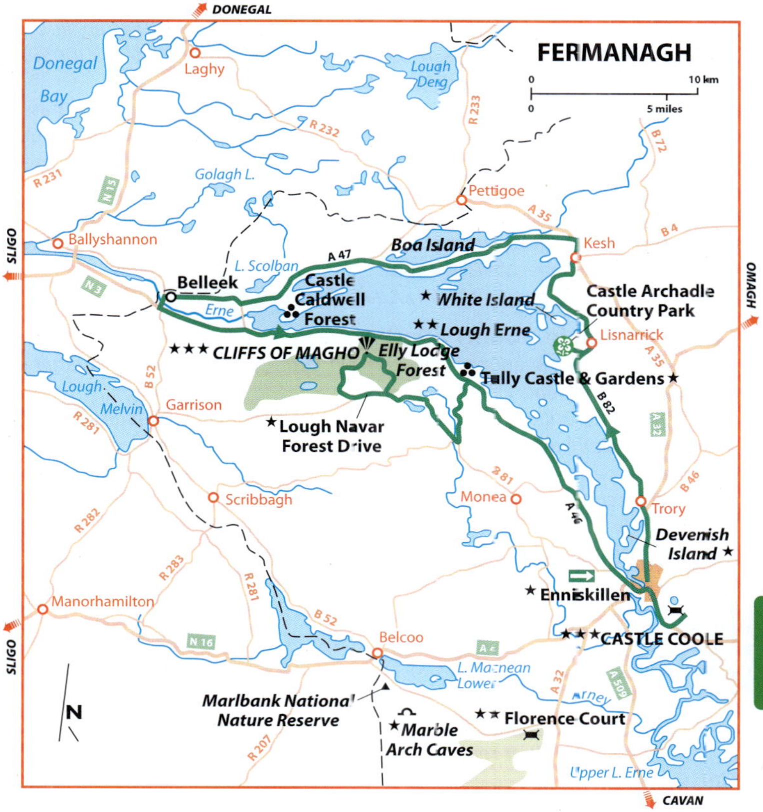

★★★ Castle Coole

À 2,5 km au sud-est d'Enniskillen par l'A 4 - ✆ 028 663 226 90 - www.nationaltrust.org.uk/castle-coole - parc : 10h-19h (hiver 16h) ; résidence ouv. juin-août : 11h-17h ; avr.-mai et sept. : w.-end 11h-17h - dernière visite guidée 1h av. fermeture - parc 4,40 £, résidence 11,55 £.

Cette superbe demeure néoclassique s'élève sur une hauteur dominant un lac. Achevée en 1798 sous la direction de l'architecte James Wyatt, elle fut, jusqu'à son acquisition par l'État en 1951, la résidence des Corry, comtes de Belmore, l'une des plus puissantes familles de l'aristocratie anglo-irlandaise.

Les formes parfaitement harmonieuses du bâtiment, constitué d'un corps central flanqué de deux ailes à colonnades, sont rehaussées par l'éclat de la pierre blanche, offrant un saisissant contraste avec la verdure environnante. Un remarquable travail de restauration a rendu aux appartements leur décoration d'origine de style Regency. Les stucs des moulures, les décors de bois précieux et le riche mobilier confèrent à la **bibliothèque★**, à la **chambre d'apparat★** et, surtout, au **salon ovale★★** une élégance très particulière, étonnant mélange de richesse et de délicatesse.

Dans le **parc** aux hêtres magnifiques, vous découvrirez, au détour d'un sentier, les restes d'une **glacière**, sorte de silo en brique du 18e s. qui servait de garde-manger grâce à la glace prélevée en hiver dans une mare.

★ Devenish Island

Bateaux au dép. de Round O'Jetty, Brook Park (à la sortie d'Enniskillen en dir. de Belleek) avec MV Kestrel Tours - ✆ 028 663 228 82 - mai-sept. : dép. à 10h30, 12h15, 14h15, 16h15 (horaires modulables selon le temps) - 10 £.

La **tour ronde** qui se dresse sur cette petite île est le principal vestige du monastère fondé par saint Molaise au 6e s. Après sa destruction par les Vikings, le site fut occupé durant le Moyen Âge par différentes congrégations religieuses, comme en témoignent les ruines de **Lower Church** et de **St Mary's Priory**. On peut gravir les marches de la tour ronde mais la vue est assez limitée. En revanche, en arrivant en bateau, la silhouette des ruines se détachant sur le lac donne à l'île un cachet certain, empreint de beauté romantique.

Continuez sur la B 82 pendant 12 km jusqu'à Lisnarrick et suivez le fléchage.

Castle Archdale Country Park

✆ 028 686 215 88 - juil.-août : tlj sf lun. 11h-19h ; sept.-juin : dim. 12h-16h - gratuit - possibilité de logement.

De la demeure du 17e s. qui s'élevait près de l'entrée du domaine, il ne subsiste que des ruines. Vous devrez donc vous contenter de la visite du **musée**, installé dans les anciennes dépendances. Aux côtés d'une intéressante collection d'outils agricoles anciens sont exposés des souvenirs des hydravions qui stationnaient sur le lac pendant la Seconde Guerre mondiale. Une exposition présente également la faune terrestre et aquatique du Lough Erne.

Dans l'agréable **parc** du domaine, vous trouverez un arboretum, une serre à papillons, un potager et diverses installations touristiques, comme une marina, un salon de thé et un terrain de camping.

★ White Island

Bateau au dép. de la marina de Castle Archdale Country Park - ✆ 028 686 218 92 - www.castlearchdaleboathire.com - juil.-août : dép. ttes les heures entre 10h et 16h30 (sf 13h) ; avr.-juin et sept. : w.-end dép. ttes les heures entre 11h et 18h (sf 13h) - 7 £.

Sculpture en pierre de l'île de Boa, sur le Lough Erne.
Shawn Williams/Getty Images Plus

Sur cette île boisée, ancien site religieux, vous découvrirez huit **statues de pierre**★ énigmatiques du 6e s., d'inspiration païenne, scellées au 12e s. dans le mur d'un monastère.
En repartant vers Belleek, ne reprenez pas la B 82, mais empruntez sur votre gauche la Scenic Road, route panoramique dominant le lac sur 7 km. Vous rejoignez la route principale à Kesh avant de traverser Boa Island.

Boa Island

Sur cette bande de terre de 8 km de long, reliée à la terre ferme par la route de Belleek à Enniskillen, se trouve la célèbre **statue de Janus** *(propriété privée, accès interdit)*, monument emblématique du Fermanagh, datant de l'âge du fer.
Continuez pendant 10 km sur l'A 47 en direction de Belleek.

Castle Caldwell Forest

À l'extrémité occidentale du Lough Erne, un vaste parc forestier public et une réserve d'oiseaux entourent les ruines, envahies par la végétation, d'un **château** du 17e s. dominant la rive. La **Fiddler's Stone** rappelle la figure légendaire d'un violoneux évoqué dans une chanson populaire, qui se serait noyé dans le lac en tombant de sa barque.

Belleek

Dans ce village aux maisons colorées, il suffit de traverser le pont sur l'Erne pour se retrouver dans le Donegal *(voir p. 354)*, en république d'Irlande. Vous aurez d'ailleurs du mal à savoir si vous êtes en Irlande du Nord ou du Sud.
Vous verrez des artisans travailler le cristal ou l'étain dans la rue principale, mais Belleek mérite le détour pour sa fabrique de porcelaine.
★ **Belleek Pottery & Visitor Centre** – *En contrebas du village près du pont - Visitor Centre : 10h-16h ; visite guidée des ateliers : lun.-vend. 10h-16h (dép. ttes les 30mn) - dernière visite à 15h le vend. - 7 £. Vidéo en français, cafétéria et boutique.*
Depuis 1857, la fabrique fondée par John Caldwell Bloomfield produit des **parians**,

porcelaines blanches imitant le marbre de Paros, dans une région qui fournit tous les ingrédients nécessaires – argile, kaolin, tourbe pour alimenter les fours, énergie hydraulique.
La visite vous donnera une idée du fascinant savoir-faire des artisans. Vous resterez pantois devant leur dextérité à élaborer les délicates vanneries de porcelaine ornées de fleurs invraisemblables, dont les pièces les plus spectaculaires garnissent le petit musée.
Reprenez l'A 46 en direction d'Enniskillen et longez le lac pendant 16 km.

★ Tully Castle & Gardens

De Pâques à sept. : 10h-18h ; en mars et oct. : dim. 12h-16h - gratuit.
Les belles ruines de cette maison forte du 17e s., construite à l'époque de la *Plantation*, sont entourées de jardins reconstitués dans le style de l'époque. Une exposition aménagée dans une dépendance évoque l'histoire locale.
Revenez sur l'A 46, puis prenez tout de suite la B 81 à droite et suivez le fléchage vers le Lough Navar pendant encore 5 km.
Sur 11 km, la **Lough Navar Forest Drive★** serpente dans une vaste forêt de conifères peuplée de daims, de chèvres sauvages et d'écureuils. De nombreuses aires de pique-nique ont été aménagées, et l'endroit offre de multiples possibilités de randonnées sur des chemins bien balisés conduisant à de beaux panoramas. Le point de vue le plus spectaculaire est celui des **Cliffs of Magho★★★** où la vue sublime embrasse le nord du Lower Lough Erne et Boa Island.
Retournez sur l'A 46 par le même itinéraire, puis continuez pendant 8 km environ vers Enniskillen.
En bordure du lac, **Elly Lodge Forest** offre des aires aménagées et le beau panorama de **Carrickreagh View★**, promontoire que l'on atteint à pied, 800 m après le parking.

Au sud d'Enniskillen

Excursion de 20 km entre Enniskillen et la Marlbank National Nature Reserve.
Vous quittez les berges du Lough Erne pour découvrir une région riche en patrimoine naturel.

★★ Florence Court

À 13 km au sud-ouest d'Enniskillen par l'A 4 et l'A 32.
028 663 482 49 - www.nationaltrust.org.uk/florence-court - parc : 10h-18h ; résidence : 11h-16h - parc 7,70 £ ; visite guidée 12,65 £.
On a perdu la trace de l'architecte qui a dessiné les plans de cette belle demeure palladienne construite entre 1756 et 1771 pour les Cole, comtes d'Enniskillen. L'intérieur, partiellement endommagé par un incendie en 1954, a été restauré et contient peu de meubles d'origine. On y voit cependant quelques beaux portraits de la famille Cole, quelques estampes japonaises érotiques à l'étage et les admirables **plâtres décoratifs★★** de l'escalier.
Au sous-sol, la visite des sombres logements des domestiques donne une idée des conditions difficiles dans lesquelles était tenu le personnel contraint de travailler de 6h30 à 22h.
Autour de la demeure, le vaste domaine boisé du Florence Court Forest Park offre trois itinéraires de promenade balisés permettant de découvrir l'**if de Florence Court**, espèce unique que l'on ne reproduit que par bouturage.
Les randonneurs les plus courageux pourront se lancer à la conquête de **Mount Cuilcagh** *(comptez 8h AR)*, table calcaire qui culmine à 668 m à la frontière entre l'Irlande du Nord et la république d'Irlande.

★ Marble Arch Caves

À 5 km à l'ouest de Florence Court en direction de Belcoo.
028 663 218 15 - www.marblearchcaves.net - œ mi-mars à sept. : 10h-16h (juil.-août 18h) - 11 £. En saison, réservez la veille. En cas de forte pluie, la visite peut être écourtée pour cause de montée des eaux ! Bonnes chaussures et vêtements chauds recommandés.

Ces vastes cavités creusées par un réseau de rivières souterraines ont été explorées en détail par le spéléologue français Édouard Martel à la fin du 19e s. Seule une toute petite partie se visite, en bateau, mais le spectacle offert par l'éclairage des **stalactites** se reflétant dans le lac intérieur vaut vraiment le coup d'œil. En tournant à droite sur la route en sortant des grottes, vous pénétrez après 2 km dans la **Marlbank National Nature Reserve**, un lieu sauvage qui rappelle les causses du Sud de la France. Au petit cottage qui sert de point d'accueil, on vous fournira la carte d'un itinéraire balisé qui permet de découvrir quelques vestiges mégalithiques dans un environnement de tourbières et de rocaille.

Carnet pratique

S'informer

Fermanagh Visitor Information Centre – *Enniskillen Castle, Enniskillen - 028 663 250 00 - www.fermanaghlakelands.com.*

Adresses utiles

Banque – Distributeurs à Enniskillen, dans la rue principale.

Arriver/Partir

Enniskillen Bus Station – *028 663 226 33 - www.translink.co.uk.* Bus pour Belfast et Omagh. Pour Derry, changement à Ballygawley ou Omag.

Pour la République d'Irlande, vers Sligo, Donegal et Dublin, consultez www.buseireann.ie.

Agenda

Happy Days Festival – 10 j. fin juil.-début août. Samuel Beckett qui fut, comme Oscar Wilde, élève à la Portora Royal School d'Enniskillen, est célébré partout et par tous. Musique, cinéma, poésie, conférences, théâtre...

Nos adresses

Restauration

Enniskillen

Premier prix

Leslie's Coffee Lounge & Home Bakery – *10 Church St. - 028 663 249 02 - moins de 20 £.* Salon de thé pour déguster les pâtisseries maison et déjeuner au self.

Budget moyen

Rebecca's Cafe – *Buttermarket - 028 663 293 76 - 8h30-17h30 - fermé dim. - moins de 20 £.* Snack-salon de thé bien situé, pour des salades et des plats de pâtes.

Franco's – *Queen Elizabeth Rd - 028 663 244 24 - www.francosrestaurant.co.uk - 12h-22h45 - 15/33 £.* Bonnes pizzas et copieuses assiettes de pâtes. L'ambiance est agréable et la carte variée.

Boa Island

Budget moyen

Lusty Beg – *Lusty Beg Island (près d'Ardshankill, fléché sur la gauche, prenez le bac pour piétons pour vous rendre dans l'île) - ✆ 028 686 333 00 - www.lustybegisland.com - 12h30-21h - 15/26 £.* Très agréable restaurant sur une île aménagée en station de vacances. Spécialités de poisson.

Belleek

Premier prix

Thatch Cafe – *20 Main St. - ✆ 028 686 581 81 - 9h-17h - fermé dim. - moins de 20 £.* Un salon de thé du 18e s. plébiscité par les gourmets locaux. Un must pour qui aime les endroits cosy où boire un café, un thé, et prendre un repas léger mais savoureux comme une *pie* sortant du four ou un saumon et sa tartine de *brown bread*.

Budget moyen

The Forge Restaurant – *40 Main St. - ✆ 028 686 591 74 - 9h-22h - moins de 20 £ - réserv. conseillée.* Dans de beaux et authentiques bâtiments, une table qui mérite un arrêt pour ses recettes inventives.

Florence Court

Budget moyen

Arch House B & B Restaurant – *59 Marble Arch Rd - ✆ 028 663 484 52 - www.archhouse.com - jusqu'à 19h - 16/22 £.* Rosemary Armstrong sert surtout à manger aux hôtes de ses chambres confortables, mais les voyageurs de passage peuvent à toute heure se régaler de sa cuisine familiale, qui varie selon l'humeur du jour.

Blacklion (République d'Irlande)

Pour se faire plaisir

MacNean Bistro – *Main St. (après le pont de Belcoo) - www.nevenmaguire.com - à partir de 18h - fermé lun. - menu 98 €.* Nevan Maguire est l'une des étoiles montantes de la nouvelle cuisine irlandaise. Produits frais de la région et subtil dosage d'influences méditerranéennes et orientales.

Boire un verre

Enniskillen

Charlies Bar – *1 Church St. - ✆ 028 663 253 03.* Vaste pub victorien au cadre agréable.

The Crowes Nest – *12 High St. - ✆ 028 663 252 52 - 12h-1h30, dim. 12h-1h.* Musique traditionnelle ou country plusieurs soirs par semaine.

Blakes of the Hollow – *6 Church St. - ✆ 028 663 221 43 - www.blakesofthehollow.com - 11h30-1h, dim. 12h-0h.* Le plus vieux pub de la ville (1887) est une bonne adresse pour ses soirées musicales.

Activités

Activités nautiques

Le Lough Erne est propice à nombre de loisirs nautiques, parmi lesquels le canoë, le kayak ou le très populaire *hydrobike*. Les premiers peuvent être utilisés pour de courtes sorties, mais aussi pour emprunter le **Lough Erne Canoe Trail** *(www.canoeni.com)*, long de 50 km mais offrant des opportunités de camper en chemin. Les *hydrobike* permettent quant à eux des parcours sur le lac, y compris à partir d'Enniskillen. Location d'embarcations et circuits guidés *(www.erneadventures.com et www.castlearchdaleboathire.com)*. Vous pouvez aussi prendre part à des **croisières** sur le lac. Rens. : *www.ernewatertaxi.com* et *www.ernetours.com)*.

Cyclotourisme

Aux environs d'Enniskillen, le **Kingfisher Cycle Trail** *(www.kingfishercycletrail.com)* est un itinéraire cycliste formant une boucle de 380 km environ et divisé en 8 sections. Cartes et informations pratiques sur le site. Location de vélos auprès de nombreux hébergements et au **Castle Archdale Marina** (*028 6862 1892 - www.castlearchdaleboathire.com*).

Shopping

Frankie McPhillips Fishing Tackle – *8 The Buttermarket Down St. - 028 6632 3047 - www.frankiemcphillips.com - 9h30-17h30, sam. 9h30-12h - fermé dim.* Frankie McPhillips est connu des amateurs du monde entier pour ses magnifiques mouches faites main.

Belleek Pottery – *3 Main St. - BT93 3FY Belleek - 028 6865 9300 - 028 6865 8501 - www.belleek.com - 10h-16h, fermé dim.* Le summum d'un artisanat dont on admirera la finesse.

En soirée

Ardhowen Theatre – *97 Dublin Rd - Enniskillen - 028 663 254 40 - www.ardhowen.com.* Spectacles divers (jazz, danse, cinéma, etc.) et concerts en été.

Hébergement

Enniskillen

Budget moyen

Dromard House – *127 Belfast Rd - Tamlaght (3,5 km à la sortie d'Enniskillen sur la droite en dir. de Belfast) - 028 663 872 50 - www.dromardhouse.com - P - 4 ch. 85/110 £.* Jolies chambres décorées avec goût dans les dépendances d'une belle maison du 19e s. située sur une hauteur, à 500 m du lac.

Pour se faire plaisir

The Enniskillen Hotel – *72 Forthill St. - 028 663 211 77 - www.enniskillenhotel.com - P - 35 ch. 95/150 £.* Hôtel classique proposant des chambres très confortables et rénovées.

Belleek et Garrison

Premier prix

Lough Melvin Holiday Centre – *Main St. (entre Belleek et Garrison) - 028 686 581 42 - www.melvinholidaycentre.com - P - 42 lits à partir de 35 £, 10 ch. à partir de 50 £.* Un centre de vacances agréablement situé au bord d'un petit lac. Emplacements de camping et chambres. Multiples activités nautiques

Budget moyen

The Fiddlestone Guesthouse – *15 Main St. - Belleek - 028 685 580 08 - P - 5 ch. 105/125 £.* Charmante auberge de village aux chambres coquettes. Petit déjeuner servi parmi une étonnante collection d'objets.

Kesh (près de Boa Island)

Budget moyen

Muckross Lodge – *Muckrosse Quay (fléché à la sortie du village en allant vers Belleek) - 028 686 318 87 - P - 5 ch. à partir de 50 £ - 5 £.* Une maison récente située sur une hauteur, offrant une belle vue sur le lac. Chambres correctes.

Aghnablaney

Pour se faire plaisir

Finn Lough Resort – *41 Letter Rd (Boa Rd) - 028 683 803 60 - www.finnlough.com - bubble domes 350/425 £.* Une nuit insolite sous les étoiles, au faîte des arbres, entre des murs et sous un toit transparents à 180 degrés. Spa et restaurant.

La péninsule de Dingle.
AIMSTOCK/Getty Images Plus

COMPRENDRE L'IRLANDE

L'Irlande aujourd'hui

L'Irlande est passée du statut de parent pauvre de la Communauté européenne, dans les années 1980, à celui d'enfant prodige au tournant des années 2000 ! Cette terre d'émigration s'est muée en terre d'accueil ; les cols blancs ont remplacé les paysans et le solide fief catholique s'est ouvert à la diversité. Si le pays a été durement touché par la crise financière de 2008, les Irlandais ont, comme souvent, fait le dos rond et trouvé dans leur fierté patriotique le levier pour se sortir des difficultés. Le « tigre celtique » affronte aujourd'hui avec une certaine confiance les crises (Covid, récession de l'économie mondiale) et les défis (Brexit, changement climatique).

Population

Voir « Les Irlandais » p. 489.

Économie

Dans les années 1990, la république d'Irlande s'était distinguée comme l'une des économies les plus dynamiques des pays occidentaux, avec une croissance spectaculaire (8 % en moyenne) et un taux de chômage inférieur à 5 %. Ce formidable bond en avant, comparable à celui des pays d'Asie du Sud-Est, lui avait valu le surnom de « tigre celtique », dont le PIB (produit intérieur brut) par habitant était le deuxième en Europe, juste derrière le Luxembourg !

Agriculture et ressources

L'île possède une forte tradition rurale, mais le secteur **agro-alimentaire** et l'**agriculture** n'occupent désormais plus que 8 % de la population active (2020), tandis que leur part n'entre plus que pour quelques % dans le PNB irlandais et pour 8 % dans les exportations. Malgré tout, grâce à ses pâturages, qui sont les meilleurs d'Europe, la république d'Irlande possède autant de moutons (5 millions) que d'habitants. On y élève à peu près autant de bovins, et ses chevaux de course sont recherchés par les éleveurs du monde entier. Les principales cultures sont la production de fourrage, de betterave à sucre, l'orge, l'avoine, le blé et la pomme de terre, qui constitue encore une des bases de l'alimentation quotidienne. Les produits de la **pêche**, dont le tonnage avait été multiplié par sept dans les années 1980, sont presque entièrement destinés à l'exportation. La baisse d'activité due aux quotas imposés par l'Union européenne a entraîné le développement des **fermes aquacoles**, notamment biologiques, produisant des saumons destinés à être fumés.

La république d'Irlande a par ailleurs peu de ressources naturelles – plomb et zinc, dont elle est l'un des principaux producteurs européens – et énergétiques – la tourbe et le gaz naturel fournissent moins de 10 % de la consommation nationale.

O'Connell Bridge, Dublin.
Pawel Gaul/Getty Images Plus

Industrialisation tardive

Dans un premier temps, l'**industrie** de la république d'Irlande a paradoxalement bénéficié de sa faiblesse. Alors que l'Irlande du Nord a largement profité des filatures, des chantiers navals et, dans une moindre mesure, de l'industrie lourde, créés durant la révolution industrielle, ces activités sont devenues un handicap au moment des grandes reconversions qui ont débuté à partir de 1970. À l'inverse, le Sud, qui ne possédait pas de grosses structures industrielles, a pu directement entrer dans l'ère des **technologies de pointe** en faisant l'économie des restructurations qui ont tant affecté l'Irlande du Nord. Cela a expliqué en grande partie la rapide prospérité du pays.

Les filiales d'entreprises de **chimie**, de **pharmacie** et d'**électronique** constituaient les principales activités industrielles irlandaises. À partir des années 1980, de grosses **sociétés informatiques** se sont implantées en république d'Irlande, profitant de conditions d'installation très attractives *(voir plus loin)* et d'une main-d'œuvre jeune, qualifiée, formée aux nouvelles technologies, anglophone et europhile. Dans le même temps, les **services** ont été l'activité la plus dynamique et le secteur apportant la plus forte valeur ajoutée

Fiscalité et reconversion

Deux facteurs expliquent le nouveau profil de l'économie de la république d'Irlande. Les aides communautaires dont elle a bénéficié ont permis à cette île initialement pauvre de rattraper les pays les plus riches. L'Europe a ainsi injecté plusieurs milliards d'euros dans l'économie irlandaise pour lui permettre de moderniser ses transports et son infrastructure routière, mais aussi soutenir son agriculture, moderniser ses industries (agro-alimentaire, haute technologie, pharmacie) et ses services, et relever le niveau de vie de ses habitants. Mais cela ne suffit pas à expliquer sa formidable période d'expansion.

Depuis le milieu des années 1970, les différents gouvernements ont pratiqué une politique d'accueil des entreprises résolument libérale. Possibilité de rapatrier ses bénéfices, zones franches, impôts sur les bénéfices commerciaux les plus bas du monde, expliquent que des centaines d'entreprises étrangères soient venues s'installer en Irlande au début des années 2000, créant 300 000 emplois, principalement dans le domaine de l'**informatique** et des **nouvelles technologies**. Les fameux GAFA (Google, Apple, Facebook et Amazon) ont ainsi fait de l'île leur paradis fiscal et les **sociétés off-shore**, domiciliées dans le pays sans y exercer d'activité, ou les personnalités qui ont choisi de « s'exiler » fiscalement en Irlande ne paient pas d'impôts.

L'envers du décor

Si la radicale transformation de l'économie irlandaise a permis de moderniser le pays, elle a également eu pour conséquence une (dangereuse) dépendance aux bénéfices réalisés par les multinationales – principalement américaines – installées sur l'île. Les deux grandes crises de ces dernières décennies l'ont montré. Le secteur bancaire, très lié à l'économie américaine, a subi de plein fouet l'effondrement de la **bulle financière** en 2008. Fermeture d'usines, licenciements en nombre et reprise de l'inflation (augmentation des prix de l'électricité, du gaz, des transports publics ou encore des assurances de santé) ont signé la fin de la partie. Par ailleurs, portée par l'incroyable manne financière qui arrosait l'île, dopée par le crédit facile, la **bulle immobilière** avait entraîné une flambée artificielle de l'immobilier.

Après des années de croissance effrénée, le pays s'aperçoit qu'être riche coûte cher. Le plein emploi des années folles (3,70 % de chômage en 2001) et l'**inflation** ont fait augmenter le coût du travail et le pays n'est plus assez attractif, entraînant des délocalisations. En mai 2011, à l'issue de trois années de récession, le taux de chômage frôlait les 15 %. L'immigration massive, qui avait marqué les années de forte croissance, a laissé sur le bord de la route toute une partie de la population, tandis que les plus jeunes et les plus qualifiés des Irlandais recommencent à émigrer.

Le plan de rigueur imposé en retour pour relancer l'économie a été violent et très mal vécu dans toutes les couches de la société, surtout, comme partout, chez les plus fragiles. Les sacrifices ont été considérables, notamment en terme de services publics.

Pourtant, la révolte et l'indignation, de mise ailleurs, n'ont pas vraiment grondé. Si les plaies ne sont pas soignées, loin de là, la croissance est repartie dès 2013 et le pays se relance, du moins son secteur financier.

Les « polandais » ?

Devant la pénurie de main-d'œuvre au début des années 2000, il fallait agir. Dès l'élargissement européen de 2004, l'Irlande ouvrit son marché du travail aux ressortissants des nouveaux pays membres de l'UE. Environ 200 000 Polonais ont immigré en République. Blancs, catholiques, sensiblement moins gourmands que les salariés irlandais, les « Polandais » conjuguaient toutes les qualités des « migrants modèles ». En échange du procédé : des salaires cinq à dix fois supérieurs à ceux pratiqués en Pologne. Un équilibre fragile, mis à mal par la crise... d'autant que la Pologne, elle, affiche l'une des croissances les plus régulières d'Europe.

Face à de nouveaux défis

En 2020, alors que l'application du Brexit se profilait, la pandémie mondiale de **COVID-19** a touché de plein fouet le pays. Près de 7 000 personnes auraient perdu la vie en République d'Irlande et quelque 3 400 en Irlande du Nord *(chiffres avril 2022)*.

Le secteur touristique, qui avait connu un boom spectaculaire au cours de la dernière décennie (près de 12 millions de touristes en 2018), se rétracte. La consommation des ménages plonge, l'économie domestique souffre, le chômage grimpe. Pourtant, l'Irlande est le seul pays européen a avoir affiché une croissance positive durant cette période. Et ce grâce aux GAFA et aux géants de la pharmacie – des secteurs « portés » par la pandémie – installés sur son sol. Cette crise met en évidence la **dualité de l'économie irlandaise**, entre les multinationales (principalement américaines) et les entreprises servant le marché national.

Aujourd'hui, l'île s'habitue peu à peu au **Brexit** *(voir p. 488)* dans ses relations avec l'Irlande du Nord et rêve d'une reprise du tourisme. Ses fleurons (Guinness, Ryanair, Primark) ont résisté à la crise. Le **taux de chômage** était de 4,8 % en 2021. L'île s'efforce de rester attractive pour les investissements étrangers, tout en atténuant sa dépendance aux géants du Web. Le pays a ainsi signé le projet de taxe mondiale à 15 % de l'OCDE sur les multinationales, qui pourrait être mis en place en 2023.

Administration et politique

L'administration de l'Irlande reste marquée par la division de l'île entre les **26 comtés** qui composent la république d'Irlande et les **6 comtés** à majorité protestante d'Irlande du Nord. Rattachée au Royaume-Uni, cette dernière ne possède pas de constitution mais, depuis les accords de paix de 1998, dispose de son propre parlement (Chambre des communes et Sénat) et de son propre gouvernement, dont le siège se trouve à **Stormont**.

Une démocratie en mutation

La vie politique de la république d'Irlande est régie par la **Constitution de 1937**, très marquée par l'influence du catholicisme. Malgré la suppression en 1972 de l'article qui faisait de la religion catholique le fondement de l'identité nationale puis, en 1995, des dispositions interdisant le divorce, l'Irlande reste un pays confessionnel où il n'existe pas de séparation entre l'Église et l'État. Dans la pratique, cette situation se traduit par l'importance du rôle de l'Église dans l'éducation – les écoles confessionnelles restent prépondérantes – et dans les organismes sociaux ou de santé. Toutefois, leur sécularisation s'est accélérée ces dernières années.

La république d'Irlande est une démocratie parlementaire. Le **Parlement** *(Oireachtas)* comprend une chambre basse *(Dáil Éireann)* de 160 députés élus pour cinq ans et une chambre haute *(Seanad Éireann)* de 60 sénateurs. La présidence de la Republique forme le troisième élément du Parlement d'Irlande. Toutes les lois votées par le Parlement sont rédigées en gaélique et en anglais.

Élu au suffrage universel direct, le **président de la République** *(Uachtaráin na hÉireann)* dispose d'un mandat de sept ans, renouvelable une seule fois. Garant de la Constitution et chef des armées, le président n'a qu'un **rôle représentatif**. Le gouvernement est nommé par lui, mais sur proposition du Parlement. Après **Mary Robinson**, élue en 1990, une nouvelle femme,

Mary McAleese, a occupé les fonctions de chef de l'État durant deux mandats, de 1997 à 2011 (elle présentait la particularité d'avoir grandi en Irlande du Nord).

Le président de la République choisit le chef de l'exécutif, le **Premier ministre** *(Taoiseach)*, au sein de la majorité parlementaire. **Micheál Martin** (Fianna Fáil), est l'actuel Premier ministre, en fonction depuis juin 2020. Dans les faits, c'est lui qui dirige le pays.

Tous les habitants, quelle que soit leur nationalité, peuvent voter aux élections locales, mais seuls les Irlandais et les citoyens britanniques résidant en Irlande peuvent élire les parlementaires.

Les deux principaux partis, Fianna Fáil et Fine Gael, sont issus de la scission du Sinn Féin historique, due au désaccord sur la partition de l'Irlande en 1921. Fondé en 1926, le **Fianna Fáil** regroupait les opposants à la partition de l'Irlande, tandis que le **Fine Gael**, fondé en 1923, y était favorable. Ils affichent tous deux une politique centriste.

Le paysage politique irlandais compte également d'autres partis, minoritaires, qui ont parfois pris part

à des coalitions gouvernementales. C'est le cas du **Labour Party** (Parti travailliste), créé en 1912 lors du Congrès des syndicats irlandais de Clonmel et affilié à l'Internationale socialiste. Mary Robinson, première femme à la présidence de la République, appartenait à ce parti. Le parti républicain **Sinn Féin** (« Nous-mêmes »), fondé en 1905 pour revendiquer l'indépendance de l'Irlande, est le plus gros parti transfrontalier de l'île (c'est à dire qu'il opère dans deux pays différents). Pour la première fois depuis la partition de l'Irlande, en 1921, il est arrivé en tête des suffrages aux élections législatives de 2020 en république d'Irlande (mais, faute d'accord, il a été exclu de la coalition portée au pouvoir), ainsi qu'aux élections législatives de 2022 en Irlande du Nord.

Né en 1982, le **Green Party** (écologistes) rencontre depuis peu un certain succès aux élections locales et prend part au gouvernement de coalition de Micheál Martin en 2020.

Lexique politique

Crown – La « couronne » désigne le gouvernement britannique, ainsi que les forces et institutions constituant l'État britannique.

Dáil Éireann – Chambre basse du Parlement irlandais, composée de 160 députés élus au suffrage direct tous les 5 ans.

DUP – Democratic Unionist Party (« parti unioniste démocrate ») : parti unioniste historiquement radical.

Eire – Nom gaélique de l'île et appellation officielle de la république d'Irlande.

Fenian – Désigne, souvent de façon péjorative, un catholique et sous-entend son adhésion à l'idéologie républicaine irlandaise. À l'origine, vers 1860, les Fenians étaient un groupe révolutionnaire irlando-américain.

Forsa Cosanta Aitiuil – Garde nationale irlandaise : armée de métier de la république d'Irlande.

Garda – Abréviation de Garda Síochána (« gardiens de la paix » ; pluriel *Gardai*) : police non armée de la république d'Irlande.

INLA – Irish National Liberation Army : groupe républicain terroriste issu d'une scission de l'IRA en 1974.

IRA – Irish Republican Army : souvent appelée Old IRA, groupe armé républicain fondé en 1916 par des membres de l'Irish Republican Brotherhood et du parti travailliste irlandais. Après le traité de 1921, l'IRA se divise puis sera déclarée illégale par le gouvernement irlandais en 1931, puis encore en 1936. Le mouvement avait différents courants : depuis 1970, The Provisionals ou **The Provos** jusqu'à la réunification irlandaise, principal groupe républicain terroriste ; **The Officials**, les officiels, militants non violents depuis 1972 et depuis lors considérés comme disparus..

Nationalism – Terme désignant par extension l'ensemble du mouvement luttant en faveur de l'unification et de l'indépendance de l'Irlande. Le nationalisme irlandais est, à l'origine, le fait des Irlandais protestants. Les catholiques se sont approprié le terme au début du 20e s.

Orange Order – « Ordre d'Orange » : organisation protestante, masculine et anticatholique d'Irlande du Nord, organisée en loges sur le modèle de la franc-maçonnerie. Ses marches, qui ont lieu chaque année en juillet, commémorent la victoire du protestant Guillaume d'Orange sur le catholique Jacques II et ont souvent été l'occasion de troubles.

Protestant – Membre d'une Église irlandaise chrétienne non catholique. Il peut être presbytérien comme beaucoup dans le Nord ou membre de la **Church of Ireland**, l'équivalent de l'Église protestante anglicane.

Republican – À l'origine, le terme désignait les protestants irlandais

Le Brexit et le North Ireland Protocol

À l'issue du référendum du 23 juin 2016, 51,90 % des citoyens britanniques ont voté pour la sortie du Royaume-Uni de l'Union européenne. Ce « Brexit » a pris effet le 21 janvier 2020 après d'âpres négociations. En Irlande du Nord, si les plus radicaux des Unionistes souhaitaient le « leave », 56 % des votants y étaient défavorables, de crainte de perdre les avantages d'un maintien dans l'UE. La frontière entre république d'Irlande et Irlande du Nord, ainsi que le statut économique de cette dernière ont été au cœur des tractations entre Bruxelles et le gouvernement de Boris Johnson. Celles-ci ont finalement abouti au **Northern Ireland Protocol**, qui prévoit un maintien de l'Irlande du Nord au sein du marché unique et de l'union douanière, bien qu'elle ne soit plus membre de l'Union européenne. Ceci afin d'assurer les échanges commerciaux à travers l'île et éviter la matérialisation de la frontière. L'assemblée d'Irlande du Nord pourra, en 2025, décider de reconduire ou d'abandonner ce processus complexe et un peu bancal, qui influe sur le quotidien des Irlandais... Courant 2022, le gouvernement britannique, poussé par les Unionistes nord-irlandais, annonçait toutefois sa volonté de revoir les modalités du NI Protocol. Affaire à suivre...

opposés à la royauté. Après avoir été longtemps combattus par l'Église catholique, les républicains sont assimilés depuis le début du 20e s. aux partisans catholiques de l'indépendance et de la réunification.

RUC – Royal Ulster Constabulary : police armée en Irlande du Nord composée presque uniquement de protestants jusqu'en 1999.

SDLP – Social Democratic and Labour Party : parti politique majoritairement catholique d'Irlande du Nord, nationaliste très modéré et opposé à la violence.

Sinn Féin – Parti révolutionnaire fondé en 1905 souhaitant l'indépendance de l'Irlande. Gerry Adams fut son chef de file de 1983 à 2018, avant d'être remplacé par Mary Lou McDonald.

Stormont – Localité de la banlieue de Belfast où se trouvent le Parlement d'Irlande du Nord et le gouvernement de la province.

Taoiseach – Appellation gaélique officielle du Premier ministre.

Ulster – Une des quatre provinces d'Irlande (avec le Connaught, le Munster et le Leinster). Elle est constituée des six comtés de l'Irlande du Nord et de trois comtés de la république d'Irlande.

Ulster Loyalism – Version violente de l'unionisme. Le terme désigne globalement les groupes paramilitaires protestants comme l'Ulster Volunteer Force (**UVF**) et l'Ulster Defence Association (**UDA**).

Unionism – Tendance politique en faveur de l'union de l'Irlande du Nord à la Grande-Bretagne, plus pacifique que le loyalisme.

United Kingdom – Royaume-Uni de Grande-Bretagne (Angleterre, Écosse, pays de Galles, île de Man) et d'Irlande du Nord.

UUP – Ulster Unionist Party : parti unioniste d'Irlande du Nord, relativement modéré.

Traditions et art de vivre

Belles femmes rousses au visage clair, taches de rousseur, regard couleur d'eau, hommes hâbleurs au teint briqué et à la pinte facile : les clichés ont la peau dure. Mais la réalité est tout autre. L'Irlande héberge une population d'une infinie variété. Du lent brassage de l'Histoire sont issus les Irlandais d'aujourd'hui, avec leur culture et leurs déchirures. L'île compte environ 6,8 millions d'habitants, dont 5 millions pour la république d'Irlande. Si elle garde une partie de ses fondements, notamment le sens de la famille et le goût de la fête, la société irlandaise a radicalement changé durant ces dernières décennies. La ferveur religieuse est en net recul et les styles de vie se sont urbanisés et uniformisés. Reste que la passion pour la musique et les pubs, la place du sport et la richesse culturelle sont toujours au rendez-vous…

Les Irlandais

L'héritage celte

L'héritage des fiers guerriers celtes a cheval est celui que revendiquent le plus les Irlandais. Dans leur société plutôt égalitaire, bien organisée en communautés, ces conquérants, venus d'Orient à travers l'Europe, pratiquaient une forme d'art de vivre raffiné, comme en témoignent leurs ustensiles et leurs bijoux. Ils apportaient le goût du vin et de l'hydromel, un savoir-faire culinaire (fabrication de la bière, du beurre, du miel, du vinaigre, du pain au levain) et une longue pratique commerciale avec les autres peuples. Les Irlandais leur doivent tout un monde spirituel d'une extrême richesse et le culte des héros qui a inspiré les **légendes**, la culture et la mystique irlandaises. Les Celtes entretenaient un rapport très particulier avec la nature, cadre de leurs sanctuaires et de leurs cérémonies rituelles, et symbole de leurs dieux et déesses. Ils vouaient des cultes à la terre et au ciel, à l'eau, à l'arbre, à la montagne, aux animaux… Mais surtout, ils vénéraient des héros légendaires, guerriers mythiques, courageux et invincibles et des divinités farouches et sanguinaires. Leur vision de la mort, un passage vers un autre monde parallèle au monde concret, explique leur extrême courage au combat.

Au sein de leur société, les **druides** représentaient l'élite intellectuelle, assurant les fonctions de juges et de maîtres spirituels. Érudits et poètes, ils transmettaient une culture strictement orale, organisaient les cérémonies et les rites funéraires, faisaient le lien entre le peuple et les forces de la nature. La profondeur de leur influence était telle que même la christianisation de l'île, à partir du 4e s., n'a jamais effacé tout à fait cet héritage. Les Irlandais en ont conservé l'organisation de la société en communautés étroites reposant sur la notion de famille, la place importante des femmes, les lois, l'art, le goût des légendes et de la poésie.

Les Vikings et les Anglo-Normands

Durant le Moyen Âge, les Vikings, venus du Danemark, envahissent l'île à leur tour, se sédentarisent rapidement et s'intègrent facilement dans la société celte.
L'arrivée des Normands, en revanche, marque un tournant beaucoup plus important, celui du début de la **colonisation**. *Via* leur royaume anglais, ils importent l'influence continentale des Français – le français fut d'ailleurs la langue officielle de l'Irlande jusqu'en 1350. Catholiques eux aussi, les Normands imposent aux moines de l'île de remplacer la règle irlandaise empreinte de paganisme et de rites anciens par la **règle romaine**. Malgré les luttes de clans et les rivalités de pouvoir, ils finissent par si bien s'intégrer à la population que les Anglais voient cette entente d'un mauvais œil.
Les choses s'enveniment vraiment lorsque l'Église d'Angleterre se sépare de l'Église romaine, au 16e s. L'antagonisme entre Irlandais et Normands s'efface au profit de la lutte entre les **catholiques** et les adeptes de la nouvelle religion protestante. Les **protestants** soutiennent alors la cause du roi d'Angleterre tandis que, sous la bannière catholique, se rassemblent tous ceux qui restent attachés à leur foi, Celtes ou Normands. De féroces répressions s'ensuivent : les Anglais décident de coloniser de force les terres en les attribuant à des colons, protestants fidèles à la Couronne, venus d'Écosse, ou d'anciens militaires récompensés par de vastes domaines. Cette deuxième vague d'immigration anglaise, qui se passe beaucoup plus mal que la première, débouche sur une double société : les nantis protestants enrichis par le roi d'Angleterre et les catholiques, souvent dépossédés de leurs biens, que l'on éloigne peu à peu de toute responsabilité dans la société.
Dans le même temps, de nombreux huguenots français, chassés de leur pays par la répression catholique, viennent s'installer dans le sud de l'Irlande, apportant de nouvelles influences et le sens du grand commerce.

Les Travellers

On dénombrerait, dans toute l'île, près de 31 000 gens du voyage, les *travellers*, qui, pour la plupart, furent longtemps marchands de ferraille, de casseroles et de pots, affûteurs ou chiffonniers. Malgré des origines floues – et différentes des Tsiganes et gitans du continent –, le mode de vie itinérant des *travellers* ressemble à celui d'autres « bohémiens » d'Europe. Catholiques vraisemblablement issus des évictions durant la Grande Famine, ils vivent totalement en marge de la société irlandaise. Leur accès à l'éducation, au travail et au logement est très difficile et, lorsqu'ils choisissent de se sédentariser, ils sont relégués dans les zones urbaines périphériques les plus défavorisées. Un certain nombre d'entre eux reprennent la route chaque année au printemps. Cependant, très peu de municipalités leur consacrent un site de campement approprié et, quand c'est le cas, il n'est pas rare que les habitants s'y opposent et détruisent leurs installations. Aussi les *travellers* s'arrêtent-ils le plus souvent sur le bas-côté, en de longs campements étirés en bordure des fossés.

Fête de la Saint-Patrick.
B.Guenther/www.stpatricksfestival.ie

Entre exil...

De nos jours, on compte bien plus d'Irlandais d'origine vivant à l'étranger (Angleterre, Écosse, États-Unis, Australie, Canada, Nouvelle-Zélande, Argentine) que dans leur île. La **diaspora irlandaise** se distingue des autres par sa culture et ses traditions souvent très vivantes : il suffit, pour s'en convaincre, de suivre les parades de la St-Patrick dans les grandes villes américaines ou d'assister à une rencontre entre des clubs de football fondés par des migrants irlandais (Celtic FC, Hibernians, Vélez Sársfield, O'Higgins FC).

De leur terre d'origine, ces Irlandais d'ailleurs ont gardé une étrange nostalgie, qui trouve un écho dans les multiples **centres de généalogie** qui envahissent chaque ville et chaque village de l'île. La quête, parfois difficile, des racines familiales est devenue une véritable industrie, attirant chaque année des milliers d'Américains à la recherche de leur histoire. Bien des chants traditionnels populaires outre-Atlantique ont été composés par des Irlandais exilés qui racontent le mal du pays. Les émigrants de plus fraîche date ne s'encombrent pas de tels soucis. Il est fréquent qu'ils reviennent au pays dès leur retraite. Ils contribuent ainsi à la diversité croissante du caractère irlandais.

... et immigration

Même s'il est du passé, le boom économique des années 1990 a amené de nombreux immigrants. Dublin est ainsi devenue une capitale animée et **cosmopolite**. Galway, Cork ou Waterford le sont tout autant. Aujourd'hui, la proportion de population d'origine étrangère serait de 15 % environ.

Après 2004, l'ouverture du marché du travail en Irlande aux ressortissants des nouveaux États membres de l'Union européenne a entraîné en effet un important mouvement migratoire, notamment des Polonais *(voir p. 484)*, puis, à partir des années 2010, des Roumains. Les Français, eux aussi attirés par les emplois des grandes multinationales présentes sur l'île, seraient environ 40 000.

Recherche femme désespérément

Dans les campagnes irlandaises, les hommes se marient à un âge plus avancé que dans le reste de l'Europe. Dans les familles d'agriculteurs, alors que les jeunes migrent de plus en plus vers les villes, le fils aîné se retrouve souvent seul à la tête de l'exploitation à plus de 40 ans, sans avoir eu le temps ou les moyens de chercher une épouse. Dans certaines zones désertées de l'ouest de l'île, la proportion avoisine vingt hommes pour une femme à marier. Lisdoonvarna, dans le comté de Clare, est connue pour sa foire aux célibataires au cours de laquelle des marieurs tiennent une comptabilité des cœurs à prendre et tentent durant cette semaine de favoriser les rencontres avec l'âme sœur. Les agences matrimoniales proposant des épouses venues des anciens pays de l'Est fleurissent. Bien plus moderne, le site Internet de rencontres Muddy Matches (littéralement « mariages terreux ») organise en plus des week-ends de *speed dating* à destination des ruraux aux cœurs à prendre...

Les non-Européens sont encore faiblement représentés, à l'exception des Irlando-Américains. En petit nombre, les Brésiliens et, surtout, les Indiens occupent principalement des emplois dans les secteurs du tourisme (hôtels, restaurant), de la communication et de la construction.

Un caractère latin

Caractère expansif et passionné, mysticisme mêlé de fatalisme très méditerranéen, goût du drame, machisme indéniable : on a souvent comparé les Irlandais à des Latins du Nord. Ascendance celte et sensible, passions exacerbées par une histoire douloureuse, influence profonde de l'Église catholique, autant de raisons invoquées pour cette nature qui surprend, au nord et au large de l'Europe. Le premier charme de l'île réside dans cette infinie gentillesse, ce côté « à la va-comme-je-te-pousse », désinvolte et gouailleur, où un regain soudain de lyrisme ou d'émotion vient pimenter le baratin facile après la pinte. Ne cherchez pas en Irlande un quelconque cartésianisme : pas de logique, pas de constance, mais de la fantaisie et du sentiment. Une insatiable curiosité de l'autre, qui confine parfois à l'impudeur, le sens du tragique qui fait monter en épingle le moindre fait divers, la passion de l'introspection qui n'en finit pas d'exorciser les abus du passé. Le grand dénominateur commun des Irlandais : la conversation. En Irlande, on parle. Pour rire et plaisanter avec un sens de la dérision très particulier, pour refaire le monde et la littérature, pour cancaner sur les derniers scandales, pour déplorer les drames de l'actualité, pour faire connaissance... C'est peut-être la première leçon à apprendre en arrivant dans l'île : saisir chaque occasion de bavardage comme la plus sûre façon de s'intégrer.

Une prise de recul... et de conscience

L'Irlande vit depuis quelques années une profonde mutation. Elle remet en cause, en vrac, les valeurs de la politique et de l'Église. Elle discute en de vastes débats médiatiques le pouvoir exorbitant que le clergé a fait peser sur la vie publique et privée, crucifiant religieuses et abbés, politiciens et chefs d'entreprise, hypocrisie, vénalité et silences vertueux. Des scandales sont dévoilés chaque jour sur la place publique, analysés, scrutés, jugés par tous. Médias traditionnels et réseaux sociaux s'en font les échos enthousiastes et alimentent les conversations de comptoir.

Voir aussi « Religion » p. 497.

La famille

Les mentalités évoluent en Irlande, le style de vie aussi. Parmi les conséquences les plus « parlantes », la baisse du nombre d'enfants par femme (1,8 en 2020 pour 3,2 en 1980). Autres évolutions notables : au lendemain de la crise financière, des initiatives citoyennes ont poussé les gouvernements en place à organiser des référendums sur les thèmes de l'avortement et du mariage pour tous.

La condition des femmes

La république d'Irlande vit un curieux paradoxe. Bien que les femmes aient été défavorisées pendant des décennies et longtemps ignorées par le progrès social, elles forment la moelle épinière de la société.

Leur rôle a longtemps été cantonné à la sphère domestique et familiale. L'interdiction par l'Église catholique d'avoir recours à la contraception et les naissances à répétition ont longtemps empêché les femmes d'accéder à une vie professionnelle ou personnelle en dehors des associations caritatives et de la maison, sur laquelle elles règnent sans partage. De nombreux médecins, même après la légalisation de la **contraception** (à partir de 1980), refusaient de prescrire la pilule aux femmes non mariées. Les plannings familiaux, dépendants de l'Église et souvent gérés par des religieuses, prodiguaient plutôt des conseils en faveur de la procréation.

Il aura fallu attendre les années 1990 pour sentir un véritable changement au quotidien. Avec l'élection de **Mary Robinson** à la présidence en 1990, appuyée par le vote des laissés-pour-compte (femmes, marginaux, homosexuels), une ère de mutations politiques a débuté. À la fin de son mandat, il est significatif qu'une autre femme ait accédé à la présidence, Mary McAleese.

La perte d'influence du clergé a entraîné une libéralisation rapide des mœurs et un meilleur statut de la femme dans la société. Si la sexualité n'est pas encore partout un sujet librement abordé, dans les faits, les jeunes femmes connaissent une liberté similaire à celle des autres pays d'Europe. En 1983, lors d'un référendum, la population a voté contre la légalisation de l'**avortement**. Un premier référendum concernant le **divorce** s'est soldé par un « non » en 1986, mais, lors d'un nouveau référendum sur le même sujet, en 1995, le « oui » l'a emporté. De nombreuses associations d'obédience catholique ont tenté de faire invalider le vote, et le divorce n'est devenu effectif que depuis 1997. Mais le mariage étant célébré par l'Église (qui ne reconnaît pas le divorce), on aboutissait encore à des situations… paradoxales. Depuis

Le paradoxe Mary Robinson

Le 7 novembre 1990 est une date symbolique dans l'histoire des Irlandaises. Ce jour-là, la présidence de la République est confiée à Mary Robinson (née en 1944), une avocate libérale, militante du droit des femmes et des minorités. Si elle n'a pu faire évoluer la législation sur l'avortement, elle a obtenu du Parlement l'approbation d'une loi sur le divorce, en dépit de l'opposition farouche de l'Église catholique. Durant son mandat, cette femme très populaire a pu faire avancer la cause des libertés publiques. Ses qualités humaines et ses compétences juridiques ont été reconnues sur le plan international. De 1997 à 2002, elle a été haut-commissaire des Nations unies, chargée des droits de l'homme (et, bien sûr, de la femme !).

2007 seulement, il est possible de contracter un second mariage, civil et légal, après un divorce.
Quant à l'avortement, il est autorisé (jusqu'à la douzième semaine de grossesse) depuis le 13 décembre 2018, suite à un référendum initié par des conventions citoyennes et organisé sous le gouvernement de Leo Varadkar. 66,4 % des votants se sont alors exprimés en faveur de la légalisation. En Irlande du Nord, ce droit n'a été légalisé qu'en 2020… 53 ans après l'Abortion Act, voté en 1967 par le Parlement britannique.

Minorités sexuelles

Dans ce pays de forte tradition catholique, il aura fallu attendre 1993 pour que l'homosexualité soit dépénalisée et 1998 pour que les discriminations soient passibles de poursuites. En 2015, les Irlandais ont prouvé – par référendum, une première mondiale – qu'ils pouvaient être précurseurs en votant à 62,1 % pour la légalisation du mariage homosexuel. Entre 2015 et 2017, diverses avancées au bénéfice de la communauté LGBTQ sont également à noter, parmi lesquelles le droit à l'adoption et le changement de genre. Et ce alors même que Leo Varadkar, futur Premier ministre (2017-2020), révélait son homosexualité. En Irlande du Nord, le mariage entre personnes du même sexe ne sera, lui, reconnu qu'en 2020.

L'éducation

En République d'Irlande, l'école demeure largement confessionnelle, même si de plus en plus de voix s'élèvent contre ce système qui a donné lieu à toutes sortes d'abus et de scandales dans le passé encore proche. En général, catholiques et protestants disposent de leurs propres établissements et de leurs propres enseignants. Avec une majorité d'écoles catholiques, l'influence de l'Église dans la République reste profonde. Toutefois, les écoles multiconfessionnelles (Educate Together) sont de plus en plus nombreuses. En république, le vivre ensemble est un acquis.
En Irlande du Nord, on relève la même tendance vers les écoles multiconfessionnelles, sauf dans certains ghettos populaires où les populations catholique et protestante vivent dans des quartiers distincts.
En République, les enfants commencent leur scolarité vers 4 ans et demi et fréquentent, pour une partie d'entre eux, des établissements non mixtes. L'uniforme scolaire reste la norme jusqu'à la fin des études secondaires. L'école est gratuite et obligatoire du 6e au 16e anniversaire. Après l'école primaire, les enfants intègrent la *secondary school*, qui s'achève en décrochant le Leaving Certificate

Le prestige de l'uniforme

Au mois d'août, avant la rentrée scolaire, les boutiques, y compris les grandes surfaces, sont envahies par les uniformes scolaires. La plupart des écoles du primaire et du secondaire imposent en effet aux élèves de porter une tenue aux couleurs de l'établissement – jupe (ou pantalon), pull gris et chaussettes grises ou chemise bleue et cravate rayée bleu et or, par exemple. Le port obligatoire des chaussettes conduit parfois à des tableaux incongrus à la sortie des lycées : la minijupe est associée à des chaussures à plate-forme et à de hautes chaussettes de laine. L'uniforme, bien accepté, met (ou mettrait) tout le monde sur un pied d'égalité et permet aux parents d'investir dans un jeu de vêtements fonctionnels qui feront l'année scolaire.

Portes de style georgien, sur Merrion Square, à Dublin.
Jon Arnold Images/hemis.fr

(équivalent du baccalauréat). Les études supérieures se déroulent à l'université *(university college)* ou dans des instituts de technologie (mélange d'IUT et d'école d'ingénieurs). En Irlande du Nord, la scolarité suit le modèle britannique. La *secondary school* est sanctionnée par le GCSE (General Certificate of Secondary Education) ou par les A-Levels (Advanced Levels), après quoi les étudiants rejoignent l'université.

L'habitat

Les maisons irlandaises ne diffèrent plus vraiment de celles du reste de l'Europe occidentale. Les cottages traditionnels tout en longueur, couverts de chaume, disparaissent peu à peu pour céder la place à des bungalows au style mâtiné de néogeorgien ou de néoclassique américain. Les énormes maisons neuves, aux multiples chambres, ont poussé comme des champignons durant le boom économique et les facilités d'accès aux prêts bancaires. Un respect ancestral pour la possession des terres et de la pierre, associé à une longue tradition de grandes familles (même si ce n'est plus le cas aujourd'hui), ne fait qu'encourager cette tendance. Dans les villes (même à Dublin), les immeubles sont rares. Le secteur des logements sociaux – dont le pays manque aujourd'hui cruellement – est l'un des grands perdants de la politique ultra-libérale menée depuis des décennies, mais la plupart des logements de ce type sont des maisonnettes, en général mitoyennes, avec un bout de jardin. Dans les rues des villages, la mode est définitivement revenue des maisons joyeusement colorées, véritable arc-en-ciel au-dessus des boutiques. Vous remarquerez qu'elles ne sont jamais équipées de volets et que les voilages aux fenêtres ne sont pas de mise – il n'est pas considéré comme gênant d'être vu de la rue. La pièce la plus conviviale de la maison reste la cuisine. Les membres de la famille s'y réunissent, autour de la théière, toujours prête, ou pour y prendre les repas (on dîne tôt, aux environs de 18h). Le salon sert généralement pour recevoir des invités, regarder la télévision et s'installer alors autour d'un feu de cheminée. On y brûle bois, briquette de papier recyclé ou de tourbe – reconnaissable à son odeur délicieuse – dès que la température descend.

Les vieilles **maisons traditionnelles** se raréfient, même si on a recommencé à construire dans ce style. Elles sont de deux types : la classique maison à un étage, avec une porte, un petit porche et cinq fenêtres, qui appartient aux fermiers les plus aisés, ou le plus modeste cottage, comportant dans sa version la plus simple une porte encadrée de deux fenêtres. Parfois rallongé, mais toujours très bas, il était recouvert de chaume à l'origine. Avec l'amélioration des conditions de vie, le chaume, très humide et plus cher, a été remplacé par l'ardoise. Mais, très apprécié par les touristes ou les citadins, il revient à la mode pour les résidences secondaires. Dans le Donegal, sur les îles, près de la mer, il est coiffé d'un filet ou d'un grillage à poules pour le protéger des ravages du vent. Les mailles sont arrimées à des chevilles fichées à intervalles réguliers sur le haut du mur. Dans tous les cas, les fenêtres sont minuscules en raison de la rigueur du climat. La maison tourne le dos aux vents dominants et s'abrite souvent derrière un talus ou à flanc de colline. Des exemples de ces cottages à l'ancienne sont visibles dans certains *folk parks* comme Bunratty par exemple

La vie quotidienne

Un pays perdu dans ses brumes grises, avec ses roulottes colorées, de petits ânes gris tirant des carrioles fatiguées, des hommes en casquette pelletant la tourbe avant de hanter les pubs, des violonistes faisant danser des filles rousses : tout un imaginaire entretenu par les clichés. La vie quotidienne en Irlande est tout autre, détonnant mélange de traditions et de pragmatisme.

Les petites communiantes de mai cohabitent avec de jeunes loups de l'informatique sanglés dans d'impeccables costumes gris, les fermiers patibulaires avec les artistes psychédéliques, les violoneux de village avec les *clubbers* urbains.

Le **pub** reste le lieu de rencontre où l'on se mélange, parle et chante, où l'on se réunit avant et après les enterrements et pour tous les grands moments de la vie. À la campagne, à l'autre bout de la chaîne, bien que de plus en plus délaissée, se trouve l'**église**, second pôle majeur du quotidien irlandais.

Gueule de bois et cause nationale

Conséquence attendue de l'amour immodéré des Irlandais pour les pubs, l'**alcoolisme** est un véritable problème de société. Le coût de ce fléau est énorme et on comprend dès lors que l'alcoolisme ait été déclaré cause nationale et qu'une « Force stratégique d'intervention sur l'alcoolisme » ait été mise en place. L'état des lieux est cependant contrasté car 23 % des Irlandais ne boivent pas du tout. De leur côté, les buveurs ingèrent en moyenne 12 l d'alcool pur par an – même chiffre donc qu'en France ou en Belgique.

Plus inquiétante encore est l'habitude du *binge drinking*, très prisé par les 17-29 ans. Les soirs de week-end, plus de la moitié des admissions aux urgences de certains hôpitaux dublinois est due à l'alcool, dont un nombre impressionnant de comas éthyliques.

Parmi les mesures mises sur pied en République d'Irlande, la restriction de l'accès des mineurs aux pubs après 20h et des *happy hours*, le contrôle du sponsoring sportif par les marques d'alcool, des campagnes télévisées anti-alcool et des actions de prévention. L'ambition affichée est de ramener le

pays à une consommation annuelle de 8 l par adulte, soit la moyenne européenne.
La mutation a commencé, des centaines de pubs ont mis la clé sous la porte depuis 2005 et, au volant, la tolérance est de 0,5 g/l et 0,2 g/l pour les jeunes conducteurs. Enfin, à l'image des mesures strictes prises pour amener le prix du paquet de cigarettes à 20 € en 2025, une augmentation radicale des prix des boissons alcoolisées (jusqu'au double parfois !) a été actée en 2022.

La ville ou la campagne

Le contraste entre les styles de vie a toujours été très marqué, mais le développement effréné du pays a encore renforcé les disparités. Dans les villes, le prix et la raréfaction du logement, la densité de la circulation ont compliqué la vie des familles qui sont lourdement endettées et souvent logées loin du travail. La vie familiale, jadis centre de la vie tout court, s'en est ressentie, générant lassitude, frustrations et souvent drames du surendettement. Durant les années fastes, les citadins s'étaient mis à sortir beaucoup, au restaurant, au théâtre ou au pub. La résidence secondaire semblait devenir un luxe incontournable. Le retour à la dure réalité prend des allures de douche glacée. À l'opposé, à la campagne, bungalows et maisons imposantes se sont multipliés jusqu'à enlaidir trop souvent le paysage. Bien des jeunes partis en ville pour travailler se retrouvent sans emploi et doivent rentrer sur des fermes qui ne nourrissent plus les familles.

Religion

L'histoire de l'indépendance et de la partition de l'île souligne clairement que le conflit n'est pas uniquement religieux. Il s'agit tout autant d'un véritable problème politique et social. En République, 78 % de la population se déclarait catholique en 2016. En Irlande du Nord, la proportion s'établit à 42 % de catholiques pour 42 % de protestants.

Catholiques et protestants

La légende veut que saint Patrick ait évangélisé l'île au 5e s. À son arrivée sur cette terre celte peuplée de divinités, la spiritualité était l'affaire des druides. Bien que rapidement convaincus de la valeur du christianisme, les Irlandais ont pourtant conservé nombre de leurs rites : pèlerinages sur les anciens sites sacrés, sources magiques promues au rang de puits sacrés, festivals tirant leur origine dans les anciennes célébrations, vœux sous forme d'offrandes... Les moines irlandais suivaient d'ailleurs leur propre règle, plus souple que celle de Rome et encore influencée par les lois et les coutumes celtes. Les femmes occupaient ainsi une place privilégiée. Cette particularité s'est peu à peu effacée, et la règle irlandaise a cédé le pas à la règle bénédictine, venue de Rome *via* les Anglo-Normands.
Puis, avec le schisme de l'Église d'Angleterre, l'appartenance à la religion catholique est devenue symbole de la résistance contre la puissance coloniale anglaise, tandis que l'adhésion aux doctrines protestantes garantissait la loyauté à la Couronne. Dès sa naissance, la république d'Irlande a trouvé une légitimité dans sa coopération étroite avec l'Église catholique, laissant à cette dernière un pouvoir considérable. Tout ce qui touche à l'organisation sociale, à l'éducation et à la famille a longtemps été du seul ressort de l'Église. Malgré une pratique religieuse en baisse chez les jeunes, la république d'Irlande reste un pays profondément catholique, aux traditions religieuses encore très vivantes. Au sein de

la République, où les catholiques sont très largement majoritaires, la cohabitation avec les protestants se passe sans heurts. Il n'en est pas de même en Irlande du Nord, où le ratio est équilibré, en raison de la forte immigration d'Écossais protestants. Dans les villes, les deux communautés habitent encore des quartiers clairement délimités, comme à Belfast ou Derry, où les bords de trottoir aux couleurs nationales et les fresques murales illustrent une profonde division.

Une piété encore présente

De nombreux carrefours, sites naturels, points élevés et places de village sont ornés de statues de la Vierge ou de crucifixions. Des statuettes de **saint Patrick**, du Christ et de la Vierge sont en vente dans tous les bazars et boutiques de cadeaux des villages d'Irlande du Sud. L'église attire encore de nombreux fidèles, même en semaine. En ville, ces traditions tendent à disparaître, mais dans les campagnes, surtout chez les plus âgés, beaucoup de maisons catholiques possèdent leur petit bénitier mural et la photo du pape. Devant bien des églises, des robinets d'eau bénite courante attestent la consommation...

En suivant les pèlerinages les plus classiques, comme celui de **Croagh Patrick** *(voir « Agenda », p. 333)*, vous remarquerez que les fidèles respectent scrupuleusement les listes de prières imposées le long du parcours.

L'Église irlandaise doit malgré tout faire face à une grave crise des vocations et à de terribles scandales *(voir plus loin)*. Peu à peu, l'Irlande s'affranchit de la tutelle pesante du clergé. Cette libération, perte de foi et/ou de confiance, se constate surtout dans les villes et les zones touristiques.

Naissances, mariages et enterrements

Les fêtes religieuses restent au cœur de la vie irlandaise et donnent lieu à de grandes réjouissances dans les familles catholiques. La première cérémonie d'importance dans le cours d'une vie est la **communion solennelle**. Durant le mois de mai, les jeunes enfants, parés de leurs plus beaux vêtements, reçoivent la communion lors de cérémonies collectives. Tels les acteurs d'un mariage en miniature, ils forment de longues processions jusqu'à l'église. Pour les petites filles, c'est l'occasion de choisir une belle robe parmi ces mini-tenues de mariée, débordant de dentelles, rubans et fleurs de polyester.

En république d'Irlande, jusqu'en 2007, seul le **mariage** religieux avait une valeur légale. Il restait donc le passage obligé pour convoler en justes noces, même si de plus en plus de jeunes couples vivaient ensemble avant de passer devant le prêtre.

L'**enterrement** apparaît comme la célébration la plus significative, puisqu'il rassemble la communauté de façon immuable. Dans les villages, l'annonce du décès et du

La grotte de Lourdes

En 1954, année mariale, une multitude de répliques de la grotte de Lourdes se sont répandues à travers le pays et elles sont encore l'objet de toutes les dévotions. Il suffit de s'arrêter devant ces vierges de plâtre, régulièrement repeintes de frais, garnies de fleurs et munies d'auréoles lumineuses, ornées d'ampoules clignotantes ou d'un néon bleu, pour comprendre l'importance du culte de Marie. Lors de sa visite du 19 mars 2018, le pape François a élevé le sanctuaire de Knock au rang de sanctuaire international.

Les Magdalen Laundries

Sous l'influence de l'Église s'était mis en place un vaste système de mise à l'écart de jeunes filles enceintes et célibataires. Cruellement, on les appelait les « Magdalen » en référence à Marie-Madeleine, la prostituée pécheresse à qui le Christ pardonna ses offenses. Enfermées dans des couvents, elles étaient employées à grande échelle comme blanchisseuses. Certaines jeunes filles, rejetées par leur famille, sont demeurées toute leur vie dans ces sortes de prisons, qui ont fonctionné jusqu'aux années 1990. À la naissance, l'enfant leur était enlevé et placé d'office pour l'adoption ou enfermé à son tour dans des orphelinats. Victimes de négligences et de maltraitances au sein de certains orphelinats (comme celui de Tuam), 9 000 enfants seraient décédés, faute de soins, entre 1922 et 1998. Des documentaires sur ce sujet sont passés à la télévision, créant une vague d'émotion et de révolte parmi les Irlandais. Le cinéaste écossais Peter Mullan brise aussi le tabou de ces couvents-prisons dans un film engagé et anticlérical, *The Magdalen Sisters*, qui a obtenu le Lion d'or de Venise (2002).

déroulement de la cérémonie se fait généralement au pub. Beaucoup de radios locales donnent chaque jour la liste des défunts et des funérailles, précisant les heures de mise en bière, levée du corps, messe et inhumation. Tandis que la famille veille le mort, les proches et les relations viennent s'incliner devant la dépouille et présenter leurs condoléances. Une foule importante assiste à la mise en bière et à la levée du corps. Puis le cortège suit généralement le cercueil à pied. La procession n'a rien de triste – à l'exception des proches du défunt – et permet de deviser librement, sans fausse douleur. Après l'inhumation, tout le monde se retrouve en général dans la maison familiale, et une collation substantielle est offerte à l'assistance. Dans beaucoup de cas cette réception a lieu au pub.

Un très lourd passif

Ces dernières décennies, de nombreux scandales et abus touchant le clergé, longtemps tenus secrets, ont été révélés : pédophilie, violences contre les enfants dans les orphelinats, liaisons adultères de certains évêques, abus de pouvoir des prêtres et des sœurs dans les couvents et les pensionnats *(voir encadré ci-dessus)*. Ce phénomène d'exorcisme sur la place publique est devenu un véritable fait de société donnant lieu à de douloureux débats et témoignages, ainsi que des commissions d'enquête : toute une génération règle ses comptes. Car les victimes, marquées à vie, se comptent par dizaines de milliers sur plusieurs décennies... Malgré les excuses du pape lors de sa visite en 2018, la réponse des autorités religieuses locales, qui peinent à traiter de manière adéquate et sincère ces crimes ignobles, laisse un goût amer.

La passion du sport

Le sport est une affaire sérieuse en Irlande. Tous les grands sports internationaux sont pratiqués. Le **rugby** irlandais, avec le XV du Trèfle et les équipes du Munster et du Leinster, domine régulièrement l'Europe et déchaîne les passions. Si les équipes nationales (Irlande et Irlande du Nord) de football – qu'on appelle **soccer** pour éviter la confusion avec le **football gaélique** – ne collectionnent pas les trophées, elles sont connues dans le monde entier pour la ferveur positive et démonstrative de leurs supporters. Les championnats locaux – la League of IReland *(www.sseairtricityleague.ie)* et la NI Football League *(www.nifootballleague.com)* – peinent en revanche à soulever les foules. La faute notamment à la concurrence de la très suivie Premier League anglaise, qui capte les joueurs de talents et les fans. Les îliens se passionnent ainsi pour les clubs aux « racines » irlandaises, tels Liverpool et Manchester United (sans compter le Celtic FC en Écosse).

La pratique du **golf** est très répandue, et l'île compte parmi les plus beaux greens du monde.

Quant aux sports olympiques qui génèrent le plus de médailles, il s'agit de la **boxe**, de l'**athlétisme** et de la **natation**. Les équipes féminines de rugby et de hockey sur gazon comptent parmi les meilleures du monde.

Les sports nationaux

L'originalité de l'Irlande réside surtout dans ses sports nationaux caractéristiques.

Plus de détails sur www.gaa.ie.

Voir aussi « Spectacles sportifs », p. 565.

Le hurling

Sans doute le plus gaélique des sports nationaux, le *hurling* tire son origine de la nuit des temps. Les légendes celtes abondent en matchs héroïques. Ce jeu extrêmement rapide oppose deux équipes de 15 joueurs chacune, utilisant un *hurley* ou *camán*, longue crosse de bois incurvée pour propulser une balle de liège et de cuir appelée *sliotar*. Le terrain de 150 m de long sur 80 m de large compte deux buts (avec un gardien dans chaque camp), matérialisés par de hauts poteaux et une barre transversale, comme au rugby. Si la balle passe sous la barre, le score est de 3 points, et de 1 point si elle passe au-dessus. La balle peut être touchée de la main et portée pendant moins de quatre foulées, à condition d'avoir été attrapée au vol ou d'avoir été soulevée du sol avec le *hurley*. Les deux mi-temps durent 30mn, 35mn à partir des demi-finales. Le jeu, qui peut paraître violent et désordonné, mobilise des supporters passionnés dans chaque village du pays, surtout dans toute la moitié sud.

Le **camogie** (ou *hurling* féminin) suit les mêmes règles, à quelques détails près (deux équipes de 12 joueuses, terrain plus petit, mi-temps de 25mn, deux barres transversales dans les buts et pas de contacts physiques autorisés).

Le football gaélique

Ce jeu qui utilise un ballon rond comme au football oppose deux équipes de 15 joueurs. Comme au *hurling*, un joueur peut saisir le ballon au vol et le garder en main s'il effectue moins de quatre pas, mais il ne peut le lancer. Il peut seulement le propulser d'un coup de pied ou d'un coup de poing. Comme il est permis de saisir le ballon soulevé du sol avec le pied, il est courant de voir des joueurs avancer en dribblant le long du terrain, tantôt au pied, tantôt à la main. Le terrain, les buts et la longueur du match sont les mêmes que pour le *hurling*.

La finale du championnat, qui a lieu en septembre à Dublin, est un événement majeur du calendrier et mobilise un nombre assez incroyable de supporters. Traditionnellement, les équipes de Cork et Kerry ou Dublin se disputent le titre convoité.

Le road bowling

Ce jeu populaire et rural, à mi-chemin entre la pétanque et le bowling, se pratique sur les routes de campagne, mais se fait de plus en plus rare. Il s'agit de projeter une boule de métal d'environ 800 g le long d'un parcours fixé à l'avance pour parvenir au but en un minimum de lancers et sans sortir de la route. Tout se corse, bien sûr, dans les

Hurl et sloitar (balle) du hurling.
Stephen Barnes/Getty Images Plus

virages ou les nids-de-poule... Les régions traditionnelles pour le *road bowling* sont le sud du pays, les comtés de Cork et d'Armagh.

Les courses de chevaux

La relation des Irlandais au cheval est multiple et passionnée. Pour les fermiers, il est depuis toujours le partenaire et l'outil indispensables. Les *Irish Travellers* en ont fait leur compagnon privilégié, domptant les chevaux sauvages. Le cheval en Irlande est le produit d'un élevage de première qualité, le meilleur d'Europe, dont le centre se situe dans le comté de Kildare. Les chevaux irlandais sont surtout réputés pour les **courses de haies** et le **steeple-chase**. À la saison des courses, les événements se succèdent à travers tout le pays et dans toutes les couches de la société. C'est le moment des paris, en un ballet pittoresque de bookmakers, de parieurs surexcités, d'échanges frénétiques de billets de banque et de pronostics fébriles. Dans les tribunes, c'est l'heure de l'élégance pour les dames, robes savamment drapées ou chapeaux délirants agitant leurs plumes...

Les courses de lévriers

La course de lévriers est un peu la revanche populaire des éleveurs de chiens sur ceux qui produisent des chevaux. Il est courant que les familles entraînent et fassent courir un ou plusieurs lévriers. Deux à trois fois par semaine, les **cynodromes** *(greyhound tracks)* sont le théâtre de courses très brèves, de quelques minutes, qui se succèdent à un rythme soutenu, toutes les 15mn, sous les encouragements des nombreux parieurs. Les sommes mises en jeu, souvent modestes, démarrent à un euro, permettant à toute la famille de s'y essayer, y compris les enfants. Les lévriers sont lancés à la poursuite d'un leurre mécanique, lièvre de ferraille qui court le long d'une glissière. Le leurre s'arrête en fin de course, mais il arrive que des chiens zélés continuent à se courser un peu plus longtemps.

Vie culturelle

Constant sujet d'émerveillement, la réputation de l'Irlande en matière de musique et de littérature n'est plus à faire. Qu'une île finalement si petite, relativement peu peuplée, longtemps soumise à un joug autoritaire, ait pu produire quatre prix Nobel de littérature et un nombre impressionnant de musiciens de stature internationale laisse rêveur. Sans doute son attachement viscéral à son identité et à sa langue a-t-il favorisé une éclosion foisonnante que l'on retrouve tout au long de l'année dans les nombreux festivals.

Musique

Ce n'est pas un hasard si l'Irlande a choisi pour emblème une **harpe**, visible au dos des pièces en euros. Partie intégrante de la culture populaire irlandaise, la musique semble jaillir de partout.

Le succès mondial du spectacle *Riverdance*, gigantesque show musical inspiré des danses traditionnelles, montre l'attachement des Irlandais à cet héritage.

La musique est un art spontané en Irlande, exercé dans les pubs ou dans la rue. Mais malgré la popularité des airs traditionnels auprès des touristes, il existe un profond courant d'innovation qui place la création irlandaise sur le devant de la scène artistique internationale.

En témoigne la notoriété de groupes de rock, tels Taste du mythique Rory Gallagher, Phil Lynott, les Boomtown Rats, U2, les Cranberries, les Pogues ou Van Morrison, mais aussi Lisa Hannigan, Damien Rice, Imelda May, My Bloody Valentine, The Corrs, Villagers, ou, plus récemment, Hozier, Kodaline et The Script.

Chansons à boire

La **trad music** (musique traditionnelle) s'exécute en **session** *(seisiún)*, séance de musique réunissant plusieurs interprètes autour d'un air ou d'une chanson, appelés *tunes* plutôt que *songs*. Cette forme de musique se transmet essentiellement en écoutant d'autres artistes. D'ailleurs, les musiciens confirmés ne suivent pas de partition mais jouent à l'oreille, agrémentant le morceau de leur propre interprétation, ce qui explique qu'un même air diffère autant d'un pub à l'autre. Certains groupes, surtout hors saison ou dans les villages, invitent souvent d'autres musiciens à se joindre à eux pour un air ou deux, de façon impromptue. De même, si vous connaissez les paroles, n'hésitez pas à reprendre en chœur les chansons.

Il faut clairement différencier la *trad music* (comme Planxty ou De Dannan), plutôt orientée vers la danse, de la *folk music*, plus influencée par les ballades chantées et par la tradition américaine (le parfait exemple en est Christy Moore). Enfin, évoquons le *sean-nós*, un chant *a cappella* un peu nasillard qui fut un chant social accompagnant le travail et les souffrances de l'âme.

Irish dancing

La musique accompagne également la danse. Le **set dancing**, ensemble de danses traditionnelles, s'anime au son du **céilí band**, un petit orchestre. Ces danses comportent des figures précises alternant les formations en couple et en cercle avec changements de partenaire. Le *set dancing*, enseigné aux enfants dans certaines écoles, fait l'objet de concours acharnés et de réunions fréquentes dans les villages.

Les instruments

Pour un *Fleadh Cheoil*, grand rassemblement de musique traditionnelle, on utilise des instruments variés. La plupart des groupes ont intégré la guitare ou le banjo, le **concertina** ou le bandonéon et les cuillers frappées l'une contre l'autre pour faire office de percussions. Mais les instruments de base sont le **violon** *(fiddle)*, la **flûte irlandaise** *(tin whistle)*, le **bodhrán** (gros tambourin tendu d'une peau de chèvre que l'on frappe d'une courte baguette, le *beater,* ou des mains). Les **uilleann pipes**, sorte de cornemuse très différente de l'instrument écossais, tiennent une place à part dans le cœur des Irlandais, car elles servaient à pleurer la patrie, l'amour perdu.

La **harpe** est rarement présente dans les groupes, car elle se prête mal aux rythmes endiablés des danses et des chants à boire.

L'héritage de la tradition

L'extrême dureté de la vie quotidienne dans les campagnes, la douleur de l'exil et les luttes politiques ont alimenté depuis plusieurs siècles un répertoire populaire inépuisable. Musique, chant et danse jouaient le rôle d'exutoire à la misère ambiante. Tantôt poignantes mélopées nostalgiques, tantôt gigues effrénées, la musique reflète tous les états d'âme. Les paroles des chansons célèbrent tour à tour la lutte contre l'Anglais, le sordide des prisons, les exploits des rebelles ou la tristesse des émigrés.

Le renouveau contemporain de la musique traditionnelle et l'engouement du public international datent des années 1960-1970 avec des groupes comme les **Chieftains**, les Dubliners, les Clancy Brothers, Planxty, Bothy Band, Clannad, les Fureys, les Wolfe Tones, Christy Moore... Certains de ces groupes se sont séparés (Bothy Band), d'autres ont changé de style comme **Clannad,** dont la chanteuse Enya a connu une carrière solo, empruntant une voie plus pop ou new age. Mais tous restent des classiques de la musique populaire

Les amateurs pourront distinguer plusieurs genres. Les chansons à boire, les plus entraînantes, comme celles des **Wolfe Tones**, seront le gage d'une soirée animée. Les **Fureys** excellent dans la ballade, les chants d'exil ou d'amour, accompagnés à la guitare et à la flûte. **Bothy Band**, les Chieftains et **Clannad** – de la grande époque – figurent parmi les incontournables avec leur style inspiré du folk. Les Dubliners et les Clancy Brothers commencent à dater, bien que les premiers restent populaires chez les touristes. Pour le plaisir, assistez au concert ou session en direct de **De Dannan**, **Sharon Shannon** à l'accordéon, **Donnal Lunny**, tous musiciens émouvants de la musique traditionnelle. Les amateurs de chants ne manqueront pas d'écouter **Christy Moore**, l'un des interprètes les plus célèbres, dans le style des chanteurs de folk.

Les femmes sont bien représentées, avec pour tête de file **Mary Black** et, plus récemment, **Eleanor Shanley** et sa voix céleste, **Enya**, originaire du Donegal, **Dolores Keane**, Frances Black, Loreena McKennitt...

Enfin, depuis quelques années, une vague très dynamique de jeunes artistes a revisité le répertoire traditionnel en le modernisant (citons notamment le duo féminin de **Saint Sister**) ou en le métissant à des rythmes venus d'ailleurs, dans un esprit similaire à ce qui se fait en Bretagne. Ces savoureux cocktails, que les puristes renient, ne manquent pas de charme. Parmi eux, citons **Melanie O'Reilly**, **Kila** et son étonnant métissage de rythmes africains et celtes, ou Wyvern Lingo, plus R'n'B. Encore plus loin dans le mélange des genres, le groupe **Afro Celt Sound System** connaît depuis 30 ans un grand succès.
Durant votre périple, ne manquez pas de traquer les jeunes groupes ou musiciens qui jouent en *live* même si vous ne les connaissez pas !

La scène du rock

Le fantastique succès des groupes de rock irlandais, tels U2 ou les Cranberries, illustre la vitalité de la création musicale, mais ne doit pas cacher le nombre incroyable de jeunes formations qui puisent leur inspiration dans leurs racines.
Le rock véhicule à merveille la rébellion et l'insatisfaction qui ont longtemps hanté la jeunesse irlandaise. Utilisant toutes sortes d'apports internationaux, ces groupes composent une musique universelle, métissant le folk, le blues, le rock et la *trad*. Le plus célèbre est sans conteste **U2**, d'origine dublinoise. La musique des **Pogues**, un groupe d'Irlandais installés à Londres, est cependant beaucoup plus inspirée de l'héritage traditionnel, de même que celle d'Aslan, de **Sinéad O'Connor**, des **Cranberries** ou des **Corrs**.
Dans leur sillage, plus de mille groupes de rock se produisent dans les pubs de Dublin et de Cork comme Delorantos, James Vincent, McMorrow, the Waves, Villagers, Kodaline ou The Script.

Littérature

Bien que l'anglais soit la langue principale de la création artistique, la littérature irlandaise garde une personnalité très marquée, indépendante des influences des littératures britannique et américaine au point même de les influencer. À l'époque moderne, l'Irlande peut s'enorgueillir d'avoir donné naissance à de grands écrivains de langue anglaise et à quatre prix Nobel de littérature : **William Butler Yeats** (1923), **George Bernard Shaw** (1925), **Samuel Beckett** (1969) et **Seamus Heaney** (1995). Quant à ses auteurs contemporains, ils figurent souvent parmi les best-sellers en anglais.

Légendes et héros

Dès la période celte, le goût des légendes et des épopées s'est transmis oralement, reposant largement sur le culte du héros. Ces mythes ont finalement été transcrits et leurs thèmes repris par les poètes irlandais, dont le plus grand, W. B. Yeats.
Initialement, les épopées étaient racontées par les bardes qui faisaient en quelque sorte office de poètes officiels, étroitement liés aux chefs de clan. Quatre grands cycles racontent l'histoire de l'île, avant l'arrivée des Vikings. Le cycle mythologique des Túatha dé Danann évoque les exploits de cette peuplade de héros demi-dieux du temps des cercles de pierres. Une autre tribu, celle des Fir Bolg, se serait opposée aux Túatha dé Danann et les aurait forcés à partir dans l'autre monde.
Dans le **cycle de l'Ulster**, le plus célèbre, le héros central **Cuchulain** défend l'Ulster contre ses ennemis, dont la puissante reine Maeve. Les exploits fantastiques de Cuchulain illustrent le courage et la grande culture des Celtes. Le cycle d'Ossian raconte les aventures de ce guerrier

et de ses compagnons, leur lutte pour les opprimés et leur goût des hauts faits sportifs (ils sont les inventeurs du football gaélique!). Le cycle des rois est un mélange de fiction héroïque et de faits réels.

Une langue à part

Les Irlandais ne se contentent pas d'être d'irrépressibles bavards, ils sont aussi des conteurs de talent, des poètes et des écrivains. Opprimés par le joug anglais, ils ont orienté leur rébellion littéraire dans deux directions. Certains ont choisi la langue gaélique, les autres se sont pliés à l'anglais, mais en l'utilisant d'une manière si nouvelle qu'ils ont apporté à la littérature anglo-saxonne un vent d'air frais.
Jonathan Swift (1667-1745), auteur des *Voyages de Gulliver*, le poète **Thomas Moore** (1779-1852), **Oscar Wilde** (1854-1900), qui écrivit notamment *Le Portrait de Dorian Gray*, furent reconnus par les milieux intellectuels anglais. Mais là où l'anglais est précis, élégant et fastidieux, les écrivains irlandais, dont beaucoup gardaient la formulation issue du gaélique, ont préféré une langue claire, simple et imagée, familière et insolente. Il en résulte une extravagance et une virtuosité qui ont grandement contribué à la réputation de grande agilité intellectuelle des Irlandais.
James Joyce (1882-1941), l'un des plus grands héros de cette révolution littéraire, a contribué à bouleverser les techniques d'écriture. Son caractère subversif n'échappa pas à la censure. Un autre de ces écrivains, **John Millington Synge** (1871-1909), est parvenu à exprimer la tournure d'esprit irlandaise dans la langue anglaise, tout en conservant des constructions grammaticales héritées du gaélique, comme on le constate dans ses pièces de théâtre, tel *Le Baladin du monde occidental*. **Sean O'Casey** (1880-1964) qui fit vivre dans ses livres le Dublin ouvrier, **Liam O'Flaherty** (1896-1984) et ses passionnantes chroniques historiques, le poète **Patrick Kavanagh** (1906-1967), dont l'autobiographie *L'Idiot en herbe* dépeint avec sensibilité l'Irlande rurale, **Frank O'Connor** (1903-1966) et ses nouvelles pleines d'ironie, **Flann O'Brien** (1912-1966) et sa dérision décapante, **Brendan Behan** (1923-1964) grand buveur et excellent dramaturge, ne sont que quelques-uns des talents que recèle la littérature irlandaise.
Du côté des poètes **William Butler Yeats** (1865-1935) ramène à la vie tout l'imaginaire celte et les épopées légendaires ou mystiques. **Seamus Heaney** (1939-2013) témoigne dans ses poèmes de son attachement désespéré à ses racines.
Le théâtre est aussi de grande qualité et très vivant. À la racine de cet essor de la scène irlandaise, la fondation par Yeats et son amie, Lady Gregory, de l'**Abbey Theatre** de Dublin *(voir p. 48)*, une scène où furent créées les plus célèbres pièces du répertoire national, de J. M. Synge à Sean O'Casey et ses drames très politisés. Les représentations étaient d'ailleurs prétexte à de violentes polémiques entre les auteurs, le public et la critique. Le théâtre moderne a su conserver cette tradition avec **Brian Friel** (1929-2015), Sebastian Barry (1955), Frank Mc Guinness (1953), Marina Carr (1964), qui s'inspirent régulièrement de jeunes auteurs contemporains.

La nouvelle génération

Plusieurs générations d'auteurs ont assuré la relève. Le plus renommé est sans conteste **John McGahern** (1934-2006), dont *L'Obscur*, chronique amère d'une famille à la dérive, fit scandale en 1965. Chassé par la censure et contraint à l'exil, l'artiste était revenu dans le comté de Leitrim pour écrire des nouvelles et des romans dans un style dépouillé et puissant.

Patrick McCabe (1955) pratique une plume noire et cynique qui lui valut de frôler le Booker Prize avec son *Garçon boucher*. **Roddy Doyle** (1958) obtint pour sa part ce prix très convoité, grâce à son roman *Paddy Clarke Ha ha ha*, et la célébrité avec sa trilogie adaptée à l'écran, *The Commitments*, *The Snapper* et *The Van*, autant de romans dépeignant la réalité douce-amère des banlieues irlandaises. **John Banville** (1955) se fit apprécier lui aussi pour son Booker Prize, *La Mer*, en 2005.

Hugo Hamilton (1953) atteint la célébrité en France grâce au prix Fémina étranger en 2003, pour *Sang impur*. À Limerick, on ne remet plus en cause la notoriété de **Franck McCourt**, né à New York (1930-2009), mais qui a passé son enfance dans la cité de l'Ouest.

Edna O'Brien (1930), célèbre pour sa trilogie des *Country Girls*, décrit avec une criante simplicité la douloureuse réalité de la condition féminine en Irlande. Elle fut suivie par **Jennifer Johnston** (1930), **Julia O'Faolain** (1932-2020) ou **Nuala O'Faolain** (1940-2008).

Joseph O'Connor (1963), **Sebastian Barry** (1955), **Colm Toíbín** (1955), **Robert McLiam Wilson** (1964) et son imparable *Eureka Street*, **Colum McCann** (1965), **Anna Burns** (1962), **Anne Enright** (1962), **Claire Keegan** (1968), **John Boyne** (1971) ou, plus récemment, la talentueuse **Sally Rooney** (1991) jouent aussi à ce jeu du réalisme avec une sensibilité teintée d'humour souvent noir.

Il faut se réjouir que les jeunes écrivains irlandais n'aient plus à subir la censure et puissent ainsi donner libre cours à leur humour caustique très caractéristique, tout en collant aux préoccupations de leur génération.

Voir « Livres et films » p. 573.

Langues

L'**anglais** est utilisé sur toute l'île, mais dès la fin de la domination anglaise, le **gaélique** est devenu le symbole de l'identité retrouvée En république d'Irlande, tous les documents sont donc rédigés dans les deux langues officielles. En revanche, en Irlande du Nord, seul l'anglais est la langue officielle.

Le gaélique

La langue gaélique appartient à la famille des **langues indo-européennes** et à la même branche d'origine celte que le breton, le cornouaillais, le gallois, le manxois (de l'île de Man) et l'écossais – elle se rapproche de ces deux dernières. Elle s'enorgueillit d'avoir conservé les plus anciens manuscrits en langue celtique, qu'elle a enrichis, au fil des siècles, de son alphabet si particulier et d'une rare élégance. Le **Book of Kells**, exposé au Trinity College de Dublin, en est le plus beau témoignage. Pour des raisons pratiques d'utilité quotidienne et de rapidité de lecture, cet alphabet a été abandonné dans les années 1960, au bénéfice des caractères romains. Le gaélique est une langue gutturale, aux « r »

Les zones de « gaeltacht »

Dans ces régions, la langue gaélique l'emporte au quotidien. Réparties sur toute la surface de l'île, mais surtout dans l'ouest (Cork, Kerry, Galway, Mayo, Donegal), les zones de *gaeltacht* font office de conservatoire de la culture gaélique. La signalisation routière, les services publics et les radios locales privilégient la langue gaélique, parfois à l'exclusion totale de l'anglais, ce qui complique un peu les choses pour se repérer le long des routes !

Le très coloré An Droicead Beag Bar, à Dingle.
D. Lyons/age fotostock

roulés et à la prononciation bien compliquée ! Beaucoup de lettres sont muettes, tandis que d'autres obéissent à des règles complexes et variables. Par exemple « bh » se dit « v » (le prénom Siobhan se dit « chevaun »), « gh » correspond à un « h » nettement expiré ou encore se prononce à peine (Omagh se dit « Aumah », Callaghan se prononce « Callahan » en expirant fortement le « h »).

Promu langue officielle devant l'anglais en république d'Irlande, le gaélique n'est parlé couramment que par une faible proportion de la population. Entre 30 000 et 50 000 personnes la pratiquent comme langue maternelle ou l'utilisent au quotidien (1,2 millions dans le monde). En revanche, l'apprentissage du gaélique étant obligatoire à l'école primaire en Eire, entre un quart et un tiers de la population en possède de bonnes notions et de nombreux Irlandais ponctuent leur anglais de mots gaéliques.

Le gaélique irlandais est une langue officielle de l'Union européenne depuis 2007 mais, faute de personnel compétent pour les traductions, ce statut demeurait sans effet. Le 31 décembre 2021, elle est devenue de facto la 24e langue de l'Union : chaque document est désormais automatiquement publié en gaélique.

Renouveau littéraire

Le renouveau du gaélique s'est produit au 19e s., lors de la grande prise de conscience nationaliste. Alors qu'auparavant cette langue orale était associée aux paysans et aux incultes, il est devenu de bon ton dans les cercles intellectuels d'afficher sa culture celte. Écrivains et dramaturges se firent un devoir de réhabiliter les anciennes légendes et coutumes, comme **Yeats** en poésie ou **Synge** dans ses pièces et ses récits. Les universitaires se sont attachés à renouer le fil de la culture perdue, à retrouver les règles écrites de la langue et à remettre à l'honneur les anciens écrits.

Après l'indépendance, le gaélique devint obligatoire et une matière imposée aux examens de passage, alors que dans la vie quotidienne il était inutilisé. Paradoxalement, il a alors cessé de tenir du rêve pour devenir une contrainte, et nombre de jeunes gens l'ont vécu comme une corvée. Et comme les Irlandais se rebellent naturellement contre la règle imposée, la popularité de la langue en a souffert, même si les règles aujourd'hui assouplies emportent plus l'enthousiasme des élèves. Les cercles culturels encouragent sa pratique au moyen de stages d'été dans les zones de *gaeltacht* *(voir encadré p. 506)*, où les écoles gaéliques sont extrêmement vivantes et dynamiques.

En Irlande du Nord, en revanche, le gaélique, resté la langue des rebelles, a été longtemps banni (jusqu'en 1992, il n'était pas enseigné dans les écoles et les panneaux de signalisation en gaélique étaient illégaux).

Cinéma

En matière de cinéma, avant la création proprement nationale, c'est surtout l'histoire de l'île et ses paysages merveilleux qui ont inspiré les cinéastes de toutes nationalités et, parmi ces nombreux films, certains sont restés des classiques.

L'Irlande au cinéma

Le plus célèbre, **L'Homme tranquille** *(The Quiet Man)* (1952), de l'Anglo-Américain John Ford, relate la rencontre entre un Américain revenu au pays (John Wayne) et une jeune Irlandaise (Maureen O'Hara), sur fond de communauté rurale. Tourné à Cong (comté de Mayo) et dans le Connemara, il compte l'une des scènes de bagarre les plus fameuses du cinéma hollywoodien.

Dans **L'Homme d'Aran** (1934), un film de Robert Flaherty, la vie rude des îliens est à l'honneur, pour une œuvre sobre qui tient du documentaire.

Dans **La Fille de Ryan** (1970) de David Lean, avec Robert Mitchum, la péninsule de Dingle sert de cadre somptueux à un adultère en forme de double trahison, durant la Première Guerre mondiale.

Un taxi mauve (1976), film français d'Yves Boisset, est tiré d'un roman de Michel Déon, qui vit en Irlande. Philippe Noiret et Charlotte Rampling servent une intrigue filmée dans le Connemara, la péninsule de Dingle et le comté de Cork.

En 1975, l'Américain Stanley Kubrick adapte le roman de William Makepeace Thackeray, les *Mémoires de Barry Lyndon*, puis en 1987 John Huston se hasarde avec succès dans l'adaptation d'une nouvelle de James Joyce : **Gens de Dublin** offre une chronique tout en finesse de la société bourgeoise de la capitale. Le cinéaste d'ascendance irlandaise, qui a passé une partie de sa vie dans l'ouest de l'île, a su mettre en évidence tout le caractère de ses personnages.

Le Britannique Paul Greengrass a reçu l'Ours d'or à Berlin pour son superbe **Bloody Sunday** (2002). Le titre est éloquent : le réalisateur revient sur la journée du 30 janvier 1972. Toujours dans une veine historique, **Le vent se lève** (2006), de Ken Loach, traitant de la guerre d'indépendance de 1919-1921, fut récompensé par la Palme d'or à Cannes. L'Écossais Peter Mullan a quant à lui reçu le Lion d'or à Venise en 2002 pour le terrible drame, **The Magdalen Sisters** *(voir encadré p. 499)*.

Souvent sans être partie intégrante de l'intrigue, l'Irlande sert de cadre grandiose à des films de toutes nationalités, comme *Excalibur, L'espion qui venait du froid, Braveheart, Star Wars (ép. VII et VIII), Harry Potter, The Lobster, Philomena* ou, bien sûr, la série *Game of Thrones,* qui contribue à attirer des milliers de touristes en Irlande du Nord.

Les efforts financiers et techniques de **Screen Ireland** (ex-Irish Film Board) sont un attrait supplémentaire pour les réalisateurs, suscitant un intérêt croissant pour les sujets irlandais et une stimulation pour les cinéastes.

Le septième art irlandais

Certains films ont marqué l'éclosion d'un cinéma irlandais d'auteur avec une identité à part entière.

Jim Sheridan a contribué à l'émergence de ce septième art irlandais avec son bouleversant *My Left Foot* (1989), *The Field* (1990) – un film très sombre narrant une impossible histoire d'amour, de quête des racines et de meurtre sur fond de passion pour la terre, tourné dans les paysages désolés du Connemara –, ou encore *Au nom du père* (1993), *The Boxer* (1998) et *In America* (2002).

The Crying Game (1992) de **Neil Jordan**, inspiré d'une nouvelle de Franck O'Connor, l'un des classiques de la littérature du 20e s., dépeint la confrontation entre le monde de l'IRA et celui de l'armée britannique à propos de l'Irlande du Nord et le début d'une amitié entre deux hommes que tout sépare. Le thème de la révolte contre les Anglais, plus fidèle à l'histoire cette fois-ci, est repris par le même Neil Jordan dans *Michael Collins* (1996). Ce film passionnant raconte de façon personnelle la vie de l'un des héros les moins connus de l'indépendance, assassiné par ses propres compatriotes qui lui reprochaient sa modération.

En 2021, les « troubles » sont au cœur du *Belfast*, de **Kenneth Branagh**. Ce film largement autobiographique, intimiste, réjouissant et multiprimé, raconte le quotidien d'un enfant au sein d'une famille de protestants d'Ulster durant les années 1960.

L'intérêt porté à l'Irlande et à son entrée dans la modernité a suscité également plusieurs films tirés de romans de jeunes écrivains irlandais. Les plus connus sont adaptés de l'œuvre de Roddy Doyle : *The Commitments* (1991) de l'Anglais Alan Parker, puis *The Snapper* (1993) et *The Van* (1996), de Stephen Frears, qui dépeignent avec tendresse et humour noir la vie quotidienne dans les quartiers pauvres de Dublin. Dans le premier, on découvre la cité de Ballymun et ses enfants *travellers* à cheval.

Vieilles canailles (Waking Ned) (1999) met en scène de vieux filous d'un village irlandais, dans une charmante autodérision.

Joel Schumacher réalise *Veronica Guerin (2003)*, avec Cate Blanchett dans le rôle titre, film noir, tiré d'une histoire vraie, sur fond de trafic de drogue à Dublin.

Puis **Lenny Abrahamson** tourne *Adam & Paul, Garage, Frank* et à son tour **Martin McDonagh** signe en 2008 *Bons baisers de Bruges* et, plus récemment, *Les Banshees d'Inisherin* (2022), imposant la comédie noire sociale au firmament du cinéma irlandais.

Dans un tout autre genre, le film d'animation *Brendan et le secret de Kells* (2009) reprend avec poésie l'histoire du célèbre manuscrit.

En 2020, le réalisateur Tom Moore poursuit l'exploration de la mythologie celtique avec *Le Peuple Loup*.

La folie du cinéma se traduit dans l'éclosion de festivals. Le plus important, le **Dublin Film Festival**, connaît une immense popularité chaque année en mars. Cependant, la notoriété croissante des festivals du film de Cork, Limerick ou Galway atteste la bonne santé du septième art dans l'île.

Voir « Livres et films » p. 573.

Fêtes et festivals

La Saint-Patrick

La fête nationale irlandaise, le **17 mars**, célèbre le patron de l'Irlande qui aurait évangélisé l'île. À cette occasion, des défilés et des réjouissances en tout genre se déroulent dans le pays, surtout à Dublin – les festivités sont beaucoup moins marquées en dehors de la capitale. Ce jour-là, les catholiques se rendent à l'église, car il s'agit aussi d'une fête religieuse, et beaucoup portent une feuille de **trèfle** à la boutonnière, tradition remontant au 16e s. L'ampleur des manifestations croît sans cesse pour des raisons commerciales évidentes, sans pour autant atteindre les mêmes proportions que dans la communauté irlandaise de New York. La coutume du chapeau vert est un autre apport américain, en référence à celui des *leprechauns*, ces malicieux lutins gardiens de trésors, vendus dans toutes les boutiques pour touristes.

Halloween

Partout, le soir du **31 octobre**, la veille du jour des morts (les Celtes célébraient toutes leurs fêtes la veille à la nuit tombée), les enfants costumés vont de porte en porte en disant *« trick or treat »* (« farce ou gourmandise ») : les gens doivent alors leur donner des bonbons sous peine d'être victimes d'une farce. L'origine de Halloween remonte aux rites celtes de *samhain*, célébrant l'hiver et les morts. À cette date, la frontière de l'au-delà disparaît, et les morts reviennent errer parmi les vivants. Voilà une autre fête qui gagne de l'importance. Les magasins, dans les semaines qui précèdent, soulignent son intérêt marchand, pour la plupart avec des coutumes importées des États-Unis, comme les potirons et sorcières. Dans certaines villes, les festivités prennent une allure spectaculaire et conviviale, comme à Derry.

Les marches protestantes

Propre à l'Ulster, la tradition des marches protestantes s'est trouvée entachée par les violences extrémistes. Chaque année, le **12 juillet**, les protestants célèbrent la victoire de Guillaume d'Orange sur le catholique Jacques II, en 1690. Les **orangistes**, nom donné aux loyalistes à la Couronne d'Angleterre, défilent en fanfare, habillés en costume et portant des étoles orange – les hiberniens, appartenant à l'ordre rival, catholique, portent des étoles vertes. La saison commence dès Pâques et se prolonge jusqu'en août, avec un point culminant le 12 juillet. Ces défilés très colorés sont fortement politisés et, chaque année, de vives querelles président au choix du parcours, vécu comme une provocation par la communauté catholique. On compte plus de 2000 défilés par an.

Les festivals musicaux

Le plus important, **All Ireland Fleadh**, sert de finale à tous les festivals et concours locaux. Il se tient chaque année en août, dans une ville différente de l'Ouest et dans une ambiance assez indescriptible. D'autres festivals de musique sont réputés, comme ceux de Ballyshannon (rock et blues), Milltown Malbay, Baltimore, Cork (jazz), Sligo, Galway, Dublin (Longitude Festival), Belfast (Belsonic Festival), etc.

Voir « Agenda » p. 571.

Nature et paysages

Si l'Irlande était une couleur, elle serait un camaïeu éclatant de verts, vif comme une prairie inondée de soleil, fluorescent comme une pelouse sous un ciel plombé, brillant comme le feuillage après l'orage. Située à l'ouest de la Grande-Bretagne, celle que l'on surnomme, à juste titre, l'« île d'émeraude » couvre une superficie totale de 84 421 km², soit un peu plus d'un septième de la France, dont les 14 139 km² de l'Irlande du Nord. Sur ce petit territoire, on ne se trouve jamais à plus d'une centaine de kilomètres de la mer (plus de 3100 km de côtes), la distance maximale du nord au sud étant de 483 km, et la largeur d'est en ouest n'excédant pas 275 km. Attention, courte distance ne signifie pas pour autant court trajet : des routes sinueuses et étroites, parfois encombrées, le mauvais temps ou des indications approximatives vous obligeront parfois à ralentir... et à profiter des paysages.

Géographie

La physionomie de l'île est extrêmement variée, car sa **géologie** s'est structurée sur plusieurs centaines de millions d'années.

Née de l'eau et du feu

Les roches les plus anciennes datent de l'ère primaire (400 à 600 millions d'années), tel le granit qui constitue les Wicklow et les Blackstair Mountains, au sud-est, et une partie du Donegal au nord-ouest. Cependant, la roche la plus fréquente, le calcaire du carbonifère, d'origine sédimentaire, forme le socle sur lequel les rivières du pays ont creusé leur cours.

Les massifs montagneux de l'Irlande sont recouverts de forêts denses, peuplées le plus souvent de conifères, et bordés par de vastes étendues de landes ou de pâturages quadrillés par des murs de pierres. Issus du choc des continents (il y a 280 millions d'années) puis de l'activité volcanique du début de l'ère tertiaire, ces ensembles compacts revêtent l'aspect de véritables **montagnes** malgré leur basse altitude (rarement au-dessus de 800 m). Chaque massif possède une physionomie propre, parfois surprenante, comme la forme pointue de certains sommets du Donegal qui rappelle la silhouette des volcans. Au sud de Dublin, les Wicklow Mountains constituent le plus vaste massif du pays, mais il faut se rendre dans la presqu'île d'Iveragh, au sud-ouest de Killarney, pour rencontrer le **Carrantuohill** (1041 m), le seul sommet de l'île à dépasser les 1000 m d'altitude.

La physionomie actuelle de l'Irlande doit beaucoup au travail des glaciers, qui se sont retirés voici seulement 10 000 ans. Le travail de la glace et des moraines a laissé sa griffe sur l'ensemble du pays, creusant un peu partout des vallées et des cirques, érodant les massifs anciens et laissant entre les montagnes de longues et profondes traînées de sable et d'éboulis graveleux comme la plaine du Curragh, près de Kildare. Le retrait des glaciers a également créé des *drumlins*, petites buttes en forme de dos de baleine, qui ont parfois formé des îles dans des baies comme dans le Strangford Lough.

La tourbe

L'intérieur de l'île ainsi que de larges portions de la côte ouest sont le domaine des **tourbières** *(bogs)*. Cette épaisse couche de matière spongieuse et brunâtre donne, en séchant, un combustible (le *turf*) d'assez bonne qualité dégageant une fumée âcre à l'odeur caractéristique. Elle provient de la lente décomposition de mousses et de différents végétaux, accumulés au fil des millénaires au fond de cuvettes humides. Malgré des processus de formation similaires, les tourbières se présentent sous des aspects très variés selon qu'elles proviennent des montagnes, des plaines ou des forêts. On distingue principalement les *raised bogs*, ou tourbières climatiques, qui se forment à partir d'herbes dans les régions à fortes précipitations de la côte ouest, et les *blanket bogs*, ou tourbières topographiques, constituées de mousses en décomposition dans les zones moins humides du centre du pays.

OCEAN
L. Swilly
Inishowen
Giant's Causeway
NORTH CHANNEL
Fair Head
752
The Rosses
Derryveagh Mts
L. Foyle
Bush
550
Londonderry/Derry
Foyle
Antrim Mts
Finn
Sperrin Mts
680
Cliffs of Bunglass
672
Mourne
Bann
Blue Stack Mts
NORTHERN IRELAND
Donegal Bay
L. Neagh
BELFAST
Belfast Lough
Dartry Mts
Lower L. Erne
Peatlands Park
Ards Peninsula
Lagan
Sligo
Blackwater
Strangford Lough
The Ox Mts
543
Marble Arch
Upper L. Erne
Armagh
Moy
Lough Allen
Bann
Mourne Mts
850
Lough Oughter
573
Slieve Gullion
Carrick-on-Shannon
SHANNON
Erne
Dundalk Bay
Carlingford Lough
REPUBLIC
Boyne
Lough Ree
Royal
Clare
Canal
IRISH
OF
DUBLIN
Grand
Canal
Liffey
Peat and World
Kippure
752
Lough Derg
Slieve Bloom Mts
Mullaghcleevaun
848
SEA
Scarriff
527
Barrow
WICKLOW MOUNTAINS
Nore
Lugnaquilla Mountain
925
Killaloe
Limerick
Dunmore
Slaney
Suir
Bunclody
IRELAND
516
Brandon Hil
Blackstairs Mts
917
Galty Mountains
Suir
Tar
Mitchelstown
Blackwater
Waterford
Wexford
Bride
Cork
ST GEORGE'S CHANNEL
SEA

C'est surtout dans les plaines, où les tourbières peuvent atteindre 12 m d'épaisseur, que celles-ci sont exploitées à des fins industrielles. Jadis découpée à la main au moyen d'instruments spécifiques, la tourbe est aujourd'hui traitée de manière mécanique. Vendue sous forme de briques pour le chauffage domestique, elle sert également à alimenter des centrales thermiques, en chimie et en horticulture.

L'acidité des tourbières a permis de préserver des témoignages du passé aussi variés que des squelettes de rennes géants de l'ère glaciaire, des corps humains momifiés, des pirogues du néolithique ou quantité d'objets de la vie quotidienne, de toutes les époques. Le dernier trésor découvert dans la tourbe en 2006 : le Psautier de Faddan Mor, datant du haut Moyen Âge. Gardiens de ces régions très particulières, les Irlandais ont établi un plan de sauvegarde et de conservation des tourbières.

La variété des côtes

Les 3172 km de côtes irlandaises se présentent comme une succession de vallées, de collines de faible altitude et de montagnes, parfois escarpées, à l'intérieur desquelles les fleuves ont creusé de larges estuaires. La mer s'est introduite dans les terres, formant des **fjords** et de profondes **rias**, surtout sur la **côte ouest**. Un peu partout, les montagnes s'arrêtent net devant l'océan, créant un relief vertigineux, telles les **falaises de Moher** *(voir p. 279)* ou de **Bunglass** *(voir p. 356)*, attaquées en permanence par des vagues écumantes que porte un vent souvent violent. La **côte est** offre quant à elle des paysages plus doux aux collines boisées qui ondulent jusqu'à la mer, se terminant en de moyennes falaises calcaires, ligne blanche largement entamée par de longues plages de sable.

Au **nord**, le littoral prend des allures plus tourmentées, comme les hautes tables de basalte striées par d'étroites vallées de la **côte d'Antrim** et les célèbres orgues basaltiques de la **Chaussée des Géants**, d'origine volcanique.

Omniprésence de l'eau

Les abondantes pluies qui arrosent en permanence l'« île d'émeraude » alimentent un réseau hydrographique très important. L'Irlande compte environ 26 000 km de fleuves et de rivières, qui ont très tôt servi de voies de circulation aux différentes populations de l'île, en particulier aux Vikings.

Au centre du pays coule le **Shannon**, le plus long fleuve des îles britanniques (360 km), dont le cours paresseux permet la navigation. Il s'élargit au niveau du Lough Ree et du Lough Derg, deux lacs appréciés des plaisanciers, qui forment des réservoirs naturels faisant office de trop-pleins durant les périodes de crues. Aux 17e et 18e s., le creusement du **Grand Canal** permit de relier le Shannon à la côte est et à Dublin, assurant à l'Irlande un réseau de navigation intérieure très dense.

Des fleuves de moyenne importance, la **Blackwater**, la **Nore**, la **Suir**, la **Barrow** et la **Slaney**, convergent du centre de l'île vers la côte sud. Après s'être frayé un chemin à travers les collines, ils débouchent dans la mer en formant des abers par lesquels la marée remonte profondément à l'intérieur des terres. Dans la baie de Waterford, la plus impressionnante de ces échancrures maritimes, se rejoignent les estuaires des trois rivières sœurs (Suir, Barrow et Nore).

Parmi les nombreux lacs qui recouvrent 1450 km^2 de territoire, le **Lough Neagh** – le plus vaste bien que peu profond – occupe à lui seul près de 400 km^2 en Irlande du Nord. Ses abords n'offrent pas de paysages grandioses, contrairement au **Lough Erne**, lui aussi en Irlande du Nord, dont les rives bordées de forêts et de hautes collines donnent à cette partie

Paysage du Kerry.
McCabeDesign Pics RM/age fotostock

de l'île un petit air de Scandinavie. Un peu partout, on rencontre aussi des *turloughs* (ou *turloch*), sortes de grosses mares que l'on ne trouve qu'en Irlande, qui se remplissent ou s'assèchent au gré des précipitations.

Le climat

L'Irlande possède un **climat océanique**, tempéré par la dérive du Gulf Stream qui baigne toute la partie occidentale de l'île. Le thermomètre oscille donc peu. L'été, en moyenne entre 18 et 20 °C avec quelques pointes autour de 25 °C en juillet et août. L'hiver, il descend entre 4 et 7 °C. Janvier et février sont les mois les plus froids. Hormis de rares régions montagneuses, soumises à des températures inférieures à 0 °C, en hiver, la température moyenne est de 8 °C. Les **précipitations** sont abondantes toute l'année (1000 mm en moyenne par an). Cependant, avril est le mois le plus sec, et l'île connaît son ensoleillement maximal en mai et juin, avec une moyenne de 5h30 à 6h30 par jour. Sous l'influence des vents océaniques, la physionomie du ciel peut énormément varier au cours d'une même journée, passant de grand bleu à couvert en l'espace de quelques heures. Ces changements d'aspect du ciel sont particulièrement appréciés des photographes.

La végétation

Si vous sillonnez l'Irlande, vous serez frappé par la majesté des arbres qui s'épanouissent avec bonheur dans un climat propice. Cependant, la violence des vents d'ouest et l'histoire du pays expliquent le taux réduit d'occupation forestière (4 % du territoire), plaçant l'Irlande au rang des pays les moins boisés d'Europe.

Déforestation massive

À l'origine, le pays était couvert de vastes forêts de **chênes**, arbre qui a donné son nom à des villes comme Kildare ou Derry. La déforestation nécessaire au développement de l'agriculture prit un tour beaucoup plus dramatique à partir du 18e s. Les Anglais abattirent d'énormes quantités d'arbres pour satisfaire les besoins de la construction navale et de l'industrie, mais aussi pour priver les insurgés de leurs cachettes traditionnelles. Il fallut attendre l'indépendance du pays, dans les années 1930, pour qu'une habile politique de reboisement permette au pays de retrouver une partie de son patrimoine forestier. En 2000, un vaste programme de plantation fut à nouveau lancé. La couverture boisée serait aujourd'hui d'environ 10 % (l'une des plus faibles d'Europe).

Parcs et jardins

Si la plupart des montagnes sont recouvertes de conifères, les forêts de plaine et les magnifiques parcs forestiers, disséminés dans tout le pays, abondent en espèces extrêmement variées.

Les chênes rouvres, les ifs, les houx et les aubépines figurent parmi les essences indigènes les plus remarquables. Au 18e s., les grands propriétaires terriens furent encouragés à introduire sur leur domaine des espèces exotiques qui, comme les hêtres ou les châtaigniers, se sont bien intégrés à la flore indigène. D'autres espèces, telles que les **rhododendrons**, les **fuchsias** arborescents, les palmiers, les eucalyptus et les yuccas, poussent surtout près des côtes, profitant de la douceur climatique générée par le Gulf Stream. La flore d'ornement des jardins d'agrément, très à la mode durant la période victorienne, est à l'image d'un éclectisme et d'un raffinement influencés par l'atmosphère cosmopolite de l'Empire britannique. Jardins japonais et autres jardins à thèmes témoignent, dans toute l'île, de l'amour passionné des Irlandais pour les aménagements paysagers dans le style des jardins « à l'anglaise » dont la paternité revient à l'Irlandais William Robinson, conciliant de manière faussement désordonnée la luxuriance des espèces indigènes et le charme aristocratique de plantes exotiques originaires du monde entier.

L'exotisme en liberté

Certaines de ces espèces se sont si bien acclimatées au sol irlandais qu'elles ont essaimé un peu partout. Le long des haies au bord des routes, vous verrez fréquemment pousser des fuchsias ou des rhododendrons gigantesques, se mêlant parfois aux fleurs jaunes des genêts ou des ajoncs, aux vertes fougères et aux bruyères mauves qui colorent la lande irlandaise presque toute l'année. N'oublions pas le **trèfle** *(shamrock)*, devenu le symbole de l'Irlande parce que, selon la légende, saint Patrick aurait utilisé ses trois feuilles pour expliquer le symbole de la Trinité aux païens. Plus prosaïquement, il est omniprésent dans les pâturages où gambadent les moutons.

La faune

Moutons et brebis ne manquent pas ! La faune irlandaise est cependant beaucoup plus riche qu'on ne le croit, et il suffit d'une visite au très beau musée d'Histoire naturelle de Dublin pour s'en convaincre. Les cerfs et les daims géants de l'époque glaciaire, dont on a retrouvé de beaux spécimens de squelettes dans les tourbières, ont disparu depuis bien longtemps, mais leurs lointains descendants peuplent encore les forêts irlandaises. Et il n'est pas rare de surprendre une harde de biches peu farouches au détour d'un chemin. En revanche, vous ne rencontrerez jamais aucun serpent en Irlande pour la bonne raison qu'il n'y en a jamais eu, même si la légende prétend que saint Patrick aurait chassé les reptiles de l'île.

L'arctique à vol d'oiseau

L'île possède surtout une faune ornithologique exceptionnelle en raison de sa situation stratégique sur la route des **migrations**.
À l'automne et en hiver, lorsque

les oiseaux font route vers des cieux plus cléments, échassiers et palmipèdes des régions arctiques font halte près des côtes irlandaises pour trouver leur pitance dans des zones marécageuses aménagées en réserves ornithologiques. En été, peut-être aurez-vous la chance d'apercevoir un macareux moine, sorte de pingouin miniature pourvu d'un énorme bec de couleur vive qui niche dans les falaises du sud du pays. Les noirs cormorans, les fous de Bassan au long cou, les bruyants guillemots ou les tadornes de Belon, ces drôles de canards qui séjournent dans des terriers, figurent parmi les autres espèces que vous verrez près du littoral en vous armant de patience et d'une paire de jumelles.

Bestiaire marin

Peut-être apercevrez-vous sur les rochers des îlots côtiers ou au pied d'une falaise une famille de phoques gris ou de veaux marins, espèces protégées mais très farouches, qui s'enfuient à l'approche de l'homme pour disparaître sous l'eau pendant de longues minutes. Ils affectionnent les eaux irlandaises qui regorgent d'une faune halieutique extrêmement riche. Près du littoral abondent des bancs de harengs ou de sardines, lieus, raies, requins et bars, ainsi que des tourteaux et homards, dont la capture dans des casiers est quasi exclusivement destinée à l'exportation.

S'ils mangeaient auparavant peu de poisson, les Irlandais ont changé leurs habitudes alimentaires. Ils tirent désormais profit de leur environnement et sont passés maîtres dans l'élevage bio des saumons et des truites de mer, notamment dans des fermes marines de la région de Galway. Leur développement fait craindre un impact durable sur les espèces naturelles de saumons et de truites (croisements, maladies) avec leurs congénères d'élevage. L'industrie est désormais soumise à plus de réglementations et à la surveillance d'environnementalistes.

Profitant de la qualité et de la richesse de leur territoire marin, en plein Atlantique, des éleveurs d'huîtres et d'ormeaux (abalone) se sont installés sur la côte ouest. Quant aux paisibles observateurs de cétacés, ils peuvent observer 24 espèces de baleines et de dauphins dans les eaux irlandaises.

Quid de l'environnement ?

L'île compte un grand nombre de zones protégées : une soixantaine en république d'Irlande, dont six **parcs nationaux** *(www.npws.ie)*, et une quarantaine en Irlande du Nord.

Mais si cette protection des paysages fut initiée dès le début du 20e s., l'île fut longtemps peu touchée (et peu concernée) par les **problèmes environnementaux**.

Les booms et crises économiques, l'expansion des zones urbaines, le tourisme de masse et les tempêtes de plus en plus violentes dues au changement climatique ont toutefois fait des dégâts. Ainsi, la population montre désormais un attrait pour l'écologie et le parti The Green a même intégré le gouvernement de coalition en 2020.

Divers programmes ont été mis en place pour le traitement des déchets, l'interdiction de la fracturation hydraulique *(fracking)*, l'amélioration de la qualité de l'air et de l'eau, ou encore la transition énergétique (14 % d'énergie renouvelable en 2020, éolienne principalement).

Beaucoup reste à faire, mais les Irlandais semblent enfin impliqués et les projets sont lancés : diminution de l'empreinte carbone, transformation de tourbières en forêts, modes de consommation alternatifs... Vaines promesses ou réelle révolution verte ? À suivre...

Histoire

Sur une île, les habitants n'auraient sans doute jamais dû se poser de questions d'identité. Et pourtant, l'idée de nation irlandaise, au sens moderne du terme, est très récente. À la fin du 19e s., les Irlandais qui cherchaient à s'affranchir de la domination anglaise se sont forgé une identité autour de la culture celtique et du catholicisme. Une vision qui aurait pu être réductrice si l'on considère les multiples influences qu'a connues cette île où les Celtes ne furent, somme toute, que des envahisseurs parmi d'autres, et où les protestants sont tout autant irlandais que les catholiques. Mais l'Irlande moderne n'a pas abandonné l'idéal du républicain Wolfe Tone, qui voulait substituer la notion d'Irlandais à celle de catholique ou de protestant. Le pays ne veut plus être une nation coupée en deux et entend vivre cette mutation en douceur, enrichie par l'immigration et l'émigration qui métissent sa population et ses idées.

De la préhistoire aux Celtes

(8000 av. J.-C.-5e s. apr. J.-C.)
L'Irlande ne fut peuplée que tardivement, à la fin de l'ère glaciaire, voici 8000 à 10000 ans par des populations venues essentiellement d'Écosse.

Les hommes préhistoriques

On sait très peu de choses sur les habitants du **mésolithique**, dont la trace se limite à des outils de pierre et à des sites de campement. Les Irlandais de cette époque n'étaient pas des Celtes – ces derniers n'arriveront dans l'île que 7500 ans plus tard.

Au 4e millénaire avant notre ère, de mystérieux envahisseurs issus d'une civilisation beaucoup plus avancée que celle des autochtones débarquèrent en Irlande. Une étude récente sur les groupes sanguins des habitants de la partie occidentale de l'île a montré qu'il existait une forte probabilité pour que leurs lointains ancêtres soient venus du Moyen-Orient.

Ce peuple d'agriculteurs utilisait la pierre polie et pratiquait le culte des morts, qui étaient enterrés sous des dolmens ou des tombes à couloir comme ceux de la vallée de la Boyne. Vers 2500 av. J.-C., la **civilisation du bronze** atteignit en Irlande un niveau très avancé comme en témoignent les somptueux bijoux en or exposés au National Museum de Dublin.

L'arrivée des Celtes

Les Celtes, peuple indo-européen qui s'était fixé en Europe centrale, envahirent l'Irlande par vagues successives à partir du 5e s. av. J.-C. Ils introduisirent le fer, le cheval et la roue dans l'île vers 250 av. J.-C. Répartis en tribus et nations, dont la principale était celle des **Gaëls**, ils s'emparèrent progressivement de tout le pays,

Vitrail représentant saint Patrick.
R. Cummins/Design Pics RM/age fotostock

mais leur conquête, très lente, ne s'acheva que vers le 5e s. apr. J.-C. À cette époque, les Gaëls étaient divisés en deux royaumes puissants : les Eoganacht au sud et les Connachta au nord. Ces derniers étaient dominés par une tribu plus forte et plus organisée que les autres, qui régnait sur la colline de Tara, dans le comté de Meath : les Ui Neill, qui devinrent plus tard les O'Neil. De cette époque date la division traditionnelle de l'Irlande en quatre grandes provinces : **Connacht** à l'ouest, **Ulster** au nord, **Leinster** à l'est et au sud-est, **Munster** au sud-ouest. Au nord comme au sud, le pays était divisé en de nombreux petits royaumes, appelés **Tuatha**, qui passaient leur temps à se faire la guerre. Au sommet de la société, partageant le pouvoir avec les petits rois, on trouvait les **Brehons**, sortes de druides, à la fois juristes, poètes et sorciers. Il n'y avait pas de villes, et l'Irlande resta à l'écart de l'influence romaine malgré l'existence d'échanges commerciaux avec la Grande-Bretagne romanisée et le continent.

L'Irlande médiévale

(5e s.-15e s.)

Grâce à **saint Patrick** et à son travail d'évangélisation, la civilisation celte d'Irlande, qui n'a connu aucune conquête romaine, va accepter presque sans résistance de se convertir à cette croyance.

Le temps des monastères

Le christianisme primitif irlandais se caractérisa par la fondation d'un grand nombre de monastères et coexista longtemps avec les anciennes pratiques religieuses celtiques et les lois Brehon, l'ancienne loi celtique des druides. Jusqu'au 8e s., les monastères irlandais connurent un développement très important, comme en font foi les restes du monastère de Glendalough *(voir p. 102)* fondé par **saint Kevin** au début du 7e s., dans les Wicklow Mountains, ou celui de Kells *(voir p. 144)*, dans le comté de Meath,

Le fondateur de l'Irlande chrétienne

Patrick était un jeune Breton romanisé d'Angleterre. Adolescent, il fut enlevé par des pirates irlandais qui le vendirent comme esclave sur leur île, où il séjourna six ans avant de s'évader et de retourner dans son pays. Converti au christianisme, il fut nommé évêque et partit évangéliser les Irlandais. Il débarqua vers l'an 432 près de Downpatrick en Ulster et entreprit de convertir les petits rois irlandais en se servant du trèfle comme symbole de la Sainte-Trinité. En 444, il partit pour Rome, puis revint en Irlande fonder la cathédrale de l'évêché d'Armagh en Ulster. Sa vie, telle qu'elle est relatée dans ses confessions et dans les récits traditionnels, ressemble beaucoup à celle d'un druide plus puissant que les autres qui aurait réussi à prouver la supériorité de son Dieu en accomplissant toutes sortes de miracles et d'exploits.

qui donna son nom au plus célèbre manuscrit enluminé irlandais, le *Book of Kells*.

À cette époque, le rayonnement de l'Irlande chrétienne sur une Europe chancelante sous les coups des invasions barbares était considérable. Des moines missionnaires, comme **saint Brendan**, **saint Columba** ou saint Furcy, partirent fonder des monastères dans toute l'Europe – notamment les abbayes de Lagny et de Luxeuil en France, de St-Gall en Suisse et de Würzburg en Allemagne. En Irlande même, les monastères se trouvaient au centre d'une vie intellectuelle et artistique foisonnante comme en témoignent le *Livre de Kells* ou le *Livre d'Armagh*.

Les envahisseurs vikings

Les Vikings s'installèrent sur les côtes d'Irlande à la fin du 8e s., d'où ils remontèrent à l'intérieur des terres en utilisant les voies navigables. Les Irlandais ne leur offrirent qu'une faible résistance et la quasi-totalité des monastères fut pillée. C'est pour se protéger des Vikings que furent construites les **tours rondes**.

Les Vikings n'étaient pas uniquement des guerriers sanguinaires. Ils fondèrent aussi la plupart des villes côtières (Dublin, Wexford, Waterford, Cork et Limerick). De leur côté, les rois irlandais tentèrent souvent de s'allier avec les hommes du Nord pour combattre les royaumes rivaux.

Il s'ensuivit une importante déstabilisation de la société celtique traditionnelle qui aboutit à la domination du roi **Brian Ború** sur toute l'Irlande. En avril 1014, il remporta une victoire sur ses anciens alliés, les Vikings, à la **bataille de Clontarf**, près de Dublin. Mais il y perdit la vie sans avoir réussi à unir les différents royaumes, qui retournèrent aux vieux démons de la division.

L'arrivée des Anglo-Normands

Au 10e et au début du 11e s., l'Irlande était le théâtre de guerres continuelles entre les petits rois. Comme cela s'était déjà produit au temps des Vikings, un des rois irlandais décida de s'allier avec une puissance étrangère pour évincer ses rivaux.

À la fin des années 1160, le roi déchu du Leinster, **Diarmuid** (ou Dermott) **Mc Murrough**, fit appel au roi normand d'Angleterre **Henri II Plantagenêt** pour le rétablir sur le trône. Les Normands avaient adopté les mœurs et la langue françaises et régnaient sur l'Angleterre depuis son invasion par les troupes de Guillaume le Conquérant en 1066. Henri II confia à l'un de ses seigneurs, **Richard de Clare**, mieux connu sous le nom de **Strongbow** (Arc puissant), le soin de débarquer en Irlande en 1169. L'écrasante supériorité militaire des Normands eut, en peu de temps, raison de la résistance irlandaise. En 1171, Henri II obtint la soumission de presque tous les rois irlandais.

C'en était fait, dès lors, et pour de nombreux siècles, de l'indépendance irlandaise. Les Normands apportèrent avec eux le système féodal basé sur le droit d'aînesse, ils supprimèrent la plupart des lois Brehon et entreprirent la construction de châteaux forts.

En quelques générations, la quasi-totalité de l'Irlande devint une possession de la couronne anglo-normande, découpée en baronnies. Seul le Donegal et une partie de l'actuel comté de Tyrone demeurèrent irlandais, sous la tutelle des familles O'Donnel et O'Neil. Dublin, quant à elle, prit l'allure d'une ville anglo-normande.

Au cours du 14e s., cependant, on assista à un renouveau du sentiment national irlandais. De 1315 à 1318, les chefs gaëls entreprirent sans succès de reconquérir une partie de l'île avec l'aide de mercenaires écossais. De leur côté, certaines familles anglo-normandes du Sud et de l'Est, comme les Desmond et les Butler d'Ormonde ou les Fitzgerald de Kildare, s'étaient si bien mélangées aux Gaëls que la Couronne d'Angleterre, inquiète de cette osmose, promulgua en 1366 les **statuts de Kilkenny** interdisant aux Anglo-Normands de vivre à la celte *(voir « Kilkenny », p. 140)*.

Au début du 15e s., les Fitzgerald de Kildare, devenus la famille la plus puissante du royaume, régnaient sur la quasi-totalité du pays. Ils levaient directement l'impôt et bénéficiaient d'une grande indépendance vis-à-vis de la Couronne britannique.

Les effets de la Réforme

(16e-17e s.)

La toute-puissance des Kildare fut balayée à l'arrivée sur le trône du roi **Henri VIII**, qui se proclama chef de l'Église d'Angleterre et voulut reprendre en main ses possessions. Il ordonna l'emprisonnement dans la tour de Londres du comte Fitzgerald de Kildare, où il mourut en 1536, et fit exécuter son fils qui s'était révolté.

Un sursaut patriotique

Jusque-là, les rois d'Angleterre n'étaient que seigneurs d'Irlande, mais Henri VIII se proclama roi d'Irlande en 1541. Il prononça la dissolution des ordres monastiques, confisqua leurs biens et exigea symboliquement des seigneurs irlandais qu'ils lui remettent leurs terres avant de les leur rendre sous des contrats de droit anglais. Les filles d'Henri, les reines **Mary** puis **Elizabeth**, ne se montrèrent guère plus tendres. Elles réprimèrent toute velléité de révolte et initièrent dans les années 1560-1570 les premières implantations de colons anglais dans le Munster. Cette politique devait entraîner un sursaut patriotique dans le parti irlandais en même temps qu'elle était loin de satisfaire les « vieux Anglais » descendant des Anglo-Normands, demeurés catholiques pour la plupart.

En s'appuyant sur ces derniers, le puissant comte **Hugh O'Neil** entreprit à la fin des années 1590 de lever une armée en Ulster et de combattre l'envahissant pouvoir anglais pendant neuf ans. Il appela à son secours le roi catholique d'Espagne **Philippe II**. Les Espagnols, qui débarquèrent à Kinsale, près de Cork, furent mis en déroute par l'armée anglaise de **lord Mountjoy** en 1601, et cette défaite signa pour de bon l'arrêt de mort de l'Irlande gaélique.

Les débuts de la « Plantation »

Après la défaite de Kinsale, la loi anglaise fut étendue à toute l'Irlande. O'Neil et les comtes irlandais décidèrent de quitter le pays en 1607, laissant les catholiques d'Ulster sans protection face aux visées dominatrices de Londres. Les terres des comtes furent redistribuées à des protestants écossais et anglais. Ce fut le début de la *Plantation* d'Ulster, un processus colonial qui devait avoir des conséquences funestes jusqu'à ce jour. S'octroyant les terres les plus riches, fondant des villes comme **Londonderry**, les colons protestants imposèrent au nord de l'Irlande un mode de vie étranger à celui des autochtones. Ceux-ci se sentirent rejetés et nourrirent à l'égard de leurs conquérants une haine qui engendra, à son tour, chez les protestants une mentalité d'état de siège qui se perpétua tout au long des générations suivantes.

La confédération de Kilkenny

À la fin du 16e et au début du 17e s., la Réforme était divisée en plusieurs courants, et l'Irlande fut à son tour le théâtre de tensions entre les calvinistes et les anglicans. Le roi **Charles Ier**, qui aspirait à devenir un monarque absolu, voulait imposer l'anglicanisme comme seule religion. Cela entraîna la révolte des calvinistes d'Écosse et d'Ulster, tandis qu'en 1641, le peuple catholique d'Irlande du Nord se souleva et commit d'épouvantables massacres contre les occupants.
De leur côté, les Irlandais et les « vieux Anglais » catholiques s'allièrent en 1642 pour fonder la **Confédération de Kilkenny**, qui leva une armée mais ne put surmonter les divisions entre « vieux Anglais » loyaux envers la Couronne et Irlandais soutenus par les puissances catholiques continentales.
Ces tensions internes furent balayées par la prise de pouvoir d'**Oliver Cromwell**. Ne s'embarrassant pas de subtiles distinctions entre Irlandais ou « vieux Anglais », il déposséda tous les propriétaires catholiques de leurs biens pour les donner à ses soldats ou à des protestants venus d'Angleterre. Les catholiques pouvaient être encore propriétaires seulement à l'ouest du Shannon.

Jacques II contre Guillaume d'Orange

À la mort de Cromwell en 1658, le retour de la monarchie anglaise en la personne de **Charles II** inaugura une période de tolérance religieuse. Lorsque son frère, catholique, lui succéda en 1685 sous le nom de Jacques II, les catholiques irlandais commencèrent à envisager la restitution de leurs biens. L'espoir fut de courte durée. Une révolution de palais évinça Jacques II au profit de sa fille Mary, épouse du protestant Guillaume III d'Orange.
Jacques II s'enfuit en Irlande, où il mit sur pied une puissante armée catholique. Le 18 avril 1689, celle-ci entreprit le **siège de Londonderry**, mais ne put prendre la ville. En juin 1690, Guillaume III débarqua à Carrickfergus avec son armée et fit route vers la vallée de la Boyne, où il rencontra les troupes de Jacques II, qu'il vainquit au mois de juillet. C'est cette **bataille de la Boyne** que les confréries orangistes commémorent encore chaque année en Ulster.

Entre Église et République

(Fin 17e-18e s.)
Après l'ultime bataille des catholiques, les protestants éprouvèrent le désir d'asseoir définitivement leur pouvoir en promulguant les **lois pénales** en 1695. Ces lois visaient aussi bien les

catholiques que les presbytériens protestants d'Ulster, considérés comme des hérétiques. Beaucoup d'entre eux furent contraints de s'expatrier car alors les catholiques ne pouvaient ni pratiquer leur religion en public ni exercer de fonctions officielles. L'épisode porte le nom de Vol des Oies sauvages (Wild Geese). Nombreux furent ceux qui trouvèrent refuge en Europe où les royaumes étaient catholiques, en particulier la France et l'Espagne.

Ces lois firent naître un profond sentiment de dépossession chez les catholiques tandis que l'**Ascendancy** l'élite anglicane, s'arrogeait tous les pouvoirs.

Durant la seconde moitié du 18e s., le pays vécut en paix de longues années. Les religions entretenaient des relations moins tendues, et l'Irlande connut une vraie prospérité économique sous les règnes des rois George Ier, II, III et IV. De grands travaux d'urbanisme furent entrepris à Dublin et l'**architecture georgienne** irlandaise demeure un modèle du genre.

L'influence de la Révolution française

Les presbytériens d'Ulster virent dans la Révolution française un espoir de s'affranchir de la tutelle anglicane. Mais les presbytériens étaient beaucoup plus instruits et acquis aux idées démocratiques que les catholiques. C'est donc quasi exclusivement par des protestants que fut fondée en 1791 à Belfast la société des **United Irishmen**, premier mouvement patriotique organisé. Leur leader, l'avocat protestant **Theobald Wolfe Tone**, déclara vouloir « substituer le nom commun d'Irlandais à celui de catholique ou de protestant ». Il se rendit en France en 1796, où il persuada les autorités de venir au secours des Irlandais Unis. Mais le débarquement échoua devant Bantry, dans le comté de Cork.

Les Irlandais Unis, bien décidés à instaurer la république, avaient levé une armée composée de protestants et de paysans catholiques. Mais l'insurrection de 1798 avait été mal préparée. Bien qu'ils aient réussi à s'emparer de villes importantes comme Wexford, les insurgés ne purent longtemps résister et furent défaits à la **bataille de Vinegar Hill**, près d'Enniscorthy. Plus de 30 000 insurgés et civils furent massacrés, et Wolfe Tone, fait prisonnier peu après, se suicida.

Le nationalisme catholique

(Première moitié du 19e s.)

Les rêves de liberté s'étaient d'autant plus enfuis que, de son côté, l'Église catholique n'appréciait guère l'émergence en Irlande d'un mouvement républicain qui menaçait son autorité. Si bien que faute du soutien de l'Église au mouvement libérateur, les Irlandais de toutes confessions se retrouvèrent sous la domination totale de Londres.

De l'Acte d'union à l'émancipation

En 1800, le parlement de Dublin, composé de protestants, décida de se saborder en votant l'**Union Act** (Acte d'union) qui plaçait l'Irlande sous la domination directe de la couronne d'Angleterre. Pour représenter l'Irlande, il fallait siéger au parlement de Westminster, et les catholiques en étaient exclus. Ces derniers décidèrent alors de mener le combat politique non plus sous la bannière des idées républicaines mais sous celle de la religion majoritaire, identifiée à la nation.

L'avocat **Daniel O'Connell** se lança dans le combat politique en faveur du catholicisme. Ancien membre d'une milice qui avait combattu l'insurrection de 1798, il ne souhaitait

pas l'avènement de la république mais l'émancipation politique des catholiques irlandais. Sa victoire contre un libéral protestant lors d'une élection partielle en 1828 le couvrit de gloire aux yeux de ses coreligionnaires, tandis que le pouvoir anglais s'inclinait en accordant l'émancipation politique des catholiques l'année suivante.
Contraint d'accorder cette **émancipation**, le pouvoir anglais décida d'augmenter considérablement le seuil de fortune à partir duquel on avait le droit de vote. Dans le même temps, on continua d'exiger des catholiques qu'ils paient la **dîme**, un impôt en faveur de l'Église d'Irlande protestante. Dans les années 1830, la révolte contre cet impôt entraîna de terribles violences sous couvert du *Defenderism*, mouvement catholique fonctionnant en société secrète au sein de la paysannerie.
O'Connell avait tenté de canaliser le *Defenderism* en conférant aux prêtres un rôle politique. Mais face à des prêtres extrêmement conservateurs, la bourgeoisie éclairée catholique s'éloigna de O'Connell et de l'Église pour fonder le mouvement Jeune Irlande, très idéaliste et marqué par les idées républicaines libérales, mais qui échoua dans sa tentative de soulèvement en 1848.

De la famine à la révolte

(Seconde moitié du 19e s.)
À la mort d'O'Connell que l'on appellera le Libérateur, en 1847, l'Irlande se trouvait déjà en proie à une terrible famine. Introduite dans le pays au 17e s., la pomme de terre était devenue la nourriture de base de la majorité des Irlandais de l'Ouest, du Sud et du Centre, à la différence du Nord, où l'orge remplissait ce rôle. De sorte que les catholiques furent plus touchés par le fléau que les protestants. La dépendance à l'égard de la pomme de terre s'avéra catastrophique lorsque le **mildiou**, une maladie cryptogamique, fit son apparition en 1845. La première année, les gens dépensèrent leurs maigres économies pour subsister, mais la famine fut ensuite bien réelle.
Le gouvernement conservateur ne voulait pas intervenir, considérant que la politique ne devait pas se mêler d'économie. Il y eut bien quelques tentatives pour donner du travail aux miséreux en les employant notamment à construire des murs servant de clôture aux pâturages, ces **famine walls** que l'on voit encore dans les campagnes. Mais l'Irlande, qui comptait plus de 8 millions d'habitants en 1841, avait perdu près du tiers de sa population

Les Irlandais d'Amérique

De 1850 à 1930, quatre millions d'Irlandais émigrèrent aux États-Unis. La famine, la misère et l'oppression furent au départ les principales causes d'émigration. Mais au fur et à mesure de son accroissement, la population irlando-américaine devint un groupe compact capable de gérer l'arrivée des nouveaux venus en leur proposant du travail. Les Irlandais avaient aussi un avantage considérable par rapport aux autres immigrés européens : ils parlaient anglais, ce qui leur permit de sauter une génération dans le processus d'intégration. Durant des décennies, comme à Chicago, les Irlandais occupèrent les principaux postes à responsabilité dans l'administration, et leur influence atteignit son point culminant avec l'élection de John Fitzgerald Kennedy en 1960.

Émigrants irlandais quittant Cork.
Photos.com/Getty Images Plus

dix ans plus tard, car à la famine avait succédé une **émigration** considérable vers l'Amérique.

Levée d'armes

Un Irlandais de New York, John O'Mahony, fonda en 1858 l'**Irish Republican Brotherhood** qui, à l'inverse de la politique conservatrice d'O'Connell, se réclamait des idéaux de 1798 et du mouvement Jeune Irlande. Très vite, les militants de ce mouvement prirent le surnom de Fenians, en mémoire des Fianna, guerriers celtiques légendaires. Républicains radicaux influencés par les idées socialistes et partisans de la violence armée, ils tentèrent de s'allier les masses catholiques mais rencontrèrent l'opposition farouche de l'Église en la personne du cardinal Paul Cullen, bien décidé à ne pas laisser se répandre en Irlande les germes de la révolution démocratique et sociale.

Dans les années 1850, les protestants du Nord avaient depuis longtemps oublié leur rêve d'indépendance de 1798. L'Ulster, qui avait échappé à la famine, se trouvait en pleine révolution industrielle, devenant l'une des provinces les plus riches du Royaume-Uni. Belfast, où se constituait un prolétariat catholique et protestant, offrait, malgré les dures conditions de vie de l'époque, un modèle de prospérité qui contrastait durement avec la misère et la stagnation sévissant à Dublin et dans tout le sud de l'Irlande.

Parnell et le Home Rule

Un avocat protestant du Sud, Isaac Butt, lança l'idée du **Home Rule**, autrement dit l'autonomie de l'Irlande à l'intérieur du Royaume-Uni. Et c'est un autre protestant, **Charles Stewart Parnell**, qui réussit l'alliance entre les défenseurs du Home Rule, une partie des Fenians et les partisans de la réforme agraire. Au terme d'épisodes souvent sanglants, les députés de Londres finirent par promulguer en 1881 le premier **Land Act**, reconnaissant certains droits aux métayers et amorçant l'émergence d'une classe de petits propriétaires catholiques. Les succès remportés par Parnell sur la question agraire renforcèrent les partisans du Home Rule. En 1885, son **Parti parlementaire irlandais** (Irish Parliamentary Party) envoya 85 députés à la Chambre des communes et, l'année suivante, le Premier ministre libéral anglais **Gladstone** proposa d'accorder l'autonomie à l'Irlande. Mais le projet de Gladstone fut rejeté, et il dut démissionner. Si Parnell avait réussi à s'attirer les bonnes grâces de l'Église catholique, dans le Nord la perspective d'une Irlande autonome majoritairement catholique était inacceptable pour les protestants intégristes. Dénonçant le Home Rule comme étant le *« Rome Rule »*, par référence au pape, ils créèrent l'**Irish Unionist Party** et élirent une majorité de députés hostiles à l'autonomie.

La route vers l'indépendance

(Fin 19e s.-1949)

Le Home Rule, véritable serpent de mer de la vie politique britannique, n'avait pas été enterré avec Parnell, et ce d'autant plus que les dernières années du 19e s. furent marquées par une étonnante résurgence de la culture gaélique.

Le renouveau gaélique

La **Ligue gaélique** fut créée en 1893 pour préserver la langue irlandaise traditionnelle, tandis que l'écrivain William Butler Yeats fondait le Théâtre littéraire irlandais et l'Abbey Theatre *(voir p. 48)* pour promouvoir une littérature authentiquement nationale. Dans le même temps, la **Gaelic Athletic Association** (**GAA**), très implantée dans les campagnes, faisait la promotion des sports considérés comme authentiquement celtiques comme le *hurling* et le football gaélique.

Le journaliste Arthur Griffith créa le **Sinn Féin** en 1905, aux côtés de l'écrivain et poète James Stephens. Au départ, Griffith ne souhaitait pas l'indépendance mais plutôt une monarchie dualiste, à la manière de l'Autriche-Hongrie. Son parti était suffisamment fort pour faire et défaire les majorités à Londres, et il était sur le point d'aboutir lorsque les protestants d'Ulster déclenchèrent un mouvement insurrectionnel entraînant une mutinerie dans la garnison britannique de Kildare.

En outre, la montée du syndicalisme et des idées socialistes au sein du prolétariat catholique constituait une autre menace pour le pouvoir.

Aussi le Home Rule fut-il finalement octroyé par Londres en 1914.

L'insurrection de 1916

Une des raisons qui avaient précipité le vote du Home Rule était la perspective de la guerre. Les Britanniques souhaitaient en effet pouvoir compter sur les soldats irlandais qui, de tout temps, avaient servi avec bravoure dans les régiments de la Couronne.

Toutefois, lors du déclenchement du premier conflit mondial, les nationalistes regroupés au sein de la milice des **Irish Volunteers** se trouvaient profondément divisés sur l'aide à apporter au Royaume-Uni.

L'hécatombe de soldats irlandais sur les champs de bataille de la Somme encouragea certains nationalistes à préparer une insurrection armée à Dublin. Leurs leaders, Thomas Clarke, Sean MacDermott et Patrick Pearse, entrèrent en contact avec l'Allemagne qui, ravie de prendre l'ennemi anglais à revers, leur expédia des armes. Ils firent aussi secrètement alliance avec l'Irish Citizen Army, un petit groupe paramilitaire créé par le syndicaliste socialiste **James Connolly**, et, le **lundi de Pâques 1916**, ils déclenchèrent l'insurrection armée à Dublin.

Les insurgés réussirent à s'emparer de plusieurs bâtiments publics et proclamèrent l'indépendance sur le toit de la poste principale. Mais au bout d'une semaine, l'insurrection échoua faute d'appui populaire.

Il s'ensuivit une répression d'autant plus impitoyable que les Anglais en guerre étaient fondés à combattre des hommes qui leur tiraient dessus avec des fusils allemands. Seize leaders de l'insurrection, parmi lesquels James Connolly, furent exécutés. Mais le souvenir des martyrs nationalistes allait durablement servir la cause pour laquelle ils avaient péri.

L'IRA dans la tourmente

Eamon De Valera, une forte personnalité qui avait succédé à Griffith à la tête du Sinn Féin, s'engagea plus avant dans le combat républicain. Lors des élections de novembre 1918, son parti obtint une écrasante majorité au sud, tandis qu'au nord les unionistes obtenaient une victoire équivalente. Mais le temps des luttes politiques était révolu.

En 1919, l'**Irish Republican Army** (**Old IRA**) se lança dans la lutte armée avec à sa tête la figure romantique de **Michael Collins**. La guerre dura deux ans, avec de part et d'autre son cortège d'atrocités. L'IRA était sans pitié pour les traîtres et les mouchards, tandis que, de leur côté, les milices unionistes des **Black & Tans** (ainsi surnommés à cause de leur uniforme kaki et de leur calot noir) pratiquaient le terrorisme aveugle. Finalement, en décembre 1921, fut signé à Londres le **traité anglo-irlandais** qui accordait le statut de dominion, c'est-à-dire l'indépendance de fait, à 26 comtés du Sud, tandis que les 6 comtés protestants du Nord se voyaient octroyer un statut d'autonomie à l'intérieur du Royaume-Uni. Une cote bien mal taillée qui ne satisfaisait pas De Valera ni les nationalistes les plus extrémistes, même si le Parlement irlandais lui était favorable. Les violences qui s'ensuivirent entre nationalistes extrémistes et partisans du compromis furent impitoyables. Michael Collins, qui avait signé les accords de Londres, fut assassiné par les partisans d'Eamon De Valera. De sanglants combats mirent Dublin à feu et à sang, endommageant les principaux édifices publics, et plusieurs chefs historiques de l'IRA furent condamnés à mort et exécutés à la prison de Kilmanhaim à Dublin. Malgré l'arrêt des combats, l'atmosphère de l'Irlande de l'entre-deux-guerres fut épouvantablement étouffante. Le **Free State**, l'État libre irlandais du Sud, avait été mis en coupe réglée par le **Fianna Fáil**, le parti populiste et nationaliste d'Eamon De Valera, qui s'appuyait sur les prêtres et le réseau des paroisses catholiques pour surveiller les opposants. L'Irlande de cette époque était un État ultra conservateur, opposé à toute réforme sociale. Ses dirigeants, qui prenaient modèle sur les dictatures fascistes, s'enfermèrent dans un isolement qui conduisit le pays à observer une neutralité ambiguë durant la Seconde Guerre mondiale.

Michael Collins

Né en 1890 dans le comté de Cork, ce patriote irlandais fut d'abord fonctionnaire à Londres avant de rejoindre la cause nationaliste. Lors de l'insurrection de 1916, il se révéla être un chef de grande valeur, capable de déjouer les pièges de l'ennemi et d'infiltrer l'armée d'occupation. En 1921, il fut le principal interlocuteur des Anglais lors de la conférence qui aboutit au traité anglo-irlandais. Signataire du traité de Londres, il fut désavoué par Eamon De Valera, qui l'accusa d'avoir trahi la cause. Peu avant son 31e anniversaire, il tomba sous les balles de ses anciens compagnons opposés au traité. Aujourd'hui encore, Michael Collins reste un héros.

Vers la modernité

En 1949, la **république d'Irlande** devint un État totalement indépendant qui prit le nom d'Eire, nom gaélique de l'Irlande, quitta le Commonwealth et adopta le gaélique comme langue officielle, avec l'anglais. Mais son isolement contrastait avec une Irlande du Nord plus prospère sur le plan économique.

Une société à deux vitesses

Les protestants du Nord, qui représentaient 60 % de la population, restaient accrochés à leurs privilèges et pensaient encore, dans les années 1950-1960, qu'ils allaient pouvoir indéfiniment maintenir une politique discriminatoire à l'encontre des catholiques à tous les niveaux de la vie économique et politique. Ainsi, malgré l'octroi aux catholiques de l'**égalité des droits civiques** au début des années 1970, l'Irlande du Nord allait connaître une véritable guerre pendant 25 ans.

Profil bas à Dublin

Au sud, la population et le pouvoir étaient partagés entre une sympathie naturelle pour la cause nationaliste défendue par la nouvelle **IRA provisoire** et la condamnation du terrorisme aveugle. La marge de manœuvre du gouvernement de Dublin était donc très faible et, durant toute la période des « troubles », les autorités de la république d'Irlande observèrent un profil bas sur la question de la réunification. Par ailleurs, la république d'Irlande connut de tels changements dans tous les domaines que la question de la réunification passa peu à peu au second plan des préoccupations de la population.

Les accords de paix

En 1998, les conflits intercommunautaires en Ulster semblèrent trouver enfin une issue avec les accords de paix de 1998. Cela ne se fit pas sans heurts : les difficultés de l'IRA à engager le désarmement total convenu dans les accords et la mauvaise foi des ultra-nationalistes protestants ne cessèrent de remettre en cause le processus. Le 26 mars 2007, de nouveaux **accords historiques** ont été signés entre les deux ennemis jurés d'hier : Ian Paisley (Democratic Unionist Party) et Gerry Adams (Sinn Féin), prévoyant le partage du pouvoir de l'Assemblée régionale d'Irlande du Nord.

Si des groupes armés dissidents poursuivent leurs activités et que les règlements de compte ne sont pas rares, la violence s'atténue et le désarmement est en marche. Malgré tout, la ségrégation spatiale (murs, quartiers non-mixtes) demeure une réalité. Les réactions violentes et les émeutes sporadiques face, par exemple, au Brexit ou au Northern Ireland Protocol *(voir p. 381)* montrent à quel point l'équilibre est

Une visite historique

Alors que le processus de paix en Irlande du Nord a mis plus de temps que prévu à se concrétiser dans la vie politique, en 2011 les conditions sont réunies pour une visite inimaginable. Du 17 au 20 mai, la reine d'Angleterre, Elizabeth II, arrive en visite officielle en république d'Irlande, premier séjour d'un monarque britannique depuis l'Indépendance. Son discours de regrets et de compassion sur la douloureuse histoire des deux pays touche la population et ouvre une nouvelle phase d'amitié entre les deux peuples.

Fresque de paix à Belfast.
The Irish Image Colle/Design Pics RM/age fotostock

fragile en dépit d'une réelle volonté de la majeure partie de la population de vivre enfin en paix.

Libéralisme effréné

L'entrée de la république d'Irlande dans la **Communauté économique européenne** en 1973 fut un événement aux conséquences considérables. Paradoxalement, le pays qui avait quitté le Commonwealth après la guerre appartenait à la même organisation libre-échangiste que le Royaume-Uni, ce qui ne fut pas sans conséquence sur les mentalités. L'ouverture des frontières s'est aussi traduite par une plus grande ouverture d'esprit. Peu à peu, l'Église catholique, qui régnait sur les mentalités, s'est retrouvée confrontée aux nouvelles aspirations des femmes et de la jeunesse, notamment dans le domaine des mœurs, tout en devant faire face à de nombreux scandales. Des abus gardés sous silence durant des décennies *(voir p. 499)*. Les articles de la Constitution plaçant l'Irlande sous la protection de la « Très Sainte Trinité » ont été supprimés, et si la pratique religieuse reste forte, l'idée que la religion catholique puisse être un choix personnel et non une dimension irréductible de l'identité irlandaise a fait son chemin en Irlande du Sud.

En 1990, l'élection d'une femme à la tête du pays, **Mary Robinson**, a accéléré le mouvement général de libéralisation. L'homosexualité a été dépénalisée en 1993, un référendum a légalisé le divorce en 1995, et si la libéralisation de l'avortement a été rejetée par référendum en 1983, il fut finalement légalisé en 2018 (2020 en Irlande du Nord). Dans le même temps, une politique économique dynamique et une fiscalité ingénieuse ont propulsé l'Irlande, à partir des années 1990, dans une prospérité étonnante avec le plus fort taux de croissance des pays européens. La crise économique de 2008 a marqué la fin provisoire de cette période faste.

Concernant la dernière décennie, voir « L'Irlande aujourd'hui » (p. 482) et « Traditions et art de vivre » (p. 489).

Chronologie

De la préhistoire aux Celtes

- **Mésolithique (8000-4000 av. J.-C.)** – Premiers habitants.
- **Néolithique (4000-2500 av. J.-C.)** – Civilisation des dolmens et des tombes à couloir (vallée de la Boyne).
- **Âge du bronze (2500-500 av. J.-C.)** – Utilisation des gisements aurifères pour fabriquer des bijoux.
- **Âge du fer (à partir de 500 av. J.-C.)** – Premiers Celtes.

Le Moyen Âge

- **432-461** – Saint Patrick évangélise l'Irlande à partir de l'Ulster.
- **6e-11e s.** – Période monastique, écriture du *Book of Kells*; invasions vikings, fondation de Dublin.
- **1014** – Défaite des Vikings à la bataille de Clontarf.
- **1169** – Strongbow débarque à la tête d'une armée anglo-normande.
- **12e-16e s.** – Domination anglo-normande, constructions de châteaux forts.

Du règne d'Henri VIII aux lois pénales

- **1539** – Dissolution des monastères par le roi Henri VIII.
- **1541** – Henri VIII d'Angleterre est proclamé roi d'Irlande.
- **1607** – Fuite des comtes d'Ulster et début de la *Plantation*.
- **1649** – Oliver Cromwell débarque en Irlande et s'empare du pays.
- **1688-1689** – Siège de Londonderry.
- **1690** – Bataille de la Boyne : victoire de Guillaume d'Orange.
- **1695** – Lois pénales et vol des Oies sauvages.

De l'époque georgienne à la Grande Famine

- **1714-1830** – Rois George Ier, II, III et IV : construction des principaux monuments publics de Dublin.
- **1791** – Création du mouvement des Irlandais Unis à Belfast.
- **1798** – Insurrection des Irlandais Unis.
- **1800** – L'Acte d'union supprime le Parlement de Dublin.
- **1829** – Émancipation des catholiques.
- **1845-1849** – Grande Famine.
- **1848** – Insurrection manquée du mouvement Jeune Irlande.
- **1850-1930** – Près de 4 millions d'Irlandais émigrent aux États-Unis.

L'époque moderne

- **1881** – Premier Land Act.
- **1905** – Naissance du Sinn Féin.
- **1914** – Signature du Home Rule.
- **1916** – Insurrection ratée du lundi de Pâques.
- **1919-1921** – Création de l'IRA et guerre d'indépendance.
- **1921-1923** – Traité anglo-irlandais, guerre civile et création du Free State.
- **1939-1945** – L'Irlande du Sud reste neutre durant toute la guerre.
- **1949** – Proclamation de la république d'Irlande.
- **1967-1969** – Marches pour les droits civiques en Irlande du Nord.
- **1971-1994** – L'IRA provisoire mène le combat contre les troupes britanniques en Ulster et commet une série d'attentats sanglants.
- **1972** – Bloody Sunday à Derry.
- **1973** – Entrée de l'Irlande et du Royaume-Uni dans la CEE.
- **1984** – Fondation de Ryanair.
- **1986** – La Chaussée des Géants est classée au Patrimoine mondial de l'Unesco.

- **1993** – Les îles Skellig sont classées au Patrimoine mondial de l'Unesco.
- **1994** – L'IRA décide de cesser les opérations armées.
- **1998** – Signature des accords de paix.
- **1999-2000** – Malgré la crise politique, un nouveau gouvernement siège enfin en Irlande du Nord.
- **2002** – En raison du blocage politique, Tony Blair suspend le gouvernement d'Irlande du Nord. À Belfast, élection d'Alex Maskey, premier maire Sinn Féin.
- **2003** – Victoire aux élections en Ulster du protestant radical Ian Paisley.
- **2004** – Paisley refuse les propositions du Sinn Féin. Réélection de Mary McAleese en république d'Irlande.
- **2005** – Le 28 juillet, l'IRA annonce la fin de la lutte armée.
- **2007** – Accords historiques de partage du pouvoir entre Ian Paisley et Gerry Adams en Irlande du Nord.
- **2008** – Le référendum du 12 juin aboutit au rejet du traité de Lisbonne. Crise financière, la récession frappe.
- **2009** – La ratification du traité de Lisbonne est finalement acceptée.
- **2010** – Un accord signé par les Premiers ministres britannique et irlandais donne le contrôle de la police et de la justice en Irlande du Nord à l'Irlande du Nord elle-même.
- **2011** – Le gouvernement de Brian Cowen tombe. Enna Kenny, du parti Fine Gael, devient Premier ministre. Visite historique de la reine Elizabeth II *(voir encadré p. 528)*. Le travailliste Michael D. Higgins est élu président de la république d'Irlande.
- **2012** – Inauguration du Titanic Museum de Belfast.
- **2013** – Fin de la récession économique. L'Irlande est en passe de sortir du plan de sauvetage consenti en 2010 par l'UE et le FMI.
- **2015** – Par référendum, le mariage homosexuel est accepté ; l'Irlande renoue avec la croissance.
- **2016** – 56 % des Irlandais du Nord votent pour rester dans l'UE lors du référendum sur le Brexit. Les équipes de football d'Irlande et d'Irlande du Nord disputent l'Euro 2016 et atteignent les 1/8 de finale.
- **2017** – Leo Varadkar, gay et fils d'un immigré indien, devient Premier ministre.
- **2018** – Le Parlement irlandais légalise l'avortement. Le XV du Trèfle remporte son 3e Grand Chelem. Nombre record de touristes. Visite du pape François.
- **2020** – Pandémie de Covid-19. Galway est Capitale européenne de la culture. Le Brexit prend effet ; le statut de l'Irlande du Nord est désormais régi par le NI Protocol *(voir encadré p. 488)*. Micheál Martin devient Premier ministre.
- **2021** – La population de la république d'Irlande dépasse les 5 millions d'habitants pour la première fois depuis la Grande Famine du 18e s.
- **2022** – Le gaélique irlandais devient officiellement la 24e langue de l'Union européenne. Dublin fête le centenaire du *Ulysse* de James Joyce. En Irlande du Nord, le Sinn Féin remporte les élections législatives : une première « historique ».

Art et architecture

En Irlande, l'histoire de l'art se confond avec celle des croyances. Elle commence avec les mystérieuses figures que les peuples du néolithique gravaient sur les pierres de leurs sépultures et se poursuit après la conquête celtique par la richesse des enluminures et des ornements religieux exprimant la ferveur de la foi chrétienne. Et si, au cours des siècles, les artistes irlandais n'ont pas toujours pu manifester leur identité culturelle, leur expression a toujours été en harmonie avec la singulière beauté naturelle des paysages de l'île.

L'art de la préhistoire

(8000-500 av. J.-C.)

En raison du peuplement tardif de l'Irlande, on ne trouve pas de traces d'art rupestre dans l'île. Voici 8000 à 10000 ans, les premiers Irlandais étaient des chasseurs et des pêcheurs installés dans des huttes ou des **clochāns** (cabanes de pierres sèches en forme de ruche).

Enclos fortifiés et îles artificielles

Avec le développement de l'élevage, les habitants construisirent des enclos fortifiés, les **cashels**, appelés aussi parfois *rath*, destinés à protéger le bétail et les populations. Ces structures sont à l'origine des villages irlandais, ce qui explique la profusion de noms de lieux bâtis sur la racine *rath*.

Parfois, les fortifications atteignaient une taille impressionnante et servaient vraisemblablement de lieu de culte et de sacrifice, comme les **forts circulaires** *(ring forts)* de Navan *(voir p. 417)*, près d'Armagh en Ulster, ou de Dún Aengus *(voir p. 306)* et Dún Chonchúir *(voir p. 308)* dans les îles d'Aran.

De nombreuses familles vivaient également sur des **crannógs**, îles artificielles construites sur pilotis au milieu des lacs et communiquant entre elles par des passages souterrains creusés dans le sous-sol du lac – ce type d'habitat restera parfois utilisé jusqu'au 17e s.

Les mégalithes

C'est à la fin du néolithique et au début de l'âge du bronze (3000-2000 av. J.-C.) que se développèrent les formes les plus achevées d'architecture mégalithique avec, notamment, les impressionnantes **tombes à couloir** de Newgrange, Knowth et Dowth dans la vallée de la Boyne. Recouverts de terre, ces édifices funéraires contemporains des pyramides d'Égypte se présentent sous la forme de tumuli, appelés aussi **cairns**, sortes de petites collines de taille variable, recouvertes d'herbe. À l'intérieur, une ou plusieurs chambres funéraires réparties le long d'un couloir contenaient les restes des princes défunts et de leur famille.

Les **dolmens**, tombes de taille réduite, étaient eux aussi, à l'origine, recouverts de terre. On y plaçait le corps ou les restes calcinés des personnages de rang inférieur. Avec le temps, la terre qui les recouvrait a disparu et l'on n'en voit aujourd'hui que la charpente de pierre constituée en général d'une table monumentale posée sur de gros rochers.

On ignore précisément la fonction des **cromlechs**, encore appelés cercles de pierres. Ils sont formés par un alignement concentrique de **menhirs**. Leur disposition laisse supposer qu'ils servaient de calendrier astronomique ou de lieu de sacrifice. Parfois, comme à Newgrange, des pierres ont été décorées de motifs sculptés de forme hélicoïdale dont la signification nous échappe encore, bien que certains chercheurs pensent qu'il s'agit de cartes symboliques figurant la représentation géographique des lieux où vivaient les populations.

L'orfèvrerie

L'âge du bronze (à partir de 2500 av. J.-C.) est une période d'une très grande richesse pour la création d'**objets guerriers** (javelots, épées, couteaux et boucliers) et de **bijoux en or**. Cette époque montre une grande maîtrise de l'orfèvrerie, dont les techniques se transmettront aux envahisseurs celtes durant l'âge du fer, à partir du 4e s. av. J.-C.

La tradition celtique

(5e s. av. J.-C.-12e s. apr. J.-C.)

Les Celtes pratiquaient leur culte dans la nature. Aussi font-ils figure de piètres bâtisseurs alors qu'ils se montraient fort habiles dans d'autres domaines artistiques, comme celui de l'orfèvrerie.

La décoration

En arrivant en Irlande, les Celtes apportèrent une tradition bien établie dans le **travail des métaux**, notamment du bronze, de l'or mais aussi du fer. Les forgerons façonnaient des objets utilitaires comme des chaudrons, des chaînes ainsi que des armes tranchantes. Les orfèvres excellaient dans l'art de fabriquer des fibules, des boucles de ceinture ou des broches. Ces bijoux, souvent imposants, étaient ornés de **motifs géométriques** en forme de courbes ou d'entrelacs que l'on retrouve aussi sur certaines pierres sculptées. Ces décorations s'apparentent à la civilisation de **La Tène**, du nom d'un site, en Suisse, haut lieu de la civilisation celtique (4e-5e s. av. J.-C.).

Lors de l'expansion du christianisme à partir du 5e s. apr. J.-C., les artistes irlandais se servent de l'art celtique primitif pour rendre compte de leur nouvelle vision du monde tout en conservant leur identité. Comme le montre le « Trésor » exposé au National Museum de Dublin *(voir p. 42)*, l'art et l'artisanat celtiques se mettront au service de la représentation irlandaise du christianisme durant des siècles. La broche de Tara (8e s.) et la châsse de la cloche de saint Patrick (10e s.) seront les exemples les plus achevés de l'orfèvrerie celtique.

L'architecture des débuts du christianisme

Lorsqu'elles n'ont pas été incendiées par les Vikings, les premières églises en bois ont succombé aux outrages du temps. On ne commença à utiliser la pierre pour la construction d'édifices religieux qu'à partir du 8e s. Le plus souvent, les **monastères** étaient élevés sur la tombe d'un saint ou d'un ermite près duquel les fidèles demandaient à se faire enterrer. Aussi les vestiges encore visibles de nos jours sont-ils toujours situés à côté d'un cimetière.

Également à proximité de ces monastères primitifs se dressent des **tours rondes** construites entre la fin du 10e s. et le 12e s. Couvertes d'un toit conique, elles possédaient de multiples fonctions : clocher, tour de guet, grenier pour les récoltes et refuge en cas d'attaque. Leur hauteur varie de 15 à 30 m, et elles possèdent en général plusieurs fenêtres étroites au dernier étage, orientées selon les points cardinaux, et une seule fenêtre par étage inférieur. On pénétrait à l'intérieur par une porte située à environ 3 m au-dessus du sol, accessible par une échelle qui, une fois retirée, servait à gravir les étages. De la sorte, on se mettait hors d'atteinte des éventuels assaillants, ce qui n'empêcha pas les Vikings de venir à bout de la plupart de ces constructions. Les tours rondes de Kildare ou de Kilkenny comptent parmi les mieux conservées du pays.

Les **églises de pierre** ne firent leur apparition qu'à partir du 11e s. Il s'agissait en général d'édifices de petite taille, d'aspect massif, parfois pourvus d'un clocheton et possédant peu d'ouvertures. Les murs étaient construits en pierre sèche et le toit parfois fait de pierres en encorbellement, technique qu'illustrent parfaitement St Kevin's Church à Glendalough *(voir p. 102)* et le Gallarus Oratory *(voir p. 245)*. Si la décoration intérieure s'avérait quasi inexistante, de hautes **croix celtiques** étaient souvent érigées à proximité de ces églises. Décorées de motifs géométriques ou de riches bas-reliefs illustrant des scènes de l'Ancien et du Nouveau Testament, elles étaient utilisées par les moines pour expliquer les textes sacrés aux populations ne sachant pas lire. Pouvant atteindre 7 m de haut comme à Monasterboice *(voir p. 80)*, ces croix de pierre possèdent des bras entourés d'un anneau dont la signification n'est pas clairement établie.

L'art de l'enluminure

Les moines qui enluminaient les copies des évangiles laissaient libre cours à leur imagination pour décorer d'**entrelacs** aux couleurs vives les manuscrits comme le *Book of Kells*, exposé au Trinity College de Dublin *(voir p. 33)*. On remarque toutefois que les décors géométriques de ces enluminures sont agrémentés de figures animalières, avec notamment des représentations de serpents et de dragons, inspirées par la **tradition nordique**.

L'Irlande anglo-normande

(12e-16e s.)

Lorsqu'ils débarquèrent en Irlande à la fin du 12e s., les Normands choisirent le plus souvent d'installer leurs fortifications sur des positions celtes, occupant elles-mêmes parfois d'anciens camps néolithiques. De sorte que certains sites, comme le tertre de Millmount à Drogheda *(voir p. 78)*, ont joué un rôle défensif depuis la nuit des temps.

Les pierres oghamiques

Entre le 4e et le 7e s. de notre ère, les Celtes inventèrent une forme d'écriture primitive très particulière, consistant en une série de traits gravés sur des pierres, en travers ou de part et d'autre d'une ligne centrale. Ces pierres étaient souvent de petits menhirs bien antérieurs à l'arrivée des Celtes. Chaque groupe de traits correspondait à une lettre de l'alphabet latin. Ces pierres, dont le nom dérive d'Ogmios, dieu celte de l'éloquence, se trouvaient en général à l'emplacement d'une tombe, et les inscriptions donnaient des informations sur l'identité et la biographie du défunt.

Trim Castle.
TPX/Prisma/age fotostock

De l'architecture défensive à l'architecture civile

Au départ, les **châteaux normands** étaient des édifices en bois bâtis au sommet d'un monticule appelé motte, communiquant par une passerelle avec une basse-cour entourée d'une palissade protégeant les écuries et autres magasins.

À partir du 13e s., cependant, ils se transforment en forteresses de taille considérable, dont les plus impressionnantes se trouvent à Trim *(voir p. 82)* et à Carrickfergus *(voir p. 408)*. Le donjon était entouré d'une haute muraille comprenant parfois plusieurs porches et souvent une tour barbacane précédant un pont-levis. Au fil des siècles, l'intérêt militaire de ces châteaux forts va diminuer et beaucoup de seigneurs locaux vont se contenter de maisons fortes, bâtiments servant à la fois de lieu d'habitation et de système de défense avec meurtrières et créneaux. Ces constructions pouvaient avoir une dimension imposante, tel Blarney Castle près de Cork, puis diverses transformations tendirent à privilégier leur aspect résidentiel, tendance qui se confirma à partir de la fin du 17e s.

Cathédrales et abbayes

Le **style roman** fit son apparition en Irlande au 12e s., à une époque où le gothique commençait à être employé sur le continent.

La Cormac's Chapel du Rock of Cashel *(voir p. 155)*, l une des seules constructions de l'époque à avoir bien résisté aux ravages du temps, demeure le plus ancien exemple de style roman irlandais. L'édifice se compose d'un transept et d'une nef richement ornés de têtes humaines sculptées ou de motifs animaliers ainsi que de décors en dents de scie. La décoration extérieure des églises romanes est concentrée sur le portail, avec, comme à Clonfert, des colonnes et des pilastres surmontés d'arcs en plein cintre ornés de motifs végétaux.

Le **style gothique** se manifeste en Irlande moins de 100 ans après le style roman. Contemporain de la conquête anglo-normande, il s'aligne sur le gothique anglais caractérisé par de hautes fenêtres

La technique des manuscrits

Les quatre manuscrits que renferme le Trinity College ont été réalisés au 9e s. par des moines copistes utilisant des techniques très perfectionnées. Ces « livres de poche » conservés dans un étui en cuir étaient écrits à la plume d'oie sur un vélin. Pour les enluminures, on se servait de pinceaux en poil de martre, et l'on fabriquait les couleurs avec des pigments minéraux, végétaux ou animaux. L'oxyde de plomb et la cochenille servaient à faire le rouge, l'azurite de Cornouaille le bleu, l'orpiment le jaune, la malachite le vert et le lapis-lazuli le bleu foncé. Les couleurs étaient ensuite fixées au blanc d'œuf. Peu de ces matières étaient présentes en Irlande. Il fallait donc les faire venir parfois de très loin, comme le lapis-lazuli, dont la seule mine connue au Moyen Âge se trouvait en Afghanistan.

en ogive ou à lancettes – que l'on peut voir notamment sur le côté sud du transept de St Patrick's Cathedral à Dublin *(voir p. 46)* ou dans le mur d'abside d'Inch Abbey à Downpatrick *(voir p. 430)*. En général, les églises gothiques possèdent une tour à créneaux, souvent surmontée d'une flèche, caractéristique du **style Early English** (13e-14e s.).

Construites à partir du 12e s., les abbayes adoptent pour l'essentiel le style gothique, mais leur plan obéit aux **règles bénédictines** du cloître carré, autour duquel s'ordonnent l'église, la salle capitulaire, le réfectoire et la sacristie. Le cloître de Jerpoint Abbey à Thomastown *(voir p. 145)*, l'un des plus beaux exemples de ce type de construction, possède des piliers sculptés représentant des figures ecclésiastiques dans un style irlandais. On notera toutefois que la plupart des abbayes irlandaises encore visibles sont réduites à l'état de ruines en raison de l'interdiction des ordres monastiques par Henri VIII à la fin du 16e s.

Les villes fortifiées

Avant l'arrivée des Vikings, l'Irlande ne comptait pas de villes et, jusqu'au 10e s., les Irlandais habitaient des cabanes en bois et en torchis au toit recouvert de chaume.

Les plus anciennes villes d'Irlande (Dublin, Cork, Wexford, Waterford et Drogheda), en réalité de gros villages parfois regroupés autour d'un château, furent fondées par les Vikings avant d'être fortifiées par les Normands. La plupart des fortifications ont disparu, mais il en reste encore quelques traces dans le sud du pays, à Wexford et à Youghal notamment.

Toutes ces villes possédaient un **Tholsel** (poste d'octroi), en général un porche surmonté d'un bâtiment à étages terminé parfois par un clocheton. Par la suite, ce type d'édifice a souvent accueilli l'hôtel de ville, comme à Kilkenny.

En Ulster, les premières villes firent leur apparition à la fin du 16e s., lors de la *Plantation* des colons anglais et écossais. Les **maisons à colombage** étaient alignées le long de rues convergeant vers une place centrale en étoile appelée le **Diamond**. Derry donne le meilleur exemple de ce type d'urbanisme avec, de surcroît, un mur d'enceinte fortifié qui entoure la vieille ville *(voir p. 457)*.

Le modèle anglais

(17e-19e s.)

Après la défaite des catholiques à la bataille de la Boyne (1690), l'aristocratie protestante anglaise règne en maître sur l'Irlande et entend que sa domination soit visible de tous. Alors que le peuple vit dans une situation de misère endémique, les campagnes vont se parer de demeures somptueuses tout au long du 18e s. Comme en Angleterre, la mode est à l'Italie classique ou à la Renaissance.

Les demeures aristocratiques

Prenant modèle sur l'architecte de la Renaissance, Andrea Palladio, l'Italien Alessandro Galilei introduit en 1722 au château de Castletown *(voir p. 59)* le **style palladien** qui exprime une volonté d'harmonie et d'équilibre entre les différentes parties de l'édifice, reliées entre elles par des colonnades souvent rehaussées de chapiteaux ioniques ou corinthiens. À Russborough *(voir p. 94)*, vingt ans plus tard, l'architecte Richard Castle en réalise l'exemple le plus achevé en intégrant les bâtiments au paysage de lacs sur fond de montagnes. Leur décoration intérieure n'est pas moins sophistiquée que leur aspect extérieur. Stucs et plâtres, élégamment travaillés et souvent dorés, contribuent à faire de ces châteaux campagnards de véritables palais. À Castle Coole *(voir p. 474)* ou à Emo Court *(voir p. 93)*, la richesse des stucs se combine avec le marbre des cheminées ou le bois précieux des cages d'escalier et témoigne du luxe dans lequel vivait l'élite protestante. Celle-ci est au faîte de sa puissance durant la seconde moitié du 18e s., et ses représentants aiment à poser pour les peintres portraitistes des écoles anglaise et irlandaise dont les œuvres envahissent tous les châteaux. Malahide illustre parfaitement la vague du **style néogothique** qui se surajoute aux bâtiments anciens à partir des années 1760. Plutôt que de se lancer dans la construction de nouvelles demeures, les propriétaires de vieux châteaux datant parfois de l'époque normande font appel à des architectes qui, tel Francis Johnston, abandonnent progressivement la rigueur classique pour le gothique romantique caractérisé par le **style néo-Tudor** ou le **style baronnial** écossais, qui s'inspirent de l'architecture nobiliaire des 15e et 16e s. Il peut arriver qu'ils s'offrent d'un côté une façade classique et, de l'autre, une façade gothique, comme à Castle Ward *(voir p. 431)*. Mais le plus souvent, comme en témoignent de manière grandiloquente Kilkenny Castle *(voir p. 140)* et de manière plus sobre le château de Lismore *(voir p. 161)*, on procède à la refonte totale des bâtiments dans le nouveau goût pour l'architecture médiévale et Renaissance qui prévaudra jusqu'à la fin du 19e s. À cette époque apparaît également la mode des **jardins** somptueusement aménagés et plantés d'une profusion d'espèces végétales rapportées des quatre coins de l'Empire britannique.

Les villes à l'époque georgienne

Au cours du 18e s., Dublin, jusque-là un gros bourg, devient une véritable capitale et la deuxième ville des îles Britanniques après Londres. Sous les règnes successifs des rois **George Ier, II, III** et **IV**, elle connaît une prospérité sans précédent et une vraie métamorphose. De confortables immeubles d'habitation, construits principalement dans les quartiers sud de la ville, adoptent le **style georgien** des *terraced houses* (alignement uniforme de maisons). Ces bâtiments à trois étages en brique rouge ou grise possèdent de hautes fenêtres et des portes souvent peintes de couleurs vives, flanquées de colonnes classiques supportant une imposte en demi-lune pour laisser passer la lumière. On rencontre ce type de construction dans la plupart des villes d'Irlande, mais les plus caractéristiques encadrent Merrion Square dans la capitale.
Durant la période georgienne, Dublin s'offre ses plus beaux bâtiments

publics dans le meilleur **style néoclassique**. Si l'ancien parlement de Dublin, œuvre d'Edward Pearce, aujourd'hui occupé par la Bank of Ireland *(voir p. 39)*, est de style palladien, le néoclassicisme s'impose avec maîtrise sous le crayon de James Gandon qui dessine Custom House *(voir p. 52)*, Four Courts (palais de justice) *(voir p. 50)* et King's Inns. Ces édifices se caractérisent par leur façade étirée de part et d'autre d'un portique à colonnes ioniques supportant un fronton triangulaire.

La réapparition des églises catholiques

Après les lois pénales de 1695, la pratique publique du culte catholique fut interdite. La plupart des églises catholiques encore visibles furent bâties après l'acte d'émancipation des catholiques de 1829, dans le style **Gothic Revival** initié par l'architecte Augustus Welby Pugin, équivalent britannique et contemporain du Français Viollet-le-Duc. Quel que soit le culte pratiqué, ces édifices surmontés d'une flèche se caractérisent par des ouvertures en ogive et des sculptures dont les motifs sont empruntés au style Renaissance. Les plus fameux témoignages en sont Christ Church *(voir p. 46)* et St Patrick's Cathedral *(voir p. 47)* à Dublin ou St Fin Barre's Cathedral à Cork *(voir p. 177)*. Seule différence : l'intérieur des églises catholiques adopte souvent une abondante décoration de **mosaïques** en pâte de verre de couleurs vives représentant des scènes bibliques dans un style inspiré du symbolisme anglais.

L'Irlande moderne

La plupart des monuments publics de Dublin resteront longtemps endommagés par les dégâts subis durant la guerre d'indépendance et la guerre civile. Certains d'entre eux ne seront totalement restaurés que dans les années 1980.
La seconde moitié du 19e s. et la première moitié du 20e s., période noire pour l'Irlande (Dublin en particulier), excluent le pays des grands courants stylistiques qui ont cours dans le monde occidental, comme l'Art nouveau ou l'Art déco. Cependant, Belfast, qui, en raison de la révolution industrielle, a connu une certaine prospérité à la fin du 19e s., a pu se doter d'ensembles monumentaux et pompeux, tel l'impressionnant City Hall *(voir p. 391)* de **style néo-Renaissance** bâti sous le règne de la reine Victoria. À la même époque, la ville s'étend considérablement, avec la construction de logements ouvriers en brique semblables à ceux des villes anglaises.
Dublin connaîtra la même évolution dans les années 1920. Les classes moyennes et aisées se font, quant à elles, construire des pavillons de brique (*detached houses* ou *semi-detached houses*), souvent dotés d'un sous-sol et dont l'entrée imite le style des portes georgiennes.

Et le design ?

Compte tenu de la pauvreté du pays au cours des 19e et 20e s., et des troubles qui l'ont secoué, l'Irlande n'a pu renouer que récemment avec les courants architecturaux mondiaux. Dublin est une excellente vitrine pour se faire une idée des tendances de la modernité irlandaise, notamment dans le quartier rénové de Smithfield Village *(voir p. 51)* ou dans celui des Docklands *(voir p. 53)*. La ville s'est en outre attaché le renom international de **Santiago Calatrava** pour le design de ses deux ponts : le James Joyce Bridge (2003) et le Samuel Beckett Bridge (fin 2009). Quant aux grands édifices, il faut citer la Criminal Court House (2009), près de Phoenix Park, l'Aviva Stadium (2010), le Convention Center Dublin de l'Irlandais Kevin

Petit lexique d'architecture

Cairn – Tumulus celte de taille variable.
Cashel – Enclos fortifié destiné à protéger le bétail et les populations.
Clochán – Cabane de pierres sèches en forme de ruche.
Crannóg – Île artificielle sur pilotis construite sur un lac.
Cromlech – Monument mégalithique formé de pierres plantées en cercle ou en ellipse. Également appelé cercle de pierres ou « rond de sorcière ».

Roche (2010) et le spectaculaire Grand Canal Square Theatre (2010), de **Daniel Libeskind**, tous deux dans le quartier des Docklands.

Si la crise a marqué le pas de cet élan, il est désormais évident que l'Irlande s'approprie peu à peu une architecture contemporaine. Dans l'île, Wexford s'est dotée en 2008 d'un opéra au design audacieux, tandis que Carlow s'est distinguée par le design sobre de son VISUAL, Centre for Contemporary Art (2009). Au nord, notons le Peace Bridge (2011) de Derry ou le superbe Giant's Causeway Visitor Centre (2012).

Mais le symbole du renouveau architectural au 21e s. – celui qui figure dans les guides touristiques – est sans doute le saisissant Titanic Building (2012) de Belfast.

Peinture

Entre les enluminures celtiques des manuscrits médiévaux et le début du 20e s., il peut paraître difficile de trouver l'expression d'un style ou d'une école de peinture irlandaise. Mais en observant les œuvres exposées à la National Gallery de Dublin, on découvrira que les artistes irlandais du 17e au 19e s., tout en s'inscrivant dans les mêmes courants que les artistes anglais ou européens, développent cependant une expression hibernienne. Si beaucoup furent des portraitistes travaillant à la commande et trouvant le succès à Londres, il y eut à l'instar de **Robert West** et **Hugh Douglas Hamilton** un courant irlandais revendicateur. Des peintres comme **James Peacock**, au début du 19e s., ou **Paul Henry**, au début du 20e s., représentent des scènes très irlandaises, paysages, pêcheurs, paysans…

Le mouvement du renouveau gaélique encourage **Jack B. Yeats**, frère du poète William Butler Yeats, à peindre des scènes typiquement irlandaises, comme *La Course à la nage dans la Liffey*, exposée à la National Gallery *(voir p. 40)*.

Parmi les peintres du 20e s., **Gerald Festus Kelly**, **William Orpen**, **John Lavery** et **Roderic O'Connor** se distinguent. On admirera aussi des peintres contemporains majeurs comme **Francis Bacon**, **Louis Le Brocquis**, **Sean Scully** et **Anne Madden**.

On n'oubliera pas, lorsque l'on s'intéresse à la peinture irlandaise, de regarder d'un peu plus près les anthologies de peintres britanniques, car les classifications sont parfois floues.

L'ARCHITECTURE CHRÉTIENNE PRIMITIVE

.A TOUR RONDE

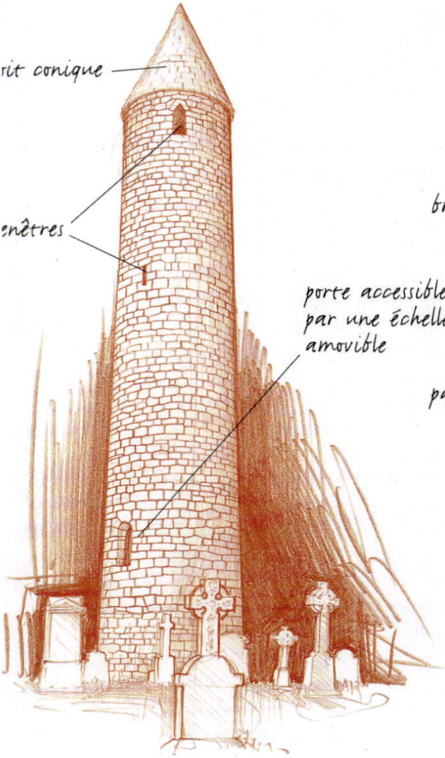

LA CROIX CELTIQUI

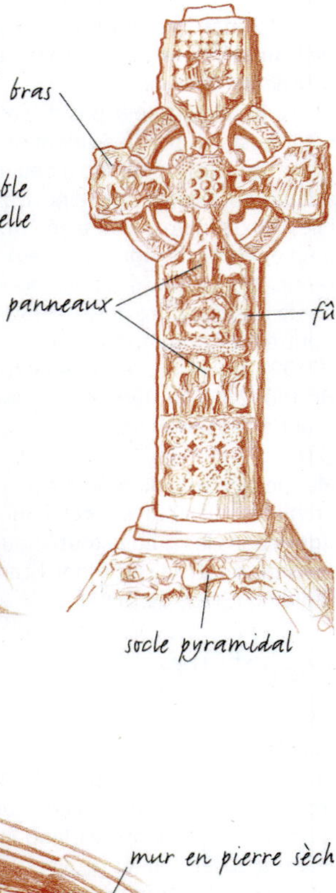

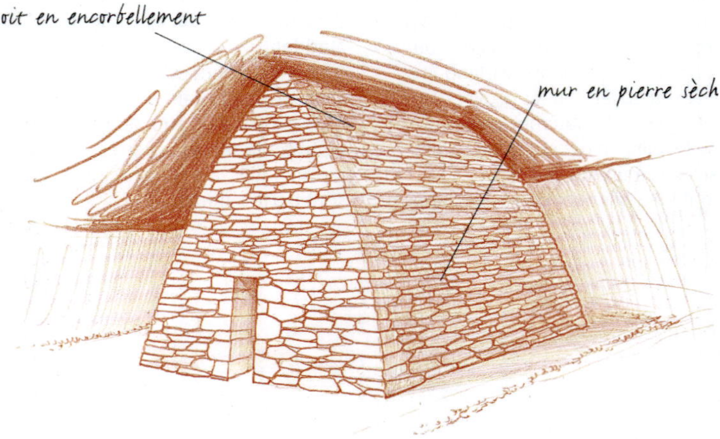

L'ÉPOQUE ANGLO-NORMANDE

LE PORTAIL ROMAN

CLONFERT CATHEDRAL (12e s.)

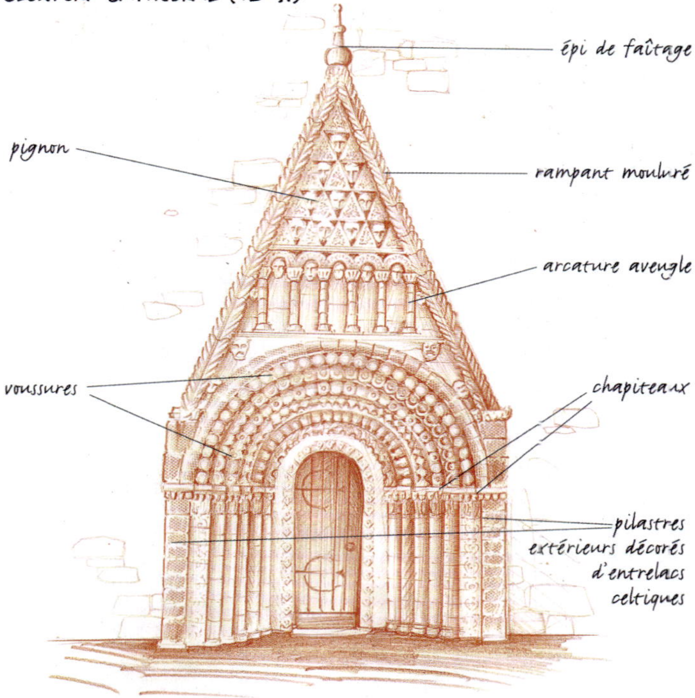

LE CHÂTEAU FORT

DUNGUAIRE CASTLE (16e s.)

H. Choimet/MICHELIN

The Temple Bar, à Dublin.
Lukas Bischoff/Getty Images Plus

ORGANISER SON VOYAGE

Types de séjour

Nature	
Randonnée	Dans un décor à grand spectacle, en voiture, à pied ou à vélo, découvrez les sommets du Connemara *(p. 313)*, des Wicklow Mountains *(p. 97)* et de Killarney *(p. 228)*, mais aussi, au sud-ouest, les péninsules d'Iveragh *(p. 217)* et de Dingle *(p. 238)*, Mizen Head *(p. 200)* et les falaises du Burren *(p. 279)*. Au nord de l'Irlande, Slieve League *(p. 356)*, Glens of Antrim *(p. 450)*, la péninsule d'Ards *(p. 420)* et les abords de la Chaussée des Géants *(p. 444)* sont des incontournables. Bien des péninsules couronnent leur beauté par un somptueux chapelet d'îles, où l'on peut passer la journée. Les plus célèbres sont les Aran Islands *(p. 304)* et les Skellig Islands *(p. 220)*. D'autres îles, moins connues, sont aussi à arpenter, comme Inishbofin Island *(p. 315)*, Clear Island *(p. 194)* ou les Blasket Islands *(p. 244)*.
Équitation	Dans le Connemara *(p. 313)* !
Golf	Les beaux parcours se situent au sud de Dublin, mais surtout sur les péninsules de Dingle *(p. 251)* et d'Iveragh *(p. 225)*, et à Kinsale *(p. 198)*.
Culture et patrimoine	
Musées, châteaux	Vous ferez le plein de musées à Dublin *(p. 32)*. Bon musée à Tralee *(p. 239)* et à Limerick *(p. 259)*. Musée Titanic à Belfast *(p. 398)*. Château à Kilkenny *(p. 140)* et à Dublin *(p. 45)*. Beaucoup de manoirs également, un peu partout.
Jardins	À partir de juin, les jardins de Powerscourt Estate *(p. 98)*, de Bantry House *(p. 203)*, de Garinish Island *(p. 209)*, de Birr Castle *(p. 269)* et de Muckross à Killarney *(p. 231)*.
Vestiges	Le monastère de Glendalough *(p. 102)* et le tumulus de Newgrange *(p. 79)*, deux sites proches de Dublin, les abbayes de Cong *(p. 318)* et de Killarney *(p. 228)*, le monastère de Clonmacnoise *(p. 270)*, la cathédrale de Rock of Cashel *(p. 155)*, les remparts de Derry *(p. 457)*, les châteaux de Dunluce *(p. 443)* et de Ward *(p. 431)*.
Pubs	Les pubs irlandais – comme les bières que l'on y boit – sont une institution dans le pays. Vous y assisterez à un concert quasi tous les soirs. Les villes les plus noctambules sont Dublin *(p. 68)*, Cork *(p. 184)*, Galway *(p. 300)* et Belfast *(p. 404)*. Beaucoup de festivals, partout en été.
Parcours cinéma	
Game of Thrones	De la forêt de Tollymore à Downhill Beach, beaucoup de paysages d'Irlande du Nord ont servi de décor naturel au tournage de la célèbre série. Comptez quatre jours pour découvrir les sites les plus mémorables *(p. 388)* du Royaume des Sept Couronnes et du continent imaginaire de Westeros. Visitez le Game of Thrones Studio Tour *(p. 412)*, un musée entièrement dédié à la série, inauguré en 2022 au sein des studios de tournage de la série.

Aller en Irlande

Noms officiels : république d'Irlande (Eire)
Irlande du Nord (Royaume-Uni)
Capitales : Dublin (Eire)
Belfast (Irlande du Nord)
Superficies : 70 275 km² (Eire)
14 130 km² (Irlande du Nord)
Populations : 5 millions hab. (Eire) ; 1,8 millions hab. (Irlande du Nord)
Monnaies : l'euro (€) (Eire) ; la livre sterling (£, *pound*) (Irlande du Nord)

En avion

Les aéroports de Dublin *(voir p. 62)*, Cork *(p. 182)*, Shannon *(p. 264)* et Belfast *(p. 401)* sont les principales portes d'entrée du pays. Comptez 1h30 de vol entre Paris et Dublin.

Lignes régulières

Aer Lingus – *✆ 01 86 99 57 28 (France) ou (01) 761 7834 (Irlande) - www.aerlingus.com.* Liaisons quotidiennes entre Paris-CDG et Dublin ou Cork. Vols de/vers Bordeaux, Lyon, Nice, Bruxelles, Genève et, en saison, Marseille, Nantes, Rennes, Toulouse.

Air France – *✆ 09 69 39 36 54 - airfrance.fr.* Plusieurs vols quotidiens entre Paris-CDG et Dublin et 1 vol/j. entre Paris et Cork.

Compagnies low cost

Easy Jet – *www.easyjet.com.* Un vol/j. pour Belfast depuis Paris-CDG, Bordeaux, Lyon, Nice ou Genève.

Ryanair – *www.ryanair.com.* Vols vers Dublin au départ de Paris- Beauvais (navette payante au départ de la porte Maillot à Paris). Vols directs à partir de Bâle-Mulhouse, Biarritz, Bordeaux, Carcassonne, Grenoble, La Rochelle, Marseille, Nantes, ainsi que Bruxelles-Sud-Charleroi (Belgique) et Luxembourg, en direction de Dublin, Shannon ou Cork, selon la saison.

Transavia – *✆ 0892 058 888 (France) et + 352 270 027 28 (Irlande) - www.transavia.com.* Actuellement 1 liaison/j vers Dublin à partir de Paris-Orly-Sud.

Vueling – *www.vueling.com.* En saison, vols de Paris-Orly vers Dublin et Cork.

En bateau

À réserver très longtemps à l'avance. Les traversées directes partent de **Cherbourg** vers Rosslare ou Dublin, et de **Roscoff** vers Cork. En haute saison, il faut compter environ 400 € l'aller simple pour un véhicule et deux passagers, sans cabine. Il est possible toute l'année de passer par la Grande-Bretagne *(landbridge)*. La traversée entre la Grande-Bretagne et l'Irlande se fait entre Holyhead et Dublin, Pembroke ou Fishguard et Rosslare, ou Stranraer et Belfast.

Traversée directe

Les compagnies proposent des formules (coûteuses) associant la traversée à des nuitées en B&B.

Brittany Ferries – *Port du Bloscon, Roscoff - ✆ 02 98 24 47 01 - www.brittany-ferries.fr.* Liaisons saisonnières Cherbourg-Rosslare et Roscoff-Cork. Traversée de 12 à 15h.

Irish Ferries – *✆ 01 70 72 03 26 - www.irishferries.com.* Traversées Cherbourg-Dublin (19h de trajet).

Stena Line – *Gare maritime transmanche, Cherbourg - ✆ 02 33 43 23 87 - www.stenaline.fr.* Pour la traversée Cherbourg-Rosslare toute l'année (16h de trajet).

Tableau récapitulatif des traversées directes

Lignes	Compagnies	Saison	Durée	Prix (1 voiture et 2 pers.)
Cherbourg-Rosslare	Stena Line	Toute l'année	Env. 16h	Env. 400 €
Cherbourg-Dublin	Irish Ferries	Toute l'année	Env. 19h	Env. 400 €
Roscoff-Cork	Brittany Ferries	Mars-oct.	Env. 15h	Env. 450 €

Via la Grande-Bretagne

Nombreuses combinaisons possibles au départ de France vers la Grande-Bretagne, *via* le tunnel *(www.eurotunnel.com)* sous la Manche ou en ferry :
avec **P&O** *(www.poferries.com)* entre Calais et Douvres ;
avec **DFDS** *(www.dfds.com)* entre Calais ou Dunkerque et Douvres ;
avec **Britanny Ferries** *(www.brittany-ferries.fr)* entre Caen/St-Malo/Cherbourg et Portsmouth, Cherbourg/Poole/Roscoff et Plymouth.
Puis, au départ de Grande-Bretagne vers l'Irlande et l'Irlande du Nord :
avec **P&O** pour Cairnryan-Larne, Liverpool-Dublin ;
avec **Stena Line** *(www.stenaline.fr)* pour Fishguard-Rosslare, Cairnryan-Belfast, Liverpool-Belfast. Irish Ferries pour Holyhead-Dublin et Pembroke-Rosslare.

Voir aussi le site *www.directferries.fr* qui reprend les différentes liaisons possibles.

Avec un voyagiste

Spécialistes du pays

Celtictours – *61 r. des Mathurins, 75008 Paris - 01 55 87 85 30 - www.celtictours.fr.* Séjours individuels ou accompagnés dans les pays celtes.

Comptoir des Pays Celtes – *2-18 r. St-Victor, 75005 Paris - 01 85 08 22 92 - www.comptoirdesvoyages.fr.* Circuits à la carte, location de roulotte ou réservation de B & B.

Destination Irlande – *www.destination-irlande.com.* Agence basée à Dublin. Large choix d'itinéraires thématiques, régionaux et/ou sur mesure.

Gaéland Ashling – *126 r. de Charenton, 75012 Paris - 01 42 71 44 44 - www.gaeland-ashling.com.* Très large gamme d'hébergement. Vols au départ de Paris ou de province.

Voyages culturels

Arts et Vie – *251 r. de Vaugirard, 75015 Paris - 01 40 43 20 21 - www.artsetvie.com.*

Clio – *34 r. du Hameau, 75015 Paris - 01 53 68 82 82 - www.clio.fr.*

Intermèdes – *10 r. de Mézières, 75006 Paris - 01 45 61 90 90 - www.intermedes.com.* Propose divers circuits avec conférenciers en Irlande.

Avant de partir

Le bon moment pour partir

Quelle que soit la saison, vous aurez sûrement de la pluie, sous forme de violentes averses ou de crachin et peut-être un peu de vent, vous êtes souvent face à l'Atlantique sur une île... Néanmoins, le temps change très vite, et les Irlandais assurent voir le soleil tous les jours... au moins un peu et la lumière est un spectacle impressionnant. Les températures restent modérées en toute saison. Juillet et août sont les mois les plus beaux, mais les températures restent inférieures à 20 °C. Mai et juin sont les plus agréables pour profiter des fleurs et des belles lumières (en juin, il fait jour jusqu'à 22h sur la côte ouest). En revanche, c'est de novembre à mars qu'il pleut le plus avec toujours un climat tempéré (il gèle rarement)

Infos météo – *www.met.ie.*

Vêtements

Même en plein été, prenez un **coupe-vent** imperméable plutôt qu'un parapluie, incontrôlable par grand vent, et prévoyez une capuche ou un chapeau de pluie. Munissez-vous de **lainages**, car les soirées sont fraîches. Pour les randonnées, vos chaussures doivent être imperméables et privilégiez les vêtements qui sèchent vite : l'humidité ambiante peut rendre ce détail très important !

Accessoires

Prévoyez un **répulsif anti-insectes** dans les zones humides et, surtout, le soir entre juin et août, car l'air est envahi de moucherons qui piquent (*midges* en anglais). Emportez aussi un **adaptateur** pour les appareils électriques (en vente sur les ferries ou dans les aéroports).

Adresses utiles

Représentations diplomatiques

République d'Irlande

France – *4 r. Rude (angle av. Foch), 75116 Paris - ☎ 01 44 17 67 00 - www.dfa.ie/irish-embassy/france.*

Belgique – *R. Froissart 50, 1040 Bruxelles - ☎ 02 282 34 00 - www.dfa.ie/irish-embassy/belgium.*

Suisse – *Kirchenfeldstr. 68, 3000 Berne 6 - ☎ 031 350 0380 - www.dfa.ie/irish-embassy/switzerland.*

Canada – *Suite 1105, 130 Albert St., Ottawa, Ontario KIP 4G4 - ☎ 613 233 6281 - www.dfa.ie/irish-embassy/canada.*

Royaume-Uni (Irlande du Nord)

France – *35 r. du Faubourg-St-Honoré, 75008 Paris - ☎ 01 44 51 31 00 - www.gov.uk.*

Belgique – *Ave. d'Auderghem 10, 1040 Bruxelles - ☎ 02 287 62 11 - www.gov.uk.*

Suisse – *Thunstrasse 50, 3005 Berne - ☎ 031 359 7700 - www.gov.uk.*

Canada – *80 Elgin St., Ottawa, Ontario K1P 5K7 - ☎ 613 237 1530 - www.gov.uk.*

Offices de tourisme

Tourisme irlandais – *www.ireland.com/fr.* Site très varié et bien documenté, qui couvre toute l'île et oriente le voyageur vers tous types de séjours thématiques ou régionaux, avec de nombreux liens vers des spécialistes. Annuaires des hébergements (B & B, hôtels, campings, locations) et nombreuses autres brochures thématiques à télécharger.

Voir aussi *www.discoverireland.ie* et *www.failteireland.ie*, ainsi que le site de **Tourism Northern Ireland**, *(wwwdiscovernorthernireland.com)*, exclusivement consacré à l'Irlande du Nord.

Centres culturels

En France

Centre culturel irlandais – *5 r. des Irlandais, 75005 Paris - 01 58 52 10 30 - www.centreculturelirlandais.com.* Destiné à promouvoir la culture irlandaise contemporaine. Expositions, concerts, films, débats.

Internet

www.ireland.com/fr – Une mine d'informations (tourisme, culture, actualités) et de conseils pratiques. Nombreux liens vers des sites spécialisés.

www.gov.ie – Le site du gouvernement irlandais. En anglais.

www.travelireland.org – Informations touristiques sur le pays et les moyens pour s'y rendre. En anglais.

www.guide-irlande.com – Tourisme en Irlande et actualités irlandaises. En français.

www.irishtimes.com – Le site du quotidien *Irish Times* pour être au fait de l'actualité. En anglais.

www.thelifeofstuff.com – Dernières tendances culturelles et touristiques. En anglais.

www.entertainment.ie – Un site incroyablement dense sur l'actualité culturelle en Irlande. Concerts, cinéma, festivals, expos, tout y est. En anglais.

www.irishhistorypodcast.ie – Podcasts passionnants et variés sur l'Irlande d'hier et d'aujourdhui. En anglais.

Tourisme et Handicap

Les infrastructures sont encore souvent mal adaptées, malgré une bonne volonté. L'hébergement chez l'habitant est rarement prévu pour les personnes en situation de handicap, mais la gentillesse compense souvent. Les sentiers, les accès aux plages et les trottoirs bondés des villes restent tout de même problématiques.

Sur le site de l'office de tourisme *(www.ireland.com/fr-fr/help-and-advice/practical-information/accessibility)*, vous trouverez des liens permettant d'accéder à une liste des hébergements, transports et sites adaptés.

Avant votre départ, vous pouvez contacter **National Disability Authority** *(république d'Irlande - 01 608 0400 - www.nda.ie)* ou la **Disability Action** *(Irlande du Nord - 028 9029 7880 - www.disabilityaction.org).*

Formalités

Pièces d'identité

Pour la **République d'Irlande**, une carte nationale d'identité en cours de validité suffit pour les citoyens de l'Union européenne, ou un passeport en cours de validité pour les ressortissants des pays hors UE.

Pour se rendre en **Irlande du Nord**, depuis le 1er octobre 2021 et suite au Brexit, les citoyens de l'UE doivent être munis d'un passeport.

Plus d'informations sur *www.gov.uk* et *www.nidirect.gov.uk*.

Douanes

Pour les ressortissants de l'UE, ou les étrangers y ayant fait leurs achats, il n'est pas nécessaire de déclarer les marchandises. Toutefois, pour les boissons alcoolisées et les tabacs, l'UE a fixé des seuils : 10 l pour les alcools forts (whisky, vodka, etc.) ; 20 l pour les alcools intermédiaires (porto, sherry, etc.) ; 110 l pour les bières ; 1000 cigarettes, 400 cigarillos ou 1 kg de tabac à fumer.

Pour la réglementation douanière en Irlande du Nord, voir le site du gouvernement nord-irlandais *(www.nidirect.gov.uk)*.

Règlement sanitaire

Il est **formellement interdit** d'introduire en Irlande viandes, produits laitiers ou plantes.

Vaccination

Aucun vaccin n'est obligatoire. Veuillez néanmoins vous tenir au courant des éventuelles règles en vigueur concernant la Covid-19 au moment de votre séjour *(www.ireland.com)*.

Assurances

Carte européenne d'assurance maladie

Cette carte gratuite, valable 2 ans, garantit aux ressortissants de l'Union européenne la prise en charge des soins, dans le système public, aux mêmes conditions que les assurés du pays visité. Il faut en faire la demande auprès de sa caisse d'assurance maladie ou directement sur www.ameli.fr, 2 à 3 semaines avant le départ. La CEAM existe aussi en version dématérialisée sur l'application ameli.

Assurance voyage

L'assurance voyage comporte plusieurs volets : annulation (avant le départ), prise en charge des frais hospitaliers et de rapatriement (durant le séjour), vol ou perte de bagages. Afin de limiter ces éventuels frais, il est donc fortement conseillé d'en souscrire une auprès de votre tour-opérateur ou de la compagnie d'assurance de votre choix.

Si vous réglez votre voyage par carte bancaire, sachez que la plupart des banques incluent déjà dans leur contrat ce type d'assurance. Pensez donc à vérifier au préalable les garanties dont vous bénéficiez.

Pour étudier la meilleure offre, il existe différents comparateurs d'assurance, notamment www.insurly.fr, très intuitif et complet (comparaison de chaque assurance voyage avec les modalités de la carte bancaire) et www.tourdumondiste.com (adapté aux courts et longs séjours).

Animaux de compagnie

Les animaux domestiques (chiens, chats et furets) d'un État membre de l'UE doivent se faire établir un passeport européen pour entrer sur l'île. Ce document atteste que l'animal est identifié par puce électronique, et qu'il a reçu un vaccin antirabique dont l'efficacité a été contrôlée par un test sanguin, qu'il a subi un traitement contre les tiques et les vers entre 24h et 48h avant le départ. Pour un animal provenant de Suisse ou du Canada, les conditions sont les mêmes, à ceci près qu'il faut en plus un certificat vétérinaire.

Au moment de la rédaction de ce guide, les règles en vigueur en Irlande du Nord étaient identiques à celles pratiquées en république d'Irlande. Mais si vous transitez par la Grande-Bretagne, veillez à vous informer des règles requises sur *www.gov.uk/bring-pet-to-great-britain*.

En ce qui concerne l'accueil en B & B ou hôtel, vérifiez à la réservation que les animaux sont acceptés.

Décalage horaire

L'heure irlandaise est celle du méridien de Greenwich. Il y a un décalage d'une heure en moins entre l'Irlande et la France (heure d'hiver ou d'été). Lorsqu'il est midi à Paris, il est 11h à Dublin.

Téléphoner en Irlande

Pour les appels vers l'étranger, voir « Téléphone », p. 566.

Pour appeler la **république d'Irlande** depuis la France, la Belgique, le Luxembourg et la Suisse, composez le 00 (011 du Canada) + 353 + le numéro du correspondant (sans le 0).

Pour l'**Irlande du Nord**, composez le 00 (011 du Canada) + 44 + le numéro demandé (sans le 0).

Renseignements internationaux – 3212 ou 118712.

Budget

L'Irlande est une destination chère, notamment à cause des prix du logement, de la restauration et de l'alimentation en général.

Voir tableaux ci-dessous et encadré p. 552.
Voir aussi « Banque » dans « Sur place de A à Z »

Hébergement

Retrouvez notre sélection d'hébergements dans les pages « Nos adresses », à la fin de chaque chapitre.

Voir tableau p. 552.

Les prix

Les adresses sélectionnées dans ce guide ont été classées par tranches de prix sur la base d'une **chambre double en haute saison**, petit-déjeuner compris. Pour les auberges de jeunesse, nous indiquons le prix haute saison pour un lit en dortoir, et pour

Services ou articles	Prix moyen en euros
Un lit en dortoir dans une auberge de jeunesse (premier prix)	20/pers.
Une chambre double dans un hôtel (budget moyen)	90-110
Une chambre double dans un B & B (budget moyen)	70-90
Une chambre double dans un bon hôtel ou dans une demeure de caractère (pour se faire plaisir)	130-150
Un repas dans un pub *(bar food)*	15-18
Un repas dans un restaurant à midi (budget moyen)	18-26
Un dîner *early bird* (deux ou trois plats)	22-28
Une location de voiture pour 1 semaine (cat. A)	120-175 (hors assurances)
Un litre d'essence sans plomb (république d'Irlande)	1,80 (en 2022)
Un billet de train Dublin-Galway (2h30) AS	à partir de 14 (en ligne)
Un billet de bus Dublin-Galway AS	à partir de 13 (en ligne)
Une location de vélo d'une journée	15
Un thé ou un café	2,50-3
Une pinte de bière	4,5-6
Un verre de vin	6-7
Un *Irish stew* dans un pub	12-14
Un *scone* ou un *muffin*	2,50

Nos catégories de prix		
	Hébergement	**Restauration**
Premier prix	Moins de 80 €	Moins de 20 €
Budget moyen	De 80 à 120 €	De 20 à 40 €
Pour se faire plaisir	De 120 à 160 €	De 40 à 60 €
Une folie	Plus de 160 €	Plus de 60 €

une chambre double. Sur place, les prix affichés s'entendent en général par personne partageant une chambre double *(per person sharing)*, petit-déjeuner compris (par exemple 35 €/pers., soit 70 € pour deux). Les chambres avec salle de bains sont dites *en-suite rooms.* Attention, si vous voyagez seul, on vous fera toujours payer un supplément de 5 à 10 €. Enfin, sachez que les chambres, dites *single,* sont parfois minuscules... En ville, et surtout à Dublin, les prix sont nettement plus élevés (pas moins de 80 € pour une chambre double) et augmentent encore plus durant le week-end! Hors saison, ils baissent un peu en dehors des villes. Dans tous les cas, l'hébergement reste cher, même dans les campagnes.

☺ Sachez que peu de B & B possèdent un ascenseur.

Les types d'hébergement

Auberges de jeunesse

Pour les petits budgets, l'auberge de jeunesse ou **hostel** est souvent le seul moyen de ne pas dépenser trop. Pour les 22 auberges officielles (dont 3 en Irlande du Nord), il vous faut la carte internationale (à obtenir en France avant le départ, *voir ci-dessous*), mais beaucoup ne l'exigent pas ou font seulement payer un petit supplément.

Quant aux nombreuses auberges privées *(bacpackers hostels)*, elles ne demandent aucune affiliation préalable ; ce sont souvent les plus agréables.

Fédération unie des auberges de jeunesse (FUAJ) – *27 r. Pajol, 75018 Paris - ✆ 01 44 89 87 27 - www.hifrance.org.*

An Óige - Irish Youth Hostel Association – *61 Mountjoy St., Dublin - ✆ 01 830 4555 - www.anoige.ie.*

Hosteling International Northern Ireland – *22-32 Donegall Rd, Belfast - ✆ 028 9032 4733 - www.hini.org.uk.*

Independent Hostels of Ireland – *Dooey Hostel, Glencolmcille - ✆ 074 973 0130 - www.independenthostelsireland.com*

Celtic Group Hostels – *15 Main St., Raheny, Dublin 5 - ✆ 01 855 0019 - www.celticgrouphostels.com.*

Bed & Breakfast

L'hébergement chez l'habitant est la formule la plus conviviale pour rencontrer les gens du pays. Il s'agit en général de chambres confortables, équipées d'une salle de bains et, souvent, d'une bouilloire pour préparer thé ou café. Chaque maison compte rarement plus de 5 ou 6 chambres. Il vous faut donc absolument **réserver**, en saison et lors des vacances. Dublin et les côtes sud et ouest sont notamment prises d'assaut. Les chambres avec salle de bains sont dites *en-suite rooms*, celles qui en partagent une sont appelées *standard rooms* et sont moins chères.

Les offices de tourisme tiennent

généralement à disposition des listes d'adresses. Ils peuvent aussi faire votre réservation, moyennant une commission et des arrhes.

Si vous comptez arriver après 18h, précisez-le à la réservation et donnez une heure d'arrivée (après 22h, on vous considère souvent comme impoli), ou votre chambre risquerait d'être prise !

Parmi les nombreux B & B, ceux qui portent le label *Farmhouse* sont de véritables fermes en activité où l'accueil est resté simple et chaleureux. Les prix sont similaires.

Entre octobre et mars, beaucoup de B & B sont fermés : renseignez-vous à l'avance. Sur le site du Tourisme Irlandais *(www.ireland.com)*, vous pourrez télécharger la brochure « Bed & Breakfast Ireland ». Pour l'Irlande du Nord, vous pouvez également utiliser le moteur de recherche sur *www.discovernorthernireland.com*.

B & B Ireland – *071 982 2222 - www.bandbireland.com.* Regroupe les quelque 700 B & B accrédités par l'office de tourisme, y compris les accueils à la ferme.

Voir aussi www.irish-homes.com.

Guesthouses, gentilhommières et manoirs

À mi-chemin entre le B & B et l'hôtel, classés à part en raison d'un nombre de chambres plus important, ils sont bien sûr plus chers, mais leur charme et leur confort accru peuvent le justifier. Certains sont de belles demeures historiques ou de petits manoirs, à des prix parfois très élevés en haute saison, mais avec de belles offres hors saison pour profiter de ces lieux d'exception.

Original Irish Hotels – *www.originalirishhotels.com.*

Ireland's Blue Book – *www.irelands-blue-book.ie.*

Hidden Ireland – *www.hiddenireland.ie.*

Hôtels

L'Irlande dispose d'une offre hôtelière de qualité, dont les tarifs se révèlent parfois plus compétitifs que les B & B, notamment en terme de confort. N'hésitez pas à surfer sur le site Internet des établissements pour dénicher les promotions, souvent alléchantes.

L'Irish Hotels Federation publie un guide, disponible sur Internet et dans les offices de tourisme, qui recense les établissements agréés.

Irish Hotels Federation – *01 497 6459 - www.ihf.ie.*

Location de cottages et villas

Les locations de cottages (agréés ou non) ne manquent pas. La taille de l'hébergement, le confort et les tarifs varient. Vous trouverez votre bonheur sur *www.ireland.com, www.rentacottage.ie, www.dreamireland.com, www.imagineireland.com, www.welcomecottages.com* voire *www.airbnb.fr.*

Pour louer un **château**, une villa historique et/ou de luxe, voyez plutôt *www.elegant.ie* et *www.irishlandmark.com.*

Campings

En raison des aléas climatiques, nous ne recommandons le camping qu'aux mordus ou à ceux qui voyagent en camping-car, que l'on peut aussi louer sur l'île.

www.campingireland.ie.

Réservations

Juillet et **août** sont les mois de forte affluence et, dans certains endroits de la côte sud ou de l'Ouest, la circulation difficile et la pénurie d'hébergement deviennent un réel problème. Réservez systématiquement. Le reste de l'année, l'Irlande demeure une destination prisée. Tenez compte des *city breaks*, des matchs de rugby, des concerts, des salons..

Sur place de A à Z

Ambassades et consulats

France – *66 Fitzwilliam Lane, Dublin -* ✆ *01 699 0984 - www.ie.ambafrance.org.* Consulat honoraire à Belfast : ✆ *028 9337 3475 - www.uk.ambafrance.org.*

Belgique – *1 Elgin Rd, Dublin (Ballsbridge) -* ✆ *01 660 0880 - www.ireland.diplomatie.belgium.be.*

Suisse – *6 Ailesbury Rd, Dublin (Ballsbridge) -* ✆ *01 218 6382 - www.eda.admin.ch.* Consulat honoraire à Belfast : ✆ *077 3359 5595.*

Canada – *7-8 Wilton Terrace, Dublin -* ✆ *01 234 4000 - www.international.gc.ca.* Consulat à Belfast : ✆ *028 9754 2405.*

Banques

Devises

La devise en république d'Irlande est l'**euro**.
En Irlande du Nord, on utilise la **livre sterling** (£), qui vaut environ 1,20 € (en 2022). Les billets en polymer, qui remplacent progressivement ceux en papier, sont de 5, 10, 20 et 50 £. Notez que des billets spécifiques circulent également en Irlande du Nord.
Les pièces sont de 1 ou 2 £ et de 1, 2, 5, 10, 20 ou 50 pence (100 pence dans 1 £).

Change

Si vous devez vous rendre en Irlande du Nord, vous pourrez retirer des livres sterling dans les distributeurs de billets moyennant une commission forfaitaire.
Il est, selon la somme désirée, quelquefois plus avantageux de se rendre au guichet d'une banque.

Cartes de crédit

Elles sont très largement acceptées dans le pays.
Le plus avantageux est de retirer votre argent dans les **distributeurs automatiques** *(cash dispensers* ou *ATM)*, nombreux dans les villes, plus rares dans les campagnes, surtout dans l'Ouest.
journée sur : *golfireland.ie*.

Horaires d'ouverture

Les banques ouvrent de 10h à 16h30 du lundi au vendredi (17h le jeudi). Elles sont en général fermées les samedi et dimanche. En Irlande du Nord, les horaires sont généralement du lundi au vendredi, de 9h30 à 15h30.

Cyclotourisme

Soyez prêt à affronter des routes en mauvais état et un vent qui souffle impitoyablement de partout ! Ne comptez pas sur les sentiers de randonnée pour vos périples : à l'exception des longues périodes de sécheresse (faut-il rappeler qu'elles sont rares), ils sont plutôt boueux. Prendre le train ou le bus avec votre vélo ne pose pas de problème, (à condition qu'il y ait de l'espace pour le stockage), mais soyez prêt à payer un petit supplément. En revanche, sur les bateaux pour les îles, le vélo est transporté gratuitement.
Sachez par ailleurs que les agences de location sont nombreuses et que certains voyagistes organisent des séjours à VTT (une discipline très prisée sur l'île).
Plus d'infos pour organiser vos circuits à vélo sur les sites www.irelandbybike.com, www.biking.ie et www.trailbadger.com.

Électricité

Le courant est de 220 volts en république d'Irlande et de 240 volts en Irlande du Nord.
Les prises sont à trois fiches (type G), soit deux fiches horizontales et une prise verticale. N'oubliez pas de prévoir un **adaptateur** (vendu 4-5 € dans les ferries, les aéroports, les supérettes ou chez quelques réparateurs de téléphones portables).

Frontière

Malgré le Brexit, la frontière de 499 km entre la République d'Irlande et l'Irlande du Nord demeure quasi invisible grâce au North Ireland Protocol *(voir p. 488)*. Renseignez-vous néanmoins sur les documents demandés avant de la franchir *(voir « Formalités », p. 549)*.

Golf

L'Irlande est un véritable paradis pour les golfeurs. On y trouve près de 400 parcours très accessibles, qui accueillent tous types de joueurs, y compris les touristes... Ces derniers apprécient particulièrement les formidables parcours en bord de mer.
Le Old Head Golf Links, le Royal Portrush ou encore le Royal County Down comptent parmi les plus célèbres du monde.
Si vous ne prenez pas part à un voyage spécialisé *(voir, par exemple, www.golfirlande.com)*, réservez votre journée sur *www.golfireland.ie*.

Jours fériés

1er janvier – Jour de l'An
17 mars – St-Patrick
Mars ou avril – Vendredi saint (Irlande du Nord)
Mars ou avril – Lundi de Pâques
1er lundi de mai – Fête du Travail
Dernier lundi de mai – May Bank Holiday (Irlande du Nord)
1er lundi de juin – June Bank Holiday (République)
12 juillet – Orange Day (Irlande du Nord)
1er lundi d'août – August Bank Holiday (République)
Dernier lundi d'août – August Bank Holiday (Irlande du Nord)
Dernier lundi d'octobre – October Bank Holiday (République)
25 et 26 décembre – Noël et Boxing Day

Musées, sites et monuments

Tarifs

Un certain nombre de musées, de visites et de galeries sont gratuits. Sinon, le prix des billets est souvent assez élevé (comptez de 4 à 15 €). Des réductions sont consenties aux étudiants et aux familles (ticket forfaitaire).
☺ Si vous comptez visiter plusieurs sites, achetez la **Heritage Card**, proposée par le gouvernement irlandais pour encourager la découverte des monuments et des jardins nationaux. Le prix de la carte est de 40 € pour les adultes, 30 € pour les seniors, 8 € pour les étudiants et 90 € par famille (deux adultes et leurs enfants de moins de 18 ans, en nombre raisonnable, précise le règlement). Elle est en vente en ligne *(www.heritageireland.ie)* et dans tous les sites et musées nationaux et s'accompagne d'un dépliant recensant en français tous les sites patrimoniaux accessibles gratuitement avec la carte.
Il existe un **Pass Dublin** *(www.dublinpass.com)* qui combine bus et visite : comptez de 69 € à 115 € selon la durée *(voir p. 62)*.

Ornithologie

Les îles de Skellig, Saltee, Clear ou Rathlin, la réserve de Wexford Wildfowl, Castle Espie ou la péninsule de Cooley... Les sites côtiers et les zones humides prisées par les ornithologues ne manquent pas. L'île est en effet à la croisée des routes de migrations entre l'Arctique, l'Amérique du Nord et l'Afrique. En individuel ou dans le cadre d'un voyage organisé, vous pourrez admirer macareux, guillemots et autres aigles royaux.

Quelques sites pour vous aider : *www.birdwatchireland.ie ; www. avibase.bsc-eoc.org ; www.oiseaux.net ; www.wilderness ireland.com ; www.npws.ie ou www.rspb.org.uk.*

Pour les voyagistes spécialisés : *www.nature-terroir.com ; www.escursia.fr ou www.rando-oiseaux.fr.*

Pêche

La **pêche en eau douce** au saumon et à la truite de mer est strictement réglementée par des permis. On les obtient auprès des *fisheries boards (www.fisheriesireland.ie),* des boutiques de matériel de pêche et certains hôtels dans les sites traditionnels de pêche.

La **pêche en mer** varie selon que l'on pêche du bord, d'un bateau le long des côtes ou en haute mer. Procurez-vous les brochures *Pêche à la truite dans les rivières*, *Pêche au brochet en Irlande* et *La Pêche du saumon Atlantique* sur le site de l'Office national de tourisme *(wwwireland.com)*. Pour pêcher la truite brune et d'autres poissons que la truite de mer et le saumon, pas besoin de permis, la pêche est gratuite ! *Plus d'infos sur www.fishinginireland.info et www.pecheenirlande.info.*

Poste

Les bureaux de l'**An Post** *(www. anpost.com)* ou, en Irlande du Nord, de **Royal Mail** *(www.royalmail.com)* fonctionnent de 9h à 17h30, du lundi au vendredi, et jusqu'à 13h le samedi. Dans les villages, c'est souvent l'épicerie qui tient lieu de bureau de poste.

Pourboire

Le service est en général inclus dans la note des restaurants et hôtels. Si ce n'est pas le cas, la coutume veut que l'on laisse 10 % de la note. On ne donne pas de pourboire dans les pubs, les cinémas ou les théâtres.

Presse écrite

Les journaux français sont assez mal distribués en Irlande, même dans les villes et les sites touristiques.

De grands quotidiens, l'**Irish Times** *(www.irishtimes.com)*, l'**Irish Independent** *(www.independent. ie)* et l'**Irish Examiner** *(www. irishexaminer.com)* se partagent le lectorat irlandais à côté de

Poids et mesures	
1 *mile* = 1,6 km	1 km= 0,62 *mile*
1 *yard* = 0,91 m	1 m = 1,1 *yard*
1 *acre* = 0,4 ha	1 ha = 2,5 *acre*
1 *gallon* = 4,54 l	1 l = 0,22 *gallon*
1 *pound* (livre) = 0,45 kg	1 kg = 2,20 *pounds*
1 *pint* = 0,57 l	

quelques tabloïds douteux.
Les éditions du samedi donnent la liste des festivals et des expositions à travers le pays.
En Irlande du Nord, les principaux quotidiens sont le **Belfast Telegraph** *(www.belfasttelegraph.co.uk)*, la **Belfast Newsletter** *(www.newsletter.co.uk)* et l'**Irish News** *(www.irishnews.com)*. Le dimanche, les quotidiens publient des éditions spéciales accompagnées de suppléments magazines.

Pubs

C'est au pub que vous passerez vos soirées les plus mémorables. Le nombre de pubs, très élevé pour une population relativement modeste, et la quantité d'alcool ingérée par certains vous impressionneront. Il faut savoir que les gens boivent très peu chez eux et que le pub constitue un lieu de rencontre. En saison, les pubs proposent des concerts de musique traditionnelle. Il est interdit de consommer de l'alcool dans les lieux publics, en dehors des restaurants et des pubs, dans des villes comme Cork et Galway.

Pub, mode d'emploi

On commande son verre au comptoir et on le paye aussitôt, sans laisser de pourboire. Lorsque l'heure de fermeture approche, le barman crie « *Last orders, please* », ce qui veut dire que vous devez vite aller commander votre dernier verre. Rien ne vous empêche d'en prendre plusieurs, comme vous le constaterez sur place.

Randonnée

La beauté des paysages et la douceur du climat invitent à la randonnée. Si vous souhaitez organiser de longs circuits, réservez impérativement vos étapes en B & B, en *hostels* ou en hôtels, et confirmez votre arrivée en cas de retard. Vous pouvez aussi contacter un prestataire local :
Hilltoptreks – *www.hilltoptreks.com.*
Ireland Walk Hike Bike – *✆ 087 250 2434 - www.irelandwalkhikebike.com.* Spécialisé dans l'organisation de grandes randonnées dans toute l'Irlande, y compris l'Irlande du Nord.

Documentation

Des guides pour randonneurs sont en vente dans les librairies. Les cartes qu'ils proposent sont très insuffisantes, mais les circuits sont décrits en détail, ce qui suffira à ceux qui lisent l'anglais.
Les cartes **Ordnance Survey, Discovery Series** *(www.osi.ie)*, au 1/50 000, sont très bien faites. Ces cartes et divers guides de randonnées qui détaillent chaque sentier à travers l'île peuvent être achetés en ligne sur *www.trailheadireland.com.*

Quelques itinéraires

Des dizaines d'itinéraires balisés sont proposés, de la randonnée à la journée aux longs sentiers côtiers ou à travers les collines.
Les meilleures régions pour marcher se trouvent dans l'Ouest : **Beara Way** *(voir p. 215)*, **Kerry Way** *(voir p. 225)*, **Dingle Way** *(voir p. 251)*, **Burren Way** *(voir p. 287)*, **Western Way** *(voir p. 322)*.
L'**Ulster Way**, l'un des plus beaux et des plus longs sentiers des îles Britanniques (930 km), parfaitement fléché et entretenu, fait le tour complet de l'Irlande du Nord. Parmi les guides détaillés en anglais concernant ce sentier vous trouverez les informations les plus complètes dans l'ouvrage de Paddy Dillon, *The Complete Ulster Way*.
Parmi les sentiers les plus prisés, citons aussi le **Causeway Coast Way** *(voir p. 445)*, **Wexford Coastal Walk** *(p. 116)*, **Wicklow Way** *(p. 104)* ou **Barrow Way** *(p. 148)*.

Restauration

Retrouvez notre sélection de restaurants dans les pages « Nos adresses », à la fin de chaque chapitre de la partie « Découvrir ».

Les prix

Les restaurants sélectionnés dans ce guide sont classés par tranches de prix *(voir tableau p. 552)*.

Ces derniers sont calculés pour une personne sur la base de deux plats (entrée + plat ou plat + dessert), sans les boissons ni le pourboire. Mais les prix peuvent varier au sein d'un même établissement selon que vous y déjeuniez ou que vous y dîniez.

Les types d'établissements

Vous trouverez trois grands types d'endroits où manger durant votre séjour.

Les **restaurants** proposent une cuisine plutôt irlandaise ou internationale, d'influence française, asiatique ou méditerranéenne. Beaucoup de bonnes tables ne sont ouvertes que pour le dîner, qui est le repas principal. En revanche, presque tous proposent, entre 17h30 et 19h, un menu *early bird* ou *pre-theatre*, composé de deux ou trois plats à prix compétitif.

Autre option, le **coffee shop**, sorte de cafétéria offrant un choix plus simple et moins onéreux, allant des sandwichs, salades, aux plats simples (lasagnes, quiche...). Ces adresses ferment en général assez tôt et présentent surtout un intérêt pour le déjeuner.

Une autre solution sympathique reste le **pub**. La plupart proposent le *pub grub* (ou *bar food*), des plats simples et nourrissants, entre 11h30 et 21h. Il y a aussi la tendance **gastro-pub**, aux menus plus élaborés à l'image de la bistronomie.

Les repas

Le petit déjeuner

Le traditionnel **Irish breakfast**, le plus souvent inclus dans le prix de la chambre, se compose de céréales, œufs, bacon, saucisses, tomates, toasts, jus de fruits, thé ou café. D'autres alternatives sont souvent proposées, plus diététiques, à base de poisson.

Ce que l'on nomme le **continental breakfast** est composé de fruits frais, céréales et yaourt. Dans tous les cas, les portions sont énormes.

Le déjeuner

À midi, préférez les pubs où l'on vous sert des soupes et du pain complet, des *toasted sandwichs* (genre de croque-monsieur), des salades ou des snacks copieux, et les traditionnels plats irlandais (*Irish stew, bacon & cabbage*, etc.).

Le **carvery lunch**, aussi servi dans les pubs ou au bar des hôtels, comporte une viande (bœuf ou agneau, jambon cuit ou poulet) accompagnée d'un assortiment de légumes. Tous ces plats sont copieux et d'un bon rapport qualité-prix. Les salons de thé ou *coffee shops*, très sympas aussi, rapides et bons marché, proposent tartes chaudes ou soupes, souvent fait maison.

Le dîner

Le soir, les prix montent en flèche et les restaurants proprement dits sont nettement plus chers qu'en France. Un conseil pour ménager votre budget : dînez tôt (entre 17h et 19h) pour bénéficier des tarifs **early bird**. Ne soyez pas surpris de voir les mêmes menus midi et soir à des prix différents : les portions sont plus volumineuses le soir. La plupart des restaurants possèdent une *wine license*, mais ne servent pas de bière. Dans les pubs, en revanche, tous les alcools sont autorisés.

PRENEZ LE TEMPS DE (RE) DÉCOUVRIR LE MONDE

skodonnell/Getty Images Plus

shapecharge/Getty Images Plus

itsskin/Getty Images Plus

kupicoo/Getty Images Plus

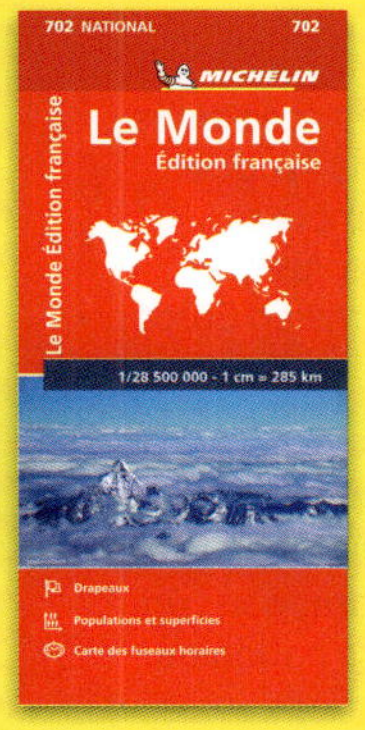

RETROUVEZ LA CARTE DE VOTRE PROCHAINE DESTINATION
CHEZ VOTRE LIBRAIRE !

MICHELIN

La cuisine

La cuisine irlandaise doit sa réputation à la qualité, l'abondance et la fraîcheur de ses produits. L'agneau du terroir, le bœuf élevé en plein air, le saumon sauvage, les fruits de mer en sont les plus beaux fleurons. Les plats traditionnels sont des ragoûts longuement mijotés pour obtenir une viande fondante. Cependant, la quantité n'est plus comme auparavant la condition d'un bon repas. Des chefs très créatifs et talentueux, qui n'ont pas hésité à voyager, s'imposent désormais brillamment. Depuis vingt ans, la cuisine irlandaise se réinvente et bien manger est un art devenu national en Irlande.

La pomme de terre

La pomme de terre entre dans la composition de nombreux plats. Elle peut être un mets à part entière comme le **boxty**, spécialité du Donegal, qui se présente comme une galette de pommes de terre râpées et cuites, parfois farcie. Dans le **colcannon**, elle est mise en purée avec du chou, de l'oignon, du lait et du beurre. Ce plat, devenu assez rare, était jadis servi le vendredi et les jours de jeûne.

Les plats traditionnels

Si rien ne vaut un solide **Irish stew** (ragoût d'agneau, oignons, carottes et pommes de terre, longuement mijoté sur le fourneau) ou, tout aussi nourrissant, le fameux **bacon & cabbage** (autre plat campagnard à base de jambon bouilli servi avec du chou et des pommes de terre). Le **coddle** est un mélange cuit à four doux de pommes de terre, d'oignons, de jambon et de saucisses, plutôt dublinois. Le **Beef in Guinness** est composé de bœuf braisé avec des oignons dans de la bière brune.

Les poissons

Homards, pinces de crabe, langoustines et **huîtres** sont toujours de première fraîcheur et des plus authentiques lorsqu'ils sont préparés au beurre d'ail et fines herbes.
Le **saumon** se déguste fumé mariné *(gravlax)* ou grillé. Ne passez pas à côté des sandwichs au saumon fumé ! Et si vous avez l'occasion, choisissez le saumon sauvage : on en trouve encore en Irlande.

Produits du terroir

L'**Irish soda bread** est un pain irlandais fait de farine complète, de lait ribot et de bicarbonate de soude, qui se marie admirablement avec le poisson ou les **fromages traditionnels** (Gubbeen, Cashel Blue, Cooleeney, Carrigbyrne, etc.). Du côté des charcuteries, le **black pudding** (« boudin noir ») est au rendez-vous des petits-déjeuners. Le plus connu, le **drisheen**, un boudin noir de mouton, est fabriqué dans le comté de Cork. Les pieds de cochon ou *crubeens* sont cuits doucement au court-bouillon et très appréciés.

Côté desserts

Ne manquez pas les traditionnels **trifles**, **syllabubs**, **apple crumble** et **rhubarb crumble**. À l'heure du thé, goûtez le **porter cake**, un gâteau à base de bière brune *(porter)*, de fruits secs et d'épices.
Découvrez aussi la palette de mousses, de panacotta, de pâtisseries s'inspirant des whiskeys, des *fudges*, des *toffees*...

Les boissons

Difficile de parler des spécialités gastronomiques sans évoquer les breuvages, du simple thé – les Irlandais sont les plus gros consommateurs de thé en Europe – à la *poteen (voir plus loin)*, en passant par la bière et le whiskey.

Une petite mousse

La **Guinness** est à l'Irlande presque l'équivalent de son drapeau : un symbole et une fierté nationale.

Originaire de Dublin, elle n'est pourtant pas la seule bière brune de l'île. **Murphy's**, sa rivale, est brassée à Cork. À Kilkenny, on produit une belle rousse, la **Smithwick's** (prononcez « smiziks »). Une autre rousse est née à Belfast, la **Caffrey's**. Et on ne compte pas les nombreuses brasseries artisanales (Franscican Well, Eight Degrees, Carlow, Rascals, Black Donkey, Metalman, etc.) qui élaborent une grande diversité de bières.

Le whiskey

Les Irlandais revendiquent la paternité du breuvage *uisce beatha*, dont ils furent pendant des décennies les plus gros producteurs. Les luttes historiques avec la Grande-Bretagne et la prohibition américaine signèrent le déclin des distilleries de l'île. En 2000, le whiskey se résumait encore à **Jameson**, **Midleton**, **Paddy** et **Bushmills**.
Aujourd'hui, l'Irlande est bien décidée à retrouver sa place de leader dans le domaine. Depuis 2015, au moins 32 distilleries se sont ainsi ouvertes et cela continue L'Irlande souhaite devenir leader du tourisme du Whiskey en 2030.
Même si vous n'êtes pas un fan de cet alcool, vous l'apprécierez sûrement dans un **Irish coffee** (mélange de sucre, de café, de whiskey et de crème fraîche) ou dans un **hot whiskey** (sorte de grog au whiskey mariant alcool chaud, sucre, clou de girofle, cannelle et un zeste de citron).
La plus connue des spécialités à base de whiskey est le **Bailey's**, mélange peu alcoolisé de whiskey et de crème fraîche, entre autres ingrédients secrets. L'**Irish Mist**, liqueur de whiskey associant le miel et la bruyère, est plus forte en alcool. Rien ne vous interdit par ailleurs de partir en quête de la **poteen** *(poitín)*, joliment surnommée *moonshine* (« clair de lune »), un alcool de pomme de terre corrosif, distillé clandestinement dans les endroits les plus reculés

Whisky ou whiskey ?

Sans « e », le terme désigne plutôt les productions écossaises et celles qui s'en inspirent. Avec le « e », il s'agit souvent des produits irlandais ou américains. Et pour cause : la différence d'orthographe serait apparue au 19e s. pour permettre aux producteurs irlandais de distinguer leur production de celle de leurs rivaux écossais en vue de l'exportation vers les États-Unis.

Santé

Voir aussi p. 550.
Nommées **pharmacy** ou **chemist**, les pharmacies n'ont pas le monopole des médicaments vendus sans ordonnance. Antipyrétiques, antitussifs, laxatifs, etc. sont vendus dans les grandes surfaces et les commerces d'alimentation.

Savoir-vivre

La politesse de base

La poignée de main n'est pratiquée que lors d'une première rencontre. On ne s'embrasse pratiquement jamais. En revanche, on salue verbalement en entrant et en sortant de tout lieu public : magasin ou bureau. Au volant de votre voiture, vous remarquerez de la part des autres conducteurs un geste des doigts, un signe de tête ou de la main : il s'agit d'un salut de courtoisie auquel vous devez répondre de même.

Temps, heure et autres trivialités...

Dès votre arrivée, oubliez votre notion du temps : en

Irlande, le temps est autre et certainement pas compté. Ne vous offusquez pas des horaires élastiques et des approximations. En revanche, vous serez surpris par la ponctualité des trains et des bus, même dans les villages les plus reculés. Dans les files d'attente (aux caisses par exemple) ou dans les bus, si c'est un peu long, n'hésitez jamais à participer aux conversations !

L'art de la conversation

Voici le meilleur test de votre capacité à vous intégrer. Partout où vous irez, les gens seront prompts à proposer leur aide ou à poser des questions. Ne vous froissez pas si l'on vous demande d'où vous venez, quel est votre métier, si vous êtes marié, avez des enfants, voire toutes sortes de sujets encore plus personnels comme votre niveau de vie ou votre rang social. Répondez avec simplicité et n'hésitez pas à retourner des questions. Évitez de répondre seulement par « oui » ou par « non ». Il faut toujours savoir broder un peu…

Sujets sensibles

Parmi les sujets à manier avec précaution, la politique (presque tous les partis peuvent être assimilés à notre droite ou centre droit). Les événements en Irlande du Nord, pudiquement appelés les « troubles », sont rarement abordés et toujours sans se mouiller. Même chose pour la religion, l'avortement et le divorce, sujets parfois sensibles.

Sécurité

À Dublin et dans les grandes villes, la petite délinquance est en croissance régulière.
Ne transportez pas tout votre argent dans votre portefeuille et rangez-le de préférence dans une pochette à porter sous vos vêtements. Ne le manipulez pas avec ostentation dans la rue.
Dans les parkings, ne laissez rien dans le coffre et l'habitacle de votre voiture.
En Irlande du Nord, durant la saison des parades orangistes (juillet), évitez de circuler dans un quartier unioniste avec un véhicule immatriculé en République d'Irlande.

Shopping

Où acheter

Pour l'artisanat traditionnel et les cadeaux, les boutiques sont préférables. Pour la confection classique, les grandes chaînes de magasins (Dunnes Stores) et les franchises (Top Shop, Oasis, A Wear, Next) permettent des achats intéressants.
Vous trouverez le saumon fumé directement au **fumoir** (Sally Barnes, *voir p. 197*) ou dans les bonnes poissonneries.

Correspondance des tailles

Vêtements	Femmes				Hommes			
Irlande	32/10	34/12	36/14	38/16	36	38	40	42
France	38	40	42	44	46	48	50	52

Chaussures	Femmes					Hommes				
Irlande	3	4	5	6	7	6	7	8	9	10
France	36	37	38	39	40	40	41	42	43	44

Horaires d'ouverture

Le jeudi est le jour des nocturnes (20h ou 21h). Une particularité en Irlande, les *sweet shops* (« épiceries-marchands de journaux et de bonbons » typiques) restent ouverts tard le soir, y compris le dimanche. C'est là que vous trouverez aussi les cartes de téléphone et les cigarettes.

Souvenirs

Artisanat celte

L'héritage celte donne lieu à une création abondante et d'un goût variable. Cherchez du côté des **objets en tourbe**, recouverts ou non de cuivre ou d'étain (certains modèles inspirés des légendes celtes sont très beaux).

Le **jonc** se prête à la fabrication de petits porte-bonheur traditionnels (croix de jonc, cœur tressé).

De jeunes artisans proposent d'élégants bibelots design en **pierre taillée**, librement inspirés des grands motifs de l'iconographie traditionnelle.

Enfin, un nombre croissant de peintres et de dessinateurs produisent des **lithographies** superbes, traduisant dans des couleurs sourdes l'atmosphère mystique du paysage.

Bijoux

Largement inspirés de l'art celte, les **bijoux en argent** sont bon marché et souvent originaux.

Les classiques bagues de Claddagh *(voir p. 297)* côtoient les pendentifs et les broches. Côté **bijoux fantaisie**, vous trouverez une foule de modèles colorés inspirés des grands classiques celtes, telle la broche de Tara, entre 15 et 25 €.

Enfin, le **marbre du Connemara**, pierre verte sertie dans de l'argent, orne toutes sortes de bijoux, de formes et de styles très classiques.

Bonnets et casquettes

L'incontournable casquette irlandaise en tweed se décline dans toutes sortes de couleurs et de tissus (à partir de 25 €), de même que les chapeaux, châles, écharpes (à partir de 20 €), étoles, etc.

Cristal

La renommée du cristal de Waterford *(voir p. 133)* n'est plus à faire. Il n'est pourtant pas le seul. Des cristalleries existent à Kilkenny, Tipperary, Galway, ainsi qu'à Tyrone, en Irlande du Nord. Les plus grands noms sont vendus dans la plupart des boutiques de cadeaux.

Dentelle et linge de maison

Le **lin d'Irlande du Nord** est célèbre pour sa qualité et sa finesse et sert à la fabrication de linge de table et de lit (chers), de torchons et mouchoirs.

La **dentelle** irlandaise est une autre tradition, désormais réalisée mécaniquement. Napperons, housses de coussins et toutes sortes d'accessoires d'intérieur feront de petits cadeaux bon marché à partir de 10 €.

Instruments de musique

Les flûtes irlandaises en métal *(tin whistles)* sont en vente partout, de même que des *bodhráns* industriels. Pour les instruments artisanaux (flûtes, violons, *bodhráns*, *uilleann pipes*), les meilleurs endroits sont Dublin, Galway et Roundstone.

Le concertina, petit accordéon hexagonal, a en Irlande une région de prédilection : le Comté de Clare.

Plaids

Les plaids ou petites couvertures, appelés *rugs*, sont proposés en différentes tailles. Réalisés dans des teintes naturelles, ils existent aussi en mohair. Ils sont d'un bon rapport qualité-prix : de 50 à 150 €.

Porcelaine et poterie

Les plus célèbres porcelaines sont celles de Belleek en Irlande du Nord *(voir p. 475)*, reconnaissables à leurs motifs de vannerie, fleurs et entrelacs. Moins prestigieuses, d'autres manufactures existent à Ballyshannon, dans le Donegal *(voir p. 353)*. De nombreux potiers comme Louis Mulcahy *(voir p. 250)* ont acquis une réputation internationale.

Produits de bouche

Biscuits et cakes

Comme les Irlandais consomment plus de thé que les Anglais, la culture du thé et des biscuits garantit l'omniprésence de délicieuses spécialités. Essayez pour vos pique-niques les *ginger biscuits, digestive biscuits, shortcakes, oatmeal biscuits*. Ne manquez pas non plus le *porter cake*, un cake riche et dense à base de fruits secs et de bière brune.

Chocolats et fudge

Attention, ils sont extrêmement sucrés et surprennent notre palais français. À tester en petite quantité avant d'acheter. Le *fudge* est une sorte de caramel à base de crème fraîche, savoureux quand sa fabrication est artisanale.

Sauces, condiments et marmelades

Hérités de la tradition britannique, les condiments sucrés-salés, sauces exotiques et *chutneys* abondent dans tous les commerces d'alimentation. Certaines boutiques du terroir en proposent des versions *made in Ireland*, très raffinées. Ne manquez pas non plus les confitures et marmelades mariant fruits, épices et alcools (rhubarbe au gingembre, orange à l'*Irish Mist*, poire au *whiskey*), dont les grandes surfaces stockent un large éventail.

Saumon fumé

Il est possible de faire expédier en France des demi-saumons sauvages fumés au bois de chêne dans la meilleure tradition : à partir de 60 €/kg.

Whiskey et liqueurs

Surtaxé, l'alcool est assez cher. Choisissez des marques ou des qualités introuvables en France tel l'Irish Mist, de la *poteen* légale, des whiskeys blancs ou des Irish Gin encore peu connus en France.

Pulls irlandais

Les célèbres pulls irlandais sont en vente partout. Ne vous laissez pas abuser par le mot *hand* accolé aux articles : *hand knitted* veut bien dire tricot fait main, mais *hand loomed* signifie tricoté à la machine (*loom* est le métier). Vérifiez la composition : en général, les gros pulls d'Aran sont en pure laine irlandaise. Pour que votre pull vieillisse bien, choisissez un tricot bien serré, presque raide et juste à votre taille : les points se détendent toujours à l'usage. Évitez les mailles lâches et très souples.
Comptez au moins 150 € pour un pull fait main, de 60 à 80 € pour un tricot machine.

Tissus

Ce sont surtout les tweeds qui retiendront votre attention. Les plus fameux sont ceux du Donegal *(voir « Shopping », p. 361, « Kilcar », p. 355 et « Ardara », p. 358)*, tissés sur des métiers artisanaux. On reconnaît un tweed de qualité à son toucher sec, presque rugueux et à son tombé impeccable (de 30 à 45 €/m). Dans les petites boutiques de province, méfiez-vous des mesures en yards.

Vêtements

Le tweed et les lainages quadrillés (plaid, tartan, kilt) sont la base de la confection traditionnelle.
Les vestes sont de formes et de couleurs classiques, mais inusables : à partir de 200 € pour homme, plus cher pour femme.
Les manufactures les plus célèbres sont les maisons **Magee** de Donega (les plus chers et les plus beaux) ou **Avoca Handweavers**.
Comme au Royaume-Uni, les survestes en toile huilée, style Barbour, sont en vente dans la plupart des boutiques à des prix inférieurs à ceux du continent.

Spectacles sportifs

Voir aussi « La passion du sport » p. 499.

Football gaélique, hurling et camogie

Ces sports collectifs très populaires en Irlande sont pratiqués dans chaque école et chaque ville. À voir absolument tant ces disciplines sont spectaculaires pour les non-initiés !
Pour assister à des entraînements ou des matchs, il suffit de se rendre au stade ou à proximité des collèges. Les championnats régionaux ou nationaux sont suivis avec passion et les places très disputées. Lors des finales, en septembre dans le gigantesque Croke Park de Dublin, les prix s'envolent, et il est nécessaire de réserver billets et hébergement des semaines, voire des mois à l'avance
Calendrier des compétitions et tickets sur www.gaa.ie.

Rugby

Ce sport est le seul à pouvoir (temporairement) concurrencer les sports gaéliques dans le cœur des Irlandais. Le XV du trèfle, qui évolue à l'Aviva Stadium de Dublin, est l'une des meilleures équipes du monde. 21 fois vainqueur du Tournoi des Six Nations, l'équipe a la particularité de représenter l'Irlande unifiée, les joueurs venant de toute l'île, y compris d'Irlande du Nord.
Les quatre équipes provinciales (Leinster, Munster, Connacht et Ulster) participent quant à elles avec succès aux compétitions inter-clubs européennes. La première est la plus titrée du continent européen !
Calendrier des compétitions et tickets sur www.irishrugby.ie.

Courses de lévriers

Voici une autre distraction nationale très courue. Les *greyhound tracks* (cynodromes) accueillent plusieurs courses par semaine, en soirée.
Calendrier des compétitions sur le site de Greyhound Racing Ireland : www.grireland.ie.

Courses de chevaux

Moins fréquentes que les courses de lévriers, elles s'étirent en général sur plusieurs jours. Elles suivent un calendrier précis, les plus célèbres étant celles de Dublin et du comté de Kildare, mais on en compte aussi à Tralee, Killarney, Listowel, Galway, etc.
Calendrier des compétitions sur le site de Horse Racing Ireland : www.hri.ie.

Sports nautiques

Kayak de mer

Le littoral irlandais, découpé en îlots, péninsules, criques et passages est un immense terrain de jeu pour les amateurs de kayak de mer novices ou expérimentés.
Plus d'infos sur www.iska.ie et www.canoeni.com.

Nautisme

Le plus vieux club de voile du monde est irlandais : le Royal Cork Yacht Club, de Crosshaven, fondé en 1720. Plus de 120 clubs ou associations émaillent les côtes.
Irish Sailing Association – *3 Park Rd, Dún Laoghaire - ✆ 01280 0239 - www.sailing.ie.*

Plongée sous-marine

Pour la plongée sous-marine, les fonds irlandais recèlent de véritables trésors (épaves de tous âges). Elle se pratique d'avril à octobre, quand la visibilité est optimale.
Diving Ireland – *78A Patrick St, Dún Laoghaire - ✆ 01284 4601 - www.diving.ie.*

Surf

L'Irlande est reconnue comme une destination majeure pour la pratique du surf… en eaux fraîches. Les spots de renommée mondiale n'y manquent pas (Rossnowlagh, Bundoran, Tramore, Mullaghmore, Portrush), pour le plus grand bonheur des débutants comme des pros. L'Office national du tourisme irlandais édite des brochures consacrées au Wild Atlantic Way, dans laquelle sont répertoriés les spots de surf et les écoles.
Plus d'infos sur www.irishsurfing.ie.

Tabac

L'Irlande est le pays européen le plus strict en matière de lutte anti-tabac. Il est en effet **interdit de fumer** dans les lieux publics, transports et tous les commerces habilités à vendre de l'alcool (hôtels, restaurants, pubs et discothèques). Les B & B n'acceptent pas que l'on fume dans les chambres.
Les cigarettes sont vendues dans les *sweet shops* et les épiceries. Comptez 13-14 € le paquet de 20, ce qui en fait le plus cher d'Europe.

Téléphone

Les Irlandais ont adopté le portable en masse, vous ne trouverez que peu de cabines qui fonctionnent encore, mais pourrez téléphoner des pubs, des hôtels ou des B & B.

Appels internationaux

De la République ou d'Irlande du Nord vers l'étranger, composez le 00 + l'indicatif du pays + le numéro de votre correspondant (sans le 0 initial). Les indicatifs nationaux sont 33 pour la France, 32 pour la Belgique, 41 pour la Suisse, 1 pour le Canada.
Attention, de la république vers l'Irlande du Nord, remplacez l'indicatif 028 par le 048, sans le faire précéder du 00. D'Irlande du Nord vers la République, composez le 00 353, suivi du numéro du correspondant en omettant le 0 de l'indicatif local.

Renseignements

En république d'Irlande, composez le 11 860 pour obtenir un numéro international, le 11 850 pour un numéro national (appel payant). En Irlande du Nord, composez le 118 500 pour obtenir un numéro national et le 118 505 pour un numéro international (appel gratuit depuis une cabine).

Téléphones portables

La couverture pour les réseaux de téléphone mobile est excellente sur presque toute l'île. Vous pourrez donc utiliser votre portable français. Vous pouvez aussi acheter une carte Sim (en vente chez les opérateurs de téléphonie irlandais : Eir, Vodafone, 3) pour utiliser votre appareil avec un nouveau numéro de ligne irlandais.

Tourisme équestre

Le cheval est, avec le chien, l'animal préféré des Irlandais. L'Office national du tourisme irlandais édite une brochure, « L'Irlande à cheval », permettant d'organiser ses vacances autour de cette thématique : sorties à cheval, grandes randonnées, concours ou courses à travers le pays...
Sur le site *www.ireland.com/fr*, des liens permettent de prendre contact avec des voyagistes ou des centres équestres spécialisés.

Roulotte

Les cartes postales, les réseaux sociaux et la publicité entretiennent la mode des anciennes roulottes à cheval, peintes de couleurs vives et déambulant le long de sentiers bucoliques. La réalité est tout autre. Les roulottes sont confinées à certains parcours en raison de l'affluence des voitures. Les routes les plus pittoresques et toutes celles qui sont escarpées ne sont pas autorisées. Vous ne parcourrez qu'une quinzaine de kilomètres par jour, serez constamment sur la route et aurez la responsabilité du cheval, ce qui pose problème à bien des citadins... Certains voyagistes proposent cette formule en combinaison avec le vol *(voir p. 546)*. *Plus d'infos sur www.irishhorsedrawncaravans.com.*

Taxis

Les taxis sont munis d'un compteur uniquement dans les grandes villes. Ailleurs, assurez-vous du prix de la course avant de monter à bord, surtout pour les distances en dehors des villes.

Transports

Pour organiser vos déplacements à travers l'île, utilisez le planificateur **www.transportforireland.ie.**

Avion

Les distances sont courtes, aussi ne gagnerez-vous guère de temps en prenant l'avion, mais sachez qu'il existe des liaisons régulières entre Dublin, Cork, Shannon, Galway, Kerry Airport (Farranfore) et Donegal Airport (Carrickfinn).
Les aéroports de Belfast et de Derry sont également desservis par des vols réguliers des principales villes de Grande-Bretagne ainsi que de Dublin.
Aer Lingus – *Dublin Airport - 01 761 7834 - www.aerlingus.com.*
Aer Arann – *An Caisléan, Inverin - 091 59 30 34 - www.aerarannislands.ie.* Relie Galway aux trois îles d'Aran.

Train

Le réseau ferroviaire est peu dense et assez lent (la vitesse en rase campagne n'excède pas les 90 km/h). Au moins, la ponctualité est-elle assurée ! Les principales lignes relient Dublin aux autres villes de la république d'Irlande, mais les liaisons transversales sont limitées.
Irish Rail – *01836 6222 - www.irishrail.ie.*
Translink NI – *028 9066 6630 - www.translink.co.uk.*
Les tarifs varient énormément, aussi est-il souvent très avantageux d'acheter vos billets en ligne et à l'avance. Si vous comptez effectuer de nombreux déplacements en République d'Irlande, vous avez peut-être intérêt à acheter un **Trekker Four Day** à 110 € (valable 4 j. consécutifs) ou un **Explorer** à 160 € (pour 5 j. de voyages illimités sur 15 j. consécutifs). Les résidents européens âgés de 12 à 27 ans peuvent se procurer l'**Interrail Ireland (One Country Pass)** valable dans toute l'île pendant 3, 4, 5 ou 6 j. sur un mois. Tarifs sur www.interrail.eu.

Bus

Ce moyen de transport est de loin le plus répandu et le plus efficace pour vous rendre partout dans l'île. En règle générale, les bus sont confortables et moins chers que le train, des arrêts sont prévus en route et les points de départ et d'arrivée sont toujours proches des centres-villes. Sachez également que de nombreux bus longue distance relient directement l'aéroport de Dublin aux grandes villes du pays.

La compagnie nationale de la république d'Irlande est **Bus Éireann**, tandis que **Translink** gère le réseau d'Irlande du Nord. Méfiez-vous car, en dehors de l'été, les fréquences changent considérablement, parfois jusqu'à un seul départ par semaine. De nombreuses compagnies locales privées desservent le pays *(voir les rubriques pratiques de chaque ville)*. Elles sont souvent plus rapides et moins chères que la compagnie nationale, surtout à destination de l'ouest de l'île. Pour le Donegal, c'est même la seule option pour rejoindre certains villages.

Bus Éireann – ✆ *01836 6111 - www.buseireann.ie.* La compagnie offre des forfaits intéressants comme l'**Open-Road Ticket**, valable pour toute la République d'Irlande (60 € pour 3 j.).

Expressway – ✆ *0818 836 611 - www.expressway.ie.* Propose les lignes les plus rapides entre deux grandes villes.

Translink/Ulsterbus – ✆ *028 9066 6630 - www.translink.co.uk.*

Bateau

Il est possible de découvrir l'Irlande intérieure par voie fluviale en bateau habitable ne nécessitant pas de permis spécial *(voir « La vallée du Shannon et les lacs », p. 255)*. On peut rejoindre Limerick en partant de Dublin par le Grand Canal, puis le Shannon.

Prévoyez du temps, car votre promenade se fera entre 5 et 11 km/h et vous devrez passer des écluses.

Pour la république d'Irlande :

Waterways Ireland – ✆ *028 6632 3004 - www.waterwaysireland.org.*

Riversdale Barge Holidays – *Ballinamore - ✆ 071964 4122 - www.riversdaleholidays.com.*

Pour l'Irlande du Nord :

Inland Waterways Association of Ireland – ✆ *1800 924 991 - www.iwai.ie.*

Auto-stop

La pratique n'est ni particulièrement populaire ni, comme partout, totalement sûre. Mais le caractère jovial et curieux des Irlandais peut faciliter les choses en cas de besoin. Lorsqu'un conducteur s'arrête, sachez qu'il compte en général vous faire la conversation et peut se montrer curieux par courtoisie. Il y a de plus en plus d'autoroutes pour relier les villes, méfiez-vous donc de certaines routes de campagne ou des zones très isolées où vous risquez de rester à attendre des heures, souvent sous la pluie !

Urgences

Dans tous les cas d'urgence, composez le **112** ou le **999** en république d'Irlande et le 999 en Irlande du Nord. L'appel est gratuit.

Voiture

Formalités d'entrée

Avant de partir, munissez-vous de la **carte grise**, de votre **permis de conduire**, de la **carte verte internationale** et d'un autocollant précisant la nationalité du véhicule à l'arrière de la voiture.

Location de véhicules

Les compagnies de location sont nombreuses sur place, dans les aéroports et les villes. Comptez de 180 à 300 €/semaine pour un véhicule de catégorie A (Opel Corsa, Citroën C1 ou Ford Fiesta) selon la compagnie et les disponibilités. Une liste complète des loueurs de voitures agréés en Irlande est disponible auprès de **Car Rental Council of Ireland** *(www.carrentalcouncil.ie).*
Certains loueurs proposent le **GPS** en option (payante).
Attention, pour la plupart des compagnies, il vous faudra avoir au moins **23 voire 25 ans**, moins de 75 ans et plus de 1 ou 2 ans de permis. Un **permis de conduire national** est suffisant, mais les ressortissants hors UE peuvent également se munir d'un permis international à retirer dans leur pays d'origine avant le départ.
Mentionnez bien le nom de tous ceux qui sont susceptibles de conduire, sinon vous risquez de ne pas être couvert par votre assurance. Avant de vous rendre en Irlande du Nord, vérifiez que l'assurance prend en charge les conducteurs supplémentaires.
Vérifiez aussi les **garanties** couvertes par votre loueur.
Pour plus de tranquillité, un rachat total de franchise peut être utile si vous n'êtes pas habitué à rouler à gauche. Veillez aussi à ce que les garanties couvrent au moins les pneus et les jantes, l'état des routes pourrait bien l'exiger !
Précisons que la plupart des loueurs proposent des véhicules hybrides ou 100 % électriques. Vous trouverez des points de recharge un peu partout sur l'île *(voir, par exemple, www.easygo.ie).*

Réseau routier

Attention, à la campagne, les routes peuvent parfois avoir des nids-de-poule. Méfiez-vous surtout de la limitation de vitesse à 100 km/h qui peut se révéler dangereuse sur ces routes étroites et sinueuses. Soyez aussi prudent avec les cyclistes, les piétons, les tracteurs, les moutons...
Vous trouverez peu d'aires de repos sur les **autoroutes**, et vous devrez en sortir pour faire le plein d'essence (sauf autour de Dublin).
☺ Attention, le peage *(toll)* du M 50 est en *eFlow*. Cela signifie

Distances en km	Belfast	Cork	Derry	Donegal	Dublin	Galway	Killarney	Limerick	Sligo	Waterford
Belfast		424	117	180	169	313	480	368	197	329
Cork	424		477	402	249	200	88	93	334	115
Derry	117	477		69	231	277	486	371	133	389
Donegal	180	402	69		233	204	407	296	66	357
Dublin	169	249	231	233		215	312	199	217	161
Galway	313	200	277	204	215		214	106	146	221
Killarney	480	88	486	407	312	214		114	354	191
Limerick	368	93	371	296	199	106	114		240	125
Sligo	197	334	133	66	217	146	354	240		294
Waterford	329	115	389	357	161	221	191	125	294	

qu'il faut le payer en avance ou au plus tard à 20h le lendemain (sur *www.eflow.ie* ou dans un point de vente de la marque Payzone) si vous ne possédez pas le Tag Badge (les loueurs de voitures vous le proposent).

Signalisation

Un poème ! Inutile de souligner la nécessité absolue de vous référer à votre GPS ou à une bonne **carte routière**. Dans les régions gaélophones *(gaeltacht)*, les panneaux sont quasi exclusivement en gaélique (dans ce cas, retenez le nom ainsi que le numéro de la route... il y a parfois le choix). Restez zen si l'orthographe du nom varie, si les panneaux sont plantés dans des virages (ou cachés par les arbres) ou quand il n'y a... plus de panneau ! Si vous hésitez à un embranchement, fiez-vous à la texture du sol pour repérer la route principale. En bordure de ville, les marquages au sol sont fiables, plus efficaces que les panneaux. En conclusion, n'hésitez jamais à demander votre chemin.

Conduite

En Irlande, on **conduit à gauche**, mais la **priorité reste à droite**. Le port de la ceinture de sécurité est obligatoire à l'avant comme à l'arrière. Les enfants de moins de 12 ans n'ont pas le droit de s'asseoir à l'avant. Le siège bébé reste obligatoire en dessous de 18 kg. La vitesse est limitée à 50 km/h en ville, 80 km/h sur les départementales, 100 km/h sur les nationales et 120 km/h sur les autoroutes. En Irlande du Nord, les distances et les limitations de vitesse sont indiquées en miles, soit 30 m/h (50 km/h) en ville, 60 m/h (95 km/h) sur les routes et 70 m/h (110 km/h) sur les autoroutes.

Essence

Les prix de l'essence sont similaires à ceux pratiqués en France.

Stationnement

Dans les villes, les parkings payants sont bien indiqués mais coûteux. Les doubles bandes jaunes le long du trottoir signifient l'interdiction formelle de stationner.

En cas d'accident

Si vous prenez votre propre véhicule, prévoyez avant de quitter la France de demander un **formulaire de constat** adéquat à votre assureur et faites-vous préciser les délais pour signaler l'accident. Une remarque : la police irlandaise semble curieusement indulgente envers les conducteurs non assurés, qui sont encore très nombreux, surtout dans les campagnes, les assurances étant excessivement chères. Si vous avez un problème avec un conducteur non assuré, signalez tout de même l'accident à votre compagnie. En cas de refus de remplir le constat, relevez le numéro d'immatriculation du véhicule.

Royal Automobile Club – ✆ *0330 159 8743 - www.rac.ie.*

The Automobile Association – ✆ *0818 66 77 88 - www.theaa.ie.*

Agenda

Février-mars

Dublin International Film Festival – *www.diff.ie.* Fin fév. : pendant 10 jours, les salles de la ville programment une large variété de films internationaux.

Saint Patrick's Parade – 17 mars : seule Dublin peut se vanter d'une véritable parade ; ailleurs, il s'agit surtout d'une fête religieuse.

Avril

Panceltic Week – *www.panceltic.ie* Mi-avr. : festival de musiques celtiques. Le lieu change tous les ans.

Cúirt International Festival of Literature – *www.cuirt.ie.* Fin avr., à Galway : ce festival de littérature et de poésie propose lectures publiques, débats et pièces de théâtre.

Football Cup Final – *www.gaa.ie.* Finale des championnats de football gaélique à Dublin.

Mai

Fleadh na gCuach – *www.kinvara.ie.* 1er w.-end du mois : musique traditionnelle à Kinvarra.

The Fiddle Fair – *www.fiddlefair.com.* 2e semaine : musique traditionnelle à Baltimore.

Galway Early Music – *www.galwayearlymusic.com.* Mi-mai : 3 jours de musique traditionnelle.

North West 200 – *www.northwest200.org.* Mi-mai : cette course de moto née en 1929 draine des dizaines de milliers de spectateurs sur les routes nord-irlandaises.

Fleadh Nua – *www.fleadhnua.com.* Fin mai-début juin : musique et danse traditionnelles à Ennis. Un festival populaire qui envahit les pubs et les rues de la ville.

Juin

Writer's Week – *www.writersweek.ie.* Fin mai-début juin : une semaine de littérature et de poésie à Listowel.

Bloomsday – *www.bloomsdayfestival.ie.* Le 16 juin : randonnée à Dublin sur les traces de Léopold Bloom, héros d'*Ulysse*, de Joyce.

Great Music in Irish Houses – *www.dicmf.com.* Une semaine de concerts classiques dans et autour de Dublin.

Belsonic – *www.belsonic.com.* Mi-juin : dans le cadre du Ormeau Park de Belfast, grand festival de musique rock, pop, rap, électro.

Sea Sessions – *www.seasessions.com.* Mi-juin, à Bundoran : 3 jours de surf, concerts et fêtes.

Irish Derby – *www.curragh.ie.* Fin juin, à Kildare : la plus importante manifestation hippique du pays.

Cork Midsummer Festival – *www.corkmidsummer.com.* Fin juin : musique, danse, théâtre durant une semaine dans toute la ville.

Juillet

Willie Clancy Festival-The Summer School – *www.scoilsamhraidhwillieclancy.com.* 2e semaine : musique traditionnelle à Milltown Malbay.

Sligo Jazz Festival – *www.sligojazz.ie.* Mi-juil.

South Sligo Summer School – *www.sssschool.org.* Musique traditionnelle à Tubbercurry.

Longitude – *www.longitude.ie.* Mi-juil., à Dublin : important festival de musiques actuelles.

Galway Races – *www.galwayraces.com.* Fin juil. : courses hippiques.

Galway Arts Festival – *www.giaf.ie.* Fin juil. : la ville s'enflamme au son des groupes traditionnels et des lectures, pièces de théâtre et festivités en tout genre.

Pèlerinage de Croagh Patrick – Dernier dim. du mois à Westport.

Août

Ballyshannon Folk and Traditional Music Festival – *www.ballyshannonfolkfestival.com.* Début du mois : l'un des meilleurs festivals de musique traditionnelle et de folk.

Kinsale Regatta – *www.kyc.ie.* 3 jours de régates à Kinsale.

Puck Fair – *www.puckfair.ie.* 2e semaine : l'une des grandes fêtes nationales, à Killorglin *(voir p. 222)*.

Dublin Horse Show – *www.dublinhorseshow.com.* 2e semaine : la plus prestigieuse et la plus snob des manifestations hippiques.

Kilkenny Arts Festival – *www.kilkennyarts.ie.* Mi-août : musique classique et traditionnelle, théâtre, littérature.

Clifden Connemara Pony Festival – *www.cpbs.ie.* Mi-août : grande foire aux chevaux, accompagnée de musique traditionnelle.

Rose of Tralee International Festival – *www.roseoftralee.ie.* Mi-août : concerts, animations et sélection de la « Rose », l'Irlandaise de l'année.

All Ireland Fleadh – *www.fleadhcheoil.ie.* Le grand festival de musique et de danse traditionnelles. Le lieu change tous les ans.

Septembre

Matchmaking Festival – *www.matchmakerireland.com.* 1re semaine : foire aux célibataires, danse et musique dans les pubs à Lisdoonvarna.

Hurling Cup Final – *www.gaa.ie.* Finale du championnat de *hurling* à Dublin.

Dublin Fringe Festival – *www.fringefest.com.* 2e et 3e w.-ends de sept. : festival pluridisciplinaires (musique, théâtre, art vivant, danse, cirque et arts visuels).

Clifden Arts Festival – *www.clifdenartsfestival.ie.* Dernière semaine : concerts de musique traditionnelle, lectures, danse, etc.

Galway Oyster Festival – *www.galwayoysterfestival.com.* Dernier week-end : pour célébrer la saison des huîtres, de la musique et de la danse dans tous les pubs.

All Ireland Ploughing Championships – *www.npa.ie.* Fin du mois : championnats nationaux de labour, dans le comté de Carlow ou d'Offaly.

Ballinasloe Horse Fair and Festival – *www.ballinasloeoctoberfair.com.* Fin sept.-début oct. : l'une des principales foires aux chevaux et aux bestiaux du pays.

Octobre

Wexford Opera Festival – *www.wexfordopera.com.* 2 dernières semaines.

Westival – *www.westival.ie.* Fin du mois : lectures publiques, théâtre et concerts à Westport.

Cork Jazz Festival – *www.guinnessjazzfestival.com.* Fin oct. : avec les plus grands noms du jazz.

Sligo Live Festival – *www.sligolive.ie.* Fin octobre : Ireland's Folk, Root & Indie Festival à Sligo.

Belfast International Arts Festival – *www.belfastinternationalartsfestival.com* Fin oct. : théâtre, musique et cinéma.

Oireachtas Rince na Cruinne (Irish Dancing World Championships) – *www.clrg.ie.* Fin oct.-début nov. : championnat du monde de danse traditionnelle irlandaise. Le lieu change tous les ans.

Dublin Bram Stoker Festival – *www.bramstokerfestival.com.* Fin oct.-début nov. : festivals pour Halloween dans diverses villes.

Novembre

Foyle Film Festival – *www.foylefilmfestival.org.* 2 dernières semaines, à Derry.

Livres, films et séries

Livres

BD et manga

FRANZ, *Irish Melody,* Le Lombard, 2008.

GUERINEAU Richard et GACHE Sylvain, *Croke Park*, Delcourt, 2020. Une bande-dessinée sur le premier Bloody Sunday, en 1920.

KITANO Eiichi, *L'Oxalis et l'or,* Glénat, 2019 (6 tomes en cours). Un manga sur une famille décimée par la Grande Famine qui part en Californie vivre la ruée vers l'or.

KOKOR Alain, *Supplément d'âme*, Futuropolis, 2012.

KRIS et BAILLY Vincent, *Coupures irlandaises*, Futuropolis, 2008.

LAX Christian, *Chiens de fusil*, Vents d'Ouest, 1996.

ZAPICO Alfonso, *James Joyce, l'homme de Dublin,* Futuropolis, 2013.

Jeunesse

BAGAU Philippe, *L'Irlande racontée aux enfants*, 2021 ; *Contes venus d'Irlande*, ebook, 2021.

Légendes

Contes et légendes d'Irlande, recueillis par Douglas Hyde et traduits du gaélique par Georges Dottin, Terre de Brume, 2002.

SJOESTEDT Marie-Louise, *Dieux et héros des Celtes*, Terre de Brume, 1998.

Littérature

Collectif, *Le Goût de Dublin* Mercure de France, 2006. Visite de la ville à travers les textes de ses grands écrivains.

BANVILLE John, *La Mer*, 10/18, 2009. Peu de temps après la mort de sa femme, Max revient dans la petite station balnéaire de Ballymoins où, enfant, il a passé l'été qui a façonné sa vie.

BENNETT Claire Louise, *L'Étang (Pond)*, L'Olivier, 2018. Immergée dans la campagne irlandaise, une jeune femme solitaire retrace au jour le jour le recit de sa vie matérielle, faite de tâches domestiques et d'une attention remarquable à l'infra-ordinaire.

BOUVIER Nicolas *Journal d'Aran et autres lieux*, Payot, 2008. Parmi d'autres voyages, l'auteur évoque son séjour dans les îles de l'Ouest irlandais.

BRADBURY Ray, *La Baleine de Dublin*, Folio, 1995. La savoureuse descente en âme irlandaise du célèbre chroniqueur américain, venu près de la capitale pour y écrire le scénario de *Moby Dick*.

BURNS Anna, *Milkman,* éditions J. Losfeld, 2021. En Irlande du Nord, pendant les « troubles », une femme est la proie d'un manipulateur. Man Booker Prize 2018

DOYLE Roddy, *Paddy Clarke Ha ha ha*, Robert Laffont, 1996. Les tribulations d'un petit garçon dans le Dublin des années 1960. Booker Prize 1993.

La femme qui se cognait dans les portes, Robert Laffont, 1999. Le bouleversant monologue d'une femme de Dublin, dans un milieu violent et déshérité.

La Légende d'Henry Smart, Denoël, 2002. Un roman historique situé dans les bas-fonds de Dublin, au début du 20e s., portrait d'un nationaliste légendaire, partagé entre gouaille frondeuse et désespoir.

ENRIGHT Anne, *L'Air de quoi ?*, Éditions de l'Olivier, 2002. Anne Enright se distingue par sa verve franche et ses dramaturgies contemporaines. Son roman,

The Gathering (Retrouvailles, Actes Sud*)*, a reçu le Booker Prize 2007. *La Valse oubliée*, Actes Sud, 2012.

JAOUEN Hervé, *Chroniques irlandaises*, Ouest-France, 2002. Regard d'un écrivain breton sur le pays dont il est tombé amoureux.

JOHNSTON Jennifer, *Un homme sur la plage*, Serpent à plumes, poche, 2000. Portrait d'une femme peintre sur fond de guerre civile irlandaise.

Les Ombres sur la peau, Serpent à plumes, poche, 2001. Idylle désespérée au cœur des haines entre communautés.

Ceci n'est pas un roman, Belfond, 2004. L'asphyxie d'une famille prise au piège de ses secrets et de ses mensonges, d'une écriture superbe.

JOYCE James, *Gens de Dublin*, Pocket, 1994. Peinture de la société bourgeoise et des mœurs de la capitale.

Stephen, le héros, Folio, 1975. Autobiographie de l'écrivain durant ses études universitaires à Dublin.

Ulysse, Folio. Une lecture indispensable pour aborder une promenade littéraire à Dublin.

KEEGAN Claire, *Ce genre de petites choses*, Livre de Poche, 2022. Un récit sobre et déchirant sur les Magdalen Laundries.

McCANN Column, *La Rivière de l'exil*, 10/18, 2006. Douze nouvelles poignantes de ceux qui vivent l'exil.

McCOURT Frank, *Les Cendres d'Angela*, Belfond, 1997. Dans ce récit autobiographique, l'auteur nous raconte son enfance misérable à New York puis à Limerick, en Irlande, dans les années 1930.

McGAHERN John, *Les Créatures de la terre* (nouvelles), Albin Michel, 1996. Un des grands écrivains contemporains d'Irlande. Des études sans concession des noirceurs de l'âme irlandaise.

McLIAM WILSON Robert, *Ripley Bogle*, 10/18, 1998 ; *Eureka Street*, 10/18, 1999. Des romans réalistes et pleins d'humour sur la société nord-irlandaise par un jeune écrivain de Belfast.

MURRAY Paul, *Skippy dans les étoiles*, 10/18, 2014. Des romans qui croquent la société irlandaise, par un jeune écrivain impertinent.

O'BRIEN Edna, *Lanterne magique*, Fayard ; *Décembre fou*, Fayard, 2004. L'amour de la terre, entre violence et passions, dans le huis clos d'un village irlandais.

Fille de la campagne, Sabine Wespieser Éditeur, 2013. L'autrice nous livre ici ses mémoires.

O'CONNOR Joseph, *Les Bons Chrétiens*, Phébus, 1996. Nouvelles féroces dépeignant la violence et les contradictions de l'Irlande moderne.

Inishowen, Phébus Libretto, 2003. Une histoire d'amour douloureuse dans le cadre du nord de l'Irlande.

O'CROHAN Tomás, *L'Homme des îles*, Payot. Témoignage traduit du gaélique de l'un des derniers habitants des Blasket Islands.

O'FAOLAIN Nuala, *Best Love, Rosie*, Livre de Poche, 2020. Rosie décide de quitter l'Italie pour retourner à Dublin s'occuper de sa tante qui l'a élevée. L'ennui la gagnant, elle décide de rédiger un manuel destiné aux plus de 50 ans, qui se transforme en un roman pressenti par un éditeur américain.

POZZUOLI Alain, *Dictionnaire insolite de l'Irlande*, Cosmopole, 2017.

ROONEY Sally, *Normal People,* éd. de L'Olivier, 2021. La nouvelle voix de la littérature irlandaise.

SYNGE John Millington, *Les Îles d'Aran*, Payot, 2002. Chronique des îles au début du 20e s. par l'un des écrivains irlandais majeurs.

Le Baladin du monde occidental, une critique acerbe de la société qui tour à tour encense puis fustige.

TÓIBÍN Colm, *Le Maître,* Brooklyn, 2008. Un roman émouvant où Colm nous donne à voir les choix d'Eilis.

Devrait-elle quitter l'Irlande?

TREVOR William, *Mauvaises nouvelles, très mauvaises nouvelles*, Phebus, 2000. Le Maître de la nouvelle irlandaise.

WILLIAMS Niall, *Quatre lettres d'amour*, J'ai Lu, 1999 ; *Comme au ciel*, J'ai Lu, 2001. Des histoires d'amour pleines de poésie.

Poésie

HEANEY Seamus, *Poèmes*, NRF Gallimard. Le dernier des prix Nobel irlandais.

YEATS William Butler, *Cinquante et un poèmes*, William Blake & Co, 1998, bilingue ; *Quarante-cinq poèmes*, Gallimard, 1993.

Polars

BRUEN Ken, *Delirium Tremens ; Le Dramaturge ; Sur ta Tombe ; Tower ; R&B*, etc. Par un auteur prolifique de polars à la fois drôles et désespérés.

HAMILTON Hugo, *Déjanté*, Points, 2009 ; *Triste Flic*, Points, 2010.

Films

ABRAHAMSON Lenny, *Adam and Paul (2004), Garage, Frank (2014).*

BRANAGH Kenneth, *Belfast* (2021). Primé à Toronto, aux Oscars et aux BAFA en 2022.

CARNEY John, *Once* (2007) ; *Sing Street* (2016).

FLAHERTY Robert Joseph, *L'Homme d'Aran* (1934).

FORD John, *Le Mouchard* (1935) ; *L'Homme tranquille* (1952).

FREARS Stephen, *The Snapper* (1993) et *The Van* (1996). Adaptés des romans de la *Trilogie de Barrytown* de l'écrivain irlandais Roddy Doyle.

GREENGRASS Paul, *Bloody Sunday* (Ours d'or 2002).

HORNBY Nick, *Brooklyn* (2015) adapté du roman de Colm Tóibín.

HUSTON John, *Gens de Dublin* (1987).

JORDAN Neil, *The Butcher Boy* (1997) ; *The Crying Game* (1992) ; *Michael Collins* (1996).

KUBRICK Stanley, *Barry Lyndon* (1975).

LEAN David, *La Fille de Ryan* (1970).

LOACH Ken, *Le vent se lève* (Palme d'or 2006).

MCDONAGH John Michael, *Calvary* (2014).

MCQUEEN Steve, *Hunger* (2008).

MOORE Tomm, *Brendan et le secret de Kells* (2009) ; *Le Chant de la Mer* (2014), *Le Peuple Loup* (2020). Films d'animations.

MULLAN Peter, *The Magdalen Sisters* (Lion d'or 2002).

PARKER Alan, *The Commitments* (1991). Adapté du premier des trois romans de la *Trilogie de Barrytown* de l'écrivain irlandais Roddy Doyle. *Les Cendres d'Angela* (1999). Adaptation du roman de Franck McCourt *(voir p. 575)*.

SHERIDAN Jim, *My Left Foot* (1989) ; *Au nom du père* (Ours d'or 1994).

WALSH Aisling, *Song for a Raggy Boy* (2003).

Séries

ABRAHAMSON Lenny, MACDONALD Hettie, *Normal People* (2020). Cette adaptation réussie du best-seller de Sally Rooney s'attache à l'intimité de jeunes Irlandais bien d'aujourd'hui.

BRANDON Chris, *Bloodlands* (2021). Avec cette mini-série policière, Chris Brandon rappelle que le poids des « troubles » pèse toujours sur l'Irlande du Nord.

LENNOX Michael, *Derry Girls* (2018). Initiée par Channel 4 et visible sur Netflix, cette série raconte de manière drôle et décalée le quotidien d'adolescents durant les *Troubles* à Derry.

Se débrouiller en anglais/gaélique

Bien que la langue gaélique soit remise à l'honneur, obligatoire à l'école et parlée par environ 30 % des Irlandais, elle n'est pratiquée quotidiennement que dans les zones de *gaeltacht* (se prononce « gailtok »). Tous les Irlandais parlent l'anglais, qui reste la langue courante. Quelques termes spécifiques sont utilisés en gaélique sur les panneaux, mais ils sont peu nombreux. Pour faire plaisir à vos hôtes en région gaélique, tentez de prononcer une ou deux formules, mais ne vous risquez pas à plus, sauf si vous êtes absolument motivé, car la prononciation (indiquée entre parenthèses ci-dessous) est un véritable casse-tête. En revanche, si l'anglais est utilisé partout, certaines formules sont bien utiles pour compléter votre anglais classique. En tout état de cause, rappelez-vous que les Irlandais évitent généralement les réponses tranchées. « Oui » et « non » sont presque étrangers à leur vocabulaire usuel, remplacés par des formules plus approximatives. Parfois surprenant quand vous demandez votre chemin et que l'on vous répond par une autre question ou par des « peut-être »...
Pour en savoir plus : MAC GUILL Ciaran, **L'irlandais de poche**, Assimil, 2004.

Termes gaéliques

À votre santé : Sláinte (slauncha)
Bonjour : Dia duit (djia ditch)
Bienvenue : Fáilte (faultcha)
Centre-ville : An lár
Femmes : Mna (minau)
Festival traditionnel : Fleadh (fla)
Irlande : Eire (Aira)
Hommes : Fir (fir)
Office national du tourisme : Bord Faílte (borde faultcha)
Police : Garda
Soirée de danse traditionnelle : Céilí (keili)
Sorte de cornemuse : Uilleann (iulone)
Sorte de tambourin : Bodhrán (barone)
Toilettes : Leithras (lairass)

Expressions courantes

Bless you : À vos souhaits
Boreen : Petit chemin
Crack, craic : Fête, bonne ambiance, blague, conversation animée
Dead on time : À l'heure précise
Evening : Soir, mais souvent utilisé pour désigner l'après-midi
Fried bread : Tranche de pain frite (souvent servie au petit-déjeuner)
God bless : Formule de politesse, pour *God bless you* (Dieu vous bénisse)
Good luck : Bonne chance (formule de politesse pour dire au revoir)
Grand day, beautiful day : Beau temps
How long are you here ? : Depuis combien de temps êtes-vous là ? (En Irlande, on tend à utiliser le présent le plus souvent)
How long are you here for ? : Pour combien de temps êtes- vous là ?
Jesus ! : Exclamation la plus courante, diminuée en « Gee ! », ou rallongée en « Jesus, Mary, Joseph ! ».
Miserable day : Temps épouvantable
Soft day : Jour gris et pluvieux mais calme ou légère bruine
It's drizzling, spitting, mizzling : Il bruine (climat irlandais)
Press : Placard
Wee : Petit
Free State : terme sensible. Cela désigne le dominion établi de 1922 à 1937 avant la constitution de la République d'Irlande, donc cela désigne les contours géographiques de la République mais pas sa forme politique.

Hébergement

Bagage : Luggage
Demi-pension : Half board
Pension complète : Full board
Lit simple/double : Single/double bed
Dortoir : Dormitory (raccourci en « dorm »)
Chambre sans salle de bains : Standard room
Chambre avec salle de bains : En suite room
Papier hygiénique : Toilet tissue
Couverture : Blanket
Drap : Sheet

Restauration

Hors-d'œuvre : Starter
Plat principal : Main dish
Dessert : Sweet course ou pudding
Saignant : Rare (= bleu, mais étant donné la tendance à trop cuire la viande, c'est la meilleure formule)
Bien cuit : Well done
Bœuf : Beef
Poulet : Chicken
Agneau : Lamb
Côtelette d'agneau : Lamb chop
Bar : Bass
Brème : Bream
Cabillaud : Cod
Dorade : Sea Bream
Hareng : Herring
Homard : Lobster
Maquereau : Mackerel
Lotte : Monkfish
Brochet : Pike
Lieu : Pollack
Crevette rose : Prawn
Langoustine : Dublin Bay prawn
Ecrevisse : Crayfish
Saumon : Salmon
Coquille St-Jacques : Scallop
Crevette grise : Shrimp
Sole : Sole
Truite : Trout
Merlu : Hake
Végétarien : Vegetarian
Végétalien : Vegan
Organic : Bio
Gluten free : sans gluten

Au pub

Tournée : Round
Pinte : Pint (473,176ml)
Demi-pinte : Half a pint, a glass
Bière pression : Draught beer
Grog au whiskey : Hot whiskey, hot toddy
(Bière) blonde, rousse, brune : **(Beer)** lager, ale, stout

Visite

Château : Caisleán - *Castle*
Église : Cill (kill), eaglais - *Church*
Pont : Droichead - *Bridge*
Tour : Túr - *Tower*
Plage : Trá - *Beach*
Montagne : Sliabh (slieve) *Mountain*
Grotte : Poll - *Cave*
Fort : Caiseal (cashe) - *Fort*
Chapelle : Cillín - *Chapel*
Colline : Cno - *Hill*
Île : Inis (inish) - *Island*

Transports

Billet aller-retour : Return ticket
Aller simple : Single ticket
Embarcadère : Pier
Port : Harbour
Gare routière/ferroviaire : Bus/train station
Station-service : Petrol station
Douane : Customs Service
Frontière : Border

À la poste

Bureau de poste : Oifig an Phoist (oufig ane fouicht) *Post Office*
Timbre : Stamp
Par avion : Air mail
Colis, paquet : Parcel

A

B